FRANK GEERK Kongreß der Weltweisen

Frank Geerk

Kongreß der Weltweisen

Ein Lesebuch des Humanismus

BENZIGER VERLAG
SOLOTHURN UND DÜSSELDORF

Dank

Das Buch «Kongreß der Weltweisen» ist als textliche Grundlage für das grenzüberschreitende Kulturprojekt «humanismus '96» konzipiert worden, das in der Schweiz vom Kanton Basel-Stadt, dem Kanton Basel-Land, der GGG (Gesellschaft für das Gute und Gemeinnützige, Basel) und der Ciba mitgetragen wird. In diesem Rahmen wurde auch die Arbeit am vorliegenden Buch und seine Publikation gefördert. Dafür bedanken sich Verlag und Autor.

Die Deutsche Bibliothek – CIP-Einheitsaufnahme

Kongress der Weltweisen : ein Lesebuch des Humanismus / Frank Geerk. – Solothurn ; Düsseldorf : Benziger, 1995
ISBN 3-545-34137-2
NE: Geerk, Frank

Gesamtherstellung:
Bercker Graphischer Betrieb, Kevelaer
Printed in Germany

ISBN 3 545 34137 2

Humanität sollte die Religion
aller Menschen sein.

Taslima Nasrin

Wer nicht von dreitausend Jahren
sich weiß Rechenschaft zu geben,
bleibe im Dunkeln unerfahren,
mag von Tag zu Tage leben.

J. W. von Goethe

Inhalt

ANHANG

Vorwort

Plötzlich, wie aus der Wand gezaubert, stand er vor mir. Eben hatte ich mir einen Tee aufgebrüht und mich an den Schreibtisch gesetzt, um an meinem Indienbuch weiterzuarbeiten. Ein Buch über spirituelle Erfahrungen, den Ursprung der Religionen. Drei Stunden blieben mir, bis der Kleine aus dem Kindergarten zurückkam und ich das Mittagessen zubereiten mußte. Kurze Stunden, die ich normalerweise zu fieberhaft angestrengter Kopfarbeit nutze. Und jetzt dieser Fremde, der einfach nur dastand und mich durchdringend ansah. Aus welchem Jahrhundert mochte er kommen? Er trug ein schlichtes weißes Gewand, eine Art Totenhemd, das ihm bis zu den Fußknöcheln reichte. Er schien um die dreißig Jahre alt zu sein, aber schon gebeutelt von tödlichen Schicksalsschlägen.

Ein Blick, der keine Ruhe fand, gequält von Erinnerungen, vielleicht auch Zukunftsangst. Hände, die ständig in Bewegung waren. Er suchte Halt, fand aber nichts, sich aufzustützen.

Weder nahm er sich die Zeit, sich vorzustellen, noch, mir zu erklären, wie er bei mir eingedrungen sei, ohne die Türe zu öffnen. Dieser Mann schien es noch eiliger zu haben als ich. Er kam sofort zur Sache.

«Wir müssen über die Bücher», sagte er. Seltsam, dachte ich. Dieser Fremde sah weiß Gott nicht so aus, als käme er von der Steuerbehörde. Trotzdem kramte ich gehorsam ein paar Bankauszüge aus der Schreibtischschublade. Da landet alles, was ich später einmal ordnen will.

«Stellen Sie sich vor», fuhr er fort, ohne meine Bankauszüge zu beachten, «Sie dürfen nur ein einziges Buch mitnehmen . . .»

«Wohin?» fragte ich verdutzt.

«Ins dritte Jahrtausend», erwiderte er.

«Ach was!» rief ich. »Unsre Bibliotheken wachsen! Jährlich kommen Millionen neue Titel dazu! Nie gab es so viel Lesestoff wie heute, konserviert für die nächsten Generationen!»

«Sind Sie so sicher», wollte er wissen, «daß diese Bücher wirklich noch einen Menschen erreichen?»

«Nein», räumte ich ein. Man konnte ja wirklich nicht wissen, wie die Welt sich entwickeln würde.

«Sie sind der Mann, der das dritte Jahrtausend bestimmt», behauptete er.
«Unsinn», wehrte ich ab. Ich hatte genug mit meinen historischen Studien zu tun, und im übrigen bin ich schlicht und einfach Hausmann.
«Alle, die heute leben, bestimmen das dritte Jahrtausend. Auch Sie», präzisierte er. «Auf jeden Fall sollten Sie sich Gedanken über ein Buch machen, das Ihnen als Orientierungshilfe dient. Ein Buch, das Sie allen als Lektüre empfehlen können.»
«Die Bibel», schlug ich vor. Damit lag ich sicher nicht falsch.
«Was richten Sie damit bei überzeugten Moslems aus?» belehrte er mich eines Besseren. «Es müßte ein Buch sein, das die Erfahrungen der Menschen auf eine gemeinsame Basis stellt. Uns trennt ja genug. Um zu überleben, müssen wir uns auf unsre gemeinsamen Interessen konzentrieren.»
«Ein einziges Buch . . .», murmelte ich ratlos. «Bedienen Sie sich!» rief ich dem seltsamen Besucher zu und deutete auf meine Regale. Fünftausend Bände, vielleicht auch mehr, nachlässig geordnet, Literatur nach Nationen, Sachbücher nach Themen, Geschichte etwa oder Philosophie. Bücher, die sich während meines Studiums angesammelt hatten, dazu viele Rezensionsexemplare, ein großer Teil auch geerbt. Vom Vater Physikbücher und Autoren des klassischen Altertums, vom Großvater die Freimaurerbibliothek; stark vertreten die feministische Literatur, die mir eine Nachbarin hinterlassen hatte, bevor sie ausgewandert war. Von ihr auch eine alte Bibel, die ich vom Sperrmüll gerettet hatte. «Bedienen Sie sich», wiederholte ich, als der Fremde keine Anstalten machte, sich für diesen oder jenen Band zu entscheiden.
«Stellen Sie sich vor», bedrängte er mein Gewissen, «diese Bücher werden verbrannt, eine universale Säuberungsaktion der künftigen Machthaber. Sie aber haben die Gelegenheit, vorher ein Buch zusammenzustellen, das davon ausgenommen ist und aufbewahrt werden soll für künftige Zeiten. Das ist das Buch, das ich von Ihnen erwarte.»
«Niemals», entfuhr es mir. Zu viel Verantwortung, nichts für mich. Und dennoch faszinierte mich der Gedanke. «Wenn wir uns wenigstens über das Thema einigen könnten . . .»
«Humanismus», stellte er klar. «Das könnte doch eine gemeinsame Basis sein, nicht wahr?»
Humanismus. Mir graute. Mit diesem Wort verband ich nur höchst unerfreuliche Erinnerungen. Das humanistische Gymnasium! Sieben Stunden Latein in der Woche. Ungeduldige Pädagogen, die mir alle Freude an dieser Sprache ausgetrieben, indem sie sich fast ausschließlich darauf konzentriert hatten, mich mit Grammatik und Vokabeln zu drillen. Da hatte ich kläglich versagt und war schon am Ende der Sexta aus dieser elitären Gemeinschaft verstoßen

worden. Um so mühsamer war es später gewesen, das Latinum nachzuholen.
«Für ein Buch über den Humanismus», erklärte ich dem Besucher, «bin ich nicht der richtige Mann. Ich habe zu viele Vorurteile gegen dieses Wort.»
«Die viele mit Ihnen teilen», pflichtete er mir bei. «Und gerade deswegen sind Sie der richtige Mann, ein solches Buch zusammenzustellen. Ich bin sicher, Sie werden nur Texte aufnehmen, die Ihnen trotz Ihrer Vorurteile etwas bedeuten. Texte, die auch heute noch lebendig sind.»
«Wenn ich nur wüßte, was Humanismus ist!» rief ich. «Oder besser», fuhr ich fort, «was Humanismus sein könnte ...»
«Denken Sie darüber nach», forderte er mich auf. «Notieren Sie Ihre Gedanken in einem Essay!»
«Warum muß das Thema ausgerechnet Humanismus sein ...», wehrte ich mich noch immer. «Warum nicht ein Buch über Indien? Den Ursprung der Religionen? Dazu hätte ich schon was ...»
«Vielleicht sind Sie damit ja schon auf dem richtigen Weg», machte er mir Mut. «Der Ursprung der Religionen ... Liegen da nicht auch die Wurzeln der Humanität? Der Humanität, die allen gemeinsam ist?»
«Wie meinen Sie das?»
«Ihr Männer und Frauen», wurde er deutlicher, «die ihr das dritte Jahrtausend bestimmt, müßt davon ausgehen, daß es zwischen Juden, Christen, Hindi, Moslems, Sozialisten, Kapitalisten, Armen und Reichen, Naturwissenschaftlern und Theologen, Weltbürgern und Nationalisten immer wieder zu unversöhnlichem Streit kommt, sofern ihr versucht, ein bestimmtes Wissensgebiet, eine bestimmte Religion oder eine bestimmte Verfassung zu einer gemeinsamen Basis zu machen. Ein Wort aber gibt es, unter dem sich alle etwas vorstellen können, was ihnen gemeinsam sei. Und dieses Wort heißt ‹Humanismus› ... Damit ist freilich nicht nur der Humanismus der Philologie gemeint, sondern der Humanismus in seiner ursprünglichen Bedeutung, das Streben nach Humanität.»
«Das Streben nach Vernunft, Toleranz, Menschenwürde, ich weiß ... Das beanspruchen viele für sich! Das haben schon Cicero und Seneca vor zweitausend Jahren zur Grundlage ihrer Erziehung und Politik gemacht, und was war ihr Lohn? Sie haben ihren Humanismus beide mit einem gewaltsamen Tod gebüßt. Und auch heute, nach so vielen humanistischen Bemühungen um eine Wende zum Besseren, haben wir wenig Grund, den Humanismus im Sinne eines rückblickenden Jubiläums zu feiern ... Im Gegenteil. Fast scheint es, als ob sich mit dem Fortschreiten der Zivilisation die Ideale des Humanismus in ihr krasses Gegenteil verkehrten! Wo wir uns umsehen ...»
«Ganz richtig», fiel er mir ins Wort. «Wir beobachten eine zunehmende

geistige Orientierungslosigkeit, ein Vakuum, das religiösen Fanatismus und faschistoide Politik begünstigt. Auch ist zu befürchten, daß menschenverachtende Ideologien aus der sozialen Not, die sich durch die fatale Konstellation von Überbevölkerung und schwindenden Ressourcen zwangsläufig ergibt, zunehmend Kapital schlagen. Die Tyrannen der Zukunft werden ungeheuren Zulauf haben, es sei denn ...» Hier unterbrach er seine Sonntagspredigt und blickte auf meine Teekanne.

«Entschuldigung», sagte ich und schenkte ihm eine Tasse ein. Vor lauter humanistischer Grundsatzdiskussion hätte ich beinah das simpelste Gebot der Gastfreundschaft vergessen.

«Die Vernunftbegabten in Politik, Wirtschaft und Kultur sind sich einig, daß solchen Gefahren entgegengetreten werden muß», erklärte er, nachdem er die Tasse in einem Zug geleert hatte. Ich schenkte ihm nach.

«Eine Besinnung auf die humanistischen Werte drängt sich also geradezu auf», fuhr er fort. »Wie aber muß eine solche Besinnung aussehen, wenn man vermeiden will, daß sie sich in rückwärtsgewandter Genügsamkeit oder einer rein akademischen Aufarbeitung des Themas erschöpft?»

Ich zuckte mit den Schultern. Dann blickte ich auf die Uhr. Unser Gespräch, das ich hier nur sehr verkürzt wiedergebe, hatte schon über drei Stunden gedauert. Gleich würde es klingeln, mein Sohn würde hochstürmen und in die leeren Töpfe gucken.

«Jetzt muß ich das Gespräch leider abbrechen», sagte ich. «Jetzt beginnt für mich der konkretere Teil des Tages.»

«Ganz richtig», pflichtete er mir bei. «Humanismus hat mit allen Lebensbereichen zu tun. Schulen, Universität und andere kulturelle Institutionen, aber auch Politik, Industrie und Wirtschaft sollten gleichermaßen angesprochen werden ...»

«Darf ich Sie bitten ...?» Ich erhob mich und ging ihm voraus in die Küche. Ein Chaos! Meine Teebeutel in der Spüle, vermischt mit dem Kaffesatz meiner Frau. Ein angeknabbertes Marmeladenbrot, Eierschalen, Brotkrumen, Butter, Honig, alles hatte ich liegenlassen, nur um so schnell wie möglich zu meinen Gedanken über den Ursprung der Religionen zurückzukehren! Wenn ich nicht ganz schnell Ordnung schaffte, bekam ich gleich Krach mit meiner Frau. Sie findet gern eine saubere Küche und einen liebevoll gedeckten Tisch vor, wenn sie von ihrem harten Job nach Hause kommt, und ich gebe mir auch redlich Mühe, ihr diesen Wunsch zu erfüllen. Wenn nur dieser Fremde mich endlich in Frieden ließe!

«Sie stellen mir das Buch also zusammen?» fragte er.

«Jetzt bin ich beim Putzen», sagte ich barsch. «Dann muß ich kochen. Tisch decken. Austeilen. Mir die Sorgen der Kinder anhören. Dann noch der Abwasch ...»

«Und dann?»

«Genügt das nicht?»

«Nein», sagte er frech. «Das genügt eben nicht. Genausowenig wie es genügt, über den Ursprung der Religionen nachzudenken.»

«Gut», stöhnte ich. «Sie sollen Ihr Buch bekommen.» Auf diese Weise hoffte ich, den ungebetenen Besucher endlich loszuwerden, ohne ihn zum Essen einladen zu müssen. Heute kamen ja auch noch Nachbarskinder! Da waren wir zu siebt, und ich hatte Zweifel, ob es für alle reichen würde.

«Vergessen Sie nicht», riet er mir, «bei der Auswahl der Texte auch Ihre täglichen Erfahrungen zu berücksichtigen!»

«Wie meinen Sie das?»

«Ihre Kindererziehung, Ihre gefährdete Ehe ...»

«Gefährdete Ehe? Das ist doch heutzutage wohl normal, daß eine Ehe ständig hinterfragt wird», brauste ich auf. «Und wer sind Sie überhaupt, sich herauszunehmen, so in meine Intimsphäre einzugreifen?»

«Verzeihung, ich wollte Ihnen nicht zu nahe treten», entschuldigte er sich. «Aber es hat eben alles mit allem zu tun! ... Mein Name ist Pico della Mirandola», gab er sich endlich zu erkennen. «Sie werden mir sicher noch öfter begegnen. Ich habe schon im 15. Jahrhundert versucht, die Würde des Menschen auf eine neue, von mehreren Kulturen gestützte Basis zu stellen. Ich hatte den Plan, dazu eine Konferenz der Weltweisen einzuberufen.»

«Ach?» Ich staunte. «Sie haben schon vor fünfhundert Jahren versucht, was fortschrittliche Theologen neuerdings mit ihrem ‹Parlament der Religionen› wieder anstreben!»

«Ich habe diese Bemühungen verfolgt», erklärte er. «In Chicago wurde ja sogar eine Erklärung zum Weltethos verabschiedet. Eine sehr erfreuliche Entwicklung!»

«Na also!» rief ich beifällig. «Was wollen Sie mehr?»

«Von Ihnen möchte ich etwas anderes», sagte er. «Ein Buch, in dem die Weltweisen selber zu Wort kommen. Die Weltweisen aller Jahrhunderte. Das wäre dann ein Kongreß der Weltweisen, den jeder Mensch in sich selber veranstalten kann. Immer und überall.»

«Und ausgerechnet mir überlassen Sie es nun, mir darüber den Kopf zu zerbrechen!»

«Ihnen und allen», sagte er. «Zumindest bitte ich Sie, den Gedanken noch einmal aufzugreifen. Er könnte entscheidend sein für die Zukunft dieses schönen Planeten.»

Und damit überließ er mich seinen Anregungen, ohne mir noch einmal Gelegenheit zu geben, mich dagegen zu wehren. So plötzlich, wie er gekommen war, verschwand er wieder in seiner Totenwelt hinter der Bücherwand . . . Und schon lärmte die Hausglocke. Mein jüngster Sohn pflegte einfach so lange auf den Klingelknopf zu drücken, bis ich ihm öffnete. Er hatte noch kein Gefühl für Verhältnismäßigkeit. Er empfand sich noch als Mittelpunkt der Welt. Für ihn war selbstverständlich, daß er auf alles augenblicklich eine Reaktion erhielt. Ebenso selbstverständlich, daß er sofort ein offenes Ohr bei mir fand für die Neuigkeiten aus dem Kindergarten.

«Der Michael war gestern im Kino», rief er. «Und morgen darf er schon wieder ins Kino.»

«Hm», meinte ich. Aber diese ausweichende Antwort befriedigte ihn keineswegs. Er ging in sein Zimmer und schloß die Tür. Ich schlich ihm nach und blickte durchs Schlüsselloch.

Er kniete sich aufs Bett und faltete die Hände zu folgendem Gebet: «Gott, gib, daß es Kinokarten regnet. Dann kann ich jeden Tag ins Kino!»

Nachdem ich die ersten Widerstände gegen das Thema überwunden hatte, geriet ich in einen wahren Leserausch. Ich stellte fest, daß es kaum etwas unter der Sonne gab, über das nicht schon so gründlich und verbindlich nachgedacht worden war, daß man es nur entstauben und dem wuchernden Apparat der Schriftgelehrten entreißen mußte, um auch heute wieder davon berührt zu werden.

Als ich fertig war, konnte ich es kaum erwarten, daß mir Pico della Mirandola wieder erschiene, um meine Arbeit zu begutachten. Selten hatte ich ein so gutes Gewissen, und auch die Steuern waren bezahlt. Aber nichts geschah. Die Zeit stand still, als ob sie den Atem anhielte, bevor . . . Aber weder tat sich die Wand auf, noch klingelte es an der Tür.

Wo blieb nur der Mann, der mir den Auftrag erteilt hatte, mir Gedanken über einen Kongreß der Weltweisen zu machen? . . . Erst allmählich dämmerte mir die Antwort. Er hatte es mir ja selbst gesagt! Ehe wir ein solches Unternehmen in die Tat umsetzen, empfiehlt es sich, den Kongreß erst einmal in uns selbst zu veranstalten. Dazu mag dieses Buch ein Beitrag sein.

Basel, Sommer 1995 F. G.

I.

DIE WURZELN DER HUMANITÄT

Brauchen wir eine Bibel der Bibeln?

Humanismus und Humanität

Um Pico della Mirandolas Anregung, einen fiktiven «Kongreß der Weltweisen» einzuberufen, umsetzen zu können, bedarf es erst einmal einer Begriffsklärung.

Einerseits versteht man unter «Humanismus» eine bestimmte geistesgeschichtliche Bewegung, die in Europa mit dem ausgehenden Mittelalter einsetzte, andrerseits eine bestimmte Geisteshaltung, das Streben nach echter Menschlichkeit, nach edlem, menschenwürdigem Denken und Handeln.

Diese beiden Bedeutungen des Wortes hängen insofern zusammen, als es durchaus das ursprüngliche Anliegen des historischen Humanismus gewesen ist, durch Bildung und Wissen die edlen Seiten des Menschen und damit seine Humanität zu fördern.

Unter dem Begriff «Humanismus» in seiner allgemeinen Bedeutung, dem «Streben nach echter Menschlichkeit», verstehen wir eine Geisteshaltung, die keineswegs nur auf Europa und eine bestimmte historische Epoche beschränkt ist. Sie findet sich vielmehr in allen lebendigen Religionen, ebenso in den Grundgedanken aller beispielgebenden Philosophie. Dieser Humanismus, dem das Eigenschaftswort «human» entspricht, begegnet uns vor allem auch im Empfinden und Verhalten der sogenannten Naturvölker, die man so lange und so gern als «primitiv» eingestuft hat, bis sich der Nachweis durchsetzte, daß gerade die Naturvölker in ihrem täglichen Umgang miteinander oft mehr Menschenwürde praktizieren, als wir das in unsren sogenannten christlichen Hochkulturen beobachten können.

Es drängt sich die Vermutung auf, daß Humanismus als «Streben nach echter Menschlichkeit» unabhängig von Religionen, Rassen, Kulturen, Zeiten und Völkern zum Wesen des Menschen gehört. Was wir Menschlichkeit nennen, ist sowohl eine Gefühlsregung, die religiös fundiert sein mag, wie auch ein Gebot der Vernunft, das schließlich zu einem Gesellschaftsvertrag geführt hat, wo immer sich Menschen zusammentaten, um gemeinsam zu überleben.

Auch der tägliche Sprachgebrauch weist darauf hin, daß «Menschlichkeit» als

selbstverständliche Grundhaltung schlechthin angesehen wird; nicht umsonst spricht man ja sonst von «Unmenschlichkeit».
Und nicht nur Naturvölkern, auch uns erscheint es als unmenschlich, willkürlich Tiere zu quälen und zu töten. Streift uns eine Katze am Bein, erwidern wir dieses Zeichen der Annäherung eher damit, ihr zärtlich den Kopf zu kraulen, als sie mit einem Tritt von uns zu schleudern.
Wir können es also durchaus als «menschlich» bezeichnen, wenn wir unser Mitgefühl nicht nur auf die Menschen beschränken, sondern auch auf andere Kreaturen und die gesamte Natur ausweiten. Es gibt offenbar eine unausrottbare, tiefe Solidarität von Kreatur zu Kreatur, die dem bedingungslosen Willen zur Macht und der destruktiven Selbstherrlichkeit des «homo sapiens» widerspricht.
Allein daraus erklärt es sich wohl, daß der Humanismus in seiner allgemeinen Bedeutung in allen Kulturen und Epochen immer wieder so leidenschaftliche Vertreter und Vertreterinnen fand, die nicht müde wurden, uns zu einem menschenwürdigen Leben und Denken aufzurufen. Religionen und Kulturen sind untergegangen, Philosophenschulen aus der Mode gekommen, nicht aber das Grundbedürfnis des Menschen nach einer humanen Gesellschaftsordnung.
Leider haben auch die Verfechter des Humanismus immer wieder erleben müssen, daß ihr Aufruf zur Humanität mißbraucht wurde und sich in der Praxis ins Gegenteil verkehrte. Das aber widerspricht wohl weniger dem Humanismus an sich, es zeigt vielmehr, daß Humanität mit einem human gemeinten Gesellschaftssystem allein noch längst nicht gesichert ist, sondern immer neu gesucht und praktiziert werden muß.

Liegt die Zukunft in unsren Ursprüngen?

Wo aber nehmen wir die Richtlinien her für einen Humanismus der Zukunft? Der Gedanke liegt nahe, wie schon oft in den Zeiten der Orientierungslosigkeit, sich wieder einmal auf die griechisch-römische Antike zu besinnen. Daraus hat schließlich der europäische Humanismus immer wieder seine erneuernde Kraft bezogen. Inzwischen aber, und das werden wir im historischen zweiten Teil dieses Buches noch ausführlich nachweisen, haben wir allen Grund, uns nicht mehr so ausschließlich auf die traditionellen Werte des europäischen Humanismus zu verlassen. Ohne Zweifel kann man gar nicht genug darauf hinweisen, wie wichtig die Grundwerte dieser Tradition sind, ich nenne nur wieder die Begriffe Vernunft, Toleranz und Menschenwürde. Inzwischen aber haben sie viel von ihrem ursprünglichen Glanz verloren.

Trotz und wegen aller Fortschritte der Wissenschaft scheint ihre Erneuerung fraglich.
Weniger wissenschaftlich orientierte Kulturen haben uns vor Augen geführt, daß eine Erneuerung der Humanität auch mit ganz anderen Mitteln angestrebt werden kann, ich nenne nur Mahatma Gandhi mit seiner Philosophie der «Non-Cooperation». Er hat nur durch Verweigerung erreicht, fast einen ganzen Kontinent von Fremdherrschaft zu befreien. Es wäre zu billig, ihn als einen übermenschlichen Einzelfall abzuqualifizieren. Denn was er vollbracht hat, ist nicht nur eine Leistung seiner Persönlichkeit allein, sondern Ausdruck seiner spirituellen Tradition, die überall ihre Gültigkeit haben könnte.
Während wir Europäer unter Freiheit hauptsächlich verstehen, unsre Entscheidungsmöglichkeiten in der materialistisch bestimmten Welt immer mehr zu erweitern, sah Gandhi die Freiheit erst darin verwirklicht, sich geistig von allen materiellen Abhängigkeiten des Daseins zu lösen, was ihn nicht davon abhielt, seine konkreten politischen Ziele um so entschiedener durchzusetzen. Sich um diese innere Freiheit zu bemühen, bedeutet keineswegs, sich gegen die Tagesgeschäfte, die Politik oder den technischen Fortschritt zu sperren, im Gegenteil, es könnte viel dazu beitragen, die sozialen Konflikte und den technischen Fortschritt in menschenfreundliche Bahnen zu lenken.

Wir sollten uns auch, um noch ein anderes Beispiel denkwürdiger Humanität zu nennen, der Weisheit der Indianer nicht länger verschließen. Von ihnen ist viel über ökologische Lebenszusammenhänge zu erfahren, die sich uns durch wissenschaftliche Untersuchungsmethoden allein nicht erschließen.
Die Renaissance der Indianer-Literatur in Europa ist kein Zufall. Sie entspringt einem tiefen Unbehagen gegenüber der Dominanz unsres naturwissenschaftlichen Weltbildes. Auch wenn es uns schwerfällt, wirklich nachzuvollziehen, was mit indianischen Ritualen und Beschwörungsriten wirklich gemeint ist, spüren wir doch instinktiv, daß es sich dabei um durchaus reale, wenn auch spirituell-magische Naturerfahrungen handelt, die den Menschen heilsam in die Natur zurückbinden wollen.

Vermutlich liegt der beste Ansatz für einen künftigen Humanismus tatsächlich in Pico della Mirandolas Einsicht, daß die Wahrheit nicht nur im Christentum und der griechisch-römischen Antike liege, sondern auch in anderen Weltreligionen. Das mag für aufgeklärte Ohren heute banal klingen, scheint mir für konfessionell gebundene Theologen aber noch immer eine unzumutbare Provokation zu sein, sonst hätte Hans Küng mit seinem «Parlament der Religionen» sicher bedeutend mehr Zulauf!

Gar keine Chance hatte in dieser Beziehung Pico della Mirandola selbst, als er nach der Gründung der Platonischen Akademie im Jahre 1459 die Weltweisen in Florenz versammeln wollte, um mit ihnen eine Art überkonfessionelle Glaubensgemeinschaft zu gründen. Er starb, verketzert und verbittert, kaum dreißig Jahre alt, hinterließ uns dafür aber seine einzigartige Rede «Von der Würde des Menschen».

Indem wir nun Pico della Mirandolas Anregung, einen «Kongreß der Weltweisen» einzuberufen, endlich befolgen, bleiben wir damit ganz bewußt im Reich der Fiktion. Das hat den Vorteil, daß wir uns keine Gedanken über Organisation, Zeitpunkt und Ort zu machen brauchen, außerdem steht es uns frei, auch die längst verstorbenen Weltweisen auftreten zu lassen. Hinzu kommt, daß wir auch radikale Konfrontationen von Texten, die man bisher kaum nebeneinandergestellt hat, nicht zu scheuen brauchen.

Dazu aber müssen wir tatsächlich erst einmal über die Bücher. Vor allem über die «heiligen Bücher». Wir müssen uns fragen, wo sie ihre Aktualität verloren haben und wo sie uns noch unmittelbar ansprechen. Aus den «heiligen Büchern» ließe sich beispielsweise jederzeit eine multikulturelle Kriegsfibel machen, mit der wir uns endgültig die Köpfe einschlagen könnten. Solche Passagen überlassen wir gern der Vergangenheit.

In diesen «heiligen Büchern» gibt es noch genügend andere Gemeinsamkeiten. Sie sind ja über Tausende von Jahren vielgelesene Schriften geblieben, weil sie etwas zum Ausdruck brachten, was uns als Menschen wesentlich ausmacht. Nicht nur in ethischer Hinsicht. Ich denke auch an Passagen, die von erotischer Verzückung, Tod, sozialen Handlungen und von spirituellen Erfahrungen berichten. Auf solchen Passagen beruht ihre unvergängliche Anziehungskraft. Erstaunt stellen wir fest, daß eben diese Grunderfahrungen in den «heiligen Büchern» der Völker ziemlich übereinstimmend beschrieben werden. Dem nachzuspüren, könnte der Anfang eines künftigen Humanismus sein, ein Schritt in die Richtung, die Taslima Nasrin einschlägt, wenn sie fordert, Humanität sollte die Religion aller Menschen sein.

Damit würde der Humanismus als historische Bewegung aufhören, ein europäischer Sonderfall zu sein. Es wäre ein erster Schritt, ihn zurückzuführen in einen Humanismus, wie er in allen Kulturen zu finden ist. Man würde sich mit den «heiligen Büchern» nicht mehr die Köpfe einschlagen, sondern darin wetteifern, immer neue Gemeinsamkeiten zu entdecken. Haben wir die gemeinsamen Wurzeln der Humanität erst einmal aufgedeckt, wird sich ein Moslem mit einem Christen viel eher verständigen können. Sie haben ja nicht nur die Propheten gemeinsam, sondern auch das Gebot der Barmherzigkeit. Und wie erstaunt müßte ein Buddhist sein, wenn wir ihm einen mystischen

Text des christlichen Mittelalters zeigten, der ziemlich genau den Meditationsvorschriften seines buddhistischen Meisters entspricht!
Bei der Suche nach den gemeinsamen Wurzeln der Humanität werden wir allerdings nicht nur die «heiligen Bücher» berücksichtigen, sondern auch Dichtung und Philosophie einbeziehen, die ebenso authentisch etwas Gemeinsam-Menschliches zum Ausdruck bringen.
Denn für ein gemeinsames Überleben der Völker wird es ja vor allem darauf ankommen, eine gemeinsame Basis zu finden. Eine Basis, die uns hilft, uns wieder mehr als selbstbewußte geistige Lebewesen zu begreifen, zu Hause zwischen Himmel und Erde, verwurzelt in beiden. So könnten wir uns den Freiheiten, die der Fortschritt uns bietet, gewachsen zeigen. Und da dieser künftige Humanismus sich gleichermaßen aus allen Kulturen herleitet, fände er auch überall gleichermaßen Akzeptanz.
Eine Träumerei, gewiß, der wir aber um so lieber folgen, als uns die Zukunftsängste zu ersticken drohen.

Keine Lösung, nur eine Anregung!

Der Gedanke, unsren fiktiven «Kongreß der Weltweisen» mit dem Entwurf einer Art Bibel der Bibeln zu beginnen, die als Basis eines interkulturellen Dialoges dienen könnte, war zwar verführerisch, stellte mich aber vor ungeahnte Probleme. Erschlagend die Bücherberge, die es zu sichten galt! Bei meiner Suche nach geeigneten Texten habe ich oft bedauert, daß ich im Hauptberuf Hausmann bin, nicht etwa ordentlicher Professor an einer ordentlichen Universität. Ich hätte bei meiner «herculischen» Arbeit sehr wohl ein paar Assistentinnen und einen Sekretär brauchen können. Andere haben für ihre Recherchen millionenschwere Installationen und Computeranlagen zur Verfügung, man denke nur an den Aufwand, den man für die Entschlüsselung des genetischen Codes betreibt! Da stand ich mit meiner Suche nach den Wurzeln der Humanität vergleichsweise armselig da, obgleich ich der Meinung bin, daß diese geistige Grundlagenforschung ebenso wichtig ist.
Hinzu kommt, daß ich bei meinen Recherchen zwangsläufig den Haushalt immer mehr vernachlässigt habe, und das zahlt sich nicht aus. Da meckert die Frau über die Spinnweben, die ich wieder einmal liebevoll übersehen habe, und meine Kinder beschweren sich, daß es schon wieder Spaghetti mit Thunfischsauce gibt. Auch kommt es vor, daß ich über Lao-tse die Zeit vergesse, und plötzlich steht mein Jüngster im Zimmer und will unbedingt «Das verrückte Labyrinth» mit mir spielen. Ich vertröste ihn auf später. Also spielt er

sein Lieblingsspiel. Es heißt «Schwimmbad» und geht so: Lenz nimmt Anlauf, rennt quer durch mein Arbeitszimmer ins anstoßende Schlafzimmer, um dort mit einem Jubelschrei ins frischgemachte Bett zu hechten. Ihn stört es nicht, daß er dabei regelmäßig die Büchertürme umwirft, die ich zu einzelnen Kapiteln mühsam aufgeschichtet habe. Gewiß, sie sind hoch, diese Türme, aber sorgfältig ausbalanciert. Um so ärgerlicher ist es, wenn ich dann jedesmal von vorne beginnen muß, die Beiträge zu den Themen «Schöpfungswonnen», «Sterben lernen», «Die soziale Dimension» und «Der innere Mensch» neu zu sortieren.

So ist das Leben! Es fängt eben mit jedem Kind wieder von vorne an! . . . Damit wären wir schon bei der nächsten Schwierigkeit, die mir mein Unternehmen bereitet hat. Das Leben wirft uns nicht nur immer wieder zurück in chaotische Zustände, es ist auch begrenzt; die Jahre, die ich zur Verfügung hatte, waren gezählt. Unter diesem Zeitdruck geriet ich öfter in Gewissensnot. Ich mußte mich fragen, was wichtiger sei: mir wieder einmal die Zeit für die Zubereitung von frischem Gemüse und selbstgestampftem Kartoffelbrei zu nehmen – oder sie darauf zu verwenden, doch noch nach einer lesbaren Übersetzung der iranischen Gathas zu fahnden, um auch die Offenbarungen Zoroasters hinreichend zu dokumentieren. Meistens hat in dieser Gewissensnot meine philologische Neugier gesiegt, oft genug aber auch der Hausmann, wodurch sich so manche Lücke erklären läßt.

Soviel noch zu den Produktionsbedingungen dieses Projektes, damit die allzu großen Erwartungen, die meine Arbeit erwecken mag, von vornherein etwas relativiert werden. Mein Versuch, den gemeinsamen Wurzeln der Humanität nachzugraben, erhebt also keineswegs den Anspruch auf Vollständigkeit. Die Sammlung ist vielmehr als Anregung gedacht, in diesem Sinne weiterzudenken, vor allem, einen weniger dogmatischen Umgang mit den «heiligen Büchern» und den großen Werken der Philosophie und Dichtung zu pflegen. Sofern sie sich nämlich wirklich als Basistexte der Humanität erweisen, sollte man sie davor bewahren, in den Verliesen der Bibliotheken zu verstauben oder von den Anmerkungsapparaten der Philologen erstickt zu werden. Sie haben ihren Platz durchaus im Büro, im Labor, in der Caféteria und auf dem Küchentisch.

Eine wirkliche Bibel der Bibeln müßte ein großes Gemeinschaftswerk sein, ständig im Wandel, eine Arbeit, die ich als überlasteter Hausmann keinesfalls leisten kann, aber um so dringlicher anraten möchte.

Vor allem aber möchte ich die Strenggläubigen bitten, mir nicht zu verübeln, daß ich Texte aus ihren «heiligen Büchern» in etwas ungewohnte Zusammenhänge gebracht habe. So, im direkten Vergleich ihrer wesentlichen Aussagen, verlieren diese Schriften zwar ihren jeweiligen Anspruch auf die absolute Wahrheit, gewinnen aber dafür eine gemeinsame Dimension. Sie vermitteln uns Einsichten in die Ursprünge der Humanität, die auch Atheisten zu denken geben.

Die Wahrheit, da halten wir uns an Lessing, überlassen wir lieber Gott allein. Im übrigen trösten wir uns mit Sokrates, der ja der Auffassung war, daß wir alle gleich viel wissen, man müsse uns nur daran erinnern.

In diesem Sinne haben die folgenden Texte keine «Lösungen» anzubieten. Sie sind lediglich als Anregung gedacht, sich im hektischen Getriebe unsrer Zivilisation wieder mehr darauf zu konzentrieren, was wesentlich ist. Wird man sich darüber klar, lösen sich viele Probleme von selbst.

Schöpfungswonnen

Die erste Wurzel der Humanität, die allen Völkern und Kulturen gemeinsam ist, liegt wohl in der Erotik, der Lust an der Schöpfung und am Geschlecht. Denn ohne Sexualität wäre die Menschheit längst ausgestorben, ohne Erotik geistig und seelisch verkümmert.
Aus Gründen, die wir an anderer Stelle begreiflich machen wollen, ist aber gerade die Erotik immer wieder verteufelt oder verdrängt worden, übrigens nicht nur im Christentum, auch in anderen Kulturen. Dabei fällt auf, daß oft gerade jene der Erotik den erbitterten Kampf angesagt haben, die sich ihr am meisten ausgeliefert fühlten; damit einher ging gewöhnlich auch eine tiefe Frauenverachtung.
Obwohl sich die Kirchenväter in ihrer Erosfeindlichkeit zu Unrecht auf Jesus bezogen haben, ergab sich aus ihrer blindwütigen Polemik gegen die Sinnlichkeit für das christliche Abendland eine unheilvolle Entwicklung, an der wir heute noch leiden.
In seinem Buch «Religion und Eros» weist Walter Schubart darauf hin, daß die Lehren Jesu keineswegs erosfeindlich gewesen seien. Ein Bibelwort, das der Genesis entlehnt ist, steht im Zentrum der Lehre, wie sie Jesus zugeschrieben wird: «Darum wird der Mensch seinen Vater und seine Mutter verlassen und wird seinem Weibe anhangen, und werden sein die Zwei ein Fleisch. So sind sie nun nicht zwei, sondern ein Fleisch» (I. Mose 2, 24; Markus 10, 7).
Schubart fügt folgende Deutung an, die durchaus plausibel erscheint: Diese Sätze «. . . enthalten ein unzweideutiges Bekenntnis zur mystischen Erotik, zur umarmenden Geschlechterliebe, also zu jener Liebesart, in der der Eros mit seiner verschmelzenden Gewalt Leib und Seele, nicht nur die Seele allein ergreift. Das Geschlecht, das ‹Fleisch›, soll veredelt am erlösenden Zug des Eros teilnehmen und nicht, wie bei der anbetenden Liebe, davon ausgeschlossen bleiben. Jesus sagt nicht: Mann und Weib sollen ein Geist oder eine Seele werden, sondern ein Fleisch. An eine Liebe ohne körperliche Berührung kann er daher nicht gedacht haben. Er bejaht die sinnliche Umarmung als Gleichnis für das Eingehen der Liebenden in übersinnliche Einheit. Die Ehe ist danach die Lebensform, in der sich nicht nur das Männliche mit Weiblichem, sondern

auch die Seele mit dem Körper, der Geist mit den Sinnen versöhnt. In ihr gleicht der Mensch seine triebhafte und geistige Natur miteinander aus. Deshalb ist die geschlechtliche Umarmung der von wahrer Geschlechterliebe Getragenen ein gottgewolltes Geschehen. Markus 10, 9 deutet auf diesen übersinnlichen, gleichnishaften Charakter der Geschlechtsverbindung. Es ist das Erlösungsmotiv, das den Geschlechtsrausch adelt, und nicht der Fortpflanzungszweck. Jesus rechtfertigt die Liebesumarmung nicht aus der tierischen Gabe oder Aufgabe des Leibes, sondern er befreit den Menschen von der Tyrannei der Gattung und gibt der Geschlechterliebe ihre Würde und übersinnliche Natur zurück.»[1]

Daß im Christentum dennoch eine fatale Erosfeindlichkeit ausbrechen konnte, führt Schubart auf eine falsche Auslegung jener Sätze zurück, mit denen Jesus seinen Jüngern empfiehlt, sich ganz auf die Verbreitung seiner Lehre zu konzentrieren: «So jemand zu mir kommt und hasset nicht seinen Vater, Mutter, Weib, Kinder, Bruder, Schwestern, auch dazu sein eigen Leben, der kann nicht mein Jünger sein» (Lukas 14, 26). Nach Schubart sind solche Aussagen so zu interpretieren: «Es ist nicht statthaft, diesen Stellen einen geschlechtsfeindlichen Sinn zu unterschieben. Daß sie ihn nicht haben sollen, zeigt schon die Reihenfolge in der Aufzählung der Personen, die verlassen werden mögen; die Ehefrau wird nirgends an erster Stelle genannt, und unter dem Hassenswerten in Lukas 14, 26 wird das Leben des Hassenden miterwähnt. Es handelt sich hier um heroische Anforderungen, die nur für die Auserkorenen in der nächsten Umgebung Jesu gelten. Ihre einmalige weltbedeutsame, apostolische Sendung vertrüge sich nicht mit dem Einschließen des Geistes in den engen Kreis der Familie. In diesem Sinne ist auch die Unbeweibtheit Jesu zu bewerten. Eine allgemeine Regel sollte daraus nicht aufgestellt werden.»[2]

Bedenkenswert sind auch die Schlußfolgerungen, die Walter Schubart aus der christlichen Erosfeindlichkeit für die Entwicklung der abendländischen Zivilisation und Kultur zieht:

«Das christlich-asketische Ideal hat nicht nur die sittliche Haltung überzeugter Christen bestimmt, sondern auch das Werturteil vieler Personen, die sich von der Religion getrennt haben. Die ganze Kulturentwicklung des Abendlandes ist von der christlichen Askese entscheidend beeinflußt worden. Auch wo die Gottesvorstellung längst aufgegeben und das Gottesgefühl unbewußt oder hinfällig geworden ist, sind die mittelbaren Folgen christlicher Erosfeindschaft *zu spüren. Die geschlechtliche Verwilderung, die im Rokoko und nach der Romantik die Menschen und Völker Europas ergriff, wäre nicht möglich gewesen, wenn nicht zuvor die Religion den Eros von den höheren Mächten getrennt und in die Niederungen des menschlichen Lebens verstoßen*

hätte. Zwar haben sich Rousseaus Nouvelle Héloïse, Goethes Werther und Schlegels Lucinde dieser Abwertung der Liebe entgegengestemmt, aber sie konnten den allgemeinen erotischen Niedergang nicht aufhalten. Schon in der zweiten Hälfte des 19. Jahrhunderts und gar erst im 20. haben sie keine Nachfolger mehr gefunden. Die Verflachung der Erotik, ihr Verlust an Tiefe, Würde und Ernst, konnte in der Neuzeit nur deshalb so rasch fortschreiten, weil die religiöse Erosächtung den Boden dafür geebnet hatte. Der späte Europäer, religiös gleichgültig oder ausgesprochener Gegner der Religion, lehnte zwar die christlichen Dogmen und Riten ab, aber dem christlichen Urteil über die Geschlechterliebe unterwarf er sich weitgehend, ohne es immer zu bemerken. Auch in den Augen vieler Gebildeter, die der Religion fernstehen, klebt am Geschlechtlichen etwas Verächtliches, etwas, was die erotische Liebe näher an die Zote als an das religiöse Dogma heranrückt, und der Eros, entkräftet durch seinen jahrhundertelangen Hader mit der Religion, konnte sich gegen diesen Verruf nicht wehren.»

[. . .]

«Die zweite ungewollte Folge christlicher Erosfeindschaft ist der Ausfall der erotischen Kräfte in der Kulturgestaltung. *Von der Religion verworfen, hatte der Eros keine Möglichkeit, an den höheren Lebenstätigkeiten mitzuwirken. Deshalb verfiel der moderne Mensch so rasch und leicht den geistigen Irrtümern, unter denen er heute stöhnt, dem Rationalismus, dem Individualismus und der Versachlichung des Daseins (Materialismus im weitesten Sinn). Gegen diese Übel hätte gerade die erotische Haltung und Schulung einen gewissen Schutz geboten. Die volle Lebendigkeit der Liebeskräfte hätte die schwere Krise des Gefühls verhindert oder gemindert, die dem Glauben an die Allmacht der Vernunft teils voranging, teils folgte. Auch hätte der erotische Entselbstungsdrang den verknöcherten Individualismus, der den Menschen in die Enge seiner zeitlichen Person einschließt, nicht aufkommen lassen oder doch in Schranken gehalten, so daß die Krise des Ganzheitsempfindens mit ihrer zersplitterten Wirkung weniger schwer geworden wäre. Die enthusiastische Natur des Eros endlich hätte das bürgerliche Ordnungsideal einzudämmen und hin und wieder die starre Mechanik zu durchbrechen vermögen, die aus der übertriebenen Planung des menschlichen Daseins folgt. Denn der Eros ist, wie der Todfeind des Individualismus, so auch der grimmigste Widersacher der Bürgerlichkeit, des gliedernden Rechtsdenkens und der Versachlichung des Lebens, weil in einer bürgerlich durchgeformten Welt die Geschlechterliebe mit ihren Ausbrüchen, Aufschwüngen und Verzückungen keinen Platz mehr findet. Sie hat zuviel vom Wunder, vom Geheimnis und Mysterium an sich. Es ist die dämonische Seite der Liebe, ihre Besessenheit und ihre Wahnsinnsnatur,*

die dem ruhegewohnten Bürger mißfällt. Denn es ist die Geschlechtsfurcht, die auch in der Bürgerkultur ihr Wesen treibt. Sie gab H. Spencer die verstiegene Idee ein, daß die Liebe immer überflüssiger werde; das Endziel der Menschenentwicklung sei die absolut liebeleere Welt, die bei voller Solidarität der Interessen sich selbst im ‹sozialen Gleichgewicht› behaupte. Hier reckt unverkennbar die Angst vor jeder Art Liebe das Haupt aus dem Dunkel. Die Bürgerkultur kämpft gegen erotischen Überschwang aus dem gleichen Grunde wie gegen den Begriff der ‹ira Dei›: Sie liebt das Unberechenbare nicht. Einen ernsten Kampf mit ihr konnte der entrechtete Eros nicht wagen. So zog er sich zurück und überließ ihr das Feld. Mit ihm wich das dionysisch-schöpferische Element aus der abendländischen Kultur und schließlich – das religiöse. Die Schwächung des Eros rächte sich zuletzt an der Religion, die die Schwächung verschuldet hatte, und damit wird der Religion wider ihren Willen in drastischer Weise bewiesen, wie nah sie mit der Erotik verwandt ist.»[3]

Mit den folgenden Texten, die einem Zeitraum von über dreitausend Jahren entnommen sind, sei der Versuch gewagt, der Erotik wieder den ihr gebührenden Platz im Bewußtsein des Menschen zu geben. Die «Schöpfungswonne»[4], die der Mensch bei seiner Paarung erfährt, ist in allen Kulturen gleichermaßen bezeugt. Wir verdanken ihr nicht nur das Leben, sie hat zu den schönsten Zeugnissen der Religionen, der Philosophie, Kunst, Musik und Dichtung geführt.

Was wir in der Sexualität als Individuen erfahren, wurde in früheren Zeiten offenbar als so überwältigend empfunden, daß man es auf Schöpfungsmythen übertragen hat. In vielen Religionen wird die Schöpfung der Welt aus der Verbindung eines göttlichen Paares gedacht. Umgekehrt haben sich die Menschen im Zeugungsakt auch immer wieder in eine göttliche Dimension erhoben gefühlt und die menschliche Paarung als stellvertretendes Gleichnis für eine göttliche Hochzeit empfunden.

Sexualität aus der Religion zu verdrängen, wie das in manchen Kulturen versucht wurde, ist also nicht nur absurd, es ist an der Basis unsres Lebens vorbeigedacht. Es negiert einen der wichtigsten Ursprünge religiösen Empfindens überhaupt.

Unsre Auswahl beginnt mit einem Lied aus dem Rig-Veda, einer der ältesten Sammlungen hinduistischer Texte aus Indien, deren Entstehung man in die Zeit um 1500 v. Chr. datiert hat. Diese Zaubersprüche sind in einer Frühform des Sanskrit abgefaßt, das dem Altiranischen sehr nahe steht. Am berühmtesten ist das zehnte Lied geworden, das vom Ursprung der Welt handelt. Ein

Schöpfungslied, in dessen Zentrum ein Zeugungsakt der Liebe steht, in seinem Grund zwar von den Weisen erkannt, aber dennoch rätselumsponnen.[5]

Wir lassen die «Anrufung des Herrn» aus den altiranischen Gathas (7. Jh. v. Chr.) folgen, die Zoroaster zugeschrieben werden. Diese altiranischen Gathas sind nach Inhalt und Sprache den Veden verwandt. Auch die älteste sakrale Poesie des Iran hat ihre Wurzeln in einer vorgeschichtlichen, nicht mehr erhaltenen Dichtkunst. Beiden Texten ist ein bodenloses Staunen darüber gemeinsam, daß die Schöpfung einen Ursprung haben muß und ihr ein Schöpfungsakt zugrunde liegt. Diese Deutung vom Ursprung der Welt ist eine zutiefst erotische Auslegung; sie beruht auf einer Erfahrung, die der Mensch an sich selbst gemacht hat und die er in der Schöpfung wiederzuerkennen glaubt. Wie anders sollte sich der vorgeschichtliche Mensch die Entstehung der Welt auch vorstellen, wenn nicht als einen Akt der Begehrlichkeit, wie er ihn selbst an seinem eigenen Leib erlebte?

Lao-tse, der chinesische Weltweise, vermutlich ein Zeitgenosse Zoroasters, beschwört in seinem «Tao-tê-king» die «unfaßbare Mutter» als Urgrund des Alls, eine Kraft, die aus sich heraus und ewig schöpferisch wirkt.

Die Schöpfung der Welt, wie wir sie aus dem Alten Testament kennen, hebt mit einer wahren Zeugungsorgie an, deren Wonne sich durch den Refrain ständig selbst bestätigt: «Und Gott sah, daß es gut ist.»
Das einzige, was ausdrücklich «nicht gut ist», besteht nach der Erschaffung des Menschen darin, «daß der Mensch allein sei». Also wird ihm Eva als Gespielin erschaffen, auf daß die beiden «werden ein Fleisch».

Es folgt eine Episode aus dem «Gilgamesch-Epos», einem heiligen Buch der Sumerer, der Erfinder der Keilschrift, der ältesten Schrift der Menschheit. Das Epos geht auf Sagen zurück, die sich um den südbabylonischen König Gilgamesch ranken, dessen Regierungszeit man zwischen 2750 und 2600 v. Chr. annimmt. Es ist ein Epos, das schon alle Grundzüge späterer Weltdichtungen enthält: Frauenliebe, Männerfreundschaft, Heldentaten, Totenklage, eine Reise in die Unterwelt, Sintflut. In unsrem Zusammenhang interessiert uns vor allem die Menschwerdung Engidus, eines «Wildlings», der Gilgamesch zum Gefährten erschaffen wurde, aber erst nach einem siebentägigen Beischlaf in den Armen einer Priesterin zu Sinn und Verstand kommt. Eine für die Geschichte der Erotik bedeutsame Schilderung, da der Paarungsakt ausdrücklich nicht auf den Zweck einer Zeugung reduziert, sondern als Erlösung aus einem tierischen Zustand dargestellt wird.[6]

Das «Hohelied der Liebe» oder auch «Der Gesang der Gesänge» aus dem Alten Testament gehört ohne Zweifel zu den schönsten Liebesdichtungen der Weltliteratur. In ihrer Einführung der jüngsten Ausgabe weisen die Herausgeber und Übersetzer Herbert Haag und Katharina Elliger darauf hin, daß die erotische Liebe das einzige Thema des Hoheliedes sei. «Ihr gilt aller Preis, unabhängig von irgendwelchen Interessen und Konsequenzen wie Ehe und Kind.»[7] *Es geht der Liebe um mehr als nur um ein Ritual zwischen einem ehelich legitimierten Paar. Sie erhält ihre Rechtfertigung allein schon durch die Unbedingtheit der reinen Begehrlichkeit, die sich zwischen den Geschlechtern entwickelt. Obwohl Gott nicht genannt wird, erscheint die körperliche Liebe als ein sakraler Akt: «Wenn der Vollzug der Liebe als königliches Abendmahl dargestellt wird, womit in den Evangelien das Himmelreich bezeichnet wird, dann ist allein schon die Austauschbarkeit der Bilder Hinweis auf einen religiösen Sinngehalt. Mehr noch ist es die Erfahrung, daß die Liebe ein den Menschen immer wieder zutiefst erschütterndes Erlebnis ist, das die eigene Zerrissenheit und Einseitigkeit überwindet und insofern über die individuelle Beziehung hinausweist.»*[8]

Auch Sappho (um 600 v. Chr.), die bedeutendste Lyrikerin Griechenlands, besingt Eros als eine Kraft, die über allen Normen des Lebens steht. Als Frau, die Frauen begehrte, erfand sie Verse, deren psychologische Tiefe und formale Anmut unerreicht sind. Auch für Sappho ist die erotische Verschmelzung ein sakraler Akt, der am besten im «weihevollen Heiligtum» vollzogen wird, und in ihrer Ode an Anaktoria nimmt sie den Platonischen Gedanken vorweg, wonach «alles schön ist, was wir lieben».

Die gedanklich ausgefeilteste Auseinandersetzung mit dem Eros ist wohl in Platons «Gastmahl» zu finden, ein Werk, das nicht nur systematisch die verschiedenen Auffassungen der Liebe thematisiert, sondern auch eine Wertung ihrer verschiedenen «Stufen» vornimmt.
Es ist bezeichnend, daß in diesen Dialogen selbst ein Sokrates noch einmal zu einem Schüler wird. Bezeichnend auch, daß er seine Unterweisungen nicht aus dem Mund eines Mannes erhält, sondern von einer Frau. Seine Lehrmeisterin heißt Diotima, Priesterin aus Mantinea. Sie belehrt ihn über die tieferen Zusammenhänge der erotischen Verzückung, ihr wird die Rede über den Aufstieg zur höchsten Form der Liebe, der Ideenschau, in den Mund gelegt.

Dabei handelt es sich wahrscheinlich um eine von Platon erfundene Figur, die übrigens Hölderlin zu seiner «Diotima» angeregt hat.
In Diotimas Unterweisungen erscheint Eros als Verlangen nach Zeugung: «Wenn also das zeugungsbedürftige Wesen dem Schönen sich nähert, so wird es froh gestimmt, zerfließt vor Wonne, entlädt sich und zeugt.»
Dies gilt für die einfachste Stufe der Liebe, der Vereinigung von Mann und Frau, genauso wie für die höheren Stufen der Liebe, wo es um Erkenntnis und Tugend geht, letztlich die Offenbarung des «Urschönen». Durch die Offenbarung des «Schönen an sich» kann der Mensch der Unsterblichkeit teilhaftig werden.
Der allgemein bekannte Begriff «platonische Liebe» leitet sich von dieser vergeistigten Auffassung des Eros her und suggeriert mißverständlich eine Verachtung der körperlichen Liebe. Davon ist im Platonischen Urtext nichts zu spüren. In Platons «Gastmahl» wird die körperliche Liebe ausdrücklich gutgeheißen als erste Voraussetzung dafür, später zur geistigen Liebe aufsteigen zu können.
Für unsren Zusammenhang sei darauf hingewiesen, was für einen Widerhall diese Auffassung der Liebe noch zweitausend Jahre später erfuhr. Das geht aus der ersten öffentlichen Vorlesung hervor, die Benedetto Varchi in der Platonischen Akademie von Florenz gehalten hat. Platons Apotheose des Eros feiert eine wortgewaltige Auferstehung: «Der Liebe allein und nichts anderem entsprangen, entspringen und werden immer alle seelischen und leiblichen Güter sowie auch alle Glücksgüter entspringen, die man je, in allen Zeiten und überall, aus allen Dingen zugeteilt bekam, bekommt oder bekommen wird. Denn daß der Himmel sich bewegt, davon ist erste und hauptsächliche Ursache die Liebe; und daß der Himmel sich bewegt, bringt mit sich, daß die Erde stillsteht; aus der Bewegung des Himmels als Vater, und aus dem Stillstand der Erde als Mutter entstehen, wachsen und erhalten sich alle Dinge, sowohl die lebenden, die Pflanzen, die Tiere, wie auch die leblosen, nämlich alle anderen Dinge, die sich unter dem Himmel befinden, die keine Pflanzen und Tiere sind. Ja, nicht nur alle Dinge, die von Gott und der Natur geschaffen sind, entstehen allein durch die Liebe, sondern auch alle, die durch menschliche Reden und menschliches Wirken hervorgebracht sind.»[9]

Der überpersönliche Aspekt des Erotischen hat auch in einem Werk seinen Niederschlag gefunden, dessen erklärtes Ziel es war, eine Naturphilosophie zu entwickeln, die den Menschen die Furcht vor dem Tod und der Willkür der Götter nehmen wollte. Das große Lehrgedicht des römischen Dichters Lukrez (98–55 v. Chr.) «Die Natur der Dinge» beginnt mit einem Hymnus an Venus.

Ihr, der Göttin der Liebe, wird höchste Wirkungskraft bescheinigt: «Alles, was atmet, das atmet durch dich und erfreut sich der Sonne!»

Feiert Lukrez das Erotische auf diese Weise als innersten Antrieb der Welt, erlebt es im Koran eine noch höhere Bedeutung. Mohammed (570–632) sah in der Erfüllung der erotischen Begierde den Lohn für ein gutes Leben schlechthin. Den tapferen Streiter für den wahren Glauben erwarten im Jenseits nicht etwa geschlechtslose Engel, sondern ein Harem mit den «schönsten und herrlichsten Mädchen». Was die Frauen erwartet, bleibt allerdings ungesagt.

Es wundert uns nicht, daß auch das schönste Lied des katholischen Heiligen Franz von Assisi (1182–1226) nahtlos in unsre Reihe aufgenommen werden kann, obwohl es viel später entstand. Sein «Sonnengesang» vermittelt eine sinnliche Welterfahrung, das Gefühl der Verbundenheit mit der Schöpfung, das auch die Erotik wesentlich ausmacht. Die Nähe zu den vorhergehenden Texten erhält der «Sonnengesang» dadurch, daß es sich dabei um die Beschwörung einer durchaus kreatürlichen, schöpfungstrunkenen Liebe handelt, ganz im Sinne des Lukrez.

Wir beenden die Auswahl mit einem Flugblatt, das mir 1980 anläßlich eines Indianertreffens in New Mexico in die Hände fiel. Es ist anonym, aber zweifellos in jenen Tagen entstanden. Es ist, als ob in diesem Flugblatt die Anrufungen der Veden-Dichter noch einmal nachklingen. Was soll's, daß seither über dreitausend Jahre vergangen sind? Liebe als innerster Antrieb des Lebens wird ja auch uns überdauern. Liebe ist und bleibt die erste Basis der Humanität – solange es Menschen gibt, die danach suchen.

Rig-Veda

Vom Ursprung der Welt

«Damals war nicht das Nichtsein noch das Sein,
Kein Luftraum war, kein Himmel drüber her.
Wer hielt in Hut die Welt, wer schloß sie ein?
Wo war der tiefe Abgrund, wo das Meer?

Nicht Tod war damals noch Unsterblichkeit.
Nicht war die Macht, der Tag nicht offenbar.
Es hauchte windlos in Ursprünglichkeit
Das eine, außer dem kein anderes war.

Vom Dunkel war die ganze Welt bedeckt,
Ein Ozean ohne Licht, in Nacht verloren –
Da ward, was in der Schale war versteckt,
Das Eine durch der Glutpein Kraft geboren.

Aus diesem ging hervor, zuerst entstanden
Als der Erkenntnis Samenkeim, die Liebe,
Des Daseins Wurzelung im Nichtsein fanden
Die Weisen, forschend, in des Herzens Triebe.

Als quer hindurch sie ihre Meßschnur legten,
Was war da unterhalb? und was war oben? –
Keimträger waren, Kräfte, die sich regten,
Selbstsetzung drunten, Angespanntheit droben.

Doch, wem ist auszuforschen es gelungen,
Wer hat, woher die Schöpfung stammt, vernommen?
Die Götter sind diesseits von ihr entsprungen!
Wer sagt es also, wo sie hergekommen? –

Er, der die Schöpfung hat hervorgebracht,
Der auf sie schaut im höchsten Himmelslicht,
Der sie gemacht hat oder nicht gemacht,
Der weiß es! – oder weiß auch er es nicht?»

ZOROASTER

Anrufung des Herrn

Das frag' ich dich, künd' es mir recht, o Herr:
Wer wahrt' die Erde drunten und den Himmel
Vor ihrem Sturz? Wer Wasser und die Pflanzen?
Wer lieh dem Winde und den Wolken Schnelle?
Wer, Weiser, ist des Guten Sinnes Schöpfer?

Das frag' ich dich, künd' es mir recht, o Herr:
Wer schuf wohlwirkend Licht und Dunkel?
Wer schuf wohlwirkend Schlaf und Wachen?
Wer Morgen, Mittag und die Nacht,
Die den Verständ'gen seiner Pflicht gemahnen?

LAO-TSE

Die Kraft des Werdens

Die lebende Kraft des Werdens ist unvergänglich,
Sie ist die unfaßbare Mutter.
Die unfaßbare Mutter ist Wurzel des All,
Stetig webend bedarf sie nicht des Antriebs.

ALTES TESTAMENT

Im Anfang

Im Anfang schuf Gott den Himmel und die Erde.

Die Erde aber war Irrsal und Wirrsal.
Finsternis über Urwirbels Antlitz.
Braus Gottes schwingend über dem Antlitz der Wasser.

Gott sprach: Licht werde! Licht ward.
Gott sah das Licht: daß es gut ist.
Gott schied zwischen dem Licht und der Finsternis.
Gott rief dem Licht: Tag!, und der Finsternis rief er: Nacht!
Abend ward und Morgen ward: ein Tag.

Gott sprach:
Gewölb werde inmitten der Wasser
und sei Scheide von Wasser und Wasser!
Gott machte das Gewölb
und schied zwischen dem Wasser, das unterhalb des Gewölbs
war, und dem Wasser, das oberhalb des Gewölbs war.
Es ward so.
Dem Gewölb rief Gott: Himmel!
Abend ward und Morgen ward: zweiter Tag.

Gott sprach:
Das Wasser unterm Himmel staue sich an einen Ort,
und das Trockne lasse sich sehn!
Es ward so.
Dem Trocknen rief Gott: Erde!, und der Stauung der Wasser rief er: Meere!
Gott sah, daß es gut ist.
Gott sprach:
Sprießen lasse die Erde Gesproß,
Kraut, das Samen samt, Fruchtbaum, der nach seiner Art Frucht macht, darin sein Same ist, auf der Erde!
Es ward so.
Die Erde trieb Gesproß,

Kraut, das nach seiner Art Samen samt, Baum, der nach seiner Art Frucht macht, darin sein Same ist.

Gott sah, daß es gut ist.
Abend ward und Morgen ward: dritter Tag.

Gott sprach:
Leuchten seien am Gewölb des Himmels, zwischen dem Tag und der Nacht zu scheiden,
daß sie werden zu Zeichen, so für Gezeiten, so für Tage und Jahre,
und seien Leuchten am Gewölb des Himmels, über die Erde zu leuchten!
Es ward so.
Gott machte die zwei großen Leuchten,
die größre Leuchte zur Waltung des Tags und die kleinre Leuchte zur Waltung der Nacht,
und die Sterne.
Gott gab sie ans Gewölb des Himmels,
über die Erde zu leuchten, des Tags und der Nacht zu walten, zu scheiden zwischen dem Licht und der Finsternis.
Gott sah, daß es gut ist.
Abend ward und Morgen ward: vierter Tag.

Gott sprach:
Das Wasser wimmle, ein Wimmeln lebenden Wesens, und Vogelflug fliege über der Erde vorüber dem Antlitz des Himmelsgewölbs!
Gott schuf die großen Ungetüme
und alle lebenden regen Wesen, von denen das Wasser wimmelte, nach ihren Arten,
und allen befittichten Vogel nach seiner Art.
Gott sah, daß es gut ist.
Gott segnete sie, sprechend:
Fruchtet und mehrt euch und füllt das Wasser in den Meeren,
und der Vogel mehre sich auf Erden!
Abend ward und Morgen ward: fünfter Tag.

Gott sprach:
Die Erde treibe lebendes Wesen nach seiner Art,
Herdentier, Kriechgerege und das Wildlebende des Erdlands nach seiner Art!
Es ward so.

Gott machte das Wildlebende des Erdlands nach seiner Art und das Herdentier nach seiner Art und alles Gerege des Ackers nach seiner Art.
Gott sah, daß es gut ist.
Gott sprach:
Machen wir den Menschen in unserem Bild nach unserem Gleichnis!
Sie sollen schalten über das Fischvolk des Meeres, den Vogel des Himmels, das Getier, die Erde all, und alles Gerege, das auf Erden sich regt.
Gott schuf den Menschen in seinem Bilde,
im Bilde Gottes schuf er ihn,
männlich, weiblich schuf er sie.
Gott segnete sie,
Gott sprach zu ihnen:
Fruchtet und mehrt euch und füllet die Erde und bemächtigt euch ihrer!
Schaltet über das Fischvolk des Meeres, den Vogel des Himmels und alles Lebendige, das auf Erden sich regt!
Gott sprach:
Da gebe ich euch
alles samensäende Kraut, das auf dem Antlitz der Erde all ist,
und alljeden Baum, daran samensäende Baumfrucht ist,
euch sei es zum Essen,
und allem Lebendigen der Erde, allem Vogel des Himmels, allem, was auf Erden sich regt, darin lebendes Wesen ist,
alles Grün des Krauts zum Essen.
Es ward so.
Gott sah alles, was er gemacht hatte,
und da, es war sehr gut.
Abend ward und Morgen ward: der sechste Tag.

Vollendet waren der Himmel und die Erde, und all ihre Schar.
Vollendet hatte Gott am siebenten Tag seine Arbeit, die er machte,
und feierte am siebenten Tag von all seiner Arbeit, die er machte.

Gott segnete den siebenten Tag und heiligte ihn,
denn an ihm feierte er von all seiner Arbeit, die machend Gott schuf.

Dies sind die Zeugungen des Himmels und der Erde: ihr Erschaffensein.

Altes Testament

Nicht gut ist,
daß der Mensch allein sei

Er, Gott, sprach:
Nicht gut ist, daß der Mensch allein sei,
ich will ihm eine Hilfe machen, ihm Gegenpart.
Er, Gott, bildete aus dem Acker alles Lebendige des Feldes und allen Vogel des Himmels
und brachte sie zum Menschen, zu sehn, wie er ihnen rufe,
und wie alles der Mensch einem rufe, als einem lebenden Wesen, das sei sein Name.
Der Mensch rief mit Namen allem Herdentier und dem Vogel des Himmels und allem Wildlebenden des Feldes.
Aber für einen Menschen erfand sich keine Hilfe, ihm Gegenpart.
Er senkte auf den Menschen Betäubung, daß er entschlief,
und nahm von seinen Rippen eine und schloß Fleisch an ihre Stelle.
Er, Gott, baute die Rippe, die er vom Menschen nahm, zu einem Weibe und brachte es zum Menschen.
Der Mensch sprach:
Diesmal ist sie's!
Bein von meinem Gebein,
Fleisch von meinem Fleisch!
Die sei gerufen
Ischa, Weib,
denn von Isch, vom Mann, ist die genommen.
Darum läßt ein Mann seinen Vater und seine Mutter und haftet seinem Weibe an,
und sie werden zu Einem Fleisch.

Die beiden aber, der Mensch und sein Weib, waren nackt, und sie schämten sich nicht.

Gilgamesch-Epos

Engidus Initiation

Sprach der Jäger zu König Gilgamesch: «Ich brauch deinen Rat.
Ein Mann ist gekommen, herabgestiegen aus dem Gebirge,
Und ist nun der Stärkste im Reich, gewaltig
Wie die Festung des Himmels.
Er streift durch die Berge,
Frißt Gras mit den Tieren,
Ruht mit dem Wild an der Tränke,
Ich wage es nicht, mich zu zeigen.
Fallen, die ich gegraben, schüttet er zu.
Netze, die ich gespannt, reißt er heraus.
So entkommt mir das Wild, meine Beute.»

Sprach der König zum Jäger: «Geh zu ihm zurück.
Eine Priesterin soll dich begleiten,
Ihn zu besänftigen.
Kommt dann das Wild an die Tränke,
Soll sie ihr Kleid abwerfen.
Sieht sie der Mann, wonnig und nackt,
Wird er sich nähern,
Und sein Wild, das mit ihm aufwuchs,
Wird ihn verlassen.»

Und der Jäger, der nahm eine Priesterin mit,
Und sie gingen drei Tage
Und kamen zur Tränke
Und verbargen sich gut.

Endlich kam Engidu, der Wilde, mit seinen Gazellen,
Und fraß mit den Tieren das Gras
Und trank mit ihnen das Wasser,
Und ihm war wohl ums Herz.

So sah ihn die Priesterin: Engidu,
Den Würger, bepelzt von oben bis unten,

Das Haupthaar so stark wie Getreide,
Er sah aus wie der Gott der Tiere.

«Das ist er», sprach der Jäger zur Priesterin.
«Jetzt mach deine Brüste frei, tu auf deinen Schoß,
Daß es ihn schüttelt vor Lust,
Und hab keine Scheu vor dem Stoß seines Atems!
Sieht er dich erst, wonnig und nackt,
So wird er sich nähern.
Öffne dein Kleid, daß er sich bettet auf deinem Leib,
Zeig ihm die Frauenliebe,
Und das Wild, das mit ihm aufwuchs,
Wird ihn verlassen.»

Es machte die Frau ihre Brüste frei, tat auf ihren Schoß,
Daß es ihn schüttle vor Lust.
Sie scheute sich nicht vor dem Stoß seines Atems,
Offen das Kleid, daß er sich bette auf ihrem Leib
Und erfahre die Frauenliebe.
Und Engidu legte sich auf sie,
Stark und voll wie ein Ährenfeld vor der Ernte.

Sechs Tage und sieben Nächte blieb Engidu wach
Und beschlief die Priesterin.
Und als er gesättigt war,
Hatte er vergessen den Ort,
Wo er geboren.
Er sah hinüber zu seinem Wild,
Und die Gazellen stoben davon.
Und Engidu
Vermochte es nicht mehr, den Tieren zu folgen.
Ihm versagten die Knie.
Anders empfand er von nun an
Den gereinigten Leib.
So kam er, der Wildling, der Mann aus der Steppe,
Zu Sinn und Verstand.

ALTES TESTAMENT

Lieder aus dem Gesang der Gesänge

Ich schlief, aber mein Herz war wach.
Horch, da klopft mein Geliebter:
Mach auf, meine Schwester, meine Liebste,
meine Taube, mein Ein und Alles.
Denn mein Kopf ist voll Tau
und meine Locken voller Tropfen der Nacht.

Ich habe mein Hemd schon ausgezogen,
wie soll ich es wieder anziehen?
Ich habe die Füße schon gewaschen,
wie soll ich sie wieder beschmutzen?

Mein Geliebter streckte seine Hand durch die Luke,
da drängte mein Leib zu ihm hin.

Ich stand auf, meinem Geliebten zu öffnen,
und meine Hände troffen von Myrrhe,
meine Finger von Myrrhenöl
auf den Griffen des Riegels.

Ich machte meinem Geliebten auf,
aber mein Geliebter war weg, war fort.

Ich war außer mir, als er weglief,
ich suchte ihn, und ich fand ihn nicht,
ich rief ihn, und er gab keine Antwort.

Ich stieß auf die Wächter bei ihrer Runde durch die Stadt.
Sie schlugen mich, verletzten mich,
rissen mir mein Kopftuch weg,
die Wächter der Mauern.

Ich beschwöre euch, Töchter Jerusalems,
wenn ihr meinen Geliebten findet,
was wollt ihr ihm sagen?
Daß ich krank bin vor Liebe.

Was hat dein Geliebter mehr als sonst ein Geliebter,
Schönste der Frauen?
Was hat dein Geliebter mehr als sonst ein Geliebter,
daß du uns derart beschwörst?

Mein Geliebter ist leuchtend rot,
unter Tausenden fällt er auf.

Sein Haupt ist feinstes Gold,
seine Locken Dattelrispen,
rabenschwarz,

seine Augen wie Tauben an Wasserbächen,
die baden in Milch, sitzen an vollen Becken,

seine Wangen wie Balsambeete,
darin Würzkräuter wachsen,
seine Lippen sind Blumen,
sie triefen von Myrrhenöl,

seine Arme goldene Ringe,
besetzt mit Tarschisch,
sein Leib ein Kunstwerk aus Elfenbein,
bedeckt mit Saphiren,

seine Schenkel Säulen von Alabaster,
die stehen auf goldenen Sockeln,
er sieht aus wie der Libanon,
auserwählt wie Zedern,

sein Gaumen ist lauter Süße,
und alles an ihm ist Lust.

So ist mein Geliebter, so ist mein Freund,
Töchter Jerusalems!

Dreh dich um, dreh dich um, Schulamit,
dreh dich um, dreh dich um,
daß wir dich anschauen!

Was wollt ihr Schulamit anschauen
wie beim Reigen?

Wie schön sind deine Schritte in den Sandalen,
Fürstentochter!
Das Rund deiner Hüfte ist wie ein Kleinod,
von Künstlerhand gemacht.

Dein Schoß ist eine runde Schale,
nicht mangle der Mischwein!
Dein Leib ist ein Weizenhaufen,
umgeben von Blumen.

Deine beiden Brüste sind wie zwei Zicklein,
Zwillinge der Gazelle.

Dein Hals ist wie ein Elfenbeinturm,
deine Augen sind wie die Teiche von Heschbon
am Tor Bat-Rabbim.
Deine Nase ist wie der Libanonturm,
der nach Damaskus späht.

Oben dein Kopf ist wie der Karmel,
und dein Haar glänzt wie Purpur.

Wie bist du schön, wie reizend,
Geliebte voller Wonne!

So, wie du dastehst,
gleichst du der Palme
und deine Brüste den Trauben.

Ich dachte: Ich steige auf die Palme,
greife nach ihren Rispen.

Deine Brüste will ich genießen wie Trauben des Weinstocks,
den Duft deiner «Nase» wie Äpfel
und deinen Mund wie besten Wein.

Der geht geradewegs zu meinem Geliebten
und benetzt die Lippen noch im Schlaf.

Ich gehöre meinem Geliebten,
und nach mir geht sein Verlangen.

Komm, mein Geliebter,
wir gehen hinaus aufs Feld,
nächtigen in den Zyperblumen,

sind früh in den Weinbergen,
schauen, ob der Weinstock treibt,
ob die Knospen sich öffnen,
ob die Granaten blühen.

Dort schenke ich dir meine Liebe.

SAPPHO

Kypris

Komm hierher . . . zum weihevollen
Heiligtum! Da blüht ein Gehölz von leichten
Apfelbäumen, und auf Altären quillen
Wolken des Weihrauchs.

Kühle Wasser gehen gesangreich durch die
Apfelzweige, Rosen beschatten alle
Hänge, traumlos rieselt der Schlaf von ihren
bebenden Blättern.

Überblüht von Blumen der Frühlingstage
sinkt die Trift ins Feuchte hinab, den Pferden
Nahrung gebend. Leise veratmet seinen
Ruch das Aniskraut.

Komm doch, Kypris, waltend an dieser Stätte!
Und im Gold der Krüge vermisch den Nektar
mit dem zarten Duften der Festesfreude!
Gib uns zu trinken!

Anaktoria

Mancher hält das Leuchten der Segel für das
Schönste auf der dämmernden Erde, mancher
das Gewog der Reiter und mancher eines
Heerzugs Erglänzen.

Ich behaupte aber, daß alles schön ist,
was wir lieben. Mühelos läßt sich's dartun.
Sie, die schöner war als die schönsten Menschen,
Helena nämlich,

löste sich vom Herzen des besten Mannes
und verdarb das heilige Troja, ohne
sich der Tochter, ohne der teuren Eltern
sich zu erinnern.

Denn sie war umsponnen von Liebeszauber.
Leicht verwirrt die Sehnsucht den Sinn der jungen
Frauen. Heute hat sie mich an die ferne
Anaktoria

denken lassen. Um ihre Stirn das lichte
Wehen, ihr erregendes Schreiten, lieber
säh ich's als die lydischen Wagen und den
Erzglanz des Fußvolks.

Platon

Lob des Eros

Sokrates: Was wäre denn also Eros? Etwa ein Sterblicher?

Diotima: Keineswegs.

Sokrates: Aber was denn?

Diotima: Wie schon vorher gesagt, ein Mittleres zwischen Sterblichem und Unsterblichem.

Sokrates: Was also, Diotima?

Diotima: Ein großer Dämon, Sokrates. Denn alles Dämonische ist ein Mittleres zwischen Gott und Mensch.

Sokrates: Mit welcher Wirkungskraft ist es begabt?

Diotima: Es wirkt als Dolmetsch und Bote von den Menschen bei den Göttern und von den Göttern bei den Menschen: Von diesen übermittelt es Gebete und Opfer, von jenem Befehle und Vergeltungen der Opfer; zwischen beiden ist es das den Zusammenhang wahrende Verbindungsglied, so daß das All ein festgefügtes Ganzes ist. Durch diese Dämonenkraft wird auch die gesamte Seherkunst (Mantik) in Gang erhalten wie auch die Kunst der Priester, derer sowohl, die es mit Opfern und Weihen zu tun haben, wie derer, die sich auf Besprechungen und Zauberkünste aller Art verstehen. Denn ein Gott tritt nicht unmittelbar mit den Menschen in Verbindung; vielmehr vollzieht sich aller Verkehr und alle Zwiesprache der Götter mit den Menschen durch Vermittlung dieser Dämonen, sei es im Wachen oder im Schlaf. Und wer mit diesen Dingen genau Bescheid weiß, der ist ein dämonischer Mann, wer aber auf irgendwelchem anderen Gebiet in Kunst oder Handwerk, der ist ein Banause. Solcher Dämonen nun gibt es viele und von mancherlei Art, einer von ihnen ist auch Eros.

Sokrates: Von welchem Vater stammt er und von welcher Mutter?

Diotima: Das erfordert eine längere Darlegung. Gleichwohl sollst du es hören. Als Aphrodite zur Welt gekommen war, hielten die Götter ein Festmahl und mit den anderen auch Poros (Erwerb, Reichtum), der Sohn der Metis (Klugheit). Nach beendigter Mahlzeit kam Penia (Armut), eine Gabe zu erbitten – denn es ging hoch her –, und lungerte an der Tür. Poros nun, trunken vom Nektar (denn Wein gab es noch nicht), begab sich in den Garten des Zeus und schlief schwer berauscht ein. Penia aber, getrieben durch ihre Dürftigkeit, sann darauf, sich durch List zu einem Kind von Poros zu verhelfen, legte sich zu ihm und empfing Eros. So ist es denn gekommen, daß Eros auch der Aphrodite Begleiter und Diener wird, erzeugt am Tage ihrer Geburt, und zugleich von Natur ein Liebhaber des Schönen, da ja auch Aphrodite eine Schönheit ist. Als Sohn des Poros und der Penia ist ihm nun dies Los gefallen: Erstens ist er immer arm, und weit gefehlt, daß er zart und schön wäre, wie die meisten wähnen, vielmehr ist er rauh und struppig, barfuß und obdachlos; zum Lager hat er nie etwas anderes als die bloße Erde, ohne Decke; an den Türen und auf der Straße sucht er seine Ruhestätte unter freiem Himmel, die Natur der Mutter teilend, stets der Dürftigkeit gesellt. Dagegen vom Vater her ist er der listige Späher nach dem Schönen und Guten, ist tapfer, waghalsig und unermüdlich, ein gewaltiger Jäger, unerschöpflich im Ersinnen von Anschlägen, dabei beseelt von lebhaftestem Verlangen nach Erkenntnis und nie verlegen um Auskunft, strebend nach Weisheit sein lebelang, ein gewaltiger Zauberer, Hexenmeister und Sophist; und weder wie ein Unsterblicher ist er geartet noch wie ein Sterblicher, sondern an demselben Tage ist er bald obenauf, bald sinkt er wie tot dahin, lebt aber immer wieder auf, wenn ihm vermöge der Natur seines Vaters die Mittel zufließen, doch, was er gewonnen, zerrinnt ihm immer wieder; niemals also ist Eros der Mittel völlig ledig, niemals aber auch wirklich reich. Zwischen Weisheit und Unwissenheit hält er die Mitte. Damit nämlich verhält es sich folgendermaßen: Keiner von den Göttern strebt nach der Weisheit oder begehrt, weise zu werden, denn er ist es schon, wie denn überhaupt, wer weise ist, nicht nach Weisheit sucht. Ebensowenig suchen nach ihr die aller Einsicht Baren, noch begehren sie, weise zu werden. Denn eben darin liegt ja das Schlimme der Unwissenheit, daß man, ohne schön, gut und einsichtsvoll zu sein, sich gleichwohl einbildet, man sei allen Anforderungen gewachsen. Wer nun nicht glaubt, bedürftig zu sein, der trägt natürlich auch kein Verlangen nach dem, dessen er nicht zu bedürfen glaubt.

SOKRATES: Wer sind denn also die Weisheitsuchenden, wenn es weder die Weisen noch die Toren sind?

DIOTIMA: Das ist doch nunmehr schon jedem Kinde klar, daß die zwischen beiden in der Mitte Stehenden es sind, zu denen auch Eros gehört: *Denn die Weisheit gehört ja doch zum Allerschönsten. Eros aber ist Liebe zu allem Schönen,* folglich ist Eros notwendig ein Weisheitsuchender; als Weisheitsuchender aber steht er in der Mitte zwischen einem Weisen und einem Toren. Auch dies hat seinen Grund in seiner Geburt; stammt er ja doch von einem weisen und erfinderischen Vater ab, dagegen von einer Mutter, die weder weise noch erfinderisch ist. So steht es mit dem Wesen dieses Dämons, lieber Sokrates. Daß du dir aber unter Eros etwas ganz anderes dachtest, das nimmt mich durchaus nicht wunder. Du meintest, wie ich aus deinen Worten zu entnehmen glaube, das Geliebte sei Eros, nicht das Liebende. Deswegen, glaub ich, schien dir Eros so über alles schön. Ist doch das Geliebte das wahrhaft Schöne, Zarte, Vollendete, Glückselige; das Liebende dagegen hat eine ganz andere Gestalt, nämlich so, wie ich es schilderte.

SOKRATES: Gut denn, Freundin, denn du hast recht. Welchen Nutzen bringt nun Eros durch solche Eigenschaften den Menschen?

DIOTIMA: Das soll nunmehr an die Reihe kommen, und ich will versuchen, dich darüber zu belehren, Sokrates. Mit der Wesensart und der Herkunft des Eros hat es also diese Bewandtnis, und auf das Schöne ist er gerichtet, wie du sagst. Wenn aber jemand uns fragte: ‹In welcher Beziehung ist denn der Eros auf das Schöne gerichtet, Sokrates und Diotima?› Doch, um es noch deutlicher auszudrücken: Wer das Schöne liebt, worum ist es ihm bei dieser Liebe zu tun?

SOKRATES: Darum, daß es ihm zuteil werde.

DIOTIMA: Diese Erwiderung bedarf einer weiteren Frage, nämlich: Welcher Vorteil erwächst denn dem davon, dem das Schöne zuteil wird?

SOKRATES: Auf diese Frage habe ich so leicht keine Antwort.

DIOTIMA: So nimm denn an, Sokrates, es werde durch einen Tausch an die Stelle des Schönen das Gute gesetzt, und die Frage lautete demgemäß: Der Liebende liebt das Gute; in welchem Sinne aber begehrt er es?

SOKRATES: Daß es ihm zuteil werde.

DIOTIMA: Und was für einen Vorteil hat der davon, dem das Gute zuteil wird?

SOKRATES: Darauf habe ich die Antwort leichter zur Hand, nämlich: Glücklich wird er sein.

DIOTIMA: Denn durch den Besitz des Guten sind die Glücklichen glücklich, und es bedarf nun nicht mehr der weiteren Frage: In welcher Absicht wünscht man, glücklich zu sein?, sondern damit scheint die Antwort ihren Abschluß gefunden zu haben.

SOKRATES: Du hast recht.

DIOTIMA: Dies Verlangen aber und diese Liebe, hältst du sie für allen Menschen gemeinsam und glaubst du, daß alle Menschen sich immer im Besitz des Guten sehen wollen, oder wie denkst du darüber?

SOKRATES: Ebenso: Diesen Wunsch teilen alle.

DIOTIMA: Wenn alle das Gleiche lieben, und zwar immer, warum sagen wir dann nicht von allen, daß sie *lieben?* Tatsächlich sagen wir nur von bestimmten Personen, daß sie lieben, von anderen dagegen nicht.

Sokrates: Ich selber muß mich darüber wundern.

Diotima: Laß das gut sein, wundere dich nicht. Wir sondern nämlich aus dem Begriffsbereich der Liebe nur *eine* bestimmte Art ab, geben ihr den Namen des Ganzen und nennen sie demnach Liebe, dagegen für die anderen verwenden wir ganz andere Namen.

Sokrates: Wie zum Beispiel?

Diotima: Folgendermaßen: Du weißt doch, daß der Begriff des Schaffens ein vielumfassender ist; denn gelangt irgend etwas aus dem Nichtsein zum Sein, so handelt es sich immer um eine Ursache, und darin eben liegt das Schaffen beschlossen; es sind also auch die Werktätigkeiten im Dienst sämtlicher Künste Schaffenstätigkeiten, und die damit beschäftigten Meister sämtlich schaffende Geister (Schaffende, Schöpfer).

Sokrates: Allerdings.

Diotima: Gleichwohl werden, wie du weißt, nicht sie Dichter genannt, sondern erhalten andere Namen, und aus dem gesamten Schaffensgebiet wird nur ein abgesonderter Teil, nämlich nur derjenige, der sich auf Dichtkunst und Metrik bezieht, mit dem Namen des Ganzen benannt, denn das allein nennt man Dichtkunst, sowie nur diejenigen, die sich auf diesem Teilgebiet des Schaffens betätigen, Dichter.

Sokrates: Du hast recht.

Diotima: So also steht es auch mit dem Eros. Im allgemeinen ist jedes Verlangen nach dem Guten und der Glückseligkeit für einen jeden Eros, *‹der große, listenreiche›*. Allein für die, die sich auf vielfache andere Weise ihm zuwenden, sei es geleitet durch Geldgier oder durch ihren Eifer für Leibesübungen oder für Philosophie, ist weder das Wort ‹lieben› noch ‹Liebhaber› üblich, sondern nur für diejenigen, die sich einer bestimmten Art zuwenden und ihr mit vollem Eifer huldigen, sind die Ausdrücke für das Ganze gebräuchlich, Liebe, lieben und Liebhaber.

Sokrates: Mir scheint, du hast recht.

Diotima: Es geht nun zwar die Rede, daß diejenigen lieben, die ihre andere Hälfte suchen, ich aber behaupte, daß die Liebe weder auf die Hälfte geht noch auf das Ganze, wenn es nicht eben auch, mein Freund, ein Gutes ist. Sind doch die Menschen bereit, sogar ihre eigenen Füße und Hände sich abschneiden zu lassen, wenn diese ihre eigenen Gliedmaßen ihnen schädlich zu sein scheinen, denn niemandes Herz, sollt ich meinen, hängt an dem Eigenen, es müßte denn einer das Gute sein Eigen nennen und ihm zugehörig, das Schlechte aber als ihm fremd. Denn die Menschen lieben nichts anderes als das Gute. Oder bist du anderer Meinung?

Sokrates: Gott bewahre!

DIOTIMA: Darf man nun so schlechtweg sagen: Die Menschen lieben das Gute?

SOKRATES: Ja.

DIOTIMA: Doch wie? Ist nicht der Zusatz nötig, daß sie auch nach dem Besitz des Guten verlangen?

SOKRATES: Allerdings.

DIOTIMA: Und nicht nur nach dem Besitz, sondern auch dem dauernden Besitz?

SOKRATES: Auch dieses Zusatzes bedarf es.

DIOTIMA: *Es gilt also, um alles zusammenzufassen, die Liebe dem dauernden Besitz des Guten.*

SOKRATES: Du hast vollkommen recht.

DIOTIMA: Da also die Liebe auf dieses Ziel gerichtet ist, in welcher Weise muß man es dann verfolgen, und in welcher Wirkungsart muß der Eifer und die Anstrengung der Liebe hervortreten, um diesen Namen zu verdienen? Was ist es für eine Betätigung? Weißt du's zu sagen?

SOKRATES: Wahrlich, Diotima, könnt ich dies sagen, dann würd' ich nicht zu den Bewunderern deiner Weisheit gehören und nicht als Schüler in eben diesen Fragen zu dir in die Lehre gehen.

DIOTIMA: Nun, so will ich es dir sagen. Es ist dies die Zeugung im Schönen, dem Körper wie der Seele nach.

SOKRATES: Sehergabe gehört dazu, um deine Worte zu deuten: Ich fasse sie nicht.

DIOTIMA: Nun gut, so werd' ich mich deutlicher ausdrücken. Alle Menschen nämlich, mein Sokrates, tragen Zeugungsstoff in sich, ihr Körper nicht bloß, sondern auch ihre Seele, und sobald sie das gehörige Alter erreicht haben, trägt unsere Natur Verlangen nach Zeugung. Zeugen aber kann sie nicht im Häßlichen, sondern nur im Schönen. Die Vereinigung nämlich von Mann und Frau ist Zeugung. Es ist dies aber ein göttlicher Vorgang, und das sterbliche Geschöpf trägt dieses beides, die Schwangerschaft und die Zeugung, als unsterbliche Beigabe in sich. Im Disharmonischen aber ist ein solcher Vorgang unmöglich. Das Häßliche aber steht zu allem Göttlichen im Verhältnis der Disharmonie, das Schöne dagegen in Harmonie. Es ist also die Schönheit, die als Schicksals- und Entbindungsgöttin über allem Werden waltet. Wenn also das zeugungsbedürftige Wesen dem Schönen sich nähert, so wird es froh gestimmt, zerfließt in Wonne, entlädt sich und zeugt. Trifft es aber auf Häßliches, dann zieht es sich finster und traurig in sich selbst zusammen, wendet sich ab, rollt sich zusammen und zeugt nicht, sondern behält zu seinem Leid seinen Zeugungsstoff bei sich. Daher die tiefe Erregung des Zeugungsbedürftigen beim Anblick des Schönen; wird er doch von schweren Wehen befreit, wenn er Besitz davon ergriffen hat. Denn, mein Sokrates, die Liebe gehört nicht so schlechthin dem Schönen, wie du glaubst.

SOKRATES: Aber wem denn sonst?

DIOTIMA: Der *Erzeugung* und *Hervorbringung* im Schönen.

SOKRATES: Mag sein.

DIOTIMA: Ohne allen Zweifel. Warum nun also der Erzeugung? Weil die Zeugung etwas Ewiges und Unsterbliches ist, soweit bei Sterblichen davon die Rede sein kann. Daher gehört nach dem Zugestandenen unbedingt zum Streben nach dem Guten auch das nach Unsterblichkeit, wenn anders die Liebe dem dauernden Besitz des Guten gilt. Aus dieser Betrachtung ergibt sich also mit Notwendigkeit, daß der Eros auch auf die *Unsterblichkeit* gerichtet ist.

[. . .]

Diejenigen nun, deren Zeugungstrieb nach seiten des Körpers liegt, wenden sich mehr den Weibern zu und tun ihrer Liebslust auf diese Weise Genüge, um, wie sie meinen, durch Zeugung von Kindern Unsterblichkeit, Fortleben im Gedächtnis und Glückseligkeit ‹sich zu erwerben alsbald für alle kommende Zeit›. Diejenigen aber, denen es auf die Seele ankommt – denn es gibt ja auch solche, die einen stärkeren Zeugungstrieb in der Seele haben als im Körper für alles, was die Seele erzeugen und in sich reifen lassen soll. Was aber ist das? Erkenntnis und alle andere Tugend. Deren Erzeuger sind nicht nur sämtliche Dichter, sondern auch alle die Künstler, denen man eigene Erfindungskraft beimißt. Was aber die Erkenntnis anlangt, so bewährt sie sich vor allem in der Verwaltung der Staaten und des Hauswesens, eine Leistung, die man als Besonnenheit und Gerechtigkeit bezeichnet – wenn nun einer von diesen (zweiten) als Gottbegnadeter von Jugend auf in seiner Seele mit solchen Gedanken schwanger geht und die Zeit herankommt, wo er zu zeugen und hervorzubringen verlangt, da sucht auch er, denk ich, nach dem Schönen, um in ihm zu zeugen. Denn im Häßlichen vermag er es nimmermehr. Die schönen Körper entzücken ihn, nicht die häßlichen, in seinem Zeugungsdrang. Und wenn er auf eine schöne, edle und wohlgestaltete Seele trifft, da ist er außer sich vor Entzücken über die Verbindung von beidem, und einem solchen Auserwählten gegenüber kann er sich nicht genug tun in Erörterungen über die Tugend und über Wesensart und Tätigkeit des tugendhaften Mannes und sucht bildend auf ihn einzuwirken. Denn einmal in Berührung, denk ich, mit dem Schönen und ihm zugesellt, gebiert und zeugt er, womit er schon lange schwanger ging, in seinen Gedanken ganz nur ihm angehörend, gleichviel, ob anwesend oder abwesend, und in Gemeinschaft mit ihm zieht er das Erzeugte auf. So haben denn Genossen dieser Art eine weit innigere Gemeinschaft und festere Freundschaft miteinander als eine auf leiblichen Kindersegen gegründete; haben sie ja doch schönere und unsterblichere Kinder miteinander gezeugt. [. . .]

Soweit kannst auch du, mein Sokrates, in die Geheimnisse der Liebe eingeweiht werden; ob du aber für die höchste Stufe des Schauens, deren Erreichung auch diese ersten Stufen dienen, wenn man den richtigen Weg verfolgt, schon empfänglich genug bist, weiß ich nicht. Ich werde dir Kunde geben, und am guten Willen soll es dabei nicht fehlen. Versuche du nur zu folgen, sofern du es vermagst. Es muß nämlich, wer den richtigen Weg zu diesem Ziele wählt, als Jüngling fürs erste allerdings den schönen Körpern nachgehen, und zwar zunächst, wenn der Führer ihn richtig leitet, *einen* solchen Körper lieben und in diesem Menschen den Sinn für das Edle und Schöne wecken, dann aber muß er selbst zu der Erkenntnis kommen, daß die Schönheit in jedem einzelnen Körper der in jedem anderen Körper verschwistert ist, und, wenn es gilt, der Schönheit der sichtbaren Gestalt nachzugehen, es einen großen Mangel an Einsicht verraten würde, wenn er nicht die Schönheit an *allen* Körpern als die eine und gleiche anerkennen wollte. Ist er aber zu dieser Einsicht gelangt, dann muß er *alle* schönen Körper lieben und nachlassen von der ungestümen Leidenschaft für einen einzelnen, von der er sich nun vielmehr mit Verachtung und Geringschätzung lossagt.

Weiterhin muß er der *geistigen* Schönheit einen höheren Rang zuerkennen als der körperlichen. Und wenn einer bei einer wohlgestalteten Seele auch nur geringen körperlichen Reiz hat, so genügt ihm dies, und er liebt ihn, wendet ihm seine ganze Sorge zu und sucht solche Gespräche, durch die er die Jünglinge veredelt.

So soll er gezwungen werden, auch auf das Schöne im *tätigen Leben* sowie in den Gesetzen zu achten und einzusehen, daß das alles eng miteinander verwandt ist. Das soll dazu führen, daß er dem körperlichen Schönen nur einen geringfügigen Wert beizumessen lernt.

Nach Beobachtung des tätigen Lebens soll man ihn zu den *Wissenschaften* führen, auf daß er auch die Schönheit der Wissenschaften erkenne und, bereits eine Fülle des Schönen, nicht das Einzelne schauend, nicht mehr wie ein minderwertiger und kleingeistiger Sklave an der Liebe zur Schönheit eines Knäbleins oder sonst eines einzelnen Menschen oder einer einzelnen

Lebensbestätigung haftet – nein! Hinaus soll er auf das weite Meer des Schönen und in seinem Anblick viele schöne und herrliche Reden und Gedanken erzeugen un unerschöpflichem Weisheitstrieb, bis er, hierdurch gekräftigt und herangereift, eine *einzige* Erkenntnis erschaut, nämlich diejenige, die gerichtet ist auf ein Schönes von folgender Art – jetzt aber mußt du deine ganze Geisteskraft zusammennehmen, um mir zu folgen.

Wer nämlich bis an diesen Punkt gelangt ist als Zögling in den Weihen der Liebe, der wird nach stufenweiser und richtiger Betrachtung des mancherlei Schönen, endlich, am Ziel des Liebesweges angelangt, plötzlich ein Schönes von wunderbarer Art erblicken, eben das, mein Sokrates, auf das alle früheren Bemühungen hinzielten. Zum ersten ist es ein ewig Seiendes, weder entstehend noch vergehend und weder zunehmend noch abnehmend, sodann nicht in dieser Weise schön, in jener häßlich, auch nicht bald schön, bald wieder nicht, auch nicht in dieser Beziehung schön, in jener häßlich, auch nicht hier schön, dort häßlich, so daß es für die einen schön, die anderen häßlich wäre. Auch wird sich dieses Schöne dem Beschauer nicht darstellen als ein Gesicht oder in der Gestalt von Händen oder sonst etwas Körperhaftem, ebensowenig aber auch als irgendeine Art von Rede oder Wissenschaft, auch nicht als etwas, das in irgendeinem anderen ist, sei es in einem lebenden Wesen oder sei es auf Erden oder im Himmel oder sonst in irgend etwas anderem, sondern rein für sich und ewig in *einer* Gestalt. Alles andere Schöne nimmt zwar an jenem in gewisser Weise teil, aber während dies andere entsteht und vergeht, ist jenes Urschöne keinerlei Wechsel unterworfen, weder durch Zunahme noch durch Abnahme oder durch sonst irgendwelche Veränderung seines Zustandes.

Wenn aber einer, emporsteigend von diesen irdischen Erscheinungen hernieden, auf dem Wege der rechten Knabenliebe, jenes Urschöne selbst zuerst auftauchen sieht, dann ist er in unmittelbarer Nähe des Ziels; denn das ist der richtige Weg, um selbständig oder von einem anderen geleitet das Ziel der Liebe zu erreichen: Beginnend mit dem sinnlich Schönen hienieden, muß man dem Schönen an sich zuliebe immer weiter emporsteigen, als ginge es eine Stufenleiter hinauf, von einem einzelnen schönen Körper zu zweien und von zweien zu allen schönen Köpern, von den schönen Körpern sodann zu den schönen Lebensberufen und von diesen zu den schönen Wissensgebieten, um schließlich von den Wissensgebieten zu jenem Wissen zu gelangen, das nichts anderes zum Gegenstand hat als jenes *Schöne* an sich, das er nun schließlich in seiner Absolutheit erkennt.

Auf dieser Stufe des Lebens, lieber Sokrates, erklärte die Freundin aus Mantineia, ist, wenn irgendwo, das Leben für den Menschen erst lebenswert, da er das Urschöne schaut. Bekommst du es jemals zu schauen, so wird es in deinen Augen einen ganz anderen Wert haben als Gold, Gewänder und als schöne Knaben und Jünglinge, bei deren Anblick du jetzt ganz außer dir gerätst gleich vielen anderen, die sich in den Anblick ihres Lieblings versenken und sich von ihm nicht trennen können, womöglich bereit, Essen und Trinken ganz zu vergessen, um immer nur ihn anzuschauen und mit ihm zusammenzusein. Was also darf man wohl erwarten, wenn einem das Glück zuteil würde, das Schöne *an sich* zu schauen in voller Deutlichkeit, Reinheit und Unvermischtheit, ohne jede Spur von menschlichem Fleisch, von Farben und sonstigem irdischen Tand, wenn man vielmehr das göttliche Schöne an sich in seiner immer sich gleichbleibenden Gestalt schauen könnte? Meinst du etwa, es sei ein nichtiges Leben, wenn ein Mensch dorthin blickte und immerdar jenes anschaute und mit ihm vereint wäre? Oder sagst du dir nicht, daß es ihm dort allein gelingen wird, im Anschauen des Schönen mit seinem geistigen Auge nicht bloß Schattenbilder der *Tugend* zu erzeugen – denn er haftet ja nicht am bloßen Bilde –, sondern die wahre Tugend, da er die *Wahrheit* berührt. Erzeugt er aber dic wahre Tugend und läßt sie sich weiterentwickeln, dann ist es ihm beschieden, ein Gottgeliebter zu werden und der Unsterblichkeit teilhaftig, wenn anders sie überhaupt einem Menschen zuteil wird.

Solches, mein Phaidros und ihr anderen, verkündete Diotima, und was mich anlangt, so hat sie mich überzeugt. Durchdrungen aber von dieser Überzeugung, suche ich auch die anderen zu überzeugen, daß man einen besseren Beihelfer zur Erlangung dieses Besitzes für die menschliche Natur nicht leicht finden kann als Eros. Daher behaupte ich denn, jedermann müsse Eros ehren, und ich selbst halte ihn in Ehren und befleißige mich der Liebeskunst aufs angelegentlichste und empfehle sie den anderen. Jetzt und immerdar preise ich die Macht und den Wagemut des Eros, soweit meine Kraft nur reicht.

Lukrez

Preis der Venus

Ahnin des Römergeschlechts, du Wonne der Menschen und Götter,
Venus, nährende Mutter des Alls, die unter des Himmels
Wandelnden Bildern die Saat aufsprossenden Lebens du ausstreust
Über die schiffebevölkerte See und die blühenden Lande:
Alles, was atmet, das atmet durch dich und erfreut sich der Sonne!
Du, o Göttliche, bannest den Sturm, und die Wolken des Himmels
Scheuchst du von dannen; dir beut die gestaltende Erde der Blumen
Duftige Gabe; dich grüßt mit strahlendem Lächeln die Meerflut,
Und es zerfließt in Glanz vor dir mildleuchtend der Himmel.
Denn wenn der Frühlingstag entschleiert sein liebliches Antlitz,
Und aus den Banden befreit mit belebendem Hauche der West weht,
Künden zuerst süßstimmigen Chors die gefiederten Sänger,
Göttin, dein Nah'n und ihr Herz durchzuckt dein berückender Zauber.
Froh durchtummelt das Wild dann die grünenden Au'n, in die Wellen
Stürzt es sich kühn: so folgt dir, bezwungen von himmlischem Liebreiz,
Jedes Geschöpf, wohin dein mächtig Geheiß ihm die Bahn weist.
Tief in den Wogen des Meers, auf den Höh'n des Gebirgs, in der Ströme
Brausendem Schwall, im Gefild, in der Vögel umlaubter Behausung
Senkest in jegliche Brust du die Liebe; nach deinen Geboten
Pflanzet Geschlecht sich fort und Geschlecht in unendlicher Reihe.
Dich denn ruf' ich nun an, allwaltende Herrin des Lebens,
Die du allein zum Lichte des Tages die Wesen emporrufst,
Spenderin jeglicher Lust, Verleiterin jeglicher Anmut,
Hilfreich nahe dich jetzt, da vom Weltall hebet mein Lied an!
Memmius nehm' es zu eigen, der Treffliche, welchem du, Göttin,
Segnend umwandest das Haupt mit dem blühenden Kranz der Vollendung.
Krön' auch meinen Gesang mir jetzt mit unsterblicher Schönheit!
Lasse die Kriegswut schweigen indes, daß Länder und Meere
Ruhen in Schlummer gewiegt. Denn dir ist's einzig gegeben,
Daß mit des lieblichen Friedens Geschenk du erfreuest die Menschheit.
Lenkt ja den grimmigen Streit der in Waffen gewaltige Mavors,
Welchem dein Schoß sich oft darbeut zur seligen Ruhstatt.
Liebebesiegt blickt auf er zu dir, den gewaltigen Nacken
Übergebeugt. So schaut er empor, im Auge Begierde,

Und mit dem Mund austauschet der Mund wollüstigen Gluthauch.
Ihn, o Göttin, besänftige du mit bestrickender Rede,
Wenn er im Arm dir liegt, von den heiligen Gliedern umflossen,
Ruh' und Frieden erflehe dem Volk und dem Reiche der Römer.
Denn wenn der Staat in Gefahr, kann nimmer ich ruhigen Geistes
Fördern mein Werk, noch wird auch der Memmier fürstlicher Sohn dann
Tatlos träumend den Arm zu des Landes Errettung versagen.

Koran

Die Sure vom Allbarmherzigen (55)

Im Namen des Allbarmherzigen, der den Koran gelehrt hat.
Er hat den Menschen erschaffen
Und ihm Vernunft verliehen, daß er zu unterscheiden weiß.
Sonne und Mond sind seinem Gesetz unterworfen,
Und Sterne und Bäume verehren ihn.
Und er hat den Himmel erhöht
Und aufgestellt eine Waage,
Daß ihr findet das richtige Maß.
Wäget gerecht, hütet euch vor dem Betrug!
Und für die Geschöpfe hat er die Erde bestellt
Mit Obst und blütenschimmernden Palmen,
Korn und Kräutern, daß sie euch nähre.
Und welche Wohltaten eures Herrn wollt ihr leugnen?

Erschaffen hat er den Menschen aus Lehm wie einen Tonkrug
Und geschaffen die Geister aus rauchlosem Feuer.
Und welche Wohltaten eures Herrn wollt ihr leugnen?

Den Osten beherrscht er, wo die Sonne sich wendet,
Den Westen beherrscht er, wo die Sonne sich wendet.
Und welche Wohltaten eures Herrn wollt ihr leugnen?

Freien Lauf ließ er den zwei Gewässern, dem süßen und salzigen,
Die sich einmal begegnen werden,
Aber trennte sie durch einen Wall,

Daß sie sich nicht vermischen.
Und welche Wohltaten eures Herrn wollt ihr leugnen?

Beide bringen Perlen und Korallen hervor.
Und welche Wohltaten eures Herrn wollt ihr leugnen?

Sein sind die Schiffe, groß wie Berge, die überqueren das Meer.
Und welche Wohltaten eures Herrn wollt ihr leugnen?

Vergänglich ist alles auf Erden,
Aber ewig dauert das Antlitz des Herrn.
Und welche Wohltaten eures Herrn wollt ihr leugnen?

Ihn bittet, wer in den Himmeln lebt, wer auf der Erde.
Und er wirkt ohne Unterlaß.
Und welche Wohltaten eures Herrn wollt ihr leugnen?

Ihr werdet Beachtung finden, Menschen und Geister.
Und welche Wohltaten eures Herrn wollt ihr leugnen?

O du Heer der Geister und Menschen, versuch nur auszubrechen
Aus den Grenzen des Himmels und der Erde,
Du wirst es nur können mit seiner Erlaubnis.
Und welche Wohltaten eures Herrn wollt ihr leugnen?

Euch zu läutern wird eine Flamme ohne Rauch
Und Rauch ohne Flamme euch treffen, schutzlos.
Und welche Wohltaten eures Herrn wollt ihr leugnen?

Und was, wenn der Himmel sich spaltet,
Sich rosafarben wie Leder verfärbt und wie Salböl zerfließt?
Und welche Wohltaten eures Herrn wollt ihr leugnen?

Das ist der Tag, da wird keiner mehr zu seinen Vergehen verhört.
Und welche Wohltaten eures Herrn wollt ihr leugnen?

Wer schuldig ist, wird an seinen Merkmalen erkannt,
An seinen Stirnlocken und seinen Füßen.
Und welche Wohltaten eures Herrn wollt ihr leugnen?

Dies ist die Hölle, die von den Frevlern geleugnet wird,
Darin sie herumhetzen wie in siedendem Wasser.
Und welche Wohltaten eures Herrn wollt ihr leugnen?

Die aber Gott ihre Ehre erweisen, wird er mit zwei Gärten belohnen.
Und welche Wohltaten eures Herrn wollt ihr leugnen?

Beide Gärten geschmückt mit ausgebreitetem Gezweig.
Und welche Wohltaten eures Herrn wollt ihr leugnen?

In beiden Gärten zweierlei Quellen.
Und welche Wohltaten eures Herrn wollt ihr leugnen?

In beiden Gärten zweierlei Früchte.
Und welche Wohltaten eures Herrn wollt ihr leugnen?

Sie sollen ruhen auf Polsterkissen, aus Seide und golddurchwirkt,
Und beider Gärten Früchte liegen zur Hand.
Und welche Wohltaten eures Herrn wollt ihr leugnen?

In beiden Gärten Jungfrauen, schwarzäugig, mit gesenktem Blick.
Bisher hat noch kein Mensch und kein Geist sie berührt.
Und welche Wohltaten eures Herrn wollt ihr leugnen?

Schön sind sie wie Rubinen und Perlen.
Und welche Wohltaten eures Herrn wollt ihr leugnen?

Wie könnte der Lohn für das Gute anders als Gutes sein?
Und welche Wohltaten eures Herrn wollt ihr leugnen?

Und es gibt außer diesen noch zwei andere Gärten.
Und welche Wohltaten eures Herrn wollt ihr leugnen?

Gärten, in grünenendem Schimmer.
Und welche Wohltaten eures Herrn wollt ihr leugnen?

Darin zwei Quellen, die reichlich sprudeln.
Und welche Wohltaten eures Herrn wollt ihr leugnen?

Früchte in beiden Gärten: Datteln und Granatäpfel.
Und welche Wohltaten eures Herrn wollt ihr leugnen?

Auch gibt es die schönsten und herrlichsten Mädchen.
Und welche Wohltaten eures Herrn wollt ihr leugnen?

Mit großen, schwarzen Augen, behütet in ihren Gemächern.
Und welche Wohltaten eures Herrn wollt ihr leugnen?

Bisher hat noch kein Mensch und kein Geist sie berührt.
Und welche Wohltaten eures Herrn wollt ihr leugnen?

Dort werdet ihr ruhen auf Kissen und prachtvollen Teppichen.
Und welche Wohltaten eures Herrn wollt ihr leugnen?

Gelobt sei der Name des Herrn, ihm gebührt alle Ehre und Ruhm.

FRANZ VON ASSISI

Sonnengesang

Dir nur, du höchster, allmächtiger, gütiger Herr,
Gebührt alle Preisung, Ehre und Segen,
Und keiner ist würdig,
Dir einen Namen zu geben.

Gepriesen seist du, mein Herr, gepriesen die Schöpfung,
Gepriesen vor allem die Sonne, Schwester Sonne,
Die uns den Tag bringt. Ihr Strahlen
Erleuchtet auch uns.

Gepriesen seist du durch den Mond und die Sterne, die Brüder,
Die du in den Himmel gesetzt, kostbar und schön.

Gepriesen durch den Bruder Wind, die Luft und die Wolken,
Den heiteren Tag, Nebel und Regenfall,

Gepriesen durch alles,
Was die Schöpfung am Leben erhält.

Gepriesen seist du, mein Herr, durch die Schwester Quelle,
Das Wasser, das sich in Demut ergibt, nützlich und rein.

Gepriesen seist du, mein Herr, durch das Feuer,
Den Bruder, der uns die Nacht erhellt,
Fröhlich und stark.

Gepriesen seist du, mein Herr, durch unsre Schwester,
Mutter Erde, die uns nährt und erzieht,
Uns mit Früchten beschenkt,
Blumen, Kräutern und Gras.

Gespriesen seist du, mein Herr,
Durch alle, die deine Liebe ergriffen hat,
Daß sie barmherzig sind und vergeben.
Gepriesen durch alle, die
Krankheit und Not erleiden,
Selig, die da den Frieden bewahren,
Sie sind es, die du am Ende krönst.

Gepriesen seist du, mein Herr, durch den Tod unsres Leibes,
Den Bruder, dem keiner entrinnt.
Weh über die, die noch in Schuld verstrickt,
Selig, die in Dir ihren Frieden gefunden,
Sie sind es, die nichts mehr verderben kann,
Auch nicht der zweite Tod.

Also sei gepriesen der Herr, bedankt und gesegnet
In Demut.

Indianischer Gesang

Ich bin in der Antwort der Liebe ...

Ich, der Geist des Weißen Büffels,
Ich war hier vor dem Regen und vor den Stürmen der See.
Ich war hier, bevor es Schnee und Hagel gab.
Ich war hier vor den Bergen und vor den Winden.
Ich bin der Geist der Natur.
Ich bin im Licht, das die Erde füllt,
Und ich bin in der Finsternis der Nacht.
Ich gebe der Natur ihre Farben,
Denn ich bin im Wachstum und in den Früchten der Natur.

Und ich bin abermals in der Natur,
Wenn sich dort die Lieder geheimer Weisheit eröffnen.
Ich bin in euren Liedern und in eurem Lachen.
Ich bin in den Tränen, die aus den Sorgen regnen.
Ich bin in den hellen, begeisterten Augen der Kinder.
Ich bin im Wesen all dessen, was euch Einigkeit,
Vollkommenheit und Einzigartigkeit gibt.
Ich bin in den Bergen als ein immer waches Wahrzeichen,
Wenn sich das Gesicht der Erde vor Furcht verzerrt,
Da man es nicht mehr achtet.

Ich bin in euch, wenn ihr den einfachen Weg des roten Mannes geht.
Ich bin in euch, wenn ihr euch voller Liebe zeigt,
Denn ich liebe all jene, die sich selbst lieben.
Ich bin in der Antwort der Liebe zwischen den Menschen,
Denn dies ist der Weg,
Der den Segen und die Hilfe des Großen Geistes finden wird.

Jetzt muß ich euch verlassen,
Um erst in einem anderen Jahrhundert wiederzukommen.
Aber ich hinterlasse euch den Weg des roten Mannes.

(anonym)

Sterben lernen

Es gibt Religionen, die ihren Ursprung vor allem aus der Erfahrung dessen beziehen, was wir als «Schöpfungswonne» bezeichnet haben. Zu diesen Religionen gehören mit Sicherheit die matriarchalen Ur-Religionen mit ihren Fruchtbarkeitsgöttinnen und Frühlingskulten, aber auch die hinduistische Religion, deren zentrale Symbole Yoni und Lingam (Scheide und Glied) das Zentrum ihrer Tempel bilden.
Andere Religionen beziehen ihre Überzeugungskraft mehr aus dem Totenkult, dem Phänomen der menschlichen Sterblichkeit. Dazu gehört das Christentum mit seinem zentralen Symbol, dem gekreuzigten Heiland. Der Tod ist auch das zentrale Motiv einer anderen Weltreligion, des Buddhismus. Da wird der Tod als Erlösung begriffen, den wir uns erst durch eine Reihe von Wiedergeburten verdienen müssen. Den Griechen war die Sterblichkeit des Menschen so selbstverständlich, daß sie von den Menschen als den «Sterblichen» sprachen – im Gegensatz zu den unsterblichen Göttern.
Die zweite Wurzel der Humanität darin zu sehen, wie wir mit dem Faktum unsrer Sterblichkeit umgehen, liegt also auf der Hand. Das Ziel eines künftigen Humanismus müßte es sein, sich als Mensch durch den Tod nicht entmündigen zu lassen, sondern gerade dem Tod gegenüber die menschliche Würde zu bewahren. Auch wäre die Begrenztheit des Daseins als Schicksal zu begreifen, das wir alle miteinander teilen. Daraus wäre eine Solidarität vor dem Tod abzuleiten, aus der heraus uns eine weitergehende Verantwortung für unsre Nachkommen erwachsen würde.

De facto aber sind vor allem die Industrienationen weit davon entfernt, dem Tod in dieser Weise zu begegnen. Krankheit, Alter und Tod sind mit einer rein materialistischen Weltauffassung schwer zu vereinbaren. Alle Hinfälligkeit muß im möglichst perfekten Getriebe unsrer Gesellschaft als unliebsamer Störfaktor erscheinen, den man so schnell wie möglich behebt oder aber aus dem Alltag wieder verdrängt.
Eine Gesellschaft, die den Tod mehr und mehr ausblendet, lebt gefährlich. Allzuleicht erliegt sie der Hybris, allmächtig zu sein, und verliert den Sinn für die natürlichen Grenzen des menschlichen Strebens. Auch wird, wer den Tod

leugnet, schließlich ja nur um so brutaler von seinen unausweichlichen Vorboten überrascht. Dann ist es oft zu spät, sich noch so mit dem Tod auseinanderzusetzen, daß er seinen Schrecken verliert. Man sieht sich ihm hilflos ausgeliefert und wird sich aller Mittel bedienen, das Leben hinauszuzögern, auch wenn es nur noch Qual und entmündigenden Selbstverlust bedeutet.

Ein künftiger Humanismus, der sich bemüht, die Sterblichkeit des Menschen wieder mehr in die täglichen Lebensvorgänge einzubeziehen, hat alle Argumente für sich.

Neben der Erotik als einer kreatürlichen Urkraft ist die Sterblichkeit des Menschen die wichtigste Voraussetzung seiner Kreativität. Sahen wir in den Schöpfungswonnen die vitale Voraussetzung für die Entfaltung des Lebens überhaupt, so haben diese im Bewußtsein unsrer Sterblichkeit eine Entsprechung. Unsrer Sterblichkeit verdanken wir es, daß wir über die bloße Stofflichkeit unsres Daseins hinausdenken. Unsre Sterblichkeit erwirkt erst den Aufschwung der Seele in transzendente Erfahrungen. Hätten wir kein Bewußtsein von unsrer Sterblichkeit, gäbe es wohl keine Kultur, keine Religion und keine Philosophie. Ohne das Bewußtsein unsrer Sterblichkeit wären wir Tiere. Nun haben wir aber vom Baum der Erkenntnis gegessen und dafür das ewige Leben im Paradies eingebüßt. Nichts führt daran vorbei, sich mit dem Tod auseinanderzusetzen; nicht umsonst war für Sokrates das erste Ziel der Philosophie, sterben zu lernen.

Ob man den Tod bekämpft, ihn demütig beklagt, ihn in grandiosen Jenseitsvorstellungen zu überwinden versucht oder ihm philosophisch begegnet – nichts trägt mehr zur Fruchtbarkeit des Geistes bei als das Bewußtsein unsrer physischen Endlichkeit.

Entsprechend endlos ist die Literatur zum Thema Tod. Bei unsrer Auswahl haben wir es vermieden, Jenseitsvorstellungen anzuführen, die uns weniger eine Auseinandersetzung mit dem Tod zu sein scheinen als vielmehr Wunschbilder der jeweiligen Kulturen. Als Basistexte für einen künftigen Humanismus haben wir solche Texte bevorzugt, die uns helfen, den Tod schon bei Lebzeiten zu akzeptieren und uns mit ihm zu versöhnen, aber auch so mit ihm umzugehen, daß er sich für die menschliche Daseinsgestaltung als fruchtbar erweist.

Auch wenn uns noch so viele Tröstungen bereitstehen, nie wird der Tod seinen archaischen, alles in Frage stellenden Schrecken verlieren. Diesen Schrecken spüren wir noch in Gilgameschs «Totenklage um Engidu», mit der wir die Auswahl beginnen. Ein Text, der schon vor über dreitausend Jahren verfaßt wurde, aber noch immer wirkt, als sei er heute geschrieben.

Es folgt eine Rede Buddhas, die uns einen ganz anderen, daseinsfreien Zustand als erstrebenswerte Konsequenz aus den Leiden dieser Welt suggeriert. Dieser Zustand ist durch die Meditation zu erahnen und durch ein reines Leben zu erreichen.

Ähnlich die beiden Sprüche von Lao-tse, entnommen dem «Tao-tê-king», dem «heiligen Buch vom Weg und von der Tugend». Auch bei Lao-tse erschließt sich das Wesentliche erst aus dem Nichtsein, dem Unstofflichen.

Unsrem Verständnis näher ist die «Rede des Sokrates nach seiner Verurteilung zum Tode», wie sie von Platon überliefert wurde. Die Gelassenheit und der Humor, der aus dieser Rede spricht, wünschte man sich für jedes Sterbebett. Da spricht ein Mensch, der das Sterben gelernt hat und es ohne alle Eitelkeit an seine Mitbürger vermitteln will. Auch im folgenden Text, der seinen Tod schildert, ist der Sterbende mehr um das Wohl seiner Freunde besorgt als um sich selbst.

Es folgen Textauszüge aus Werken von Cicero, Seneca und Marc Aurel, die in der Tradition der griechischen Philosophenschule der Stoa stehen. In der stoischen Tradition finden sich tiefere Gedanken über Krankheit, Tod und Unsterblichkeit als in anderen Schulen. Der Glaube an die Priorität des Geistes und der Tugenden geht oft mit einer gewissen Lustfeindlichkeit und Körperverachtung einher. Wenn diese Abwendung von der Körperlichkeit nicht absolut gesetzt wird, kann darin durchaus ein wichtiger Ansatz liegen, dem körperlichen Leben nicht hörig zu sein. Plädieren wir lieber für ein Lob des Leibes – in Verbindung mit der Einsicht in die Notwendigkeit, ihm geistig nicht zu verfallen.

Schließlich darf hier ein Lied aus der indianischen Tradition nicht fehlen, das uns daran erinnert: In welchem Winkel der Erde wir auch beheimatet sind, der Tod macht uns alle zu Weltbürgern der Natur.

Gilgamesch-Epos

Totenklage um Engidu

Utnapischtim, sein göttlicher Ahne, sagte zu Gilgamesch:
Warum sind deine Wangen so hohl, dein Antlitz gebeugt,
Dein Herz ohne Freude, deine Züge erloschen,
Deine Seele gezeichnet von Leid?
Warum gleicht dein Gesicht dem Gesicht eines Wandrers,
Der weite Wege gegangen,
Versengt von Schweiß und Sonnenglut?
Was irrst du herum in der Steppe?

Und Gilgamesch sagte zu Utnapischtim, seinem göttlichen Ahnen:
Wie sollen meine Wangen nicht hohl, nicht mein Antlitz gebeugt,
Nicht mein Herz ohne Freude, nicht meine Züge erloschen,
Nicht meine Seele von Leid gezeichnet sein?
Wie soll mein Gesicht nicht dem Gesicht eines Wandrers gleichen,
Der weite Wege gegangen,
Versengt von Schweiß und Sonnenglut?
Wie sollte ich nicht durch die Steppe irren?
Ich klage um meinen Freund, den flüchtigen Maulesel,
Wildesel des Gebirges, Panther der Steppe!
Klage um Engidu, meinen Freund, den flüchtigen Maulesel,
Wildesel des Gebirges, Panther der Steppe!
Alles haben wir gemeinsam getan, den Berg erklommen,
Die Stadt erobert, den Himmelsstier niedergerungen
Und auch Chumbaba getötet, der da wohnte im Zedernwald.

Ich klage um meinen Freund, den ich über alles geliebt,
Der mit mir die Unbill ertrug,
Um Engidu, meinen Freund, den ich über alles geliebt,
Der mit mir die Unbill ertrug,
Jetzt hat ihn das Los aller Menschen ereilt!

Sechs Tage und sieben Nächte lang weinte ich um meinen Freund,
Ich erlaubte nicht, daß man seinen Leichnam begrub,
Bis der Wurm sein Gesicht zerstörte.

Mir graute davor, wie er aussah, mein Freund,
Ich erschrak vor dem Tod und floh in die Steppe!
Engidus Schicksal bedrückte mich,
Daß ich weit hinaus in die Steppe floh!

Ach, wie soll ich stumm bleiben? Wie schweigen?
Mein Freund, den ich geliebt, wurde zu Erde!
Werde nicht auch ich mich einmal so betten
Und nicht mehr aufstehen bis in alle Ewigkeit?

Und Utnapischtim sagte zu Gilgamesch:
Unerbittlich ist der Tod.
Irgendwann bauen wir uns ein Haus,
Irgendwann machen wir unser Testament,
Irgendwann wird geteilt, was wir übriglassen,
Irgendwann herrscht im Lande der Haß,
Irgendwann trägt uns die Flut davon.

Buddha

Die Rede vom Verlöschen

Unausdenkbar, ihr Mönche, sind Anfang und Ende dieses Kreislaufs des Lebens von Geburt und Tod zu wieder neuer Geburt, ist der Sansâra. Sein einstmaliger Beginn ist jenen Wesen unbekannt, die durch das Nichtwissen daran gehindert, durch den Durst nach dem Leben gefesselt dahineilen, von Dasein zu Dasein getrieben.

Es kommt, ihr Mönche, die Zeit, wo der große Ozean austrocknet, verzehrt wird, nicht mehr besteht; nicht aber künde ich euch, ihr Mönche, ein Zuendekommen des Leides für jene Wesen, die durch das Nichtwissen daran gehindert, durch den Durst nach dem Leben gebunden dahineilen, von Dasein zu Dasein getrieben.

Es kommt, ihr Mönche, die Zeit, wo der König der Berge, der Sineru, vergeht, vernichtet wird, nicht mehr besteht. Nicht aber verkündige ich euch, ihr Mönche, ein Zuendekommen des Leides für jene Wesen, die durch das Nicht-

wissen daran gehindert, durch den Durst nach dem Leben gefesselt dahineilen, von Dasein zu Dasein getrieben.
Es kommt, ihr Mönche, die Zeit, wo die große Erde verbrannt, vernichtet wird, nicht mehr besteht. Nicht aber künde ich euch ein Zurruhekommen des Leides für jene Wesen, die durch das Nichtwissen daran gehindert, durch den Durst gefesselt dahineilen, von Dasein zu Dasein getrieben.
Gleich einem Hunde, der, mit einem Riemen an einen Pfosten gebunden oder an eine Säule angeschlossen, um diesen Pfosten oder diese Säule herumläuft und sie umkreist, ebenso wahrlich, ihr Mönche, handelt ein unwissender gewöhnlicher Mensch, welcher diese edlen Wahrheiten nicht kennt und nicht in der Lehre für einen guten Menschen geübt ist, der die Gestalt als sein Selbst schaut, der das Fühlen, das Unterscheidungsvermögen, die Triebkräfte, das Bewußtsein als sein Selbst ansieht. Wer dies Selbst mit Bewußtsein versehen wähnt, im Selbst das Bewußtsein zu erkennen glaubt oder in dem Bewußtsein das Selbst schaut, der dreht sich allein um die Gestalt, er umkreist allein die Gestalt, wie auch das Fühlen, das Unterscheidungsvermögen, die Triebkräfte, das Bewußtsein. Wer aber um die Gestalt, das Fühlen, das Unterscheidungsvermögen, die Triebkräfte, das Bewußtsein sich bewegt, wer sie umkreist, der wird nicht frei von diesen allen. Er vermag sich nicht von der Geburt, von Alter und Tod, von den Leiden, den Klagen, von Betrübnis, Niedergeschlagenheit und Unruhe zu lösen, nicht wird er von den Leiden befreit, so sage ich.
Wer nun aber, ihr Mönche, im heiligen Wissen belehrt ist, ein edler Hörer, welcher die edlen Wahrheiten schaut, der wohlunterwiesen ist in der Pflicht für einen guten Menschen, wer nicht die Gestalt, das Gefühl, das Unterscheidungsvermögen, die Triebkräfte und das Bewußtsein als das Selbst betrachtet, auch nicht das Selbst als ein solches, das Bewußtsein besitzt; nicht im Selbst das Bewußtsein und auch nicht im Bewußtsein das Selbst schaut, der läuft nicht um die Gestalt herum, kreist nicht um sie wie um das Fühlen, um das Unterscheidungsvermögen, um die Triebkräfte und um das Bewußtsein. Dieser wird, während er sich äußerlich noch um die Gestalt bewegt, um sie seinen Kreislauf des Lebens vollbringt, von der Gestalt erlöst; er wird von dem Fühlen, dem Unterscheidungsvermögen, den Triebkräften, dem Bewußtsein frei. Frei ist er von Geburt, Alter, Tod, Unglück, Klagen, Kummer, Niedergeschlagenheit und Unruhe, vom Leiden wird er erlöst; so verkündige ich euch dies.

LAO-TSE

Vom Nützlichen und vom Wesentlichen

Dreißig Speichen treffen die Nabe,
aber das Leere zwischen ihnen erwirkt das Wesen des Rades;
Aus Ton entstehen Töpfe,
aber das Leere in ihnen wirkt das Wesen des Topfes;
Mauern mit Fenstern und Türen bilden das Haus,
aber das Leere in ihnen erwirkt das Wesen des Hauses.
Grundsätzlich:
Das Stoffliche birgt Nutzbarkeit;
Das Unstoffliche wirkt Wesenheit.

Sterben, ohne zu vergehn

Wer die Menschen kennt, der ist klug;
Wer sich selber kennt, ist erleuchtet.
Wer andere Menschen besiegt, hat Gewalt;
Wer sich selbst besiegt, der ist stark.

Wer Genügen kennt, der ist reich;
Wer vorgeht mit Gewalt, der hat Willen.
Wer seinen Platz nicht verliert, der dauert;
Wer stirbt, ohne zu vergehn, lebt immerdar.

ALTES TESTAMENT

Jedes Ding hat seine Zeit

Alles hat seine bestimmte Stunde,
jedes Ding unter dem Himmel hat seine Zeit.

Geboren werden hat seine Zeit,
und Sterben hat seine Zeit.
Pflanzen hat seine Zeit,
und Ausreißen hat seine Zeit.
Töten hat seine Zeit,
und Heilen hat seine Zeit.
Einreißen hat seine Zeit,
und Bauen hat seine Zeit.
Weinen hat seine Zeit,
und Lachen hat seine Zeit.
Klagen hat seine Zeit,
und Tanzen hat seine Zeit.
Steine wegwerfen hat seine Zeit,
und Steine sammeln hat seine Zeit.
Umarmen hat seine Zeit,
und Sichmeiden hat seine Zeit.
Suchen hat seine Zeit,
und Verlieren hat seine Zeit.
Behalten hat seine Zeit,
und Wegwerfen hat seine Zeit.
Zerreißen hat seine Zeit,
und Nähen hat seine Zeit.
Schweigen hat seine Zeit,
und Reden hat seine Zeit.
Lieben hat seine Zeit,
und Hassen hat seine Zeit.
Der Krieg hat seine Zeit,
und der Friede hat seine Zeit.

PLATON

Rede des Sokrates nach seiner Verurteilung zum Tode

Eine kurze Spanne Zeit ist es, meine athenischen Mitbürger, die mir ohne das von euch über mich verhängte Todesurteil noch zu leben vergönnt gewesen wäre. Um dieser kurzen Zeit willen aber werdet ihr zu trauriger Berühmtheit gelangen und starken Beschuldigungen ausgesetzt sein von seiten der schmähsüchtigen Gegner unserer Stadt, darüber, daß ihr den Sokrates umgebracht habt, einen weisen Mann. Ja, einen weisen Mann werden sie mich nennen, wenn ich es auch nicht bin, sie, die euch lästern wollen. Hättet ihr nur ein kleines Weilchen warten wollen, so wäre euch euer Wunsch von selbst erfüllt worden. Denn ihr seht mir ja doch an, wie weit in meinen Jahren ich vorgerückt, wie nahe dem Tode ich bin. Doch das sage ich nicht zu euch allen, sondern nur zu denen, die mich zum Tode verurteilt haben. Und an ebendiese richte ich noch die folgenden Worte:

Vielleicht glaubt ihr, meine Mitbürger, den Grund meiner Verurteilung in dem Mangel an Redebereitschaft finden zu müssen, durch die ich euch hätte umstimmen können, wenn ich entschlossen gewesen wäre, alle Mittel der Tat und des Wortes aufzubieten, um den Freispruch zu erwirken. Weit gefehlt! Ein Mangel war es allerdings, der meine Verurteilung herbeiführte, aber nicht an Worten, sondern an Dreistigkeit und Schamlosigkeit und an dem Willen, mit rednerischen Mitteln auf euch zu wirken, die eueren Ohren die liebsten sind: Ich hätte mich aufs Wehklagen und Jammern legen und mich in Wort und Tat zu noch gar manchen Dingen verstehen müssen, die meiner nicht würdig sind, wie ich behaupte, Dinge, die ihr freilich von den anderen zu hören gewohnt seid. Allein, weder bei der Verteidigung selbst glaubte ich mir irgend etwas Unehrenhaftes erlauben zu dürfen zur Abwendung der Gefahr, noch auch gereut es mich jetzt, mich so verteidigt zu haben; nein, weit lieber will ich durch eine solche Verteidigung zum Tode geweiht sein, als mir durch eine Verteidigung von jener Art das Leben erkaufen. Denn weder vor Gericht noch im Kriege, es handle sich nun um mich oder irgendeinen anderen, verträgt es sich mit der Ehre, nichts unversucht zu lassen, um nur ja dem Tode zu entgehen. Denn auch, was die Schlachten anlangt, so zeigt sich oft deutlich genug, daß sich da mancher dem Tode entziehen kann durch Wegwerfen der Waffen sowie dadurch, daß man die Verfolger um Gnade anfleht. Und so gibt es noch gar mancherlei andere Mittel in jeder Art von Gefahr; kurz, man kann so dem Tode entfliehen, wenn man vor nichts Unehrenhaftem zurückscheut in Wort und Tat. Nein, meine Mitbürger, dem Tode zu entgehen, ist, denk' ich, nicht schwer, weit schwerer dagegen ist es, der Schlechtigkeit zu entgehen; denn sie läuft schneller als der Tod. So bin denn auch ich jetzt als langsamer alter Mann von dem Langsameren (unter jenen beiden) eingeholt worden, meine Ankläger dagegen, rüstige und flinke Leute, von dem Schnelleren (unter jenen beiden), von der Schlechtigkeit. Und so scheide ich denn jetzt von euch, des Todes schuldig erklärt von euch, sie aber der Niederträchtigkeit und Ungerechtigkeit überführt von der Wahrheit. Und ich belasse es

bei diesem Spruch wie auch jene. Wer weiß denn: Vielleicht sollte es so kommen, und ich glaube, es ist gut so.
Nun möchte ich noch einen Blick in die Zukunft tun und euch, die ihr mich verurteilt habt, die euere voraussagen. Denn ich stehe bereits auf dem Punkte, wo die Menschen vornehmlich zu Weissagern werden, wenn sie nämlich unmittelbar an der Schwelle des Todes stehen. So verkünde ich euch denn, ihr Männer, die ihr mich hingerichtet habt: Es wird alsbald nach meinem Tode eine Strafe, eine weit schwerere, beim Zeus, über euch kommen, als ihr sie über mich durch das Todesurteil verhängt habt. Denn jetzt habt ihr das getan in dem Wahn, ihr würdet nicht Rechenschaft geben müssen über euer Leben; es wird aber, so behaupte ich, sich ganz das Gegenteil davon für euch ergeben. Die Zahl derer, die von euch Rechenschaft fordern, wird größer werden; bisher habe ich sie zurückgehalten, ohne daß ihr es gewahr wurdet. Sie werden euch um so gefährlicher werden, je jünger sie sind, und ihr werdet um so größeren Ärger davon haben. Wenn ihr nämlich glaubt, durch Hinrichtung von Menschen den Schmähungen gegen eueren unlauteren Lebenswandel Einhalt zu tun, so seid ihr im Irrtum. Denn ein solches Befreiungsmittel ist weder leicht möglich noch ehrenhaft, vielmehr ist das schönste und zugleich leichteste Mittel dies, nicht anderen das Dasein unmöglich zu machen, sondern nach Kräften an der eigenen sittlichen Besserung zu arbeiten. Dies ist es, was ich euch, meinen Gegnern vor Gericht, weissage, und damit scheide ich von euch.
Mit denen aber, die mich freigesprochen haben, möchte ich gerne noch ein Wort reden über die hier soeben erlebten Vorgänge, solange die Behörden noch durch ihre Geschäfte in Anspruch genommen sind und ich noch nicht nach meiner baldigen Todesstätte mich begeben muß. Ich bitte also, ihr Männer, verweilet noch so lange. Es hindert ja nichts, uns miteinander zu unterhalten, solange es erlaubt ist. Denn euch als meinen Freunden will ich die eigentliche Bedeutung dessen, was mir heute widerfahren ist, dartun. Mir ist nämlich, ihr Richter – denn euch darf ich mit Fug und Recht Richter nennen –, etwas ganz Sonderbares begegnet. Die gewohnte prophetische Stimme, die dämonische, war in der ganzen letzten Zeit immer sehr rege und warnte mich auch bei ganz geringen Anlässen, wo ich etwa im Begriffe war, das Rechte zu verfehlen. Eben jetzt aber ist mir doch, wie ihr selbst seht, etwas widerfahren, was man wohl für der Übel größtes halten dürfte, wofür es denn auch allgemein gilt. Gleichwohl trat das göttliche Zeichen mir weder heute früh beim Verlassen meiner Wohnung warnend entgegen noch bei meinem Gange hierher auf das Gericht, noch an irgendwelcher Stelle meiner Rede, wenn mir etwas auf der Zunge lag; und doch hat es bei anderen

Gelegenheiten mich oft mitten im Satze aufgehalten. Heute aber ist es mir während des ganzen gerichtlichen Vorganges nirgends entgegengetreten, weder bei meinem Tun noch bei meinem Reden. Was ich mir nun als Grund dafür denke? Ich will es euch sagen: Was mir widerfahren, ist allem Vermuten nach ein Glück, und unmöglich können wir recht haben mit unserem Glauben, der Tod sei ein Unglück. Ich habe den schlagenden Beweis für diese Behauptung: Unmöglich konnte mir das gewohnte Warnungszeichen ausbleiben, wenn mein Vorhaben nicht ein glückliches gewesen wäre.

Auch von folgender Seite her wollen wir uns klarmachen, wieviel Ursache wir haben zu hoffen, daß der Tod ein Glück sei. Eines von zweien nämlich ist das Totsein: Entweder ist es eine Art Nichtsein, so daß der Tote keinerlei Empfindung hat von irgend etwas, oder es ist, wie der Volksmund sagt, eine Art Verpflanzung und Übersiedelung der Seele von hier nach einem anderen Ort. Im ersten Falle nun, wo von Empfindung nicht mehr die Rede ist, sondern von einer Art Schlaf, der so tief ist, daß dem Schlafenden nicht einmal irgendein Traumbild erscheint, wäre der Tod ein wunderbarer Gewinn. Denn ich glaube, wenn einer eine solche Nacht, die ihm einen völlig traumlosen Schlaf gebracht hat, auswählte und ihr die übrigen Nächte und Tage seines Lebens gegenüberstellen müßte, um zu entscheiden, wie viele Tage und Nächte in seinem Leben er glücklicher verbracht habe als diese Nacht – ich glaube, dann wird nicht etwa bloß ein Mann gewöhnlichen Schlages, sondern der Großkönig in eigener Person finden, daß diese sich sehr leicht zählen lassen im Vergleich zu den anderen Tagen und Nächten. Ist also der Tod von dieser Art, so nenne ich ihn einen Gewinn; denn die ganze Ewigkeit scheint dann eben nichts weiter zu sein als eine einzige solche Nacht. Ist aber der Tod gleichsam eine Art Auswanderung von hier nach einem anderen Ort und hat es mit dem, was der Volksmund sagt, seine Richtigkeit, daß dort alle Verstorbenen weilen, was gäbe es dann, ihr Richter, für ein größeres Glück als dieses? Denn findet einer bei seiner Ankunft im Hades, erlöst von diesen sogenannten Richtern, die wahren Richter, die dort, wie es heißt, Recht sprechen, Minos, Rhadamanthys, Aikos und Triptolemos nebst den anderen Heroen, die ein rechtschaffenes Leben geführt haben, wäre das etwa eine Verschlechterung unserer Aufenthaltsstätte? Oder aber mit Orpheus, Musaios, Hesiod und Homer zu verkehren, wieviel würde mancher von euch dafür geben! Ich wenigstens wollte gern oftmals des Todes sein, wenn dem so ist. Ja, für mich hätte der Aufenthalt dort noch seinen ganz besonderen Zauber: Denn wenn ich dann etwa dem Palamedes begegnete und dem Telamonier Aias oder wer sonst von den alten Helden durch ungerechten Richterspruch den Tod gefunden, so wäre es für mich eine wahre Wonne, mein Geschick mit dem ihren zu vergleichen. Und dann noch die Hauptsache: seine Aufgabe darin zu sehen, daß man die dort Weilenden ausforsche und prüfe wie die Menschen hier auf Erden, wer von ihnen weise sei und wer es zu sein glaube, ohne es doch zu sein. Wieviel gäbe mancher darum, wenn er die Führer des großen Heeres vor Troja oder den Odysseus oder den Sisyphos oder tausend andere, die zu nennen wären, Männer und Frauen, verhören könnte! Mit ihnen dort sich zu unterhalten und zu verkehren und sie auszuforschen, welches überschwengliche Glück wäre das. Und soviel wenigstens ist doch ganz sicher: Dort verhängt man nicht wegen solcher Unterredungen die Todesstrafe. Denn wie in anderer Beziehung, so sind auch darin die dort Weilenden glücklicher als die Erdenkinder hier, daß sie die ganze weitere Zeit hindurch unsterblich sind, wenn der Volksmund recht hat.

Aber auch ihr, meine Richter, sollt dem Tode mit froher Hoffnung ins Angesicht schauen und eines als unverbrüchliche Wahrheit anerkennen, den Satz nämlich, daß es für einen rechtschaffenen Mann kein Übel gibt, weder im Leben noch im Tode, und daß seine Sache von den Göttern nicht im Stich gelassen wird. So ist auch mein Schicksal nicht ein bloßes Spiel des Zufalls, sondern ich zweifle nicht, daß es für mich das beste war, schon jetzt zu sterben und aller Mühsal ledig zu werden. Darum hat mich auch die innere Stimme nicht gewarnt, und ich meines Teiles hege keinen besonderen Groll gegen diejenigen, die mich verurteilt haben, und gegen meine Ankläger. Freilich wurden sie bei ihrer Verurteilung und Anklage nicht von der eben geschilderten Gesinnung geleitet, sondern von der Absicht, mir weh zu tun; und das darf nicht ungerügt bleiben.

Um eines aber bitte ich sie noch: Wenn meine Söhne erwachsen sind, so übet Vergeltung an ihnen aus, ihr Männer, indem ihr ihnen dasselbe Leid antut, das ich euch antat, sofern euch dünket, daß sie mehr auf Gelderwerb und sonstigen Tand bedacht sind als auf Tugend. Und bilden sie sich etwas ein auf Dinge, von denen sie nichts verstehen, so haltet nicht zurück mit eurem Tadel gegen sie – wie ich damit nicht zurückhalte gegen euch –, wenn sie ihr Streben nicht auf das richten, was nottut, und wenn sie wähnen, etwas zu sein, während an ihnen rein gar nichts ist. Wenn ihr dies tut, dann ist mir volles Recht von euch geworden, mir und meinen Söhnen.

Aber nun ist es Zeit, daß wir gehen, ich, um zu sterben, ihr, um weiter zu leben. Wer von uns beiden dem besseren Lose entgegengeht, das ist allen verborgen, nur der Gottheit nicht.

Der Tod des Sokrates

KRITON: Gut denn, mein Sokrates; hast du aber diesen da oder mir nichts aufzutragen für deine Kinder, oder womit wir sonst dir einen Gefallen erweisen könnten?

SOKRATES: Nichts anderes, mein Kriton, als was ihr immer von mir hört: wenn ihr für euer Seelenheil sorgt, dann werdet ihr mir und den Meinen und euch selbst zu Gefallen handeln, was ihr auch tun mögt, wenn ihr es mir auch jetzt nicht versprecht. Wenn ihr aber euer Bestes außer Augen laßt und euch nicht entschließt, in eurer Lebensführung genau der Spur zu folgen, die ich euch durch das jetzt und in früherer Zeit Dargelegte vorgezeichnet habe, so werdet ihr keinen Gewinn haben, auch wenn ihr jetzt noch so viele und noch so bestimmte Versprechungen macht.

KRITON: Was diesen deinen Wunsch anlangt, so werden wir es nicht an Eifer fehlen lassen, ihn zu erfüllen. Aber wie sollen wir es mit deiner Bestattung halten?

SOKRATES: Ganz wie es euch beliebt; nur müßt ihr meiner noch habhaft sein und mich nicht entweichen lassen.

Dabei lächelte er ruhig und sagte uns anblickend: Liebe Freunde, Kriton will es mir nicht glauben, daß dieser Sokrates hier, der jetzt mit euch spricht und jedem Teil des Vorgetragenen seine rechte Stelle gibt, mein wahres Ich ist; er glaubt vielmehr, ich sei jener, den er in kurzem als Leichnam sehen wird. Daher die Frage, wie er mich bestatten soll. Meine ausführliche Darlegung aber darüber, daß, wenn ich den Giftbecher getrunken habe, ich nicht mehr bei euch verweilen werde, sondern den Freuden der Seligen zueilen werde, die, scheint es mir, ist für ihn ganz verloren mitsamt dem Trost, der darin für euch und für mich liegen sollte. Ihr müßt also bei Kriton Bürgschaft für mich leisten, und zwar eine Bürgschaft entgegengesetzter Art als die war, die er vor den Richtern leisten wollte. Denn er verbürgte sich, daß ich dableiben werde; ihr aber müßt euch dafür verbürgen, daß ich nach meinem Tode sicherlich nicht dableiben werde, sondern davoneilen werde; dadurch werdet ihr dem Kriton eine Erleichterung schaffen, auf daß er nicht, wenn er meinen Leib verbrennen oder begraben sieht, um meinetwillen die Fassung verliere, als ob mir Schreckliches widerführe, und bei der Bestattung nicht sage, daß es Sokrates sei, den er ausstellt oder hinausträgt oder beerdigt. Denn das laß dir gesagt sein, mein trefflicher Kriton, daß unrichtig auszusagen nicht nur an sich verkehrt ist, sondern auch Unheil in den Seelen stiftet. Also sei getrost und sage, daß es mein *Leib* ist, den du bestattest und so bestattest, wie es dir lieb ist und am meisten dem Brauche zu entsprechen scheint.

Nach diesen Worten erhob sich Sokrates und ging in einen Nebenraum, um zu baden. Kriton folgte ihm, uns aber gab er die Weisung zu bleiben. So blieben wir denn und unterhielten uns unter uns über das Gehörte und erwogen es nochmals, dann aber kamen wir auch wieder auf das große Unglück zu sprechen, von dem wir betroffen seien, denn wir kamen uns geradezu vor, als wären wir unseres Vaters beraubt und müßten fortab als Waisen leben. Als er aber gebadet hatte, wurden seine Kinder zu ihm gebracht – er hatte zwei kleine Söhne und einen großen –, und auch die Frauen seiner Verwandtschaft fanden sich ein. Mit ihnen sprach er im Beisein des Kriton und teilte ihnen seine letzten Wünsche mit, worauf er die Frauen und Kinder weggehen hieß, während er selbst zu uns kam. Und es war schon nahe am Sonnenuntergang. Denn er hatte ziemlich lange drinnen verweilt. Als er eingetreten war, ließ er sich vom Bade erfrischt nieder und sprach dann nur noch wenig. Und es erschien der Diener der Elfmänner, trat zu ihm und sagte: ‹Von dir, mein Sokrates, brauche ich nicht zu befürchten, was ich bei andern befürchte, nämlich daß sie mir zürnen und mir fluchen, wenn ich ihnen die Notwendigkeit ankündige, den Giftbecher zu trinken auf Befehl der Behörde. Dich aber habe ich schon die ganze Zeit daher als den edelsten, gelassensten und besten Mann kennengelernt, der je diese Stätte betreten hat; und so zweifle ich denn auch jetzt keinen Augenblick, daß du nicht mir zürnst, denn du kennst ja die Schuldigen, sondern eben ihnen. Nun also, du kennst ja meinen Auftrag, lebe wohl und suche das Unvermeidliche so gelassen wie möglich zu tragen.› Dabei brachen ihm die Tränen hervor, und so wandte er sich um und ging fort. Sokrates aber blickte ihm nach und sagte: ‹Auch du lebe wohl, und ich werde dein Wort befolgen.›

Und zugleich sagte er, zu uns gewendet: Was für ein feinfühlender Mann! Die ganze Zeit über suchte er micht auf, unterhielt sich zuweilen mit mir und zeigte die größte Herzlichkeit; und nun, wie echt menschlich weint er um mich! Aber wohlan, mein Kriton, wir wollen seiner Anweisung folgen: Es bringe einer das Gift her, wenn es gerieben ist; wo nicht, so mag es der Mann reiben!

KRITON: Aber ich glaube, mein Sokrates, die Sonne steht noch über den Bergen und ist noch nicht untergegangen. Auch weiß ich, daß andere erst lange nach geschehener Ankündigung den Trank nahmen, nachdem sie sich zuvor noch mit Essen und Trinken gütlich getan, ja einige sogar auch noch mit Frauen zusammen waren, nach denen sie verlangten. Also dränge nicht; es hat noch Zeit.

SOKRATES: Wenn die, von denen du redest, mein Kriton, so handeln, so haben sie dazu ihren guten Grund; sie glauben nämlich einen Vorteil davon zu haben, wenn sie so handeln; und ich meinerseits glaube ebenso guten Grund zu haben, nicht so zu handeln; denn wenn ich ein wenig später den Trank nehme, glaube ich dadurch nichts zu gewinnen, sondern mich nur vor mir selbst lächerlich zu machen, wenn ich so begierig am Leben hänge und da spare, wo nichts mehr vorhanden ist. So folge denn und tu, wie ich sage.

Nach diesen Worten winkte Kriton seinem neben ihm stehenden Diener. Und der Diener ging hinaus, und nach geraumer Zeit kam er wieder mit dem Mann, der das Gift reichen sollte, das er gerieben in einem Becher brachte.

Als aber Sokrates den Mann sah, sagte er: Gut, mein Bester, du verstehst dich ja auf diese Dinge; was habe ich zu tun?

Nichts anderes, sagte er, als, nachdem du getrunken, umherzugehen, bis du deine Schenkel schwer werden fühlst, und dich dann niederzulegen; so wird die Wirkung von selbst eintreten. Dabei reichte er dem Sokrates den Becher. Und er ergriff ihn, und ganz heiter, mein Echekrates, ohne zu zittern oder die Farbe oder die Miene zu ändern, sondern, wie es seine Art war, den Mann starr anblickend, sagte er: Was meinst du von diesem Trank? Darf man davon eine Spende weihen oder nicht?

Wir reiben, sagte er, mein Sokrates, gerade nur so viel, als der Trinkende nach unserer Meinung nötig hat.

SOKRATES: Ich verstehe. Aber ein Gebet wenigstens darf und soll man doch wohl an die Götter richten, daß die Übersiedelung von hier nach dort glücklich vonstatten gehe. Das ist es denn auch, worum ich jetzt bitte: und möchte es in Erfüllung gehen.

Und sobald er dies gesagt, setzte er den Becher an und trank ihn wohlgemut und ruhig aus. Und von uns waren die meisten bis dahin leidlich imstande gewesen, die Tränen zurückzuhalten, aber als wir ihn trinken und mit dem Tranke fertig sahen, da nicht mehr, sondern auch mir selbst, so sehr ich mich auch wehrte, brachen die Tränen stromweise hervor, so daß ich mein Antlitz verhüllte und weinte – um mich; denn nicht um ihn, sondern um mein Geschick, daß ich eines solchen Freundes beraubt sein sollte! Kriton aber war noch vor mir aufgestanden, da er nicht vermochte, die Tränen zurückzuhalten. Apollodoros aber, der schon vorher unaufhörlich geweint hatte, brach nun vollends in lautes Jammern aus und weinte völlig fassungslos, daß es allen Anwesenden tief ins Herz schnitt außer dem Sokrates selbst.

Dieser aber sagte: Wie stellt ihr euch an, ihr Toren. Ich habe doch die Weiber eben deshalb weggeschickt, damit sie mir nicht eine solche Szene aufführten; denn man muß in andächtigem Schweigen von hinnen scheiden: So ist mir kundgeworden. Also schweiget und haltet an euch.
Diese Worte machten, daß wir uns schämten und mit den Tränen zurückhielten; er aber ging hin und her, und als ihm, wie er sagte, die Beine schwer wurden, legte er sich auf den Rücken, wie ihm der Mann geraten hatte. Und zugleich befühlte ihn der, der ihm das Gift gereicht hatte, und sah sich nach einiger Zeit seine Füße und Schenkel an; darauf drückte er kräftig seinen Fuß und fragte, ob er es spüre; Sokrates sagte: Nein! Darauf die Unterschenkel und so am Körper immer weiter heraufgehend, zeigte er uns, daß er kalt und starr wurde. Und er befühlte ihn wiederholt und sagte, wenn es bis zum Herzen vorgedrungen wäre, dann wäre es aus mit ihm. Schon war er bis in die Gegend des Unterleibes erkaltet, da schlug er die Kopfhülle – denn er hatte sich verhüllt – zurück und sprach sein letztes Wort: ‹Mein Kriton, wir müssen dem Asklepios einen Hahn opfern. Spendet ihn und verabsäumt es nicht.› ‹Nun, das wird geschehen›, sagte Kriton, ‹aber hast du nicht sonst noch etwas auf dem Herzen?›
Auf diese Frage gab Sokrates keine Antwort mehr, sondern verfiel bald in Zuckungen; und der Mann enthüllte ihn, und seine Augen waren gebrochen. Als Kriton dies sah, drückte er ihm den Mund und die Augen zu.
So, mein Echekrates, starb unser Freund, ein Mann, der, wie wir wohl sagen dürfen, von allen Zeitgenossen, die wir kannten, der beste war und an Einsicht und Gerechtigkeit überhaupt von niemanden übertroffen ward.

Cicero

Über das Greisenalter

Der vierte Grund des Vorwurfs steht noch aus, der angeblich unser Lebensalter am meisten ängstigen und in Unruhe versetzen soll – ich meine die Nähe des Todes; kann dieser doch sicherlich von dem Greisenalter nicht mehr weit entfernt sein. Was für ein trauriger Greis, der in einer so langen Lebenszeit nicht hat begreifen gelernt, daß der Tod verachtet werden kann! Denn man kann ihn entweder überhaupt geringschätzen, wenn er nämlich die Seele völlig auslöscht, oder er ist sogar wünschenswert, wenn er sie an irgendeinen

Ort überführt, wo sie ewig sein wird. Und eine dritte Möglichkeit neben diesen ist nicht aufzufinden: Was soll ich also fürchten, wenn ich nach dem Tode entweder nicht elend oder sogar glückselig sein werde? Doch, wer ist so töricht – und sei er auch noch so jung –, daß für ihn mit Sicherheit ausgemacht wäre, er werde bis zum Abend des Tages noch am Leben sein? Weist doch im Gegenteil jene Altersstufe viel mehr Todesfälle auf als unsere: Junge Menschen fallen leichter in Krankheiten, und ihre Krankheiten sind schwerer, ihre Heilung schwieriger. So kommen nur wenige bis ins Greisenalter hinauf; wäre das anders, so würden viele Leben besser und klüger geführt, denn Einsicht, Vernunft und Übersicht sind die besonderen Eigenschaften der Greise. Wären keine Greise gewesen, so würde es überhaupt keine staatlichen Gemeinschaften geben.

Doch ich will zu dem Vorwurf der drohenden Nähe des Todes zurückkehren: Was soll sich dieser Vorwurf besonders gegen das Greisenalter richten, da ihr doch seht, daß er auf das jugendliche Alter genauso zutrifft? Ich selbst habe es an meinem ausgezeichneten Sohn erfahren müssen, du, Scipio, an deinen Brüdern, die sich berechtigte Hoffnungen auf die höchsten Ehrenämter machen konnten, daß der Tod jedes Alter gleich trifft. Aber der junge Mann *hofft* doch, er werde lange leben, und diese Hoffnung kann ein Greis nicht mehr haben. Eine törichte Hoffnung! Denn was ist unverständiger, als Unsicheres für sicher zu halten, Falsches für wahr? Aber der Greis hat nicht einmal einen Anhaltspunkt für eine Hoffnung. So ist er in einer um so besseren Lage als der junge Mensch, da doch, was dieser nur *hofft,* er schon *erreicht* hat: Jener *wünscht* lange zu leben, dieser *hat* lange gelebt.

Alles nun, was *der Natur gemäß* geschieht, ist für ein Gut zu halten. Was aber ist so naturgemäß, als daß Greise vom Tode fortgenommen werden? Trifft dasselbe jungen Menschen zu, so ist das in hohem Maße wider die Natur. Daher scheint mir der Tod junger Menschen vergleichbar mit dem gewaltsamen Unterdrücken einer kräftigen Flamme durch einen starken Wasserguß, der von Greisen aber mit dem von selbst eintretenden Verlöschen einer Flamme, die ihre Nahrung aufgezehrt hat, wobei keine Gewalt mehr angewendet werden muß; und wie die Äpfel, solange sie unreif sind, kaum vom Baum gerissen werden können, wenn sie aber dann überreif geworden sind, von selbst herunterfallen, so beendet jungen Menschen nur Gewalt das Leben, Greisen aber die Reife zum Tod. Mir ist dieser Zustand der Reife so angenehm, daß ich, je näher ich dem Tode komme, gleichsam Land zu sehen meine und mir vorkomme, als würde ich endlich nach langer Seefahrt in den Hafen gelangen.

Überhaupt bringt, wie mir jedenfalls scheint, die Sättigung an allen mit Eifer betriebenen Tätigkeiten schließlich die Sattheit am ganzen Leben mit sich. So gibt es bestimmte Beschäftigungen der Kindheit; nun, werden danach junge Männer etwa noch verlangen? Ebenso gibt es solche der beginnenden Jugendzeit; wird das schon gesetzte Alter, das man das mittlere nennt, davon noch etwas wollen? Es gibt auch wieder besondere Interessen dieses Alters; nach denen fragt das Greisenalter nicht. Schließlich gibt es bestimmte Tätigkeiten auch des Greisenalters, und wie denn die Interessen der früheren Altersstufen geschwunden sind, so fallen auch die des Greisenalters einmal dahin. Wenn das geschieht, bringt die Sattheit am Leben den Zeitpunkt der Reife zum Tod heran.

SENECA

Trostschrift an Marcia

Alles, was uns von außen her zufällt und uns Glanz bringt: Kinder, Ehrenstellen, Reichtum, geräumige Vorsäle, Vorhöfe voll von Klienten, die nicht alle hereindürfen, eine berühmte, vornehme oder schöne Frau und was sonst vom unsichern, wandelbaren Schicksal abhängt, alles das ist uns nur geliehen, nichts haben wir als Geschenk empfangen; mit solchem zusammengetragenen Besitz, den man wieder hergeben muß, wird nur die Bühne des Lebens ausgeschmückt, er dient nur als Dekoration. Das eine davon wird heute, das andere morgen zurückgenommen, wenig bleibt uns bis an unser Ende. Wir haben daher auch keine Berechtigung zu wähnen, es gehöre uns; es ist uns nur geliehen worden. Die Nutznießung ist unser; auf wie lange – darüber entscheidet der, der über sein Geschenk Bestimmung getroffen hat; wir müssen, was uns auf unbestimmte Zeit gegeben worden ist, immer bereithalten und müssen es, sobald es verlangt wird, hergeben, ohne zu klagen. Das wäre ein sehr schlechter Schuldner, der gegen seinen Gläubiger grob würde.

Der Tod ist die Erlösung von allen Schmerzen und völliges Aufhören; über ihn gehen unsere Leiden nicht hinaus; er versetzt uns wieder in den Zustand der Ruhe, in dem wir uns befanden, ehe wir geboren wurden. Bedauert jemand die Gestorbenen, so muß er auch die Ungeborenen bedauern. Der Tod ist weder ein Gut noch ein Übel; denn ein Gut oder ein Übel kann nur etwas wirklich Vorhandenes sein; was aber selbst nichts ist und alles in das Nichts verwandelt, das gibt uns gar keinem Schicksal preis. Bei Übeln und Gütern muß ein Stoff vorhanden sein; was die Natur aufgelöst hat, das kann auch das Schicksal nicht mehr festhalten; wer nicht mehr ist, kann auch nicht mehr elend sein. Dein Sohn hat den Bereich des Sklavenlebens hinter sich, er ist eingegangen in das Reich des großen und ewigen Friedens. Die Furcht vor Armut, die Sorgen des Reichtums, der Stachel der sinnlichen Lust, all das berührt ihn nicht mehr; er ist nicht neidisch auf das Glück anderer, und der Neid der Nebenmenschen tut ihm nicht weh; sein empfindsames Ohr wird durch kein Wort der Schmähung beleidigt; allgemeines oder häusliches Unglück darf sich ihm nicht nahen; er schwebt nicht, bekümmert um die Zukunft, in Erwartung der Dinge, die kommen sollen und die doch immer zum Schlimmen hinneigen; endlich ist er auf einem Standpunkt angekommen, von wo ihn nichts vertreibt, wo nichts mehr ihn beunruhigt.

Der Tod ist's, sage ich, dem wir es zu verdanken haben, daß es keine Strafe ist, geboren zu sein; er hält mich aufrecht bei den Schicksalsschlägen, so daß ich starken, festen Mutes bleiben kann, getragen durch den Gedanken: Ich weiß einen Platz, wo ich landen kann!

Hören wir auf zu wollen, was wir einmal gewollt haben. Ich jedenfalls möchte nicht als alter Mann dasselbe wollen, was ich als Knabe gewollt habe. Auf dieses eine Ziel hin sind alle meine Tage, sind alle meine Nächte gerichtet, daraufhin mein Tun und mein Denken, den alten Übeln ein Ende zu setzen ... Ehe ich ein alter Mann war, bemühte ich mich, recht zu leben; jetzt, da ich ein alter Mann bin, bemühe ich mich, recht zu sterben.

Marc Aurel

Aus den «Selbstbetrachtungen»

Wer zu sterben gelernt hat, der hat verlernt, Sklave zu sein; er steht über aller Gewalt, mindestens jenseits von aller Gewalt. Was bedeuten ihm Kerker und Wachen und verschlossene Türen? Der Ausgang steht ihm frei. Es gibt nur eine Kette, die uns gefesselt hält, das ist die Liebe zum Leben. Vermag man sie nicht abzuwerfen, so muß man sie wenigstens schwächen, damit uns nichts zurückhalte und hindere, bereit zu sein, wenn die Umstände es erfordern, das sofort zu tun, was doch einmal geschehen muß.

O Mensch, du bist in dieser großen Stadt Bürger gewesen, was liegt daran, ob fünf oder dreißig Jahre? Was den Gesetzen gemäß ist, ist für niemanden hart. Was ist denn Schreckliches, wenn du nicht durch einen Tyrannen, nicht durch einen ungerechten Richter, nein, durch eben die Natur, die dich in diesen Staat eingeführt hat, wieder hinausgesandt wirst? Es ist nichts anderes, als wenn ein Schauspieler durch denselben Prätor, der ihn angestellt hat, wieder entlassen wird. – «Aber ich habe nicht fünf Akte gespielt, sondern erst drei.» – Wohl gesprochen; doch im Leben sind drei Akte schon ein ganzes Stück. Denn den Schluß bestimmt derjenige, der einst das Gesamtspiel einrichtete und es heute beendet; weder das eine noch das andere hängt von dir ab. So scheide denn freundlich von hier; auch er, der dich entläßt, ist freundlich.

Indianischer Gesang (Chippewa)

Sterben in einem fremden Land

Wenn ich hier sterbe in einem fremden Land,
wenn ich sterbe in einem Land, das mir unbekannt,
dann wird trotzdem der Donner,
der rollende Donner,
mich mit nach Hause nehmen.

Wenn ich hier sterbe, dann wird der Wind,
der Wind, brausend über die Prärie,
der Wind mich mit nach Hause nehmen.

Der Wind und der Donner,
sie sind überall gleich,
was spielt es für eine Rolle dann,
wenn ich hier sterbe in einem fremden Land?

Die soziale Dimension

Da nicht alle «Weltweisen» über ihr Triebleben so erhaben sind, daß sie sich von seiner Macht befreit haben, kompensieren viele ihre Abhängigkeit durch eine notgeborene Lustfeindlichkeit. Andere halten dagegen, daß nur eine Bejahung der Lust einen menschenwürdigen und fruchtbaren Umgang mit ihr ermöglicht. So nehmen wir an, daß es auf unsrem fiktiven «Kongreß der Weltweisen» zum Thema «Schöpfungswonnen» sicher wiederholt zu erbitterten Meinungsverschiedenheiten und Turbulenzen käme. Das gilt auch für die zweite Wurzel der Humanität, die wir mit «Sterben lernen» überschrieben haben. Einigen «Weltweisen» fiele es sicher schwer, über die verschiedenen Jenseitsvorstellungen hinweg die gemeinsame Basis darin zu sehen, daß der Mensch erst durch das Bewußtsein seiner Sterblichkeit zu einem geistigen Wesen wird, dem ein rein materialistisches Weltbild nicht ausreicht.

Dagegen gäbe es auf diesem «Kongreß der Weltweisen» wohl kaum Schwierigkeiten, einen Konsens über die dritte Wurzel der Humanität zu finden, die wir als «soziale Dimension» bezeichnen.

Ob wir die «heiligen Bücher» der Inder zitieren, angefangen mit den Dichtern der Veden, oder den Koran zu Hilfe nehmen: Diese Texte liegen ihrer Entstehung nach gut zweitausend Jahre auseinander, und dennoch finden sich fast wörtliche Übereinstimmungen. Daß es jedem Gemeinwesen förderlich ist, wenn die Menschen ihr Hab und Gut miteinander teilen und sich in Nächstenliebe behilflich sind, ist beileibe keine christliche Einsicht allein. Diese Einsicht steht am Anfang jeder menschlichen Sozialisation. Auch sie unterscheidet uns von den Tieren, macht uns als Menschen wesentlich aus.

Mit dem Fortschreiten der Zivilisation droht aber auch diese Basis der Humanität verschüttet zu werden. Indem wir uns immer mehr von unsren ursprünglichen Produktionsverhältnissen entfernen, verlieren wir den Sinn für menschengerechtes Geben und Empfangen. Der Gütertausch wird fremdgeregelt und fremdbestimmt, und unter dem scheinbaren sozialen Frieden tobt unerbittlich der Konkurrenzkampf. Für Mitgefühl ist da kein Platz mehr.

Not wird nicht aus sozialem Erbarmen gelindert, sondern weil offen sichtbare Armut das Stadtbild stört. Diese Verdrängung der Not aus dem öffentlichen Bewußtsein findet bezeichnenderweise am konsequentesten in überzivilisier-

ten Staaten wie der Schweiz statt. Wie mit dem Seziermesser wird sorgsam aus dem Stadtbild herausgeschnitten, was uns daran erinnern könnte, daß alle Zivilisation und aller Reichtum der Welt die soziale Not nicht haben beseitigen können. Zu selten ist die Einstellung jenes reichen Mannes, der mir einmal sagte, er halte es für ein menschliches Privileg, im Viertel der Drogensüchtigen und Prostituierten zu wohnen. Er begründete seine Einstellung damit, daß erst dieses Elend ihm Gelegenheit gebe, sich als Mensch zu erweisen.

Mit der Verdrängung der Not schwindet auch das soziale Bewußtsein der Menschen. Indem nun aber diese natürliche Basis der Humanität verlorengeht, braucht es immer kompliziertere verwaltungstechnische und soziale Regelwerke, Strafgesetze und Ordnungskräfte. Nicht der gemeinschaftliche Sinn für soziale Gerechtigkeit, sondern Fachleute haben das Sagen, da nur noch sie den Durchblick im Paragraphendschungel haben. Das aber bringt mit sich, daß Gesetze sich verselbständigen und ihren ursprünglichen Sinn verlieren. Nicht mehr die Gerechtigkeit siegt, sondern der bessere Anwalt. Sobald sich die Regelwerke ihrem sozialen Ursprung entfremdet haben, besteht die Gefahr, daß sie mißbraucht werden. Statt dem Menschen zu dienen, kehren sie sich gegen ihn. Schließlich regiert nicht mehr der Mensch, sondern das Gesetz, eine Situation, wie sie uns Franz Kafka so beklemmend beschrieben hat.

Und noch etwas: Je mehr wir uns durch Regelwerke entmündigen oder die persönliche Verantwortung nehmen lassen, desto mehr verlieren wir den natürlichen Sinn für die soziale Dimension, das Gefühl für die Hilfsbedürftigkeit unsrer Mitmenschen. Ein Circulus vitiosus also, der zwangsläufig in die Einsamkeit und die Verrohung des menschlichen Umgangs führt.

Wenn wir die soziale Dimension hier als dritte Basis der Humanität bezeichnen, so meinen wir damit nicht nur eine menschengerechte Verteilung der materiellen Güter, sondern ein Verhalten, durch das wir uns als Menschen erweisen. Tätige Nächstenliebe ist nicht nur für den Beschenkten ein Gewinn; sie ist für den Gebenden mindestens ebenso bereichernd. Nur indem wir dafür sorgen, auch anderen ein menschenwürdiges Dasein zu verschaffen, gewinnen wir selbst unsre menschliche Würde.

An diese Aspekte der sozialen Dimension wollen wir mit den folgenden Texten erinnern. Wir verzichten bewußt darauf, Sozialgesetze und Menschenrechtskonventionen zu zitieren, deren wegweisende Berechtigung wir keinesfalls negieren; doch Gesetze wechseln und sind zeit- und kulturgebunden. Mit den Zehn Geboten des Alten Testamentes läßt sich heute kein Staat mehr regieren; die Worte, mit denen der Prophet Jesaias das Kommen des Friedensreiches verkündet, sind dagegen brandaktuell.

Liegt uns an der Entwicklung der Humanität, ist die soziale Dimension eine entscheidende Basis. Je selbstverständlicher und vertrauter uns diese Basis wieder zu werden vermag, desto weniger Gesetze werden wir brauchen, den sozialen Frieden zu wahren.

Ein detaillierter Kommentar zu den einzelnen Texten erübrigt sich hier, zu offensichtlich sind die Gemeinsamkeiten. Nur auf einen Text möchte ich besonders hinweisen, das Märchen «König Tugendreich». Es ist der altindischen «Dschataka»-Sammlung entnommen, einem heiligen Buch des Buddhismus, das auf das 6. Jahrhundert v. Chr. zurückgeht. Ein Märchen, das lange vor Christus die Feindesliebe zum Thema hat, lange vor Gandhi ein Beispiel des gewaltlosen Widerstands gibt, der sich stärker als alle Waffengewalt erweist.

Auch diesen Teil beenden wir mit einem Lied aus der indianischen Tradition. Es schildert die Heilung eines Kranken, der durch magische Bemalung in das Weltganze eingebettet wird und durch ein Ritual, das die Stammesgemeinschaft mit ihm durchführt, wieder gesundet. Ein Lied der Heilung, das uns zu bedenken gibt, wie wesentlich eine intakte menschliche Gemeinschaft für die Gesundheit des einzelnen ist.

RIG-VEDA

Ermahnung zur Freigebigkeit

Wahrlich, es stirbt der Mensch nicht nur am Hunger,
Auch wer gesättigt ist, stirbt.
Wer reich ist, wird nicht verarmen durch Freigebigkeit,
Wer aber geizig ist, wird kein Erbarmen finden,
Wenn er selber verarmt.

Der Reiche, der kein Herz für den Bedürftigen hat,
Mit dem er früher einmal Umgang gepflegt,
Wird kein Erbarmen finden,
Wenn er selber verarmt.

Ein wahrer Wirt ist nur der, der die Bitten erhört
Des Bedürftigen, der da nur noch aus Haut und Knochen besteht.
Wer andere speist, wird selber gespeist
Und schafft sich Freunde fürs Leben.

Ein Freund, der seine Speise nicht teilt,
Ist kein Freund. Ihn sollte man meiden.
Lieber sollte man bei einem Fremden einkehren,
Der freigebig ist.

Der Stärkere sollte dem Schwächeren helfen
Und daran denken, wie wechselhaft dieses Leben ist.
Reichtümer rollen wie Wagenräder vorbei,
Bald zu dem einen, bald zu dem andern.

Der Geizige, der da alleine speist, erliegt einer Täuschung,
Die ihm den Tod bringt. Er hat keine Freunde,
Ist nirgends willkommen als Gast.
Wer alleine speist, muß auch sein Elend alleine ertragen.

Sättigung schafft nur ein Pflug, der pflügt.
Nur dem, der geht, dienen die Beine als Beine.
Nur der Dichter, der singt, wird gehört.

Nur ein Freund, der freigebig ist, ist ein Freund
Und dem, der alles für sich behält, überlegen.

Der Freigebige ist wie die Sonne, die mit einem einzigen Fuß
Den Himmel an einem einzigen Tag durchwandert.
Er ist wie der Mann, der nur zwei Füße hat,
Aber den Dreibeiner leicht überholt, den Greis am Stock!
Und was hilft es dem Köter,
Daß er vier Beine hat?
Pfeift ihm ein Zweibeiner, kommt er gehorsam herbei.

Zwei Hände, die gleich sind, tun nicht dieselbe Arbeit.
Zwei Kühe, die von der gleichen Mutter stammen,
Geben nicht dieselbe Milch.
Nicht einmal Zwillinge sind einer so stark wie der andere,
Auch wenn zwei Verwandte die gleichen Dinge verschenken,
Bedeuten sie nicht dasselbe.

Märchen aus dem «Dschataka»

König Tugendreich

Einstmals, als Brahmadatta zu Benares regierte, wurde der Bodhisattva im Schoße der Hauptgemahlin des Königs wiedergeboren. Am Tage der Namensgebung gab man ihm den Namen Prinz Silawa, das heißt Tugendreich. Mit sechzehn Jahren hatte er die Meisterschaft in allen Künsten erlangt, und später, als sein Vater starb, kam er zur Herrschaft und regierte fromm und gerecht unter dem Namen «der große König Tugendreich». Er errichtete sechs Almosenhäuser, vier an den Toren der Stadt, eins in der Mitte und eins am Tore seines Palastes, und spendete den armen Reisenden Almosen, hielt die Gebote, beachtete die Fasttagsbräuche und war voller Geduld, Freundlichkeit und Mitleid. Alle Wesen hegend und pflegend, wie man den Sohn auf seinem Schoße hegt, regierte er mit Gerechtigkeit.
Nun hinterging ihn einmal einer seiner Minister in seinem Harem, und er kam später in den Mund der Leute. Die Minister berichteten es dem Könige. Der König ging der Sache nach, überzeugte sich selbst durch Augenschein davon,

ließ den Minister kommen und sagte zu ihm: «Verblendeter Tor, du hast Unrecht getan. Du bist nicht wert, in meinem Reiche zu wohnen. Nimm Weib und Kind und was du besitzt und geh anderswohin!» Und damit verbannte er ihn aus dem Reiche. Der verließ das Reich von Kasi, trat in die Dienste des Königs von Kosala und wurde nach und nach der vertraute Ratgeber des Königs.

Eines Tages sagte er zum König von Kosala: «Herr, das Reich von Benares gleicht einer Honigwabe ohne Bienen. Der König ist überaus milde. Mit einem kleinen Heere kann man das Reich von Benares erobern.» Als der König seine Rede vernommen hatte, dachte er: «Das Reich von Benares ist doch groß, und dabei sagt dieser Mensch, man könne es mit einem kleinen Heere erobern. Sollte er wohl ein gedungener Spitzbube sein?» Und er sagte: «Ich glaube, du bist gedungen.» – «Ich bin nicht gedungen, Herr. Ich spreche die reine Wahrheit. Wenn ihr mir nicht glaubt, schickt Leute hin und laßt ein Grenzdorf plündern. Der König wird die Leute gefangennehmen und sie sich vorführen lassen, sie mit Geld beschenken und wieder freilassen.» – «Dieser Mensch stellt sehr kühne Behauptungen auf, ich will ihn doch einmal auf die Probe stellen», dachte der König und schickte seine Leute hin und ließ ein Grenzdorf plündern. Man nahm die Räuber gefangen und brachte sie vor den König von Benares. Als der König sie erblickt hatte, fragte er: «Liebe Leute, warum habt ihr mein Dorf geplündert?» – «Weil wir nicht zu leben hatten, Herr.» – «Warum seid ihr dann nicht zu mir gekommen? Tut von jetzt an so etwas nicht wieder!» sagte er, schenkte ihnen Geld und ließ sie frei. Die gingen zum König von Kosala und erzählten ihm, was geschehen war. Der wagte aber trotzdem noch nicht auszuziehen, sondern ließ noch einmal ein Gebiet mitten im Reiche plündern. Auch diesen Räubern schenkte der König in derselben Weise Geld und ließ sie frei. Der König von Kosala zog aber trotzdem noch nicht aus, sondern schickte noch einmal hin und ließ mitten in den Straßen von Benares plündern. Der König schenkte auch diesen Räubern Geld und ließ sie frei. Da sah der König von Kosala ein, daß der König allzugut sei, und brach mit seinem Heere auf, um das Reich von Benares zu erobern.

Nun hatte aber der König von Benares unbesiegliche, große Krieger, ausgezeichnete Helden, tausend an der Zahl, die nicht geflohen wären, auch wenn ein brünstiger Elefant auf sie losgegangen wäre, die nicht gezittert hätten, auch wenn ein Blitzstrahl auf ihr Haupt herniedergefahren wäre, und die imstande gewesen wären, wenn es dem großen König Tugendreich so beliebt hätte, sich der Herrschaft über ganz Indien zu bemächtigen. Als die hörten, daß der König von Kosala heranzöge, begaben sie sich zum König und sagten:

«Herr, der König von Kosala zieht heran, um das Reich von Benares zu erobern. Wir wollen ausziehen und ihn schlagen und gefangennehmen, noch ehe er die Grenze unseres Reiches überschritten hat.» Der König aber hielt sie zurück: «Meine Lieben, um meinetwillen soll niemand leiden. Die das Reich begehren, mögen es erobern. Zieht nicht aus!»
Der König von Kosala überschritt die Grenze und drang bis zur Mitte des Landes vor. Da begaben sich die Minister abermals zum König und sprachen ebenso. Ebenso wie vorher hielt der König sie zurück. Als nun der König von Kosala vor den Toren der Stadt stand, schickte er dem großen König Tugendreich die Aufforderung, er solle ihm das Reich übergeben oder eine Schlacht liefern. Als der König das vernommen hatte, sandte er ihm die Botschaft zurück, auf eine Schlacht ließe er sich nicht ein, er möge nur das Reich nehmen. Wieder begaben sich die Minister zu dem Könige und sagten: «Herr, wir wollen dem König von Kosala nicht erlauben die Stadt zu betreten. Wir wollen ihn außerhalb der Stadt schlagen und gefangennehmen.» Ebenso wie vorher hielt der König sie zurück, ließ die Stadttore öffnen und setzte sich samt seinen tausend Ministern auf dem Söller auf einem Diwan nieder. Der König von Kosala zog mit einem großen Heere in Benares ein. Da er auch nicht einen einzigen Feind erblickte, begab er sich zum Tore des Königspalastes, stieg, umgeben von der Schar seiner Minister, in dem Palast, dessen Türen offen standen, auf den prächtig geschmückten Söller hinauf und ließ den dort sitzenden großen König Tugendreich, der doch nichts Böses getan hatte, mitsamt seinen tausend Ministern gefangennehmen. «Geht», sagte er, «bindet diesem König mitsamt seinen Ministern die Hände fest auf den Rükken und führt sie auf die Stätte, wo man die Leichen, ohne sie zu verbrennen, hinzuwerfen pflegt! Grabt Gruben, die ihnen bis an den Hals reichen, grabt sie ein und werft Erde darauf, daß keiner die Hand zu heben vermag! In der Nacht werden die Schakale kommen und ihnen schon das Nötige besorgen.» Als die Leute den Befehl des schurkischen Königs vernommen hatten, banden sie dem König mitsamt seinen Ministern die Hände fest auf den Rücken und führten sie hinaus. Auch zu dieser Zeit hegte der große König Tugendreich keinen Groll gegen den schurkischen König. Und auch unter den Ministern, wie sie so gefesselt fortgeführt wurden, war keiner, der imstande gewesen wäre, sich gegen das Wort des Königs aufzulehnen. So gut gezogen war sein Gefolge. Die Diener des Königs führten nun den König Tugendreich mitsamt seinen Ministern auf die Leichenstätte, machten Gruben, die ihnen bis an den Hals reichten, steckten sie alle in die Gruben, den großen König Tugendreich in die Mitte und die Minister zu beiden Seiten, schütteten dann Erde darauf und trampelten sie fest und gingen fort. Da redete der König Tugendreich

seine Minister an und ermahnte sie: «Hegt keinen Zorn gegen den schurkischen König, sondern entwickelt freundliche Gefühle, ihr Lieben!»
Um Mitternacht nun kamen die Schakale, um Menschenfleisch zu fressen. Als der König und die Minister sie erblickten, stießen sie alle auf einmal einen Schrei aus. Die Schakale liefen erschreckt davon. Dann machten sie kehrt, schauten sich um, und als sie merkten, daß niemand sie verfolgte, kamen sie wieder zurück. Ebenso wie vorher stießen jene einen Schrei aus. So ging es dreimal. Die Schakale flohen, schauten sich um, und als sie merkten, daß niemand sie verfolgte, dachten sie: «Es werden wohl zum Tode Verurteilte sein», wurden kühner, machten kehrt, und obgleich jene wieder ihren Schrei ausstießen, liefen sie nicht fort. Der Führer des Rudels näherte sich dem König, und die übrigen gingen zu den übrigen. Als der König, der sich immer zu helfen wußte, merkte, daß der Schakal dicht bei ihm war, reckte er den Hals, als ob er ihm Gelegenheit zum Beißen geben wollte, und als jener nach dem Halse schnappte, zog er ihn mit den Kinnladen an sich heran und preßte ihn fest wie in einem Schraubstock. Der Schakal, den der König mit der Stärke eines Elefanten mit den Kinnladen an sich gezogen hatte und fest am Halse gepackt hielt, war nicht imstande, sich freizumachen, und stieß in Todesangst ein lautes Geheul aus. Die übrigen Schakale hörten sein Angstgeheul und dachten: «Er wird von einem Menschen gepackt sein.« Sie wagten sich nicht den Ministern zu nähern, sondern liefen alle in Todesangst davon. Als nun der Schakal, von den Kinnladen des Königs festgehalten, nach allen Seiten um sich schlug, da wurde die Erde locker. In seiner Todesangst scharrte der Schakal mit seinen vier Füßen die oberste Erdschicht um den König fort. Als der König merkte, daß die Erde sich gelockert hatte, ließ er den Schakal los. Da er kräftig und stark wie ein Elefant war, gelang es ihm, durch Hin- und Herbewegen die beiden Hände freizubekommen. Dann stemmte er sich auf den Rand der Grube und schwang sich heraus, einer sturmzerrissenen Wolke gleichend. Als er nun heraus war, sprach er den Ministern Mut zu, schaffte die Erde weg, holte sie alle heraus und stand nun, umgeben von seinen Ministern, auf der Leichenstätte.
Zu der Zeit hatten Leute, die einen Leichnam auf die Leichenstätte schafften, ihn auf das Grenzgebiet zweier Jakkhas geworfen. Die Jakkhas konnten den Leichnam nicht teilen. «Wir können ihn nicht teilen», sagten sie, «der König Tugendreich hier ist gerecht, er wird ihn zwischen uns teilen. Wir wollen zu ihm gehen.» So gingen sie, den Leichnam am Fuße hinter sich herziehend, zum Könige und sagten: «Herr, teile diesen zwischen uns!» – «Hallo, ihr Jakkhas! Ich könnte ihn wohl zwischen euch teilen, aber ich bin schmutzig, erst will ich baden.» Da holten die Jakkhas durch ihre Zaubermacht das

duftende Wasser, das für den schurkischen König bereitstand, und gaben es dem König zum Baden. Und als er gebadet hatte, da holten sie ihm die gefaltet daliegenden Kleider des schurkischen Königs. Und als er die angezogen hatte, da holten sie ihm den Kasten mit den viererlei wohlriechenden Salben. Und als er sich damit gesalbt hatte, da holten sie ihm allerlei Blumen, die in einem goldenen Kasten auf juwelenbesetzten Palmblättern lagen. Und als er die Blumen angesteckt hatte, fragten sie: «Was können wir sonst noch tun?» Der König gab ihnen zu verstehen, daß er hungrig sei. Da gingen sie und holten allerlei Leckereien, die für den schurkischen König zubereitet waren. Gebadet und gesalbt, gekleidet und geschmückt, aß der König die verschiedenen Lekkereien. Die Jakkhas holten das duftende Wasser, das für den schurkischen König bereitstand, im goldenen Kruge mitsamt seinem goldenen Becher. Der König trank das Wasser, spülte sich den Mund aus, wusch sich die Hände, und dann holten sie ihm den mit den fünf duftenden Stoffen gemischten Betel, der für den schurkischen König bereitet war, und nachdem er den gekaut hatte, fragten sie ihn: «Was können wir sonst noch tun?» – «Geht und bringt das Staatsschwert, das auf dem Kopfkissen des schurkischen Königs liegt!» Sie gingen hin und holten auch das. Der König nahm das Schwert, stellte den Leichnam aufrecht hin, teilte ihn durch einen Schlag mit dem Schwerte mitten auf den Kopf in zwei Teile und gab jedem der beiden Jakkhas genau seinen Teil. Und nachdem er es ihnen zugeteilt hatte, wusch er das Schwert ab und gürtete es sich um. Als nun die Jakkhas das Menschenfleisch gefressen hatten und satt waren, fragten sie ihn befriedigten Sinnes: «Was können wir sonst noch für dich tun, großer König?» – «So setzt mich denn vermöge eurer Zaubermacht im Schlafgemach des schurkischen Königs nieder und versetzt auch diese Minister, einen jeden in sein Haus.» – «Gut Herr!» stimmten sie zu und taten so.

Zur selben Zeit lag der schurkische König in seinem prunkenden Schlafgemache auf seinem Staatsbett und schlief. Der König schlug dem sorglos Schlafenden mit der flachen Seite des Schwertes auf den Bauch. Erschreckt wachte der auf, und als er beim Schein der Lampe den großen König Tugendreich erkannte, erhob er sich von seinem Bette und sprach, seinen Mut zusammennehmend, zu dem Könige: «Großer König, es ist tiefe Nacht. Der Palast ist von Wachen umstellt, die Tore sind verschlossen. Niemand kann wegen der Wachen das Zimmer betreten. Wie bist du nun, mit dem Schwerte umgürtet und prächtig gekleidet und geschmückt, hier an mein Bette gekommen?» Der König erzählte ihm in aller Ausführlichkeit, wie er hergekommen sei. Als der schurkische König das gehört hatte, sprach er erschüttert: «Großer König, ich habe deine Trefflichkeit nicht erkannt, obwohl ich doch ein Mensch bin; die wilden, grausamen Jakkhas aber, die anderer Fleisch und Blut fressen, die haben deine Tugenden erkannt.» Und er schwur ihm auf das Schwert: «Ich werde gegen dich, o Fürst, der du ein so frommer Mann bist, nichts Feindliches mehr unternehmen.» Dann bat er den König um Verzeihung und ließ ihn sich auf das große Bett niederlegen und legte sich selber auf eine kleine Pritsche. Als aber die Nacht zu Ende war und die Sonne aufgegangen war, da ließ er die Trommel schlagen und alle Gilden und die Minister, Brahmanen und Bürger zusammenkommen und rühmte vor ihnen, gleichsam den Vollmond in den Himmel hebend, die Tugenden König Tugendreichs. Und inmitten der Versammlung bat er den König nochmals um Verzeihung und übergab ihm die Herrschaft und sagte: «Wenn nun wieder Räuber euch angreifen, so laßt das meine Sorge sein! Von mir bewacht, regieret euer Reich!» Dann sprach er das Urteil über den Verräter und kehrte mit seinem Heere in sein Reich zurück. Und als nun der große König Tugendreich, prächtig gekleidet und geschmückt, unter dem weißen Schirme auf dem goldenen, mit Gazellenfüßen gezierten Throne saß, da betrachtete er seine Herrlichkeit und dachte: «Es wäre nichts mit all dieser Herrlichkeit, und ich hätte das Leben meiner tausend Minister nicht gerettet, hätte ich nicht das Streben betätigt. Durch die Kraft meines Strebens aber habe ich sowohl diese Herrlichkeit, die dahin war, wieder erlangt, als auch meinen tausend Ministern das Leben wieder geschenkt. Wahrlich, man muß das Streben betätigen, ohne die Hoffnung aufzugeben, denn reicher Lohn wird dem zuteil, der das Streben betätigt.» Und begeistert sprach er den folgenden Vers:

«Die Hoffnung ist des Menschen Pflicht.
Verzweifeln darf der Weise nicht.
Mich selbst brauch' ich nur anzusehn.
Wie ich's gewollt, so ist's geschehn.

So gab der Bodhisattva in diesem Verse seiner Begeisterung Ausdruck, indem er lehrte: «Ach seht doch, ein reicher Lohn des Strebens wird den Tugendhaften zuteil.» Und nachdem er sein Leben lang verdienstliche Werke getan hatte, fuhr er dahin nach seinen Taten.

LAO-TSE

Herrschaft der Seele

Herrschaft der Seele über den Sinn, das ist ihr stetes
Zusammengehn,
führt sie zu Einerleiheit;
Selbsterziehung, das ist Streben nach Anpassung,
führt zu Einfaltigkeit;
Reinigung, das ist Urteilserweiterung,
führt zu Vorzüglichkeit;
Wechselseitigkeitsgefühl, als Grund der Gemeinschaft,
führt sie zu Selbstordnung;
Schicksalswechsel
führt zu Empfänglichkeit;
Echte Einsicht
führt zu Wissens Unnützlichkeit.
Fördrer der Entwicklung sein:
schaffen und nicht besitzen,
wirken und nicht gewinnen,
überwachsen und nicht überwältigen:
Das ist die Bahn.

ALTES TESTAMENT

Der Prophet Jesaias verkündet das Friedensreich

Dann wird der Wolf als Gast bei dem Lamm weilen,
Und der Panther sich neben dem Böcklein lagern.
Das Kalb, der junge Löwe und der Mastochs
werden vereint weiden,
Und ein kleiner Knabe wird Treiber bei ihnen sein.
Kuh und Bärin werden miteinander weiden,
Ihre Jungen sich zusammen lagern,
Und der Löwe wird Stroh fressen wie das Rind.
Der Säugling wird am Schlupfloch der Otter spielen

Und das eben entwöhnte Kind seine Hand nach dem
Feuerauge des Basilisken ausstrecken.
Man wird nichts Böses mehr tun und nicht unrecht handeln
Auf meinem ganzen heiligen Bergland,
Denn das Land wird voll von der Erkenntnis des Herrn sein
Wie von Wassern, die den Meeresgrund bedecken.

Konfuzius

Aus den Gesprächen

Ling-gong, Herrscher im Staate Wei, wollte die Meinung des Meisters zu Regeln der militärischen Taktik hören.
Doch Konfuzius meinte: «Über die Regeln des Anstands und die Riten habe ich viel gehört. Von militärischen Regeln dagegen verstehe ich nichts.»
Am nächsten Tag verließ der Meister den Staat Wei.

Als Konfuzius mit seinen Schülern im Staate Chen war, gingen die Lebensmittel zu Ende. Die Schüler wurden so schwach, daß sie sich nicht erheben konnten.
Da sprach Zi-lu ärgerlich: «Gibt es für den Edlen auch Zeiten, in denen er in Not ist und keinen Ausweg weiß?»
Konfuzius erwiderte: «Wenn der Edle in Not ist, erträgt er sie standhaft.
Ist der gewöhnliche Mensch in Not, dann verliert er die Fassung.»

Konfuzius sprach: «Wer nicht an die Zukunft denkt, wird bald Sorgen haben.»

Konfuzius sprach: «Fordere viel von dir selbst und erwarte weniger von anderen! So wird dir Ärger erspart bleiben.»

Konfuzius sprach: «Ein Mensch, der nicht immer wieder darüber nachdenkt, wie er sich verhalten soll – mit dem weiß ich nichts anzufangen.»

Konfuzius sprach: «Der Edle haßt den Gedanken, die Welt zu verlassen, ohne etwas geleistet zu haben, was bleibender Anerkennung wert ist.»

Konfuzius sprach: «Der Edle fordert sich selbst. Der Gemeine fordert von anderen.»

Konfuzius sprach: «Der Edle leidet durch sein eigenes Unvermögen.
Er leidet nicht darunter, daß ihn die Menschen nicht kennen.»

Zi-gong fragte den Konfuzius: «Gibt es ein Wort, das ein ganzes Leben lang als Richtschnur des Handelns dienen kann?»
Konfuzius antwortete: «Das ist ‹gegenseitige Rücksichtnahme›. Was man mir nicht antun soll, will ich auch nicht anderen Menschen zufügen.»

Konfuzius sprach: «Ich habe es selbst noch erlebt, daß ein Geschichtsschreiber Lücken im Text ließ, wenn er sich nicht sicher war. Wer ein Pferd hatte (und es selbst nicht brauchte), ließ es anderen.
Heute gibt es das nicht mehr.»

Konfuzius sprach: «Wo die Menge haßt, prüfe, warum sie haßt!
Wo die Menge liebt, prüfe, warum sie liebt!»

Konfuzius sprach: «Einen Fehler machen und ihn nicht korrigieren –
das erst heißt wirklich einen Fehler machen.»

Konfuzius sprach: «Wer durch sein Wissen zu einem öffentlichen Amt gelangt ist, dies aber nicht mit Liebe zu den Menschen auszuüben vermag, wird es wieder verlieren.
Wer durch sein Wissen ein Amt erworben hat und es auch mit Menschlichkeit ausfüllt, dies jedoch ohne Würde tut, wird vom Volk nicht respektiert.
Wer durch sein Wissen ein Amt erworben hat, es durch Menschenliebe zu bewahren vermag und auch Würde zeigt, jedoch das Volk mobil macht, ohne Sitte und Ordnung zu achten –
der ist nicht gut genug.»

Konfuzius sprach: «Die Menschen bedürfen mehr des rechten sittlichen Verhaltens zueinander, als sie des Wassers oder Feuers bedürfen.
Ich habe Menschen durch Feuer oder Wasser sterben sehen. Aber ich habe noch keinen an Sittlichkeit sterben sehen.»

Konfuzius sprach: «Bildung soll allen zugänglich sein. Man darf keine Standesunterschiede machen.»

Konfuzius sprach: «Geht man unterschiedliche Wege, dann kann man einander keine Ratschläge geben.»

Konfuzius sprach: «Worte sollen den Menschen etwas sagen – das ist alles.»

Der Musikmeister Mian machte Konfuzius einen Besuch. Als er bei den Stufen angekommen war, sagte der Meister: «Hier sind Stufen.»
Bei der Sitzmatte angelangt, sagte Konfuzius zu ihm: «Hier ist die Matte.»
Nachdem alle Platz genommen hatten, informierte Konfuzius ihn: Der und der ist hier, der und der ist hier.
Als der Musikmeister hinausgegangen war, fragte Zi-zhang den Konfuzius: «Ist das die richtige Art, mit einem Musikmeister zu reden?»
Der Meister antwortete: «Doch, das ist sicher die richtige Art, einem Blinden zu helfen.»

Platon

Das Höhlengleichnis

Sokrates: Und nun vergleiche Bildung und Unbildung in unserer Natur mit folgendem Zustand. Stelle dir Menschen vor in einer unterirdischen, höhlenartigen Wohnstätte mit lang nach aufwärts gestrecktem Eingang, entsprechend der Ausdehnung der Höhle. Von Kind auf sind sie in dieser Höhle festgebannt mit Fesseln an Schenkeln und Hals; sie bleiben also immer an der nämlichen Stelle und sehen nur geradeaus vor sich hin, denn durch die Fesseln werden sie gehindert, ihren Kopf herumzubewegen. Von oben her aber aus der Ferne leuchtet hinter ihnen das Licht eines Feuers. Zwischen dem Feuer aber und den Gefesselten läuft oben ein Weg hin, dem entlang eine niedrige Mauer errichtet ist ähnlich der Schranke, die die Puppenspieler vor den Zuschauern errichten, um über sie weg ihre Kunststücke zu zeigen.

Glaukon: Das steht mir alles vor Augen.

Sokrates: Längs dieser Mauer – so mußt du es dir nun weiter vorstellen – tragen Menschen allerlei Geräte vorbei, die über die Mauer hinausragen, Statuen verschiedenster Art aus Stein und Holz von Menschen und anderen Lebewesen, wobei, wie begreiflich, die Vorübertragenden teils reden, teils schweigen.

GLAUKON: Ein sonderbares Bild, das du da vorführst, und sonderbare Gefangene.

SOKRATES: Sie gleichen uns. Können denn zunächst solche Gefesselte von sich selbst und voneinander etwas anderes gesehen haben als die Schatten, die von dem Feuer auf die ihnen gegenüberliegende Wand der Höhle geworfen werden?

GLAUKON: Wie wäre das möglich, wenn sie ihr Leben lang den Kopf unbeweglich halten müssen?

SOKRATES: Und ferner: Gilt von den vorübergetragenen Gegenständen nicht dasselbe?

GLAUKON: Was denn sonst?

SOKRATES: Wenn sie nun miteinander reden könnten, glaubst du nicht, daß sie der Meinung wären, die Benennungen, die sie dabei verwenden, kämen den Dingen zu, die sie unmittelbar vor sich sehen?

GLAUKON: Notwendig.

SOKRATES: Ferner: Wenn der Kerker auch einen Widerhall von der gegenüberliegenden Wand her ermöglichte, meinst du da, wenn einer der Vorübergehenden gerade etwas sagte, sie würden dann die gehörten Worte einem anderen zulegen als dem jeweils vorüberziehenden Schatten?

GLAUKON: Nein, beim Zeus.

SOKRATES: Durchweg also würden diese Gefangenen nichts anderes für wahr halten als die Schatten der künstlichen Gegenstände.

GLAUKON: Notwendig.

SOKRATES: Nun betrachte den Hergang ihrer Lösung von den Banden und ihrer Heilung von dem Unverstand, wie er sich gestalten würde, wenn sich Folgendes naturgemäß mit ihnen zutrüge: Wenn einer von ihnen aus den Fesseln befreit und genötigt würde, plötzlich aufzustehen, den Hals umzuwenden, sich in Bewegung zu setzen und nach dem Licht emporzublicken und alles dies nur unter Schmerzen verrichten könnte und geblendet von dem Glanz nicht imstande wäre, jene Dinge zu erkennen, deren Schatten er vorher sah, was, glaubst du wohl, würde er sagen, wenn man ihn versicherte, er hätte damals lauter Nichtigkeiten gesehen, jetzt aber sei er dem Seienden näher gerückt und auf Dinge hingewandt, denen ein stärkeres Sein zukäme, und sehe deshalb richtiger? Wenn man zudem noch ihn auf jedes der vorüberziehenden Dinge hinwiese und ihn nötigte, auf die Frage zu antworten, was es sei? Meinst du da nicht, er werde weder aus noch ein wissen und glauben, das vordem Geschaute sei wirklicher als das, was man ihm jetzt zeige?

GLAUKON: Weitaus.

SOKRATES: Und wenn man ihn nun zwänge, seinen Blick auf das Licht selbst zu richten, so würden ihn doch seine Augen schmerzen, er würde sich abwenden und wieder jenen Dingen zustreben, die er anschauen kann, und diese würde er doch für tatsächlich gewisser halten als die, die man ihm zeigte?

GLAUKON: Ja.

SOKRATES: Wenn man ihn nun aber von dort gewaltsam durch den holperigen und steilen Aufgang aufwärts schleppte und nicht eher ruhte, als bis man ihn an das Licht der Sonne gebracht hätte, würde er diese Gewaltsamkeit nicht schmerzlich empfinden und sich dagegen sträuben? Und wenn er an das Licht käme, dann würde er, völlig geblendet von dem Glanz, von alledem, was ihm jetzt als das Wahre angegeben wird, überhaupt nichts zu erkennen vermögen?

GLAUKON: Nein, wenigstens für den Augenblick nicht.

SOKRATES: Er würde sich also erst daran gewöhnen müssen, wenn es ihm gelingen soll, die Dinge da oben zu schauen. Zuerst würde er wohl am leichtesten die Schatten erkennen, darauf die Abbilder der Menschen und der übrigen Dinge im Wasser, später dann die Gegenstände selbst; in der Folge würde er dann zunächst bei Nacht die Erscheinungen am Himmel und den Himmel selbst betrachten und das Licht der Sterne und des Mondes anschauen. Das wird ihm leichter fallen, als wenn er bei Tage die Sonne und das Sonnenlicht ansehen sollte.

GLAUKON: Gewiß.

SOKRATES: Zuletzt dann, denke ich, wird er imstande sein, die Sonne, nicht etwa bloß ihre Spiegelbilder im Wasser oder sonst irgendwo, sondern sie selbst in voller Wirklichkeit an ihrer eigenen Stelle zu schauen und ihre Beschaffenheit zu betrachten.

GLAUKON: Notwendig.

SOKRATES: Und dann würde er schlußfolgernd erkennen, daß sie es ist, der wir die Jahreszeiten und die Jahresumläufe verdanken, und daß sie über allem waltet, was in der sichtbaren Welt sich befindet, und in gewissem Sinne auch die Urheberin all jener Erscheinungen ist, die sie vordem schauten.

GLAUKON: Offenbar würde er in solcher Reihenfolge zu dieser Einsicht gelangen.

SOKRATES: Wie nun? Meinst du nicht, er würde in der Erinnerung an seine erste Wohnstätte, an seine dortige Weisheit und an seine damaligen Mitgefangenen sich nun glücklich preisen wegen dieser Veränderung, jene dagegen bemitleiden?

GLAUKON: Sicherlich.

SOKRATES: Wenn es damals aber unter ihnen gewisse Ehrungen, Lobpreisungen und Auszeichnungen gab für den, der die vorüberziehenden Schatten am schärfsten wahrnahm und sich am besten zu erinnern wußte, welche von ihnen gewöhnlich eher, welche später und welche gleichzeitig vorüberwandelten, und auf Grund dessen am sichersten zu erraten verstand, was danach sich einstellen werde, glaubst du etwa, daß er sich danach zurücksehnen und die bei ihnen durch Ehren und Macht Ausgezeichneten beneiden werde? Oder wird er nicht vielmehr nach Homer das harte Los wählen, viel lieber ‹einem anderen, einem unbegüterten Manne um Lohn dienen zu wollen›, und lieber alles andere über sich ergehen lassen, als im Banne jener Trugmeinungen zu stehen und ein Leben jener Art zu führen?

GLAUKON: Ja, ich denke, er würde lieber alles andere über sich ergehen lassen, als auf jene Weise leben.

SOKRATES: Und nun bedenke auch noch Folgendes. Wenn ein solcher wieder hinabstiege in die Höhle und dort wieder seinen alten Platz einnähme, würden dann seine Augen nicht förmlich eingetaucht werden in Finsternis, wenn er plötzlich aus der Sonne dort anlangte?

GLAUKON: Gewiß.

SOKRATES: Wenn er nun wieder, bei noch anhaltender Trübung des Blicks, mit jenen ewig Gefesselten wetteifern müßte in der Deutung jener Schattenbilder, ehe noch seine Augen sich der jetzigen Lage wieder völlig angepaßt haben – und die Gewöhnung daran dürfte eine ziemlich erhebliche Zeit fordern –, würde er sich da nicht lächerlich machen? Würde es nicht von ihm heißen, sein Aufstieg nach oben sei schuld daran, daß er mit verdorbenen Augen wiedergekehrt sei, und schon der bloße Versuch, nach oben zu gelangen, sei verwerflich? Und wenn sie den, der es etwa versuchte, sie zu entfesseln und hinaufzuführen, ihrgendwie in ihre Hand bekommen und umbringen könnten, so würden sie ihn doch auch umbringen?

GLAUKON: Sicherlich.

SOKRATES: Dieses Gleichnis nun, mein lieber Glaukon, mußt du seinem vollen Umfang nach mit den vorhergehenden Erörterungen in Verbindung bringen: Die durch den Gesichtssinn uns erscheinende Welt setze der Wohnung im Gefängnis gleich, den Lichtschein des Feuers aber in ihr der Kraft der Sonne. Den Aufstieg nach oben aber und die Betrachtung der oberen Welt mußt du der Erhebung der Seele in das Reich des nur geistig Erkennbaren vergleichen, wenn du eine richtige Vorstellung von meiner Meinung bekommen willst, da du sie ja zu hören begehrst. Gott mag wissen, ob sie richtig ist. Was sich mir also als richtig darstellt, ist dies: In dem Bereich des

Denkbaren zeigt sich zuletzt und schwer erkennbar die Idee des Guten; hat sie sich aber einmal gezeigt, so muß man schlußfolgern, daß sie für alle die Urheberin alles Rechten und Schönen ist, da sie im Bereich des Sichtbaren das Licht und dessen Herrn (die Sonne) erzeugt, im Bereich des Denkbaren aber selbst als Herrscherin waltend uns zu Wahrheit und Vernunft verhilft. Daher muß also diese Idee erkannt haben, wer einsichtig handeln will, sei es in persönlichen oder in öffentlichen Angelegenheiten.

GLAUKON: Diese Meinung teile auch ich, soweit mir ein Urteil darüber zusteht.

SOKRATES: So teile denn auch die folgende Ansicht mit mir und wundere dich nicht, daß diejenigen, die zu dieser Höhe gelangt sind, keine Neigung verspüren, sich den menschlichen Alltagsgeschäften zu widmen. Ihre Seelen fühlen sich vielmehr immer getrieben, dort oben zu verweilen. Und so ist es doch wohl auch ganz in Ordnung, wenn anders es dem vorhin vorgeführten Bilde entsprechen soll.

GLAUKON: Ja, ganz in Ordnung.

SOKRATES: Wie nun? Scheint es dir verwunderlich, wenn einer, der von der Schau des Göttlichen her in das menschliche Jammertal herabkommt, ungeschickt ist und sich recht lächerlich ausnimmt? Noch getrübten Blickes und noch nicht wieder genügend an die hiesige Finsternis gewöhnt, sieht er sich genötigt, in Gerichtshöfen oder anderswo um die Schatten der Gerechtigkeit zu streiten oder um die Kunstgebilde, deren Schatten sie sind, und sich in einen Wettkampf einzulassen mit der Auffassung, die solche Leute über diese Dinge hegen, die niemals die Gerechtigkeit an sich geschaut haben?

GLAUKON: Nicht im geringsten verwunderlich.

SOKRATES: Wer aber bei Vernunft ist, der würde sich sagen, daß die Störungen der Sehkraft zweifacher Art sind und zweifacher Ursache entstammen, nämlich erstens, wenn man aus dem Licht in die Finsternis, und zweitens, wenn man aus der Finsternis in das Licht versetzt wird. Und wenn er sich nun davon überzeugt hat, daß die nämlichen Vorgänge auch bei der Seele vorliegen, so wird er nicht unbedacht lachen, wenn er eine Seele in Verwirrung und unfähig sieht, etwas zu erkennen, sondern prüfen, ob sie aus einem erleuchteteren Leben hierhergekommen und infolge der Ungewohntheit mit Finsternis geschlagen ist, ober ob sie aus einem Zustand größerer Unwissenheit in helleren Glanz kommt und von dieser größeren Helligkeit geblendet ist. Und so wird er denn die eine glücklich preisen wegen ihres Zustandes und ihrer Lebensgestaltung, die andere dagegen bemitleiden; und wenn er über sie lachen wollte, so würde sein

Lachen hier weniger lächerlich sein als das über die, welche von oben her aus dem Licht herabkommt.

GLAUKON: Das ist gewiß zutreffend.

SOKRATES: Wir müssen also, wenn dies wahr ist, zu folgender Überzeugung über die Sache gelangen: Die Bildung ist nicht das, wofür sie gewisse Leute verheißungsvoll ausgeben. Ihre Behauptung nämlich lautet etwa dahin, sie pflanzten der Seele, in der es ursprünglich kein Wissen gebe, dieses Wissen ein, etwa wie wenn sie blinden Augen die Sehkraft verleihen könnten.

GLAUKON: Ja, so lautet sie.

SOKRATES: Unsere vorliegende Untersuchung dagegen zeigt, daß diese Wissenskraft, das Organ, durch welches ein jeder zu Kenntnissen kommt, der Seele eines jeden innewohnt. Ganz ähnlich, wie wenn man das Auge nicht anders aus dem Dunklen nach dem Hellen umwenden könnte als mitsamt dem ganzen Leibe, so muß man sie mitsamt der ganzen Seele aus dem Bereich des Werdenden nach der anderen Seite umkehren, bis sie fähig geworden ist, die Betrachtung des Seienden und des Hellsten unter dem Seienden auszuhalten; dies aber ist, wie wir behaupten, das Gute. Nicht wahr?

GLAUKON: Ja.

SOKRATES: Es wäre demnach die Bildung eine Kunst, dieses Organ umzuwenden, die Art und Weise nämlich, wie es am leichtesten und wirkungsvollsten umgewendet wird, nicht aber eine Kunst, die darin bestände, ihm die Sehkraft erst einzupflanzen; diese hat es vielmehr schon; es ist nur nicht nach der richtigen Seite hingewendet und blickt nicht dahin, wohin es sollte, und daß dies geschehe, das ist eben, was unsere Kunst der Erziehung bewirken will.

ARISTOTELES

Furcht und Mitleid

Trauerspiel ist Darstellung einer edlen, abgeschlossenen Handlung voll Bedeutung in gefälliger Sprache, wie sie der Eigenart jedes Teiles entspricht, und zwar durch die Handelnden selbst, nicht durch Bericht, um durch Mitleid und Furcht die Bereinigung solcher Gefühle zu bewirken.

[. . .]

Furcht und Mitleid kann sich aus dem ergeben, was man auf der Bühne sieht, aber auch aus dem Gang der Handlung. Dies ist wertvoller und erweist den besseren Dichter. Denn die Handlung muß sich, auch ohne daß man etwas sieht, so entwickeln, daß derjenige, der die Vorgänge hört, erschrickt und Mitleid bekommt infolge der Ereignisse. So ergeht es einem, wenn man den Gehalt des «Ödipus» vernimmt. Wo diese Wirkung durch das Auge erreicht wird, ist sie kunstloser und mehr ein Werk der Ausstattung. Und wer dem Auge gar nicht das Furchtbare bietet, sondern nur ein Wunder, hat mit dem Trauerspiel nichts mehr zu tun. Dieses soll ja nicht jeden Genuß gewähren, sondern den ihm eigenen. Und da der Dichter die aus Furcht und Mitleid durch die Darstellung gewonnene Freude vermitteln soll, so muß er offensichtlich diese in die Vorgänge verweben. Wir wollen auch festlegen, was für Vorgänge fürchterlich und mitleiderregend sind. Solche Handlungen müssen sich ja entweder zwischen Freunden abspielen oder zwischen Feinden oder zwischen Gleichgültigen. Tötet nun ein Feind den andern, so erregt dies weder bei der Ausführung noch bei der Planung Mitleid, höchstens der leidvolle Vorgang an sich selber, auch nicht, wenn es sich um Gleichgültige handelt. Spielen sich aber so schlimme Dinge zwischen Freunden ab, bringt z. B. ein Bruder den andern, der Sohn den Vater oder die Mutter den Sohn oder der Sohn die Mutter um, oder plant er es oder tut er sonst dergleichen, so ist hier solche Wirkung zu erstreben.

Cicero

Preisrede auf Caesar

Niemand besitzt einen solchen Reichtum an Begabung, solche Kraft und Fülle in Rede und Schrift, um deine Taten, Caesar, ich will nicht sagen auszuschmücken, sondern auszudrücken. Trotzdem bleibe ich dabei und sage mit deiner Erlaubnis, daß deine Taten dir kein größeres Lob eingebracht haben als das am heutigen Tag. Folgendes pflege ich mir oft vor Augen zu stellen und es gerne und häufig im Gespräch anzuführen: Alle Taten unserer Feldherrn, der fremden Nationen und der mächtigsten Völker, alle Taten der berühmtesten Könige sind mit den deinen nicht zu vergleichen, weder was die Größe der Anstrengungen angeht noch die Zahl der Gefechte, die Vielfalt der Schauplätze, die Schnelligkeit der Ausführung und die Verschiedenheit der

Kriegführung. Die entferntesten Länder konnten von niemandem schneller durchzogen werden als sie von dir, ich will nicht sagen im Marsch, sondern im Siegeslauf durchmessen worden sind. Ich wäre wahnsinnig, würde ich nicht zugeben, dies alles sei von solcher Größe, daß kaum jemandes Geist und Gedanke es fassen kann. Aber trotzdem gibt es anderes, Größeres. Denn den Kriegsruhm pflegen einige durch Gerede zu schmälern und ihn den Feldherrn zu entziehen, indem sie behaupten, er gehöre einer Gesamtheit und sei kein persönliches Eigentum des Feldherrn. Und sicher sind im Krieg die Tapferkeit der Soldaten, die Gunst des Terrains, die Unterstützung der Bundesgenossen sowie Flotten und Nachschub von großem Nutzen. Den Hauptanteil aber nimmt Fortuna als ihr Recht in Anspruch, und wo eine Tat geglückt ist, nennt sie sie so gut wie gänzlich ihr eigen.

Aber diesen Ruhm, Caesar, den du eben erlangt hast, den brauchst du mit niemandem zu teilen, das Ganze, so groß es ist, und es ist unbedingt etwas ganz Bedeutendes, das, sage ich, gehört ganz und gar dir allein. Kein Hauptmann, kein Befehlshaber, keine Kohorte, keine Schwadron kann dir etwas wegnehmen, ja sogar Fortuna, die Herrin der Menschengeschicke, drängt sich nicht vor als Teilhaberin an diesem Ruhm, sie weicht dir, sie gibt zu, daß er ganz und gar dein eigen ist. Niemals nämlich verbindet sich blindes Ungefähr mit Weisheit, niemals findet der Zufall einen Weg zu kluger Überlegung.

Bezwungen hast du Volksstämme, barbarisch wild, unzählbar viele, im Grenzenlosen wohnend, mit Reichtum aller Art im Überfluß, aber du hast doch nur besiegt, was seiner natürlichen Beschaffenheit nach besiegbar war. Keine noch so große Macht gibt es, die nicht durch Eisen und Körperkraft geschwächt und gebrochen werden kann. Den eigenen Sinn besiegen, den Zorn im Zaum halten, sich dem Besiegten gegenüber mäßigen, einen Gegner, der durch Adel, Geist und Vollkommenheit hervorragt, nicht nur vom Boden aufzurichten, sondern seine frühere Würde noch zu erhöhen – wer das tut, den stelle ich nicht den größten Männern gleich, den halte ich für ein Ebenbild der Gottheit.

Dein Kriegsruhm, Caesar, wird deshalb nicht nur bei uns, sondern wohl bei allen Völkern in Wort und Schrift gepriesen werden, und kein Zeitalter wird je von deinem Lobe schweigen. Aber Taten dieser Art scheinen dennoch irgendwie, wenn man sie liest, übertönt zu werden vom Geschrei der Soldaten und vom Klang der Trompeten. Aber wenn wir irgend etwas hören oder lesen von einer Tat der Milde, Nachsicht, Gerechtigkeit, Mäßigung und Weisheit, besonders wenn dabei Zorn, der Feind jeder Überlegung, mit im Spiel war und es sich um einen Sieg handelt, wo es naturgemäß übermütig und hochfahrend zugeht – wenn wir davon hören oder lesen, wie werden wir da von

Zuneigung erfaßt, nicht nur bei wirklich geschehenen Taten, sondern auch bei erdichteten, so daß wir oft die lieben, die wir nie gesehen haben!
Dich aber, den wir hier vor uns sehen, dessen Geist, Gesinnung und Miene wir schauen, der du unangetastet sehen willst, was das Los des Krieges noch vom Staat übriggelassen hat – wie sollen wir dich loben? Welche Zuneigung dir beweisen? Mit welchem Wohlwollen dich umfassen? Die Wände der Kurie hier, bei Gott, scheinen mir ihrem Dank an dich freudigen Ausdruck geben zu wollen dafür, daß jener angesehene Mann bald wieder seinen und den Sitz seiner Vorfahren einnehmen wird. Als ich eben den Gaius Marcellus, diesen trefflichen Mann, den eine besondere Liebe zu seiner Familie auszeichnet, mit euch zusammen Tränen vergießen sah, da überkam mich die Erinnerung an alle Marceller, denen du nach ihrem Tode noch durch die Begnadigung des Marcus Marcellus ihre Würde wiedergegeben hast. Du hast diese hochadlige Familie, die schon auf wenige zusammengeschmolzen war, fast vom Untergang gerettet.
Diesen Tag wirst du daher mit Recht höher schätzen als die größten und die unzähligen dir zuteil gewordenen Dankfeste. Dieses Werk ist nämlich ganz und gar Caesars Eigentum. Die übrigen Taten, die unter deiner Führung geschahen, sind zwar groß, aber daran war noch eine zahlreiche Gefolgschaft beteiligt. Bei dieser Sache aber bist du Führer und Gefolge zugleich. So groß ist ja diese Tat: Wenn einmal die Zeit deinen Siegeszeichen und Denkmälern ein Ende setzen wird – jedes Werk von Menschenhand wird einmal im Lauf der Zeit verbraucht und aufgezehrt –, da wird deine hier bewiesene Gerechtigkeit und Milde mit jedem Tag mehr und mehr aufblühen. So wird die Dauer der Zeit so viel, wie sie deinen Werken abzieht, deinem Ruhm wieder hinzufügen. Alle anderen Sieger in Bürgerkriegen hast du schon vorher durch Gerechtigkeitssinn und Mitleid besiegt, am heutigen Tage aber hast du den Sieg über dich selber errungen. Ich fürchte, man versteht beim Hören nicht so gut, was ich fühle und denke: Du hast den Sieg selber besiegt, weil du seinen Gewinn den Besiegten zurückgegeben hast. Denn nach dem Recht des Siegers wären wir Besiegten alle dem Tode verfallen gewesen, aber durch den Spruch deiner Milde sind wir gerettet worden. Mit Recht bist du also allein der Unbesiegte, der du Voraussetzung und Macht des Sieges selber besiegt hast.

Seneca

Nichts Menschliches sei mir fremd . . .

«Ich bin ein Mensch, nichts Menschliches sei mir fremd!» Wir wollen daran festhalten, daß wir zur Gemeinschaft geboren sind. Unsere Gesellschaft gleicht weitgehend einem Steingewölbe, das zusammenbrechen würde, wenn die Steine sich nicht gegenseitig tragen, und das auf diese Weise zusammengehalten wird.

Marc Aurel

Das Gemeinnützige und die Vernunft

Beklagst du dich über irgend etwas, so hast du vergessen, daß sich alles der Allnatur gemäß ereignet und daß fremde Vergehungen dich nicht anfechten sollen; ferner vergessen, daß alles, was geschieht, immer so geschehen ist, immer so geschehen wird und überall jetzt so geschieht; vergessen, welch innige Verwandtschaft zwischen dem einzelnen Menschen und dem ganzen Menschengeschlecht besteht; denn hier findet nicht so sehr eine Gemeinschaft von Blut oder Samen als vielmehr Teilhaftigkeit einerlei Geistes statt. Du hast aber auch vergessen, daß der denkende Geist eines jeden gleichsam ein Gott und ein Ausfluß der Gottheit ist; vergessen, daß niemand etwas ihm ausschließlich Eigenes besitzt, sondern sein Kind sowohl als sein Leib und selbst seine Seele aus jener Quelle ihm zugekommen ist; vergessen endlich, daß jeder nur den gegenwärtigen Augenblick lebt und folglich auch nur diesen verliert.

Es gibt nur *ein* Sonnenlicht, obgleich es durch Wände, Gebirge und andere Dinge bis ins Unendliche zerteilt wird. Ebenso gibt es nur *ein* gemeinsames Grundwesen, wenn es auch in tausend eigentümliche Körperbildungen sich spaltet – nur *eine* Seele, wenn sie auch unter zahllose Naturwesen von eigentümlichen Begrenzungen zerteilt wird; *einen* denkenden Geist, obgleich auch er zerteilt scheint. Nun sind zwar einige Teile der genannten Gegenstände, wie die Lebensgeister und die ihnen unterstellten Körper, ohne Empfindung füreinander und ohne wechselseitige Zuneigung, und doch hält auch sie der vernünftige Weltgeist und das Gesetz der Schwere zusammen. Nur die denkende Menschenseele hat einen eigentümlichen Zug zu dem ihr Verwandten, tritt mit ihm in Verbindung, und nie wird dieser Trieb zur Gemeinschaft gehemmt.

Habe ich etwas Gemeinnütziges getan? Nun, davon habe ich ja selbst auch Vorteil. Diesen Gedanken habe stets vor Augen und höre in keiner Lage auf, so zu handeln.

Welchen Gebrauch macht die herrschende Vernunft von sich selbst? Hierauf kommt alles an. Das übrige aber, mag es von deiner Willkür abhängen oder nicht, ist nur Totenstaub und Dunst.

Neues Testament

Liebt eure Feinde (Bergpredigt)

Als er aber die Scharen sah, stieg er den Berg hinan. Und er setzte sich, und seine Jünger traten zu ihm. Und er öffnete seinen Mund, lehrte sie und sagte:

Selig die aus dem Geiste Armen,
denn ihrer ist das Königtum der Himmel.
Selig die Trauernden,
denn die werden ermutigt werden.
Selig die Sanften,
denn die werden das Land erben.
Selig die nach der Gerechtheit
Hungernden und Dürstenden,
denn die werden satt gemacht.
Selig die sich Erbarmenden,
denn die werden Erbarmen finden.
Selig die im Herzen Reinen,
denn die werden Gott sehen.
Selig die Friedenstifter,
denn die werden Söhne Gottes heißen.
Selig die um der Gerechtheit willen Gejagten,
denn ihrer ist das Königtum der Himmel.

Selig seid ihr, wenn sie euch fluchen und jagen
und betrügerisch allerart Böses euch nachsagen um meinetwillen.
Freut euch und jubelt: Denn groß ist euer Lohn in den Himmeln.
So jagte man ja die Propheten, die vor euch gewesen.

Ihr seid das Salz der Erde. Wenn aber das Salz seinen Witz verliert, womit soll gesalzen werden? Zu nichts taugt es mehr, als hinausgeworfen und von den Menschen zerstampft zu werden. Ihr seid das Licht der Welt. Eine Stadt, die hoch auf dem Berge liegt, kann sich nicht verstecken. Man zündet auch keine Leuchte an und stellt sie unter den Krug, sondern auf den Leuchter: Dann strahlt sie allen im Haus. So erstrahle euer Licht vor den Menschen, auf daß sie sehen eure guten Taten und verherrlichen euren Vater – den in den Himmeln.
[...]
Ihr habt gehört, daß gesagt ward: Auge um Auge und Zahn um Zahn! Ich aber sage euch: Dem Bösen nicht widerstehen! Sondern: Wer dich auf die rechte Backe schlägt – wende ihm auch die andere zu. Und wer dich gerichtlich belangen und dir den Leibrock nehmen will – ihm laß auch das Obergewand. Und wer dich zu einer Meile zwingt – mit dem gehe zwei. Wer dich bittet – dem gib. Wer von dir borgen will – den weise nicht ab.
Ihr habt gehört, daß gesagt ward: Liebe deinen Nächsten! Und: Hasse deinen Feind! Ich aber sage euch: Liebt eure Feinde, und betet für die, die hinter euch her sind. So werdet ihr Söhne eures Vaters – dem in den Himmeln. Er läßt ja seine Sonne aufgehen über Bösen und Guten und regnen auf Gerechte und Ungerechte. Denn: Liebt ihr die euch Liebenden – welchen Lohn habt ihr? Tun nicht auch die Zöllner dasselbe? Und bietet ihr den Friedensgruß euren Brüdern nur – was tut ihr über Maß? Tun nicht auch die aus den Völkern dasselbe? Seid ihr also vollkommen, wie euer himmlischer Vater vollkommen ist.

KORAN

Ethik des Islam

O ihr, die ihr glaubt! Duldet und strebet in Geduld, und seid standhaft und fürchtet Gott, auf daß es euch wohl ergehe!

Und dienet Gott und stellt ihm nichts an die Seite, und seid gut zu euren Eltern und den Verwandten und den Waisen und den Armen und den Nachbarn – den bekannten und den fremden –, gegen den Gefährten auf der Reise, den Wanderer und eure Sklaven! Wahrlich, Gott liebt nicht den Hochmütigen, den Prahler!

Und gebet den Waisen ihr Gut und vertauschet nicht euer Schlechtes mit ihrem Guten, und verschwendet ihr Gut nicht zu dem eurigen hinzu; wahrlich, das ist ein großes Verbrechen!

Und wer führt eine bessere Rede, als wer zu Gott einlädt und Gutes tut und spricht: Ich bin ein Muslim!

Die Frömmigkeit besteht nicht darin, daß ihr euer Angesicht nach Westen oder nach Osten wendet, sondern fromm ist, wer an Gott und an den Jüngsten Tag und an die Engel und an die Schrift und an die Gesandten glaubt, und wer aus Liebe zu Gott von seinem Gute für seine Angehörigen und die Waisen und die Armen und die Wanderer und die Bettler und die Gefangenen spendet, und wer das Gebet verrichtet und die Armenspende zahlt, und diejenigen, welche ihr Versprechen halten, wenn sie ein Versprechen gaben, und die standhaft in Unglück, Not und Drangsalszeit sind – diese sind die Lauteren, und sie sind die Gottesfürchtigen!

O ihr, die ihr glaubt! Verbrauchet nicht euer Gut untereinander für nichts, es sei denn im Handel bei gegenseitiger Übereinkunft. Und begeht keinen Selbstmord! Wahrlich, Gott ist allbarmherzig gegen euch! Und wer solches tut in Übertretung und Frevel, wahrlich, den werden wir ins Feuer der Hölle werfen, und dies ist Gott ein leichtes!

Und wenn ihr gegrüßt werdet mit einem Gruße, so grüßet mit einem schöneren wieder oder erwidert ihn! Wahrlich, Gott fordert Rechenschaft über alles!

Bei ... der Seele und dem, der sie schuf, und der ihr ihre Schlechtigkeit und ihre Frömmigkeit gab: Wahrlich, wohl ergeht es dem, der sie läutert, und zu Schanden geht der, der sie verdirbt!

Indianisches Lied (Navaho)

Windgesang

Der Kranke wurde zweimal, heilig, gebadet.

Dann wurde auf seine Brust die Sonne gemalt
und darüber der Wind,
auf seinen Rücken der Mond,
auf seine Arme Pfeile,
auf seine Beine Schlangen
und auf jede Schulter ein weißes Kreuz.

An seinem Kopf befestigten sie eine Gebetsfeder
und bemalten sein Gesicht,
die Stirne weiß,
um die Augen rot,
um das Kinn gelb.

Sie mischten Kräuter,
und der Blauhäher kam
und die Wirbelwinde.

Der Sänger streichelte den Körper des Kranken
und drückte seinen Körper an den Körper des Kranken.

Hast du es erfahren? fragten sie ihn,
und er antwortete: ja.

Sie sangen die ganze Nacht, und der Kranke erfuhr es
und war wieder gesund.

Dann empfahlen sie ihm, stark zu sein
und sich an all das Erfahrene zu erinnern,
denn alles, was vergessen, gehe zurück an die Götter.

Der innere Mensch

Im Kapitel über die «Schöpfungswonnen» haben wir gezeigt, wie wir uns dieser ersten Basis der Humanität entfremdet haben; im Kapitel «Sterben lernen» haben wir vor der Verdrängung des Todes aus dem Bewußtsein der «zivilisierten» Gesellschaften gewarnt; ebenso sahen wir eine Gefahr darin, daß uns das natürliche Gefühl für die soziale Dimension des Lebens verlorengeht, in der wir die dritte Basis der Humanität erkannten.

Noch mehr scheint mir aber die vierte Wurzel der Humanität verdrängt zu werden, nämlich der Bereich spiritueller Erfahrungen. Daß unsre Spiritualität so in Mißkredit geraten konnte, ist wohl zum großen Teil darauf zurückzuführen, daß die konfessionell gebundenen Kirchen sich mehr um die Erhaltung ihrer Macht gekümmert haben als darum, den Menschen spirituelle Erfahrungen zu vermitteln. Daß die Menschen vor lauter Glaubenseifer vergessen, worum es der Religion im Grunde geht, ist leider Gottes eine weltweit zu beobachtende Tragik. Oft sind es gerade jene, die angeblich die «Sache Gottes» am leidenschaftlichsten vertreten, die ihr am meisten schaden.

Für einen künftigen Humanismus ist es aber entscheidend, daß wir zurückfinden zu unsrer Spiritualität. Aus ihr erst beziehen wir das nötige Bewußtsein, auch Zeiten der Not menschenwürdig zu gestalten. Aus welchem Bereich, wenn nicht aus spirituellen Erfahrungen, nahmen «Weltweise» wie Sokrates die innere Souveränität, ihre Verfolgung und Verurteilung so gelassen zu ertragen?

Die glücklichsten Menschen, die ich jemals getroffen habe, fand ich nicht etwa im Supermarkt vor einem vollen Einkaufskorb, ich fand sie in der Einsamkeit der tibetanischen Klöster. Mönche, die sich ganz darauf konzentrierten, sich vom Getriebe der üblichen Begierden zu lösen und eins zu werden mit Gott, ihrem mystischen Selbst. Unvergeßlich die Heiterkeit, mit der sie mir die Unbill ihres mönchischen Lebens erklärten. Unvergeßlich das Glitzern in ihren Augen, wenn sie von der «Süße ihrer Meditationen» berichteten.

Nun ist es selbstverständlich weder statthaft noch vernünftig, daß wir alle zu Mönchen und Nonnen werden. Ihr extremes Dasein muß eine Ausnahme bleiben, aber sollte schon allein deshalb nicht aus der Welt verschwinden, da es uns an Dimensionen des geistigen Lebens erinnert, die den Menschen offenbar

wesentlich ausmachen und unverzichtbar sind für ein menschenwürdiges Leben.
Es ist die Erfahrung, daß es über unsre täglichen Kämpfe und Interessen hinaus etwas gibt, das zu gegebener Zeit alles andere als unwesentlich erscheinen läßt. Alle spirituellen Erfahrungen laufen letztlich darauf hinaus, daß wir die innere Gewißheit erlangen, nicht nur vergänglicher Körper zu sein, sondern Teil einer übergeordneten geistigen Einheit. Aus dieser Gewißheit bezogen Menschen wie Buddha, Sokrates, Jesus und Gandhi ihre entwaffnende Kraft. Auch wenn sie de facto Opfer derTagespolitik wurden und ihre geistige Freiheit mit einem gewaltsamen Tod bezahlten, blieben sie überlegen.
Leider ist nichts so sehr mißbraucht worden wie die Mahnung der «Weltweisen», sich von den irdischen «Begierden» loszusagen. Man hat aus dieser Aufforderung, sich um geistige Freiheit und Unabhängigkeit zu bemühen, lebensfeindliche Dogmen gemacht. Was nur als Ziel einer persönlichen Individation gemeint sein kann, wurde zu einem gesellschaftspolitischen System pervertiert und damit in sein Gegenteil verkehrt.
Die Spiritualität, das Reich des Absoluten, ist eine Basis, sich als Individuum frei zu machen von den Abhängigkeiten des Trieblebens und anderer körperlicher Einschränkungen; sobald aus diesem Bestreben ein gesellschaftliches Dogma wird, verkehrt sich dieses Bemühen um innere Freiheit in eine wüste, menschenverachtende, äußerliche Tyrannei.
Das aber scheint mir eine Gefahr zu sein, die allen vier Wurzeln der Humanität gemeinsam ist. Hat man erst einmal eine dieser Wurzeln für sich erfahren und entdeckt, glaubt man aus ihr die allein selig machende Wahrheit beziehen zu können.
Ein künftiger Humanismus müßte bestrebt sein, alle vier Wurzeln der Humanität gleichermaßen am Leben zu erhalten. Menschen, die ihre Energie und ihre Einsichten aus mehreren Wurzeln beziehen, sind gefeit gegen einseitigen Dogmatismus.
Was soll der Streit zwischen Epikuräern und Stoikern, zwischen Lust und Körperfeindlichkeit? Der Schöpfungswonne die Lust, der Spiritualität das Bemühen um Unabhängigkeit vom Triebleben! Was soll der Streit zwischen Rationalismus und Irrationalismus? Rationalismus ist angesagt bei der Regelung des praktischen Gemeinwesens, das Irrationale aber hat seinen Platz in der Erotik und den spirituellen Erfahrungen! Alles hat seinen Ort, alles hat seine Stunde.
Zurück zur Erfahrung der Spiritualität, die in vielen Texten der «heiligen Bücher», der Mystik und der Philosophie ihren vollendeten Ausdruck gefunden hat. Die folgende Sammlung beweist, daß auch diese Erfahrungen auf ein

allgemeinmenschliches Phänomen zurückzuführen sind, das zu allen Zeiten und in allen Kulturen seinen Niederschlag gefunden hat. Ob in der Bhagavadgita von «Erlösung», bei Teresa von Avila von den «Wonnen Gottes» die Rede ist oder ob Al Ghasali vom «Elexier der Glückseligkeit» spricht, immer ist eine Art daseinsfreier Zustand gemeint, die Freiheit von aller irdischen Beschwernis, die mit der Anwesenheit «Gottes» einhergeht.

Solche Zustände zu erfahren, kann kaum der ausschließliche Sinn unsres Lebens sein, wir haben ja dazu noch die Ewigkeit; aber sich um eine Ahnung dieser absoluten Ungebundenheit zu bemühen, scheint mir schon deswegen wichtig, da sie den irdischen Daseinskampf wohltuend relativiert. Wer sich ein Fenster in überzeitliche Dimensionen aufgestoßen hat, wird seine häuslichen Angelegenheiten umsichtiger regeln. Wer sich darin geübt hat, sich innerlich von allen Bindungen loszusagen, wird um so fähiger sein, selbstgewählte Bindungen einzugehen. Bleiben wir nicht eitel in der Tiefe unsrer mystischen Versenkung hängen, gibt sie uns die Kraft, das praktische Leben menschenfreundlicher zu gestalten. Je stärker wir den «inneren Menschen» heranbilden, desto freizügiger können wir unsre soziale Verantwortung wahrnehmen.

BHAGAVADGITA

Handeln ohne Leidenschaft

Zwei Standpunkte sind in der Welt;
Zum Heil führt ein zwiefacher Pfad:
Das Sankhya lehrt Erkenntnis dich,
Der Yoga unverdross'ne Tat.

Denn nicht durch trägen Müßiggang
Gelangt der Mensch zur inn'ren Ruh,
Und nicht durch Werkentsagung strebt
Er innerer Vollendung zu.

Nicht einen Augenblick verbringt
Der Mensch in bloßem Müßiggang:
Auch unwillkürlich handelt er
Nach des Naturgesetzes Zwang.

Wer seine Sinne hält im Zaum
Und doch an Sinnen*dinge* denkt,
Den hat ein heuchlerischer Wahn
Vom wahren Wege abgelenkt.

Doch wer die Sinne weise zähmt,
Pflichttreuem Handeln zugewandt,
Von Selbstsucht frei und Leidenschaft,
Dess' Name wird mit Ruhm genannt.

Vollziehe das notwend'ge Werk,
Denn Tun ist besser als Nichtstun,
Selbst die Verrichtungen des Leibs
Auf einer Tätigkeit beruhn.

Ans Dasein bindet jedes Tun,
Das nicht geschieht aus Opferpflicht;
Vollbringe darum zwar ein Werk,
Doch hänge an demselben nicht.

Als einst der Herr die Welt erschuf,
Setzt' er den Opferdienst auch ein:
«Durch diesen pflanzt euch fort, er soll
Des Überflusses Kuh euch sein.

Durch ihn ernährt die Götter all,
Daß sie erhalten diese Welt;
Nur so gelanget ihr zum Heil,
Wenn eins das andere erhält.

Erwünschtes Gut sie spenden dem,
Der ihnen Opferdienst gewährt;
Ein Dieb ist, wer, den Göttern nichts
Entgeltend, ihr Geschenk verzehrt.»

Wer von des Opfers Überrest
Sich nährt, wird frei von Sündenqual,
Doch ihr verfällt, wer nur für sich
Bereitet hat das Festesmahl.

Aus Nahrung stammt der Wesen Schar,
Aus Regen Nahrung wächst empor,
Das Opfer Regen läßt entstehn,
Ein Opfer geht aus Werk hervor.

Werk wurzelt in dem Veda-Wort,
Und dies dem Ewigen entstammt,
So hat im Opfer seinen Halt
Der heil'ge Veda insgesamt.

Wer hier der ew'gen Ordnung Rad
Zu seinem Teil nicht weiter dreht,
In Sinnlichkeit und Schuld verstrickt,
Vergeblich der durchs Leben geht.

Doch wer an seinem Selbst sich freut,
An seinem eignen Selbst vergnügt,
Für den bleibt hier nichts mehr zu tun,
Weil ihm sein eignes Selbst genügt.

Nicht kümmert solchen Weisen noch,
Was da getan, was nicht getan;
Vom Einfluß aller andern frei,
Verfolgt er seines Lebens Plan.

Drum handle ruhig; weise nicht
Die auferlegte Tat zurück;
Wer handelt ohne Leidenschaft,
Der Mensch erreicht das höchste Glück.

Buddha

Die Rede im Tierpark von Benares

Und der Erhabene wandte sich mit diesen Worten an die fünf Asketen:
«Zwei gegensätzliche Verhaltensweisen gibt es, ihr Mönche, nach denen sich ein Asket, der der Welt entsagte, nicht richten soll. Welche zwei? Die eine, die bei den Begierden sich der Lust und Freude hingibt, die niedrige, von häßlicher Art, die dem gewöhnlichen Menschen angemessen, unedel, zu keinem Ziel führt, und jene, die sich der Selbstpeinigung weiht, die leidvolle, unedle, die keinen Zweck hat. Diese beiden Gegensätze vermeidend, führt der durch den Vollendeten offenbar gewordene mittlere Pfad, der Schau und Erkenntnis bewirkt, zur Ruhe, zum Wissen, zur Erleuchtung, zum Verlöschen, *zum Nibbâna*.
Und welches, ihr Mönche, ist dieser durch den Erhabenen offenbar gewordene mittlere Pfad, der Schau und Erkenntnis bewirkt, zur Ruhe, zum Wissen, zur Erleuchtung, zum Nibbâna führt?
Es ist dies der edle achtfache Pfad, der da heißt: rechte Anschauung, rechte Gesinnung, rechtes Wort, rechte Tat, rechtes Leben, rechtes Streben, rechtes Überdenken und rechtes Sichversenken.
Dies ist, ihr Mönche, der mittlere Weg, der durch den Vollendeten entdeckt wurde, der Schau und Erkenntnis bewirkt und zur Ruhe, zum Wissen, zur Erleuchtung, zum Verlöschen führt.
Wahrlich, ihr Mönche, das ist die edle Wahrheit vom Leiden: Geburt ist leidvoll, Alter ist leidvoll, Krankheit ist leidvoll, der Tod ist leidvoll, mit Unlieben vereint, von Lieben getrennt sein ist leidvoll, nicht erlangen, was

man begehrt, ist leidvoll, kurz die fünf Gruppen von Daseinsfaktoren, die das Hängen an der Welt verursachen, sind leidvoll.
Dies fürwahr, ihr Mönche, ist die edle Wahrheit vom Entstehen des Leidens: Es ist der Durst, welcher zur Wiedergeburt führt, der vereint mit Freude und Begehren sich hier und dort an diesem ergötzt, der Durst nach den Begierden, der Durst nach dem Werden, der Durst nach dem Entwerden.
Fürwahr, ihr Mönche, dies ist die edle Wahrheit von dem Vergehen des Leidens: jenes Vergehen durch das restlose Aufgeben der Leidenschaft; die Entsagung, das Verlassen, das Freiwerden, das Sichabwenden von dem Durst.
Dies wahrlich, ihr Mönche, ist die edle Wahrheit vom Wege, der zur Vernichtung des Leides führt. Es ist der edle achtteilige Pfad, der da heißt: rechte Anschauung, rechte Gesinnung, rechte Rede, rechte Tat, rechtes Leben, rechtes Streben, rechtes Überdenken und rechtes Sichversenken.
‹Dies ist die edle Wahrheit vom Leiden›, so öffnete sich mir bei den zuvor noch nicht gehörten Lehren der Blick, das Erkennen entstand mir, das Verstehen wurde mir zuteil, die Wissensmacht erlangte ich, und die Einsicht ward mir offenbar: Wahrlich, diese edle Wahrheit vom Leiden muß erkannt werden. Sie ist von mir erkannt – also ward mir bei dieser noch nicht gehörten Lehre der Blick geöffnet, entstand mir das Erkennen, wurde mir das Verstehen zuteil, erlangte ich die Wissensmacht und wurde mir die Einsicht offenbar:
Dies ist die edle Wahrheit vom Entstehen des Leidens, vom Vergehen des Leidens, von dem Weg, der zum Vergehen des Leidens führt.
So eröffnete sich mir bei diesen zuvor noch nicht gehörten Lehren die innere Schau, das Erkennen entstand, das Verstehen wurde mir zuteil, ich erlangte die Wissensmacht, und die Einsicht offenbarte sich:
Fürwahr, dies ist die edle Wahrheit: Das Entstehen des Leidens muß verlassen werden, das Vergehen des Leidens muß bewirkt werden, der Pfad, der zur Vernichtung des Leidens führt, muß geschaffen werden. – ‹Wahrlich, dies ist von mir verlassen, verwirklicht, geschaffen worden.›
So, ihr Mönche, eröffnete sich mir bei diesen früher noch nicht gehörten Lehren die innere Schau, entstand mir das Erkennen, ward das Verstehen mir zuteil, erlangte ich die Wissensmacht und ward die Einsicht mir zu eigen.
Und solange ich nicht, ihr Mönche, bei diesen vier edlen Wahrheiten die dreifach gegliederte, zwölfgeteilte Erkenntnis und Schau der Wirklichkeit entsprechend in voller Reinheit besaß, war mir auch nicht bewußt, daß ich in dieser Welt samt ihren Göttern, ihren Mâras und Brahmâs, mit ihren Asketen und Brahmanen und ihren Göttern und Menschen die höchste Erleuchtung gewonnen hatte.

Nachdem aber jene vier edlen Wahrheiten in voller Reinheit mir zu eigen waren, erkannte ich, als ein solcher, dem es offenbar war, daß ich in dieser Welt samt ihren Göttern, ihren Mâras und Brahmâs, mit ihren Asketen und Brahmanen, ihren Göttern und Menschen der höchsten und völligen Erleuchtung teilhaftig geworden war.
Und es stieg mir die Erkenntnis und innere Schau auf: Unwandelbar ist für mich die Befreiung des Geistes. Dies ist die letzte Geburt, nicht gibt es nun ein Wiedersein.»

Lao-tse

Doch ich bin Ich!

Verstand ist Vernichtung des Lebens.
Gegensatz im Entschluß – wie nichtig;
Gegensatz im Tun – wie mächtig!
Handeln wie allewelt! ... Verstandesgeborene Pflicht!
Nein! Sündlicher Irrsinn!
Allewelt wird leicht fortgeschwemmt von oberflächlicher Freude:
ein Feiertag, eine Frühlingsnacht ...
Ich hingegen, tief ankernd am Grund des Gefühlsstroms,
bin heiter und still in der Freude gleich wie das Kind.
Ich lebe und webe ... fort und fort ...
Allewelt wünscht das Allzu;
Ich hingegen ersehne das Nichts,
Ich bin linkisch im Leben, entrate des Zwecksinns! ...
Allewelt weiß;
Ich hingegen hab wirre Gedanken! ...
Allewelt hat Gemeinschaftstrieb;
Ich hingegen liebe einsame Höhe;
Ich walle wie die Woge, ruhelos wankend ...
Allewelt hat Erfahrung;
Ich hingegen bin einfältig, ein Tor! ...
Ich bin anders als allewelt:
Doch ich bin Ich!

KONFUZIUS

Aus den Gesprächen

Konfuzius sprach: «Das Reich in Ordnung halten und selbst dabei ruhig und gelassen bleiben – das konnte doch wohl nur der alte Kaiser Shun. Denn was tat er anderes, als ernst und würdevoll auf dem Thron zu sitzen, das Gesicht nach Süden gewandt?»

Konfuzius sprach: «Wahrlich geradlinig war der Geschichtsschreiber Yu. Wurde das Land gut regiert und herrschte Ordnung, war er wie ein Pfeil. Wurde das Land schlecht regiert und herrschte Unordnung, war er wie ein Pfeil.
Wahrlich ein Edler ist Qu Bo-yu. Wird das Land nach den rechten Grundsätzen regiert, dann tritt er hervor und übernimmt ein öffentliches Amt.
Wird das Land hingegen schlecht regiert, dann lebt er zurückgezogen und bewahrt sich seine Überzeugung.»

SENECA

Der Freimut des Sokrates

Kannst du eine unglücklichere Stadt finden als die der Athener damals, als die dreißig Tyrannen sie in Zwietracht stürzten? Eintausenddreihundert Bürger waren ums Leben gekommen, gerade die Besten, aber sie setzten darum ihrem Treiben kein Ende, sondern es fand die Brutalität in sich selber Ansporn. In der Bürgerschaft, in der es den Areopag, das ehrwürdigste Gericht, in der es den Senat und eine dem Senat ähnliche Volksversammlung gab, trat täglich das schreckenverbreitende Kollegium von Henkern und die unselige, nur im Urteil der Tyrannen erhabene Kurie zusammen. Konnte jene Bürgerschaft zum Frieden gelangen, in der es so viele Tyrannen gab, wie Komplizen genügt hätten? Nicht einmal ein Funke von Hoffnung, die Freiheit wiederzugewinnen, konnte den Bürgern aufleuchten, und keine Gelegenheit zu irgendeiner Abhilfe zeigte sich gegen eine solche Flut von Unheil. Denn woher hätte die

unglückliche Bürgerschaft so viele Leute von Harmodios' Schlage haben sollen?
Sokrates aber bewegte sich mitten unter den Bürgern, er tröstete die klagenden Väter, ermutigte die am Gemeinwesen Verzweifelnden; den Reichen, die um ihre Habe fürchteten, hielt er ihre verspätete Reue über Verderben bringende Habsucht vor und stellte überall denen, die ihm nacheifern wollten, sein Beispiel vor Augen, bewegte er sich doch als freier Mann inmitten von dreißig Gewaltherren.
Trotzdem hat ihn eben dieses Athen im Gefängnis zu Tode gebracht, und es ertrug den Freimut des Mannes, der gefahrlos der Schar der dreißig Tyrannen gespottet hatte, die Freiheit nicht, so daß du weißt: In einem gedemütigten Gemeinwesen hat ein weiser Mann Gelegenheit, sich zu bewähren, in einem blühenden und glücklichen herrschen Brutalität, Mißgunst und zahllose andere Laster ohne Waffen. Je nachdem sich also die politische Lage gestaltet, das Schicksal es zuläßt, werden wir uns entfalten oder beschränken, in jedem Falle werden wir regsam bleiben, nicht von Furcht gelähmt tatenlos zusehen. Ja, jener dürfte ein großer Mann sein, der, während Gefahren von allen Seiten drohen, Waffen und Ketten ringsherum klirren, gegen die Tugend nicht verstoßen und sie nicht versteckt hat. Denn sich verbergen heißt nicht sich retten. Curius Dentatus, wie ich glaube, sagte, er wolle lieber tot sein, als wie ein Toter leben. Das größte Unglück ist es, aus der Zahl der Lebenden zu scheiden, bevor du stirbst. Aber wenn du in eine weniger ruhige politische Lage gerätst, dann mußt du mehr Zeit für Muße und Wissenschaft beanspruchen und – nicht anders als auf gefährlicher Seefahrt – solltest du sofort einen Hafen ansteuern, nicht aber Ausschau halten, bis die Umstände dich freigeben, sondern dich selbst von ihnen freimachen.

Marc Aurel

Selbstschau

Die Eigenschaften der vernünftigen Seele sind: Sie beschaut sich selbst, zergliedert sich selbst und bildet sich selbst nach eigenem Gefallen. Die Frucht, die sie trägt, genießt sie selbst, während von den Früchten der Pflanzen und dem Nutzen, den uns die Tiere gewähren, nur andere den Genuß haben. Sie erreicht ihr bestimmtes Ziel, wie kurz auch immer das Leben sein mag. Es ist hier nicht etwa wie bei einem Ballett, einem Schauspiel und dergleichen, wo wegen eines Zwischenfalles die ganze Handlung unvollendet bleibt; vielmehr führt sie, wo und wann auch die Handlung aufhören mag, ihre Aufgabe vollständig und lückenlos durch, so daß sie sagen kann: Ich habe das Meinige dahin. Außerdem umwandelt sie die ganze Welt samt dem diese umgebenden leeren Raum und erforscht die Form derselben; sie breitet sich über die grenzenlose Zeit aus, sie begreift und betrachtet allseitig die periodisch eintretende Wiedergeburt aller Dinge und erkennt daraus, daß unsere Nachkommen nichts Neues schauen werden, so wie diejenigen, die vor uns gewesen sind, auch nichts anderes gesehen haben, als wir sehen, so daß gewissermaßen schon ein vierzigjähriger Mann, wenn er auch nur einigen Geist besitzt, nach dem Gesetze der Gleichförmigkeit in alles Vergangene und Zukünftige einen Einblick hat. Endlich gehört auch das zu den Eigentümlichkeiten der vernünftigen Seele, daß sie den Nächsten sowie die Wahrheit und Bescheidenheit liebt, das Naturgesetz erkennt und nichts höher achtet als sich selbst. So findet mithin zwischen der richtig denkenden und der gerecht wirkenden Vernunft gar kein Unterschied statt.

Die Fähigkeit, ein glückliches Leben zu führen, ist in unserer Seele vorhanden, sie darf nur gegen gleichgültige Dinge sich wirklich auch gleichgültig verhalten. Und sie wird sich alsdann so verhalten, wenn sie jedes von ihnen teilweise und im ganzen betrachtet und sich erinnert, daß kein Ding uns zwingen kann, so oder anders davon zu urteilen, daß die Gegenstände nicht zu uns kommen, sondern unbeweglich stehen bleiben, vielmehr *wir* es sind, die die Vorstellungen von ihnen erzeugen und uns diese gleichsam selbst einprägen, während es uns doch freisteht, dieses Urteil darüber uns nicht zu bilden oder auch, wenn es sich etwa bei uns schon eingeschlichen hat, es sogleich wieder zu tilgen. Und einer solchen Vorsichtsmaßregel wird es nur auf kurze Zeit bedürfen, da unser Leben bald aufhören und dieser Besorgnis ein Ende machen wird. Was hat demnach dieses richtige Verhalten für große Schwierigkeiten? Denn, ist es naturgemäß, so freue dich dessen, und es muß dir leicht sein; ist's aber naturwidrig, so untersuche, was deiner Natur gemäß ist, und strebe dann danach, auch wenn es dir keinen Ruhm einbringt. Jedem ist es gestattet, sein eigenes Wohl zu suchen.

Epiktet

Verwandtschaft des Menschen mit Gott

Wenn es wahr ist, was die Philosophen von der Verwandtschaft zwischen Gott und den Menschen behaupten, was bleibt da den Menschen anderes übrig als das Bekenntnis des Sokrates – d. h., niemals zu einem, der uns fragt, was für ein Landsmann wir sind, zu sagen: ein Bürger von Athen oder Korinth, sondern ein *Bürger der Welt* –? Denn warum nennst du dich nach Athen und nicht vielmehr nach jenem Erdenwinkel, in den dein Leib nach der Geburt fiel? Doch offenbar, weil du dich nach dem Bedeutenderen benennst, was nicht nur jenen Winkel umschließt, sondern auch dein ganzes Haus und überhaupt die Heimat, aus der das Geschlecht deiner Vorfahren bis auf dich herab gekommen ist? Wer nun die Gründe der Weltregierung mit seinem Geist erfaßt und erkannt hat, daß das Bedeutendste, Maßgebendste und Umfassendste von allem die Gemeinschaft der Menschen mit Gott ist und von ihm die Samenkörner herniedergefallen sind, nicht nur in meinen Vater oder Großvater, sondern in alles, was auf Erden erzeugt wird und wächst, vorwiegend aber in die vernünftigen Wesen, weil nur sie befähigt sind, am Verkehr mit Gott teilzunehmen, weil sie durch den Geist (Logos) mit ihm verbunden sind, warum soll sich einer da nicht Bürger der Welt nennen? Warum nicht Sohn Gottes? Warum soll er etwas fürchten von dem, was unter den Menschen geschieht? Aber während die Verwandtschaft mit dem Kaiser oder einem andern der Gewaltigen in Rom ausreicht, um einen Menschen in Sicherheit leben zu lassen, so daß er nichts auf der Welt zu fürchten braucht, weil alle ihn respektieren, da soll uns die Tatsache, daß wir Gott als unsern Schöpfer und Vater und Beschützer haben, nicht von allen Schmerzen und Ängsten befreien? – «Und woher soll ich was zu essen nehmen, wenn ich nichts habe?» – Wie machen es denn die flüchtigen Sklaven, worauf bauen sie, wenn sie ihren Herren entlaufen? Auf Grundbesitz, Knechte oder Gold und Silber? Auf keins von diesen Dingen, sondern *auf sich selbst;* und doch geht ihnen die Speise nicht aus. Und da soll sich der Philosoph auf seiner Reise auf andere verlassen und nicht selbst für sich sorgen, also feiger und schlechter sein als die unvernünftigen Tiere, von denen ein jedes in sich selbst sein Genügen findet und weder an der ihm eigentümlichen Nahrung Mangel leidet noch an der ihm entsprechenden und natürlichen Lebensweise?

Ich für meine Person glaube, daß euer älterer Freund, der hier sitzt, sich nicht darum zu sorgen braucht, daß ihr kleinmütig seid oder niedrige und schwächliche Gedanken über euch selbst hegt; weit eher muß er fürchten, daß einzelne solche Jünglinge vorkommen, die die Verwandtschaft des Menschen mit Gott erkannt haben und sehen, wie wir hier an den Körper und seine Habe gefesselt sind und an alles, was uns um dieser beiden willen zum Lebensunterhalt und Dasein hier auf Erden notwendig wird, und daher all dies als drückenden und unnützen Ballast abwerfen wollen und zu ihren Verwandten zurückkehren. Und diesen Kampf sollte euer Lehrer und Erzieher, falls einer das wirklich ist, kämpfen: während auf der einen Seite ihr kommt und sagt: «Epiktet, wir ertragen es nicht mehr, an diesen Leib gefesselt zu sein, ihn zu ernähren, zu tränken, ausruhen zu lassen, zu reinigen und dann seinetwegen mit diesen und jenen in Berührung zu kommen! Sind denn diese Dinge nicht gleichgültig, gehen uns gar nichts an, und ist etwa der Tod ein Übel? Und sind wir nicht gleichsam mit Gott verwandt und von ihm gekommen? Laß uns gehen, woher wir gekommen sind, laß uns uns endlich von diesen Fesseln losmachen, die an uns hängen und uns niederziehen! Hier gibt es Räuber, Diebe, Gerichtshöfe und die sogenannten Tyrannen, die über uns eine gewisse Gewalt wegen unseres Körpers und seiner Besitztümer zu haben scheinen. Laß uns ihnen zeigen, daß sie über nichts Gewalt haben!». – Dann würde ich dagegen sagen: «Ihr Menschen, wartet auf Gottes Fügung! Wenn er das Zeichen gibt und euch aus diesem Dienst entläßt, dann macht euch auf zu ihm; unter den gegenwärtigen Umständen aber haltet aus an dem Platze, auf den euch Gott gestellt hat. Diese Zeit eures Daseins ist ja kurz und leicht für Männer, die so gesinnt sind. Denn welcher Tyrann oder Dieb oder welche Gerichtshöfe können fürchterlich sein für Menschen, die so den Körper und seinen Besitz für nichts achten? Bleibt, geht nicht unbedacht fort!»

Neues Testament

Lernt von den Lilien des Feldes (Bergpredigt)

Wenn ihr fastet, blickt nicht wie die Blender trübselig drein. Denn sie machen verhärmte Gesichter, um vor den Menschen als Fastende zu erscheinen. Wahr ist's, ich sage euch: Sie haben ihren Lohn dahin. Wenn aber du fastest: Salbe deinen Kopf, und dein Gesicht wasche, damit du nicht den Menschen fastend erscheinst, sondern deinem Vater – dem im Verborgenen. Und dein Vater, der ins Verborgene blickt, wird dir vergelten.

Hortet euch nicht Schätze auf Erden, wo Motte und Wurm sie verzehren, und wo Diebe durchgraben und stehlen. Hortet doch Schätze im Himmel, wo weder Motte noch Wurm sie verzehren, und wo keine Diebe durchgraben und stehlen. Denn: Wo dein Schatz, dort ist auch dein Herz.
Die Leuchte des Leibes ist das Auge. Wenn nun dein Auge heil ist, wird hell-licht sein dein ganzer Leib. Wenn aber dein Auge bös ist, wird finster sein dein ganzer Leib. Ist nun gar dein inwendig Licht Finsternis – welch große Finsternis dann!

Keiner kann zweier Herren Knecht sein. Denn: Entweder haßt er den einen und liebt den anderen. Oder: Er hängt am einen und mißachtet den anderen. Ihr könnt nicht Gottes und des Mammon Knechte sein.

Darum sage ich euch: Sorgt euch nicht um euer Leben, was ihr essen oder was ihr trinken, noch um euren Leib, womit ihr euch kleiden sollt. Ist nicht das Leben mehr als die Zehr und der Leib mehr als das Kleid? Blickt auf die Vögel des Himmels: Sie säen nicht und ernten nicht und heimsen nicht in Speicher – und doch: Euer himmlischer Vater nährt sie. Geltet ihr nicht mehr als sie? Wer von euch aber kann – mag er sich noch so sorgen – seiner Lebenszeit nur eine Elle zulegen? Und was Kleidung betrifft – was sorgt ihr euch darum? Lernt von den Lilien des Feldes: wie sie wachsen. Sie mühen sich nicht ab; sie spinnen nicht. Ich sage euch aber: Nicht einmal Salomo in all seiner Herrlichkeit war gewandet wie eine von diesen hier. Wenn aber Gott das Gras des Feldes – heute da, morgen in den Backofen geworfen – so gewandet, wieviel mehr euch? Ihr Kleingläubigen! Sorgt euch also nicht und sagt: Was bekommen wir zu essen? Oder: Was bekommen wir zu trinken? Oder: Mit was gewanden wir uns? Denn: Nach all dem fragen die Völker. Es weiß ja euer himmlischer Vater, daß ihr all das braucht. Sucht doch zuerst nach seinem Königtum und dessen Gerechtheit, dann wird euch das alles hinzugelegt werden. Also sorgt euch nicht um das Morgen, denn das Morgen wird um sich selber sorgen. Genug dem Tag sein eigenes Übel!

Al Ghasali

Das Elexier der Glückseligkeit

Wisse: Der Schlüssel zur Erkenntnis Gottes ist die Selbsterkenntnis. Darum ist gesagt worden: «Wer sich selbst erkannt hat, der hat seinen Herrn erkannt», und darum heißt es im Worte Gottes: «Wir werden sie unsere Zeichen sehen lassen an den Enden der Erde und in ihnen selbst, auf daß ihnen offenbar werde, daß es die Wahrheit ist.»
Es gibt nichts, was dir näher wäre, als du selbst. Wenn du dich aber selbst nicht kennst, wie willst du dann andere kennen? Sagst du: «Ich kenne mich doch!», so irrst du dich, denn solche Erkenntnis taugt nicht zum Schlüsel für die Erkenntnis Gottes. Auch die Tiere kennen soviel von sich selbst wie du von dir. Dies äußere Haupt und dies Gesicht, diese Hand und diesen Fuß, dies Fleisch und diese Haut, die kennst du, sonst nichts; von deinem Inneren aber weißt du gerade soviel, daß du issest, wenn du hungrig bist, die Menschen angreifst, wenn du zornig wirst, und nach Begattung strebst, wenn die Begierde über dich kommt. Darin aber sind dir alle Tiere gleich.
Darum sollst du nach Erkenntnis deines wahren Wesens streben, was du bist, woher du gekommen bist, wohin du gehst, und zu welchem Zweck du für diese paar Tage in diese Karawanserei gekommen bist, wozu du erschaffen bist, worin dein Glück besteht und wodurch du glücklich wirst, worin dein Elend besteht und wodurch du elend wirst.
Die Eigenschaften, die in deinem Innern vereinigt sind, sind teils Eigenschaften des Viehs, teils solche der Raubtiere, teils solche der Teufel und teils solche der Engel. Welches von diesen Wesen bist du nun? Welches von ihnen ist deine wahre Substanz, und welche sind dir fremd und nur geliehenes Gut? Solange du das nicht weißt, kannst du nicht nach deinem Glücke suchen, denn jedes dieser vier Wesen findet in etwas anderem seine Nahrung und sein Glück. Die Nahrung und das Glück des Viehs ist Essen und Schlafen und Begatten. Gehörst du also zum Vieh, so befleißige dich der Werke des Bauches und der Zeugungsglieder Tag und Nacht.
Die Nahrung und das Glück der Raubtiere ist: Schlagen und Töten und Rasen; Nahrung und Glück der Teufel: Böses anstiften, Betrügen und Überlisten. Gehörst du also zu ihnen, so tue ihre Werke, auf daß du zu deiner Ruhe und zu deinem Glücke gelangest.
Die Nahrung und das Glück der Engel aber ist das Anschauen der göttlichen Schönheit, und Begierde und Zornmut und die Triebe des Viehs und der

Raubtiere finden keinen Weg zu ihnen. Wenn du also von der Substanz der Engel bist, so bemühe dich, daß du Gott erkennest und den Weg zum Anschauen seiner Schönheit findest und dich frei machest von der Herrschaft der Begierde und des Zornmutes, und suche zu erkennen, wozu die Triebe der Raubtiere und des Viehs in dich gelegt sind, ob sie dir dazu anerschaffen sind, daß sie dich zu ihrem Sklaven machen, so daß du ihnen dienen und Tag und Nacht frönen mußt, oder dazu, daß du sie zu deinen Sklaven machst und auf der Reise, die dir auferlegt ist, dir von ihnen Frondienste leisten läßt. Denn du sollst den einen zu deinem Fahrzeug und den andern zu deiner Waffe machen und die wenigen Tage, die du in dieser Karawanserei verbringst, sie in deinem Dienst verwenden, auf daß du mit ihrer Hilfe den Samen der Glückseligkeit erwerbest. Dann aber sollst du sie unter deine Füße treten und deinen Blick richten auf die Stätte der Glückseligkeit, die von den Erwählten die Gegenwart Gottes, von dem gemeinen Volke aber Paradies genannt wird.
Dies alles mußt du wissen, um auch nur ein wenig von dir selbst zu erkennen. Wer aber dies nicht weiß, der wird auf dem Wege des Glaubens Beschämung finden, und das wahre Wesen der Religion wird ihm verborgen bleiben.

Willst du dich selbst erkennen, so wisse, daß du aus zwei Dingen geschaffen bist. Das eine ist diese äußere Hülle, die man Leib nennt und mit dem äußeren Auge sehen kann. Das andere ist jenes Innere, das man bald Seele, bald Geist und bald Herz nennt, und das nur von dem inneren Auge erkannt werden kann. Dies Innere ist dein wahres Wesen, alles andere ist nur sein Gefolge, sein Heer und seine Dienerschaft. Wir wollen es das Herz nennen. Wenn wir also von dem Herzen sprechen, so wisse, daß wir damit das wahre Wesen des Menschen meinen, das man sonst bald Geist, bald Seele nennt, nicht aber jenes Stück Fleisch, das in der linken Seite deiner Brust sitzt; denn das hat keinen Wert, und auch die Tiere und die Toten besitzen es, und man kann es mit dem äußeren Auge sehen. Alles aber, was man mit diesem Auge sehen kann, gehört dieser Welt an, der Welt des Augenscheins. Das wahre Menschenherz aber ist nicht von dieser Welt, sondern ist als Fremdling zu kurzer Wanderung in diese Welt gekommen. Jenes äußere Stück Fleisch ist sein Reittier, und alle Glieder des Leibes sind seine Streitkräfte, es selbst aber ist des ganzen Leibes König. Die Erkenntnis Gottes und das Schauen der göttlichen Schönheit ist seine Wesensbestimmung, ihm gelten Pflichtgebot und göttliche Anrede, Lohn und Strafe, seiner ist die Seligkeit und das Elend. Der Leib aber ist in alledem nur sein Gefolge.
Die Erkenntnis seines Wesens und seiner Eigenschaften ist der Schlüssel zur Erkenntnis Gottes. Darum bemühe dich, es zu erkennen, denn es ist eine edle

Substanz von der Art der Substanz der Engel, und sein Ursprungsort ist die Gottheit, dorther kam es, und dorthin wird es gehen. Hierher aber ist es als Fremdling gekommen und nur um Handel zu treiben und Samen zu säen. Was aber dieses Handeltreiben und Säen bedeutet, das wirst du später erfahren, so Gott will.

Wisse, um das Wesen des Herzens zu erkennen, mußt du zuerst von seinem Dasein wissen; dann mußt du wissen, was sein wahres Wesen ist; dann, welches seine Streitkräfte sind und welches seine Beziehung zu diesen Streitkräften ist; endlich, wie ihm die Erkenntnis Gottes zuteil wird und wie es zur Glückseligkeit gelangt.

Was nun das Dasein anlangt, so ist es unmittelbar einleuchtend, denn an seinem Dasein kann der Mensch nicht zweifeln. Das Dasein beruht aber nicht auf diesem äußeren Leibe, denn den haben auch die Toten und leben doch nicht, sondern wir meinen mit diesem Herzen den Geist, ohne den der Leib tot ist.

Wenn ein Mensch die Augen schließt und seinen Leib vergißt samt Himmel und Erde und allem, was das Auge sehen kann, so hat er notwendig eine Kenntnis von seinem Dasein und ein Bewußtsein seiner selbst, auch wenn er von seinem Leib und Erde und Himmel und allem, was darinnen ist, kein Bewußtsein hat. Wenn ein Mensch das recht betrachtet, so wird er etwas von dem Wesen des Jenseits begreifen und erkennen, daß, wenn ihm auch der Leib fortgenommen würde, er selbst doch bleiben und keineswegs zu Nichts werden würde.

Teresa von Avila

Die Wonnen Gottes

Mein Gott, auf was habe ich mich da eingelassen! Ich habe bereits vergessen, wovon ich sprach; denn die Geschäfte und mein Gesundheitszustand zwingen mich, damit aufzuhören, wenn ich gerade im besten Zuge bin. Und weil ich ein schwaches Gedächtnis habe, wird alles verworren herauskommen. Da ich es nicht noch einmal durchlesen kann, ist vielleicht sogar das Ganze ein wildes Durcheinander. Aber es ist darin zumindest das ausgedrückt, was ich empfinde.

Ich glaube, ich sprach von den geistlichen Tröstungen. Da sie zuweilen eingehüllt in unsere Leidenschaften erscheinen, sind sie manchmal von heftigem Schluchzen begleitet; ja, ich habe sogar von einigen Personen gehört, daß sich ihnen dabei die Brust zusammenpreßt und daß es selbst zu unwillkürlichen äußeren Bewegungen kommen kann, die so heftig sind, daß ihnen das Blut aus der Nase rinnt und ähnliche unangenehme Dinge sich einstellen. Davon kann ich nichts berichten, da ich es nicht erlebt habe. Doch es muß uns letztlich ein Trost sein; denn – wie gesagt – es endet alles in dem Wunsch, Gott zu gefallen und sich Seiner Majestät zu erfreuen.

Was ich die Wonnen Gottes nenne (anderswo habe ich es Gebet der Ruhe geheißen), ist von ganz anderer Art. Ihr, die es durch Gottes Erbarmen erfahren habt, werdet es verstehen. Stellen wir uns, um es besser zu erfassen, zwei Brunnenbecken vor, die sich mit Wasser füllen. Ich finde nämlich nichts, was zur Erklärung mancher geistigen Dinge geeigneter wäre als eben das Wasser, und zwar deshalb, weil ich wenig weiß und der Verstand mir nicht weiterhilft, und auch weil ich dieses Element so liebe, daß ich es mit mehr Aufmerksamkeit betrachtet habe als andere Dinge; denn in allen, die ein so großer, so weiser Gott erschaffen hat, dürfte es wohl viele Geheimnisse geben, aus denen wir Nutzen ziehen können. Und das tun auch die Menschen, die es verstehen; obgleich ich glaube, daß es in jedem winzigen Ding, das Gott erschaffen hat – und sei es eine winzige Ameise –, mehr gibt, als wir begreifen können.

Diese zwei Brunnenbecken nun füllen sich auf verschiedene Weise. Bei dem einen kommt das Wasser von weit her durch viele Röhren, mittels kunstvoller Vorrichtungen; das andere aber ist unmittelbar dort erbaut, wo das Wasser entspringt, und es füllt sich völlig lautlos. Ist die Quelle reichhaltig, wie die, von der wir reden, so fließt, wenn das Becken gefüllt ist, ein starker Bach daraus hervor. Man braucht da keine Kunst, und der Zufluß versiegt nicht, sondern immer quillt Wasser daraus hervor. Das durch Röhren herbeigeleitete Wasser gleicht meines Erachtens den Befriedigungen, von denen ich gesagt habe, daß wir sie durch die Meditation erlangen; denn wir leiten sie mittels der Gedanken herbei, indem wir uns in der Beschauung der erschaffenen Dinge bedienen und dabei den Verstand ermüden. Und wenn es endlich dank unserer Anstrengungen kommt, so stürzt es in tosendem Schwall herein, falls es – wie gesagt – die Seele so füllen soll, daß es ihr Nutzen bringt.

Dem anderen Brunnen strömt das Wasser unmittelbar vom Quellort zu – nämlich von Gott –, und sowie Seine Majestät nach eigenem Gefallen eine übernatürliche Gnade erweisen will, quillt es friedvoll und mit größter Ruhe und Sanftheit aus dem tiefsten Inneren unseres eigenen Wesens empor – ich weiß weder wo noch wie. Auch fühlt man jene Freude und Wonne nicht wie die irdischen Glücksgefühle im Herzen (ich meine, nicht gleich zu Beginn; denn später erfüllen sie alles). Dieses Wasser läuft über und durchströmt alle Wohnungen und Seelenkräfte, bis es zum Körper gelangt. Darum sagte ich, daß es in Gott beginnt und in uns endet; denn wirklich, der ganze äußere Mensch genießt dieses Wohlgefühl und diese Sanftheit, wie derjenige wissen wird, der es erfahren hat.

Als ich eben dieses schrieb, habe ich daran gedacht, daß es in dem Vers, den ich vorher anführte, heißt: «Dilatasti cor meum», was besagen will, daß das Herz sich weitete. Doch, wie gesagt, ich habe den Eindruck, daß es etwas ist, das nicht im Herzen entspringt, sondern anderswo, noch weiter innen, wie aus einer Tiefe. Ich nehme an, daß es im Zentrum der Seele sein muß (wie ich später erkannt habe und wovon ich am Schluß noch reden werde). Denn wahrlich, ich sehe Geheimnisse in uns selbst, die mich oft erschreckt haben. Und wieviel mehr wird es geben! Oh, mein Herr und mein Gott, wie groß ist Deine Herrlichkeit! Und wir laufen hier herum wie dumme Hirtenstoffel. Wir meinen, wir erfassen etwas von Dir, und dabei ist es gewiß soviel wie nichts; denn in uns selber sind große Geheimnisse, die wir nicht verstehen. Ich sage: «Soviel wie nichts», im Vergleich zu der unendlichen Vielfalt, die in Dir ist; nicht weil ich glaubte, die Herrlichkeit, wie sie noch in Deinen Werken für uns sichtbar ist, sei nicht sehr groß und erhaben.

Doch zurück zu dem Vers. Was mir darin für unseren Fall eine Hilfe zu bieten scheint, ist der Ausdruck jener Erweiterung. Es scheint also, daß das himmlische Wasser jener Quelle, von der ich sprach, wenn es der Tiefe unseres Wesens entquillt, sich ausbreitet, unser ganzes Inneres ausweitet und vielerlei Güter hervorbringt, die sich nicht nennen lassen. Nicht einmal die Seele kann verstehen, was es ist, das ihr da geschenkt wird. Sie gewahrt einen Duft – so wollen wir einmal sagen –, als befinde sich in jenem inneren Abgrund ein Glutbecken, auf das man wohlriechende Räucherstoffe streute. Man sieht nicht die Glut, und man weiß auch nicht, wo sie ist; doch die Wärme und der duftende Rauch durchziehen die ganze Seele, und oftmals ist – wie ich schon gesagt habe – auch der Körper davon nicht ausgeschlossen. Versteht mich recht: Man fühlt dabei keine Wärme und riecht auch keinen Duft; denn es ist etwas Köstlicheres als diese Dinge. Ich wollte es euch damit nur verständlich machen. Wer es noch nicht erlebt hat, der soll wissen, daß es sich wirklich und wahrhaftig so ereignet. Man versteht es klarer, die Seele erfaßt es deutlicher, als ich es jetzt ausgesprochen habe. Denn es gehört nicht mehr zu dem, was man sich einbilden kann. Wir mögen uns noch so sehr anstrengen, so können wir es doch nicht erlangen. Und an eben dieser Tatsache ist zu sehen, daß es nicht von unserem Metalle ist, sondern aus jenem allerreinsten Gold der göttlichen Weisheit. Hier sind die Kräfte der Seele – wie mir scheint – nicht vereint. Hingerissen und gleichsam erschrocken schauen sie, was das ist.

Es könnte sein, daß ich bei der Darstellung dieser innerlichen Dinge etwas in Widerspruch mit dem gerate, was ich anderswo gesagt habe. Das wäre kein Wunder; denn in beinahe fünfzehn Jahren, die vergangen sind, seitdem ich darüber schrieb, hat der Herr mich vielleicht diese Dinge etwas klarer sehen lassen, als ich sie damals zu erkennen vermochte. Und heute wie damals kann ich in allem irren, aber nicht lügen; denn ich würde – durch Gottes Barmherzigkeit – lieber tausendmal sterben. Ich sage es, wie ich es verstehe.

Der Wille – so scheint mir – muß wohl in gewisser Weise mit Gottes Willen vereint sein. Doch an den Wirkungen und Werken, welche die Folge davon sind, erkennt man diese Wahrheiten des Gebets. Es gibt keinen besseren Prüfstein. Sehr groß ist die Gnade unseres Herrn, wenn derjenige, welcher sie empfängt, sie auch erkennt, und ein Zeichen großer Gunst ist es, wenn die Seele nicht wieder zurückgeht. Ihr, meine Töchter, werdet nun danach streben, diese Art des Gebets zu erlangen. Und ihr tut recht daran; denn – wie gesagt – die Seele kann nie die Gnaden ganz ermessen, die der Herr ihr da erweist, und vermag nicht die Liebe zu begreifen, mit der er sie zu sich zieht. Wahrlich, es muß unser Wunsch sein, zu erfahren, wie wir diese Gnade erlangen. Ich werde euch sagen, was ich davon begriffen habe.

Reden wir nicht von dem Fall, wo es dem Herrn gefällt, sie zu erteilen, weil es ihm gefällt und aus keinem anderen Grund. Er weiß, weshalb. Wir haben uns nicht dareinzumischen. Nachdem wir getan haben, was die Seelen in der vorigen Wohnung tun, heißt die Losung: Demut, Demut. Durch sie läßt sich der Herr alles abringen, was wir von ihm wollen. Wenn ihr diese Tugend habt, so erkennt ihr dies zuerst daran, daß ihr nicht denkt, ihr hättet diese Gnaden und Wonnen des Herrn verdient, und auch nicht meint, ihr könntet sie je in eurem Leben verdienen. Ihr werdet mich fragen: «Ja, wie soll man sie dann erlangen, wenn man sie nicht erstrebt?» Darauf antworte ich, daß es kein besseres Verhalten gibt als das, welches ich euch nannte: nämlich nicht danach zu trachten. Und zwar aus folgenden Gründen: 1. Weil das erste, was dazu nötig ist, darin besteht, Gott ohne Eigennutz zu lieben. 2. Weil es nicht gerade ein Zeichen von Demut ist, zu denken, wir könnten durch unsere erbärmlichen Dienste etwas so Großes erwerben. 3. Weil die richtige Vorbereitung dafür die Sehnsucht nach dem Leiden ist, also das Verlangen, dem Beispiel des Herrn zu folgen, und nicht der Wunsch, daß wir, die wir ihn doch beleidigt haben, Wonnen erfahren mögen. 4. Weil Seine Majestät sich zwar verpflichtet hat, uns die ewige Seligkeit zu schenken, falls wir seine Gebote halten, aber nicht dazu verpflichtet ist, uns solche Wonnen zu gewähren. Denn wir brauchen sie nicht zu unserer Erlösung; und er weiß besser, was für uns gut ist und wer ihn wirklich liebt. Das ist gewißlich so, das weiß ich. Und ich kenne Menschen, die den Weg der Liebe gehen, wie sie sollen, allein um ihrem gekreuzigten Christus zu dienen, und die nicht nur keine Wonnen erbitten oder sie ersehnen, sondern ihn wirklich und wahrhaftig anflehen, sie ihnen in diesem Leben nicht zu geben. 5. Weil wir uns vergeblich abmühen, da man dieses Wasser nicht durch Röhren herbeileiten kann wie das vorige, und es darum wenig nützt, daß wir uns müde rackern, wenn die Quelle es nicht von selber gibt. Damit will ich sagen: Wir mögen uns noch so sehr der Meditation hingeben, bis zur Erschöpfung darum ringen und noch so viele Tränen vergießen, so fließt dieses Wasser doch nicht hervor. Es wird nur dem geschenkt, dem Gott es geben will, und oft gerade dann, wenn die Seele am wenigsten daran denkt.

Wir sind sein, Schwestern; er mache mit uns, was er will. Er führe uns, wohin es ihm beliebt. Und ich glaube fest, daß dem, welcher sich wirklich demütigt und sich von allen Wünschen losmacht – ich sage «wirklich», denn nicht nur in Gedanken soll es geschehen, sondern wir müssen uns völlig frei gemacht haben –, daß dem der Herr diese Gnade und viele andere, die wir nicht einmal zu ersehnen wissen, nicht vorenthalten wird. Er sei gelobt und gepriesen in Ewigkeit, Amen.

Meister Eckehart

Vom Adel des inneren Menschen

Vom Adel des inneren Menschen, des Geistes, und vom Unwert des äußeren Menschen, des Fleisches, sagen auch die heidnischen Meister Tullius und Seneca: Keine vernunftbegabte Seele ist ohne Gott; der Same Gottes ist in uns. Hätte er einen guten, weisen und fleißigen Ackerer, so würde er um so besser gedeihen und wüchse auf zu Gott, dessen Same er ist, und die Frucht würde gleich der Natur Gottes. Birnbaums Same erwächst zum Birnbaum, Nußbaums Same zum Nußbaum, Same Gottes zu Gott (vgl. 1 Joh. 3, 9). Ist's aber so, daß der gute Same einen törichten und bösen Ackerer hat, so wächst Unkraut und bedeckt und verdrängt den guten Samen, so daß er nicht ans

Licht kommt noch auswachsen kann. Doch spricht Origenes, ein großer Meister: Da Gott selbst diesen Samen eingesät und eingedrückt und eingeboren hat, so kann er wohl bedeckt und verborgen und doch niemals vertilgt noch in sich ausgelöscht werden; er glüht und glänzt, leuchtet und brennt und neigt sich ohne Unterlaß zu Gott hin.

Die erste Stufe des inneren und des neuen Menschen, spricht Sankt Augustinus, ist es, wenn der Mensch nach dem Vorbilde guter und heiliger Leute lebt, dabei aber noch an den Stühlen geht und sich nahe bei den Wänden hält, sich noch mit Milch labt.

Die zweite Stufe ist es, wenn er jetzt nicht nur auf die äußeren Vorbilder, (darunter) auch auf gute Menschen, schaut, sondern läuft und eilt zur Lehre und zum Rate Gottes und göttlicher Weisheit, kehrt den Rücken der Menschheit und das Antlitz Gott zu, kriecht der Mutter aus dem Schoß und lacht den himmlischen Vater an.

Die dritte Stufe ist es, wenn der Mensch mehr und mehr sich der Mutter entzieht und er ihrem Schoß ferner und ferner kommt, der Sorge entflieht, die Furcht abwirft, so daß, wenn er gleich ohne Ärgernis aller Leute (zu erregen) übel und unrecht tun könnte, es ihn doch nicht danach gelüsten würde; denn er ist in Liebe so mit Gott verbunden in eifriger Beflissenheit, bis der ihn setzt und führt in Freude und in Süßigkeit und Seligkeit, wo ihm alles das zuwider ist, was ihm (= Gott) ungleich und fremd ist.

Die vierte Stufe ist es, wenn er mehr und mehr zunimmt und verwurzelt wird in der Liebe und in Gott, so daß er bereit ist, auf sich zu nehmen alle Anfechtung, Versuchung, Widerwärtigkeit und Leid-Erduldung willig und gern, begierig und freudig.

Die fünfte Stufe ist es, wenn er allenthalben in sich selbst befriedet lebt, still ruhend im Reichtum und Überfluß der höchsten unaussprechlichen Weisheit.

Die sechste Stufe ist es, wenn der Mensch entbildet ist und überbildet von Gottes Ewigkeit und gelangt ist zu gänzlich vollkommenem Vergessen vergänglichen und zeitlichen Lebens und gezogen und hinüberverwandelt ist in ein göttliches Bild, wenn er Gottes Kind geworden ist. Darüber hinaus noch höher gibt es keine Stufe, und dort ist ewige Ruhe und Seligkeit, denn das Endziel des inneren Menschen und des neuen Menschen ist: ewiges Leben.

[. . .]

«Mensch» in der eigenen Bedeutung des Wortes im Lateinischen bedeutet in einem Sinne den, der sich mit allem, was er ist und was sein ist, unter Gott beugt und fügt und aufwärts Gott anschaut, nicht das Seine, das er hinter, unter, neben sich weiß. Dies ist volle und eigentliche Demut; diesen Namen hat er von der Erde. Davon will ich nun nicht weiter sprechen. Wenn man

«Mensch» sagt, so bedeutet dieses Wort auch etwas, was über die Natur, über die Zeit und über alles, was der Zeit zugekehrt ist oder nach Zeit schmeckt, erhaben ist, und das gleiche sage ich auch mit Bezug auf Raum und Körperlichkeit. Überdies noch hat dieser «Mensch» in gewisser Weise mit nichts etwas gemein, das heißt, daß er weder nach diesem noch nach jenem gebildet oder verähnlicht sei und vom Nichts nichts wisse, so daß man in ihm nirgends vom Nichts etwas finde noch gewahr werde und daß ihm das Nichts so völlig benommen sei, daß man da einzig finde reines Leben, Sein, Wahrheit und Gutheit. Wer so geartet ist, der ist ein «edler Mensch», fürwahr, nicht weniger und nicht mehr.

Noch gibt es eine andere Erklärungsweise und Belehrung für das, was unser Herr einen «edlen Menschen» nennt. Man muß nämlich auch wissen, daß diejenigen, die Gott unverhüllt erkennen, mit ihm zugleich die Kreaturen erkennen; denn die Erkenntnis ist ein Licht der Seele, und alle Menschen begehren von Natur nach Erkenntnis, denn selbst böser Dinge Erkenntnis ist gut. Nun sagen die Meister: Wenn man die Kreatur in ihrem eigenen Wesen erkennt, so heißt das eine «Abenderkenntnis», und da sieht man die Kreaturen in Bildern mannigfaltiger Unterschiedenheit; wenn man aber die Kreaturen in Gott erkennt, so heißt und ist das eine «Morgenerkenntnis», und auf diese Weise schaut man die Kreaturen ohne alle Unterschiede und aller Bilder entbildet und aller Gleichheit entkleidet in dem Einen, das Gott selbst ist. Auch dies ist der «edle Mensch», von dem unser Herr sagt: «Ein edler Mensch zog aus», darum edel, weil er Eins ist und Gott und Kreatur im Einen erkennt.

[...]

Und alles hier Vorgetragene hat der Prophet Ezechiel vorausgesprochen, als er sagte, daß «ein mächtiger Adler mit großen Flügeln, mit langen Gliedern voll mancherlei Federn zu dem lautern Berge kam und entnahm das Mark oder den Kern des höchsten Baumes, riß ab die Krone seines Laubes und brachte es herunter» (Ez. 17, 3 f.). Was unser Herr einen edlen Menschen heißt, das nennt der Prophet einen großen Adler. Wer ist denn nun edler, als der einerseits vom Höchsten und Besten, was die Kreatur besitzt, geboren ist und zum anderen aus dem innersten Grunde göttlicher Natur und dessen Einöde? «Ich», spricht der Herr im Propheten Osee, «will die edle Seele führen in eine Einöde, und ich will dort sprechen in ihr Herz» (Hosea 2, 14). Eines mit Einem, Eines von Einem, Eines in Einem und in Einem Eines ewiglich. Amen.

II.

DER MENSCH, DAS KLUGE TIER

Versuch über den historischen Humanismus als Geschichte einer Emanzipation

Der europäische Humanismus, eine Entwicklung in der Krise

Nehmen wir also an, man wäre sich auf unsrem «Kongreß der Weltweisen» in einer ersten Gesprächsrunde darüber einig geworden, daß mit gemeinsamen Kräften eine Bibel der Bibeln einzurichten sei, die als Basis für einen künftigen Humanismus dienen könnte. Man hätte sich ferner darauf geeinigt, die Wurzeln der Humanität in den vier Bereichen «Schöpfungswonnen», «Sterben lernen», «Die soziale Dimension» und «Der innere Mensch» zu suchen.
Als erstrebenswertes Ziel eines künftigen Humanismus wäre eine Humanität anerkannt worden, die sich aus den genannten Wurzeln immer wieder erneuern ließe. Eindringlich hätten die Verfechter dieser Erneuerung dazu aufgerufen, diese vier Bereiche künftig gleichwertig zu fördern. Ließe man eine dieser Wurzeln verkommen oder zu dominant werden, sei der Mensch in Gefahr, sein Gleichgewicht zu verlieren und werde damit auch zu einer Bedrohung für seine Mitmenschen.
Skeptiker, die in diesem Ansatz eine Gleichmacherei der Kulturen witterten, hätte man mit dem Hinweis beruhigen können, daß die Suche nach einer gemeinsamen Basis der verschiedenen Kulturen und Religionen keineswegs auf die Proklamation einer Einheitskultur hinauslaufe. Im Gegenteil. Gerade Kulturen, die vom Fortschreiten der Zivilisation bedroht seien, könnten jetzt neues Selbstbewußtsein schöpfen und sich eher behaupten. Mit den Kulturen sei es wie mit den Bäumen: Es gebe tausenderlei Arten von Bäumen, ganz unterschiedlich gemäß der geographischen und klimatischen Umweltbedingungen, aber ihr Wurzelwerk sei immer und überall möglichst gleichwertig nach allen vier Seiten hin ausgebreitet, da sie nur so den nötigen Halt fänden, ihre Krone frei zu entfalten.

Nun aber, da man den Humanismus in seiner allgemeinen, womöglich zukunftsweisenden Bedeutung neu zu fassen begonnen hätte, drängte es sich geradezu auf, sich die Geschichte des bereits praktizierten, historischen Humanismus Europas etwas genauer anzusehen.
Sich auch damit auseinanderzusetzen, ist allein schon deshalb für unsren «Kongreß der Weltweisen» von Belang, weil ja der Wert einer Theorie oder einer wie immer gearteten geistigen Bewegung sich immer erst in der Praxis

erweist. Und auch ein künftiger Humanismus, sofern er sich um konkrete Umsetzungen seiner Einsichten bemüht, wird ja der Geschichtlichkeit unterworfen sein. Auch er meint zunächst einmal nur eine menschliche Haltung, die an sich noch nicht trägt, sondern je nach Epoche und Umständen andere Züge annehmen wird. Ein solcher Prozeß läßt sich wohl nirgends besser aufzeigen als in der europäischen Kulturgeschichte, deren Verlauf entscheidend vom historischen Humanismus geprägt wurde.
Was also hat es mit diesem europäischen Humanismus auf sich? Wo finden sich Ansätze in seiner Geschichte, die auch für die Zukunft noch fruchtbar gemacht werden könnten? Wo ist dieser Humanismus eher gescheitert und muß als abschreckendes Beispiel dienen? Wo liegen seine Ursprünge, wo seine entscheidenden Wendepunkte?

Gewöhnlich datiert man den historischen Humanismus in den Zeitraum vom 13. bis zum 16. Jahrhundert. Für eine erste inhaltliche Annäherung greifen wir auf Wahrigs Wörterbuch zurück, das wir gerade zur Hand haben. Danach ist der historische Humanismus «eine geistige Strömung in Europa, die nach der Erneuerung des von der Kultur des Altertums beeinflußten Bildungsideals strebte».[1]
Der Kerngedanke dieses Bildungsideals lag nicht etwa darin, einfach Wissen um des Wissens willen anzuhäufen oder sich damit über andere zu erheben, sondern darin, sich zu einem nützlichen und geistvollen Mitglied der Gesellschaft zu entwickeln. Nach Platon führt nämlich erst Wissen im Sinne einer vernünftigen Erkenntnis zur höchsten Entfaltung des Menschentums. Also hat das Wissen der Tugend zu dienen. Erst dadurch, daß man sich Wissen erwirbt, hat man die Möglichkeit, ein besserer Mensch zu werden.
Diese Verknüpfung von Wissen und Tugend als Grundlage zur Erreichung der Humanität ist ein spezifisch europäisches Phänomen. Andere Kulturen sehen den Weg zum höheren Menschentum eher in der entsagenden Meditation, der religiösen Einkehr, oft auch gerade im Verzicht auf Wissen.
Erst dadurch, daß im europäischen, historisch definierten Humanismus das Wissen eine so zentrale Bedeutung zur Erreichung des höheren Menschentums gewann, wurde daraus eine geistige Bewegung, der nicht nur die europäische Kulturgeschichte ihre entscheidenden Impulse verdankt. Indem dieser Humanismus dem Wissen eine so absolute Priorität vor allen anderen Eigenschaften und Fähigkeiten verlieh, hat er die Welt für immer verändert.
Denn mit diesem Humanismus trat zwangsläufig die Frage in den Vordergrund, wie denn immer noch mehr Wissen zu erlangen sei. Wir verbinden mit ihm nicht nur einen kulturellen Aufschwung, er hat auch die modernen Na-

turwissenschaften erst möglich gemacht. Martin Opitz (1597–1639) hat in seinem Gedicht «Spiegel der Welt» diese Priorität des Erkennens und Wissens eindrucksvoll dargestellt. Darin heißt es, «der Mensch, das kluge Tier» könne seinen Anspruch, der Welt als Herr gesetzt zu sein, nicht besser einlösen als dadurch, daß er «mit Augen der Vernunft» die Natur samt ihrer Wesen erkunde.[2]

Noch im späten Mittelalter waren Leben und Denken weitgehend von Richtlinien geprägt, wie sie von den Kirchenvätern festgeschrieben worden waren. Auch Aristoteles war eine unwiderlegbare Autorität. Ihm zu widersprechen war so unmöglich, wie sich einem Satz der Bibel zu widersetzen. Die Bibel hat diese unbestrittene Autorität noch lange behaupten können. Aber dort, wo es nicht um Glaubensfragen ging, brachte der Humanismus entscheidende Erschütterungen des bisherigen Weltbildes mit sich. Die Bibel war nicht zu widerlegen. Die Bibel war Glaubenssache. Aristoteles aber hatte Behauptungen aufgestellt, die sich bei experimenteller Überprüfung eindeutig als falsch erwiesen. Anstelle des bedingungslosen Glaubens an überkommene Autoritäten entwickelte sich die «libertas spiritus», die Freiheit des Geistes. Schon Roger Bacon (1214–1294) hatte den Glauben an die zerbrechliche, wertlose Autorität zu den Hauptquellen des Irrtums gerechnet und einen Wahrheitsbegriff gefordert, der durch die wissenschaftliche Erfahrung gestützt sei. Auf dieser Grundlage führte der europäische, historisch definierte Humanismus zu jenen weltverändernden Einschnitten, die wir mit Kopernikus (1473–1543) und Galileo Galilei (1564–1642) verbinden. Nicht Spekulation, sondern nachvollziehbare Beobachtung und wiederholbare mathematische Beweisführung haben schließlich zur Ablösung des geozentrischen durch das heliozentrische Weltbild geführt.

Was die Neuentdeckung des Altertums für Kunst und Architektur bedeutete, manifestierte sich am eindrücklichsten in der italienischen Renaissance. Ebenso überwältigend war der humanistische Einfluß auf die Literatur. Seither entstand kaum ein bedeutendes Werk, das nicht von dieser Tradition gezehrt hätte. Das gilt nicht nur für Autoren wie Petrarca, Boccaccio, Shakespeare, Rabelais, Cervantes und die sogenannte Klassik, das gilt auch für Grundwerke des 20. Jahrhunderts, etwa für den «Ulysses» von Joyce, ein Buch, das nicht nur durch die Anlehnung an ein literarisches Werk der Antike der humanistischen Tradition verpflichtet ist, sondern mehr noch durch seinen antiklerikalen Geist, das Unterlaufen von Vorurteilen, das Wissenwollen um die letzten Winkel der Seele.

Die Infragestellung überkommener Autoritäten, die vermeintlich immer vorurteilsfreiere Kenntnis der Natur und des Menschen hatten zur Folge, daß das

Selbstbewußtsein des Individuums einen regelrechten «Schub» erfuhr. Es konnte nicht ausbleiben, daß sich daraus auch für die Politik und die mittelalterlichen Staatsgefüge unabsehbare Konsequenzen ergaben.
Philosophie war nicht mehr Sache einsamer und unverbindlicher Spekulation; sie wurde in den Dienst des täglichen, politischen Lebens gestellt. Da fand man in dem römischen Philosophen und Staatsmann Cicero (106–43 v. Chr.) das große Vorbild, der die Aufgabe der Philosophie erst mit ihrer rhetorischen Umsetzung und ihrer praktischen Anwendung in der politischen Auseinandersetzung eingelöst sah. Die geschliffene Sprache wurde zu einer Waffe, die oft mehr auszurichten vermochte als ganze Heerscharen. Wie für die Wissenschaften das Experiment fortan über der Buchweisheit stand, so erklärte man mit Cicero die Vernunft zur höchsten Instanz, die dem Dogma überlegen sei. Das war nicht nur die Grundlage, auf der ein Erasmus von Rotterdam (1466–1536) aufbaute, damit war auch die Keimzelle aller möglichen revolutionären Bewegungen wider den Dogmatismus und die Tyrannei gelegt. In Verbindung mit dem humanistischen Bildungsideal, das in der Würde des Menschen ein unantastbares und höchstes Gut sah, lassen sich auch unsre modernen Demokratien aus dieser Tradition herleiten.

Diese wenigen Andeutungen, mit denen wir uns dem europäischen, historisch definierten Humanismus zu nähern versuchten, haben gezeigt, daß wir darin keine abgeschlossene Epoche zu erkennen vermögen, sondern eine europäische Tradition, die sich auf verschiedenen Wegen bis in unser Jahrhundert hinein eher verstärkt als verloren hat.
Dies führte dazu, daß der einmal gefaßte historische Humanismus-Begriff ständig erweitert und differenziert wurde. Nachdem etwa genauere Forschungen ergaben, daß die lange als feststehend geltende Epoche des historischen Humanismus schon rund hundert Jahre früher als bisher angenommen ihre entscheidenden Bahnbrecher hatte, führte man den Begriff «Frühhumanismus» ein, womit die Anfänge des humanistischen Denkens ins 13. Jahrhundert vorverlegt wurden. Und während man lange nur von «italienischem» und «nordischem» Humanismus sprach, hat sich inzwischen längst herausgestellt, daß man durchaus noch mehr differenzieren muß; inzwischen spricht man nicht nur von portugiesischem, spanischem, französischem, böhmischem oder deutschem Humanismus, in neueren Publikationen erkennt man vermehrt auch regionale Besonderheiten des historischen Humanismus an, indem man etwa von «katalanisch-aragonischem»[3] oder vom Humanismus im deutschen Südwesten spricht.[4] Was die Forschung auf diese Weise zutage fördert, ist nicht nur vom historischen Standpunkt aus von Bedeutung, es sagt auch etwas aus

über das Wesen des Humanismus an sich, der ja die Anerkennung eines allgemeinen Menschentums durchaus mit einer individualistischen, regional bezogenen Lebensauffassung verbindet.
Auch sieht man sich gezwungen, den historischen Humanismus-Begriff ständig zu ergänzen, sobald die Distanz es erlaubt, wieder ein neues Stück Geschichte zu überblicken. Also spricht man vom späten Humanismus, vom Humanismus der Aufklärung und der Klassik, vom Basler Neuhumanismus, vom «Dritten Humanismus» und ist neuerdings auch gezwungen, einige mitentscheidende geistige Strömungen des 20. Jahrhunderts der Tradition des Humanismus zuzuordnen. Das gilt für weite Bereiche der Existenzphilosophie, und das nicht nur, weil Jean-Paul Sartre in seinem Essay über den Antisemitismus den Existenzialismus ausdrücklich als «humanisme» bezeichnet hat, mehr noch gilt es für Karl Jaspers, der seine Philosophie der Existenzerhellung ganz in den Dienst des Glaubens gestellt hat, daß wir schließlich nur durch Selbsterkenntnis zur wahren Humanität geführt werden können. In diesem Sinne sind auch die Ansätze eines Sigmund Freud und Carl Gustav Jung aus der Tradition des Humanismus zu verstehen, Vorurteile abzubauen und Menschenkenntnis zur Wissenschaft zu machen. Wenn sich also eine amerikanische Schule der Psychologie ausdrücklich als «humanistische Psychologie» bezeichnet, ist das nur eine überfällige logische Konsequenz.[5]
Wie auch immer man den nunmehr historisch gewordenen, eindeutig festzustellenden Humanismus des 20. Jahrhunderts einmal nennen wird, schon jetzt zeichnet sich ab, daß die Verwirklichung der Grundimpulse und Ideale niemals zuvor in so konsequenter und weltumspannender Weise angestrebt wurde. Mit dazu beigetragen haben die Erschütterungen, die wir durch die beiden Weltkriege erfahren haben. Allein schon beim Bibliographieren der neueren Literatur über den Humanismus springt ins Auge, wie nach beiden Kriegen wiederholt eine internationale Besinnung auf die humanistischen Grundwerte beschworen wurde.
Alles in allem müssen wir sagen: Nie zuvor verfügten wir über so viel Menschenkenntnis und Einsichten in die Natur, die Erde und den Kosmos. Wissen, von dem die früheren Humanisten nicht einmal zu träumen wagten, ist heute greifbar und wird ständig vertieft!
Und nie zuvor wurden so viele Verfassungen nach demokratisch-humanistischen Grundsätzen der Toleranz und Gleichheit vor dem Recht ausgerichtet. Die deutsche Verfassung beginnt ja sogar mit dem Satz, die Würde des Menschen sei unantastbar, und in diesem Sinne sind auch internationale Gerichtshöfe und Gremien beauftragt, die humanistischen Menschenrechte für alle zu gewährleisten.

Nie zuvor gab es so viele Bildungsinstitute, Universitäten, Theater und andere kulturelle Einrichtungen, die geschaffen wurden, den Menschen seiner Humanität näher zu bringen. Nie zuvor war auch die Kenntnis anderer Völker und Kulturen so groß, gekoppelt mit der Möglichkeit, sich an Ort und Stelle mit ihnen auseinanderzusetzen, die beste Voraussetzung also, sich in selbstbewußter Toleranz zu üben. Nie zuvor waren die Voraussetzungen für die Menschen so gut, sich im Sinne des humanistischen Bildungsideals als würdige Bewohner und Bewohnerinnen dieses Planeten zu erweisen.
Und dennoch werden wir dieser Errungenschaften nicht so recht froh. Sie allein berechtigen uns noch nicht, guter Hoffnung für die Zukunft zu sein. Es scheint, als ob sich der Humanismus, wie er sich in Europa entwickelt hat, erst jetzt in seiner ganzen Zwiespältigkeit offenbart.
Das Wissen, das die Humanisten im Glauben an seine ethisch-bildende Kraft angestrebt haben, kann sich auch gegen uns kehren. Nie zuvor hatte die Menschheit so viele Möglichkeiten, sich selbst zu vernichten. Nie zuvor hat uns das Wissen so viele Mittel geliefert, uns um Kopf und Verstand zu bringen.

Der Versuch, uns in einer ersten Annäherung die Geschichte des europäischen Humanismus zu vergegenwärtigen, hat uns zur Zuspitzung der Frage nach unsrer möglichen Zukunft geführt, die uns zwiespältig erscheint. Verblüfft stellen wir fest: Ein Wort, das uns eigentlich nur mit Hoffnung erfüllen sollte, enthüllt seinen Schrecken.
Es liegt also nahe, sich unter diesem Gesichtspunkt noch etwas gründlicher mit der Geschichte des europäischen Humanismus auseinanderzusetzen. War er eine von Anfang an am Menschen vorbeigedachte Illusion? Hat er an einer bestimmten Stelle seiner Entwicklung eine «falsche» Richtung eingeschlagen? Oder ist es nur eine Eigenart des spezifisch europäischen Humanismus, uns in diesen Zwiespalt des Fortschritts geführt zu haben?

Zwischenbemerkung zur Vorgehensweise

Es würde zu weit führen, den historischen Humanismus in allen seinen Verästelungen, Epochen und regionalen Eigenarten aufzuarbeiten. Wir würden uns im Uferlosen verlieren.

Plausibler erscheint es, die Geschichte des europäischen Humanismus an einigen wegweisenden Gestalten aufzurollen, ohne uns an das Raster zu halten, das die historische Forschung aufgestellt hat. Ein solches Raster vereinfacht zwar die Perspektive, könnte aber auch den freien Blick verstellen, den wir brauchen, um auch jene «Humanisten» zu entdecken, die man bisher vielleicht noch gar nicht als solche bezeichnet hat, da sie das gegebene Schema sprengten.

Was ich damit meine, sei kurz am Beispiel von Paracelsus (1493–1541) erläutert. Dieser Philosoph und Mediziner wird üblicherweise nicht als «Humanist» bezeichnet. Und das mit gutem Grund, da er die Sprache der damaligen Humanisten, das Latein, für seine Aussagen untauglich fand und lieber in deutscher Sprache lehrte. Auch widersetzte er sich der blinden Verehrung antiker Größen wie Galen und Avicenna, die bei den Humanisten seiner Zeit als unantastbar galten.

Vom philologischen Standpunkt aus betrachtet, war er also alles andere als ein Humanist; von seinem Weltbild, seiner Methode und seiner ethischen Zielsetzung her dagegen einer der wichtigsten und folgenreichsten Vertreter des europäischen Humanismus! Er machte die Mikrokosmoslehre, die auf den italienischen Humanismus des 15. Jahrhunderts zurückgeht, zum Zentrum seines Denkens und entwickelte daran seine weltumspannende Philosophie; zudem praktizierte er als einer der ersten die humanistischen Leitsätze, wonach die Vernunft über dem Dogma, die Erfahrung über der Buchweisheit zu stehen habe, in rücksichtsloser Konsequenz. Mehr noch ist er aber durch sein unverrückbares Ethos der Tradition des Humanismus verpflichtet, wonach alles Wissen allein der Tugend zu dienen habe.

Hielten wir uns an die übliche Methode, die Geschichte des Humanismus zusammenzufassen, hätte ein solcher Mann keinen Platz. Folglich sei also unser Kriterium nicht allein dasjenige des philologischen Humanismus, sondern vor allem die Frage, welche geistigen Impulse dem Humanismus zugrunde liegen und wie sie sich von ihren Anfängen bis heute manifestiert haben. Indem wir uns dabei auf einige bahnbrechende Vertreter konzentrieren, kommen wir einerseits der Kontinuität des humanistischen Einflusses besser auf die Spur, haben andrerseits aber auch die Möglichkeit, Zeitgeist und geschichtliche Umstände an der jeweils konkreten Biographie zu spiegeln.

Cicero: Ein exemplarischer Lebenslauf

Mit seinem ethischen Anspruch und dem Glauben an die geistige Entwicklung des Menschen geht der europäische Humanismus deutlich mit den sozialen Friedensvisionen der Weltreligionen einher, mit seiner Methode, die Priorität des Denkens über alle Dogmen zu stellen, weist er indessen über alle konfessionellen und politischen Einschränkungen hinaus. Was etwa praktische Toleranz betrifft, steht der Religion oft genug die jeweilige Konfession im Weg, der Politik das jeweilige Parteiinteresse. Erst mit dem Humanismus, der andere Prioritäten setzte, war so etwas wie geistige Freiheit möglich.

Sich für einen solchen Humanismus einzusetzen, war zu allen Zeiten lebensgefährlich. Geistige Freiheit zu vertreten oder sich toleranter Mitmenschlichkeit zu verpflichten, hat vielen einen gewaltsamen Tod gebracht. Schon Sokrates, Urbild des freien Denkens, wurde bekanntlich verketzert und zum Trinken des Schierlingsbechers verurteilt, Cicero von Meuchelmördern getötet, Seneca zum Selbstmord gezwungen, Thomas Morus hingerichtet, Giordano Bruno verbrannt, Gandhi erschossen, ebenso Martin Luther King. Denkt man an die kaum zu zählenden Menschen, die für ihre undogmatische Lebensauffassung in Gulags und Konzentrationslagern zu Tode kamen, hat sich das auch im 20. Jahrhundert nicht geändert. In einer Epoche und in einem Land zu leben, wo geistige Freiheit eine Selbstverständlichkeit ist, scheint eher ein Glücksfall, mitnichten die Regel. Auch auf diesem Hintergrund hat das Leben von Marcus Tullius Cicero, den man mit guten Gründen als ersten Vertreter des europäischen Humanismus ansehen kann, etwas Exemplarisches.

Cicero wurde 106 v. Chr. in Arpinum geboren. Sein Vater, ein vermögender Mann aus vornehmem Geschlecht, zog mit seiner Familie nach Rom, um seinen Kindern eine optimale Erziehung geben zu können. In Rom wurde der junge Cicero von griechischen Lehrern erzogen, die ihn mit der Gedankenwelt des Scipionenkreises bekannt machten. Es war vor allem Konsul P. Cornelius Scipio Aemilianus (185–129 v. Chr.) gewesen, der griechische Gelehrte und Freunde der griechischen Kultur aus Rom um sich versammelt hatte, um die griechische Kultur zu pflegen. Die Gedankenwelt dieser Männer, die in der Tradition der Stoa stand, sollte besonders auf Ciceros Staatslehre Einfluß haben. Und durch ihn erst wurde die Stoa zu einer geistigen Grundlage der abendländischen Kultur.

Schon in seinen Jugendjahren zeichnete sich sein ungewöhnliches Sprachtalent ab, das er in einem Lehrbuch der Rhetorik zu systematisieren versuchte. Die in dieser Zeit von ihm selbst gesetzte Lebensaufgabe lautete, Philosophie und Redekunst wieder zusammenzubringen. Zu Ciceros Bildungsgang gehörten auch juristische Studien, die ihm bald die ersten Auftritte als Redner in Kriminalprozessen einbrachten. Dabei rühmte er sich, vor allem gegen politisches Unrecht einzutreten.

Seine erfolgreiche Karriere als Redner erfuhr einen Unterbruch, als er bemerken mußte, daß sein affektischer Redestil seiner eher schwachen körperlichen Konstitution nicht entsprach. Auf der Suche nach einer anderen, ihm gemäßeren Sprechtechnik unternahm er eine zweijährige Studienreise nach Griechenland, wo er neben seiner rednerischen Ausbildung auch seine philosophischen Kenntnisse vertiefte.

Wieder in Rom, füllte Cicero seine Zeit mit neuer Prozeßarbeit und den üblichen Vorbereitungen für eine politische Karriere. Als Quästor in Lilybaeum auf Sizilien zeichnete er sich durch ungewöhnliches Pflichtbewußtsein und eine musterhafte Amtsführung aus, Tugenden, die er für die Entwicklung des Römischen Reiches für unerläßlich hielt. Auf Syrakus zeigte sich, wie sehr er sich inzwischen mit der griechischen Kultur vertraut gemacht hatte, indem er das vergessene Grab des genialen Mathematikers Archimedes entdeckte, eine Pionierleistung der Archäologie, die ihn mit einigem Stolz erfüllte.

Es folgten einige spektakuläre Prozesse in Rom, die ihn mit immer neuen konkreten politischen und menschlichen Problemen konfrontierten, Lebenserfahrungen, die seinen späteren philosophischen Schriften ihre Authentizität verliehen. Lohn seiner Anstrengungen war schließlich die Wahl zum Konsul im Jahre 63 v. Chr., die ihm als Erfüllung höchsten Glücks erschien.

Sie barg aber schon den Keim eines folgenreichen Verhängnisses in sich. Cicero erwies sich als Meister der Vernunft und selbstloser Handlungen, mit denen er das Prinzip der Republik gegen ihre skrupellosen Herausforderer verteidigte. Zunächst vereitelte er Cäsars Griff nach der Macht, den dieser mit Hilfe der Ackergesetze des Servilius Rullus vorbereitet hatte, dann deckte er den Putschversuch Catilinas auf, was ihm beim Volk den Ehrennamen eines «Vaters des Vaterlandes» einbrachte. Indessen hatten sich aber mit Cäsar, Pompejus und Crassus Gegner formiert, deren Machtergreifung er mit seinen republikanischen Ansichten im Wege stand. Ihm drohte wegen der Hinrichtung eines Verschwörers aus dem Kreis Catilinas ein Prozeß, und Cicero reagierte darauf, indem er freiwillig in die Verbannung ging. Seine Gegner sahen sich in ihrer Taktik bestärkt, ließen sein Haus in Rom niederreißen und seine Landgüter plündern. Cicero fand in Mazedonien Zuflucht und wurde schon bald durch Anstrengung seiner Freunde nach Rom zurückberufen, sah sich aber politisch durch die Machtergreifung des Triumvirats ins Abseits gedrängt. Zu seiner politischen Verunsicherung kam häusliches Unglück, das sein Gefühl des Scheiterns vertiefte.

Die Biographen sind sich einig, daß ihn erst dieses Scheitern befähigte, seine Erkenntnisse losgelöst von seiner Person zu objektivieren und ihnen in den nun verfaßten Schriften «De oratore» und «De re publica» Gestalt zu geben. Sein zweites Werk über die Redekunst gipfelt in einer neuen Konzeption der Einheit von Philosophie und Rhetorik, im «auctor veritatis». Der Redner gilt als vorbildlich, der im konkreten Meinungsstreit die Kraft hat, die Wahrheit so überzeugend darzustellen, daß sie zur Grundlage eines Konsenses werden kann. Noch immer eine schöne Utopie, die man unseren modernen Parlamentsmitgliedern ins Poesiealbum schreiben möchte!

In seiner Schrift «De re publica» geht es um die beste Staatsform. Ein fiktiver Dialog, der im Scipionenkreis angesiedelt ist. Die Schrift vereinigt platonischen Geist, aristotelische Einsichten und die Moral der Stoa, hält sich aber zugute, im Gegensatz zu den früheren Theorien nicht in einem Niemandsland wie etwa Platons «Staat» angesiedelt zu sein, sondern auf der konkreten Erfahrung der römischen Geschichte zu beruhen. Einerseits bevorzugt Cicero eine Mischform aus Monarchie, Aristokratie und Demokratie und sieht diese (mit Polybios) in der Republik verwirklicht, andrerseits betont er gegen Schluß der Schrift die Notwendigkeit, daß in Krisenzeiten auch ein einzelner über genügend Autorität zur Überwindung der Krise verfügen können müsse, um danach allerdings freiwillig zurückzutreten. Entscheidend ist also nicht die Staatsform allein, sondern vor allem, daß der Staat wirklich dem Gemeinwesen dient und die größtmögliche Gerechtigkeit erwirkt.

Dieser ersten philosophischen Lebensphase folgte wieder eine Zeit politischer Aktivität. Wider seinen Willen wurde Cicero zum Prokonsul ernannt und mit der Verwaltung der Provinz Kilikien betreut, eine Aufgabe, die er mit Bravour und Anstand meisterte. Als er Ende November des Jahres 50 v. Chr. aus der Provinz zurückkehrte, war in Rom der Bruch zwischen Cäsar und Pompejus erfolgt und ein Bürgerkrieg unvermeidbar.

Cicero, dem es nicht um Parteinahme, sondern um einen gerechten Konsens ging, fiel es schwer, sich für diesen oder jenen zu entscheiden. Man hat sein Schwanken oft als Charakterschwäche gedeutet, ohne zu berücksichtigen, daß ja Vernunft, die wirklich das Gemeinwohl will, in einem solchen Streit zweier Despoten gar keine Partei ergreifen darf, sondern sich einzig und allen seiner Schlichtung verpflichtet fühlen muß. Ähnlich ist später einem Erasmus von Rotterdam sein Zaudern verübelt worden, sich entweder zum Papst oder zu Luther zu bekennen; daß er vor allen Dingen den Frieden bewahren wollte, ist von keiner Partei honoriert worden.

Cicero hatte nicht die Größe, sich lange aus dem Konflikt herauszuhalten. Er fand keine andere Lösung, als sich zunächst Pompejus anzuschließen und ihm

nach Griechenland zu folgen, trat aber nach der Schlacht bei Pharsalus von dessen Partei zurück und erwirkte sich von Cäsar Verzeihung und die Erlaubnis, nach Rom zurückzukehren.
Diesen Vorgang seiner eigenen Verunsicherung und letzten Endes blamablen Parteilichkeit mußte Cicero als ein zweites, noch tieferes Scheitern empfinden. Wieder blieb ihm nur, seine Rettung in der geistigen Durchdringung der politischen Vorgänge zu suchen. In den Schriften aus dieser Zeit beklagt er die Nacht, die sich über den Staat gesenkt habe, in dem das freie Wort keine Heimstätte mehr habe. Als Cäsar seinen alten Feind Marcellus auf Bitten des Senats begnadigte, hielt Cicero ihm eine ergreifende Dankesrede, getragen von der Hoffnung, daß ein mild gestimmter Diktator sich dem Gedanken nicht ganz verschließen werde, seine eigenen Machtgelüste zugunsten des Gemeinwohls zurückzustellen.
Doch Ciceros Hoffnungen wurden enttäuscht. Hinzu kam das häusliche Unglück, das zur Scheidung von seiner Frau Terentia führte. Der Tod seiner Tochter Tullia brachte weitere, kaum zu verschmerzende Erschütterungen. Nach nur einem Jahr wurde seine zweite, ebenfalls unglückliche Ehe mit Publilia geschieden. Dieser Not folgte eine neue Periode philosophischer Besinnung.
Zum eigenen Trost und als geistige Pflicht unternahm er es nun, der römischen Welt die griechische Philosophie zu vermitteln, indem er ihre Grundgedanken ins Lateinische übertrug. In ehrlicher Bescheidung kommt er zum Schluß, das Glück des Weisen bestehe nicht darin, die Wahrheit zu finden, sondern sie zu suchen. Ausführlich begründet er auch seine politisch-philosophische Grundhaltung, der er sein Leben lang treu geblieben ist: Jede Art von Dogmatismus erscheint nicht nur als Anmaßung, sondern als Mißachtung der Wahrheit der andern.
Aus dieser unglaublich schöpferischen Phase stammen einige seiner schönsten Schriften, in denen er platonisches Gedankengut mit stoischen Werten zu einer eigenen Vision verschmilzt.
Dann aber wurde er noch einmal in den Strudel römischer Intrigen gerissen. Sein Gegenspieler Cäsar war inzwischen zu Alleinherrschaft und uneingeschränkter Macht gelangt und mußte den Versuch, sich auch noch zum König krönen zu lassen, am 15. März 44 v. Chr. mit dem Tode büßen. Er sank, von dreiundzwanzig Dolchstößen getroffen, vor der Statue des Pompejus nieder. Cicero sollte ihn nicht lange überleben. Nach Cäsars Ermordung sicherte sich dessen langjähriger Mitstreiter Marcus Antonius die Macht und hetzte noch bei der Leichenfeier das Volk gegen die Mörder auf. Wenig später brach er mit der Senatspartei, die sein Todfeind Cicero führte.

Und noch einmal konzentrierte Cicero seine Kräfte auf den Kampf gegen den Untergang der «res publica». In seinen «Philippischen Reden» trat er offen gegen den neuen Tyrannen auf. Nach kurzem, scheinbarem Sieg, der Cicero noch einmal an die Spitze des Staates brachte, wurde er auf der Flucht ins Lager des Marcus Junius Brutus bei seinem Landgut in Formiae von den Häschern des Antonius gefaßt und umgebracht (7. Dez. 43 v. Chr.). Um den Triumph über diesen verhaßten Vertreter des freien Gedankens und des Gemeinwohls voll auszukosten, stellte Antonius Ciceros abgeschlagenen Kopf und seine rechte Hand auf der Rednertribüne in Rom öffentlich aus.

Das Exemplarische seiner Biographie, deren Grundkonstellation sich bei anderen Verfechtern der Humanität wiederholte, läßt sich auf folgende Formel bringen: Eine außerordentliche geistige Begabung führt zu einer beachtlichen politischen Karriere, aber eine kritische Einstellung zur Dämonie der Macht verhindert deren skrupellose Ergreifung und Festigung. Das aber bringt die Erfahrung des Scheiterns mit sich, Isolation und Einsamkeit. Und erst jetzt, im geistigen Exil, wo die Rechnungen des Lebens nicht mehr aufgehen, ergeben sich die grundsätzlichen, wegweisenden Gedanken.
Dieses Prinzip galt bei Cicero bis zu seinem Tod. Statt einen billigen Kompromiß mit dem Tyrannen zu schließen, blieb er seinem Ideal des freien Staates, der für ihn einzig würdigen Daseinsform, treu. Das hat er zwar mit seinem Tod bezahlt, um so beharrlicher aber überlebten ihn seine Schriften, deren Nachwirkung kaum hoch genug eingestuft werden kann.
Die Cicero-Forschung hat sich zeitweise bemüht, ihn aufgrund seiner «menschlichen Schwächen», einer gewissen Eitelkeit und Selbstüberschätzung, zu diffamieren und damit auch seine philosophischen Einsichten zu relativieren. Mir scheint indessen angemessen, wie Karl Büchner Ciceros Ringen um ein menschenwürdiges Dasein wertet, ohne einer peinlichen Mystifizierung zu verfallen: «Er hat aus diesem Kampf des Lebens die grundlegenden Ideen des Gemeinwesens, der Freiheit, des Gewissens, des Dienstes, der Toleranz, der Verantwortung, der Initiative, der Gerechtigkeit entwickelt und dabei alle Bereiche des menschlichen Wissens, vor allem der griechischen Philosophie, dem Römertum erschlossen und ist so der große Mittler geworden, der allein uns große Teile der griechischen Philosophie erhalten hat, und zwar dank seiner philosophischen Haltung nicht in Form des Dogmas, sondern des wissenschaftlichen Anliegens der Wahrheitssuche. Er hat das in einer Sprache getan, die alle seelischen Bereiche existenziell mobilisiert und in ihrer existenziellen Kraft immer wieder Renaissancen (Augustin, Petrarca, Erasmus) hervorgebracht hat.»[6]

Exkurs in die arabische Welt

Der freie Gedanke, erhärtet durch eine realistische Beweisführung, wurde mit Cicero zu einem zentralen Motor der geistigen Entwicklung des europäischen Humanismus. Doch ehe es mit dem Auftreten Petrarcas (1304–1374) zu einer wirklichen Neubelebung dieser Geisteshaltung kommen konnte, sollten fast 1300 Jahre vergehen.

Mit dem Untergang Roms und der Dominanz des institutionalisierten Christentums entwickelte sich das geschlossene Weltbild scholastischer Spekulation, die eine Emanzipation in Richtung selbstbestimmender Menschlichkeit verhinderte. Der Mensch erfuhr seinen Sinn nicht aus sich selbst, sondern allein aus seiner Gottesfurcht. Um das scholastische Lehrgebäude des Christentums zu entwickeln, bedienten sich die Kirchenlehrer des systematischen Denkens, wie es Aristoteles entwickelt hatte, im übrigen aber blieb die antike Überlieferung so gut wie unbeachtet. Vom römischen Erbe übernahm die katholische Kirche das verwaltungstechnische hierarchische System, das geeignet war, ein Weltreich zu regieren. So konnte sich die katholische Kirche zum lukrativsten und dauerhaftesten Machtmonopol entwickeln, das die Geschichte bisher aufzuweisen hat. Für die Freigeisterei der griechischen Antike war da kein Platz.

Etwas anders die Entwicklung im Islam. Der Islam traf bei seiner Verbreitung in Kleinasien überall auf Pflegestätten antiker Philosophie. Den islamischen Theologen war die exakte Gedankenführung der antiken Autoren willkommen, um Probleme der Vorherbestimmung und sittlichen Verantwortung plausibler darzulegen. Das ist der Grund, warum so viele philosophische und wissenschaftliche Schriften der Griechen ins Syrische und später ins Arabische übertragen und auf diese Weise überliefert wurden. Zunächst war der platonische Einfluß bedeutender (Alkindi und Alfarabi), später dominierte auch in der arabischen Welt der Aristotelismus mit seiner sachlich-logischen Einteilung der Wirklichkeit (Avicenna, Averroes).

Parallel dazu entwickelte sich unter starkem indischem und neuplatonischem Einfluß die islamische Mystik, die man als Sufismus bezeichnet. Ein Höhepunkt dieser Entwicklung ist mit dem Namen Hallāǧ verbunden, der den Menschen als fleischgewordene Wahrheit ansah und sich in seinen ekstatischen Bekenntnissen dazu hinreißen ließ, sich selbst als Gott zu bezeichnen. Dafür wurde er im Jahre 922 gesteinigt. Als bedeutendster Vertreter der islamischen Mystik ist Al Ghasali (1058–1112) zu bezeichnen, dem der Ehrentitel «Erneuerer der Religion» verliehen wurde. Er stellte der intellektuellen, aristotelisch geprägten Theologie seiner Zeit die Forderung entgegen, daß

Religion als inneres Erlebnis gepflegt werden müsse. Wie man zu solchen religiösen Erfahrungen gelangen kann, legte er in zahlreichen Lehrbüchern dar.
Uns interessiert hier aber vor allem die Frage, ob man aufgrund so vieler aus der griechischen Antike stammender philosophischer Einflüsse auf die arabische Welt auch Ansätze zu einem Humanismus nachweisen kann, wie er sich später in der abendländischen Welt entwickelt hat.
Diese Frage ist eindeutig positiv zu beantworten. Voraussetzung dafür war allerdings ein Jahrhundert der Toleranz, das seinesgleichen sucht und das der Menschheit im spanischen Córdova unter islamischer Herrschaft beschert wurde. Dort galt nämlich bis zur Rechristianisierung Religionsfreiheit. Jede Person war frei, sich zu ihrem Glauben zu bekennen; der Vorteil des islamischen Bekenntnisses lag lediglich darin, daß die Steuern für Moslems etwas tiefer lagen.
In diesem Córdova wurde 1126 die für den arabischen Westen wohl wichtigste philosophische Begabung geboren, der Philosoph Averroes. Seine Rezeption von Aristoteles hatte auch für die europäische Philosophie nachhaltige Folgen, namentlich für den historischen Humanismus.
Materie war für Aristoteles an sich noch keine Wirklichkeit, sondern lediglich eine Möglichkeit, die sich erst durch die Einwirkung einer Form zu dieser oder jener Wirklichkeit entwickelte. Diesen Gedanken über die Entstehung der Natur interpretierte Averroes nun auf seine Weise. Er legte dar, daß die Formen nicht etwa von außen an die ewige Materie herangetragen würden, sondern dem Vermögen nach schon in ihr enthalten seien und sich im Verlauf eines Entwicklungsprozesses aus ihr herauskristallisieren. Ein Gedankengang, der uns an Spinoza, Leibniz oder auch Goethe erinnert, sich aber schwerlich mit dem fundamentalen Glaubenssatz der moslemischen, christlichen und jüdischen Religion vereinbaren läßt, wonach Gott die Welt aus dem Nichts erschaffen hat.
Averroes widersprach der religiösen Dogmatik auch noch in anderen entscheidenden Punkten. Er widersprach der Auffassung, wonach die Einzelseele unsterblich sei. Er anerkannte lediglich einen überpersönlichen, unsterblichen Geist. Das aber hatte zur Konsequenz, daß der Mensch seine Sittlichkeit nicht mehr aufgrund einer im Jenseits zu erwartenden Belohnung zu entwikkeln habe, sondern gehalten sei, das Gute um seiner selbst willen zu tun. Darin sah er eine höhere Sittlichkeit als jene, die darauf beruht, daß den Gläubigen himmlische Wonnen im Jenseits versprochen werden, die Ungläubigen aber nach ihrem Tod mit tausend Höllenstrafen zu rechnen haben.
Und noch ein Grundgedanke des europäischen Humanismus taucht bei Aver-

roes auf. Die Suche und die Erkenntnis der Wahrheit waren für ihn Sache und Vermögen der Philosophie; in den Religionen zeige sich die Wahrheit lediglich in bildhafter Einkleidung, die den schwachen Verständnismöglichkeiten der Menge entspreche. Das bedeutete eine Relativierung der religiösen Offenbarung, die selbst in so toleranten Verhältnissen, wie sie in Córdova herrschten, auf die Dauer nicht tragbar war.
So erlitt Averroes das Schicksal, wie es nach ihm noch viele Humanisten für ihre undogmatischen Äußerungen ertragen mußten. Er wurde von der islamischen Orthodoxie aufs schärfste verdammt, und seine Schriften wurden verbrannt. Er starb 1198 in der Verbannung.

Übrigens war das Jahrhundert der Toleranz, das im Córdova jener Zeit so viele fruchtbare Entwicklungen zunächst einmal zuließ, auch für die jüdische Philosphie von großer Bedeutung. Hier wurde 1135 Maimonides geboren, der wohl wichtigste jüdische Aristoteliker, ein Zeitgenosse des Averroes.
Das Hauptwerk von Maimonides trägt den Titel «Führer der Verirrten». Es war unsprünglich in arabischer Sprache geschrieben, aber in hebräischen Schriftzeichen, und wurde später ins Hebräische und Lateinische übersetzt. Unter «Verirrten» versteht Maimonides jene, die mit den scheinbaren Widersprüchen zwischen philosophischer Wahrheit und den Offenbarungen des jüdischen Glaubens ihre Mühe haben. Von Aristoteles behauptete er, niemand außer den Propheten sei der Wahrheit so nahe gekommen wie er.
Er brachte die bis dahin unübersichtliche Überlieferung des Talmud in eine begrifflich-systematische Form. Gerade weil er in den heiligen Schriften die obersten Sätze der Wahrheit sah, mußten sie seiner Meinung nach auch streng rational begründbar sein.
Mit dieser Lehre zog er sich den Zorn und den Vorwurf des Atheismus seitens der jüdischen und islamischen Orthodoxie zu. Unvereinbar mit aller religiösen Dogmatik war schließlich sein Eingeständnis, wonach in einem Widerstreit zwischen Schrift und Vernunft der Vernunft der Vorrang zu geben sei. Um solche Widersprüche zu lösen, versuchte er den Talmud durch allegorische Auslegungen mit der Vernunft in Einklang zu bringen.
Auch dies erinnert an Bemühungen späterer Vertreter des europäischen Humanismus, ja, es läßt uns sogar an die neuesten Versuche aufgeklärter Theologen denken, ihre Bibelauslegung mit den Einsichten des 20. Jahrhunderts zu verbinden.
Doch die freiere geistige Haltung, die sich im Córdova des 11. und 12. Jahrhunderts mit Gestalten wie Averroes und Maimonides ankündigte, war nicht von langer Dauer. Und eine solche Haltung vermochte sich auch im

christlichen Abendland lange nicht durchzusetzen; es hat Jahrhunderte gebraucht, war aber schließlich durch nichts mehr aufzuhalten.

Petrarca: Die Erneuerung der Antike

Das christliche Europa war im 14. Jahrhundert überreif für eine innere Reform, eine Erneuerung des Menschen und seines Staatswesens, eine ganzheitliche Lebensform, in der sich der Mensch als Individuum entwickeln konnte. Das mittelalterliche Weltgebäude mit seinen an Papst und Kaiser orientierten, lehensrechtlich geordneten Hierarchien war brüchig geworden. Die Autorität des Kaisers war vielfach zersetzt, sei es durch die Machtinteressen einzelner Staaten, sei es durch die neuen, bürgerlichen Kräfte. Deren Gewerbe, Handel und Geldwirtschaft bestimmten das städtische Gemeinwesen.
Die Autorität des Papstes, bisher vertreten durch den römischen Bischof, war durch Frankreichs Ansprüche und die Gegenpäpste in Avignon für alle Zeiten relativiert, und die Geldgier der real existierenden katholischen Kirche trug auch nicht gerade dazu bei, die Autorität des geistlichen Oberhauptes wieder zu festigen.
So war ein geistiges Vakuum entstanden, eine Orientierungslosigkeit, die dringend tragender Inhalte bedurfte. Um in dieser Verunsicherung neue, mitreißende Impulse zu setzen, bedurfte es keines Aristotelikers, der sich in systematischer Abstraktion erschöpfte. Es brauchte einen Menschen, der Gott im Leben erfuhr, einen Erotiker wie Petrarca.
Ansätze zu dieser neuen Lebenseinstellung sind schon in Dantes Kanzonen und seiner «Göttlichen Komödie» zu finden; Dantes Achtung vor den griechischen Philosophen reichte immerhin so weit, daß er diese «Heiden» nicht ins Zentrum seiner Hölle verbannte, sondern ihnen einen Ehrenplatz an der Peripherie des Kraters zuwies. Getragen wird sein Impetus von seiner Liebe zu Beatrice, die er ins Übermenschliche verklärte. Befremdend aber muß die systematische Unerbittlichkeit wirken, mit der er seinen Himmel-und-Hölle-Kosmos einrichtete. Da war er noch ganz der mittelalterlichen Scholastik verpflichtet, deren dogmatischer Absolutheitsanspruch auf Recht und Wahrheit ihn zu seinen Höllengesängen inspirierte. Den Eingang seiner Hölle ziert die Empfehlung, alle Hoffnung fahrenzulassen, es folgt die minutiöse Beschreibung eines Konzentrationslagers.
Dantes Hölle kennt keine Gnade. Es ist das konsequenteste historische Beispiel dafür, zu welcher Menschenverachtung eine religiöse Überzeugung führen kann, wenn sie zur Ideologie erstarrt.

Mit Humanismus als einer Suche nach menschengerechtem Leben hat Dantes «Göttliche Komödie» also nichts zu tun. Es ist ein Werk, dessen künstlich-künstlerischer Rang hier nicht bestritten werden soll, geistesgeschichtlich aber erscheint es uns heute eher als Abgesang auf das mittelalterliche Weltbild. Das scholastische Weltgebäude der Kirchenväter, diese eigenartige Mischung aus christlicher Gottesfurcht und aristotelischer Systematik, fand in Dantes Hauptwerk seine vollendete Umsetzung, bedeutete aber auch schon sein geistesgeschichtliches Ende. Gilt die «Göttliche Komödie» zu Recht als bedeutendstes volkssprachliches Epos des Mittelalters, scheint uns die darin beschriebene Jenseitsreise indessen kaum noch nachvollziehbar. Es bleiben die geniale sprachliche Dichte, die verknappte Schilderung eines ganzen Zeitalters mit seinem geistigen Kosmos, die ergreifende Darstellung menschlichen Leids und christlicher Hoffnungstrunkenheit.

Petrarca, mit dem der italienische Humanismus seinen Anfang nahm, wurde 1304 in Arezzo geboren. Sein Vater, ein Notar aus Florenz, hatte zur gleichen Partei der «Weißen» gehört wie Dante und war zusammen mit diesem und anderen Gesinnungsfreunden 1302 verbannt worden. Nach mehrjährigem Aufenthalt in Arezzo übersiedelte die Familie nach Avignon, wo seit 1309 der päpstliche Hof residierte.

Petrarca wurde im benachbarten Carpentras unterrichtet. Sein Lehrer war der Grammatiker Connevole da Prato, Hauptfächer: Grammatik, Logik und Rhetorik. Auf Wunsch des Vaters folgte ein Studium der Rechtswissenschaften in Montpellier und in Bologna. Wichtiger als die Beschäftigung mit der Jurisprudenz aber waren Petrarcas Studien der antiken Autoren. Aus diesen «studia humanitatis» schöpfte er die Gedanken und Anschauungen, die er dem teils erstarrten, teils korrupten politischen und geistigen Leben seiner Zeit entgegenhalten sollte. Die antiken Autoren hatten Zeugnisse einer seelischen Bildung hinterlassen, die ihm wegweisend schien. Sich an ihnen zu orientieren bedeutete, neue Maßstäbe für das politische und geistige Leben zu schaffen. Dabei war die Bildung der eigenen Seele nur die eine Seite dieses humanistischen Ansatzes, die andere Seite zeigte sich im sozialen Charakter der angestrebten Neugestaltung des Lebens. Nicht nur formal durch die prägende Kraft seiner Rhetorik, auch inhaltlich wurde Cicero zum großen Vorbild. Ciceros «Somnium Scipionis» enthält schon den seither oft zitierten Aufruf zur gesellschaftlichen Verantwortung des Bürgers; für Petrarca mögen diese Sätze eine Offenbarung gewesen sein: «Allen, die das Vaterland gerettet, unterstützt und gefördert haben, gehört ein sicherer, im Himmel genau festgelegter Platz, wo die Glücklichen das ewige Leben genießen können; es gibt nämlich für den höchsten Gott, der die ganze Welt regiert, wenigstens im irdischen Geschehen nichts Vollkommeneres als Versammlungen und Zusammenkünfte von Menschen, durch das Recht zur Gemeinschaft verbunden, was man Staaten nennt ...»[7]

Den Impetus für seine Menschenliebe erhielt Petrarca allerdings nicht aus seinen Studien, sondern durch seine Begegnung mit einer Frau, die er Laura nennen sollte. Laura, der er als dreiundzwanzigjähriger Student das erste Mal begegnete, war vermutlich die Gattin eines gewissen Hugo de Sade.

Diese Frau inspirierte Petrarca zu seinem «Canzoniere», Sonette und Kanzonen, in denen er seine Liebe zu ihr verherrlicht. Die überhöhende Idealisierung der fernen Geliebten, ein Motiv aus der arabischen Welt und der Troubadours, findet ihre humanistische Variante in dieser Liebesdichtung. Verzückt von Laura, verzückt von der eigenen Liebe, gelingt es Petrarca, darin ganz seinem persischen Zeitgenossen Hafis (1320–1389) verwandt, der unausdeutbaren Psychologie der Liebe auf die Schliche zu kommen.

Auch findet weniger Verklärung als vielmehr eine erotische Verzauberung statt, die sich als Grundstimmung auf die übrige Welt überträgt. Daß Petrarca diese Gedichte in italienischer Sprache schrieb, mag auch darauf zurückzuführen sein, daß sich die Muttersprache für die Darstellung differenzierter Empfindungen von jeher am besten eignet, da man ja in dieser Sprache gewöhnlich die ersten verbalen Zärtlichkeiten und Bezeugungen mütterlicher Zuneigung erfährt. Doch es wird symptomatisch für die ganze humanistische Bewegung sein, daß man zwar im Lateinischen das überzeitliche und überregionale Kommunikationsmittel sah, sich andrerseits aber der Vielfalt und Anschaulichkeit der nationalen Volkssprachen keineswegs verschloß, sondern ihre Entwicklung zu fördern und zu vertiefen suchte. Gerade im literarischen Bereich haben Humanisten wie Chaucer, Rabelais, Shakespeare, Boccaccio, Opitz, Cervantes und andere auf die Volkssprache zurückgegriffen und damit ihre wichtigsten Werke geschaffen. Das Latein hatte die Funktion, ein universales Transportmittel für die aus der Antike überlieferten Einsichten und Maßstäbe zu sein, individuelle Anschauungskraft aber wurde aus den Volkssprachen geschöpft.

Petrarca trat in den geistlichen Stand, da er nach dem frühen Tod seiner Eltern über kein gesichertes Einkommen mehr verfügte, nahm aber nur die niederen Weihen. Um sich von seiner verzehrenden Leidenschaft für Laura abzulenken, vertiefte er seine humanistischen Studien und unternahm eine Reise quer durch Europa, die ihn über Paris und Gent durch Flandern und Brabant nach Lüttich führte. Dort entdeckte er zwei Reden Ciceros.

Er besuchte Aachen und Köln, zog über die Ardennen nach Lyon und von dort aus per Schiff zurück nach Avignon. Jetzt sollte er zum ersten Mal die Erfahrung machen, daß Worte sich auch versilbern ließen, wenn man sie richtig zu gebrauchen wußte. Für eine lateinische Epistel an den Papst Benedikt XII., in der er ihn zur Rückkehr nach Rom aufrief, erhielt Petrarca seine erste Pfründe, ein Kanonikat in Lombès.

Weder Reisen noch Studien hatten ihn von seiner Liebe geheilt. Nach einem Abstecher nach Rom kehrte er zurück nach Avignon in den Bannkreis seiner Geliebten. Er kaufte sich ein kleines Haus an der Quelle von Vaucluse im Tal der Sorgue, um dort einige Jahre in stiller Zurückgezogenheit zu leben. Hier entstanden einige seiner schönsten Gedichte an Laura, aber auch lateinische Briefe nach Ciceros Muster, ferner das Werk «De vita solitaria libri II». Sich in die Einsamkeit zurückzuziehen galt ihm nicht als Weltflucht, vielmehr als notwendige innere Sammlung, aus der heraus dann erst ein verantwortungsvolles und gerechtes politisches Wirken entstehen könne.

Inzwischen war er durch seine Gedichte so berühmt geworden, daß sich gleich zwei Institutionen darum rissen, ihn nach römischem Vorbild mit der Dichterkrone zu ehren. Er hatte zwischen der Pariser Universität und dem römischen Senat zu entscheiden. Er wählte den römischen Senat. Am Ostertag des Jahres 1341 empfing er auf dem Kapitol aus der Hand des Senators Orso dell'Anguillara den Dichterlorbeer. Feierlich ließ er den Kranz am Altar der Peterskirche aufhängen. Diese Dichterkrönung, die ja bereits eine sentimentale Reminiszenz an vergangene Zeiten war, fand ihrerseits wieder Nachahmungen, etwa in der Dichterkrönung Enea Silvio Piccolominis, dem diese Ehre als erstem in Deutschland widerfuhr; später folgten ihm Dichter wie Conrad Celtis (1472) und Martin Opitz (1625).

Er schrieb weitere Werke, moralphilosophische Abhandlungen, die in der Abgeschiedenheit seines Landsitzes in Vaucluse entstanden, dazwischen Reisen in diplomatischer Mission des Papstes. Dabei nutzte Petrarca jede Gelegenheit, in den Archiven der Städte und Klöster alte Manuskripte zu sichten, zu kopieren und zu sammeln. Ein weiterer großer Fund gelang ihm, als er eine Handschrift von Ciceros Briefen «Ad familiares» entdeckte.

Petrarcas Traum einer Wiedereinsetzung politisch-moralischer Werte nach antikem Muster schien sich zu verwirklichen, als 1347 ein Volksaufstand gegen den römischen Adel ausbrach. In einem Brief an die vier römischen Kardinäle beschwor er sie, das Volk an die Regierung zu lassen und die Aristokraten davon fernzuhalten. Und als Cola di Rienzo sich zum Volkstribunen ausrufen ließ und versprach, die römische Republik wiederherzustellen, schrieb ihm Petrarca einen begeisterten Brief, in dem er ihn mit Brutus

verglich und ihn als Gründer der Freiheit, des Friedens und der Ruhe Roms begrüßte.
Bald aber zeigte sich, daß Rienzo der Dämonie der Macht genauso verfiel wie viele seiner Vorgänger. Statt einer inneren moralischen Erneuerung des Staates zu dienen, protzte er mit hohlem Prunk und bedrückte das Volk mit höheren Steuern. Da schrieb ihm Petrarca wieder einen Brief, in dem er ihm vorwarf, das antike Ideal zu verraten. Abschließend beschwor er ihn, sich nicht als Herr der Republik, sondern als deren Diener zu sehen.

Inzwischen war Petrarca mit so vielen Ehren und Ämtern überhäuft worden, daß er sich um das materielle Wohl nicht mehr zu sorgen brauchte. So hatte ihm zum Beispiel ein weiteres Gedicht, in dem er den Papst zur Rückkehr nach Rom aufforderte, als Honorar das Prioriat von Migliarino in der Diözese von Pisa eingebracht, eine einträgliche Sache. Das hielt allerdings Schmerzen anderer Art nicht von ihm fern. 1348 erreichte ihn die Nachricht von Lauras Tod. Er konnte sich den Luxus erlauben, sich dem Schmerz zu ergeben und bis in die letzten Verästelungen auszutragen. Er sublimierte seine Verzweiflung in neuen Gedichten, formgewordene Trauer, getragen von seinem Wunsch, der Geliebten möglichst bald in den Himmel zu folgen.
Er sollte Laura um sechsundzwanzig Jahre überleben.
Nun suchten die Florentiner, die seinen Vater in die Verbannung geschickt hatten, den Sohn als Lehrkraft für ihre neugestiftete Universität zu gewinnen, indem sie ihm die Rückgabe der einst konfiszierten väterlichen Güter anboten. Doch aus dem Handel wurde nichts. Statt dessen brachte Petrarca zehn Jahre in engem Kontakt mit den Viscontis zu, die ihm diverse diplomatische Missionen auftrugen.
Weitere Bücher entstanden. Der König von Frankreich hätte ihn gern an seinem Hof gehabt, ebenso Kaiser Karl IV., mit dem Petrarca lange Gespräche geführt hatte, aber Petrarca lehnte es ab, sich in solche Abhängigkeiten zu begeben. Ebenso hatte er schon den Antrag des Papstes, ein Bistum anzunehmen, mit der Begründung zurückgewiesen, genug mit der Sorge um die eigene Seele zu tun zu haben.

Versuchen wir, Petrarcas Biographie zusammenzufassen, ergeben sich zwei durchgehende Motive, die sein Leben geprägt haben. Einmal das Studium der antiken Literatur, das ihm geistige Unabhängigkeit vermittelte. Diese Unabhängigkeit, verbunden mit einer Idealvorstellung menschlichen Seins, setzte er ein in einem überaus tätigen Leben. Nicht einer vorgegebenen Ordnung wollte er dienen, er suchte ein Leben nach eigener Wahl. Sieht man in der

Renaissance mit Recht eine Epoche, die der Individualität des Menschen zum Durchbruch verhalf, so hatte sie mit Petrarca eine Leitfigur gefunden.
Andrerseits aber wurde sein Leben von seiner Liebe zu Laura geprägt. Kritische Zeitgenossen und strenge Historiker haben in dieser Liebe oft nur eine Schwärmerei gesehen, eine Imitation von Dantes Beatrice-Verehrung, ohne große Bedeutung für Petrarcas geistige Entwicklung und Persönlichkeit.[8] Nun wissen wir aber nicht erst seit Freud, sondern noch wesentlich anschaulicher von den Griechen, welche Macht die Libido über den Menschen hat. Petrarca war dieser Libido-Erfahrung offenbar besonders ausgeliefert, beherrscht von einer erotischen Grundbefindlichkeit, die vermutlich auch von einer anderen Frau hätte erregt werden können. Laura tritt, im Gegensatz zu ihm selbst, als individuelle Persönlichkeit kaum in Erscheinung. Doch die Begegnung mit ihr wurde zum zentralen Auslöser einer seelischen Verwirrung, die immer wieder der verbalen Klärung bedurfte; daher rührte Petrarcas Wunsch, mehr über die Natur der Seele zu wissen, der Aufruf zur Selbstanalyse.
Auf diesem Hintergrund erfährt seine immer wiederkehrende Polemik gegen die Wissenschaftsauffassung seiner Zeit auch eine psychologische Motivation. Nur eine Wissenschaft, in deren Zentrum der Mensch stand, schien ihm noch sinnvoll: «Denn ich bitte dich, was nützt es, die Natur der Tiere, Vögel, Fische und Schlangen zu kennen und dafür die Natur des Menschen, seinen Zweck, seine Herkunft und sein Endziel nicht zu kennen oder gar zu mißachten?»[9]
Aber genauso, wie er eine Wissenschaft ablehnte, die sich in unverbindlicher Abstraktion oder bloßem Faktensammeln verselbständigte, wandte er sich auch gegen Kenntnisse, die sich aus einem sinnvollen Lebenszusammenhang gelöst hatten: «Eines ist, weise zu sein, und ein anderes, Kenntnisse zu besitzen. Es handelt sich um Haltung und nicht um Kenntnisse, die, wenn sie sich mit einer tugendhaften Seele paaren, den Menschen schmücken und ihm helfen, aber einem Menschen, der keine Tugend besitzt und der dem Schlechten zuneigt, in keiner Weise nützen, ja meistens sogar schaden.»[10]
So verband Petrarca mit Cicero die Auffassung, daß Philosophie ihre Wahrheit erst aus ihrer konkreten Nützlichkeit für das Gemeinwesen beziehe. Er mißtraute allem abstrakten Wissen. Dem Laura-Erlebnis aber verdankte er wohl die Einsicht in die Abgründigkeit, Vielfalt und Begeisterungsfähigkeit der menschlichen Seele. Er mußte sich sagen, daß alle guten Vorsätze nichts halfen ohne die Analyse des inneren Menschen.
Vielleicht ist es vor allem dieser immer wiederkehrende Appell an die Menschen, sich selbst zu erforschen und zu entwickeln, was ihn zum eigentlichen «Vater» des abendländischen Humanismus machte.

Immer bemüht, das Gleichgewicht zwischen der Pflege seiner inneren geistigen Entwicklung und seiner äußeren politischen Aktivität zu wahren, zog er sich schließlich in das Dorf Arquà zurück und verbrachte seine letzten Lebensjahre in der Familie seiner Tochter, über deren Mutter übrigens kaum etwas bekannt ist.
Seinen Frauen ein eigenes Schicksal außerhalb seiner Zuneigung zu ihnen zu gewähren, war seine Sache nicht. Doch mit seiner beharrlichen Behauptung der menschlichen Individualität hatte er eine Entwicklung mitgetragen, die sich bald auch die Frauen zunutze machen sollten. Im weiteren Verlauf der Renaissance wurde es auch Frauen möglich, am humanistischen Bildungsprozeß teilzunehmen. So gibt es etwa von Erasmus einen sehr witzigen Text, in dem er die Unwissenheit eines Abtes mit der spritzigen Schlagfertigkeit einer gelehrten Frau konfrontiert, wobei der Abt eindeutig den kürzeren zieht (siehe: «Der Abt und die gelehrte Frau»).
Petrarca aber stilisierte nur das eigene Leben. Daß er damit nicht unbedingt der idealen Vorstellung eines freien Menschentums entsprach, hat er selbst gewußt und seine Ruhmsucht als sein größtes Laster bezeichnet. Mag sein, daß er einer solchen Stilisierung bedurfte, um so viel Individualität überhaupt auszuhalten. Nicht nur das Leben, auch der Tod geriet ihm zu einer Metapher: Er starb am 18. Juli 1374, von einem Schlaganfall getroffen, über einen Folianten gebeugt in seiner Bibliothek.

Pius II.: Ein Humanist im höchsten Kirchenamt

Wir wenden uns einem Humanisten zu, der hundert Jahre nach Petrarca geboren wurde, Enea Silvio Piccolomini (1405–1463), ein Erotiker wie Petrarca, was ihn nicht daran hinderte, zu gegebener Zeit nach der Würde des Apostolischen Stuhls zu streben. Dieser seltsame Mann, der sich als Papst den Namen Pius II. gab, interessiert uns vor allem auch deshalb, weil er wesentlich dazu beitrug, den italienischen Humanismus über die Alpen in die nordischen Länder zu exportieren.

Zunächst ein paar Bemerkungen zur weiteren Entwicklung des Humanismus in Italien. Neben Giovanni Boccaccio (1313–1375), der seiner Zeit weniger wegen seiner Novellensammlung «Decamerone», sondern vielmehr als Humanist bekannt wurde, gehörte Coluccio Salutati (1331–1406) zu Petrarcas einflußreichsten Schülern.
Er bewegte sich noch ganz in der christlich-römischen Tradition. Cicero

nahm aus seiner Sicht den gleichen hohen Rang ein wie die Propheten der Heiligen Schrift. Aber als florentinischer Staatskanzler berief Salutati als erster einen Griechen an die florentinische Akademie und öffnete sie damit neuen Einflüssen.

Er versprach, die florentinische Freiheit gegen jede Tyrannei zu verteidigen, weil er allein in der Freiheit die unerschütterliche Selbstbezeugung des Menschen ermöglicht sah. Im uralten Streit, ob es einen freien Willen geben könne, bezog er eindeutig Position: Auch wenn alle Vernunftgründe dagegen sprächen, sei die Freiheit doch eine Tatsache, weil das Gute dem Wahren überlegen sei und Gott den Menschen dazu geschaffen habe, zu wirken in verdienstvollen Taten.

Leonardo Bruni (1369–1444), seinerseits ein Schüler Salutatis und dessen Nachfolger im florentinischen Staatskanzleramt, hat sich als Moralist und Philologe einen Namen gemacht. Er erlernte die griechische Sprache und übersetzte einige Grundwerke der griechischen Philosophie ins Lateinische.

Wie schon Cicero und Petrarca hielt er nicht viel von weltferner scholastischer Spekulation und Askese. Alles Streben sollte der Gestaltung des Gemeinwohls dienen, und so empfahl er den Philosophen die Heirat, weil sie der erste Schritt zur Verwirklichung einer menschlichen Gemeinschaft sei.

In der Verbindung von Christentum und Antike sah er die ideale Voraussetzung für ein menschenwürdiges Leben, da in dieser Verbindung die Liebe zum Nächsten und die Ordnung der Gemeinschaft absolute Priorität hätten. In diesem Sinne verstand er die «studia humanitatis» als Mittel, den Menschen vollkommener zu machen und ihn auf das gemeinschaftliche Dasein auszurichten. Erst durch die Bildung, worunter er hauptsächlich das Studium der klassischen Texte verstand, werde der menschliche Mensch geboren. Bildung erst befähige ihn, sich eine eigene, unabhängige Meinung zu entwickeln und eine Sache argumentativ zu vertreten. Diese von ihm so prägnant formulierten Gedanken könnte man fest als Credo des historischen Humanismus bezeichnen.

Auch der Humanist Lorenzo Valla (1405–1457) geißelte in seinen Schriften die Weltfremdheit der Scholastiker und wurde nicht müde, das unheilige Leben der Mönche zu verspotten. Das hinderte ihn nicht, sich wiederholt beim Vatikan um eine Stellung zu bewerben. Obwohl er in einer frühen Schrift «Über die Lust» die Lust zum maßgeblichen Weltprinzip erklärt und auch damit in scharfen Gegensatz zur katholischen Lehre getreten war, fand er dennoch unter Papst Nikolaus V. im Vatikan ein Auskommen als apostolischer Skriptor. Nikolaus V., der erste Humanist auf dem päpstlichen Thron, versammelte die namhaftesten Gelehrten seiner Zeit um sich, einmal, weil sie ihm so weniger schaden konnten, zum andern, um mit ihnen seiner Leidenschaft für die antiken Autoren zu frönen. Nikolaus V. ließ die maßgeblichen griechischen Philosophen und Dichter ins Lateinische übersetzen und baute die vatikanische Bibliothek aus. Sie umfaßte bei seinem Tod unschätzbare Werte, verschludert von seinem Nachfolger Alonso de Borja, der sich Kalixtus III. nannte.

Ganz im Sinne eines Cicero vertraute Lorenzo Valla auf die Macht des Wortes. Er hielt die Sprache für das höchste Medium. Im Gegensatz zur Malerei und Bildhauerei, die zur Gestaltung ihrer Werke der Materie bedürften, sei das Mittel der Philosophen der Geist selbst, das Wort. Mit seiner Schrift «Über die Freiheit des Willens» setzte er in dieser humanistischen Grundsatzdiskussion neue Akzente, indem er zwar eine alles verbindende Kausalität anerkannte, ebenso entschieden verteidigte er aber die menschliche Freiheit, die sich darin manifestiere, daß der Mensch für seine Handlungen selbst verantwortlich sei.

Einen Höhepunkt der humanistischen Bewegung und der italienischen Philosophie bildete 1459 die Gründung der Platonischen Akademie in Florenz unter Cosimo Medici. Ihr erster bedeutender Vertreter wurde Marsilius Ficinus (1433–1499), der von Platon und Plotin her versuchte, der christlichen Religion ein neues, philosophisches Weltbild entgegenzustellen, mit dem er die Kultur neu im Hellenismus verankern wollte.

In diesem Zusammenhang machte nun sein Schüler Pico della Mirandola (1463–1494) von sich reden, eine schillernde Gestalt, die über den philologischen Humanismus weit hinauswies. Für ihn war die Wiederentdeckung der Antike nur eine von mehreren Quellen der Humanität, ebenso wichtig war ihm die Kabbala, das Studium der jüdischen Geheimlehre. Damit wurde er übrigens zum direkten Vorläufer des oberrheinischen Humanisten Johannes Reuchlin (1455–1522), der mit seiner hebräischen Grammatik und seiner Verteidigung des jüdischen Schrifttums den deutschen Humanismus nachhaltig bereichert hat.

Pico della Mirandola hatte die Gewinnung aller Weltweisen für eine überkonfessionelle Kirche im Sinn und nahm damit Bemühungen vorweg, die uns heute wieder dringlich erscheinen. Nach Jakob Burckhardt war er der einzige, welcher laut und mit Nachdruck die Wissenschaft und Wahrheit aller Zeiten gegen das einseitige Hervorheben des klassischen Altertums verfochten hat. In seiner «Rede über die Würde des Menschen», die den großen Gelehrtenkongreß eröffnen sollte, vertrat Pico della Mirandola die Auffassung, daß der Mensch – im Gegensatz zu allen übrigen Erscheinungen des Kosmos – nicht nach einem Urbild geprägt, sondern die Bildung seines Wesens seinem eigenen Willen vorbehalten sei. So könne er zum Tier entarten oder sich zum Göttlichen läutern. Er allein habe eine geistige Entwicklung unter allen Wesen und könne nur im täglichen Tun sich selber finden und treu bleiben. Damit verlieh Pico dem Menschen eine besondere Würde, die ihn aus dem Kosmos heraushob. Das aber machte den Menschen unabhängig vom Lauf der Sterne. In seinem Hauptwerk, den «Zwölf Büchern gegen die Astrologen», vertiefte Pico diesen Gedanken und schuf damit eine der Voraussetzungen für die moderne Naturwissenschaft und Anthropologie. Mit so viel Unabhängigkeit war ihm kein langes Glück vergönnt. Kaum dreißigjährig, vom Papst verketzert, starb er als gebrochener Mann.[11]

Zurück zu Enea Silvio Piccolomini, dem ein glücklicheres Leben beschieden war. Seine Biographie ist ein Beispiel für eine Selbstverwirklichung, die uns staunend konstatieren läßt, wieviel ein einziges Leben zu fassen vermag. Der Berliner Historiker Georg Voigt hat im 19. Jahrhundert aus protestantischer Sicht eine dreibändige Biographie von Enea Silvio Piccolomini verfaßt, die noch immer maßgeblich ist. Voigt verfolgt das Leben Piccolominis bis in die letzten Winkelzüge der Geschichte, wobei er vor allem auf die etwas zwielichtigen Ereignisse eingeht und so zu einem recht negativen Charakterbild kommt.[12]

Derselbe Mann ist aber auch ganz anders beurteilt worden. Aus katholischer Sicht erfährt Enea Silvio Piccolomini in Pastors «Geschichte der Päpste»[13] eine Verklärung, die ihresgleichen sucht, und nach Jakob Burckhardt ist seine kulturgeschichtliche Leistung für die Renaissance von epochaler Bedeutung.

Auch Piccolomini selbst hat sein Leben ausführlich beschrieben, allerdings erst als Papst, und das brachte mit sich, daß er über weite Strecken eine strenge Selbstzensur geübt hat. Was sich in seiner Vergangenheit mit der Würde eines Papstes nicht in Einklang bringen ließ, wurde entweder verdrängt oder dementiert.

Läßt man jedoch einmal alle moralisierenden Urteile der verschiedenen Biographen weg und räumt ein, daß die menschliche Seele im Grunde offenbar nicht nach dem Prinzip Gut oder Böse, sondern vielmehr nach dem Prinzip Sowohl-Als-auch funktioniert, haben wir in diesem Leben ein grandioses Beispiel, eben diese Widersprüchlichkeit zu veranschaulichen. Piccolomini hat die Widersprüche seiner Seele und seiner Zeit wie kaum ein anderer ausgelebt – je nach Vermögen und Alter.

Enea wurde am 18. Oktober 1405 in einem kleinen sienesischen Dorf geboren. Er stammte aus einem alten, aber verarmten Adelsgeschlecht. Eine erste Diskrepanz seines Lebens scheint mir schon im Augenblick seiner Geburt zu

liegen. Sein Vater soll damit beschäftigt gewesen sein, eine Pinie zu pflanzen, als ihm die Nachricht überbracht wurde, er habe einen Sohn bekommen. Man drängte ihn zur Eile, und er rief ärgerlich aus, ob denn ein Papst geboren worden sei, daß man ihn so eilen hieße. Die Aussicht für den Sprößling eines verarmten Adelsgeschlechtes, Papst zu werden, war gleich Null, und trotzdem schien das Kind bereits solche Hoffnungen zu wecken. Später war es offenbar ein bevorzugtes Spiel des Knaben, sich von seinen Gefährten zum Papst krönen zu lassen. Solche Erwartungen standen aber nach wie vor im krassen Gegensatz zum Startkapital seines Lebens. Als er im Jahre 1431 auszog, um den Bischof von Fermo, Domenico Capranica, zum Basler Konzil zu begleiten, mußte sein Vater einen Maulesel verkaufen, um dem Sohn wenigstens den Ertrag von sechs Gulden mit auf den Weg geben zu können.
Eneas Jugend stand schon ganz im Zeichen des Humanismus. Statt sich um das vorgegebene Studium der Jurisprudenz zu kümmern, vertiefte er sich in die Lektüre der lateinischen Autoren, feierte Gelage nach antikem Vorbild und besang auf recht heidnische Weise die Frauen seiner Stadt.
Darin liegt eine zweite Diskrepanz, die sein Leben durchziehen sollte: Einerseits huldigte Enea durchaus der orgiastischen Sinnenlust, wie sie von den antiken Autoren gefeiert wurde, andrerseits aber muß ihm auch ein echtes Bedürfnis nach christlicher Frömmigkeit und Askese eigen gewesen sein. Von seinen Liebesabenteuern berichtet er, zuweilen recht prahlerisch übrigens, in zahlreichen Schriften; von seiner religiösen Begeisterungsfähigkeit zeugt jene Phase seines Lebens, als er mitten im Winter mit bloßen Füßen zu einer Wallfahrt durch Schottland antrat.
In den Jahren 1431–1449 tagte in Basel die letzte große Kirchenversammlung des 15. Jahrhunderts, von der man eine Reform der katholischen Kirche, eine Verhinderung des Kirchenschismas und eine friedensstiftende Wirkung für die Einigung der Völker Europas erwartete. In diesen Jahren war, wie Ernst Wiechert es formulierte, Rom nicht in Rom, sondern in Basel. Basel wurde sozusagen die stellvertretende Welthauptstadt nicht nur der geistigen Auseinandersetzungen jener Zeit, sondern auch der Machtpolitik. Delegationen aus allen betroffenen Ländern wurden einquartiert. Könige und Kaiser erwiesen der Stadt ihre Reverenz, und im Jahre 1439 wurde hier nicht nur ein Papst «abgesetzt», sondern auch ein neuer Papst, Felix V., gewählt und gekrönt. Für einen Mann, der Verbindungen suchte, um sich eine Karriere aufzubauen, gab es also keinen geeigneteren Ort.
Enea verstand es, sich vom Sekretär des Bischofs von Fermo bis zu einer Art grauer Eminenz des Konzils zu entwickeln. Obwohl er sich noch immer weigerte, dem geistlichen Stand beizutreten, wurde sein Einfluß so groß, daß

er während der Blütezeit des Konzils immerhin dazu berufen wurde, die Papstwahl zu organisieren. Das war eine Machtposition, wie sie für einen Laien höchst ungewöhnlich war. Mit diesen Aktivitäten setzte er sich allerdings in die schärfste Gegenposition zu Rom.

Das hinderte ihn übrigens nicht, nach dem Scheitern des Konzils eine Wende um hundertachtzig Grad zu vollziehen und den römischen Papst in einem Kniefall für die «Irrungen seiner Jugend» um Verzeihung zu bitten.

Später, als er selbst zum Papst gewählt worden war, unterließ er keine Gelegenheit, sich gegen die «ketzerischen» Absichten des Basler Konzils zu wenden. Das aber bedingte auch, sich gegen die eigenen Schriften aus der damaligen Zeit zu stellen. In seiner «Retraktionsbulle» an die Universität Köln vom 26. April 1463 beklagt er sich bitterlich: «Gedenke nicht, o Herr, der Vergehen meiner Jugend und meiner Unwissenheit. Ich schäme mich meines Irrtums, ich bereue meine schlechten Reden und Schriften, ich bereue sie ungemein; ich habe mehr noch durch meine Schriften als durch meine Handlungen gefehlt. Was aber sollen wir tun? Das geschriebene und einmal entsendete Wort läßt sich nicht mehr zurückrufen. Meine Schriften sind nicht mehr in meiner Gewalt, denn sie sind in viele Hände geraten und werden allenthalben gelesen. O möchte doch verborgen geblieben sein, was erschienen ist; denn wenn es auf die Nachwelt kommt, so kann es leicht auf bösartige Herzen stoßen oder auf unberatene Gemüter, und Ärgernis stiften . . .»

Wenig später folgt in der gleichen Bulle eine Passage, die vom Selbstvorwurf zum Bekenntnis zum richtigen Glauben überführt: «Ich habe mir in Basel selbst allzuviel zugetraut; selbst getäuscht, täuschte ich andere, und in der Meinung, ich nützte, schadete ich und lehrte im Angesicht der Kirche, was ich nicht gelernt hatte, irrte als Blinder und tappte im Finstern; dennoch aber verließ ich endlich die Gemeinde der Gottlosen und wollte nicht mehr sitzen unter den Frevlern; denn der Herr hat meine Augen erleuchtet, ich betrachtete die Wunder seines Gesetzes, erkannte meinen Irrtum und gewahrte deutlich, wie die Basler von der Wahrheit abgekommen wären . . . Der Herr züchtigte mich und hat mich nicht dem Tode übergeben, sondern in meiner Niedrigkeit erhöht, weil ich nicht in dem erkannten Irrtume geblieben bin, sondern auf den rechten Weg zurückgekehrt und aus einem Lehrer ein Schüler, aus einem Großen klein geworden. So reinigte ich den alten Sauerteig aus, zog einen neuen Menschen an . . .»[14] In der Formulierung «zog einen neuen Menschen an» verrät uns Enea, daß das Geheimnis seiner Widersprüchlichkeit weniger in einem ihm von seinen Gegnern zugesprochenen «negativen» Charakter zu suchen ist, sondern vielmehr in seiner Fähigkeit, sich tatsächlich den jeweiligen Umständen gemäß «einen neuen Menschen anzuziehen».

Noch aber war Enea längst nicht soweit, sich den Vorschriften des geistlichen Standes zu fügen. Noch kostete er die Freuden eines weltlichen Lebens mit neugierigen Sinnen aus.
So verschmähte er wohl kaum die Freudenhäuser, die zur Konzilszeit in der Spalenvorstadt erbaut worden waren. Aber er legte Wert darauf, den Frauen lateinische Namen zu geben, um ihnen auf diese Weise wenigstens symbolisch antike Größe zu verleihen. In diese Zeit fällt auch sein Abenteuer, das er in Straßburg mit einer Engländerin hatte, die ihm daraufhin einen Sohn gebar. Er selbst schilderte diese Episode in einem Brief an seinen Vater: «Als ich mehrere Tage nichts zu tun hatte, kam eine Engländerin in meinen Gasthof und wohnte im selben Stockwerk wie ich; unsympatisch war sie nicht, und alt war sie auch nicht . . . Mich freute die gute Laune der Frau, die immer zu einem Scherz aufgelegt war, und mir kam die Art der Kleopatra in den Sinn, die nicht nur Antonius, sondern auch Julius Cäsar mit ihrem Geplauder betörte, und wer, frage ich, wird mir schwachem Menschen etwas zur Last legen, was die größten Männer auch nicht verschmähten? . . . Was weiter? Die Begierde siegte, ich entbrannte und sagte ihr viele Schmeicheleien. Aber wie an Klippen die Welle mit rauhem Getöse zurückprallt, so wies sie meine Worte ab und ließ mich drei Tage lang schmachten . . . Es wurde Abend, und am andern Tag wollte sie abreisen. Ich fürchte, daß mir die Beute entgeht. Ich bitte sie, bei Nacht den Riegel an ihrer Tür offenzulassen. Sie schlägt es ab und gibt nicht die geringste Hoffnung. Ich dränge. Sie antwortet immer dasselbe. Man geht schlafen. Ich grüble nach: Was weiß ich, ob sie meinen Wunsch erfüllt? . . . Nachdem überall Stille eingetreten ist, gehe ich zu dem Zimmer der Frau. Die Türe ist geschlossen, aber nicht verriegelt. Ich öffne, trete ein, bemächtige mich des Weibes. Und so wurde mein Sohn gezeugt. Die Frau hieß Elisabeth. Von Mitte Februar bis Mitte November dauerte die Schwangerschaft. Das sagte mir die Frau nachher in Basel . . .»[15]
Als Enea von einem Freund darum gebeten wurde, eine Liebesgeschichte zu schreiben, gab er nach einigem Widerstreben nach und verfaßte seine Novelle von Euryalus und Lukretia. Er übersandte sie seinem Freund Mariano Sozzini in Form eines Briefes. Der Brief war die bei den Humanisten wohl beliebteste Form des literarischen Ausdrucks. Zwar adressierte man die Briefe an bestimmte Personen, faßte sie aber so ab, daß sie als beispielhaft vervielfältigt und verbreitet werden konnten. Auf diese Weise erlebte Eneas Novelle von Euryalus und Lukretia eine europaweite Verbreitung. Ihr Erfolg ist jenem von Goethes «Leiden des jungen Werthers» zu vergleichen.
Man rühmte nicht zu Unrecht die für jene Zeit erstaunliche Differenziertheit der Gefühlsbeschreibungen. Erotik, Witz und Sexualität fanden darin ebenso

Platz wie sozialkritischer Spott über die Gebaren des Adels. Vor allem aber gab es darin Passagen über die Liebe, die nicht nur den Lesern jener Zeit ans Herz griffen.

Seine Ernennung zum Papst trug sicher noch wesentlich zur Verbreitung solcher Worte bei, was er als Pius II. vergeblich zu verhindern versuchte. Der Popularität seiner Novelle tat es auch keinen Abbruch, daß derselbe Autor an anderer Stelle in allzu drastischen Worten gegen die Liebe wetterte. So an seinen Freund Nikolaus von Wartenberg: «Und ich hätte schon geglaubt, daß es dir nicht mehr Spaß machen würde, bei einem Weibe zu liegen, da du doch schon vom Alter tüchtig hergenommen bist. Was kann denn dir altem und dürrem Menschen, aber auch einem starken Jüngling dieses alberne und unflätige Vergnügen sein? Wie schnell folgt doch die Reue nach! . . . Wie unvernünftig ist doch der Mensch, trotz so vieler Ermahnungen findet er keine Ruhe, trotz so vieler Strafen wird er nicht klüger, trotz so vieler Belehrungen nicht besser. Was bewirkt denn dieser fleischliche Akt anderes als den Untergang des Fleisches? Und wenn nur das Fleisch allein zugrunde ginge und nicht auch die Seele! Wenn Mann und Frau sich miteinander vermischen, so kommen sie mir vor wie zwei irdene Gefäße, die so lange aneinandergestoßen werden, bis sie zerbrochen und nichts mehr wert sind . . .»[16]

Als Enea diese Zeilen schrieb, war er 41 Jahre alt, fühlte sich aber bereits wie ein Greis. Er klagte über das Erlahmen seiner Manneskraft. Sein von mehreren Pesterkrankungen geschwächter Körper versagte ihm sozusagen den weltlichen Dienst. Hinzu kamen ein schmerzhaftes Steinleiden und eine Fußgicht, die er sich bei seiner Bußwanderung durch Schottland zugezogen hatte. An weltlichen Genüssen hatte er nichts mehr zu verlieren. Was lag da näher, als sich nun in den geistlichen Stand erheben zu lassen? Die Welt hatte er nach der Devise des Augustinus voll ausgekostet: «Herr, erlöse mich von meinen Sünden, aber bitte langsam!»

Bevor wir uns seiner kirchlichen Karriere zuwenden, ist noch seine feierliche Krönung zum Dichter durch Friedrich III. zu erwähnen. Enea hatte sich als Sekretär und engster Berater des Reichskanzlers Kaspar Schlick eine unersetzliche Stellung bei Hofe erworben. Wie es zu seiner Dichterkrönung kam, erschien lange rätselhaft, zumal Friedrich III. die Sprache Eneas nicht verstand, noch Enea jene des Kaisers.

Voigt führt es auf Schmeicheleien zurück, die Enea in seinen Schriften an den Kaiser zu richten pflegte, Thea Buyken vermutet, daß es auf einen Kuhhandel zwischen dem Kanzler und dem Dichter zurückzuführen sei. Enea soll durch Urkundenfälschungen dem Kanzler in den Adelsstand verholfen und sich zur Belohnung dafür die Dichterkrönung eingehandelt haben.[17]

Der Jahrmarkt der Eitelkeit macht auch vor großen Geistern nicht halt, im Falle Eneas aber bleibt der erstaunliche Umstand zu bedenken, daß er sich durch diese Krönung nach Petrarcas Vorbild eigentlich nur verschafft hatte, was ihm seiner Leistung nach tatsächlich zustand: nämlich auch öffentlich als der bedeutendste Dichter seiner Epoche zu gelten. Jetzt konnte er in seinen Briefen seinen Absender mit dem stolzen Titel eines gekrönten Dichters versehen, er war in seinem Beruf eine Institution geworden.

Und doch war die Zeit nicht mehr fern, da er nicht nur freiwillig auf diesen Titel verzichtete, sondern bedauerte, ihn sich erworben zu haben. Denn für einen Mann, der nach hohen geistlichen Würden strebte, ziemte es sich nicht, dem leichten Volk der humanistischen Literaten anzugehören. Obwohl er als Literat unabschätzbaren Einfluß auf die Entwicklung des Humanismus hatte, sich mit seinen Schriften über die Geschichte Deutschlands und Böhmens auch als Historiker einen Namen machte, blieb er darauf bedacht, die praktische Seite seiner Persönlichkeit voll zur Entfaltung zu bringen. Er war nicht nur ein begnadeter Regisseur seines eigenen Lebens, er war auch einer der beliebtesten und gefürchtetsten Diplomaten seiner Zeit. Für seine diplomatischen Dienste im Sinne des Apostolischen Stuhls wurde er zum Bischof von Triest, später zum Bischof von Siena ernannt. Man sagt, es sei seinem Einfluß zu verdanken, daß Friedrich der III. sich in Rom vom Papst zum Kaiser krönen ließ. Dieser Akt der Unterwerfung eines deutschen Kaisers unter die päpstliche Schirmherrschaft setzte der langen Geschichte der deutschen Abtrünnigkeit von Rom ein vorläufiges Ende. Enea verpflichtete sich auf diese Weise sowohl den Kaiser wie den Papst. Als ob dem nicht genug sei, trat er für Friedrich III. auch noch als Brautwerber auf und warb in Neapel im Namen des Kaisers beim mächtigen Alfonso um die Hand seiner Nichte, Eleonore von Portugal. So hatte er nicht nur den Kaiser dem Papst zugeführt, sondern auch noch dem Kaiser seine Braut vermittelt – diplomatische Glanzleistungen, die seinen Einfluß erhöhten.

Als am 6. August 1458 Kalixtus III. starb, galt es als sicher, daß eine starke französische Partei sich dafür aussprechen würde, die Tiara dem Erzbischof Estouteville von Rouen zu überlassen. Die Historiker sind sich einig, daß es Eneas Verhandlungsgeschick und seinen psychologischen Kunstgriffen zu verdanken war, daß die Papstwürde schließlich keinem Franzosen, sondern einem Italiener verliehen wurde – nämlich ihm selbst. Nachzulesen, wie Enea dieses für ihn so entscheidende Konklave beschreibt, ist nicht nur von historischem Interesse, es ist auch ein literarisches Juwel.

Unter anderem beschreibt er, wie der Kardinal von Bologna ihn während dieser Tage einmal nach Mitternacht geweckt habe, um ihm zu sagen, daß bei den

Aborten einige Kardinäle zusammengekommen seien, um den französischen Anwärter zu wählen. Enea weist es von sich, seine Stimme ebenfalls diesem Anwärter zu geben, und fährt fort: «Im übrigen gehöre ich nicht zu jenen, die glauben, Gott werde die Kirche, seine Braut, in den Händen jenes Franzosen verderben lassen. Denn was ist vom Amt Christi weiter entfernt, als wenn sein Statthalter der Simonie und der Ausschweifung dient? Nicht dulden wird die göttliche Barmherzigkeit, daß dieser Palast, den so viele Heilige Väter bewohnten, zu einer Räuberhöhle und einem Dirnenhaus entarte. Von Gott wird das Apostelamt verliehen und nicht von Menschen. Die Verschwörer, die dem Kardinal von Rouen das Pontifikat übergeben wollten, sind Menschen, und daß deren Gedanken eitel sind, wer wüßte das nicht? Sehr passend, daß sie ihre Verschwörungen bei den Abtritten angezettelt haben! Denn abtreten müssen solche Unterfangen, und wie der Verrat des Arius, so werden diese allerschändlichsten Machenschaften am stinkendsten Ort ihr Ende finden ...»[18]
Mit der Schärfe seiner Argumentation und der Macht seines Wortes gelang es Enea nach und nach, die Partei des französischen Rivalen aufzulösen, ohne dabei für sich selbst zu werben. Als schließlich er selbst zum Papst gewählt wurde, gab er sich erschüttert und überrascht. Wie Campano, sein erster Biograph, berichtet, brach er in Tränen aus und konnte sich eine Zeitlang kaum fassen. Als er wieder zu sich kam, antwortete er den ihn ermunternden Freunden, nur der könne über eine so hohe Herrscherwürde jubeln, der an die damit verknüpften Gefahren und Mühen nicht denke. Jetzt sei es an ihm, zu leisten, was er anderen oft zugemutet habe.

In Rom wurde die Wahl Piccolominis mit ungeteilter Freude begrüßt. Man ließ für eine Weile die inneren Zwistigkeiten ruhen, legte die Waffen nieder und machte sich daran, die Stadt in einen Festplatz zu verwandeln. «Siena, Siena, glückliches Siena! Freue, dich, Siena!» – dieser Jubelruf verbreitete sich durch die Straßen, und bei Einbruch der Dunkelheit wurden Freudenfeuer angezündet, eine erregte Menge durchwogte die Straßen, Trompeten und Hörner erfüllten die Luft. Man feierte nicht nur einen neuen Papst, man feierte es auch, das Trauma eines ausländischen Papstes in Rom losgeworden zu sein. Was hatte seine Wahl zu bedeuten?

Pastor kommentiert in seiner «Geschichte der Päpste» dieses Ereignis mit überschwenglichen Worten: «Die Wahl des als Dichter, Redner, Geschichtsschreiber, Humanist und Staatsmann in ganz Europa berühmten Kardinals Piccolomini war ein Ereignis von weittragender Bedeutung. Mit ihm bestieg den Stuhl Petri ein eminent kritischer Geist, der die Bildung seiner Zeit in sich zusammenfaßte und mit genialem Blick Gegenwart wie Vergangenheit überschaute, der mit feinem Gefühl die den Weltlauf leitenden Gesetze und die geheimen Fäden der Politik erkannte und gebührend zu achten wußte, unterstützt durch eine überreiche Erfahrung, welche er sich in den verschiedensten Kreisen erworben hatte. Wie kein zweiter mochte ein solcher Mann geeignet sein, die von seinen Vorgängern eingeleitete Restauration des Papsttums fortzuführen und dessen alten Glanz wieder zu beleben.»[19]

So hatte es also der junge Mann, der einst mit nichts als sechs Gulden aus dem Erlös eines Esels in die Welt hinausgezogen war, zur höchsten Würde und Machtposition gebracht, die seine Zeit zu bieten hatte. Aber würde er fähig sein, seiner Stellung gerecht zu werden?

Obgleich erst dreiundfünfzig Jahre alt, war Pius II. bereits ein hinfälliger Greis. Die Fußgicht plagte ihn so sehr, daß er sich manchmal nicht mehr zu rühren vermochte, die Gallensteine verursachten stechende Schmerzen, und dazu kam ein stetes, kränkelndes Hüsteln. Sein Haupt war ergraut, die Wangen eingefallen, die Gesichtszüge erschöpft – so zeigt ihn die Porträtmedaille des Andrea Guazzalotti. Was konnte dieser müde gewordene Mensch noch vom Leben erwarten? Welchen Traum verwirklichen? Als ein vollendeter Meister der Selbstverwirklichung fand er auch für diese Zeit seines Lebens ein angemessenes Betätigungsfeld. Neben seinen Tätigkeiten als Geologe, Archäologe, Historiker, Dichter und Theologe widmete er seine ganz Kraft einem einzigen Gedanken – nämlich der Idee einer monarchistischen Weltherrschaft des päpstlichen Stuhls.

Er, der während seiner Zeit auf dem Basler Konzil die unantastbare Herrscherwürde des Papstes bekämpft hatte, ließ nun keinen Zweifel mehr zu, daß der Papst als höchste Instanz auf Erden anzuerkennen sei. Seine Unbeugsamkeit in dieser Frage wird drastisch veranschaulicht durch einen Auftritt seines alten Freundes Nicolaus Cusanus, den er zu seinem engsten Berater gemacht hatte. Als Cusanus sich einmal über den Zerfall der Kirche beschwerte, die Vetternwirtschaft beklagte und an die hehren Vorsätze des einstigen Konzilteilnehmers Piccolomini erinnerte, wies Pius II. ihn mit kalter Stimme in die Schranken und verlangte nichts als den unbedingten Gehorsam.

Diesem Traum einer monarchistischen Weltherrschaft stand jedoch der siegreiche Sultan Mehmed II. entgegen. Am 29. Mai 1453 war Konstantinopel seinem Ansturm erlegen. Der Fall von Byzanz hat in Europa Erschütterungen ausgelöst, die uns heute unvorstellbar erscheinen. Man glaubte sich durch den Vormarsch der Türken von den kulturellen Quellen des Abendlandes abgeschnitten und sah darin nicht nur eine Gefährdung des christlichen Glaubens, sondern der abendländischen Kultur überhaupt.

Pius II. nahm es nun auf sich, das Abendland zu retten. Er ging so weit, daß er sich in seiner berühmten Kreuzzugsbulle anbot, in eigener Person den christlichen Truppen voranzuschreiten. Er war überzeugt, daß sein persönliches Erscheinen auf dem Schlachtfeld die Heere begeistern und die Türken in die Flucht jagen könne.

Aber als er die europäischen Fürsten nach Mantua berief, um dort einen Kongreß über die Türkenfrage abzuhalten, fand er kaum Resonanz. Erst vier Monate nach seinem eigenen Erscheinen in Mantua waren genügend Abgesandte gekommen, daß sich eine Versammlung lohnte. In einer ergreifenden Rede bot er sich an, seinen kranken Körper in einer Sänfte mitten durch die Schlachtreihen tragen zu lassen und nicht mehr nur «mit feigem Geiste nach prächtigen Worten zu jagen ...».

Aber sosehr er sich auch selbst bereit erklärte, mit seiner Person ein Beispiel zu geben, der Kreuzzug scheiterte an der Uneinigkeit der Fürsten. Trotzdem ließ sich Pius II. nicht davon abbringen. Noch im Jahr seines Todes machte er sich auf nach Ancona, wo sich Kreuzfahrer aus allen Teilen Europas zu versammeln begannen. Doch schon während seiner Reise verließen bereits viele Teilnehmer wieder die Stadt, da sie keine Schiffe gefunden hatten, die sie aufzunehmen bereit waren. Wenn der Papst mit seinem Anhang solchen zurückströmenden Kreuzfahrern begegnete, ordneten die Ärzte an, ein Segel vor ihm auszuspannen, damit er ihrer nicht ansichtig werde.

In Ancona verbrachte er demütigende Tage damit, auf die Schiffe zu warten, die der Doge von Venedig ihm versprochen hatte. Aber als endlich ein paar Schiffe kamen, konnte er nur noch seufzend konstatieren: «Bis zu diesem Tag hat mir eine Flotte zu meiner Ausfahrt gefehlt, und jetzt muß ich der Flotte fehlen!» Er starb wenige Tage darauf, und noch im Todeskampf ermahnte er die versammelten Kardinäle, seinen Kreuzzug fortzusetzen. Aber mit seinem Tod erlosch auch die Kreuzzugsidee. Alles war ihm erfüllt worden – nur nicht seine Vision, sich auch noch als großer Feldherr und Retter des Abendlandes zu erweisen.

Enea Silvio Piccolomini war ein Mensch, der den Gegensätzen seiner Zeit verfiel. Hätte er sie auch vereinen können? Dann hätte er den Hellenismus mit dem Christentum, die Erotik mit der Nächstenliebe, den christlichen Heilsgedanken mit der Macht seines Amtes in Einklang bringen müssen – und das zu leisten ist ja bis heute nur ein Traum geblieben.

Erasmus: Die Einsamkeit der Vernunft

Für unsre Skizzen zur Geschichte des Humanismus ist das Leben Enea Silvio Piccolominis nicht nur bedeutsam, weil sich darin das ganze Lebensgefühl der Renaissance und deren machtpolitische Hintergründe spiegeln, sondern weil sich mit ihm auch schon das Ende der humanistischen Freiheiten ankündigt. Noch ehe sich in Deutschland die Reformation Bahn brach, formulierte Enea als Pius II. in seiner Retraktionsbulle bereits die restriktiven Ordnungsrufe, die schließlich in der Gegenreformation Oberhand gewinnen sollten.
Andrerseits aber hatte er gut die Hälfte seines Lebens in deutschen Diensten verbracht und zunächst in Basel und später in Wien entscheidend dazu beigetragen, daß der Humanismus sich auch bei den «nordischen Barbaren» verbreitete, deren Bekehrung zur «höheren» Literatur der Römer und Griechen ihm ein echtes Anliegen gewesen war.
Während er als Papst schon wieder von mittelalterlichen Kreuzzügen träumte, ging die «humanistische Saat» seiner Jugend in Deutschland auf. Nördlich der Alpen erlebte der Humanismus eine entscheidende Metamorphose. Das Instrument der Vernunft, umgesetzt in gezielter politischer Polemik, wurde aufgegriffen im Kampf gegen die Perversionen der katholischen Kirche. Der Humanismus erzielte seine größte weltpolitische Wirkung, indem er zur geistigen Grundlage der Reformation wurde. Aber so wie der italienische Humanismus schließlich von der Gegenreformation unterdrückt werden sollte, wurde er in Deutschland von der Reformation abgewürgt, deren Basis er gewesen war.
Ein Schauspiel, das wir übrigens noch öfter erleben werden. Immer wieder hat neuer Humanismus in Krisenzeiten zu einer Selbstbesinnung des Menschen auf die wesentlichen Fragen seiner Existenz geführt und damit große gesellschaftspolitische Umwälzungen ausgelöst, in denen er dann unterging.

Dieser Prozeß läßt sich am augenscheinlichsten an der Biographie von Erasmus von Rotterdam zeigen. Sein Geburtsjahr ist noch immer umstritten, 1466 wurde vermutet, aber auch 1467, neuerdings auch das Jahr 1469.[20] Als Geburtsstadt gilt Rotterdam. Schon durch die Liebesgeschichte seiner Eltern scheint ein Lebensmotiv des Erasmus vorweggenommen, nämlich sein Kampf gegen jede Art von religiöser Repression. Sein Vater Gerhard, dem geistlichen Beruf bestimmt und dem Klosterzwang unterworfen, verliebte sich in die Tochter eines Arztes und konnte sich dem Zorn der eigenen Eltern nur durch die Flucht nach Italien entziehen. Er ließ seine Geliebte schwanger zurück. Aus dieser «ungesetzlichen Verbindung» ging Erasmus hervor, lebenslänglich

mit dem Makel eines unehelichen Kindes behaftet. Solcher Makel kann zu Überanpassung an gesellschaftliche Normen führen, aber auch dazu, daß man daran die Relativität aller gesellschaftlichen Regelwerke erkennt und sich ein selbstbestimmtes Leben sucht.
Seine dunkle Herkunft gestattete ihm weder eine weltliche noch eine geistliche Laufbahn, eine Diskriminierung, unter der er ein Leben lang litt. Die Konstellation dieser Herkunft verhinderte aber auch, daß er den Verführungen der Welt oder der Kirche verfiel; er fand einen dritten Weg, der ihn in eine Position bringen sollte, die beiden Bereichen übergeordnet war, einzig und allein der Stimme der Vernunft und eines Christentums verpflichtet, das nur daran zu messen sei, wieviel Frieden es unter den Menschen stifte.

Die ersten geistigen Impulse, die ihn in diese Richtung führten, erhielt er wohl schon auf der berühmten Schule der «Brüder vom Gemeinsamen Leben» in Deventer, aus der auch Nicolaus Cusanus hervorgegangen ist. Es folgte das Mönchsgelübde und der Eintritt ins Augustinerkloster Steyn bei Gouda. Später hat Erasmus diesen Schritt bedauert und sich jahrzehntelang bemüht, wieder aus dem Mönchsgelübde entlassen zu werden, nicht etwa um zu heiraten, sondern um seiner geistigen Freiheit willen.
Längst waren die Ideen des italienischen Humanismus auch in die «nordischen» Klöster eingedrungen, die Beschäftigung mit den antiken Autoren nicht mehr zu verhindern. Zwar sträubten sich die Autoritäten der klösterlichen Theologie noch gegen die Versuche, den Geist der antiken, nun vor allem platonischen Philosophie mit der Gestalt Christi in Einklang zu bringen, aber die Schriften eines Lorenzo Valla und anderer italienischer Vordenker der Renaissance taten trotzdem ihre Wirkung. Wenn also Erasmus die falsche, unerleuchtete Frömmigkeit seiner klösterlichen Umgebung auch abstoßend fand und später nach allen Regeln seiner wortgewaltigen Kunst geißeln sollte, fand er darin doch die nötige Ruhe und geistige Nahrung für seine Entwicklung.
In diese Zeit fallen die Vorarbeiten seiner epochalen Schrift «Antibarbari», die er, knapp zwanzigjährig, begann und in mehreren, immer wieder erweiterten Ausgaben (1500–1520) im Druck erscheinen ließ. Es ist eine Schrift, mit der er gegen die «Barbarei» jeglicher Art zu Felde zog.
Während er zunächst die Barbarei einer Frömmigkeit zu entlarven sucht, die mangels geistiger Entwicklung zu purer Bigotterie verkommt, wird er später gegen die Barbarei jener Pariser Gelehrten auftreten, die in lebensfeindlicher Begriffsklauberei den Geist veröden ließen. In Basel dann wird er die Barbarei des bildungsfeindlichen, reformatorischen Sektierertums bekämpfen, das sich

in blinder Bilderstürmerei entlud. Genauso aber war ihm die Barbarei eines Humanismus zuwider, wie er inzwischen in Italien Mode geworden war, eine Vergötterung des Klassizismus, eine selbstherrliche Schwelgerei in vergangenen Zeiten, die das tätige Leben verpaßte.

Liebe und Wissenschaft erschienen in wechselhafter Abhängigkeit, ebenso Menschlichkeit und Freiheit. Es wird deutlich gemacht, «daß eine unerleuchtete Liebe ebenso gefährlich wie ein rücksichtsloser Freiheitsdrang chaotisch ist. Weder kann die Liebe wirksam werden ohne Einsicht noch eine Freiheit begehrenswert, die auf Kosten der Menschlichkeit geht. Erst gründliche Bildung macht die Liebe hellsichtig, wie erst wahre Menschlichkeit auch zur angemessenen Wahrnehmung der Freiheit befähigt.»[21]

In der Hoffnung, der bedrückenden Enge der Klostermauern zu entweichen, trat er in die Dienste des Bischofs von Cambrai, Heinrich von Bergen, mit dessen Unterstützung er ab Herbst 1495 in Paris Theologie studierte. Wichtiger als diese Studien, die in Paris noch ganz in der scholastischen Manier des Mittelalters befangen waren, wurde für ihn die Entdeckung, welche Möglichkeiten ihm der Buchdruck zu bieten hatte. Erstens gewährte dieses Medium ihm eine gewisse materielle Unabhängigkeit, zweitens bot es sich an, zum wichtigsten Mittel der Erziehung des Menschengeschlechts zu werden. Dies hat Erasmus als erster in ganzer Konsequenz erkannt und in der Folge dem Buch auch tatsächlich zu jener aufklärerischen Wirkung verholfen, die es bis in unser Jahrhundert hinein behalten hat.

Erasmus von Rotterdam wurde für lange Zeit der erste und einzige Schriftsteller, der von seinem Schreiben und seiner Editionsarbeit leben konnte und sich dadurch eine größtmögliche Unabhängigkeit bewahrte. In dieser Pariser Zeit entstanden die ersten «Adagia», kommentierte Sprichwörter und Aussprüche, die er später sammeln und als Buch herausgeben würde, ein erster «Bestseller» aus seiner Feder. Das Erfolgsgeheimnis dieser Arbeit bestand darin, daß er es verstand, Gemeinplätze wie «Eile mit Weile» so zu kommentieren, daß das zeitgenössische Publikum darin seine eigenen Probleme wiedererkannte und mit aufklärerischen Gedanken konfrontiert wurde, die in dieser Verpackung ungestraft verbreitet werden konnten. Statt sich in toten Spekulationen zu erschöpfen, nutzte der Autor die antike und biblische Überlieferung, um beißende Zeitkritik und Satire abzustützen. Hier fand keine Nachahmnung der Antike statt, sondern eine echte Wiederbelebung ihrer ursprünglichen Impulse. Seine Angriffe galten der Korruption und Pervertierung des Lebens durch die weltliche und kirchliche Hierarchie. Diese Hierarchien, die ihm aufgrund seiner dunklen Geburt die Aufnahme verweigert hatten, durchschaute er um so hellsichtiger, als er ihnen als Außenseiter gegenüberstand.

Auf Einladung eines jungen englischen Aristokraten, Lord Mountjoy, den er in Paris kennengelernt hatte, reiste Erasmus 1499 zum ersten Mal nach England, das er fortan in höchsten Tönen lobte. Es wurde ihm zu einer ersten Wahlheimat. Vierzehn Jahre sollte er insgesamt dort verbringen, wenn auch mit Unterbrüchen, im vertrauten Umgang mit dem englischen Humanistenkreis um Thomas Morus, den er zu seinen liebsten Freunden zählte. In England sah er seine Idealvorstellung eines gebildeten Umgangs mehr verwirklicht als bei seinen Aufenthalten in Italien. Mag sein, daß ihm die zurückhaltend-nüchterne Art der Engländer mehr entsprach als das eher schwärmerisch-mystische Naturell der Florentiner Platoniker. England war schon damals das Land des Pragmatismus, des «common sense» und des von «understatement» geprägten unverwechselbaren «sens of humour».
Für Erasmus galt wissenschaftliche Forschung mehr als Inspiration. In diesem Sinne vertiefte er in England seine Griechischkenntnisse und beschloß, das Neue Testament im griechischen Originaltext herauszubringen. Bibelauslegungen sollten nicht mehr auf vagen Vermutungen basieren, sondern auf genauer Textkenntnis der originalen Überlieferung. Diese erste Ausgabe der Bibel in griechischer Sprache, die er später in Basel tatsächlich veröffentlichte, war insofern von großer Tragweite, als sie es Luther erst ermöglichte, seine deutsche Übersetzung herzustellen.
Die englische Art, beißende Gesellschaftskritik mit leichtem Witz zu verbinden, ist im «Lob der Torheit» deutlich zu spüren, dem bis heute wohl berühmtesten Buch des Erasmus. Nicht umsonst ist es Thomas Morus gewidmet, abgefaßt im «Geiste ihrer gemeinsamen Gesinnung».
In diesem Buch weist Erasmus satirisch nach, daß die Menschheit im Grunde alles der Torheit verdankt, angefangen mit der Zeugung des Menschen, die unter den gegebenen Bedingungen dieser unsicheren Welt als größte Torheit erscheint; bis hin zu sämtlichen Leidenschaften des Menschen ist alles nur Narrheit. Wieviel einsichtige Toleranz war nötig, der Torheit diesen fundamentalen Platz einzuräumen, und wieviel Vernunft, sie mit solcher Gedankenschärfe zu vertreten! Mit seinem «Lob der Torheit» hatte Erasmus einen Trick gefunden, alle menschlichen Unzulänglichkeiten aus der gleichen Perspektive zu geißeln. Dabei liegt in der Universalität dieser Satire etwas Tröstliches. Da jeder «drankommt», hat keiner einen Grund, sich verletzt zu fühlen. Keiner erscheint besser als die andern, alle sind gleichermaßen der Torheit verfallen. Solche Satire argumentiert nicht aus der Perspektive besserwis-

serischer Rechthaberei, sondern zeigt auf, daß die menschlichen Schwächen allen gemeinsam sind. Darin liegt die Verwandtschaft dieses Buches mit einer anderen humanistischen Universalsatire, mit Sebastin Brants «Narrenschiff», das etwa fünfzehn Jahre vor dem «Lob der Torheit» entstanden und 1494 im Druck erschienen ist.

Während eines längeren Italienaufenthaltes (1506–1509) hatte Erasmus sich in Turin den Doktor der Theologie erworben. Er war jetzt so berühmt und geachtet, daß mehrere Städte Europas um seine Gunst warben. Aus gutem Grund! Was es für das Ansehen einer Stadt bedeuten konnte, einen Mann wie Erasmus zu beherbergen, sollte sich in Basel zeigen. Hier machte er 1514 die Bekanntschaft mit Johannes Froben, dem unbestrittenen König der Buchdrucker. Aus ihrer Verbindung sollte das Buch sich erst zu jenem Medium entwickeln, das jahrhundertelang das geistige Leben Europas prägte. Und Basel, das im 15. Jahrhundert durch die Präsenz von Frühhumanisten wie Enea Silvio Piccolomini schon einmal zu einem Zentrum des Humanismus geworden war, erlebte damit zum zweiten Mal einen geistigen und wirtschaftlichen Aufschwung, der sich bis ins 17. Jahrhundert fortsetzen sollte. Blättert man in den Bibliographien der Humanisten, gibt es kaum einen Autor, dessen Werke fortan nicht in Basel erschienen wären, so zum Beispiel auch die erste Gesamtausgabe von Petrarca! Das galt aber auch für Neueditionen, angefangen mit der griechischen Ausgabe des Neuen Testamentes, den Klassikern der Medizin, Hippokrates, Galen und Avicenna, bis hin zu den Klassikern der antiken Philosophie und Literatur.

Dabei war Erasmus die unermüdlich treibende Kraft. Man hat diesen eher schwächlich veranlagten Mann oft verspottet, ihm die Glaubenskraft des vitalen Luther entgegengehalten, und hat sich damit über die «herculische» Arbeitsleistung hinweggesetzt, die darin bestand, der abendländischen Überlieferung mit Hilfe unzähliger Folianten zur Verbreitung zu verhelfen. Auch Erasmus, diese kleine und kränkelnde Kreatur, war von einer unbeugsamen inneren Überzeugung ergriffen, die ihn zu dieser Leistung befähigte. Es war die ciceronische Überzeugung, daß im Streit dieser Welt die Vernunft über dem Dogma stehe und die wahre Religion sich nicht in fanatisierter Konfession, sondern einzig und allein in den Taten der Liebe erweise.

Damit aber war sein Streit mit Luther vorprogrammiert. Gewiß, sie hatten viele Gemeinsamkeiten, und der Spruch, Erasmus habe die Eier gelegt, die Luther ausgebrütet, hatte durchaus seine Berechtigung. Erasmus hatte Luther nicht nur die philologischen Grundlagen für seine deutsche Bibelübertragung geliefert, sondern auch schonungslose Kritik an den Mißständen der katholischen Kirche geübt. Aber statt eines radikalen Umsturzes plädierte er für eine allmähliche Reform. Nur so sah er seine Vision einer humanen Frömmigkeit, einer geheiligten Bildung, gewährleistet. Im politischen Ungestüm und im religiösen Fanatismus sah er die Widersacher der Vernunft, ohne die nun einmal kein menschliches Leben zu regeln sei.

Als Leitstern der Humanisten wurde Erasmus nun bedrängt von seinen Freunden, die sich zu Luther bekehrt hatten. Der oberrheinische Humanistenkreis, die geistige Heimat von Erasmus, bekannte sich fast ausnahmslos zu der neuen Lehre. Erasmus aber ließ sich nicht vereinnahmen. Eine Zeitlang schien es, als könnte er noch vermitteln. Dem Papst gegenüber verteidigte er Luther, der durchaus seine Berechtigung habe, eine verständliche Antwort auf die fortdauernden Mißstände sei; seinen protestantischen Freunden gegenüber verteidigte er die Institution der katholischen Kirche, die allerdings einer gründlichen Reform bedürfe. Der Versuch, um des Friedens willen zu vermitteln, wurde jedoch nicht honoriert, im Gegenteil. Erasmus machte sich Feinde. Ulrich von Hutten etwa, sein Schüler, verhöhnte sein Zaudern. Und die katholische Kirche ließ durchblicken, daß er sich der Ketzerei schuldig mache, wenn er nicht endlich öffentlich das Wort gegen Luther erhebe.

So schrieb Erasmus ein Büchlein «Vom freien Willen», das 1524 in Basel erschien. Dieses Büchlein, veröffentlicht in einer Zeit, da es der Tagespolitik um ganz andere machtpolitische Interessen ging, traf indessen genau den neuralgischen Punkt des Reformators. Erasmus unternahm in sehr gemäßigten Worten nichts anderes, als darzulegen, daß der Mensch auch aus eigener Kraft und aus eigenem Willen etwas dazu beitragen könne, Gottes Gnade teilhaftig zu werden. Nur durch diesen freien Willen, der dem Menschen Eigenverantwortung überläßt, sah Erasmus den Sinn seiner lebenslänglichen Anstrengungen gewährleistet. Denn wenn man den Menschen diesen freien Willen absprach, wäre ja alle Bildung und geistige Erziehung zum Guten eine leere Farce! Ohne freien Willen gäbe es keine sittliche Kultur, keinen aus eigenem Antrieb verantworteten Reifeprozeß.

Damit aber verletzte Erasmus Luthers fundamentalistischen Absolutheitsanspruch. Wo es einen freien Willen gab, waren der Macht Gottes da nicht Grenzen gesetzt? Was Luther schon früher, in einem Brief an Spalatin (1521), an Erasmus auszusetzen gehabt hatte, bestätigte sich: Erasmus sei von der Erkenntnis der Gnade weit entfernt und schaue in allen seinen Schriften nicht auf das Kreuz, sondern auf den Frieden.

Reiner könnte man den Unterschied von Humanismus und religiösem Fundamentalismus kaum darlegen. Um seine Lehre durchzusetzen, riskierte Luther

auch den Frieden; für Erasmus aber rechtfertigte keine noch so erhabene Lehre, daß in ihrem Namen der Frieden gebrochen werde.
Luther war durch das Büchlein des Humanisten so getroffen, daß er Erasmus regelrecht verfluchte: «Das hinterlasse ich als mein Testament und rufe euch als Zeugen in dieser Sache an: daß ich den Erasmus für den größten Feind Christi halte, wie es in tausend Jahren keinen gegeben hat.»[22]
Mit ähnlichem Fanatismus ist Luther bekanntlich auch gegen die Juden aufgetreten und hat sich dabei Fomulierungen geleistet, die an Hitlers «Mein Kampf» erinnern und geistig die Kristallnacht vorwegnahmen: «Erstens soll man ihre Synagogen oder Schulen mit Feuer anstecken und, was nicht verbrennen will, mit Erde überhäufen und zuschütten, daß kein Mensch einen Stein oder eine Schlacke davon sehe ewiglich ... Zum andern soll man auch ihre Häuser desgleichen zerbrechen und zerstören. Denn sie treiben ebendasselbe drin, was sie in ihren Schulen treiben. Dafür mag man sie etwa unter ein Dach oder in einen Stall tun, wie die Zigeuner, damit sie wissen, sie seien nicht die Herren in unserem Lande, wie sie rühmen, sondern im Elend und gefangen ...» Das Pamphlet gipfelt in der Aufforderung, die Juden aus dem Land zu treiben.[23]
Solcher Fanatismus findet sich bei Erasmus nirgends, da ihm nicht daran liegt, seinen Glauben durchzusetzen, sondern die Kernsätze des Christentums zu verwirklichen, die er im tätigen Liebesgebot erfüllt sieht. Mochten die korrupten, geld- und machtbesessenen Oberhäupter der katholischen Kirche einen gewaltsamen Umsturz auch provoziert haben, Erasmus konnte sich an dieser Gewalt nicht beteiligen. Sein Anliegen war ja, die Kirche mit den Mitteln der Vernunft zu reinigen, und davon war man weit entfernt.
Am 9. Februar 1529 strömten auch in Basel bewaffnete Männer zusammen und forderten vom Rat der Stadt, sich endgültig und kompromißlos für das «reine Evangelium» zu entscheiden. Die katholischen Ratsherren traten zurück. Es war der Tag, da das aufgebrachte Volk die Kirchen stürmte und zerstörte, was für den alten Glauben stand. Die Straßen waren übersät mit zerbrochenen Skulpturen, zerschmetterten Heiligenbildern, bunten Glassplittern und abgebrochenem Zierat. Per Ratsbeschluß wurde verboten, in Basel hinfort noch eine Messe zu halten.
Es war die verständliche Quittung für einen jahrhundertelangen geistlichen und weltlichen Terror, mit dem die katholische Kirche ihre ursprüngliche Heilsbotschaft gnadenlos ins Gegenteil verkehrt hatte.
Erasmus aber sah in diesem Bildersturm auch sein Lebenswerk bedroht. Er verließ Basel und zog nach Freiburg. Als hätte der zunehmende Fanatismus um ihn herum noch einmal letzte Kräfte in ihm mobilisiert, arbeitete er

unermüdlich weiter an seinen Editionen und Schriften. Ende Mai 1535 kehrte er, von Gicht und Steinen gebeutelt, als todkranker Mann nach Basel zurück, wo man ihn in allen Ehren wieder willkommen hieß.

Seine letzten Kräfte verbrauchte er in Frobens Druckerei, über Manuskripte, Korrekturbogen und Folianten gebeugt, während die Welt um ihn herum alle seine Hoffnungen, mit dem Humanismus auch die Humanität gesellschaftlich wirksam werden zu lassen, Lügen strafte. Die Zeit der Religionskriege und Scheiterhaufen brach an, gnadenlos, als hätte es nie einen Erasmus gegeben. Selbst ein so besonnener Mann wie sein Freund Thomas Morus fand keine Gnade vor dem Henkersschwert des religiösen Fanatismus. Er wurde 1535, ein Jahr vor dem Tod des Erasmus, auf Befehl Heinrichs VIII. öffentlich hingerichtet. Nichts von seiner «Utopia» war verwirklicht worden.

Um Erasmus, den «Fürsten der Humanisten», wurde es immer einsamer. So, ohne Sakramente, starb er am 11. Juli 1536 in seiner Wahlstadt. Die Basler, das muß zu ihrer Ehrenrettung gesagt werden, hatten ihm keinerlei religiösen Zwang auferlegt. Sie gaben ihm das letzte Geleit mit allen nur denkbaren Auszeichnungen. Über sein Grab im Münster setzte man ihm einen Gedenkstein mit seinem Lieblingssysmbol «Terminus».

In Rom aber, wo man ihn vor kurzem noch allzugern in die Reihe der Kardinäle aufgenommen hätte, setzte man sein gesamtes Werk auf den Index. Schon Sokrates hatte man vorgeworfen, mit seinen provozierenden Fragen die Jugend zu gefährden, und ihn aus diesem Grund gezwungen, den Giftbecher zu trinken; mit ebendieser Begründung verbannte man nun die Schriften des Erasmus von Rotterdam.

Was uns heute an Erasmus wieder aktuell erscheint, hat schon Stefan Zweig in seiner einfühlsamen Biographie formuliert: «Er hat sein geistiges Kleinod, seinen Menschheitsglauben, unversehrt heimgebracht aus dem furchtbaren Haßorkan seiner Zeit, und an diesem kleinen glimmenden Docht konnten Spinoza, Lessing und Voltaire und können alle künftigen Europäer ihre Leuchte anzünden. Als der einzige seiner geistigen Generation ist Erasmus der ganzen Menschheit treuer geblieben als einem einzelnen Clan. Abseits vom Schlachtfeld, keiner Armee angehörig, von beiden befehdet ist er gestorben, einsam, allein. Einsam, jedoch – dies ist das Entscheidende – unabhängig und frei.»[24]

Paracelsus: Humanist in Tat und Wahrheit

Sehen wir heute in Erasmus mit Recht den konsequentesten Theoretiker des historischen Humanismus jener Zeit, einen Vorläufer aller Ideologiekritik, so

ist ihm als konsequentester Praktiker des Humanismus der Arzt und Naturforscher Theophrastus Paracelsus (1493–1541) an die Seite zu stellen. Nicht Luther hat dieses tätige Christentum praktiziert, sondern dieser seltsame Arzt aus Einsiedeln. Nicht in einer Massenerhebung sah er eine Hoffnung für praktiziertes Christentum, sondern indem er sein ganzes Leben darauf verwendete, den Kranken Hilfe zu leisten, unbekümmert um ihre Konfession. Was Erasmus so eindringlich forderte, aber in seiner Schreibstube selbst nicht zu leisten vermochte, war für Paracelsus das tägliche Brot. An Tausenden von Patienten auf den Schlachtfeldern Europas, in den Siechenstuben, an den Krankenbetten von arm und reich praktizierte Paracelsus dieses Gebot der tätigen Nächstenliebe, bis die Erschöpfung ihn frühzeitig sterben ließ.
Es ist eine Ironie der Geschichte, daß sich diese beiden Exponenten des Humanismus in den Jahren 1527 und 1528 in Basel einige Male begegnet sind, zusammengeführt von ihrem gemeinsamen Freund Johannes Froben, sich aber kaum etwas zu sagen hatten, zu unterschiedlich waren ihre Charaktere. Paracelsus, der seine Verachtung der Stubengelehrten wiederholt zum Ausdruck gebracht hatte, anerkannte sehr wohl die geistige Bedeutung des Erasmus und drückte ihm seine Verehrung aus. Erasmus dagegen konsultierte den berühmten Arzt mit der Bitte um Rat für sein Steinleiden, war aber von der ungestümen, ungehobelten Art des Paracelsus, sich Gehör zu verschaffen, eher abgeschreckt und mußte ihn für einen «Barbaren» halten, dessen Radikalität ihn an Luther erinnerte. Immerhin gibt es zwischen den beiden einen Briefwechsel, verfaßt nach der erwähnten Konsultation.[25]
Diese Nähe zum Menschen, seiner Not und Hinfälligkeit, war für Paracelsus über die praktizierte Nächstenliebe hinaus aber auch eine Grunderfahrung, die ihn ein Menschen- und Weltbild entwickeln ließ, wie es aktueller kaum sein könnte. Galt er in früheren Zeiten als prophetischer Spinner oder Teufelsbündler, gilt er aus heutiger Sicht als ein genialer Naturwissenschaftler und Ethiker, der die Konflikte unsrer bedrohten Gegenwart in vieler Hinsicht nicht nur vorgedacht, sondern wegweisende Perspektiven gezeigt hat.
Wer war dieser Mann, der im Urteil der Zeitgenossen und Nachfahren so viel bedingungslose Verehrung wie verständnislosen Haß erzeugte? Im Volksmund galt er vor allem als «Kräuterdoktor».
Der Ausdurck «Kräuterdoktor» charakterisiert tatsächlich einen wesentlichen Bereich des Paracelsischen Denkens, wobei wir unter «Kräuterdoktor» allerdings etwas anderes zu verstehen haben, als es heute üblich ist. Seine Nähe zur Natur war ihm übrigens schon in die Wiege gelegt, indem sein Vater ihm den Namen «Theophrastus» gab. Theophrastus war ein griechischer Philosoph und Gelehrter, ein Nachfolger des Aristoteles, dem wir unter anderem

die erste umfassende Darstellung der Botanik verdanken. In seiner Nachfolge, wenn auch unter einem vollkommen neuen Aspekt, hat Paracelsus die Pflanzenwelt wissenschaftlich auszuwerten versucht.
Paracelsus wurde nicht müde, in der Natur jene geheimnisvollen Wirkstoffe zu suchen, die eine heilende Wirkung auf den Menschen ausüben. Es war die Suche nach dem «arcanum», der allen Dingen innewohnenden essentiellen Kraft, die er auch einmal als den «Willen Gottes» bezeichnete. Allein schon damit deutet sich an, was Paracelsus zu einer so außergewöhnlichen Erscheinung macht, nämlich seine Nähe zu Naturwissenschaft *und* Theologie. Theologie und Naturwissenschaft waren für ihn keine Widersprüche. Er vereinte sie miteinander, indem sich Gott ihm in der Natur offenbarte.
Wie schon sein Vorname an eine Tradition anknüpft, die er schließlich überwinden wird, gilt das auch für den «Künstlernamen», den er sich als Arzt zulegte und der bis heute populär geblieben ist: «Paracelsus». Celsus war ein römischer Enzyklopädist, der das gesamte Wissen seiner Zeit zu dokumentieren versuchte. Indem «Celsus» mit einem «Para» gekoppelt wird, ergibt sich der Name «Para-Celsus», was soviel wie «Über Celsus hinaus» bedeutet. Auch Paracelsus strebte wohl an, das gesamte Wissen seiner Zeit in seiner Philosophie zu verarbeiten, hatte es sich dabei aber zur Aufgabe gemacht, es neu zu deuten.
Woher aber nahm er diese Eigenständigkeit, diesen Mut, alles bisher Dagewesene neu zu interpretieren? Auch dafür gibt es biographische Voraussetzungen, die vor allem in seiner Kindheit angelegt sind.
Sein Vater, Wilhelm von Hohenheim, war ein verarmter deutscher Adliger, der nicht vom Erbe seiner Väter leben konnte und sich daher früh um einen Brotberuf kümmern mußte. Warum es ihn nach Einsiedeln verschlug, wissen wir genausowenig, wie wir die eigentümlichen Umstände kennen, die dazu geführt haben, daß er eine Einheimische zur Frau nahm, die aus einem Bauerngeschlecht stammte und als eine Art Leibeigene des Klosters galt. Mit dem Entschluß zu heiraten, verstießen beide Elternteile von Paracelsus gegen die Sitten und Regeln ihrer Abstammung, der Vater, indem er eine Nichtadlige zur Frau nahm, die Mutter, indem sie sich mit einem Adligen einließ, der zudem noch aus Deutschland kam. Es muß sich also um zwei sehr eigenständige und unabhängige Persönlichkeiten gehandelt haben, was wohl auch auf ihr einziges Kind abgefärbt hat.
Warum Wilhelm von Hohenheim Einsiedeln verließ, wo er als Doktor der Medizin sicher ein gutes Auskommen hatte, ist durch keine Dokumente belegt; betrachten wir indessen die politischen Zeitumstände, zeichnet sich ein mögliches Motiv sehr deutlich ab. Im Frieden von Basel wurde am 22. Sep-

tember 1499 die endgültige Loslösung der Eidgenossenschaft aus dem Heiligen Römischen Reich Deutscher Nation beschlossen. Das mag auch in Einsiedeln dazu geführt haben, daß sich die Einheimischen mehr zusammenschlossen. Wilhelm von Hohenheim wurde zu einem ungeliebten «Ausländer». In die gleiche Zeit fällt wohl auch der Tod seiner Frau, so daß er keine tieferen Bindungen mehr an Einsiedeln hatte.
Sein Sohn Theophrastus mag diesen Wegzug aus seiner engsten Heimat als eine schmerzhafte Flucht des Vaters empfunden haben. Er mußte erleben, daß sein Vater als ein «anderer» betrachtet und disqualifiziert wurde. Wir stellen uns vor, daß er sich mit seinem Vater gegen die Einheimischen identifizierte, als er mit ihm weiterzog. Ihn selbst sollte das Gefühl des Andersseins ein Leben lang nicht verlassen. In diesem Sinne hat er seine Biographie einmal in wenigen Worten zusammengefaßt, als er sich als «allein und fremd und anders» bezeichnete.
Die weiteren Stationen seines Lebens können wir hier nur andeuten. Nach langer Wanderung ließ sich Wilhelm von Hohenheim schließlich im Kärntner Städtchen Villach nieder, wo er bis zu seinem Tode blieb. Der junge Paracelsus besuchte die Klosterschule St. Paul im Lavanttal und machte sich mit den nahe gelegenen Metallhütten und Mineralbergwerken vertraut. Seine Lehrer standen in der frühhumanistischen Tradition eines Nicolaus Cusanus und eines Enea Silvio Piccolomini, Persönlichkeiten, die ihr Zeitalter geprägt und beherrscht hatten und in Paracelsus womöglich ähnlich hohe Ziele erweckten. Als Scholar bereiste er Deutschland und Italien. In Ferrara promovierte er zum «Doctor beyder arzneyen». Die folgenden Jahre sind durch rastlose Wanderungen durch Europa gekennzeichnet, die ihn vermutlich bis nach Athen und Rhodos geführt haben. Dabei war er in mehreren Kriegen als Feldarzt tätig, wodurch er sich unschätzbare Erfahrungen erwarb.
Im Jahre 1524 reiste er nach Salzburg, um sich dort als Arzt niederzulassen, mußte aber bald die Stadt fluchtartig verlassen, da er im Verdacht stand, mit aufständischen Bauern zu sympathisieren. Ähnlich erging es ihm in Straßburg, wo er sich immerhin bereits das Bürgerrecht und ein Haus erworben hatte, als er sich mit den dort eingesessenen Ärzten so überwarf, daß er kaum noch auf eine gesicherte Zukunft hoffen durfte. Um so lieber nahm er einen Ruf nach Basel an, wo er Praxis und Theorie zu vereinen hoffte, indem er als Professor und Stadtarzt tätig wurde. Diese Berufung hatte er der Heilung des Buchdruckers Froben zu verdanken.
Aber auch in Basel, wo die Tragödie seines Lebens ihren Höhepunkt erreichte, blieb er nur wenige Monate. Nachdem er verheißungsvoll eine Erneuerung der Medizin verkündet und auch schon in die Praxis umzusetzen begonnen

hatte, bot er durch sein störrisches, eigenwilliges Wesen genügend vorgeschobene Anlässe, ihn mit Schimpf und Schande zu vertreiben. Die eingesessenen Ärzte, die durch diesen so erfolgreichen Reformer der Medizin ihre Pfründe in Gefahr sahen, triumphierten.
Folgenschwerer noch war sein Kampf gegen die Verwendung des Guajak-Holzes zur Bekämpfung der Syphilis. Die Fugger verdienten mit dem Import dieses Holzes Millionen und erwirkten daher ein Druckverbot für die Schriften des ungeliebten Arztes, einer der Gründe, warum so wenig Bücher von Paracelsus zu seinen Lebzeiten erscheinen konnten.
Es war wohl nicht nur dieses ständige äußere Scheitern, sondern auch eine innere Krise, was ihn dazu führte, mit etwa 38 Jahren eine radikale Gottsuche anzustreben. Nicht mehr als praktizierender Arzt, sondern als apostolischer Wanderprediger irrte er durch das Appenzell, den Gelübden der Keuschheit und Armut verpflichtet, ganz der apostolischen Lehre hingegeben. In dieser dunklen Zeit, deren furchtbare Einsamkeit wir nur erahnen können, verkam er äußerlich zu einem stinkenden Haufen Dreck, erwarb sich dafür aber ein inneres spirituelles Licht, das sich in seinen weiteren Schriften zeigen sollte. Die Entbehrungen jener Monate bildeten die Grundlage dafür, daß er den Beruf des Arztes und Naturwissenschaftlers noch um jene Qulität bereicherte, die uns heute wieder so notwendig erscheint. Nach Paracelsus erfährt die Naturwissenschaft nämlich erst dadurch einen tieferen, menschengemäßen Sinn, daß sie aus einem göttlichen Auftrag heraus geschieht. Sie soll die Wunderwerke Gottes offenbar machen – zum Wohle des Menschen. Nur daraus bezieht sie ihre höhere Rechtfertigung, und wo sie aus anderen Zielsetzungen erfolgt, ist sie ein Werk des Teufels, Schwarze Magie.
Erst kurz vor seinem Tode fand er ein wenig Ruhe und Anerkennung. Er wurde durch den Fürstbischof nach Salzburg berufen, wo er sich als praktizierender Arzt niederließ und 1541 starb. Sein Hab und Gut hinterließ er den Armen, sein mehrere tausend Seiten umfassendes Werk gibt uns bis heute fruchtbare Rätsel auf.

Um die volle Bedeutung von Paracelsus ermessen zu können, bedarf es eines historischen Rückblicks auf die abendländische Medizingeschichte, die mit dem griechischen Arzt Hippokrates ihren Anfang nahm.
Hippokrates setzte die vier Elemente zu den Funktionen des menschlichen Körpers in Beziehung. Den Elementen Erde, Luft, Wasser und Feuer entsprechen gewisse Eigenschaften, aus denen sich ihre Zugehörigkeit zu bestimmten menschlichen Organen ableiten ließ.

Nach Hippokrates entstanden nun alle Krankheiten aus den Abnormitäten der Beschaffenheit und Mischungsverhältnisse der sogenannten Kardinalsäfte schwarze Galle, Blut, Schleim und gelbe Galle. Die Krankheitssymptome zeigten das Bestreben der Natur, die kranken Säfte durch eine Art Kochprozeß unschädlich zu machen und abzustoßen. Schon Hippokrates glaubte also an die Heilkraft der Natur an sich und beschränkte sich in der ersten Phase der Behandlung darauf, lediglich diesen natürlichen Heilungsprozeß durch eine strenge Diät zu unterstützen. Erst dort, wo dieses Mittel nicht ausreichte, mußte künstlich eingegriffen werden, um die Harmonie der vier Säfte wiederherzustellen.

Nach Hippokrates steht der Mensch also nicht als isoliertes gottgeschaffenes Wesen über allen Dingen, sondern ist den gleichen Gesetzen unterworfen wie die Natur. Er hat seine Lehre, die auf den vorsokratischen Naturphilosophen beruhte, aber nicht nur als eine Art angewandter Gebrauchsphilosophie verstanden, sondern eine makellose ethische Haltung damit verbunden, die dem Arzt weit über unser heutiges Verständnis hinaus ein fast priesterliches Verhalten abverlangt.

Die «Vier-Säfte-Lehre» wurde dann im 2. Jahrhundert n. Chr. vom römischen Arzt Galen zu einem ausgeklügelten Lehrgebäude ausgebaut, das noch bis in die Neuzeit seine Anhänger fand. Der Ruf dieser Lehre beruhte wohl mehr auf der blendenden Formulierungskunst ihres Schöpfers als auf ihrem konkreten Gehalt. Guter lateinischer Stil galt mehr als Erfahrung. Das hatte zur Folge, daß die hippokratische «Vier-Säfte-Lehre», die ursprünglich eine bahnbrechende Erneuerung der Medizin bedeutet hatte, zu einer medizinischen Dogmatik erstarrte, gegen die jahrhundertelang kein Widerspruch geduldet wurde. Die sophistischen Spekulationen dieser Dogmatik haben sich längst überlebt, nicht aber der hippokratische Grundgedanke, wonach auch der Mensch den gleichen Prinzipien unterworfen ist wie die Natur.

Was aber war nun das grundlegend Neue an Paracelsus und seiner Lehre? Was berechtigte ihn, sich über alles bisher Dagewesene zu erheben und seinen Studenten- und Zeitgenossen zuzurufen, nur noch ihm zu folgen? Manchen mußte diese Haltung, wie er sie in einer seiner Vorreden niederschrieb, schlichtweg als größenwahnsinnig erscheinen: «Ihr müßt mir nach, ihr Avicenna, Galene, Rhazis, Montagnana, Mesue, mir nach, nicht ich euch nach. Ihr von Paris, ihr von Montepellier, ihr von Schwaben, ihr von Meissen, ihr von Köln, ihr von Wien und was an der Donau und am Rheinstrome liegt, ihr Inseln und Meere, du Italia, du Dalmatia, du Sarmatia, du Athenis, du Griech, du Arabs, du Israelita, mir nach, nicht ich euch nach!» Der Passus endet damit, daß sich Paracelsus zum Alleinherrscher der Medizin erklärt: «Ich

werde Monarch werden und mein wird die Monarchie sein, und ich führe euch die Monarchie und gürte euch die Lenden . . .»[26]
Es ist verständlich, daß diesem Ruf zu seiner Zeit nur wenige zu folgen vermochten, denn Paracelsus wandte sich nicht nur gegen seine Zeitgenossen, er brach mit einer rund zweitausendjährigen Tradition, zu der es vor ihm keine wirkliche Alternative gegeben hatte. Während Paracelsus die ethische Grundhaltung von Hippokrates weitgehend übernahm, etwa den berühmten Satz, daß der Arzt vor allem durch «die Tugend heile», vollzog er im übrigen einen entscheidenden Bruch mit dessen «Vier-Säfte-Lehre». Damit verwarf er die Basis von zweitausend Jahren Medizingeschichte! Wieviel Einsicht, Mut und einsame Entschlossenheit es zu einem so radikalen Umsturz brauchte, ist von heutiger Warte aus kaum nachzuvollziehen.
Nicht die alten, ehrwürdigen Lehrbücher waren für Paracelsus maßgebend, sondern die Erfahrungen, die er am Krankenbett machte. Damit wurde er zu einem der ersten wissenschaftlichen Empiriker. Seine Erfahrung mit Kranken zeigte ihm, daß die Krankheiten unmöglich nur auf einer Disharmonie der vier Kardinalsäfte beruhen konnten. Er entwickelte seine eigene Methode der Diagnostik, die darauf beruhte, daß er jeweils den ganzen Menschen in seine Krankheitsanalyse mit einbezog. In diesem Sinne stellte er fünf mögliche Ursachen fest, die bei jeder Diagnose beachtet werden sollten:
Erstens das «ens astrale»; damit meinte er Einflüße einer verdorbenen Umwelt schlechthin, im weitesten Sinn den Verstoß gegen die allgemeinen Lebensgesetze des Kosmos und der Schöpfung.
Die zweite Ursache nennt er «ens venale»: Erkrankungen, die auf Unsauberkeit und dem Umgang mit giftigen Substanzen beruhen.
Die dritte Ursache heißt bei ihm «ens naturale»: Krankheiten, die ihre Ursache in angeborenen Veranlagungen haben, wobei darunter nicht nur die Erbkrankheiten zu verstehen sind, sondern die Gesamtkonstitution des menschlichen Individuums, wie es sich von der Geburt bis zum Tod entfaltet.
Die vierte Ursache sieht er im «ens spirituale»: Krankheiten, die auf dämonische Einflüße zurückzuführen sind. Im weiteren Sinne versteht er darunter psychisch bedingte Geisteskrankheiten, aber auch psychosomatische Phänomene.
Die fünfte Ursache nennt er «ens dei». Das sind Krankheiten, deren Heilung dem Arzt nicht gegeben ist. Sie sind von Gott geschickt, um den Menschen an seine Sterblichkeit zu erinnern und ihm so seine Grenzen zu weisen.
Verglichen mit der bis dahin geltenden «Vier-Säfte-Lehre» bedeutete diese differenzierte Ursachenforschung eine radikale Abkehr und Wende, ja es ist unschwer, aus der paracelsischen Ursachenlehre jenen Fragenkatalog heraus-

zuhören, mit dem auch heute wieder die Ganzheitsmediziner ihre Patienten konfrontieren.

Indem Paracelsus die «Vier-Säfte-Lehre» verwarf und die Medizin auf eine neue Basis stellte, ergaben sich daraus natürlich auch ganz andere Behandlungsmethoden. Es ging nicht mehr darum, die vier Kardinalsäfte ins Gleichgewicht zu bringen, sondern die Patienten in einer viel umfassenderen Weise zu behandeln. Und dazu war Paracelsus jedes Mittel recht, wenn sich nur ein Heilerfolg nachweisen und wiederholen ließ. Aber woher diese Mittel nehmen? Paracelsus zog für seine Diagnosen nicht nur den ganzen Menschen in Betracht, sein medizinisches Credo lautete: «Mit der Krankheit wächst auch die Medizin.» Also finden wir die Arzneimittel nicht in den alten Büchern, sondern indem wir die Krankheiten immer besser erforschen.

Hippokrates war davon ausgegangen, daß der Mensch eine Entsprechung des Kosmos und also den gleichen elementaren Gesetzen unterworfen sei. Auch bei Paracelsus gibt es eine solche Entsprechung, aber er machte daraus kein starres System. Er orientierte sich an der Natur, ihrem Werden und Vergehen. Für ihn war alles Dynamik, ständigem Wandel ausgesetzt, alles der Zeit unterworfen, also auch der sterbliche Teil des Menschen, sein Körper. Freilich erkannte er auch, daß der Mensch damit allein nicht zu erklären sei, und sprach vom «unsterblichen Teil», den jeder Mensch in sich trage, das «Göttliche», das über den Tod hinaus existiere. Sich um diesen «göttlichen Teil» zu sorgen, sei Sache der Religion; der Arzt habe sich vor allem um den «sterblichen Teil» zu kümmern, das Wandelbare.

Wie schon gesagt, hätte Paracelsus als Professor und Stadtarzt von Basel die Möglichkeit gehabt, die von ihm geforderte Erneuerung der Medizin theoretisch und praktisch in größerem Umfang durchzuführen, aber man hat ihn aus der Stadt vertrieben. Trotzdem haben die beiden entscheidenden, im besten Sinne humanistischen Impulse, die er der Geschichte zu geben vermochte, immer weitergewirkt: einerseits seine Forderung, nur der Erfahrung zu trauen, was ihn zu einem Vorläufer der modernen Naturwissenschaft machte, andrerseits sein geistiges Verständnis des Menschen, das noch Dichter wie Novalis und Goethe prägend beeinflußt hat. Anders gesagt: Was wir heute mit den Modeworten «Wende» und «Neues Denken» verbinden, hat mit ihm schon vor rund 500 Jahren begonnen.

Roger Bacon und die Entwicklung der Naturwissenschaften

An den Beispielen Petrarca, Enea Silvio Piccolomini, Erasmus und Paracelsus haben wir gesehen, welche erneuernde Kraft in der Auseinandersetzung mit der Antike lag und zu welchen völlig unterschiedlichen Ergebnissen sie führte, nämlich auch dazu, daß den alten Autoritäten heftiger Widerspruch erwuchs und sich neue Dimensionen erschlossen.

Als Folgeerscheinung der geistigen Freiheit, die das Abendland mit dem humanistischen Denken der Renaissance vorübergehend erlebte, verzeichnen wir die Anfänge der neuzeitlichen Staats- und Rechtsphilosophie mit Niccolò Machiavelli (1469–1527), Thomas Morus (1478–1535), Jean Bodin (1530–1596), Johannes Althusius (1557–1638) und Hugo Grotius (1583–1645), der das Völkerrecht aus den konfessionellen Bindungen herausführte und verlangte, daß der Krieg nach den Grundsätzen der Humanität zu führen sei. Die Grundlagen seines Rechtsempfindens waren ganz erasmischen Zuschnitts, wenn er für die Duldung Andersgläubiger eintrat und es damit begründete, Vernunftwahrheiten ließen sich erzwingen, Wahrheiten des Glaubens dagegen könnten niemandem aufgezwungen werden.

Noch folgenreicher war das humanistische Denken der Renaissance für die weitere Entwicklung der Naturwissenschaften mit ihren nicht mehr aufzuhaltenden Konsequenzen für unsre moderne Welt.

Da ist neben Paracelsus zunächst Leonardo da Vinci (1452–1519) zu nennen, dessen wahrhaft allseitige Begabung auch für die Naturwissenschaften bahnbrechend wirkte. So etwa seine Einschätzung der Mathematik, in der er das entscheidende Bindeglied zwischen dem Geist des Menschen und der Wirklichkeit der Natur erkannte: «Nicht in sophistischen Lehren, sondern in der Notwendigkeit der mathematischen Verknüpfung findet sich das in der Natur Beobachtete geistig bewältigt. Nicht durch übernatürliche Erklärungen und nicht durch geistige Konstruktionen läßt sich das Geheimnis des materiellen Geschehens enträtseln, sondern als Frucht der Mathematik schenkt sich die Einsicht in das kausale Getriebe, wie es Leonardo am Fall, auf der schiefen Ebene und am Prinzip der virtuellen Geschwindigkeit, erwies. Das Gesetz und nicht die spekulative Herstellung einer Wertordnung mit niederen und höheren Sphären ist das Ziel der Erkenntnis.»[27]

Mit diesem methodischen Ansatz gelangten Nikolaus Kopernikus (1473–1543), Johannes Kepler (1571–1630) und Galileo Galilei (1564–1642) zu ihren Erkenntnissen, die schließlich das heliozentrische Weltbild zu einem allgemein anerkannten, weil jederzeit nachprüfbaren Allgemeingut werden ließen.

Indem nun aber die Erde nicht mehr der Mittelpunkt der Welt war, erlebte auch der Mensch sich in einer neuen Relativität.
Aber erst der englische Staatsmann und Philosoph Francis Bacon (1561–1626) erkannte, welche tiefgreifende Umwälzung sich aus den dem Menschen dienstbar gemachten Naturwissenschaften ergeben würde. Er gilt als Begründer des modernen englischen Empirismus. Auf seinem Kernsatz, Wissen sei Macht, gründet der Fortschrittsglaube vieler Generationen; er ist das Credo des technischen Zeitalters.
Leibniz hat in Francis Bacon noch den «Unvergleichlichen» gesehen, der die Philosophie auf die Erde zurückgebracht habe, und noch Nietzsche hat ihn als ersten «Realisten in jedem großen Sinn des Wortes» bezeichnet. Diese Verehrung hat er vor allem seinem Anspruch zu verdanken, endgültig aufgeräumt zu haben mit den falschen Vorstellungen, die der Naturerkenntnis hinderlich seien. In Anlehnung an Platons Höhlengleichnis forderte er, sich von allen Trugbildern zu lösen und nur noch der Beobachtung und dem Experiment zu vertrauen.
Während bei den klassischen Humanisten das Wissen vor allem ein Mittel war, den Menschen in seiner inneren ethischen Entwicklung zu fördern, steht Francis Bacon für einen radikalen Umbruch. Er sah den Weg zum Paradies weniger darin, daß der Mensch selbst zur Vollkommenheit gelange, sondern die von ihm zu erschaffende Welt ihm die Möglichkeit biete, sich alle Wünsche zu erfüllen und alle Probleme zu lösen.
Aber ihm fehlte der direkte Bezug zur Natur, wie ihn Paracelsus, Kopernikus, Kepler und Galilei auf je eigene Weise entwickelt und dadurch auch konkrete Erkenntnisse geschaffen haben.
Um so größer sind Bacons utopische Träume, die er in seinen Fragmenten «Die Neue Altantis» schildert. Er beschreibt eine Insel, auf der sämtliche Errungenschaften verwirklicht sind, die das neue Europa anstrebte. Bergwerke in phantastischer Tiefe, in denen man die Elemente zu mischen und aus Blei Gold zu machen versteht. Wie es ihnen gerade beliebt, können die Atlantiker Bäume größer und kleiner machen, und sie brauchen nicht auf die natürliche Reifung der Früchte zu warten, weil sie ernten, wann es ihnen paßt. Es gibt auch Züchtungslaboratorien, wo Tiere auf künstliche Weise gezeugt werden, und man versteht es, gesunde und langlebige Menschen zu erziehen, die keine Sorgen mehr kennen. Bacon beschreibt eine Wunderwelt der Technik, wie sie uns heute alltäglich geworden ist. Da gibt es «Teleskope und Mikroskope, Telephone und Mikrophone, Dampfwagen und Luftschiffe, chemisch konzentrierte Nahrungsmittel, Präservative gegen Krankheiten.»[28]
Für Bacon lag der Sinn dieser Dienstbarmachung der Natur darin, das Men-

schenleben «so leicht und behaglich, so glücklich und genußfähig wie möglich zu machen.»[29]

Roger Williams: Religionsfreiheit um Christi willen

Noch aber war man weit davon entfernt, eine solche technische Wunderwelt zu verwirklichen, und auch die humanistischen Ideale einer freien Entfaltung des geistigen Lebens wurden im Zeitalter der Reformation, Gegenreformation und Religionskriege abgewürgt. Freies geistiges Leben und christlicher Humanismus konnten sich nur noch im Untergrund entwickeln, in geheimen Logen etwa, bei Rosenkreuzern und anderen Vorläufern der Freimaurerei.
Als hätte der Humanismus die Menschen hoffnungslos überfordert, erlebte Europa nun einen Rückfall in die übelste Barbarei, geblendet von den Scheiterhaufen der Inquisition, erblindet im Wahn der Religionskriege. Ein trauriger Höhepunkt dieses Rückfalls war die öffentliche Hinrichtung Giordano Brunos (1548–1600) durch die Inquisition in Rom. Giordano Bruno, der «Paracelsist» unter den italienischen Naturphilosophen, hat in seiner genialen pantheistischen Weltschau nichts anderes gefordert, als Gott zu verehren, indem wir die Gesetze des Universums erforschen und ihnen nachleben, also war auch für ihn jede Erkenntnis eines Naturgesetzes eine sittliche Tat. Hätten solche Gedanken mehr Einfluß gewonnen, wäre die Geschichte anders verlaufen. Aber mit Giordano Bruno und seinen Büchern verbrannten auch solche Ideen, um dann allerdings mit Spinoza, Leibniz, Goethe, Herder und Schelling eine nachhaltige Auferstehung zu erleben.

Aller humanistische Idealismus würde nichts helfen, die Dinge zu bessern, wenn man sie nicht auf eine allseits anerkannte Rechtsgrundlage stellte. Diese Einsicht mag einen Mann wie Roger Williams (1603–1683) bewogen haben, sich für eine verfassungsmäßig abgesicherte Religionsfreiheit einzusetzen. In Europa wäre ein solches Unterfangen allerdings aussichtslos gewesen; da brauchte es erst die Französische Revolution, um den Menschenrechten zu einem vorläufigen Durchbruch zu verhelfen.
Anders in Amerika. Dort wurden, oft von politisch oder religiös verfolgten Randgruppen Europas, eigene kleine Staaten gegründet, die auf eigenen Verfassungsentwürfen beruhten. Zunächst war allerdings eher die Regel, daß die Verfolgten nun ihrerseits ihre Macht dazu nutzten, Andersgläubige aus ihrer Gemeinschaft auszuschließen.
Um so bedeutsamer ist das Auftreten von Roger Williams, der als erster die

vollkommene Glaubensfreiheit nicht nur als menschliches Grundrecht verlangte, sondern auch verfassungsmäßig durchsetzte.
Roger Williams, 1603 in London als Sohn eines Tuchhändlers geboren, studierte in Cambridge Theologie, die dort bereits unter stark calvinistischem Einfluß stand. 1628 wurde er als Kaplan nach Essex berufen und fand sich im Kreis politisch einflußreicher Puritaner um Oliver Cromwell. In dieser Zeit entwickelte er sich zu einem konsequenten Nonkonformisten und schiffte sich ein nach Amerika, um dort seine religiösen Ideale anläßlich der Staatsgründung von Massachusetts zu verwirklichen.
Als er in Boston zum Pastor berufen werden sollte, wies er dies mit der Begründung zurück, keinem abhängigen Volk dienen zu wollen. Damit meinte er die Abhängigkeit von der «Church of England», deren Korruption ihm unerträglich erschien.
1632 begab er sich nach Plymouth, wo man sich unabhängiger von der englischen Vormundschaft fühlte. Doch auch dort machte er sich bald einmal unbeliebt, indem er erklärte, daß der königliche Erlaß, wonach das Land der Indianer den weißen Siedlern gehörte, ungültig sei. Er forderte, das Land der Indianer sei nur in direktem Handel und mit ordnungsgemäßen Verträgen mit den Ureinwohnern zu erwerben.
Obwohl die Kirche von Salem ihm dennoch eine Pastorenstelle antrug, geriet er mit der zivilen Verwaltung in Konflikt, da er auch noch andere unpopuläre Ansichten vertrat, nämlich, daß der Magistrat kein Recht habe, sich in Angelegenheiten der Religion einzumischen. Er verlangte absolute religiöse Freiheit, nicht nur innerhalb der christlichen Konfessionen, sondern auch für Juden, Moslems, Heiden und die antichristlich Gesinnten. Allen sollten die gleichen bürgerlichen und politischen Rechte im Staat zuerkannt werden. Das Gewissen des Menschen, argumentierte er, gehöre ausschließlich dem Menschen selbst, nicht dem Staat.
Mit solchen Ansichten war er auf die Dauer in Massachusetts untragbar. Geächtet und bedroht, verließ er Salem mit einigen Getreuen. Im Frühling 1636 legte sein Kanu am Westufer des Seekong-Flusses an; dort gründete er die Stadt Providence und die Kolonie Rhode Island, nachdem er das Land ordnungsgemäß von den Indianern erworben hatte. In Windeseile verbreitete sich die Nachricht, es gebe endlich einen Staat, wo niemand mehr wegen seiner Glaubensdoktrin verfolgt werde. Providence wurde in kurzer Zeit eine blühende Stadt, bevölkert von all jenen, die im übrigen englischsprachigen Raum keinen Ort gefunden hatten, wo sie sich zu ihrem anderen Glauben hätten bekennen können.
Obschon Roger Williams sich selbst zum Calvinismus bekannte und die

Grundsätze der Quäker verbal bekämpfte, bot er ihnen dennoch zu Zeiten ihrer Verfolgung Hilfe und Unterkunft.

Da seine Kolonie durch internationale Verwicklungen und das Mißtrauen der Nachbarstaaten ständig bedroht war, reiste er 1643 nach England, um dort vom Parlament die Rechtmäßigkeit seiner Staatengründung bestätigt zu bekommen. Zu diesem Anlaß veröffentlichte er 1644 ein Buch mit dem Titel «The Bloody tenent of Persecution, for cause of Conscience», die blutige Lehre von der Verfolgung um des Gewissens willen, das er an beide Häuser des Parlamentes richtete. Darin vertrat er die Auffassung, daß jede Verfolgung in Religionssachen der christlichen Lehre durchaus widerstreite. Ferner: «Alle Staaten sind ihrem Wesen nach auf das weltliche Gebiet beschränkt und haben sich in geistliche Dinge nicht einzumischen. Es ist der Wille und Befehl Gottes seit Jesus, daß die meisten heidnischen, jüdischen, türkischen oder antichristlichen Gewissen und Kulte sollen frei betätigt werden können von allen Menschen und in allen Völkern und Ländern, und gegen sie darf nur mit dem Schwert des Geistes und dem Wort Gottes gekämpft werden. Eine staatlich erzwungene Glaubenseinheit vermischt Weltliches und Geistliches, leugnet die Prinzipien des Christentums und des Staates, leugnet, daß Jesus Christus Fleisch geworden ist. Nur diese Freiheit kann nach Gottes Willen festen und dauernden Frieden gewähren, wenn nur staatliche Weisheit für einheitlichen bürgerlichen Gehorsam sorgt. Beides: echtes bürgerliches Wesen und Christentum können in einem Staate blühen, trotzdem verschiedene und einander entgegengesetzte Gewissen, sei es von Juden oder Heiden, sich betätigen dürfen.»[30]

Roger Williams begründete sein leidenschaftliches Eintreten für die Religionsfreiheit damit, die wahren Christen seien so selten, daß man den Staat keinesfalls einer christlichen Alleinherrschaft anvertrauen könne.

Was in Europa unmöglich gewesen wäre, wurde dem Pionier aus Amerika gewährt, sein Gesuch um Ratifizierung seines Verfassungsentwurfs für Rhode Island gutgeheißen. So wurde denn seine Verteidigung der Religionsfreiheit zu einem gewichtigen Paragraphen der Verfassung von Rhode Island, eine Pioniertat, die in Amerika bald in anderen Staaten Schule machte, während man in Europa noch lange nicht im entferntesten daran zu denken wagte; es mußten erst noch rund einhundertfünfzig Jahre vergehen, ehe am 26. August 1789 durch die französische Konstituante eine entsprechende Erklärung der Rechte des Menschen und Bürgers verabschiedet wurde.

Bis dahin blieb aber Roger Williams allen vorangehenden und nachfolgenden Vorkämpfern der Menschenrechte in Lehre und Tat überlegen, da auch die geistreichsten Verfassungsstifter, wenn auch aus politischen Gründen, für die

Praktizierung religiöser oder irreligiöser Gesinnung irgendwelche Einschränkungen forderten.
Georg Jellinek, dessen Ausführungen ich hier folge, beschließt sein Kapitel über Roger Williams: «Die Idee, unveräußerliche, angeborene, geheiligte Rechte des Individuums gesetzlich festzustellen, ist nicht politischen, sondern religiösen Ursprungs. Was man bisher für ein Werk der Revolution gehalten hat, ist in Wahrheit eine Frucht der Reformation und ihrer Kämpfe. Ihr erster Apostel ist nicht Lafayette, sondern jener Roger Williams, der, von gewaltigem religiösem Enthusiasmus getrieben, in die Einöde auszieht, um ein Reich der Glaubensfreiheit zu gründen, und dessen Namen die Amerikaner heute noch mit tiefster Ehrfurcht nennen.»[31]
Roger Williams wurde der erste Präsident von Rhode Island und hatte bis zu seinem Tod politische Funktionen inne. Er hatte die Sprache der Narragansett-Indianer erlernt und ihr Vertrauen gewonnen, so daß er immer wieder als Friedensstifter zwischen Siedlern und Ureinwohnern berufen wurde.
Seinen Willen zur Unabhängigkeit und Selbständigkeit bewies Roger Williams auch damit, daß er sich seine kostspieligen Reisen nach England nicht etwa als «Dienstreisen» bezahlen ließ, sondern selbst dafür aufkam. Die Mittel verdiente er sich als Farmer und einfacher Händler, oft am Rand des Ruins, aber getragen von seiner Überzeugung, daß Religion als eine wesentliche menschliche Qualität sich nur in der Freiheit entwickeln könne. Als er 1683 starb, hatte sich dieser Gedanke in allen «bills of rights», die in Amerika erklärt wurden, an zentraler Stelle durchgesetzt.

Voltaire: Der Stachel der Aufklärung

Es drängt sich auf, die Geschichte des historischen, von Europa ausgehenden Humanismus als einen Emanzipationsprozeß mit Unterbrüchen zu betrachten. In diesem Sinne fällt den Philosopen der «Aufklärung» eine ganz besondere Bedeutung zu. Immanuel Kant (1724–1804), wohl der konsequenteste Theoretiker dieser Bewegung, lieferte uns ihre bekannteste Definition: «Aufklärung ist der Ausgang des Menschen aus seiner selbstverschuldeten Unmündigkeit. Unmündigkeit ist das Unvermögen, sich seines Verstandes ohne Leitung eines anderen zu bedienen. Selbstverschuldet ist diese Unmündigkeit, wenn die Ursache derselben nicht am Mangel des Verstandes, sondern der Entschließung und des Mutes liegt, sich seiner ohne Leitung eines anderen zu

bedienen. Sapere aude! Habe Mut, dich deines eigenen Verstandes zu bedienen! ist also der Wahlspruch der Aufklärung.»[32]
Ihr erfolgreichster Propagandist war ohne Zweifel François Marie Voltaire (1694–1778), ein Humanist, der weniger die großen Visionen liebte, als vielmehr im erasmischen Sinn Verstand und Wortwitz gezielt dafür einsetzte, Aberglauben, Heuchelei, Dummheit und Intoleranz zu entlarven.
Er wurde am 21. November 1694 in Paris als Sohn eines angesehenen bürgerlichen Notars geboren, der die Interessen hochgestellter Adelsfamilien vertrat. Seine Mutter, eine Adlige, verlor er bereits in seinem siebten Lebensjahr. Er besuchte das aristokratische Jesuitengymnasium «Louis le Grand». Dort bekam er den Hochmut des Adels zu spüren, erfuhr, daß er Besonderes leisten mußte, um die gleiche Anerkennung wie seine Mitschüler zu finden, auch war er von eher schwächlicher, kleinwüchsiger Statur und durch eine schiefe Schulter verunstaltet. Auch ihm, wie wir das schon bei Erasmus und Paracelsus festgestellt haben, blieb also aufgrund körperlicher und gesellschaftlicher Mängel nur, sich für die Verwirklichung seiner Lebensansprüche einen eigenen, unabhängigen Weg zu suchen.
Schon in seiner Gymnasialzeit erntete er Erfolg mit satirischen Versen und fand Zugang zum «Temple-Kreis», einer adligen Gesellschaft, in der man Freigeisterei mit zynischem Lebensgenuß verband. Sein Vater wollte diesen Neigungen entgegensteuern, indem er den Sohn als Pagen in die Obhut des Marquis de Châteauneuf gab, des französischen Gesandten in Den Haag. Dort aber geriet der junge «Libertin» in eine amouröse Verwicklung mit einem Fräulein Dunoyer, worauf er nach Paris zurückgeschickt wurde.
In Paris ließ er sich als «Clerc» bei einem Geschäftsmann anstellen, um den Gang der Geldvermehrung kennenzulernen. Dieser Ausbildung verdankte er die Fähigkeit, seine materiellen Verhältnisse erfolgreich zu gestalten, eine wesentliche Voraussetzung seiner geistigen Unabhängigkeit.
Seine gefürchtete Scharfzüngigkeit brachte ihm den Verdacht ein, nach dem Tod Ludwigs XIV. eine beißende Satire auf dessen Regentschaft verfaßt zu haben. Er wurde zu einer elfmonatigen Haftstrafe in der Bastille verurteilt. Eine fruchtbare Zeit, in der er seine erste Tragödie «Oedipe» entwarf, die gleich nach seiner Haftentlassung mit großem Erfolg aufgeführt werden sollte. Die überwältigende Resonanz war darin begründet, daß Voltaire die antike Sage von Ödipus dazu verwendete, das Theater zur Kanzel der Aufklärung zu machen. Mitten in diesem Stück, das noch ganz im Glauben an die antike Schicksalstragödie abgefaßt war, brachen plötzlich mit blitzender Schärfe Zweifel an den Kultträgern durch, wurde ihre Ehrlichkeit in Frage gestellt, die Herrschaft der Kirche als heuchlerischer Volksbetrug entlarvt.

Diese Tragödie machte ihn mit einem Schlag so berühmt wie berüchtigt. Er hatte sein Lebensthema gefunden und entsprechende Resonanz damit, das Muster, wonach er auch seine folgenden Stücke verfaßte.
In der Haft war noch ein anderes Werk angelegt worden, seine «Henriade», ein Werk, mit dem er den Franzosen ein Nationalepos schaffen wollte. Diesem Buch, das inzwischen abschätzig als eine kalte literarische Konstruktion eingeschätzt wird, hat er es zu verdanken, daß er in Frankreich als «Nationaldichter» verehrt werden sollte. Die «Henriade», die er später in England unter dem Einfluß englischer Humanisten vollendete, schildert die Geschichte des geliebtesten französischen Königs, der sich nicht hochmütig absonderte von seinem Volk, sondern nur in den Kampf zog, um den Religionskrieg zu beenden, ganz und gar Friedensfürst und Kulturbringer. In diesem Epos drängt sich die Idee einer allgemeinen Humanität in den Vordergrund, eine konfessionslose natürliche Religion wird propagiert, Hoffnungen auf den Fortschritt naturwissenschaftlicher Erkenntnisse brechen sich Bahn. Der Nerv der Zeit war getroffen, der Erfolg des Werkes gesichert.
Voltaire setzte sein Leben als Literat mit wechselhaften Erfolgen auf den Pariser Bühnen fort, bis er 1725 in einen Händel mit einem Aristokraten, dem Chevalier von Rohan-Chabot, verwickelt wurde. Der beleidigte Aristokrat ließ Voltaire von einem Bediensteten auf offener Straße verprügeln. Voltaire forderte Rohan-Chabot zum Zweikampf heraus, hatte aber kein Glück damit und landete zum zweiten Mal in der Bastille.
Dem Skandal folgte seine Verbannung aus Frankreich. Er zog für drei Jahre nach England, wo er, ähnlich wie einst Erasmus von Rotterdam, einige entscheidende Impulse bekam. Man hat diese Schicksalsfügung als Fanal für den späteren Sturm auf die Bastille gedeutet. Und tatsächlich exportierte Voltaire mit seinen «Lettres philosophiques sur les Anglais» den englischen Empirismus in das übrige Europa, den skeptischen Geist eines Francis Bacon, Lockes und Newtons. Indem er deren realistische Denkweise mit seinem französischen Witz zu verbinden verstand, lieferte er den geistigen Sprengstoff, der wesentlich beitrug zur Französischen Revolution, die sich rund fünfzig Jahre später entlud.
Seine «Briefe» erregten großes Aufsehen und wurden gleich als staatsgefährdend verboten und von Henkershand verbrannt. Nach Frankreich zurückgekehrt, machte er die Bekanntschaft der Emilie du Châtelet, einer gelehrten jungen Frau, die ihm auf ihrem Schloß an der lothringischen Grenze Unterkunft und Sicherheit bot. In ihrem Schutz verbrachte er fünfzehn Jahre, stets darauf bedacht, für sein Auskommen selber zu sorgen, was ihm aufgrund seiner erfolgreichen Handelsspekulationen keine Mühe machte. Historische

Arbeiten entstanden, weitere Dramen, auch ein Werk über den Physiker Newton in Zusammenarbeit mit seiner Geliebten.

Inzwischen war er so berühmt, daß ihm Ehrungen nicht mehr vorenthalten werden konnten. Er wurde Mitglied der Akademie, Hofhistoriograph und königlicher Kammerherr; andrerseits aber lebte er in ständiger Gefahr, als Religions- und Staatsfeind verhaftet zu werden.

Als sich Emilie du Châtelet, ihren erotischen Neigungen bedenkenlos nachgebend, einen anderen Geliebten nahm, störte das ihre Freundschaft mit Voltaire nicht im geringsten, man lebte in emanzipierten Verhältnissen. Einvernehmlich praktizierten sie eine «ménage à trois», die mit dem Tod Emilies ein plötzliches Ende fand. Sie starb nach der Geburt eines Kindes im Wochenbett.

Voltaire, unglücklich vereinsamt, nahm ein Jahr nach ihrem Tod eine Einladung Friedrichs II. nach Berlin an, der ihn schon verschiedene Male mit schmeichelhaften Briefen umworben hatte. Als Friedrich seinen Wunsch erfüllt sah, sein Berliner Kulturzentrum mit diesem geistreichen Mann zu schmücken, scheute er keinen Aufwand, es seinem Gast wohl sein zu lassen. Voltaire erhielt eine Wohnung im Schloß, den Orden «Pour le mérite», den Kammerherrnschlüssel und eine Rente in Höhe von 20 000 Livres. Doch das Einvernehmen der beiden reizbaren und eigensinnigen Charaktere wurde bald getrübt, sei es, daß Friedrich Voltaires Geldgeschäfte mißfielen, sei es, daß er dessen Spottschrift gegen Maupertius, den damaligen Präsidenten der Berliner Akademie, beleidigend fand. Friedrich ließ diese Schrift öffentlich verbrennen. Das war für Voltaire doppelt bitter, da er sich beim freidenkerischen, ketzerischen Preussenkönig erhofft hatte, endlich uneingeschränkt seine Meinung äußern zu können. Aber so, wie er überall die Mächtigen mit seiner schonungslosen Kritik provozierte, hatte er auch bei Friedrich einen wunden Punkt gefunden, der seine Akademie über alles liebte und nicht dulden mochte, daß sie den Gehässigkeiten seines Gastes zum Opfer fiel.

Voltaire blieb auch hier nur wieder einmal die Flucht, die in Frankfurt am Main durch ein bösartiges Intermezzo unterbrochen wurde. Voltaire sah sich gewaltsam gefilzt und gefangengesetzt, eine Behandlung, die er dem König nie wirklich verzieh, obschon sie später wieder einen freundschaftlichen Briefverkehr pflegten.

In Berlin hatte Voltaire seine unermüdliche Schaffenskraft erneut unter Beweis gestellt. Er hatte sein berühmtes Buch über das Zeitalter Ludwigs XIV. geschrieben und 1752 im Druck erscheinen lassen, außerdem seine umfangreiche Schrift «Essai sur l'histoire universelle» begonnen, Werke, in denen es weniger um Daten und historische Details geht als vielmehr um größere

Zusammenhänge. In dieser Zeit entstanden auch einige Tragödien, außerdem ein dem König gewidmetes «Poème sur la loi naturelle», eine Verteidigung der Menschenrechte, ein Werk, das von Friedrich geschätzt, dafür aber wiederum vom Pariser Parlament zur öffentlichen Verbrennung verurteilt wurde. Also war ihm auch eine Rückkehr nach Paris unmöglich. Erneute Versuche des mittlerweile berühmtesten Autors, den Frankreich je hervorgebracht hatte, in die Heimat zurückzukehren, scheiterten.

Da erwies es sich als überaus nützlich, daß Voltaire nicht nur berühmt, sondern auch zu einem der reichsten Privatmänner seiner Zeit geworden war. Er, der in keinem real existierenden Staat mehr eine wirkliche Sicherheit für seine Person gewährleistet sah, beschloß, in konsequenter Selbsthilfe, sich quasi ein eigenes kleines Fürstentum auf privater Basis aufzubauen. Er legte sein Geld in Häusern und Landgütern an, halb auf französischem, halb auf schweizerischem Boden, so daß er je nach politischer Lage über die Grenze ziehen konnte, von «Fuchsloch zu Fuchsloch», endlich einigermaßen sicher vor der Verfolgung durch Könige, Inquisitoren und Armeen. Sein Hauptsitz wurde das Schloß Ferney bei Genf. Hier verlebte er als «Patriarch von Ferney», wie er sich gern nennen ließ, die letzten zwanzig Jahre seines Lebens.

Aber statt sich nun, mit immerhin sechzig Jahren, zur Ruhe zu setzen, entwickelte er eine rastlose Aktivität in Wort und Tat, um seine Lebensmaximen von Toleranz und Aufklärung umzusetzen. Jetzt, als relativ autonomer Gutsbesitzer, konnte er zeigen, was er wirklich darunter verstand. Wir werden an Roger Williams erinnert, der hundert Jahre früher in einer ähnlich experimentellen Ausnahmesituation den Toleranzgedanken zu verwirklichen suchte, wenn auch vor allem aus religiösen Gründen.

Aber waren die Motive wirklich so verschieden? Voltaire hat sich nie gegen die Religion gewandt, immer nur gegen ihre Vertreter. Einst hatte er einen Priester genarrt, indem er sich sterbend gestellt und die letzte Ölung entgegengenommen hatte, um dann plötzlich aufzufahren und den Gefoppten auszulachen. Jetzt aber, da er sich quasi selbst für das Seelenheil seiner Bauern verantwortlich fühlte, baute er ihnen eine Kirche, sicherlich nicht aus Bigotterie, vielmehr von seiner berühmten Vernunfteinsicht geleitet, daß, wenn es keinen Gott gäbe, man ihn eben erfinden müsse.

Auch wurde er zum Anwalt aller, die wegen ihrer religiösen Überzeugungen in Bedrängnis geraten waren. So erwirkte er, daß etwa der Prozeß gegen den unschuldig hingerichteten Calas wiederaufgenommen und die Familie rehabilitiert wurde. Im übrigen blieb er unermüdlich in seinem Kampf gegen die religiöse Intoleranz. Je älter er wurde, desto konsquenter stellte er sein literarisches Schaffen unter dieses Leitmotiv. Keiner, der sich an der Toleranz versündigte, blieb von seinem Spott verschont, gleichgültig, ob es sich um Katholiken, Moslems, Juden, Zwinglianer oder Calvinisten handelte. Niemand hat dem denkwürdigsten Satz aus der Bergpredigt, man solle auch seine Feinde lieben, zu einer überzeugenderen Auslegung für die politische Praxis verholfen als Voltaire, indem er formulierte: «Ich vertrete zwar die gegenteilige Meinung wie Sie, würde mich aber dafür umbringen lassen, daß Sie sie äußern dürfen!»[33]

Voltaire war der erste und konsequenteste Vertreter dessen, was man später als «Littérature engagée» bezeichnet hat. Neben neuen Büchern und Dramen entstanden Hunderte von Leitartikeln für das Riesenwerk der «Enzyklopädie», mit dem sich die Hauptvertreter der französischen Aufklärung unter der Stabsleitung d'Alamberts und Diderots den alten humanistischen Traum einer universalen Zusammenfassung des gesamten Wissensstoffes erfüllten, ein Unternehmen, das zeitweilig nur im Untergrund fortgesetzt werden konnte, eine Frühform des russischen Samisdat-Systems. Diese Enzyklopädie war ein humanistisches Jahrhundertwerk, Ausdruck des Glaubens, daß auf die Dauer allein Wissen und Aufklärung die Menschheit vor ihren verheerenden Irrtümern würden bewahren können.

In Frankreich trug man sich schwer mit Voltaire. Ihr berühmtester Mann war den Franzosen zu einer Bürde geworden. Man mußte sich, wollte man sich nicht der Lächerlichkeit preisgeben, wohl oder übel mit ihm versöhnen. Im Jahre 1778 wurde er endlich aufgeboten, in Paris die längst fälligen Ehrungen entgegenzunehmen. Auf der Straße mit Freudenrufen empfangen, gefeiert in der Comédie Française, brach er unter all den verspäteten Ehrungen buchstäblich zusammen, um sich nie mehr davon zu erholen. Er starb am 30. Mai 1778. Damit aber war das Problem Voltaire noch längst nicht aus der Welt. Die Geistlichkeit verweigerte ihm ein kirchliches Begräbnis. Abbé Mignot, der ihn in der Abtei von Scellières beigesetzt hatte, wurde dafür bestraft. So frenetisch man den Vorkämpfer größerer Humanität eben noch erhoben hatte, so gleichgültig blieb man, als die Obrigkeit nun seine Gebeine bei Troyes verscharren ließ.

Auch war es eine bittere Ironie seines Nachlebens, daß im Zuge der Französischen Revolution (seit 1789) seine Gebeine auf Volksbegehren wieder ausgegraben wurden, um im Panthéon, dem Ehrentempel der großen Franzosen, feierlich beigesetzt zu werden. Voltaire, der im Fanatismus das Erbübel der Menschheit erkannt hatte, wurde von den Fanatikern der Revolution postum auf den Schild gehoben, ehe sie sich gegenseitig abschlachteten. Nichts half es da, daß der Triumphzug mit Voltaires Gebeinen auf dem Weg zum Panthéon von einem Wolkenbruch überrascht wurde, in dem die Skeptiker einen letzten

Protest des Toten wider den Fanatismus sahen. Voltaire bekam seinen Ehrenplatz und sein Denkmal, aber vielleicht galt schon damals, was in der französischen Zeitung «Libération» anläßlich der Gedenkfeiern zu seinem 200. Geburtstag zu lesen stand: «Man tut so, als würde man seiner gedenken, aber niemand mag ihn.»[34]
Wie schon der Humanismus des 16. Jahrhunderts schließlich vom religiösen Fanatismus der Inquisition und der Reformation erstickt wurde, endete auch der Humanismus der französischen Aufklärung in einem Blutbad. Ihre besten Leute büßten ihre Sehnsucht nach Freiheit damit, daß sie sich dem Fallbeil der Guillotine zu beugen hatten. Die Guillotine, von einem Arzt entwickelt, wurde zum Allheilmittel gegen den Widerspruch.
Und wir müssen uns eingestehen, daß auch die plausibelsten Menschenrechtsdeklarationen und verheißungsvollsten politischen Menschheitsträume nichts helfen, wenn sie nicht auf einer gemeinsamen Basis beruhen und bei ihrer Verwirklichung nicht in allen Phasen Voltaires Maxime von der Toleranz gewährleistet bleibt.

Mary Wollstonecraft und die Verteidigung der Frauenrechte

Entpuppt sich die Geschichte des europäischen Humanismus mehr und mehr als eine Geschichte der Emanzipation und Bewußtwerdung der menschlichen Individualität, führt sie uns zwangsläufig zur «Frauenfrage». Unter diesem Stichwort faßte man im 19. Jahrhundert die Bemühungen einiger Frauen und Männer zusammen, das Bewußtsein der Menschenwürde in konsequenter Weise auch auf Frauen anzuwenden und damit ihre systematische Unterdrükkung aufzuheben.
Immer schon hatte es Frauen gegeben, deren Persönlichkeit sich trotz der allgemeinen Herabsetzung des weiblichen Geschlechts zu entfalten vermochte und die zu großen Ehren kamen, aber es waren einzelne herausragende Figuren, denen man deutlich den Status der «Ausnahmeerscheinung» verlieh, keineswegs repräsentativ für die Einschätzung der Frauen im allgemeinen. Im christlichen Abendland wurden sie, ihre Konformität mit den Lehren des Christentums vorausgesetzt, zu Heiligen erhoben und damit auf ewig dem Bereich irdischer Vorbildfunktion entrückt, ansonsten drohte der Scheiterhaufen. Wie bedrohlich es empfunden wurde, wenn eine Frau sich anheischig machte, sich im Bereich des freien Denkens zu behaupten, zeigt uns das Beispiel Hypatias, für lange Zeit die einzige Philosophin des Abendlands! Sie

hatte Zugang zum antiken Bildungsgut und brachte es zu der Ehre, in Alexandria die platonische Philosophie lehren zu dürfen. Ihr berühmtester Schüler wurde Synesius, der spätere Bischof von Ptolemais, dessen bewundernde Briefe an sie dokumentieren, welche Nähe damals zwischen Christen und Heiden noch möglich war. Eine trügerische Nähe. Im Jahre 415 n. Chr. wurde die Philosophin von einem verhetzten christlichen Pöbel auf bestialische Weise ermordet. Die berühmteste Vertreterin der heidnischen Philosophie war untragbar geworden.

Das Gedenken solcher Ausnahmeerscheinungen zu pflegen war eines. Ein anderes, den Frauen ganz allgemein die gleichen Rechte zuzugestehen wie den Männern. Anfänge, zumindest auf dem Bildungssektor, hatte es in der italienischen Renaissance gegeben, ein vorübergehender Emanzipationsansatz, der dann von der Gegenreformation schleunigst wieder unterbunden wurde. Doch nicht mehr auszulöschen aus der Geschichte des menschlichen Bewußtseins ist «Das Buch von der Stadt der Frauen», verfaßt von der italienisch-französischen Frühhumanistin Christine de Pizan (1365–1430), ein Werk, das mit Recht als erste großangelegte Verteidigung des weiblichen Geschlechts angesehen wird.

Eine eigentliche Frauenbewegung begann erst mit der Französischen Revolution. Da war es nur eine plausible Konsequenz, die völlige Gleichberechtigung beider Geschlechter im öffentlichen und privaten Leben zu fordern. Der «Erklärung der Menschenrechte» folgte die von Olympe de Gouges formulierte «Erklärung der Frauenrechte».

Die Hauptforderungen lauteten auf ein aktives und passives Wahlrecht und auf Zulassung zu allen Ämtern. Die Frauen erschienen in den bestehenden Klubs und beteiligten sich an den Debatten. Auch gründeten sie besondere Frauenklubs und verfochten ihre Anliegen in eigenen Publikationen. Als aber einigen Frauen einfiel, männliche Kleidung anzulegen, um auf diese Weise auch jede äußerliche Unterscheidung der Geschlechter zu beseitigen, entzog der Konvent den Frauen wieder das Versammlungsrecht und verfügte die Schließung ihrer Klubs. Damit hatte die Bewegung einen schweren Rückschlag erlitten.

Wieder einmal, wie schon öfter in unsrer Geschichte, müssen wir nach England, um eine vordenkende, treibende Kraft der Emanzipation aufzuspüren. England, schon lange kein Weltreich mehr, ist ja bis heute das Land des Nonkonformismus geblieben. – Umstände, die für die Entwicklung einer Mary Wollstonecraft (1759–1797) unerläßlich waren. Sie gilt als die bemerkenswerteste Frauenrechtlerin des 18. Jahrhunderts.

Irischer Abstammung, wurde sie 1759 in London geboren. Ihr Vater, ein

Säufer, verschleuderte sein Erbe und führte ein unsicheres Wanderleben, von Existenznöten getrieben. Nach dem Tod seiner ersten Frau heiratete er ein zweites Mal, und die Töchter aus erster Ehe waren gezwungen, selbst für ihren Lebensunterhalt zu sorgen, im 18. Jahrhundert wohl einschneidende Erfahrungen für eine Frau, die eben zwanzig geworden war. Sie gründete zusammen mit ihrer Freundin Fanny Blood eine Privatschule, die sich allerdings nur zwei Jahre halten konnte. Eine andere niederschmetternde Berufserfahrung machte sie als Gouvernante in Irland bei Lord Kingsborough, wo sie nach einem Jahr mit der Begründung entlassen wurde, daß die Kinder ihre Gouvernante mehr liebten als die eigene Mutter. Sie war offenbar zu gut für diesen Job.

1792 verließ sie England, um Augenzeugin der Französischen Revolution zu werden, deren Enthusiasmus und Terror sie in aller Tragweite miterlebte. Aus ihrer Beziehung zu Gilbert Imlay, einem Amerikaner, entstand ein Kind, das sie 1794 in Le Havre zur Welt brachte. Die Beziehung zu Imlay zerbrach. Als Imlay ihr anbot, ihr und ihrem Kind eine jährliche Rente auszubezahlen, verweigerte sie dieses Angebot. Sie mochte keinerlei Abhängigkeit akzeptieren. Als sie versuchte, sich mit einem Sprung von der Putnay-Brücke zu ertränken, konnte sie von Schauerleuten gerettet werden.

1795 kam sie nach London zurück, um ihre Zusammenarbeit mit dem Verleger James Johnson wiederaufzunehmen, für den sie unter anderem Lavaters «Physiognomische Fragmente zur Beförderung der Menschenkenntnis und Menschenliebe» übersetzte. Sie lernte William Godwin kennen, einen einflußreichen, dem philosophischen Anarchismus nahestehenden Autor, in unsrem Zusammenhang auch erwähnenswert durch seinen Ausspruch, daß nicht einmal Gott selbst das Recht habe, ein Tyrann zu sein. Godwin gehörte zu einem Kreis revolutionär-freidenkerischer Dichter, Philosophen und Politiker wie Thomas Paine, des Menschenrechtlers und Sympathisanten der amerikanischen Unabhängigkeitsbewegung, oder William Blake, der zwei von Wollstonecrafts Bücher illustrierte. In diesen Kreisen hielt man nichts von der Institution der Ehe. Wollstonecraft sah darin ein Instrument der Unterdrückung, solange Frauen nicht dazu erzogen würden, sich als Partnerin zu fühlen, statt als Geliebte zu dienen. Als Mary aus ihrer Liebesbeziehung zu William Godwin ein Kind erwartete, entschlossen sie sich, um des Kindes willen, dennoch zur Heirat, mußten es aber vor ihren Freunden verheimlichen, um sich nicht deren Spott auszusetzen.

Diese Ehe, die ungewöhnlich glücklich gewesen sein muß, war nicht von langer Dauer. Mary Wollstonecraft starb am 10. September 1797 an den Folgen der Geburt ihrer Tochter.[35]

Die Not, sich mit zwanzig Jahren als Frau alleine behaupten zu müssen, das Erlebnis der Französischen Revolution und das nonkonformistische, geistige Klima ihres Freundeskreises haben ihr dazu verholfen, feministische Einsichten zu formulieren, die an Aktualität nichts verloren haben.
In allen Schriften, sei es ihr Buch über die Französische Revolution, sei es ihre Kampfschrift «Verteidigung der Frauenrechte», griff sie auf eigene Erfahrungen zurück, was ihnen eine bis heute berührende menschliche Authentizität gibt.
Vor allem ihre «Verteidigung der Frauenrechte» fand große Verbreitung. Die amerikanische Autorin Elisabeth Gould Davis berichtet in ihrem Buch «The First Sex» (1971), einem Klassiker der Frauenbewegung, sie habe bei ihren Recherchen für einen Vortrag über die Kultur des Mittelwestens herausgefunden, daß Mary Wollstonecrafts Buch im Jahre 1796 unter den zehn oder zwölf Titeln gewesen sei, die der erste Buchladen westlich der Alleghenies bestellt hatte: «Es wurde mit Segelbooten und Lastkähnen befördert und auch auf Pferdewagen über den Cumberland Gap in die Wildnis gebracht, zusammen mit Gibbons ‹Decline and Fall of the Roman Empire›, der Bibel und Thomas Paines ‹The Rights of Man.»[36] In Amerika traf Mary Wollstonecrafts «Verteidigung der Frauenrechte» zunächst auf fruchtbareren Boden als in ihrer Heimat. In Verbindung mit der Tatsache, daß die Frauen eine Minderzahl bildeten und entsprechend begehrt und verehrt wurden, trugen die rationalistisch-demokratischen Verhältnisse dazu bei, daß die Frauen dort früher an den Menschenrechten beteiligt wurden als in den älteren Kulturen. Zunächst erreichten sie als Lehrerinnen eine Zweidrittelmehrheit, später setzten sie sich auch in Verwaltungspositionen durch und erkämpften ihr Wahlrecht.
Mary Wollstonecrafts Buch geht in seinem analytischen Teil aber weit darüber hinaus, bloß die gleichen Rechte für Männer und Frauen zu fordern. Vehement tritt sie an gegen das Frauenbild, das Jean-Jacques Rousseau in seinem Erziehungsroman «Emile», der 1762 erschienen war, entwirft. Längst ist ihr klar, daß viele Unterschiede zwischen Männern und Frauen nur das Produkt einer auf die männliche Welt ausgerichteten Erziehung waren. Und ausgerechnet Jean-Jeacques Rousseau, einer der wesentlichen Vorbereiter der Revolution, lieferte ihr den Stoff, der sie in Rage brachte: «Die Erziehung der Frauen sollte sich immer auf den Mann beziehen. Zu gefallen, uns nützlich zu sein, uns zu lieben und unser Leben leicht und angenehm zu machen: das sind die Pflichten der Frauen zu allen Zeiten, und das sollten sie in ihrer Kindheit gelehrt werden.»[37] Auch empfiehlt Rouseau, die Mädchen ihr ganzes Leben beständiger und strenger Zucht zu unterwerfen, «damit sie um so eher lernen, sich dem Willen anderer unterzuordnen.»[38]

Wollstonecraft entgegnet: «Die Frau wurde nicht geschaffen, um ausschließlich der Trost des Mannes zu sein . . . Auf diesem sexuellen Irrtum wurde die gesamte falsche Ordnung errichtet, die unser ganzes Geschlecht seiner Würde beraubt . . . Solange der Mann Sklave seiner Begierden ist, bleibt unser Geschlecht notwendigerweise entwürdigt.»[39]
Sie tritt also nicht nur aus rein menschenrechtlichen Gründen für die Gleichstellung von Mann und Frau ein, sondern trifft mit dieser Feststellung den Kern des Problems, legt seine Ursachen frei.
«Solange der Mann ein Sklave seiner Begierden ist», wird er alles tun, diese Begierden zu befriedigen. Nicht nur die Frau, auch der Mann wird als Sklave bezeichnet. Erst wenn der Mann sich aus der Versklavung durch seine Begierden befreit hat, Herr über sich selbst geworden ist, wird es ihm möglich sein, die Frau als gleichwertige Partnerin anzuerkennen. Also ist auch der Mann aufgefordert, sich zu emanzipieren.
An anderer Stelle geht Mary Wollstonecraft der Frage nach, warum gerade jene Männer die Frauen am meisten hassen, die von ihnen die Befriedigung ihres «hauptsächlichen Vergnügens» erwarten. Enthusiastische Frauenverehrung und gehässige Frauenverachtung liegen immer dann nahe beisammen, wenn der Mann daran gehindert wird, der Frau «seine Gunst zu erweisen»; entzieht sich die Frau, schlägt seine Liebe leicht in Haß und Verachtung um. Die wenigsten Männer sind sich bewußt, daß diese Verachtung im Grunde ja nicht den Frauen, sondern höchstens den Männern selbst gelten sollte, die sich von ihren Begierden versklaven lassen.
Dieses Problem, das Mary Wollstonecraft schon vor zweihundert Jahren so hellsichtig durchschaute, wird auch mit aller Gleichberechtigung vor dem Gesetz noch längst nicht aus der Welt geschafft sein. Ihre Forderung, «auch die Frauen zu einem Teil des Menschengeschlechts zu machen», könnte sich erst erfüllen, wenn das Verhältnis zur Sexualität nicht unbedingt freizügiger im Sinne beliebigen Partnertausches wird, sondern freier von seinen Abhängigkeiten.
Damit trifft sich Mary Wollstonecrafts Einsicht mit einer Forderung, die von den Weisen aller Völker von jeher gestellt wurde, nämlich der inneren Loslösung aus allen körperlichen Bindungen. In dieser, aller Mystik zugrunde liegenden Sehnsucht läge ein Ansatz zu einem menschenwürdigeren Umgang zwischen den Geschlechtern.
In den Religionen hat diese Sehnsucht oft zu falscher Askese und sinnlosen Selbstkasteiungen geführt, die einem unkontrollierten Durchbruch des Trieblebens nur Vorschub leisten. Wirkliche Unabhängigkeit hieße aber, zu gegebener Zeit auch auf den Verzicht zu verzichten, zu genießen in vollen Zügen,

was Leib und Leben zu schenken haben – solang es aus freiem Willen beider Partner geschieht.
Mag sein, daß wir Mary Wollstonecrafts Ansatz in eine utopische Dimension getrieben haben. Tatsache bleibt, daß kein Humanismus, der diesem Wort in seiner allgemeinen Bedeutung gerecht werden will, an der Frage nach der Emanzipation der Geschlechter vorbeikann.

Johann Gottfried von Herder: Humanität, das Ziel der menschlichen Entwicklung

Wir haben festgestellt: Der Humanitätsgedanke, die Menschlichkeit, war schon immer ein Ziel der diversen Strömungen des Humanismus. Seine idealisierende Begründung und Ausgestaltung fand er indessen erst im 18. Jahrhundert in einer Bewegung, die gewöhnlich als deutscher Neuhumanismus bezeichnet wird. Die herausragenden Vertreter waren u. a. Wilhelm von Humboldt, Lessing, Herder, Goethe und Schiller.
Während sich in England ein Thomas Paine oder eine Mary Wollstonecraft um eine rechtliche Grundlage eines für alle menschenwürdigen Daseins bemühten, suchte man in Deutschland nach einer kulturphilosophischen Vertiefung des Humanitätsgedankens.
Wie schon der Humanismus der Renaissance stand auch diese neuhumanistische Strömung in Deutschland im Zusammenhang mit einer verstärkten Rückbesinnung auf die Antike, ausgelöst durch die enthusiastischen Schriften des Archäologen Johann Joachim Winckelmann (1717–1768), Generalkustos der klassischen Altertümer im päpstlichen Kirchenstaat, der die «edle Einfalt und stille Größe» der Griechen verherrlichte. Am Beispiel der griechischen Kultur suchte er nachzuweisen, daß der schöne Mensch die höchste Schöpfung der sich immer steigernden Natur sei.
Die Theorie des Humanitätsgedankens hat wohl Johann Gottfried von Herder (1744–1803) am ausführlichsten und konsequentesten formuliert. Ihm erschien die Humanität als Ziel der menschlichen Entwicklung überhaupt. Damit wird er, in unsrem Zusammenhang, ein Vordenker, der ganz besondere Beachtung verdient.
Johann Gottfried von Herder wurde am 25. August 1744 in dem kleinen ostpreussischen Mohrungen geboren, wo sein Vater die Stellung eines Glöckners, Kantors und Schullehrers innehatte. Der junge Herder fühlte sich weniger seinem Vater verbunden, einem strengen Mann, dem Ordnung und Ge-

horsam als höchste Werte galten, als vielmehr seiner Mutter, einer kleinen, hageren Person, deren Sanftmut ihm mehr entsprach. Noch als erwachsener Mann sollte er sich als «mütterliches Kind» bezeichnen. Seinen Hang zum Erhabenen und «Schaurigen» erklärte er als eine Mitgift seiner Geburt, die ihn um Mitternacht auf die Wüste der Erde geworfen habe.

Ordnungssinn, Arbeitsliebe, Frömmigkeit und Gottvertrauen beherrschten den Alltag des Schulbetriebs, den sein Vater leitete. Da gab es wenig Raum für selbständige Entwicklungen. Diese Enge, die seine Kindheit dominierte, erschien ihm später als eine Art Sklaverei. Ein eher schwächliches Kind, träumte er von einem tätigen, weitläufigen Leben in Freiheit und Unabhängigkeit. Die Spiele der Altersgenossen blieben ihm fremd; er lebte vielmehr in den Gestalten und Bildern der Bücher, die er schon sehr früh zu lesen gelernt hatte. Wo er ein Buch sah, unternahm er alles, es sich ausleihen zu dürfen, beherrscht von einer unersättlichen Leselust. Sommers verzog er sich mit seinen Büchern auf den Kirschbaum im Garten seines Vaters, berauscht von Gedichten und Märchen und dem Lärm der Vögel, und entwickelte seine ehrgeizigen Gedankenträume.

Nachdam sein Vater ihm eine elementare Bildung vermittelt hatte, kam Gottfried auf die Stadtschule, die ihm zur Hölle wurde. Rektor Grim, so gelehrt wie pedantisch, sah in der Rute das wesentlichste Züchtigungsmittel. Latein war das wichtigste Fach; als Belohnung für seine guten Leistungen erhielt Herder zusätzlich Privatunterricht in Griechisch und Hebräisch. An der Bibel, lange Zeit seine bevorzugte Lektüre, faszinierten ihn neben der religiösen Botschaft vor allem die Sprachkraft, die Poesie, der Geschichtenreichtum; er empfand dieses Buch durchaus als ein literarisches Werk.

Mit diesen wenigen Sätzen über seine Kindheit ließe sich schon so manche spätere Entwicklung erklären; es bleibt ein gravierender Umstand zu erwähnen, der dazu führte, daß er sich seit seinem fünften Lebensjahr als ein «Mängelwesen» empfinden mußte, später ein zentraler Begriff seiner «Ideen zur Philosophie der Geschichte der Menschheit.»

Herder litt an einer chronischen Entzündung des Tränenkanals, die sich zu einer eitrigen, das ganze Gesicht entstellenden Tränenfistel am rechten Auge auswuchs. Eine schmerzhafte Behinderung, die er immer wieder durch Kuren und Spezialbehandlungen zu heilen versuchte.

1761 wurd er Famulus des Diakons Trescho, eines grämlichen Gelehrten, der einer Schreibhilfe bedurfte. Eine harte Lehrzeit, die Herder als Folter empfand. Reizbar und übersensibel durch seine Krankheit, war Herder nicht für diese Arbeit geschaffen. Immerhin aber nutzte er jede freie Minute, sich in der umfangreichen Bibliothek seines Herrn zu bilden. Mag sein, daß er hier schon jene Autoren las, die ihn am meisten beeinflußt haben: Giordano Bruno, Spinoza und Leibniz. Auch machte er sich mit der «modernen» deutschen Literatur vertraut, die ihn so begeisterte, daß er nicht etwa den Namen eines Mädchens in die Baumrinden ritzte, sondern «Lessing».

1762 veröffentlichte er sein erstes Gedicht, in dem ein gefangener Israelit den Regierungsantritt Perters III. besingt. Er rühmt, daß der neue Zar den Königen das Blutschwert abgürte und Ruhe und Glück auf seine Herden brächte, ein frommer Wunsch des siebzehnjährigen Pazifisten.

Ein russischer Regimentschirurg, aufmerksam gemacht auf die besonderen Begabungen des Jungen, bot sich an, ihn nach Königsberg mitzunehmen, um ihn dort in der Chirurgie unterrichten zu lassen und etwas gegen sein Augenleiden zu unternehmen; dafür sollte Herder ihm eine Abhandlung ins Lateinische übersetzen. Doch Herders Absicht, Wundarzt zu werden, scheiterte daran, daß er bei der ersten Sektion, der er beiwohnte, in Ohnmacht fiel.

Er beschloß, sich als Student der Philosophie zu immatrikulieren, wurde aber vom Dekan der philosophischen Fakultät wegen seines «kümmerlichen Aussehens» zurückgewiesen. Also versuchte er es bei der theologischen Fakultät, wo er die Aufnahmeprüfung mit Bravour bestand.

Um seiner Unabhängigkeit willen lehnte er jede finanzielle Unterstützung von zu Hause ab und verdiente sich sein Studium, indem er am «Collegium Fridericianum» Griechisch, Französisch, Hebräisch, Mathematik, Latein, Poesie, Geschichte und Philosophie unterrichtete, für einen achtzehnjährigen Studenten eine ungewöhnliche Aufgabe, die er offenbar aufgrund einer natürlichen pädagogischen Begabung meisterte. Sein Lohn bestand in freier Wohnung, Heizung und Licht. Bald war er der beliebteste Lehrer.

Ins Zentrum der eigenen Studien trat nicht die Theologie, sondern die Philosophie. Sein Lehrer war kein Geringerer als Immanuel Kant, der seine Studenten in mitreißenden Vorlesungen zu begeistern verstand. Nichts sei von seiner kritischen Betrachtung verschont geblieben, würdigte Herder ihn später, alles sei auf die Erweiterung und Erhellung der Wahrheit gerichtet, Despotismus sei ihm fremd gewesen, er habe aufgemuntert und die Zuhörer angenehm zum Selbstdenken gezwungen. Noch wichtiger war in dieser Zeit der Einfluß, den Johann Georg Hamann (1730–1788) auf ihn gewann, der «Magus aus dem Norden», einer der bedeutendsten Philosophen seit dem Ausgang des Mittelalters, ein mystischer Denker mitten im Zeitalter des Rationalismus. Im Gegensatz zu Kant, der auf die rein verstandesmäßige Erkenntnis vertraute, wies Hamann auf die Schöpferkraft des Gefühls und des Gemüts hin. Ausdruck dieser Schöpferkraft sei vor allem die Dichtung, in der sich die Muttersprache

des Menschengeschlechts offenbare. Aber nicht nur solche Gedanken, die für Herder von grundlegender Bedeutung werden sollten, wurden ihm von Hamann nahegebracht, sondern auch Beispiele, mit denen der Philosoph des «Irrationalismus» seine Auffassung illustrierte: Shakespeares «Hamlet» und Miltons «Lost Paradise», die er dem Studenten in der Originalsprache vermittelte.
Nach dem Studium trat Herder die Stelle eines «Kollaborators» an der Domschule der Hansestadt Riga an; er wurde damit immerhin zu einer Art Vizedirektor einer wichtigen Lehranstalt. Außerdem entwickelte er ein reges gesellschaftliches Leben als Privatlehrer und Gelegenheitsdichter, wurde Sekretär der 1750 gegründeten Freimaurerloge, außerdem Inhaber eines in Riga eigens für ihn geschaffenen Predigeramtes.
So, ganz im Sinne der humanistischen Tradition auf Wirkung im gesellschaftlichen Umfeld bedacht, entwickelte sich seine Literatur aus den Ämtern und Pflichten eines Lehrers und Predigers: Schulreden, Gelegenheitsgedichte und Predigten, die bald auch im Druck erschienen. Der «menschlichen Philosophie», die er auf der Kanzel vortrug, entsprach sein Bemühen, als «Volksschriftsteller» breitere Schichten der Bevölkerung zu erreichen. Berühmt aber machten ihn erst seine «Kritischen Wälder» (1769), literarische Abhandlungen, die einen erbitterten Gelehrtenstreit entfachten.
Trotz der glänzenden Aufnahme, die er in Riga gefunden hatte, trotz einiger junger Verehrer, die ihn «für ihren Christus» hielten, drängten ihn einige Gründe, Riga zu verlassen: Ihn verdroß der Gelehrtenstreit, der auch sein Amt und seinen Stand in Mitleidenschaft zog, die Stellung im Schulamt erschien ihm zu eng für seine Ambitionen, außerdem bekam er immer deutlicher den Neid des Oberpastors zu spüren, der ihm seinen Erfolg als Prediger nicht gönnte und ihm Vorhaltungen machte, daß ihm mehr am freien Menschentum als am vorschriftsmäßigen Gottesdienst läge. Also beschloß Herder, Riga den Rücken zu kehren. Jetzt wollte er jede Gelegenheit ergreifen, mehr Länder und Menschen kennenzulernen. Nantes und Paris waren erste Stationen, dann trat er vorübergehend als Reiseprediger in die Dienste des Erbprinzen Peter Friedrich von Wilhelm. In Straßburg trennte er sich von seinem hochwohlgeborenen Gönner, um sich einer Augenoperation zu unterziehen.
Inzwischen hatte er die zwanzigjährige Karoline Flachsland kennengelernt, seine künftige Frau, wollte ihr aber erst wieder nach gelungener Operation unter die Augen treten.

Nichts, was er sich von diesem Eingriff, den der berühmte Operateur Lobstein vornahm, versprochen hatte, traf ein. Schon mehrere Versuche, die drückende Tränenfistel zu entfernen, waren mißlungen, so daß nun ein radikaler Eingriff Linderung verschaffen sollte. Ein künstlicher Gang in die Nase sollte geschaffen werden, damit die Tränenflüssigkeit abfließen könne. Aber beim ersten Versuch, den Nasenknochen zu durchbohren, brach das Messer. Auch weitere Operationen blieben ohne Erfolg, so daß aus den drei Wochen, die diese Prozedur eigentlich hätte dauern sollen, über sechs Monate wurden. In dieser Zeit war Herder gezwungen, unter großen Schmerzen und der halben Sehkraft beraubt, in seinem Zimmer zu bleiben, damit die Wunde verheilen konnte. Statt Straßburg und seine Umgebung kennenzulernen und mit den Gelehrten der Universität Kontakt aufzunehmen, war er auf sich selbst zurückgeworfen, die großen Reisepläne zunichte, gepeinigt von der Vorstellung, nach dem Mißlingen der Kur nun mit einem für immer entstellten Gesicht vor seine Geliebte treten zu müssen.

Aber, wie es seine Briefe aus dieser Zeit bezeugen, erkannte er auch, daß diese Entsagung ihn in den wesentlichen Dingen weiterbrachte. Sein bisheriges Leben erschien ihm von Eitelkeit und Koketterie bestimmt, jetzt erst, in der «Höhle der Einsamkeit», empfand er, daß seine Seele geprägt und sein Charakter bewährt werde.

Er verriegelte die Tür seines Zimmers im Gasthof «Zum Louvre», weil ihn jeder Umgang mit Menschen nur reizte, und dennoch verschafften sich einige Leute, die den berühmten Mann näher kennenlernen wollten, bei ihm Zutritt, unter anderen auch ein einundzwanzigjähriger Student der Jurisprudenz aus Frankfurt am Main, Johann Wolfgang von Goethe.

Und so, in einem Krankenzimmer, vertiefte sich eine Begegnung, die nicht nur für die Entwicklung der deutschen Literatur von entscheidender Bedeutung war, sondern auch für die Erweiterung des Humanitätsgedankens.

Goethe, einmal zugelassen als willkommener Besucher am Krankenbett Herders, blieb ganze Tage bei ihm. Und Herder entwickelte ihm seine Gedanken, die er aus seinem universalen Bildungsgang und seiner Kenntnis verschiedenster Literaturen schöpfte, um zu einer ganz neuen, richtungweisenden Auffassung von Sprache, Religion und Dichtung zu kommen. Alles, was Herder später allmählich ausgeführt habe, berichtet Goethe in «Dichtung und Wahrheit», sei in diesen wenigen Wochen im Keim schon angedeutet worden. Goethe bekennt auch, daß alles, was er selbst bis dahin gedacht und gelernt habe, «komplettiert» worden sei und ihm erlaubt habe, es «an ein Höheres anzuknüpfen und zu erweitern». Auch Goethe fand in diesem Krankenzimmer ein entscheidendes Stück weit zu sich selbst.

Was Herder erst Ende dieses Jahres (1771) anläßlich eines Preisausschreibens der Berliner Akademie in seiner Abhandlung «Über den Ursprung der Sprache» schriftlich zusammenfaßte, war sicherlich ein zentrales Thema ihrer Gespräche. Sprache beruht nach Herder nicht auf einer von Gott verliehenen Gabe, auch nicht auf einer bloßen Konvention zwischen Menschen, noch weniger war sie das Produkt einer empfindenden Maschine; er suchte ihre Wurzeln in der geistigen Natur des Menschen. Erst die vom sinnlichen Empfinden bis zum deutlichen Denken reichende Wahrnehmung befähigt den Menschen, auf Bildern der Außenwelt zu verweilen, sie im Gedächtnis aufzubewahren und dadurch die Dinge zu etwas zu machen, das in seiner Seele eine festgelegte, wieder abrufbare Bezeichnung annimmt.

Nun empfängt aber der Mensch die Laute der Natur durch sein Gehör, das der Seele auf diese Weise das lautmalerische Material liefert, sich die Sprache zu bilden. Herders Vielsprachigkeit erlaubte es ihm nachzuweisen, wie in allen ursprünglichen Sprachen noch Reste solcher Naturtöne nachklingen. Je näher der Mensch noch seinem Urzustand ist, desto sinnlicher ist seine Sprache; je weiter sich sein Bewußtsein entwickelt hat, desto unsinnlicher und abstrakter wird seine Rede.

Entwicklung erfährt die Sprache durch Epochen der Besonnenheit. Indem der Mensch seine Seele fortbildet, bildet er zugleich auch sein Sprachvermögen weiter.

Da die Sprache sich in ihren Ursprüngen an den Lauten der Natur orientiert hat, ist sie abhängig vom Klima und von der umgebenden Natur. Erst durch die Trennung des ursprünglich einen Menschengeschlechts entstehen verschiedene Sprachen.

Die Entwicklung des Menschengeschlechts und die Entwicklung der Sprache bedingen sich also. Daß daher der gestalteten Sprache, der Dichtung, eine zentrale, menschheitsfördernde Bedeutung zukommt, ist eine überfällige Schlußfolgerung. Große Dichtung erweist sich daher nicht aus der Nachahmung eines bestehenden Musters, sondern dadurch, daß sie immer neu aus den Ursprüngen schöpft. Die Essenz dieser Gedanken Herders formulierte Walter Muschg in seiner Untersuchung «Tragische Literaturgeschichte» wie folgt: «Alle große Kunst war ihm Offenbarung; der Dichter ging in sein Werk ebenso ein wie Gott in die pantheistisch geschaute Natur. Mit dieser Witterung für das Abgründige der Kunst entdeckte er die Kindheit der Völker und ihre Wiederkehr in der Kindheit jedes neugeborenen Menschen. Seine Schrift ‹Über den Ursprung der Sprache› grub die vorbegriffliche, triebhafte Bildersprache des Kindes und des Primitiven aus, die vom Dichter noch gesprochen wurde. Hier wurde in genialem Überschwang das Gesetz gefunden, dem seither die große deutsche Dichtung, im Gegensatz zum französischen Klassizismus, untersteht: nicht Wahrerin einer hohen sprachlichen Konvention, sondern immer neuer Abstieg zu den Quellen der Sprache zu sein. Die Sprache des in Herders Sinn schöpferischen Dichters ist grenzenlos wandelbar wie die Natur, reich an Bildern und arm an Begriffen, niemals ganz in Schrift wiederzugeben.»[40]

Und noch einmal Walter Muschg über Herder: «Die Begegnung mit Goethe trug ihn zur Höhe seiner kühnsten Verkündung empor, wo er die Bibel und Homer, Shakespeare und das Volkslied als die eine Offenbarung der Gottheit begreifen konnte.»[41] Ihm selbst war es nicht vergönnt, entsprechende Dichtungen zu schaffen, um so mehr aber seinem Zuhörer Goethe, der diesem Ansatz bis ins hohe Alter schöpferisch verpflichtet blieb.

Für den Humanitätsgedanken sind Herders Überlegungen insofern entscheidend, als damit die Bibel zwar noch immer eines der ranghöchsten Bücher bleibt, aber eben auch eine Dichtung ist – im Sinne der Selbstbesinnung des Menschen auf seine Ursprünge. Damit verliert die Bibel ihren Absolutheitsanspruch. Andere Bücher werden ihr ebenbürtig. Ja, Herder glaubt sogar gerade in den Liedern der «Wilden» ganz besondere Qualitäten zu entdecken. Schon seit Jahren hatte er in den verschiedenen Literaturen nach Texten geforscht, die ihm die Qualität solcher Ursprünglichkeit zu haben schienen. Jetzt las er zusammen mit Goethe Homer, Ossian, Shakespeare, zeigte ihm in den Volksliedern den Keim aller Poesie und eine Stimme der Menschheit, in der jedes einzelne Volk seinen Charakter in der ihm eigenen Denkweise und Sprache offenbare. Er trieb seinen jungen Freund dazu an, bei seinen Fahrten durchs Elsaß selbst etwas beizutragen zu der geplanten Sammlung der «Stimmen der Völker», und Goethe brachte ihm einige Lieder und Melodien mit von den Märkten und Straßen. Die Bibel selbst entpuppte sich jetzt als ein Werk dieser Zeugnisse aus dem Ursprung. Im Alten Testament entdeckten sie Kriegs- und Siegeslieder, und im Schöpfungsbericht ein Stück Poesie. Kein Buch der Dogmen also, sondern eine authentische Sammlung hebräischer Volkspoesie.

Diese Gedanken lagen Herders berühmter Sammlung «Stimmen der Völker» zugrunde, die allerdings erst 1778 in Buchform erscheinen sollte, ein Meilenstein in der Geschichte des Humanismus und zugleich ein Zeichen seiner tiefgreifenden Wandlung. Das Latein, als humanistische Gebrauchssprache, hatte an Bedeutung verloren. Nicht mehr nur die griechisch-römische Antike und die Bibel galten als Zeugnisse des Ursprungs. Herder versammelte Lieder aus Grönland, Lappland, Schottland, brachte Beispiele estnischer, lettischer, englischer, deutscher, italienischer, spanischer, böhmischer oder französischer Poesie als gleichwertige Zeugnisse menschlicher Urwahrheiten. Und er schloß

seine Sammlung nicht etwa mit Glanzbeispielen artistischer Kunstlyrik, sondern machte im Gegenteil die staunenden Leser mit den von ihm gesammelten «Liedern der Wilden» bekannt, Volkspoesie aus Madagaskar und Peru!
Die Völker erschienen, durch ihre Dichtung bezeugt, alle als Beiträger zu diesem einen großen Menschheitsbuch. Die göttliche Offenbarung der Natur, das Wunder der Sprache, war nachzuweisen in allen Kulturen, wo Poesie entstand.
So ging Herders Humanismus also weit über die Pflege und Nachahmung der Alten hinaus. Er trug dazu bei, auch anderen Völkern ihr eigenes Kulturbewußtsein zu vermitteln. Indem er beispielsweise als erster die Lieder der Slawen sammelte und veröffentlichte, wurde er zum Vater der europäischen Slawistik. Ähnliches hat übrigens später der Sanskrit- und Religionsforscher Max Müller (1823–1900) für die Indologie geleistet, Friedrich Rückert (1788–1866) für die Orientalistik, humanistische Missionsarbeit sozusagen, die nicht die eigene Überzeugung verbreiten, sondern andere Länder in ihrem kulturellen Selbstverständnis stärken will. In diesem Sinne hatte Friedrich Schiller den Plan, den verschiedenen eureopäischen Völkern je ein eigenes Nationaldrama zu schaffen, zuletzt das Fragment «Demetrius» für Rußland.
Seit der Gründung der Platonischen Akademie in Florenz (1459), an der Pico della Mirandola verkündet hatte, daß die Wahrheit nicht nur in der Bibel und bei den griechischen Philosophen zu finden sei, waren über dreihundert Jahre vergangen. Erst Herders Buch «Stimmen der Völker» löste jenen einst so revolutionären Gedanken ein und vertiefte ihn: «In Liedern aus allen Zeiten und Zonen hörte man hier die unverstellte Menschennatur von den ewig gleichen Dingen und Gefühlen reden, und zwar in dem Augenblick, wo dieses Singen zu verstummen drohte».[42]

Ehe wir uns der philosophischen Vertiefung des Humanismusgedankens zuwenden, wie Herder sie in seinem Hauptwerk «Ideen zur Philosophie der Geschichte der Menschheit» und seinen «Briefen zur Beförderung der Humanität» vollzog, sei noch erwähnt, daß dieser streitbare Mann durchaus seine Tücken hatte. So war er zum Beispiel unfähig, seinem einst verehrten Lehrer Kant zu folgen, als dieser seine kritische Philosophie entwickelte. Herder polemisierte nicht nur gegen die Aufklärung im allgemeinen, der er Hohlheit und Prahlsucht vorwarf, er bezeichnete insbesondere Kants Schriften als öde Wüsten voll leerer Hirngeburten und anmaßender Wortnebel. Er hielt Kant entgegen, daß erst mit dem Sprechen Vernunft entstehe.
Ebenso kam es schließlich zu einem Bruch zwischen Herder und Goethe, der seinem Freund immerhin ein Auskommen als Generalsuperintendent, Mit-

glied des Oberkonsistoriums und als erster Prediger an der Stadtkirche von Weimar verschaffte. Nach einigen lichten, durchaus produktiven Jahren, die Herder im engsten Kontakt zu Goethe verlebte, folgte eine innere und äußere Entfremdung zwischen den beiden. Äußerlich, da Herder in seiner ständigen Geldnot ungerechtfertigte materielle Forderungen erhob, innerlich, weil Goethe sich nicht davon abbringen ließ, sich ganz der weltlichen Dichtung hinzugeben. Mit seinem «Faust» schuf er schließlich ein Pandaimonium, eine universale Dichtung, gespeist aus vielen Kulturen, ganz im Sinne jener Gedanken, die er einst mit Herder in dessen Straßburger Krankenzimmer geteilt hatte. Aber je «heidnischer» sich Goethe gab, desto mehr fühlte sich der alte Herder in die Rolle des christlichen Theologen gedrängt, fast schien es, als wolle sich der Konflikt zwischen Luther und Erasmus noch einmal abspielen.

So fand sich Herder allmählich isoliert in seiner hypochondrischen Reizbarkeit, während Goethe und Schiller ihre klassischen Werke schrieben. Herder stichelte, wo er nur konnte, gegen diese beiden, deren Freundschaft ihn ausschloß. So starb er, sich selbst und seinen Freunden ein Ärgernis, am 18. Dezember 1803 an den Folgen eines Leberleidens.

In seiner Einsamkeit aber, auch da drängt sich ein Vergleich mit Erasmus auf, hatte er alle Kräfte darauf konzentriert, seine Hoffnung auf eine freiere und edlere Menschheit zu begründen. Viele seiner Gedanken sind inzwischen so sehr Allgemeingut geworden und lebensprägend, daß man sie kaum noch auf ihn zurückführt.

Was Herder über Naturgeschichte und die kosmische Bedeutung der Erde, über Sprache und Sitten, Religion und Poesie, Wesen der Künste und Wissenschaften, Völkerbildungen und historische Vorgänge gedacht hatte, faßte er in seinen «Ideen zur Philosophie der Geschichte der Menschheit» noch einmal zusammen zu einem genialen Gedankentraum, der in der Vision gipfelt, daß alle diese Vorgänge darauf gerichtet seien, die Humanität zu entwickeln. Das Fortschrittsgesetz der Geschichte beruht auf einem Fortschrittsgesetz der Natur, das schon in den Wirkungen der anorganischen Naturkräfte verborgen tätig ist, in der aufsteigenden Reihe der organischen Wesen vom Naturforscher bereits erkannt wird und sich für den Geschichtsforscher in den geistigen Bestrebungen des Menschengeschlechts zeigt. Die Dinge entwickeln sich nicht auseinander, sondern alles entwickelt sich aus Gott, der ewigen und unendlichen Wurzel aller Dinge, und die Gesetzlichkeit und Ordnung der Welt ist Ausdruck der göttlichen Macht und Vernunft. Obschon er alle diese Betrachtungen seinem umfassenden Humanitätsgedanken unterordnet, gelingt es Herder dennoch immer wieder, gerade die Besonderheiten geschicht-

licher Gestalten, Kulturen und Völker aus sich selber heraus zu entwickeln und packend darzustellen.[43]
Dabei blieben gewisse Einsichten über den Menschen bis heute grundlegend für die moderne Anthropologie. Indem Herder den Menschen mit den Tieren vergleicht, erkennt er, daß der Mensch dem Tier in vieler Hinsicht unterlegen ist. Weder verfügt der Mensch über die Kraft der Tiere noch über deren Sicherheit der Instinkte. So erscheint der Mensch als ein «Mängelwesen», dem nichts anderes übrigbleibt, als für sein Überleben geistige Mittel zu entwickeln. Er ist gezwungen, sich «aus der Mitte seiner Mängel» erst zu dem zu machen, der er sein soll. Dazu sind ihm Vernunft und Freiheit gegeben.[44]

Darwin, Marx und Nietzsche: Der Kampf ums Dasein

Mit seiner Auffassung, wonach ein Fortschrittsgesetz in der aufsteigenden Reihe der organischen Wesen verborgen tätig sei, wurde Herder zum Vordenker einer Naturbetrachtung, die im 19. Jahrhundert von Charles Darwin (1809–1882) in konsequenter Weise fortgeführt wurde.[45]
Schon sein Großvater Erasmus Darwin (1731–1802), ein Arzt, Naturforscher und didaktischer Dichter, hatte in seinen Lehrgedichten «The botanic garden» (1781) und «The temple of nature» (1803) Entwicklungstheorien der Naturgeschichte dargestellt, die in vieler Hinsicht die Forschungsergebnisse seines Enkels vorwegnahmen. Angeregt durch die naturwissenschaftlichen Reisebeschreibungen Alexanders von Humboldt, nahm Charles Darwin an einer Forschungsexpedition teil, die ihn nach Brasilien, durch die Magellanstraße, an die Westküste Südamerikas und zu den Südseeinseln führte. Dabei sammelte er unermüdlich Material, das er in seinen Reisetagebüchern beschrieb und später auswertete. Es waren Vorstudien zu seinem epochalen Werk «Über den Ursprung der Arten» (1859), das innerhalb kürzester Zeit weltweit Aufsehen erregte und in fast alle Kultursprachen übersetzt wurde. Es bedeutete eine zweite «kopernikanische Wende» in der Geschichte der Naturwissenschaft und sollte unabsehbare Folgen haben. Hatten die Koryphäen der Wissenschaft bisher am Lehrsatz der Konstanz oder der Unveränderlichkeit der Arten festgehalten, sahen sie sich jetzt widerlegt. Darwin wies nach, daß die Lebewesen im Verlauf vieler Generationen ihre Gestalt verändert hatten. Das führte er darauf zurück, daß die Überproduktion von Nachkommen unter den Lebewesen einen Kampf ums Dasein auslöste, in dem nur die Stärksten eine Überlebenschance hatten. Wer wegen seiner unzulänglichen Eigenschaften diesen Kampf nicht bestand, war zum Aussterben verdammt; wer günsti-

gere Eigenschaften und Fähigkeiten hatte, erhielt seine Rasse, indem er sich fortpflanzte und seine Eigenschaften durch die Wahl entsprechender Fortpflanzungspartner auf seine Nachkommen vererbte (natürliche Zuchtwahl).
Zunächst einen Sturm der Entrüstung, dann aber weltweite Anerkennung erntete Darwin mit seinem nächsten Werk «Die Abstammung des Menschen durch geschlechtliche Zuchtwahl» (1871), in dem er die Abstammung des Menschen mit ebendieser Theorie zu erklären suchte. In seinem Werk «Über den Ausdruck der Gemütsbewegungen bei Menschen und Tieren» (1872) versuchte er auf äußerst subtile Weise, die Verwandtschaft von Tier und Mensch erneut nachzuweisen.
Mit Kopernikus hatte der Mensch erfahren müssen, daß die Erde keineswegs der Mittelpunkt von Gottes Schöpfung sei, jetzt mußte man gar an der göttlichen Herkunft des Menschen selber zweifeln. Darwins Studien, eigentlich nur der gelehrten Fachwelt wirklich verständlich, fanden ihren Niederschlag in der weltweit verbreiteten Simplifizierung, der Mensch stamme vom Affen ab, und alles Leben sei nur ein unerbittlicher Kampf ums Dasein.
Verheerend war die Wirkung dieser Lehre in ihrer profanen Variante des sogenannten «Sozialdarwinismus». Das Recht des Stärkeren, sich durchzusetzen und zu überleben, war nun quasi naturwissenschaftlich belegt. Indianer und Afrikaner galten als mindere Rassen, waren also schon von Natur her zum Aussterben verurteilt, während die «weiße Rasse» als die stärkere Art ihren Herrschaftsanspruch über die Welt naturwissenschaftlich begründet sah. Damit ließ sich auch mancher Genozid rechtfertigen; man vollbrachte ja nur, was die Natur ohnehin schon plante.

Eigentlich hätte das 19. Jahrhundert den Anbruch paradiesischer Zeiten bedeuten müssen. Aber das paradiesische Zeitalter, das Francis Bacon mit der totalen Dienstbarmachung der Natur und dem unbegrenzten technischen Fortschritt hatte heraufkommen sehen, traf wohl nach der Möglichkeit ein, mitnichten in der Realität.
Die nun einsetzende industrielle Revolution bedeutete das Aufkommen einer neuen Macht in der Geschichte der Menschheit, deren überwältigende Produktivkraft alle bisherigen Umwälzungen übertraf. Die neuen Techniken schufen Produktionsmittel, die bei gerechterem Einsatz sehr wohl eine menschenfreundlichere Welt ermöglicht hätten, aber der Mensch war sich gleichgeblieben. Statt den «Segen der Technik» auf alle zu verteilen, nutzten die Besitzer der neuen Maschinen ihre Macht, sich besinnungslos zu bereichern. Die Folgen waren eine neue Armut und Massenarbeitslosigkeit. Verelendung auf der einen Seite, ausbeuterische Exzesse des Frühkapitalismus auf der

anderen Seite, ein Prozeß, der erst in England, dann auch im übrigen Europa zu beobachten war, namentlich in Frankreich, später in Deutschland.
Just in einer Zeit, die mit ihren enthusiastisch begrüßten technischen Möglichkeiten Wohlstand und Frieden für alle hätte bringen können, nahm der «Kampf ums Dasein» neue, noch erbarmungslosere Dimensionen an. Aber was in der Natur als «natürliche Auslese» vonstatten ging, traf auf die menschliche Gesellschaft schon längst nicht mehr zu. Nicht der von Natur aus «Stärkere» machte das Rennen, sondern der Inhaber der besseren Produktionsmittel.

Mit dieser Entwicklung schien alles in Frage gestellt, was sich in der Vergangenheit an humanistischen Ideen mühsam Bahn gebrochen hatte. Die Tyrannei, mit der einst Cicero zu kämpfen gehabt hatte, erschien vergleichsweise harmlos, gemessen an der Tyrannei einer maschinenbestimmten Welt, in der die Produktionsmittel in den Händen weniger lagen. Auch die Freiheiten der Französischen Revolution erschienen vorbeigedacht an der Verelendung des neu entstehenden Proletariates, das sich um seine Hoffnungen betrogen sah, teilzuhaben am Reichtum der Großindustrie.
Was Friedrich Engels schon in seiner Abhandlung «Herrn Dührings Umwälzung der Wissenschaft» (1878) ausgeführt hatte, verdeutlichte er später in seiner eher populärwissenschaftlichen Schrift «Die Entwicklung des Sozialismus» (1882). Darin heißt es über das Zeitalter der Französischen Revolution und der Aufklärung: «Die großen Männer, die in Frankreich die Köpfe für die kommende Revolution klärten, traten selbst äußerst revolutionär auf. Sie erkannten keine äußere Autorität an, welcher Art sie auch sei. Religion, Naturanschauung, Gesellschaft, Staatsordnung, alles wurde der schonungslosen Kritik unterworfen; alles sollte sein Dasein vor dem Richterstuhl der Vernunft rechtfertigen oder aufs Dasein verzichten. Der denkende Verstand wurde als alleiniger Maßstab an alles angelegt . . . Alle bisherigen Gesellschafts- und Staatsformen, alle altüberlieferten Vorstellungen wurden als unvernünftig in die Rumpelkammer geworfen; die Welt hatte sich bisher lediglich von Vorurteilen leiten lassen; alles Vergangene verdiente nur Mitleid und Verachtung. Jetzt erst brach das Tageslicht, das Reich der Vernunft an, von nun an sollten der Aberglaube, das Unrecht, das Privilegium und die Unterdrückung verdrängt werden durch die ewige Wahrheit, die ewige Gerechtigkeit, die in der Natur begründete Gleichheit und die unveräußerlichen Menschenrechte.»[46]
Es folgt eine schonungslose Kritik: «Wir wissen jetzt, daß dies Reich der Vernunft weiter nichts war als das idealisierte Reich der Bourgeoisie; daß die ewige Gerechtigkeit ihre Verwirklichung fand in der Bourgeoisjustiz; daß die

Gleichheit hinauslief auf die bürgerliche Gleichheit vor dem Gesetz; daß als eines der wesentlichen Menschenrechte proklamiert wurde – das bürgerliche Eigentum, und daß der Vernunftsstaat, der Rousseausche Gesellschaftsvertrag ins Leben trat und nur ins Leben treten konnte als bürgerliche demokratische Republik. So wenig wie alle ihre Vorgänger konnten die großen Denker des 18. Jahrhunderts hinaus über die Schranken, die ihnen ihre eigene Epoche gesetzt hatte.»[47]

Marx und Engels versuchten dagegen, den verborgenen Gesetzen der industriellen Gesellschaft auf die Spur zu kommen, und sind in ihren kritischen Ansätzen durchaus noch aktuell:

«Mit der Erweiterung der Warenproduktion aber, und namentlich mit dem Auftreten der kapitalistischen Produktionsweise, traten auch die bisher schlummernden Gesetze der Warenproduktion offener und mächtiger in Wirksamkeit. Die alten Verbände wurden gelockert, die alten Abschließungsschranken durchbrochen, die Produzenten mehr und mehr in unabhängige, vereinzelte Warenproduzenten verwandelt. Die Anarchie der gesellschaftlichen Produktion trat an den Tag und wurde mehr und mehr auf die Spitze getrieben. Das Hauptwerkzeug aber, womit die kapitalistische Produktionsweise diese Anarchie in der gesellschaftlichen Produktion steigerte, war gerade das Gegenteil der Anarchie: die steigende Organisation der Produktion, als gesellschaftlicher, in jedem einzelnen Produktionsetablissement. Mit diesem Hebel machte sie der alten friedlichen Stabilität ein Ende. Wo sie in einem Industriezweig eingeführt wurde, litt sie keine ältere Methode des Betriebes neben sich. Wo sie sich des Handwerks bemächtigte, vernichtete sie das alte Handwerk. Das Arbeitsfeld wurde ein Kampfplatz. Die großen geographischen Entdeckungen und die ihnen folgenden Kolonisierungen vervielfältigten das Absatzgebiet und beschleunigten die Verwandlung des Handwerks in die Manufaktur. Nicht nur brach der Kampf aus zwischen den einzelnen Lokalproduzenten; die lokalen Kämpfe wuchsen ihrerseits an zu nationalen, den Handelskriegen des 17. und 18. Jahrhunderts. Die große Industrie endlich und die Herstellung des Weltmarkts haben den Kampf universell gemacht und gleichzeitig ihm eine unerhörte Heftigkeit gegeben. Zwischen einzelnen Kapitalisten wie zwischen ganzen Industrien und ganzen Ländern entscheidet die Gunst der natürlichen oder geschaffenen Produktionsbedingungen über die Existenz. Der Unterliegende wird schonungslos beseitigt. Es ist der Darwinsche Kampf ums Einzeldasein, aus der Natur mit potenzierter Wut übertragen in die Gesellschaft. Der Naturstandpunkt des Tieres erscheint als Gipfelpunkt der menschlichen Entwicklung.»[48]

Die Menschheit vor dieser Entwicklung bewahren zu wollen, war der mit

Recht so bezeichnete humanistische Ansatz der kommunistischen Theorie. Danach sollten durch Vergesellschaftung von Kapital und Produktionsmittel die Klassengegensätze aufgehoben werden. Dann würde das Reich des ewigen Friedens anbrechen:
«Sind im Laufe der Entwicklung die Klassenunterschiede verschwunden und ist alle Produktion in den Händen der assoziierten Individuen konzentriert, so verliert die öffentliche Gewalt den politischen Charakter. Die politische Gewalt im eigentlichen Sinne ist die organisierte Gewalt einer Klasse zur Unterdrückung einer andern. Wenn das Proletariat im Kampfe gegen die Bourgeoisie sich notwendig zur Klasse vereint, durch eine Revolution sich zur herrschenden Klasse macht und als herrschende Klasse gewaltsam die alten Produktionsverhältnisse aufhebt, so hebt es mit diesen Produktionsverhältnissen die Existenzbedingungen des Klassengegensatzes, die Klassen überhaupt, und damit seine eigene Herrschaft als Klasse auf.
An die Stelle der alten bürgerlichen Gesellschaft mit ihren Klassen und Klassengegensätzen tritt eine Assoziation, worin die freie Entwicklung eines jeden die Bedingung für die freie Entwicklung aller ist.»[49]
Sowohl der kritische Ansatz als auch das Ziel des Kommunismus mögen nach wie vor humanistisch zu nennen sein, nicht aber die alles entscheidende Methode, dieses Ziel zu erreichen, die Legitimation der Gewalt, die Stalin übrigens zu dem Ausspruch verleitet hat, es sei durchaus humanistisch, ein paar tausend Menschen umzubringen, wenn man dafür die Lebensverhältnisse von fünf Millionen Menschen verbessern könne. Auch ist die erstrebte «Diktatur des Proletariats», die als vorübergehend angenommen wird, schon deshalb am Menschen vorbeigedacht, weil alle Diktatur darauf angelegt ist, sich um jeden Preis zu erhalten. Um welchen Preis, das braucht hier nicht näher erläutert zu werden. Das hat uns die jüngste Geschichte des real existierenden Sozialismus zur Genüge gezeigt.

Friedrich Nietzsche (1844–1900) hat von Darwin genauso gelernt wie Karl Marx, nur daß er andere Schlüsse aus dessen Entwicklungstheorie zog. Von seiner Berufswahl her war Nietzsche Altphilologe und also durchaus auch Humanist im klassischen Wortsinn. Er strebte eine Umwertung aller Werte an, wollte rückgängig machen, was sich mit dem Christentum zumindest als Botschaft verbreitet hatte, nämlich Mitleid und Nächstenliebe. Er, der unfähig war, sich erotisch einer Frau zu nähern, und sich in einem Basler Bordell die Syphilis holte, feierte in seinem genialen Essay «Die Geburt der Tragödie aus dem Geiste der Musik» (1871) die orgiastischen Frühlingskulte der Naturvölker. Nicht Winckelmanns idealisierende Sicht eines geistig geläuterten

Griechentums versuchte er wiederzugewinnen, sondern bacchantischen Überschwang, entfesselte Vitalität. Was ihm selbst nicht gegeben war, erhob er zur Religion der Stärke.

Solcher Religion aber war Gott ein Hindernis. Der Mensch sollte endlich selbst an die Macht kommen, sich lossagen von jeder metaphysischen Bindung, die seiner Selbstverwirklichung doch nur im Wege stand. Also ließ Nietzsche seinen Zarathustra verkünden, «daß Gott tot ist».[50]

Dieser Satz ist nicht nur bedeutsam, weil er die letzte philosophische Konsequenz des Emanzipationsprozesses ist, den wir hier beschreiben, sondern weil er das Lebensgefühl ganzer Epochen zum Ausdruck bringt. Noch heute ist dieser Satz so populär wie die berühmtesten Bibelsprüche. Er ziert, wie ich selbst bezeugen kann, die Wände so mancher öffentlichen Bedürfnisanstalt, sei es als Ausdruck ketzerischer Besinnung an verschwiegenem Ort, sei es als jugendlicher Protest.

Wo aber Gott gestorben und der Mensch hauptsächlich seiner Triebstruktur ausgeliefert ist, braucht es neue Ideale, an denen sich der Mensch «aufrichten» kann. Dieses Ideal findet Nietzsche im «Willen zur Macht», der den Menschen dazu führen soll, alles zu beherrschen, zunächst einmal sich selbst, dann die gesamte Welt. Also sprach Zarathustra:

«*Ich lehre euch den Übermenschen.* Der Mensch ist etwas, das überwunden werden soll. Was habt ihr getan, ihn zu überwinden?

Alle Wesen bisher schufen etwas über sich hinaus – und ihr wollt die Ebbe dieser großen Flut sein und lieber noch zum Tiere zurückgehn, als den Menschen überwinden?

Was ist der Affe für den Menschen? Ein Gelächter oder eine schmerzliche Scham. Und ebendas soll der Mensch für den Übermenschen sein: ein Gelächter oder eine schmerzliche Scham.

Ihr habt den Weg vom Wurme zum Menschen gemacht, und vieles ist in euch noch Wurm. Einst wart ihr Affen, und auch jetzt noch ist der Mensch mehr Affe als irgendein Affe.

Wer aber der Weiseste von euch ist, der ist auch nur ein Zwiespalt und Zwitter von Pflanze und von Gespenst. Aber heiße ich euch zu Gespenstern oder Pflanzen werden?

Seht, ich lehre euch den Übermenschen!

Der Übermensch ist der Sinn der Erde. Euer Wille sage: Der Übermensch *sei* der Sinn der Erde!»[51]

Was für ein wortgewaltiger, ideologischer Überbau für Darwins Entwicklungstheorie, die der weißen Rasse das Recht auf die Weltherrschaft bescheinigte! Es hat durchaus seine Logik, daß Adolf Hitler seinem Freund Mussolini eine Prachtausgabe von Nietzsches Werken zum sechzigsten Geburtstag schenkte. Mussolinis Beifall war ihm sicher. Nietzsches Modell des Übermenschen war der Herrenmensch der Renaissance gewesen, so wie er etwa von einem Cesare Borgia oder der Sippe der Malatesta repräsentiert wurde. Der Kreis schließt sich.

Mit Darwin, Marx und Nietzsche hat der europäische Humanismus, den wir hier vor allem unter dem Gesichtspunkt einer Emanzipation betrachten, eine kaum noch zu überbietende Konsequenz erreicht:
Mit Darwin hatte sich das nüchterne Erkenntnisprinzip der modernen Wissenschaft auf die biologischen Lebensvorgänge übertragen und als inneres Gesetz aller Entwicklung den «Kampf ums Dasein» und das Überleben des Stärkeren erkannt und populär gemacht.
Nach Marx äußerte sich dieser «Kampf ums Dasein» vor allem in Klassenkämpfen, die ökonomisch bedingt waren. Dem drohenden Unheil, daß der Mensch von seinen Produkten beherrscht werde, begegnete er mit seinem Aufruf zum gewaltsamen Umsturz der ökonomischen Verhältnisse. Erst in einer klassenlosen Gesellschaft könne der Mensch, vor allem durch seine Arbeit definiert, sich eine Welt produzieren, die allen Frieden und Gerechtigkeit brächte.
Mit Nietzsche erfolgte nicht nur eine endgültige Absage an alle metaphysischen Bindungen, sondern auch an soziale Visionen. Im Sozialismus sah er lediglich eine neue Spielart feudalistischer Diktatur. Selbst nur ausgestattet mit einem ewig kränkelnden Körper und einem von der Syphilis langsam zerstörten Gehirn, predigte er die Freiheit einer rücksichtslosen Selbstverwirklichung der «Bestie Mensch».

Gewiß, wir hätten auch andere Vertreter des europäischen Humanismus anführen können, die seine Entwicklung im 19. Jahrhundert mitgeprägt haben, etwa Sören Kirkegaard und Dostojewski als Vertreter des christlichen Humanismus, den alten Tolstoi als Prophet der sozialistischen Spielart, um nur diese drei zu nennen.
Wir haben uns auf Darwin, Marx und Nietzsche konzentriert, da sie das Bewußtsein der Massen am meisten beeinflußt haben. Obwohl ihre profunden Abhandlungen und Kampfschriften nur Fachleuten wirklich verständlich sind, haben sie offenbar doch den Kern all dessen, was noch im 20. Jahrhundert die Massen am meisten zu bewegen vermochte, am besten getroffen.
Es wäre müßig, nun Darwin als den wissenschaftlichen Begründer der Rassentheorie für spätere Genozide verantwortlich zu machen, ebenso müßig, die

Schuld für die Straflager Sibiriens bei Karl Marx, die Schuld für die Verbrechen des Faschismus bei Nietzsche zu suchen. Es hat ja auch immer die Menschen gebraucht, Theorien in die Tat umzusetzen, machtgierige Verführer und blindgläubige Idealisten, die sich plötzlich ganz «legitim» als «Bestie Mensch» aufführen konnten.
Und dennoch, ein geistiger Zusammenhang ist nicht zu leugnen. Wir müssen uns sagen: Die Freiheit, in die uns das 19. Jahrhundert entließ, hat sich als Abgrund entpuppt.
Ein Abgrund, der mit jedem Tag bedrohlicher wird. Jederzeit kann ein neuer Diktator die demokratischen Bemühungen vieler Jahrzehnte zunichte machen. Davor hat uns Elias Canetti in seinem Buch «Masse und Macht» eindrücklich gewarnt: «Was Dschingis Khan! was Tamerlan! was Hitler! – an unseren Möglichkeiten gemessen, klägliche Lehrlinge und Stümper!»[52]
Für Kriege sind wir besser gerüstet denn je, und daß die Natur sich für unseren kurzsichtigen Umgang mit ihr bereits rächt, spüren wir schon an den Klimaveränderungen; größere Katastrophen sind absehbar, die Apokalypse ist vorprogrammiert, der einzelne Mensch überfordert.

Julian Huxley: Ich sehe den künftigen Menschen

Nun bringt es aber der technische Fortschritt unweigerlich mit sich, daß er scheinbar für alles eine Lösung anzubieten hat. Auch für die Zukunft. Auch für das dritte Jahrtausend.
Sich dem technischen Fortschritt zu versperren ist genauso absurd, wie wenn wir uns vornehmen würden, nicht mehr zu essen. Den technischen Fortschritt zu wollen und herbeizuführen, gehört offenbar zur Natur des Menschen. So wäre es Unfug, etwa die genetische Forschung verbieten zu wollen. Sie kann uns in vieler Hinsicht überlebenswichtige Entdeckungen bringen; schon heute profitieren wir auf dem Sektor Gesundheitswesen mehr von ihren Ergebnissen, als landläufig bekannt ist. Den Code des menschlichen Lebewesens entschlüsseln zu können, ist zu einer unausweichlichen Realität der kulturellen Entwicklung geworden. Philosophisch zu Ende gedacht, haben wir damit den Gipfel des humanistischen Denkens erreicht, wie es sich in Europa seit der Renaissance entwickelt hat. Die Genetik wird uns früher oder später die Freiheit gewähren, die Natur des Menschen auf biologischer Grundlage neu zu bestimmen. Zukunftsmusik für die einen, Horrorvision für die andern.
Auch wenn die Experten versichern, sie befänden sich mit der technischen Umsetzung dieser neuen Freiheit noch in vergleichsweise harmlosen Anfän-

gen, entbindet uns das nicht der Verpflichtung, schon heute über die möglichen Konsequenzen nachzudenken. Eine bedachtsam angewendete genetische Forschung kann wohl tatsächlich dazu beitragen, unabsehbares menschliches Leid zu verhindern, sei es auf dem Gebiet der Erbkrankheiten, sei es bei der Verhinderung von weltweiten Hungersnöten. Da sind mit der Genetik neue Möglichkeiten gegeben, neue Verantwortung auch, uns mit der Natur auseinanderzusetzen.

Aber es gibt auch hier einen Fundamentalismus, vor dem wir schon jetzt zu warnen haben. Ein Beispiel dafür lieferte der namhafte englische Biologe Julian Huxley mit seinem Buch «Ich sehe den künftigen Menschen. Natur und neuer Humanismus» (1965), dessen englischer Titel in unsrem Zusammenhang noch zutreffender ist: «Essays of a Humanist».

Julian Huxleys Gedanken basieren auf einer Neubelebung des Darwinismus. Auch der Mensch ist dem allgemeinen, stammesgeschichtlichen Entwicklungsgesetz unterworfen, das ihn verpflichtet, sein Erbgut zu sichten und nur den besseren Genen die Zukunft zu sichern.[53]

Der Mensch, definiert aus biologischer Sicht: «Er ist nicht nur äußerst jung, er ist auch noch äußerst unvollkommen, ein unfertiges, oft zusammengepfuschtes Produkt stammesgeschichtlicher Improvisation. Teilhard de Chardin nennt die Umformung eines Anthropoiden in einen Menschen Hominisation. Eine genauere, wenn auch schwerfälligere Bezeichnung wäre Psychosozialisation. Welchen Namen man dem Vorgang auch immer geben mag, er ist noch lange nicht abgeschlossen. Die ernsthafte Untersuchung seines Ablaufs, seiner Mechanismen, seiner Arbeitsweisen hat soeben erst begonnen. Nur ein Bruchteil seiner Möglichkeiten ist bis heute verwirklicht. Der Mensch hat eine weitere Verbesserung dringend nötig. Hier ist der Punkt, wo die Eugenik ihren Hebel anzusetzen hat. Denn wenn das psychosoziale System, in welchem und durch welches der Mensch sein Dasein weiterführt, offensichtlich zum größten Vorteil seiner Mitglieder verbessert werden kann, so gilt dies ebenso für die genetischen Gegebenheiten.»[54] Im folgenden Abschnitt, und wir sind ihm dankbar für diese gedankliche Konsequenz, deutet er an, daß die Aufgaben der Eugenik weit über bloße medizinische Belange hinausweisen: «Schwere und in erster Linie genetisch bedingte Gebrechen wie die Bluterkrankheit, die Farbenblindheit, der Mongolismus, einige geschlechtliche Abnormitäten, einige Geisteskrankheiten, die Sichelzellen-Anämie, einige Formen der Zwergwüchsigkeit und die Huntingtonsche Chorea sind eine Quelle individuellen Elends, und ihre Verminderung würde die leidende Menschheit von einer Last befreien. Doch handelt es sich hier um nur gelegentlich auftretende Anomalien. Ihre Gesamtauswirkungen sind quantitativ unbedeutend,

gemessen an den massiven Unvollkommenheiten des Menschen als Art, und ihre Ausschaltung erscheint als ein unbedeutender Eingriff im Vergleich zu den positiven Möglichkeiten einer allumfassenden Verbesserung.»[55]
Nun empfiehlt er zu bedenken, daß die sogenannten Genies ihre Genialität ihrem höheren Intelligenzquotienten zu verdanken haben, und kommt zu dem Schluß:
«Man vergesse nicht, daß die großen, entscheidenden Fortschritte in schöpferischer Kunst, politischer und militärischer Führerschaft, in wissenschaftlicher Entdeckung und Erfindung an erster Stelle das Werk einiger weniger, besonders begabter Individuen sind. Man vergesse auch nicht, daß nach den erwiesenen Prinzipien der Genetik eine geringe Erhöhung der mittleren Befähigung ein Ansteigen der gesamten Frequenzkurve zur Folge hätte. Damit würde die absolute Zahl der hochintelligenten und hochbegabten Menschen, die den obersten Abschnitt der Kurve bilden, um ein Beträchtliches steigen (womit auch die Zahl der besonders schlecht Begabten und Unbegabten sinken würde).
Man denke ferner daran – worauf Galton als erster aufmerksam machte –, daß es uns bereits an fähigen Köpfen mangelt, die sich in der komplizierten Struktur der modernen Verwaltung, Technologie und Planung zurechtfinden. Mit der unvermeidlichen Zunahme unserer sozialen und technischen Komplexität wird sich dieser Mangel weiter zuspitzen. So ist es klar, daß ein Fortschritt in nationalen oder internationalen Problemen heute nicht so vor sich geht, daß man auf gut Glück an sozialen oder politischen Symptomen herumpfuscht oder zu provisorischer Flickarbeit am politischen Weltapparat Zuflucht nimmt. Ja selbst eine allgemeine Verbesserung des Bildungsniveaus genügt nicht mehr. Nur der Verlaß auf eine stetig steigende Verbesserung des genetischen Niveaus, der praktischen und intellektuellen Fähigkeiten des Menschen kann hier eine Lösung bringen. Mit Hilfe künstlicher Besamung durch ausgewählte Spender ließe sich, wie ich noch ausführen werde, ein solches Ergebnis in der Praxis erzielen. Dies gilt für den ganzen Umfang des psychosozialen Prozesses. Mehr und tüchtigere Wissenschaftler können nur durch die Hebung des genetischen Niveaus der forschenden Wißbegierde auf den Plan gerufen werden, oder all jener Faktoren, die ein Individuum dazu treiben, das Unbekannte zielstrebig zu erforschen und neue Tatsachen und Ideen ausfindig zu machen. Mehr und bessere Künstler und Schriftsteller erlangen wir durch die Hebung des genetischen Niveaus der gezügelten schöpferischen Phantasie; zu mehr und besseren Staatsmännern kommen wir durch Hebung der Befähigung, soziale und politische Situationen als ein Ganzes zu erfassen sowie auf weite Sicht umfassend und nicht kurzsichtig

und stückweise zu planen; mehr und bessere Technologen und Ingenieure setzen höheres Interesse und größere Eignung dafür voraus, das Zusammenspiel von Dingen zu verstehen und seinen Wirkungsgrad zu erhöhen; mehr und bessere Heilige und moralische Führer wachsen aus der Fähigkeit, Werte maßvoll abzuschätzen, aus dem gesteigerten Sinn für Frömmigkeit und Pflicht und aus größerer Liebesfähigkeit; mehr und bessere Denker und Lenker erstehen, wenn die genetische Veranlagung für umfassendes Sehen und Verstehen gehoben wird, um so zu dem Entwurf einer umfassenden, ehrfurchtsvollen, ruhigen und unerschrockenen Darstellung der Natur und der Beziehungen zwischen Menschen und Natur zu gelangen.»[56]

Nach ausgiebigen Ratschlägen, wo eine massenweise Sterilisation angezeigt sei, da in gewissen sozialen Kreisen das Erbgut minderwertig sei, folgen Empfehlungen, nach welchen Gesichtpunkten die Auslese der besseren Menschen vorzunehmen sei:

«Somit sind auch die Anworten auf die Fragen, die ich zu Anfang dieses Kapitels stellte, von selbst gegeben. Nicht ein einzelner Typ muß ausgelesen werden, sondern eine Reihe von vorzüglichen Typen. Diese werden nicht von einem einzelnen Individuum noch von einem Komitee ausgewählt. Die Auslese wird kollektiv sein; sie wird die mannigfachen Wünsche und Ideale all der Ehepaare widerspiegeln, die die Euselektion durch E. I. D. vornehmen. Sie wird nicht von einer dogmatischen oder autoritären Obrigkeit aufgezwungen, obschon sie im Laufe ihrer Anerkennung die Unterstützung der öffentlichen Meinung und der jeweiligen Autoritäten genießen wird. Die Bahn ist frei für die bedeutendste Errungenschaft des menschlichen Fortschritts, die bewußte Verbesserung unserer Spezies durch wissenschaftliche und demokratische Methoden.

Alle prinzipiellen Einwände gegen die positive Eugenik fallen von selbst, wenn man das Problem unter dem allumfassenden Gesichtspunkt der Evolution betrachtet und nicht mehr unter dem engen Gesichtspunkt der Populationsgenetik oder der augenblicklichen sozialpolitischen Organisation. Inzwischen werden die augenscheinlichen praktischen Schwierigkeiten ihrer Anwendung überwunden oder doch wenigstens durch wissenschaftliche Entdekkungen und technischen Fortschritt ihrer Lösung näher gebracht.

In stammesgeschichtlicher Sicht wird die Eugenik – d. h. die genetische Verbesserung des Menschen – unweigerlich eines der Hauptziele des evoluierenden Menschen werden. Was sollen wir Eugeniker kurzfristig unternehmen, um zu einem langfristigen Ergebnis zu kommen? Zunächst haben wir die Forschung auf dem Gebiet der Humangenetik und Fortpflanzung weiterhin zu fördern, wir haben unter anderem die Methoden der Empfängnisverhütung und Sterilisation zu vervollkommnen. Die Gründung der *Darwin Research Fellowships* durch die *Eugenic Society* ist ein wichtiger Markstein auf diesem Wege. Ich gebe hier der Hoffnung Ausdruck, daß diese Forschungstätigkeit bald ein größeres Ausmaß annehmen wird.»[57]

Das Buch endet mit einem Credo, das aus möglichen Perspektiven ein «Muß» macht und damit den Charakter eines fundamentalistischen Glaubensbekenntnisses annimmt:

«Wir müssen, ganz allgemein gesagt, den breiten Massen eine wirkliche genetische Verbesserung zugänglich machen, wir müssen ihnen zeigen, welche Last durch sie von den Schultern der Menschen genommen werden kann und welche Hoffnungen sie in den Herzen der Menschen wecken kann. Wir müssen den Menschen klarmachen, daß der soziale und kulturelle Aufstieg allein nicht genügt. Wenn er nicht nur eine zeitweilige Erleichterung darstellen oder gar in ein bloßes Herumflicken an den Umweltbedingungen ausarten soll, muß er mit der genetischen Verbesserung Hand in Hand gehen oder doch wenigstens eine solche Hoffnung für die Zukunft in sich bergen.

Es würde nicht genügen, das Volk im allgemeinen und gewisse leitende Berufsklassen im besonderen, Ärzte, Erzieher, Wissenschaftler, Verwaltungsbeamte und andere, eugenisch zu bilden, sondern wir müssen alle nur erdenklichen Anstrengungen machen, um unser Erziehungssystem auf allen Niveaus zu verbessern, so daß einem jeden ein Minimum von biologischer Einsicht vermittelt wird: Verständnis für Fortpflanzung und Bevölkerung, für Genetik und Auslese, Ökologie und Naturerhaltung und vor allem für den ehrfurchtgebietenden Ablauf der Evolution sowie für die besondere Bedeutung des Menschen und seine Verantwortung in diesem allumfassenden Prozeß.

Wenn, wie ich unumstößlich glaube, es des Menschen erste Aufgabe ist, den stammesgeschichtlichen Prozeß auf diesem Planeten möglichst günstig zu beeinflussen und ihm für die Zukunft eine wünschenswerte Richtung zu geben, so wird die reichere Verwirklichung der genetischen Möglichkeiten eines der Hauptmotive der menschlichen Anstrengungen werden: Die Eugenik enthüllt sich dann als eine der grundlegenden menschlichen Wissenschaften.»[58]

Was uns an Julian Huxleys Buch so erschreckt, sind keineswegs die darin vorgetragenen Gedanken zu den Möglichkeiten der Genetik, die wir immer ernsthafter werden in Betracht ziehen müssen, sondern die leidenschaftliche Absolutheit seines Anspruchs, den einzigen Weg zur Verbesserung des Menschengeschlechts gefunden zu haben. Es ist eine Hybris des wissenschaftlichen Denkens, die ihresgleichen sucht. Sie zeigt uns deutlich, daß offenbar auch die sogenannte objektive Wissenschaft nicht frei davon ist, einem funda-

mentalistischen Elan zu verfallen, der nur noch eine alleinseligmachende Wahrheit gelten läßt. Bei Julian Huxley besteht diese «Wahrheit» darin, daß wir unweigerlich der Evolution im darwinschen Sinn unterworfen sind und es daher die «erste Aufgabe des Menschen ist, den stammesgeschichtlichen Prozeß auf diesem Planeten möglichst günstig zu beeinflussen ...» Was zunächst als eine neue Freiheit des Menschen erschien, wird zu einem gesellschaftlichen Dogma gemacht.
Die Probleme, die sich aus diesem auf Darwin beruhenden genetisch begründeten Humanismus ergeben, sind inzwischen ja deutlicher zu Bewußtsein gebracht worden. Vor allem wird sich die Frage stellen, wer denn entscheiden soll, wie das bevorzugte Modell des künftigen Menschen auszusehen habe. Julian Huxley hat sein Buch «Ich sehe den künftigen Menschen» übrigens mit einer Widmung versehen: «Aldous gewidmet, dem Bruder und Humanisten». Gemeint ist Aldous Huxley, der Autor des Buches «Brave New World», das uns schon im Jahre 1932 auf eindrückliche Weise vorgeführt hat, was wir von einem genetischen Fundamentalismus zu erwarten haben.

Versuch einer Zwischenbilanz

Als Fazit dieser kurzen Geschichte des europäischen Humanismus und seiner Auswirkungen müssen wir sagen: Die Hoffnung, daß der Mensch allein schon durch Wissen und Bildung ein höheres, edleres Wesen entwickle, hat sich als trügerisch erwiesen. Diese Lehre wurde uns am furchtbarsten in Deutschland erteilt, dem Land der «Dichter und Denker». Wie viele hochgebildete «Humanisten» haben den Ersten Weltkrieg mit Begeisterung begrüßt und sich an der Front «bewähren» wollen! Und wer hat nicht alles den Faschismus als Erlösung gefeiert und zu seiner Machtergreifung beigetragen! Da ist Heidegger nur ein Beispiel von vielen, wahrhaftig ein gebildeter Mann!
Und dennoch ist es eine müßige Frage, ob die Säkularisierung aller Lebensvorgänge und die Emanzipation des menschlichen Individuums aus allen metaphysischen Bindungen eine Fehlentwicklung war. Der Aufbruch der Menschheit in ihre selbstverantwortete Freiheit, die mit der Renaissance begann, scheint irreversibel zu sein. Die Freiheit als Schicksal, die Grundparadoxie des Homo sapiens. Und neben den bedrohlichen Entwicklungen, die wir täglich vor Augen haben, gibt es genügend positive Ansätze des europäischen Humanismus, die unser Leben bestimmen und unverzichtbar geworden sind. Vor die Frage gestellt, welche Ansätze des europäischen Humanismus mir wichtig genug erschienen, ins 3. Jahrtausend weitergegeben zu werden,

käme ich trotz aller kritischen Distanz auf eine recht stolze Bilanz, allein schon, wenn ich mich darauf beschränkte, die bisher in diesen Skizzen behandelten Autoren und Politiker zu berücksichtigen!

Da wäre vor allem und zuerst der sokratische Dialog, die Grundlage der Demokratie überhaupt, an den man gar nicht genug erinnern kann. In seiner Essenz will das heißen, auf die Argumente der Gegenposition genausoviel Gewicht zu legen wie auf die Verteidigung der eigenen Meinung. Und gegen jede Selbstüberhebung des einzelnen kommt ja bei Sokrates noch der Nachweis dazu, daß im Grunde das Wissen Erinnern sei, jeder also alles schon weiß, egal ob Herr oder Sklave, eine andere Voraussetzung dafür, alle Menschen ihrem Wesen nach als gleichwertig einzuschätzen!

Von Cicero nähme ich die Empfehlung mit, daß Philosophie ihren Anspruch erst dadurch erfüllt, im tätigen Leben Anwendung zu finden und sich an konkreten politischen Problemen zu bewähren. Damit einher geht der Grundsatz, daß die Vernunft in staatspolitischen Entscheidungen immer über dem religiösen Dogma steht.

Von Petrarca wählte ich dieses oder jenes seiner Sonette aus, die er seiner verehrten Laura gewidmet hat. Hier, in der erotischen Verzückung, hat das Absolute seinen Platz, niemals aber im Kontext realpolitischer Entscheidungen.

Von Pius II., dem Erotiker auf dem Stuhl Petri, nähme ich die Erinnerung mit, daß er trotz aller Verdrängungen seiner erotisch gestimmten Natur schließlich doch auf der Ruine eines Venustempels aufgebahrt wurde. Je mehr du Eros verdrängst, desto größer die Macht, die er über dein Unterbewußtes gewinnt. Eine Erkenntnis, die nicht erst von Freud formuliert wurde, sondern schon immer ein Thema aller Dichtung war.

Von Erasmus aber, dem vereinsamten Vertreter übergeordneter Neutralität, nähme ich die Einsicht mit auf den Weg ins 3. Jahrtausend, daß die Wahrung des Friedens wichtiger ist als alle noch so ekstatisch erfahrene konfessionelle Rechthaberei.

Paracelsus, vielleicht der aktuellste unter den behandelten Humanisten, hat uns die Einsicht vermittelt, daß Wissenschaft ihre Rechtfertigung erst dadurch erfahre, daß sie sich eingliedert in einen sinnvollen Lebenszusammenhang. Verlieren wird diesen Zusammenhang aus den Augen, verselbständigt sich die Wissenschaft und entmündigt uns zu hilflosen Zauberlehrlingen.

Roger Bacon, der die Menschheit systematisch von ihren Irrtümern befreien wollte, erschiene mit wichtig, da er den Menschen eine selbstgeschaffene Wunderwelt in Aussicht stellt, die schöpferische Lust an der technischen Selbstverwirklichung unsrer Träume im Bereich des Machbaren. Diese Lust zu verleugnen, wäre am Menschen vorbeigedacht.

Roger Williams und Voltaire wären mir wichtig, da sie aus so verschiedenen Gründen zur Einsicht kamen, daß Staat und Religion zu trennen sind. Was der eine um Christi willen, der andere aus realpolitischen Gründen anstrebte, läuft auf dasselbe hinaus: Nur nicht den Unsinn mitmachen, spirituelle Erfahrungen auf gesellschaftliche Regelwerke übertragen zu wollen! Spirituelle Erfahrungen, so sie diese Bezeichnung verdienen, sind immer absolut und damit übrigens der Erotik wesensverwandt. Gesellschaftliche Regelwerke dagegen, die das friedliche Zusammenleben unterschiedlichster Menschen und Gruppen gewähren sollen, sind immer relativ, verhältnisbezogen, und sollten daher den Kompromiß nicht scheuen.

Mary Wollstonecrafts Buch «Die Verteidigung der Frauenrechte» wäre auch im 3. Jahrtausend unentwegt zu zitieren. Die Gleichberechtigung der Geschlechter, eigentlich eine Selbstverständlichkeit, muß ja immer wieder neu erstritten werden: in jeder Beziehung.

Von Johann Gottfried von Herder wäre mir der humanistische Ansatz am wichtigsten, den er mit seinem Buch «Stimmen der Völker» in die Welt gesetzt hat: daß nämlich Offenbarung und Wahrheit nicht nur in den heiligen Schriften zu finden seien, sondern im Lied aller Völker.

Darwins Erkenntnisse aber gäbe ich zu bedenken, da sie uns immer daran erinnern, daß wir noch Tiere sind. Tiere sind, solange wir leben. Den «Kampf ums Dasein» freilich, wie er sich in der Natur abzuspielen scheint, sollte der Mensch als Prinzip für die Regelung seiner Konflikte überwinden. Der Mensch ist ja eben nicht nur vom Trieb bestimmt; er verfügt auch über den Geist, seine Triebe zu lenken. Als menschengemäß sollte gelten, sich bei der Gestaltung des gesellschaftlichen Miteinanders auf demokratische Leitgedanken zu einigen. Mögen wird den Tieren in unsren Instinkten auch unterlegen sein, so sind wir doch mit Vernunft begabt. Der kreatürliche Kampf ums

Dasein aber, nicht zu verleugnen, möge sich austoben im Leistungssport. Er gehört auf das Spielfeld der Fußballstadien, nicht in die existenzbestimmenden Bereiche der Politik und Wirtschaft.

Von Karl Marx wäre die hellsichtige Analyse der Probleme zu bedenken, die mit der Konzentration der Produktionsmittel in der Hand weniger Menschen entstehen. Sein Aufruf zur Revolution, die dem Proletariat alle Macht verheißt, wird so lange die Massen bewegen, wie sich das soziale Gefälle verstärkt.

Von Nietzsche wäre der «Wille zur Macht» ein durchaus wichtiger Gedanke, sofern er sich darauf beschränkt, daß der Mensch zunächst einmal Macht über sich selbst gewinnt. Der Macht über andere aber seien demokratisch Grenzen gesetzt. Von Nietzsche wäre auch die respektlose Freude zu übernehmen, mit der er alle bestehenden Werte zu unterwandern suchte. Nur was sich dem Widerspruch stellt, erwirbt Akzeptanz.

Alle diese humanistischen Ansätze, Summe des europäischen Humanismus, hätte ich also in meinem Reisegepäck. Und ich täte noch einige Ansätze des 20. Jahrhunderts dazu: die Psychoanalyse und die Existenzphilosophie als Methoden der Selbsterkenntnis, ferner die Statuten der humanitären Vereinigungen wie Amnesty international, Greenpeace oder der Gesellschaft für bedrohte Völker, selbstverständlich auch die international anerkannte Deklaration der Menschenrechte als Regelwerk für ein menschenwürdiges Zusammenleben der Völker. Auch würde ich die Schriften einiger Einzelkämpfer des Humanismus berücksichtigen, etwa Bertrand Russel aus England, Romain Rolland aus Frankreich, auch Albert Schweitzer und Albert Einstein und viele andere.

Ansätze genug, einen zeitgemäßen Humanismus zu entwickeln, könnte man meinen, und trotzdem bliebe ein Unbehagen, ein Ungenügen. Ich hätte das Gefühl, den europäischen Humanismus, fast schon zu einem Schimpfwort verkommen, noch keineswegs rehabilitiert zu haben.
Es scheint, als ob mit einer noch so intelligenten Emanzipation von übermenschlichen Mächten und untermenschlichen Zwecken noch längst nicht alles getan sei. Könnte es sein, daß wir mit unsrer Emanzipation von der Kirche auch unsre Spiritualität weitgehend aufgegeben haben, aus der allein uns ein wirkliches Selbstbewußtsein erwachsen kann? Könnte es sein, daß wir mit unsrer Herrschaft über die Natur der Kreatürlichkeit allen Lebens entfremdet wurden und uns daher das Leben so sinnlos erscheint? Haben wir

uns, Kinder des europäischen Humanismus, angesiedelt in einem Niemandsland, jenseits der Spiritualität auf der einen, jenseits unsrer Kreatürlichkeit auf der anderen Seite? Wo dem so ist, hat religiöser Fundamentalismus, welcher Färbung auch immer, ein leichtes Spiel. Er nimmt ja in Anspruch, Sinn zu stiften, Gott zu verteten, verführt uns mit all den abergläubischen Hoffnungen, die wir uns so mühsam abgewöhnt haben! Er trifft auf ein Europa, bewaffnet mit tausend zukunftsweisenden Vorsätzen, aber spirituell gesehen ein Entwicklungsland.

III.

FRÜCHTE DER FREIHEIT

Die Früchte der Freiheit – für alle bekömmlich?

Nachdem der «Kongreß der Weltweisen» sich in der ersten Gesprächsrunde auf die Wurzeln der Humanität besonnen und darüber einigen erfreulichen Konsens erzielt hätte, wäre so mancher Teilnehmer durch das historisch orientierte Referat des zweiten Teils in Harnisch geraten.
Vor allem die Delegierten der außereuropäischen Kulturen hätten ihr berechtigtes Veto dagegen eingelegt, dem technischen Fortschritt, wie er durch den historischen Humanismus Europas erst ermöglicht worden sei, alles zu opfern. Nach einigen heftigen Debatten wäre man schließlich übereingekommen, daß dieser Fortschritt nicht mehr rückgängig zu machen sei. Auch könne er durchaus seine humanen Seiten haben, wenn man ihm nur den richtigen Stellenwert innerhalb des menschlichen Lebens zumessen und dafür sorgen würde, daß er tatsächlich allen Völkern und Gesellschaftsschichten zugute käme. So hätte man fast schon wieder einen neuen Konsens erreicht, hätte nicht ein Indianerhäuptling neue Unruhe in die Versammlung gebracht. In einer dreitägigen Rede hätte er dem Kongreß deutlich gemacht, daß er nur einem Humanismus beipflichten könne, in dem sich der Mensch nicht länger als «Herr der Welt» aufspiele. Er fordere einen Humanismus, der den Menschen zurückführe in einen lebendigen Zusammenhang mit der Natur und aller Kreatur.
Damit könnten viele, die ihre Hoffnung allein auf den technischen Fortschritt gesetzt hätten, so gut wie gar nichts anfangen. Eine Verständigung zwischen diesen Positionen wäre unmöglich erschienen, und so hätte man die Debatte über dieses Thema auf einen späteren Zeitpunkt vertagt.

In Anbetracht der Wichtigkeit, die dem europäischen Humanismus nun einmal für den Gang der Weltgeschichte zukomme, hätte man nun beschlossen, seine bekanntesten Vertreter noch einmal selbst zu Wort kommen zu lassen. Da es dem Kongreß weniger um eine rein historische Aufarbeitung des europäischen Humanismus ginge als vielmehr darum, fruchtbare Impulse für die Zukunft daraus zu ziehen, fielen bei der Auswahl viele Beiträge weg, die nur noch von historischem Interesse sind. Dennoch hätte man sich durchaus auch für einige historisch wichtige Texte interessiert, sofern sie eine neue Etappe des Emanzipationsprozesses markierten, hinter den es offenbar kein Zurück mehr gibt. Vor allem aber hätte man Wert auf Beiträge gelegt, die uns bei der Suche nach einem künftigen Humanismus auch heute noch Argumentationshilfen bieten.

Diese neue Gesprächsrunde hätte man unter das Motto «Früchte der Freiheit» gestellt. Damit bezöge man sich auf die biblische Geschichte, wonach erst der Biß in den verbotenen Apfel vom Baum der Erkenntnis den Menschen aus dem Paradies, wie es dem Indianerhäuptling noch so deutlich vor Augen schwebte, vertrieben habe. Seither, wäre man sich einig geworden, sei dem Menschen die Freiheit als sein eigentliches Schicksal auferlegt.
Dieser Freiheit, die mit dem europäischen Humanismus eine schubartige Erweiterung erfahren habe, müsse man sich erst wieder gewachsen zeigen. Es sei eine Freiheit, deren Früchte durchaus nicht immer wohlschmeckend gewesen waren, sondern oft auch bitter, faul oder sogar lebensgefährdend.

Aufbruch in die Neuzeit

Texte aus dem 14., 15. und 16. Jahrhundert

Wir beginnen mit Texten aus dem 14., 15. und 16. Jahrhundert. Ich habe dieses Kapitel «Aufbruch in die Neuzeit» genannt, da das Aufkommen des Humanismus in Europa auch das Ende des Mittelalters bedeutet, indem er zur geistigen Grundlage der Neuzeit wird.

Der erste Beitrag ist Petrarcas (1304–1374) «Gesprächen über die Weltverachtung» entnommen. Es ist ein Appell, sich Gedanken über die Natur des Menschen zu machen, «seinen Zweck, seine Herkunft und sein Endziel». Dieser Text klingt noch heute so frisch wie vor sechshundertfünfzig Jahren, und so mag er auch heute wieder als eine Art Prolog zu neuem Nachdenken verstanden werden.

Es folgt ein Strauß von Sonetten aus Petrarcas Feder, erotische Verklärungen der Welt, wie man sie seit den Tagen Ovids oder Sapphos nicht mehr vernommen hatte.

Mit innerer Konsequenz schließt sich ein Text des erstaunlichen Frühhumanisten Johannes von Tepl (1350–1414) an, ein Dialog zwischen dem «Ackermann» und dem «Tod», in dem der Autor den Verlust seiner Frau beklagt, Sentenzen, die in ihrer abgründigen Drastik ihrer Zeit weit voraus sind.

Coluccio Salutatis (1331–1406) «Brief an Johannes von den Engeln über Humanismus und Christentum» ist insofern ein Markstein in der Entwicklung des Humanismus, als er eine erste Verteidigung der Poesie gegen den Anspruch der christlichen Dogmatik darstellt, die Wahrheit liege allein in der Heiligen Schrift. Für Salutati ist auch die Dichtung Ausdruck echter Wahrheitssuche und damit den heiligen Schriften gleichgestellt.

Erstaunlich auch «Das Buch von der Stadt der Frauen», entstanden im Jahre 1405, verfaßt von der Frühhumanistin Christine de Pizan (1365–1430), die schon mit allem nötigen Nachdruck die Frauen gegen die widerwärtige Diffamierung durch ihre Zeitgenossen verteidigte, ohne deswegen aus den Männern ein neues Feindbild zu machen. In ihren Texten scheint mir ein humanistischer Ansatz, wie er aktueller kaum sein könnte.

Es folgt ein erotischer Text aus der Novelle «Euryalus und Lucretia» von Enea Silvio Piccolomini (1405–1463), den wir um so lieber abdrucken, als er aus der Feder eines späteren Papstes stammt.

Mit Giorgo Vasaris (1511–1574) Text über Leonardo da Vinci (1452–1519) wird nicht nur eine der bedeutendsten Persönlichkeiten des italienischen Humanismus und der Renaissance gewürdigt, sondern auch ein Beispiel für die Kunst der Kurzbiographie gegeben.

Giovanni Pico della Mirandola (1463–1494), dem dieses Buch seinen Titel «Kongreß der Weltweisen» verdankt, ist mit einem Auszug seiner Rede «Über die Würde des Menschen» vertreten, mit der sein Kongreß hätte eröffnet werden sollen.

Selbstverständlich darf auch Niccolò Machiavelli (1469–1527) nicht fehlen, gerade weil er mit seiner pessimistischen Einschätzung des Menschen eine allzu leichtfertige Verklärung des «homo sapiens» hintertreibt.

Die Texte von Erasmus (1469–1536) sprechen für sich. Der Auszug aus «Lob der Torheit» steht hier für viele Satiren des Humanismus, die sich dadurch auszeichnen, daß sie ihren Spott mit dem Menschen immer in einem universalen Zusammenhang betreiben, so daß der Verhöhnte sich zwar in seiner Menschlichkeit ertappt fühlen mag, aber ohne sich deswegen diffamiert fühlen zu müssen. Hohn, der alle trifft, trifft alle in «bester» Gesellschaft.

Erasmus hat sein «Lob der Torheit» dem englischen Humanisten Thomas Morus (1478–1535) gewidmet, mit dem ihn eine tiefe geistige Verwandtschaft verband. Noch heute sind viele Passagen aus dem berühmten Buch «Utopia» von Thomas Morus unerreicht in ihrer Menschlichkeit. So vertritt Morus darin die versöhnlichste mir bekannte Auffassung des Todes. Es wird nicht nur aus Vernunftgründen ein Leben nach dem Tode angenommen, sondern der Tod als Vollendung des Lebens begriffen, von dem man um so heiterer Abschied nehmen kann, als sich das Gefühl der Zuneigung zwischen den Lebenden und den Toten nach dem Tode eher noch verstärke.

Im vorangegangenen Essay haben wir Paracelsus (1493–1541) nicht nur als Theoretiker, sondern auch als «Aktivisten» der Humanität dargestellt. Wie wortgewaltig er seine Position zu verteidigen wußte, geht aus den ausgewählten Texten hervor.

Michel de Montaigne (1533–1592) hat mit seinen skeptischen Selbstbetrachtungen und Versuchen über Gott und die Welt einen Humanismus vertreten, der sich um ein schon durchaus modern anmutendes, realistisches Menschenbild bemüht.

Es folgen Gedichte aus dem deutschen humanistischen Lager, pointierte Kostproben eines immer freizügiger werdenden Denkens.

Francesco Petrarca

Aus den «Gesprächen über die Weltverachtung»

Ach, diese Altweibergeschwätzigkeit der Dialektiker, die nie ein Ende findet, die nur von solchen Definitionen lebt und deren Stolz das Wiederkäuen ihrer alten ewigen Streitereien ist! Meistens verstehen sie selber nichts von dem, was sie reden. Frägst du einen aus dieser Herde nach der Definition des Menschen oder irgendeiner anderen Sache, so ist die Antwort bereit. Frägst du weiter nach anderen Dingen, so wird er schweigen; oder aber, es hat ihm der unaufhörliche Redeschwall seiner Darlegungen Mut gemacht, dann wird er auch hier antworten, aber Art und Weise seiner Antwort werden zeigen, daß ihm das wahre Verständnis des definierten Dinges fehlt. Dieser Sippe von Menschen, die so vornehmtuerisch das Wichtigste übersieht und sich voll Eifer mit dem Überflüssigen abgibt, sollte man entgegenrufen: Ihr Ärmsten! Was arbeitet ihr immer so nutzlos in den Tag hinein und quält den Geist mit öden Haarspaltereien? Der Dinge Wesen kennt ihr nicht, und unter lauter leeren Wörtern altert ihr, und mit weißem Haar und runzeliger Stirne treibt ihr noch kindische Spielereien. O würde wenigstens eure Torheit nur euch allein schaden, und hätte sie nicht so oft schon so manches edle junge Geistesleben verdorben!

Denn für viele sind die Wissenschaften nur Werkzeuge der Torheit, für fast alle Menschen aber solche des Stolzes, und wenn sie nicht, was selten der Fall ist, in eine Seele fallen, die gut von Natur und gut erzogen ist.
Da wissen sie nun viele Dinge über Tiere, Vögel und Fische: wieviel Haare der Löwe im Scheitel trägt und wieviel Federn der Falke im Schwanze, und mit wieviel Windungen die Meerschlange den Schiffbrüchigen umschlingt. Sie wissen, wie die Elefanten sich begatten, und daß sie zwei Jahre lang im Mutterschoße bleiben, daß sie gelehrige und lebhafte Tiere sind, dem Menschen an Geist sehr nahe stehen und zwei- bis dreihundert Jahre leben können; daß der Phoenix in wohlriechendem Feuer verbrannt wird und aus seiner Asche sich wieder erhebt; daß der Seeigel bei jedem Angriff das nahe Wasser zu erreichen sucht, weil er, von diesem getrennt, nichts vermöge; daß der Jäger mit einem Spiegel den Tiger in die Falle lockt, daß der Greif von dem einäugigen Skythen mit dem Messer angegriffen wird und der Haifisch den Seemann auf dem Rücken liegend belauert. Sie wissen, daß das Junge der Bärin ganz unförmig zur Welt kommt, daß das Maultier nur selten, die Viper

gar nur einmal und dann oft unglücklich Junge zur Welt bringt; daß der Maulwurf blind und die Biene taub ist und daß das Krokodil allein von allen Tieren die obere Kinnlade zu bewegen vermag – was alles gewiß zu einem großen Teile falsch ist, wie es sich schon oft erwiesen hat in ähnlichen Fällen, wo es sich um Dinge handelte, die auch in unseren Gegenden vorkommen, oder was doch von den Erzählern selbst sicher nicht gesehen und erfahren, sondern der weiten Ferne wegen leichter geglaubt und erfunden wurde. Und wenn es auch schließlich wahr wäre, so würde es doch nichts zu einem seligen Leben vermögen. Denn ich bitte dich, was nützt es, die Natur der Tiere, Vögel, Fische und Schlangen zu kennen und dafür die Natur des Menschen, seinen Zweck, seine Herkunft und sein Endziel nicht zu kennen oder gar zu mißachten?

Dieses und ähnliches habe ich diesen Schriftgelehrten, die nicht im mosaischen oder christlichen, sondern, wie sie wenigstens glauben, im aristotelischen Gesetze sehr belesen sind, entgegengehalten, freimütiger, als sie es zu hören gewohnt waren, und vielleicht auch etwas zu unvorsichtig.

Sonette

Welch Ideal aus Engelsphantasie
Hat der Natur als Muster vorgeschwebet,
Als sie die Hüll um einen Geist gewebet,
Den sie herab vom dritten Himmel lieh.

O Götterwerk! Mit welcher Harmonie
Hier Geist in Leib und Leib in Geist verschwebet.
An Allem, was hienieden Schönes lebet,
Vernahm mein Sinn so reinen Einklang nie.

Der, welchem noch der Adel ihrer Mienen,
Der Himmel nie in ihrem Aug erschienen,
Entweiht vielleicht mein hohes Lied durch Scherz.

Der kannte nie der Liebe Lust und Schmerz,
Der nie erfuhr, wie süß ihr Atem fächelt,
Wie wundersüß die Lippe spricht und lächelt.

Ist Liebe lauter nichts, wie daß sie mich entzündet?
Ist sie dann gleichwohl was, wem ist ihr Tun bewußt?
Ist sie auch recht und gut, wie bringt sie böse Lust?
Ist sie nicht gut, wie daß man Freud aus ihr empfindet?

Lieb ich gar williglich, wie daß ich Schmerzen trage?
Muß ich es tun, was hilfts, daß ich solch Trauren führ?
Tu ichs nicht gern, wer ists, der es befiehlet mir?
Tu ich es gern, warum, daß ich mich dann beklage?

Ich wanke wie das Gras, so von den kühlen Winden
Um Vesperzeit bald hin geneiget wird, bald her.
Ich walle wie ein Schiff, das in dem wilden Meer

Von Wellen umgejagd nicht kann zu Rande finden.
Ich weiß nicht was ich will, ich will nicht was ich weiß,
Im Sommer ist mir kalt, im Winter ist mir heiß.

Wenn der Planete, der die Stunde scheidet,
Zum Zeichen wieder sich des Stiers erhoben,
Fällt aus den Flammenhörnern Kraft von oben,
So ganz die Welt in neue Farbe kleidet.

Und nicht nur, was den Blicken von außen weidet,
Bach, Hügel, wird mit Blümlein rings umwoben,
Nein, auch der Erd inwendges Feucht gehoben,
Geschwängert, was den Tag, verborgen, weidet.

Vielfältge Frucht entquillet diesem Triebe;
So sie, die unter Frauen eine Sonne,
Zuwendend mir der schönen Augen Schimmer,

Wirkt in mir Wort, Gedanken, Tat der Liebe:
Jedoch, wie sie auch lenkt der Strahlen Wonne,
Frühling nur ist für mich von nun an nimmer.

Der Vögel Klagen und Gesänge schwellen
Vor Tage, daß die Tale widerhallen,
Und das Gemurmel flüssiger Kristallen
Hinab in klarer Bäche raschen Fällen.

Sie, Schnee im Antlitz, Gold des Haares Wellen,
Die, ohne Falsch, der Lieb nie abgefallen,
Läßt kämmend ihres Greises Flocken wallen,
Und weckt mich, wie sich Ton und Tanz gesellen.

Auroren grüß ich, und die Sonn im Bunde
Mit ihr, doch mehr die andre, die erblinden
Mich frühe ließ, wovon ich nie gesunde.

Ich sah sie manchmal beide sich verbinden
Bei ihrem Aufgang und in gleicher Stunde
Vor der die Stern, und die vor ihr verschwinden.

Erhabene Flamme, mehr als schöne schön,
Zu der der Himmel neigte so unstreitig,
Da er beschloß, sie, ach für mich zu zeitig,
Zu dem ihr gleichen Sterne zu erhöhn.

Jetzt erst erwach ich und gewahr, wie sie
Zu meinem Besten jenen Wünschen wehrte,
Da sie der Glut, die Jugend noch vermehrte,
Ihr Antlitz süß zugleich und trügend lieh.

Denn dieser Fraun Lichthelle zu bestehen,
Bin ich nicht stark; und mir zum Schutze tauge
Nicht düstre Winkel oder späte Stunden.

So führt mit tränenvollen kranken Augen
Mich mein Verhängnis immer, sie zu sehen,
Und ich weiß wohl, ich suche meine Wunden.

Johannes von Tepl

Der Ackermann aus Böhmen

Der Ackermann: Grimmiger Tilger aller Leute, schändlicher Ächter aller Wesen, schrecklicher Mörder aller Menschen, Ihr, Tod, Euch sei geflucht! Gott, Euer Schöpfer, hasse Euch, wachsendes Unheil hause bei Euch, Mißgeschick suche gewaltig Euch heim, gänzlich geschändet seid immer! Angst, Not und Jammer verlasse Euch nicht, wo Ihr wandert; Leid, Betrübnis und Kummer geleite Euch allenthalben; leidige Gegnerschaft, schandbare Mißachtung und schmachvolle Abwendung, sie bedränge Euch gründlich an jeder Statt! Himmel, Erde, Sonne, Mond, Gestirne, Meer, Gewässer, Berg, Gefilde, Tal, Aue, der Hölle Abgrund, alles, was Leben und Wesen hat, sei Euch unhold, abgünstig und fluche Euch ewiglich! In Bosheit versinket, in jämmerlichem Elend verschwindet und in der unaufhebbaren schwersten Acht Gottes, sämtlicher Menschen und aller Geschöpfe bleibet alle künftige Zeit! Schamloser Bösewicht, Euer böses Gedächtnis lebe und dauere fort ohne Ende; Grauen und Furcht scheide nicht von Euch, wo Ihr wandert und wohnet! Von mir und aller Menschheit sei über Euch wahrhaft Zeter geschrien mit gerungenen Händen!

Der Tod: Hört, hört, höret neue Wunder! Grausame und unerhörte Klagen fechten Uns an. Von wannen die kommen, ist fürwahr Uns fremd. Doch Drohen, Fluchen, Zeter schreien, Hände ringen und jederlei Angriff hat Uns allenthalben bisher nicht geschadet. Dennoch, Sohn, wer du bist, melde dich und tue kund, welches Leid dir von Uns widerfahren sei, darum du Uns so unziemlich behandelst, wie Wir bislang es gewohnt nicht sind, wiewohl Wir doch manchen kenntnisreichen, edeln, schönen, mächtigen und standhaften Leuten sehr über den Rain gegraset haben, wodurch Witwen und Waisen, Landen und Leuten Leides genugsam geschehen ist! Du tust gleich einem, dem es ernst ist, wie wenn schwere Not dich bedrücke. Deine Klage ist ohne Reime, woraus Wir schließen, du wollest um Tönens und Reimens willen deinem Sinn nicht entweichen. Bist du aber tobend, wütend, umnebelt oder sonst von Sinnen, so verzieh, halt ein und sei nicht zu schnell, so grausam zu fluchen; denn gib acht, damit du nicht bekümmert werdest durch spätere Reue! Wähne nicht, daß du Unsere herrliche und gewaltige Macht jemals schwächen könntest! Dennoch nenne dich und verschweig nicht, in welcher Sache dir von Uns so schreckliche Gewalttat geschehen! Rechtfertig vor dir wollen Wir werden; rechtfertig ist Unser Verfahren. Wir wissen nicht, wes du so freventlich Uns zeihest.

Der Ackermann: Ich bin genannt ein Ackermann. Vom Vogelkleid ist mein Pflug; ich wohne im Böhmer Lande. Gehässig, widerwärtig und widerstrebend will ich Euch immer sein. Denn Ihr habt mir den zwölften Buchstaben, meiner Freuden Hort, aus dem Alphabet gar schrecklich ausgerissen; Ihr habt meiner Wonnen lichte Sommerblume mir aus meines Herzens Anger jammervoll ausgejätet; Ihr habt mir meines Glückes Halt, meine auserwählte Turteltaube arglistig entwendet; Ihr habt unwiederbringlichen Raub an mir getan. Erwäget selber, ob ich mit Fug Euch drum zürne, wüte und klage: Durch Euch bin ich des freudenreichen Daseins beraubt, täglicher, guter Lebenstage entwehrt und alles wonnenbringenden Gewinnes entäußert. Frisch und froh war ich vormals in jeder Stunde; kurz und lustsam war mir Tag und Nacht, in gleicher Weise freudenreich, wonnenreich alle beide; ein jegliches Jahr war mir ein gnadenreiches Jahr. Nun wird zu mir gesprochen: Kratz ab! Bei trüben Gedanken, auf dürrem Aste, finster und verdorrend bleib und jammere ohn Unterlaß! Also treibt mich der Wind, ich schwimme dahin durch des wilden Meeres Flut, die Wogen haben Oberhand gewonnen, mein Anker haftet nirgends. Drum will ich ohne Ende schreien: Ihr, Tod, Euch sei geflucht!

Der Tod: Wunder nimmt Uns solch unerhörter Angriff, der Uns noch nie begegnet ist. Bist du ein Ackermann, wohnend im Böhmer Lande, so dünkt Uns, tu tust Uns schweres Unrecht, da Wir seit langer Zeit in Böhmen nichts Endgültiges gewirkt haben, außer nun kürzlich in einer festen, schmucken Stadt, auf einem Berge wehrlich gelegen; der haben vier Buchstaben: der 18., der 1., der 3. und der 23. des Alphabets ihren Namen geflochten. Da haben Wir an einer ehrbaren, seligen Tochter Unser Gnadenwerk vollbracht; ihr Buchstabe war der zwölfte. Sie war gar tüchtig und makelfrei; denn Wir waren gegenwärtig, als sie geboren ward. Da sandte ihr Frau Ehre einen Gerenmantel und einen Ehrenkranz; den Mantel und den Kranz brachte sie ganz, unzerrissen und unbefleckt mit sich in die Grube. Unser und ihr Zeuge ist der Erkenner aller Menschen. Reines Gewissens, dienstfertig, treu, wahrhaft und zumal gütig war sie gegen alle Leute. Wahrlich, eine so sanfte und stetige kam Uns selten zu Handen; es sei denn diese, die du meinest: sonst wissen Wir keine.

Der Ackermann: Ja, Herr, ich war ihr Friedel, sie meine Liebste. Ihr nahmt sie hin, meine freudenreiche Augenweide. Sie ist dahin, mein Friedeschild vor Ungemach; fort ist meine wahrsagende Wünschelrute. Hin ist sie, hin. Da stehe ich armer Ackermann alleine! Verschwunden ist mein lichter

Stern am Himmel; zur Rüste ist gegangen meines Heiles Sonne, auf geht sie nimmermehr. Nicht mehr geht auf mein strahlender Morgenstern; verblichen ist sein Schein. Keinen Leidvertreib habe ich mehr; finstere Nacht ist allenthalben vor meinen Augen. Ich wähne nicht, daß etwas sei, was mir rechte Freude jemals wiederbringen könnte; denn meiner Freuden stolzes Banner ist mir zum Leide hingesunken.

Zeter! Waffen! sei von Herzensgrunde geschrien. Über das Jahr, über den Unheilstag und über die leidige Stunde, da mein steter, harter Diamant zerbrochen ist, da mir mein recht mich leitender Wanderstab unbarmherzig aus den Händen gerissen ward, da mir der Weg zu meines Heiles erneuerndem Jungbrunnen versperrt ward.

Ach ohne Ende, Wehe ohn Unterlaß, jämmerliches Versinken, Sturz und ewiger Fall sei Euch, Tod, zu Erbe und Eigen gegeben! Lasterbefleckt, schandgierig und zähneknirschend sterbet und vergeht im Stank der Hölle! Gott beraube Euch Euerer Macht und lasse sie zu Staub zerstieben! Ohne Ende führet ein teuflisch Dasein!

[. . .]

Der Tod: Deine kurze Vernunft, dein gestutzter Sinn, dein hohles Herz will aus Menschen mehr machen, als sie sein können. Mach aus einem Menschen, was du willst, er kann doch nicht mehr sein, als Ich dir sagen will mit Verlaub aller reinen Frauen: Ein Mensch wird in Sünden empfangen, mit unreinem, unnennbarem Unflat im mütterlichen Leib ernähret, nackend geboren und beschmiert wie ein Bienenkorb: ein ganzer Unrat, ein Kotfaß, ein Wurmfraß, ein Stankhaus, ein widerwärtiger Spülzuber, ein faules Aas, ein Schimmelkasten, ein Sack ohne Boden, eine durchlöcherte Tasche, ein Blasebalg, ein gieriger Schlund, ein übelriechender Harnkrug, ein übelduftender Eimer, ein betrüglicher Puppenschein, ein lehmiges Raubhaus, ein unersättlicher Löschtrog und ein gemaltes Trugbild. Es erkenne, wer da wolle: Ein jeglicher vollständig geschaffener Mensch hat neun Löcher in seinem Leibe; aus allen fließt so widerwärtiger und unreiner Unflat, daß es nichts Unreineres geben kann. Einen so schönen Menschen siehest du nie: hättest du eines Luchses Auge und könntest du ins Innere hindurchsehen, dir würde darob grauen. Nimm und zieh ab der schönsten Frau des Schneiders Farbe, so siehest du eine schmähliche Puppe, eine rasch welkende Blume und kurz dauernden Glanz und einen bald zerfallenden Erdenkloß! Weise mir eine Handvoll Schönheit aller schönen Frauen, die vor hundert Jahren gelebt haben, ausgenommen die gemalten an der Wand, so sollst du des Kaisers Krone zu eigen haben! Laß hinfließen Liebe, laß hinfließen Leid! Laß rinnen den Rhein, wie andere Gewässer, du weiser Bursche aus Eselsdorf!

Der Ackermann: Pfui, Ihr böser Schandensack! Wie vernichtet, behandelt übel und verunehrt Ihr den edeln Menschen, Gottes allerliebstes Geschöpf, wodurch Ihr auch die Gottheit schmähet! Jetzt erst erkenne ich, daß Ihr lügenhaft seid und nicht im Paradies geschaffen, wie Ihr sagt. Wäret Ihr im Paradies geworden, so wüßtet Ihr, daß Gott den Menschen und alle Dinge durchaus gut geschaffen und den Menschen über sie alle gesetzet hat, ihm die Herrschaft über sie alle verliehen und sie seinen Füßen untertänig gemacht, also daß der Mensch über die Tiere des Erdreichs, die Vögel des Himmels, die Fische des Meeres und alle Früchte der Erde herrschen sollte, wie er's auch tut. Sollte dann der Mensch so verächtlich, böse und unrein sein, wie Ihr saget, wahrlich, so hätte Gott gar unreinlich und unnützlich gewirket. Sollte Gottes allmächtige Hand ein so unreines und unflätiges Menschenwerk geschaffen haben, wie Ihr sagt, ein schmählicher Schöpfer wäre er. Dann gölte auch das nicht, daß Gott alle Dinge und den Menschen über sie alle zumal gut geschaffen hätte.

Herr Tod, lasset Euer nutzloses Kläffen! Ihr schändet Gottes allerfeinstes Geschöpf. Engel, Teufel, Schrätlein, Totenvögel, das sind Geister in Gottes Banngewalt; der Mensch ist das allervornehmste, das allergeschickteste und das allerfreieste Werkstück Gottes. Ihm selber gleichend, hat es Gott gebildet, wie er es selber auch bei der Schöpfung der Welt ausgesprochen hat.

Wo hat je ein Werkmann ein so geschicktes und reiches Werkstück gewirkt, eine so kunstvolle kleine Kugel wie das Menschenhaupt? In ihm sind kunstreiche, allen Geistern unbegreifliche Wunderkräfte. Da ist in dem Augapfel das Gesicht, der allgewisseste Zeuge, meisterlich nach Spiegels Art gebildet; bis an des Himmels Klarheit reichet es. Da ist in den Ohren das fernhin reichende Gehör, gar vollkommen mit einer dünnen Haut versperrt, zur Wahrnehmung und Unterscheidung mancherlei holder Töne. Da ist in der Nase der Geruch, durch zwei Löcher ein- und ausgehend, gar sinnreich ausgestaltet zu behaglicher Annehmlichkeit aller lieblichen und wonniglichen Düfte. Da sind in dem Munde Zähne, die alle Leibesnahrung alltäglich zermahlen. Dazu tut der Zunge dünnes Blatt den Menschen ganz zu wissen der Menschen Meinung. Auch ist da die lustsame Geschmacksempfindung von allerlei Nahrung. Dazu sind in dem Kopf aus Herzens Grunde kommende Gedanken, mit denen der Mensch gar eilend reicht, soweit er will; bis zur Gottheit, sogar darüber, klimmt der Mensch mit den Gedanken. Allein der Mensch hat zu eigen die Vernunft, den edeln Hort. Er ist allein die liebliche Gestalt, desgleichen niemand denn Gott allein zu bilden vermag, darin alle geschickten Werke, alle Kunst und Meisterschaft mit Weisheit gewirket sind. Laßt fahren, Herr Tod! Ihr seid des Menschen Feind; darum saget Ihr nichts Gutes von ihm.

Der Tod: Schelten, fluchen, wünschen, wieviel es sei, können keinen Sack anfüllen, wie klein er sei. Außerdem: Wider vielredende Leute ist nicht zu streiten mit Worten. Es gehe nun an mit deiner Meinung, daß der Mensch mit aller Kenntnis, Schönheit und Würde ausgestattet sei; dennoch muß er in Unser Netz fallen, mit Unserm Garn muß er gefangen werden. Grammatik, die Grundlage aller guten Rede, hilft da nicht mit ihren scharfen und wohlgedrechselten Worten. Rhetorik, der blumige Grund der Schmeichelrede, hilft da nicht mit ihren blumigen und feingefärbten Sätzen. Logik, die einsichtige Entscheiderin über Wahrheit und Unwahrheit, hilft da nicht mit ihrem verschlagenen Verhehlen, mit den krummen Wegen der Irreleitung der Wahrheit. Geometrie, der Erde Erkunderin, Schätzerin und Messerin, hilft da nicht mit ihrer fehlerfreien Messung, mit ihrem richigen Wägen. Arithmetik, der Zahlen geschickte Ordnerin, hilft da nicht mit ihrer Rechnung und Zählung und ihren geschickten Ziffern. Astronomie, der Gestirne Meisterin, hilft da nicht mit ihrer Sterngewalt, dem Einfluß der Planeten. Musik, des Gesanges und der Stimme ordnende Helferin, hilft da nicht mit ihren süßen Tönen, mit ihren feinen Stimmen. Philosophie, der Acker der Weisheit, in querlaufender und in natürlicher Erkenntnis und zur Hervorbringung guter Sitten beackert und besät, hilft da nicht mit der Vollkommenheit ihrer Gewächse. Physik mit ihren für mancherlei helfenden Tränken; Geomantie, allerlei auf Erden gestellter Fragen geschickte Beantworterin mit Hilfe der Bestimmung der Planeten und der Zeichen des Himmelskreises; Hydromantie, die Entschleierin der Zukunft vermöge der Vorgänge im Wasser; Astrologie, die Deuterin irdischen Geschehens durch überirdische Dinge; Chiromantie, die schmucke Wahrsagerin aus der Hand und den Linien der Innenflächen; Nigromantie, die gewaltige Bezwingerin der Geister durch Opferfinger von Toten und Geheimzeichen; Notenkunst mit ihren feinen Gebeten und ihren starken Beschwörungen; der Augur, der der Vorgelsprache Kundige und dadurch zukünftiger Dinge wahrhafter Weissager; Haruspex, nach des Altaropfers Rauch in die Zukunft weisend; Paedomantie, die mit Kinderdärmen, und Ornomantie, die mit Auerhennendärmen Zaubernde; der Jurist, der gewissenlose Christ, hilfet da nicht mit Rechtes und Unrechtes Verdrehung und mit seinen krummen Urteilen – diese und andere den Vorgenannten verbundenen Künste helfen wahrlich nicht: Jeder Mensch muß immer von Uns gefällt, in Unserem Walktrog gewalkt und in Unserem Rollfaß gesäubert werden. Das glaube, du üppiger Ackerknecht!

Der Ackermann: Man soll nicht Übles mit Üblem vergelten; geduldig soll der Mann sein, gebieten der Tugendlehre. Den Pfad will ich betreten, ob Ihr viellleicht nach Ungeduld noch geduldig werdet.

Ich vernehme aus Euerer Rede: Ihr meinet, Ihr ratet mir gar getreulich. Wohnet Treue in Euch, so ratet mir in Treuen, wie nach geschworenem Eide: In welcher Art soll ich nun mein Leben einrichten? Ich habe vormals in der lieben, fröhlichen Ehe gelebt; wohin soll ich mich jetzt wenden? In den weltlichen oder in den geistlichen Stand? Die stehen mir beide offen. Ich stellte mir in Gedanken mancher Menschen Dasein vor, schätzte und wog sie mit Sorgfalt: unvollkommen, brüchig und in Sünden fand ich sie alle. Im Zweifel bin ich, wohin ich mich kehren solle: Mit Gebrechen behaftet ist aller Menschen Stellung. Herr Tod, ratet! Rates ist not. In meinem Sinne finde, wähne und glaube ich fürwahr, daß ein so reines, Gott gefälliges Heim und Wesen nimmer wiederkehre. Bei meiner Seele sage ich: Wüßte ich, daß es mir in der Ehe gelingen würde wie vordem, in ihr wollte ich leben, solange mein Leben am Leben bleibt. Wonnesam, lustsam, froh und wohlgemut ist der Mann, der ein tüchtiges Weib hat; er wandere, wo er wandert. Einem solchen Manne ist es auch eine Freude, nach Nahrung zu streben und nach Ehren zu trachten. Ihm ist es auch eine Freude, Ehre mit Ehre, Treue mit Treue, Gutes mit Gutem zu vergelten. Er braucht sie nicht zu hüten; denn das ist die beste Hut, die ein treffliches Weib für sich selber übt: Wer seinem Weibe nicht glauben und vertrauen kann, der muß in steten Sorgen sitzen.

Herr der oberen Lande, Fürst der vielen Seligkeiten, wohl ihm, den du so mit reiner Bettgenossin begabtest! Er soll zum Himmel blicken, Dir mit erhobenen Händen danken alle Tage.

Tut das Beste, Herr Tod, vielvermögender Herr!

Coluccio Salutati

Brief an Johannes von den Engeln über Humanismus und Christentum

Rufe mich nicht, ehrwürdiger Bruder in Christo, so rauh von den ehrenvollen Studien zurück. Glaube nicht, wenn man bei den Dichtern und in anderen Büchern der Heiden die Wahrheit sucht, könne man auf den Wegen des

Herrn nicht gehen. Denn alle Wahrheit ist von Gott, ja, um es richtiger zu sagen, ein Teil Gottes. Er selbst nämlich ist die Wahrheit, wie Er von sich durch seinen Sohn, den Mittler zwischen Gott und Menschen, Zeugnis gegeben hat, und nicht einfach Wahrheit, sondern jede Wahrheit, wahre und unendliche und lautere Wahrheit, eben Quelle, Samen und Ursprung aller Wahrheiten. Alles, was außerhalb seiner gesucht wird, ist eitel und Gipfel der Torheit. Nichts Wahres aber ist außerhalb Gottes, so daß, wer das Wahre sucht, ohne Zweifel Gott sucht, der die Fülle und vollendete Vereinigung der Wahrheiten ist.

Deshalb klage nicht wider deinen Bruder, weil er in den Erdichtungen die Wahrheit sucht, denn keine Art des sprachlichen Ausdrucks steht der göttlichen Ausdrucksweise, ja der Gottheit selbst näher als die Ausdrucksweise der Dichter. Die Wahrheit dieser Behauptung wird bewiesen durch die Tatsache, daß der Verfasser der Psalmen – sei es David allein oder vielleicht noch andere, die ich jetzt nicht aufzählen möchte –, als er die Psalmen niederschrieb, darauf achtete, sie in Versen zu binden, was das eigenste Geschäft der Dichter ist; die Psalmen sind nämlich im Hebräischen in Trimetern und Tetrametern geschrieben. Und es gibt noch anderes mehr in der Heiligen Schrift, was in Versen verfaßt ist, wie manche Lieder und zum größten Teil das Buch Hiob, ja auch die Klagelieder des Jeremias sollen nach metrischen Gesetzen geschrieben sein.

Allzu leichtfertig, um nicht zu sagen zu Unrecht, greift man uns darum an, wenn wir die Dichter lesen, und hält uns, während wir ängstlich die Wahrheit suchen, für solche Gegner Gottes, daß es fast scheint, für uns gebe es keine Erlösung mehr. Aber Gott ist für die endlosen Kreisumläufe der immer vorhandene Mittelpunkt, und man kann von keinem Kreisumlauf sagen, er sei Ihm näher oder ferner, da Er überall ist. Solch einen großen Unterschied zwischen den Lebensweisen, wie Du vielleicht glaubst, gibt es nicht, daß, wer das geistliche Leben erwählt hat, nicht auch einmal – wäre es doch nicht so häufig! – weiter entfernt ist von Gott als die, die hier in den weltlichen Dingen gefährdet zu sein scheinen.

Der Geist ist es, der Gott verbunden wird, und aus welchem Lebensstande er auch ruft, er findet Ihn, da Er ja nirgends nicht ist, Ihn, nach dem allein jedes Geschöpf notwendig schreit. Denke daran, mein lieber Johannes, daß aus der Schar der Apostel Judas verdammt und aus der Menge der Räuber Dymas im Leiden Christi erlöst wurde, damit sich niemand darum, weil er sich einem ganz heiligen Leben weihte, Hoffnungen macht, und niemand darum, weil er einen ganz schlechten Lebenswandel pflog, verzweifelt.

Es ist sicherer, das gebe ich zu, sich von den Dingen der Welt, soweit wir

können, zu entfernen, wie Du, nicht auf meinen Vorschlag, sondern auf meine Ermahnungen hin, getan hast. Denn, mag Gott auch überall gegenwärtig sein, so sind wir doch, in denen jene Verbindung sich vollziehen muß, weiter entfernt von ihm in der Haltung unseres Geistes, wenn wir ihn mit anderen Dingen belastet haben.
Und ich bitte Dich auch Hieronymus nicht als Gegenargument anzuführen, da man weder von Augustinus, der fast sein Zeitgenosse war, noch von sonst jemandem, der vor ihm oder nach ihm lebte, liest, daß er ähnlich ermahnt und angeklagt wurde. Jener nämlich, dessen Aufgabe es war, durch Übersetzung die göttlichen Schriften dem Lateinischen zu übergeben, mußte solchermaßen ermahnt werden, während der hl. Augustinus auf der anderen Seite, zur Verschmelzung der Heiden mit dem Christentum bestimmt, niemals vom Studium der weltlichen Schriften abgeschreckt wurde, da er den fleischlichen Staat der Heiden mit ihren eigenen Mitteln und Zeugnissen erschüttern sollte. Was wissen wir, lieber Johannes, wozu ich geleitet und aufbewahrt werde? Nur dieses einen sei Dir bitte mit mir bewußt: Während ich jene erdichteten Sachen lese, während ich die unter Falschheiten verborgene Wahrheit auffinde, während ich die Gewandtheit des Ausdrucks bewundere, sage ich der Gottheit Dank, und wenn ich etwas gut ausgedrückt zu haben meine, so rechne ich es nicht mir zugute, sondern jenem allein, durch den ich alles geschehen sehe und in mir geschehen fühle.
Und glaube nicht, daß ich jemals – wie Du offenbar meinst – um des eitlen Namens Ruhmes willen mich bemüht hätte, sondern aus dem Drang, zu wissen und allgemein zu machen, was Gott uns gab, damit so, wie andere uns und ihrer Zeit nützlich waren, auch ich den anderen und den Nachkommen nütze. Denn ich glaube, daß die Wissenden nicht weniger verpflichtet sind als die Bauern, Bäume zu pflanzen, die auf die Enkel kommen sollen. Du bist – ein Recht der heiligen Einfalt – nur Dir allein von Nutzen, ich suche mir nützlich zu sein und anderen, Du ermahnst vielleicht Deine Mitbrüder und Gefährten durch die Heiligkeit Deines Lebens als mit einem Beispiel; ich lade meine Nächsten ein und helfe ihnen, daß sie lernen, daß sie sich jenem, was schändlich ist, nicht in verderbter Gewohnheit widmen, damit sie, wenn sie für die Vernunft zu streiten gelernt haben, die Verstrickungen durch die Süße des Verderblichen meiden. Wieviel wir bei diesem unserem Vorhaben ausrichten, weiß Gott, wieviel wir ausrichten wollen, weißt Du von Dir und ich von mir. Eins aber möchte ich kühnlich behaupten, daß ich dieses mein Vorhaben bis zum heutigen Tage nicht bereue, mag ich auch erkennen, daß ich den Weg meines Lebens weiter außerhalb der Unebenheiten der Welt hätte führen können. Aber, da Gott nahe ist und gnädig, zweifle ich nicht, daß er, mag ich

auch zu sehr zur Welt hin abgeglitten sein, meine Unvollkommenheit erkennt und so, wie er es bis heute gnädig duldet, auch voll Mitleid mir beisteht.
Lebe wohl und bete für mich. Und wenn Dir irgend etwas an meiner Antwort mißfällt, dann widerlege es bitte. Denn wie ich mich freue, etwas Wahres hinzuzulernen, so wirst Du mich auch zu einer vernünftigen Antwort bereit finden. Nochmals lebe wohl.

Christine de Pizan

Über die Ursachen der Frauenfeindlichkeit

Daraufhin antwortete Frau Vernunft und sprach: «Jetzt fang an, Tochter. Laß uns, ohne noch mehr Zeit zu verlieren, hinaus aufs Feld der Literatur gehen: Dort soll die Frauenstadt auf einem fetten und fruchtbaren Boden errichtet werden, dort, wo alle Früchte wachsen, sanfte Flüsse fließen und die Erde überreich ist an guten Dingen jeglicher Art. Nimm die Spitzhacke deines Verstandes, grabe tief und hebe überall dort einen tiefen Graben aus, wo es mein Lot dir anzeigt: Ich werde dir mit meinen eigenen Schultern helfen, die Erde fortzuschaffen.»
Um ihrem Befehl nachzukommen, richtete ich mich voll auf und fühlte mich bereits durch den Einfluß der Frauen bedeutend kräftiger und leichter als zuvor. Sie ging also voraus, ich folgte ihr, und als wir auf dem besagten Feld angekommen waren, begann ich die Aushebungsarbeiten mit der Spitzhacke der Erkundung und hielt mich genau an ihre Anweisungen. Mein erstes Werk sah folgendermaßen aus:
«Edle Frau, ich erinnere mich sehr wohl daran, daß Ihr mir zuvor – als von den zahlreichen Männern die Rede war, die zu allen Zeiten Frauen verschiedener Stände vehement getadelt haben – sagtet, Gold werde um so feiner, je länger man es der Feuersglut aussetzt. Das bedeutet doch wohl, daß Verdienst und Ruhm der Frauen wachsen, je häufiger sie zu Unrecht beschuldigt werden. Aber ich bitte Euch, erklärt mir, weshalb das so ist, warum so viele verschiedene Schriftsteller in ihren Büchern gegen die Frauen das Wort ergriffen haben, denn nun weiß ich ja bereits von Euch, daß dies völlig ungerechtfertigt ist. Gibt die Natur ihnen dies ein, oder tun sie es aus Haß, und worauf ist dies alles zurückzuführen?» Da antwortete sie mir folgendermaßen: «Tochter, ich schaffe diese erste Kiepe mit Erde fort, damit du noch tiefer

graben kannst. Wisse, nicht die Natur ist die Ursache dafür, ganz im Gegenteil, denn es gibt auf der Welt kein so mächtiges, starkes Band wie die große Liebe, die die Natur auf Geheiß Gottes zwischen Mann und Frau entstehen läßt. Die Gründe, die zahlreiche Männer in Vergangenheit und Gegenwart dazu bewegt haben, die Frauen zu tadeln, wie es, so hast du selbst gesehen, auch die Schriftsteller in ihren Büchern praktizieren, sind äußerst vielschichtig. Einige taten es in guter Absicht, das heißt: um einige verirrte Männer davon abzubringen, Umgang zu pflegen mit gewissen lasterhaften und sittenlosen Frauen, in die manche Männer zuweilen vernarrt sind; oder um sie davor zu bewahren, sich in solche Frauen zu verlieben; und in der Absicht, einen jeden Mann von einem Leben in Lüsternheit und Wollust abzuhalten. So wurden die Frauen in ihrer Gesamtheit verleumdet, um sie den Männern verabscheuungswürdig erscheinen zu lassen.»

«Teure Frau», warf ich nun ein, «verzeiht, wenn ich Euch an dieser Stelle unterbreche. Demnach handeln diese Männer also richtig, weil sie ja von einer guten Absicht geleitet werden? Denn letzten Endes, so sagt man, erlaubt es die Absicht, einen Menschen zu beurteilen.» – «Schöne Tochter, das hast du falsch verstanden», erwiderte sie, «denn platte Unwissenheit entschuldigt überhaupt gar nichts. Wenn man dich in guter Absicht, jedoch aufgrund einer völlig irrigen Meinung tötete – wäre das dann etwa gut gehandelt? Vielmehr haben die, die so etwas tun, schlimmstes Unrecht begangen; es ist einfach nicht gerecht, die eine Partei mit Schimpf und Schande zu überhäufen, um einer anderen beizustehen; und es widerspricht der Wahrheit, wie ich dir anhand der Erfahrung zeigen werde, pauschal das weibliche Verhalten zu tadeln. Nehmen wir meinetwegen ruhig an, sie hätten es in der Absicht getan, die Narren von ihrer Narrheit zu kurieren: Das ist gerade so, als wenn ich das Feuer rügte (das, für sich betrachtet, eine gute und nützliche Sache ist), nur weil einige sich an ihm verbrennen; oder das Wasser, nur weil einige darin ertrinken! Ähnliches läßt sich von allen guten Dingen sagen, von denen man guten oder schlechten Gebrauch machen kann. Wenn also einige Narren Mißbrauch treiben, so darf man deshalb nicht gleich das ganze Geschlecht tadeln; du selbst hast zu diesen Punkten an anderer Stelle in deinem Werk kluge Dinge geschrieben. Aber diejenigen, die sich, in welcher Absicht auch immer, in ihren Schriften lang und breit über die Frauen ausgelassen haben, waren, um ihr Ziel zu erreichen, nicht gerade zimperlich. Genauso macht es derjenige, der sich ein langes und weites Gewand aus einem Stück Stoff schneidern läßt, das ihn nichts kostet und bei dessen Nutzung ihm niemand Beschränkungen auferlegt: Auf diese Weise nimmt er fremdes Gut für sich in Anspruch und teilt es sich selbst zu seinem eigenen Vorteil zu. Wie du früher einmal sehr treffend gesagt hast (und ich teile deine Meinung vollkommen): Jene Autoren hätten Vorzügliches geleistet, wenn sie Wege und Mittel gefunden hätten, um die Männer von ihrer Torheit abzuhalten und sie davor zu bewahren, jemals müde zu werden, den Lebenswandel und die Sitten verderbter, lasterhafter Frauen zu tadeln; denn es gibt, unter uns gesagt, auf der Welt nichts Abstoßenderes als eine sittenlose Frau. Sie gleicht einer Mißbildung der Natur, einem Wechselbalg, und widerspricht ihrer naturgemäßen Bestimmung zu Sanftmut, Zurückhaltung und Ehrbarkeit. Tadelt man jedoch alle, obwohl es doch so zahlreiche herausragende Frauen gibt, dann versichere ich dir, daß das rein gar nichts mit mir zu tun hat und daß alle, die solche Wege beschreiten, in dem allergrößten Irrtum befangen waren und es noch sind. Deshalb wirf nur diese häßlichen, nutzlosen schwarzen Steine weit weg, denn für das kunstvolle Bauwerk deiner Stadt sind sie völlig unbrauchbar.

Wiederum andere Männer haben die Frauen aus anderen Gründen getadelt: einige aufgrund ihrer eigenen Laster, andere aufgrund einer eigenen körperlichen Mißbildung, wiederum andere aus purer Mißgunst oder aufgrund des ihnen eigentümlichen Vergnügens an übler Nachrede. Noch andere, die ihre Belesenheit beweisen wollen, verlassen sich auf das, was sie in irgendwelchen Büchern gefunden haben, und plappern einfach etwas nach, wobei sie sich auf die klassischen Autoren berufen.

Diejenigen, die von eigenen Lastern dazu angetrieben werden, sind Männer, die in ihrer Jugend ein ausschweifendes Leben, mit zahlreichen Liebschaften zu verschiedenen Frauen, geführt haben; aufgrund der vielen Dinge, die sie erlebt haben, sind sie mit allen Wassern gewaschen und in ihrem Zustand der reuelosen Sündhaftigkeit frühzeitig gealtert; nun schmerzen sie ihre vergangenen Torheiten und das ausschweifende Leben, das sie in ihrer Jugend geführt haben. Aber ihre natürlichen Kräfte sind ermattet und erlauben es nicht mehr, das auszuführen, wonach ihnen der Sinn steht und worauf sich ihr kraftloses Begehren richtet. So schmerzt es sie zu sehen, daß das Leben, welches sie als gute Zeit zu bezeichnen pflegten, für sie vorbei ist und die jungen Leute, die nun so sind, wie sie selbst zu sein pflegten, die Zeit auf ihrer Seite zu haben scheinen. Um nun ihre eigene Traurigkeit zu mindern und zu verjagen, fällt ihnen nichts Besseres ein, als die Frauen zu verleumden, um diese so den anderen Männern verhaßt zu machen. Und deshalb sieht man häufig solche Greise lüsterne und unanständige Reden führen, wie du es bei Matheolus beobachten kannst, der selbst zugibt, ein Greis voller Begehrlichkeit, aber ohne Kraft zu sein. Sein Beispiel mag dir das, was ich dir erzähle, verdeutlichen, und sei versichert: Ähnliches trifft auf zahlreiche andere zu.

Aber diese verdorbenen Greise, die mit dem unheilbaren Aussatz zu vergleichen sind, dürfen nicht mit jenen guten und rechtschaffenen alten Männern verwechselt werden, deren Tugend und Weisheit ich vervollkommne; denn nicht alle Greise haben Lasterhaftes im Sinn; das wäre ein großer Jammer! Vielmehr bezeugen alle Worte aus dem Munde jener Guten Beispielhaftigkeit, Ehrsamkeit und Umsicht, entsprechend ihrer Gesinnung. Jene hassen das Böse in Tat und Wort, weder tadeln noch verleumden sie Männer oder Frauen; sie hassen die Laster und verurteilen diese allgemein, ohne jemanden zu beschuldigen oder anzuklagen; sie raten, das Böse zu meiden und den Weg der Tugend und Geradlinigkeit zu beschreiten.

Bei denjenigen, die angestachelt werden von der Unzulänglichkeit ihres eigenen Körpers, handelt es sich um gebrechliche und in ihren Gliedern mißgebildete Männer, die mit einem scharfen und boshaften Verstand begabt sind und den Kummer über ihre eigene Gebrechlichkeit nicht anders vergelten konnten als durch die Schmähung der Frauen, die der Mehrzahl der Männer Freude bereiten. Auf diese Weise wähnten sie den anderen das Vergnügen zu rauben, das ihnen selbst versagt blieb.

Diejenigen, die Frauen aus Mißgunst verleumdet haben, sind Kleingeister, die zahlreichen ihnen an Klugheit und Vornehmheit überlegenen Frauen begegnet sind. Sie reagierten darauf mit Schmerz und Unwillen, und so hat ihre große Mißgunst sie dazu bewogen, allen Frauen Übles nachzusagen. Auf diese Weise glaubten sie, den Ruhm und die Ehre jener Frauen zu unterbinden und zu schmälern, gerade so, wie es ich weiß nicht welcher Mann in einer seiner Schriften mit dem Titel *Über die Philosophie* tat; dort rackert er sich gewaltig ab, um zu beweisen, wie ungehörig es sei, daß einige Frauen von Männern aufs höchste verehrt werden. Er behauptet, jene, die so großes Aufhebens um diese Frauen machen, pervertierten den Titel seines Buches: das heißt, sie verwandelten die Liebe zur Weisheit in die Liebe zur Torheit. Dagegen versichere ich dir, daß er selbst, aufgrund der Verlogenheit seiner Argumentation in dieser Angelegenheit, aus dem Inhalt seines gesamten Buches ein Zeugnis der Liebe zur Torheit macht.

Bei denjenigen, die von Natur zu übler Nachrede neigen und über jedermann herziehen, ist es nicht weiter verwunderlich, wenn sie auch die Frauen schmähen. Auf jeden Fall versichere ich dir eines: Wenn ein Mann Gefallen an der Beschimpfung des weiblichen Geschlechts findet, so liegt die Ursache hierfür in einer gewaltigen Niedrigkeit der eigenen Gesinnung, handelt er doch wider die Vernunft und die Natur. Wider die Vernunft insofern, als er sich überaus undankbar und ungefällig verhält angesichts der großen Wohltaten, die die Frau ihm geschenkt hat und deren er immer noch und häufig bedarf. Sie sind so gewaltig, daß er dem nichts entgegenzusetzen hat. Wider die Natur inso-

fern, als es weder irgendein stummes Tier noch irgendeinen Vogel gibt, der nicht von Natur aus seinesgleichen, das Weibchen, liebt. Und deshalb ist es widernatürlich, wenn der vernunftbegabte Mensch das Gegenteil tut.
Da es aber kaum ein bedeutendes Werk eines angesehenen Verfassers gibt, das nicht Nachahmer fände, so gibt es gar manche, die sich aufs Abschreiben verlegen. Sie meinen, das könne gar nicht schiefgehen, da andere bereits in ihren Büchern das gesagt haben, was sie selbst sagen wollen – wie etwa die Frauenverunglimpfung; von dieser Sorte kenne ich eine ganze Menge. Einige von ihnen machen sich daran und bringen sich ins Gespräch, indem sie fade, wäßrige Gedichte produzieren, eins so unsäglich wie das andere, oder dümmliche Balladen, in denen vom Verhalten der Frauen, der Fürsten oder anderer Leute die Rede ist, und das, obwohl ihre Autoren selbst sich weder zu erkennen noch in ihren niedrigen Verhaltensweisen und Neigungen zu ändern vermögen. Schlichte Gemüter jedoch, die genauso dumm sind wie jene Autoren, behaupten, es handle sich um hervorragende Werke.»

Vom großen Wohl, das durch die Frauen in die Welt gekommen ist

«Hohe Frau, ich bin voller Bewunderung angesichts dessen, was ich Euch habe darüber erzählen hören, wieviel Gutes dank weiblicher Klugheit in die Welt gekommen ist. Und dabei behaupten die Männer stets, weibliche Fähigkeiten seien nichts wert; deshalb sagt man gemeinhin als Tadel, wenn von irgendeiner Torheit die Rede ist, dies sei Weiberwissen. Um es kurz zu machen: Die Meinung und die Rede der Männer gehen gewöhnlich dahin zu behaupten, die Frauen taugten zu nichts anderem auf der Welt als zum Kindergebären und Spinnen.»
Antwort: «Daran kannst du die große Undankbarkeit jener, die dies behaupten, erkennen. Sie gleichen jenen, die von bestimmten Gütern leben, deren Ursprung jedoch nicht kennen und niemandem dafür danken. Du kannst auf diese Weise ganz klar erkennen, wie Gott, der nichts ohne Grund tut, den Männern hat bedeuten wollen, daß er das weibliche Geschlecht ebensowenig wie das männliche verachtet, indem es Ihm gefallen hat, im weiblichen Gehirn so viel Klugheit anzusiedeln; und zwar nicht nur genügend Klugheit, um die Wissenschaften zu erlernen und aufzunehmen, sondern aus eigenem Antrieb völlig neue zu erfinden, ja sogar Fertigkeiten von so großer Brauchbarkeit

und so großem Nutzen für die Welt, daß nichts notwendiger wäre. Das kannst du dem Beispiel jener Carmentis entnehmen, von der ich dir zuvor erzählt habe und die die lateinische Schrift erfand. Gott war von dieser Erfindung so angetan und hat die von dieser Frau ersonnene Fertigkeit so sehr verbreitet, daß beinahe der gesamte Ruhm der hebräischen und der griechischen Schrift, die in sehr hohem Ansehen standen, ausgelöscht wurde und beinahe ganz Europa, das einen großen Teil der ganzen Welt darstellt, sich dieser Schrift bedient. In ihr wurden unzählige Bücher und Bände jeder Art verfaßt und geschaffen, in denen zum ewigen Gedächtnis die Taten der Menschen, die edlen und herausragenden Ruhmeswerke Gottes, die Wissenschaften und die Künste aufgezeichnet und bewahrt worden sind. Niemand soll nun behaupten, ich sagte dir diese Dinge aus reiner Gefälligkeit, denn es sind Worte aus Boccaccios Mund, deren Richtigkeit wohl niemand in Zweifel ziehen dürfte.

Daraus kannst du ableiten, daß die von dieser Frau vollbrachten Wohltaten unendlich sind; ihr ist es zu verdanken, wenn die Männer, auch wenn sie es nicht anerkennen, aus dem Zustand der Unwissenheit gezogen und in den der Erkenntnis versetzt worden sind. Ihr verdanken sie die Kunst, die Geheimnisse ihrer Gedanken und Absichten so weit zu senden, wie sie wollen, überall kundtzutun und bekanntzumachen, was ihnen beliebt, desgleichen um die Dinge der Gegenwart, der Vergangenheit und zum Teil auch der Zukunft zu wissen; wiederum dank der Klugheit jener Frau können die Männer Abkommen und Freundschaftsbündnisse mit verschiedenen, weit von ihnen entfernten Personen schließen und haben, durch die Antworten, die sie einander geben, die Möglichkeit, einander kennenzulernen, ohne sich zu sehen. Kurz und gut, es ist schier unmöglich, von allen durch die Buchstaben verursachten Wohltaten zu erzählen; denn sie beschreiben Gott, verbreiten seine Kunde und das Wissen um ihn, um die himmlischen Wesen, das Meer, die Erde, alle Menschen und alle Dinge. Deshalb frage ich dich: Wo gab es jemals einen Mann, der mehr Gutes bewirkt hätte?

Desgleichen, wo gab es jemals einen Mann, durch den der Welt mehr Gutes geschah als durch jene edle Königin Ceres? Wodurch läßt sich je mehr Ruhm erringen als dadurch, die unseßhaften, unzivilisierten, wie wilde Tiere in Wäldern hausenden, gesetzlosen Menschen dazu gebracht zu haben, in Städten und Kommunen zu wohnen und sie den Umgang mit dem Gesetz gelehrt zu haben? Ferner verschaffte sie ihnen Nahrung von besserer Qualität als Eicheln und wilde Äpfel, nämlich Weizen und Getreide, und dank dieser Nahrung wird der menschliche Körper schöner, die Menschen werden heller, die Glieder kraftvoller und beweglicher, denn diese Nahrung bekommt der menschlichen Natur besser und ist passender für sie. Und die Erde voller Disteln, Dornen, ungepflegtem Buschwerk, wildwachsender Bäume: Welch größeres Verdienst gibt es, als gelehrt zu haben, sie durch Arbeit zu verschönern und zu säubern und Saat auszusäen, so daß durch Bearbeitung aus dem unbestellten Boden freie, einem individuellen Haushalt zugehörige oder dem gemeinen Nutzen dienende, öffentliche Äcker werden? Ebenfalls dieser edlen Frau verdankt die menschliche Natur den Vorteil, von einem rohen, wilden Zeitalter in eine Epoche städtischer Kultur geführt worden zu sein; ferner änderte sie den Sinn der vagabundierenden und trägen Menschen, die in Höhlen des Unwissens hausten, und zog und hob sie auf die Höhe der ihnen angemessenen Betrachtungen und geistigen Anstrengungen. Einige Menschen schickte sie zur Verrichtung der Arbeiten auf die Felder; dank ihrer Anstrengungen wurden viele Städte und Kommunen erneut gefüllt und diejenigen ernährt, die die übrigen zum Leben notwendigen Dinge tun.

Gleiches bewirkte Isis durch die Anlage von Gärten: Wer wäre in der Lage, die gewaltige Wohltat in Worte zu fassen, die sie der Welt verschaffte, indem sie lehrte, wie man Bäume, die so viele wohlschmeckende Früchte tragen, und alle Sorten guter Kräuter, die der menschlichen Ernährung sehr angemessen sind, zieht?

Gleiches gilt für Minerva, die die menschliche Natur mit zahlreichen äußerst nützlichen Dingen ihres eigenen Wissensgebietes versah, wie etwa mit Bekleidung aus Wolle (früher trugen sie ausschließlich Tierfelle); ferner enthob sie sie der Mühsal, ihre Gerätschaften auf den Armen von einem Ort zum anderen zu schleppen, denn zu ihrer Entlastung erfand sie die Herstellung von Wagen und Karren; des weiteren ersann sie für die Adligen und die Ritter die Kunst und den Brauch, Rüstungen herzustellen, um ihren Körper im Kriegsfall sicherer zu schützen; dies, Christine, war etwas sehr viel Schöneres, Solideres und Angemesseneres als das, was sie zuvor hatten und was nur aus Tierhaut bestand!»

Und daraufhin sprach ich zu ihr: «Ah, edle Frau, Eure Worte lassen mich nun deutlicher als je zuvor die außerordentlich große Undankbarkeit und Unwissenheit jener Männer erkennen, die so viel Schlechtes über die Frauen sagen: Denn obschon, wie mir scheint, hinreichend Anlaß besteht, sie nicht zu schmähen, weil die Frau jedem Manne Mutter ist und weil es so viele andere Wohltaten gibt, die die Frauen den Männern gemeinhin und ohne jeden Zweifel angedeihen lassen, so ist dies doch nun wahrlich die höchste aller Wohltaten und die edelste aller Gaben, die die Männer von ihnen empfangen haben und auch heute immer noch empfangen. Deshalb hätten die Männer schweigen sollen; schweigen mögen von nun an die frauenverleumderischen

Kleriker, all jene, die in Gegenwart und Vergangenheit in ihren Büchern und Dichtungen Übles über die Frauen verbreitet haben, desgleichen ihre Spießgesellen und Verbündeten. Mögen sie voller Scham die Augen niederschlagen angesichts all der Dinge, die sie in ihren Werken zu verbreiten gewagt haben, und in Anbetracht der Wahrheit, die ihren Aussagen so sehr widerspricht; oder auch im Hinblick auf jene edle Carmentis, die in ihrer überlegenen Klugheit den Männern wie eine Schulmeisterin (das können sie schließlich nicht leugnen!) gerade jene Fertigkeit beigebracht hat, dank deren Beherrschung sie sich als so überlegen und hochgeehrt betrachten: Die Rede ist vom lateinischen Alphabet!
Was aber sagten die Adligen und die Ritter, von denen so viele und völlig zu Unrecht den Frauen in ihrer Gesamtheit Übles nachsagen? Von nun an mögen sie ihr Mundwerk zügeln und daran denken, daß der Brauch, Waffen zu tragen, Schlachten zu schlagen und in einer bestimmten Schlachtordnung zu kämpfen – dies ein Handwerk, dessen sie sich so sehr brüsten und das sie sich als Verdienst anrechnen –, ihnen von einer Frau gezeigt und geschenkt wurde. Ferner: Hat, angesichts dieser Wohltaten, die Gesamtheit aller Männer, die sich von Brot ernähren und gesittet und nach einer bestimmten Rechtsordnung in den Städten leben, Anlaß, so viele Frauen zu tadeln und abzulehnen, wie es viele dieser Männer tun? Mit Sicherheit nicht, denn durch Frauen, genauer gesagt durch Minerva, Ceres und Isis, sind sie in den Besitz vieler nützlicher Einrichtungen gelangt, Wohltaten, die in Ehren gehalten werden und von denen sie jetzt und in Zukunft leben. Sind dies gewichtige Dinge? Ohne jeden Zweifel, edle Frau; mir scheint, weder die Lehre des Aristoteles, die dem menschlichen Verstand so viel Nutzen gebracht hat und um die man zu Recht so viel Aufhebens macht, noch die aller anderen Philosophen, die je gelebt haben, ist für die Welt von ähnlichem Nutzen, wie es diese auf der Klugheit der genannten Frauen beruhenden Werke waren und noch immer sind.»
Sie erwiderte mir: «Dies sind nicht die einzigen, vielmehr gibt es noch viele andere.»

Enea Silvio Piccolomini (Pius II.)

Wir wollen der Liebe uns weihen ...

(Aus der Novelle «Euryalus und Lucretia»)

Euryalus nun, selbst tief im Herzen verwundet, fand keine Ruhe, schleichendes Feuer in seinem Blut machte ihn verstört und müde. Er kannte den Sosias nicht und ahnte nicht, daß Lucretia ihn geschickt hatte; und wie wir alle das, was wir wünschen, kaum zu hoffen wagen, so suchte auch er, als er seiner Verliebtheit bewußt wurde, sich zuzureden und hielt sich oft und oft vor: «Du weißt ja doch, Euryalus, was es mit der Herrschaft der Liebe für eine Bewandtnis hat. Viel Trauer, wenig Freude; kurzer Genuß, lange Verstimmung.

Einer, der liebt, stirbt fortwährend und ist niemals tot. Was fängst du wieder solche Possen an?» Als er sah, daß dies alles zwecklos war, meinte er wieder: «Was soll ich Unglücklicher lang gegen meine Liebe kämpfen? Soll ich nicht tun wie Julius tat und Alexander tat und Hannibal? Ich brauche gar keine Helden anzuführen, man sehe nur die Poeten: Virgilius hing an einer Strickleiter hoch am Turm, in dem er die zärtliche Umarmung eines Weibes genießen wollte. Allerdings, die Poeten führen immer ein lockeres Leben; aber was können wir den Philosophen nachsagen, den Meistern der Wissenschaft, die so treffliche Lebensregeln aufstellen? Den Aristoteles bestieg ein Weib wie ein Pferd, legte ihm Zügel an und drückte Sporen in seinen Leib. – Göttergleich ist die Majestät unseres Kaisers, und es trifft nicht zu, was man vielfach zu hören bekommt: ‹Nicht wohl gehen vereint, noch haben gemeinsame Wohnung Liebe und Herrschergewalt.›

Wer ist ein eifrigerer Liebhaber als unser Kaiser? Wie oft war er verliebt? Und Herkules, dieser göttergezeugte Kraftmensch selber, soll Köcher und Löwenfell weggelegt und sich an den Spinnrocken gesetzt haben; zierte die Finger mit Edelstein und ließ sich das Haar kräuseln, und die Hand, die einst die Keule schwang, spann den Faden an tanzender Spindel. Überhaupt ist die Liebe etwas ganz Natürliches. Auch die Vögel fühlen ihr Feuer. Die schwarze Turteltaube läßt sich von der grünen lieben, und die weißen Tauben schnäbeln mit den bunten, um die Worte anzuführen, die Sappho an den Sizilier Phaon schrieb. Und was soll ich von den Vierfüßlern berichten! Der Stier tritt ein für seine schöne Kuh, die hurtigen Hirsche wollen den Liebeskampf, man hört das Röhren ihrer Brunstzeit, es giert der hyrkanische Tiger, der reißende

Eber schärft seinen Zahn, der punische Löwe schüttelt seine Mähne. Von Liebe erfaßt, glühen die Ungeheuer des Meeres, kein Wesen ist vor Liebe gefeit, keins kann sich ihr versagen. Haß stirbt ab. Liebe triumphiert. Die Jünglinge macht sie ungestüm, und den alten Leuten durchläuft sie noch einmal wärmend die Glieder. Nie gefühlte Glut entfacht sie im Busen der Jungfrau. Was sträub ich mich gegen die Gesetze des Lebens? Liebe zwingt ja das All, wir wollen der Liebe uns weihen!»

GIORGIO VASARI

Lionardo da Vinci

Reiche Gaben sehen wir oft von der Natur mit Hilfe der himmlischen Einflüsse über menschliche Geschöpfe ausgegossen, bisweilen aber vereinigt sich, wie ein überschwengliches und übernatürliches Geschenk, in einem einzigen Körper Schönheit, Liebenswürdigkeit und Kunstgeschick so herrlich, daß jede seiner Handlungen göttlich erscheint, alle anderen Sterblichen hinter ihm zurückbleiben und sich deutlich offenbart: Was er leiste, sei von Gott gespendet, nicht aber durch menschliche Kunst errungen. Dies erkannte man bei Lionardo da Vinci; sein Körper war mit nie genugsam gepriesener Schönheit geschmückt, er zeigte in allen seinen Handlungen die größte Anmut und besaß ein so vollkommenes Kunstvermögen, daß, wohin sein Geist sich wandte, er das Schwierigste mit Leichtigkeit löste. Seltene Kraft verband sich in ihm mit Gewandheit, sein Mut und seine Kühnheit waren erhaben und groß, und der Ruf seines Namens verbreitete sich so weit, daß er nicht nur von der Mitwelt, sondern noch viel mehr von der Nachwelt gepriesen wurde. In Wahrheit bewundernswert und gottbegabt war Lionardo, der Sohn von Ser Piero da Vinci. Er würde in Gelehrsamkeit und Kenntnis der Wissenschaften Großes geleistet haben, wenn er minder unbeständigen und wandelbaren Geist gehabt hätte; dies war Ursache, daß er viele Dinge unternahm und die begonnenen wieder liegenließ. So machte er in der Rechenkunst in wenigen Monaten reißende Fortschritte und trug seinem Meister so vielfache Zweifel und Einwendungen vor, daß er ihn oft in Verwirrung setzte. Auch die Musik begann er zu studieren, entschloß sich aber bald, das Lautenspiel zu lernen, und da sein Sinn erhaben und voll der schönsten Gedanken war, improvisierte er zu diesem Instrument wunderbar schöne Gesänge. Wiewohl er so vielerlei

Dinge trieb, unterließ er doch nicht, zu zeichnen und erhobene Arbeiten zu verfertigen, eine Beschäftigung, die mehr als jede andere nach seinem Sinn war. Piero, sein Vater, der dies sah und die Herrlichkeit dieses Geistes erkannte, nahm eines Tages mehrere seiner Zeichnungen und brachte sie seinem Freunde Andrea del Verrocchio, mit der dringenden Bitte, ihm zu sagen, ob Lionardo, wenn er sich der Zeichenkunst widme, es darin zu etwas bringen könne. – Andrea erstaunte über die außerordentlichen Anfänge des Knaben und ermunterte Piero, ihn diesen Beruf wählen zu lassen, worauf jener den Lionardo nach der Werkstatt des Andrea sandte. Der Knabe trat hier mit großer Freude ein und übte nicht nur einen Beruf, sondern alle, welche dem Gebiet der Zeichenkunst angehören. Er hatte einen so göttlichen und wunderbaren Verstand, daß er ein trefflicher Geometer wurde und nicht nur in der Skulptur arbeitete, indem er in seiner Jugend einige lachende weibliche Köpfe aus Erde formte, die in Gips vervielfältigt wurden, und einige Kinderköpfe so schön, als ob sie von Meisterhand gebildet wären, sondern daß er auch in der Baukunst viele Zeichnungen zu Grundrissen und Gebäuden entwarf und, obwohl noch jung, doch der erste war, welcher Vorschläge machte, den Arnofluß in einen Kanal von Florenz bis Pisa zu fassen. Von ihm sind verschiedene Zeichnungen zu Mühlen, Walkmühlen und anderen Maschinen, welche durch Wasser getrieben werden, und da er die Malerei zu seinem eigentlichen Beruf wählte, übte er sich viel im Zeichnen nach der Natur. Bisweilen formte er Modelle verschiedener Figuren in Erde, legte darüber weiche Lappen, in Gips getaucht, und bemühte sich mit äußerster Geduld, sie auf ganz feine oder schon gebrauchte Leinwand nachzuzeichnen, indem er sie schwarz und weiß mit der Spitze des Pinsels bewunderungswürdig schön ausführte, wie jetzt noch einige davon beweisen, die sich in unserem Zeichenbuch finden. Auf Papier zeichnete er so fleißig und sauber, daß keiner ihn hierin je an Zartheit erreicht hat; ich besitze von ihm einen Kopf mit Kreide und in Helldunkel ausgeführt, der unvergleichlich ist. – Gott hatte über diesen Geist eine solche Anmut ausgegossen, hatte ihm eine so außerordentliche Darstellungsgabe bei so klarem Verstand zugesellt, sein Gedächtnis kam ihm überall so sehr zu Hilfe, und er vermochte in Zeichnungen seine Gedanken so deutlich kundzutun, daß er imstande war, jeden noch so kräftigen Geist durch seine Reden zu besiegen und durch seine Gründe zu verwirren.

Er kam, wie ich vorn schon sagte, in seiner Kindheit durch Ser Piero, seinen Vater, zu Andrea del Verrocchio in die Lehre. Dieser arbeitete an einer Tafel, wie St. Johannes Christum tauft, und Lionardo malte darin einen Engel, der einige Gewänder hält; obwohl sehr jung noch, führte er doch diese Gestalt so vollkommen zu Ende, daß sie ein besseres Ansehen gewann als die Figuren seines Meisters, und Andrea, ungeduldig, daß ein Kind mehr wisse wie er, mochte von der Zeit an nicht mehr mit Farben umgehen. Man erzählt sich: Ein Bauer, welcher Ser Piero da Vinci, den Vater Lionardos, öfter auf seiner Villa besuchte, habe ihm einstmals einen runden, von ihm selbst aus einem Feigenbaum des Gütchens gearbeiteten Schild gebracht und Ser Piero gebeten, zu Florenz irgend etwas auf diesen Schild malen zu lassen; jener tat es gerne, weil der Bauer im Vogel- und Fischfang viel Übung besaß und Ser Piero sich oftmals bei diesen Dingen seiner Hilfe bediente. Er ließ den Schild nach Florenz bringen, gab ihn Lionardo, ohne zu sagen, wem er gehöre, und bat ihn, er möge etwas darauf malen. Dieser nahm den Schild eines Tages vor, sah, daß er krumm, schlecht und plump gearbeitet war, bog ihn am Feuer zurecht und ließ endlich durch einen Drechsler aus diesem ungeschickten Werk ein feines und gleichmäßiges formen. Darauf grundierte er ihn mit Gips, bereitete ihn nach seiner Weise zu und fing an nachzusinnen, was er wohl darauf malen könne, um den, der sich ihm entgegenstellte, zu erschrekken und diese Wirkung hervorzubringen, wie man ehedem vom Haupt der Medusa erzählt. Zu diesem Zweck brachte er nach einem Zimmer, welches er allein betrat, Eidechsen, Grillen, Schlangen, Schmetterlinge, Heuschrecken, Fledermäuse und andere seltsame Tiere dieser Art und erbaute aus diesem wunderlichen Haufen durch verschiedenartige Zusammenstellung ein gräßliches und erschreckliches Untier, gab ihm einen vergifteten Atem und einen feurigen Dunstkreis und ließ es aus einem dunkeln zerborstenen Felsen hervorkommen, Gift aus dem offenen Rachen, Feuer aus den Augen und Rauch aus den Nüstern sprühen, so wunderbar, daß es fürwahr ungeheuerlich und schrecklich erschien; auch wandte er bei der Arbeit so viel Mühe auf, daß er aus übergroßem Eifer für die Kunst gar nicht merkte, welchen unerträglichen Geruch die gestorbenen Tiere im Zimmer verbreiteten. Als das Werk vollendet war, dem weder der Bauer noch der Vater mehr nachfragten, forderte Lionardo diesen auf, den Schild bei Gelegenheit holen zu lassen; was ihn anlange, so sei er damit zu Ende. Ser Piero begab sich deshalb eines Morgens nach der Wohnung des Sohnes; er pochte an der Türe, Lionardo öffnete und bat ihn, ein wenig zu warten; nach dem Zimmer zurückgeeilt, stellte er den Schild im rechten Lichte auf die Staffelei, ließ zu dem Fenster nur einen matten Schein hineinfallen und rief den Vater, damit er das Werk schaue. Ser Piero versah sich im ersten Augenblick der Sache nicht, und nicht bedenkend, daß er ein Schild und ein nur gemaltes Untier vor Augen habe, fuhr er zurück; Lionardo aber hielt ihn und sprach: Dies Werk ist brauchbar für den Zweck, für welchen es gearbeitet wurde, nehmt es und tragt es fort, dies ist die Wirkung, die man vom Kunstwerk erwartet. Dem Vater schien die Sache

mehr als wunderbar, er lobte die seltsamen Gedanken Lionardos, kaufte einen anderen Schild, worauf ein von einem Pfeil durchschossenes Herz gemalt war, und gab ihn dem Bauern, der sich ihm dafür zeitlebens verpflichtet hielt; den Schild Lionardos dagegen verhandelte er, ohne es zu sagen, für hundert Dukaten an Kaufleute in Florenz, durch welche derselbe bald in Besitz des Herzogs von Mailand gelangte, der dreihundert Dukaten dafür zahlte.
Es machte ihm ein sonderliches Vergnügen, wenn er Menschen mit ungewöhnlichen Gesichtszügen, Bärten oder Haarschmuck begegnete. Wer ihm gefiel, dem hätte er einen ganzen Tag nachgehen können, und seine Gestalt prägte sich ihm also ein, daß er, zu Hause angelangt, sie zeichnete, als ob sie vor ihm stünde. In dieser Weise hat er viele männliche und weibliche Köpfe ausgeführt, und ich besitze in meiner oft erwähnten Sammlung von Handzeichnungen verschiedene mit der Feder von ihm gezeichnet, darunter das Bildnis des Amerigo Vespucci, einen schönen alten Kopf, mit der Kohle schattiert, und den Zigeunerhauptmann Scaramuccia, welchen Gianbullari an Dominico Valdambrini aus Arezzo, Kanonikus von S. Lorenzo, überlassen hatte. – Eine Tafel mit der Anbetung der Könige wurde von diesem Meister angefangen; es ist viel Schönes darin, besonders an Köpfen; sie stand im Hause von Amerigo Benci, der Loggia der Peruzzi gegenüber, blieb aber unvollendet, wie seine anderen Arbeiten.
Im Jahre 1494 war Giovan Galeazzo, Herzog von Mailand, gestorben und Lodovico Sforza als Nachfolger erwählt. Dieser fand großes Vergnügen am Lautenspiel, deshalb wurde Lionardo ehrenvoll zu ihm berufen. Er nahm sein Instrument mit, das er selbst fast ganz aus Silber in Form eines Pferdekopfes verfertigt hatte, eine seltsame und neue Gestalt, berechnet, dem Klang mehr Stärke und Wohllaut zu geben. Dadurch übertraf er alle Musiker, welche nach Mailand gekommen waren, sich hören zu lassen. Außerdem war er zu seiner Zeit der Beste unter denen, die in Reimen improvisierten. Der Herzog, durch die bewundernswerten Reden Lionardos erfreut, verliebte sich in seine Talente so sehr, daß es fast unglaublich war; er bewog ihn durch Bitten, eine Altartafel zu malen, eine Geburt Christi, die als Geschenk von dem Herzog an den Kaiser gesandt wurde. Für die Dominikanermönche in Santa Maria delle Grazie zu Mailand malte er ein Abendmahl von seltener und wunderbarer Trefflichkeit. Den Köpfen der Apostel gab er so viel Majestät und Schönheit, daß er das Haupt des Heilandes unausgeführt ließ, überzeugt, er vermöge ihm nicht jene Göttlichkeit zu verleihen, welche für ein Bild Christi erforderlich sei. Das Werk verblieb so, als ob es vollendet wäre, und ist immerdar von den Mailändern wie von Fremden hochgepriesen worden. Lionardo war darin aufs beste gelungen, den Argwohn auszudrücken, der die

Gemüter der Apostel erfaßt hat, und sie verlangen macht zu wissen, wer den Meister verraten habe; aus den Angesichtern aller spricht Liebe, Furcht und Zorn oder auch der Schmerz, daß sie den Sinn der Rede Jesu nicht verstehen, und dies setzt nicht minder in Verwunderung als der Trotz, Haß und Verrat, den man in Judas erkennt. Zu dem allen sind die geringsten Einzelheiten des ganzen Werkes mit unglaublichem Fleiße gearbeitet, sogar das Gewebe des Tischtuches, wie man es im feinsten Leinenzeug nicht besser sehen könnte.
Man sagt, der Prior des Klosters habe Lionardo sehr ungestüm angetrieben, das Werk zu vollenden. Ihm schien es seltsam, den Künstler bisweilen einen halben Tag in Betrachtung verloren zu sehen; es wäre ihm lieb gewesen, wenn er gleich Arbeitern, die den Garten umhacken, den Pinsel niemals aus der Hand gelegt hätte. Dies war aber nicht genug, er beschwerte sich auch gegen den Herzog und drängte diesen so lange, bis dieser sich gezwungen sah, Lionardo rufen zu lassen. Mit guter Art bat er ihn, er möge die Arbeit fördern, und versicherte, er tue dies nur auf überlästiges Ansuchen des Priors. Lionardo kannte den klaren Verstand und die Billigkeit des Fürsten, deshalb entschloß er sich, mit ihm über die Sache zu reden, was er bei dem Prior nie getan hatte. Er äußerte sich weitläufig über die Kunst und machte anschaulich, daß erhabene Geister bisweilen am meisten schaffen, wenn sie am wenigsten arbeiten, nämlich in der Zeit, wo sie erfinden und vollkommene Ideen ausbilden, welche der Verstand erfaßt und die Hände darstellen. Zwei Köpfe, fügte er hinzu, wären es, die ihm noch fehlten, der des Erlösers, nach welchem er nicht auf Erden suchen wolle, und von dem er nicht glaube, daß er seiner Phantasie in jener Schönheit und himmlischen Anmut vorschweben könne, welche die menschgewordene Gottheit umkleiden müsse; der andere sei der des Judas. Ihm scheine unmöglich, passende Gesichtszüge für jenen Jünger zu erfinden, dessen trotziger Geist nach so vielfach empfangenen Wohltaten des Entschlusses fähig gewesen, seinen Meister, den Erretter der Welt, zu verraten; nach diesem letzteren indes wolle er suchen, und finde er ihn nicht, so bleibe ihm der des lästigen und unbescheidenen Priors gewiß.
Dies brachte den Herzog zum Lachen; er gab Lionardo tausendmal recht, und der arme Prior, in Verwirrung geraten, befleißigte sich, die Arbeiten im Garten zu betreiben, den Künstler aber ließ er in Frieden, und dieser führte den Kopf des Judas so trefflich zu Ende, daß er das wahre Bild des Verrates und der Unmenschlichkeit ist; das Haupt Christi dagegen blieb unvollendet, wie ich schon oben sagte. – Die Herrlichkeit dieses Gemäldes, in Zusammenstellung wie in fleißiger Ausführung, erweckte dem Könige von Frankreich Verlangen, es nach seinem Reiche bringen zu lassen; er suchte auf alle Weise nach Baumeistern, die es mit Holzbalken und Eisen fest genug zu binden vermöch-

ten, damit man es unbeschädigt fortbringen könne. Der möglichen Kosten achtete er nicht, so groß war sein Verlangen darnach; weil es jedoch auf die Mauer gemalt war, verging Sr. Majestät die Lust dazu, und es blieb den Mailändern.

Er machte dem Herzog den Vorschlag, ein Pferd in Bronze von erstaunenswürdiger Größe verfertigen und darauf den verstorbenen Herzog zum Andenken darstellen zu lassen. Er begann und vollendete das Modell, aber in einer solchen Größe, daß es niemals ausgeführt werden konnte, und wie oftmals Neid die Menschen zu boshaftem Urteil bewegt, gab es mehrere, welche meinten, Lionardo habe es gleich anderen seiner Arbeiten begonnen, damit es nicht vollendet werde. Seine Größe war Ursache, daß unglaubliche Schwierigkeiten sich zeigten, als es in einem Stück gegossen werden sollte, und man könnte wohl auch glauben, der Erfolg habe einigen Menschen jenen Gedanken eingegeben, daß sehr viele seiner Arbeiten nicht zum Schluß kamen. Doch wie dem sei, der Wahrheit gemäß ist anzunehmen, daß sein erhabener herrlicher Geist durch allzu großes Streben gehindert wurde, daß sein Trachten, Trefflichkeit über Trefflichkeit und Vollkommenheit über Vollkommenheit zu erringen, die Schuld davon trug und, wie Petrarca sagt, Verlangen das Werk hemmte. Wer das von Lionardo in Ton ausgeführte Modell jenes Denkmals betrachtete, der gestand, nie etwas Köstlicheres gesehen zu haben; es erhielt sich, bis die Franzosen mit ihrem König Ludwig nach Mailand kamen und es zugrunde richteten. Auch ein kleines, sehr vollkommenes Wachsmodell desselben Werkes ist verlorengegangen, zugleich mit einem Buch über die Anatomie der Pferde, welches Lionardo zu eigenem Studium gearbeitet hatte. – Lionardo kehrte nach Florenz zurück; dort vernahm er, die Servitenbrüder hätten dem Filippino das Bild für den Hauptaltar der Nunziata übertragen, und äußerte: Solch ein Werk würde auch er gern übernommen haben. Als Filippino dies hörte, zog er, ein liebenswürdiger Mensch, wie er war, sich von der Sache zurück, und die Mönche übertrugen dem Lionardo das Bild. Sie nahmen ihn ins Haus, gaben ihm den Unterhalt für sich und alle seine Angehörigen, was er lange Zeit geschehen ließ, ohne etwas anzufangen; endlich aber verfertigte er einen Karton, worauf die Madonna, die hl. Anna und das Christuskind so schön abgebildet waren, daß nicht nur alle Künstler, sondern jeder sich zur Bewunderung bewogen fühlte, der ihn schaute, und man sah zwei Tage lang Männer und Frauen, jung und alt, wie zu einem glänzenden Feste nach dem Zimmer wallfahrten, um das Wunderwerk Lionardos zu sehen. In der Madonna erkannte man alle jene Einfalt und Lieblichkeit, welche der Mutter Gottes Anmut verleihen kann; Lionardo wollte in ihr die Bescheidenheit und Demut der Jungfrau darstellen, welche voll Freuden die Schönheit des Sohnes gewahrt; sie hält ihn zärtlich auf dem Schoß, die Augen sittsam niedergeschlagen, und blickt nach dem hl. kleinen Johannes, der mit einem Lämmchen spielt und der hl. Anna ein Lächeln abgewinnt, die von Fröhlichkeit erfüllt ist, daß ihr irdisch Geschlecht ein himmlisches geworden; lauter Beziehungen, dem Verstand und Geiste Lionardos entsprechend.

Auch unternahm Lionardo für Francesco del Giocondo das Bildnis der Mona Lisa, seiner Frau, zu malen. Vier Jahre Mühe wandte er dabei auf, sodann ließ er es unvollendet, und es ist heutigen Tages zu Fontainebleau, im Besitz des Königs Franz von Frankreich. Wer sehen wollte, wieweit es der Kunst möglich sei, die Natur nachzuahmen, der erkannte es an diesem schönen Kopfe. Alle Kleinigkeiten waren darin aufs feinste abgebildet, die Augen hatten Glanz und Feuchtigkeit, wie wir es im Leben sehen; ringsumher bemerkte man die rötlichblauen Kreise und die Wimpern, welche nur der zarteste Pinsel ausführen kann; bei den Brauen sah man, wo sie am vollsten, wo am spärlichsten sind, wie sie aus den Poren der Haut hervorkommen und sich wölben, so natürlich, als nur zu denken ist. An der Nase waren die feinen Öffnungen rosig und zart aufs treueste nachgebildet, der Mund hatte, wo die Lippen sich schließen, und wo das Rot mit der Farbe des Gesichts sich vereint, eine Vollkommenheit, daß er nicht wie gemalt, sondern in Wahrheit wie Fleisch und Blut erschien; wer die Halsgrube aufmerksam betrachtete, glaubte das Schlagen der Pulse zu sehen, kurz, man kann sagen, dieses Bild war nach einer Weise ausgeführt, welche jeden vorzüglichen Künstler und jeden, der es sah, erbeben machte. Mona Lisa war sehr schön und Lionardo brauchte noch die Vorsicht, daß, während er malte, immer jemand zugegen sein mußte, der sang, spielte und Scherze trieb, damit sie fröhlich bleiben und nicht ein trauriges Ansehen bekommen möchte, wie es häufig der Fall ist, wenn man sitzt, um sein Bildnis malen zu lassen. Über diesem Angesicht dagegen schwebte ein so liebliches Lächeln, daß es eher von himmlischer als von menschlicher Hand zu sein schien, und es galt für bewundernswert, weil es dem Leben völlig gleich war.

Durch die herrlichen Werke dieses göttlichen Meisters stieg sein Ruhm immer mehr, weshalb jeder, der an der Kunst Vergnügen fand, ja ganz Florenz Verlangen trug, daß er daselbst irgend etwas zu seinem Gedächtnis hinterlassen möchte, und man sprach davon, ihm ein bedeutendes Werk zu übertragen, damit der Geist und die Anmut, welche all seine Arbeiten kundgaben, der Stadt zur Zierde gereichen möchten. In jener Zeit war der große Ratssaal neu erbaut worden, nach Angabe von Giuliano von San Gallo, Simone Pollaiuolo, genannt Cronaca, Michelagnolo Buonarroti und Baccio d'Agnolo. Man hatte dieses Werk mit großer Schnelligkeit vollendet und bestimmte nunmehr durch ein öffentliches Dekret, Lionardo solle daselbst ein schönes Bild malen. Piero Soderini, der damalige Gonfaloniere der Justiz, übergab ihm die Arbeit; Lionardo machte sich dazu anheischig und begann in Santa Maria Novella im Saal des Papstes einen Karton, worin er die Geschichte von Niccolò Piccinino, Feldhauptmann des Herzogs Filippo von Mailand, darstellte. Er zeichnete darin einen Trupp Reiter, die um eine Fahne kämpfen, und dies Werk wurde als meisterhaft anerkannt, wegen der bewundernswerten Überlegung, mit welcher Lionardo diese stürmische Szene ordnete. Wut, Zorn und Rachsucht erkennt man in den Menschen nicht minder wie in den Pferden; zwei dieser Tiere sind mit den Vorderfüßen ineinander verschränkt und fallen sich mit den Zähnen an, wütend wie die kämpfenden Reiter. Einer der Soldaten hat mit beiden Händen das Ende der Standarte gefaßt, treibt das Pferd zur Flucht, wendet durch Kraft der Schultern den Körper zurück, umklammert den Schaft der Fahne und sucht sie so gewaltsam den Händen von vier Kriegern zu entreißen, die sie verteidigen; jeder hält sie mit einer Hand, in der anderen schwingen sie die Schwerter, um den Schaft abzuhauen! Ihnen entgegen ist ein alter Krieger, ein rotes Barett auf dem Haupt; mit einer Hand hat er auch den Schaft ergriffen, mit der anderen hebt er einen krummen Säbel in die Höhe und führt schreiend vor Wut den Streich, um die Hände der beiden Soldaten abzuhauen, welche zähnebleckend in wilder Stellung ihre Fahne zu verteidigen streben. Auf der Erde zwischen den Füßen der Pferde sind noch zwei kämpfende Krieger verkürzt gezeichnet. Der eine liegt auf dem Boden, der andere hat sich über ihn geworfen; er hebt den Arm hoch empor und setzt ihm mit gewaltiger Kraft den Dolch an die Kehle; jener dagegen verteidigt sich nach Vermögen mit Beinen und Armen, damit er den Tod nicht empfange. Kaum sagen läßt sich, wie schön Lionardo die verschiedenen Kleidungen der Soldaten, den Helmschmuck und andere Zierarten gezeichnet hat, und welche Meisterschaft er bei den Umrissen und der Gestaltung der Pferde kundgegeben, denn besser als irgend sonst ein Meister wußte er diesen Tieren Wildheit, richtiges Muskelspiel und Schönheit zu verleihen. Lionardo ging nach Rom, zur Zeit der Erwählung von Papst Leo, mit Giuliano von Medici, welcher sich viel mit Philosophie und mehr noch mit Alchimie beschäftigte. Dort verfertigte er einen Teig von Wachs und formte daraus, wenn er fließend war, sehr zarte Tiere, mit Luft gefüllt; blies er hinein, so flogen sie, war die Luft heraus, so fielen sie zur Erde. Einer seltsamen Eidechse, welche der Winzer von Belvedere fand, machte er Flügel aus der abgezogenen Haut anderer Eidechsen, die er mit Quecksilber füllte, so daß sie sich bewegten und zitterten, wenn sie ging; sodann machte er ihr Augen, Bart und Hörner, zähmte sie, tat sie in eine Schachtel und jagte alle seine Freunde damit in Furcht. Oftmals ließ er die Därme eines Hammels so fein ausputzen, daß man sie in der hohlen Hand hätte halten können; diese trug er in ein großes Zimmer, brachte in eine anstoßende Stube ein paar Schmiedeblasebälge, befestigte daran die Därme und blies sie auf, bis sie das ganze Zimmer einnahmen und man in eine Ecke flüchten mußte, so zeigte er, wie sie allmählich durchsichtig und von Luft erfüllt wurden, und indem sie anfangs auf einen kleinen Platz beschränkt, sich mehr und mehr in dem weiten Raum ausbreiteten, verglich er sie dem Genie.

Zwischen Lionardo und Michelagnolo herrschte großer Widerwille, und die Konkurrenz zwischen beiden war schuld, daß Michelagnolo Florenz verließ, wobei ihn Herzog Giuliano entschuldigte, da er vom Papst wegen der Fassade von S. Lorenzo berufen war. Als Lionardo solches hörte, ging er auch von dannen und begab sich nach Frankreich, wo der König mehrere Werke von ihm besaß und ihm sehr gewogen war. Der König wünschte: Lionardo möchte den Karton von der hl. Anna malen; seiner Gewohnheit gemäß hielt er ihn jedoch mit Worten hin. Endlich alt geworden, lag er viele Monate krank, und da der Tod ihm nahte, wollte er sich mit allem Fleiß in dem katholischen Ritus und der richtigen Lehre der heiligen christlichen Religion unterweisen lassen; er beichtete reuevoll unter vielen Tränen, und obwohl er nicht mehr auf den Füßen stehen konnte, ließ er sich doch, von den Armen seiner Freunde und Diener unterstützt, das heilige Sakrament außerhalb des Bettes reichen. Der König, welcher ihn oft liebevoll besuchte, kam bald nachher zu ihm. Lionardo richtete sich ehrfurchtsvoll empor, um im Bette zu sitzen, schilderte ihm sein Übel mit allen Zufällen und sagte, wie er gegen Gott und Menschen gefehlt habe, daß er in der Kunst nicht getan hätte, was ihm Pflicht gewesen wäre. Diese Anstrengung veranlaßte einen stärkeren Paroxismus, welcher Vorbote des Todes war; der König erhob sich und hielt ihm das Haupt, um ihm eine Hilfe und Gunst zur Erleichterung seines Übels zu erweisen; da erkannte Lionardos göttlicher Geist, es könne ihm größere Ehre nicht widerfahren, und er verschied in den Armen des Königs im fünfundsiebzigsten Jahre seines Lebens.

Sein Tod verursachte allen, die ihn gekannt hatten, größte Betrübnis; nie war der Malerei von einem Künstler mehr Ehre gemacht worden; der Glanz seines schönen Angesichtes erheiterte jedes traurige Gemüt, und seine Rede vermochte die hartnäckigste Meinung zu Ja und Nein zu bewegen. Jeden heftigen Ungestüm wußte er durch die Kraft zurückzuhalten, die ihm innewohnte, und mit seiner Rechten bog er das Eisen eines Mauerringes oder eines Pferdehufes, als ob es Blei wäre. Mit natürlicher Freigebigkeit bot er seinen Freunden Aufnahme und Bewirtung, gleichviel, ob sie arm oder reich waren, wenn nur Geist und Trefflichkeit sie zierten. Das unbedeutendste, schmuckloseste Zimmer verschönte und verherrlichte er durch jede seiner Handlungen, und wie die Stadt Florenz durch die Geburt dieses Künstlers eine große Gabe empfing, erlitt sie durch seinen Tod einen mehr als herben Verlust. In der Kunst der Ölmalerei wurde von ihm eine gewisse Tiefe erfunden, durch welche die neueren Künstler ihren Gestalten große Kraft und Rundungen gaben. Was er in der Bildhauerei vermochte, zeigte er an den drei Bronzefiguren über der nördlichen Türe von S. Giovanni. Sie wurden von Giovan Francesco Rustici gegossen, aber nach Angabe Lionardos entworfen, und sind in Zeichnung und Ausführung das schönste Gußwerk, welches in neuerer Zeit gesehen worden ist.

Lionardo danken wir die Anatomie der Pferde und die noch viel vollkommenere des menschlichen Köpers; und obgleich er mehr durch Worte als durch Taten gewirkt hat, wird um der vielen Vorzüge willen, mit denen er wunderbar begabt war, sein Name und Ruf niemals erlöschen.

Giovanni Pico della Mirandola

Über die Würde des Menschen

Bereits hatte Gott-Vater, der höchste Baumeister, dieses irdische Haus der Gottheit, das wir jetzt sehen, diesen Tempel des Erhabensten, nach den Gesetzen einer verborgenen Weisheit errichtet. Das überirdische Gefilde hatte er mit Geistern geschmückt, die ätherischen Sphären hatte er mit ewigen Seelen belebt, die materiellen und fruchtbaren Teile der unteren Welt hatte er mit einer bunten Schar von Tieren angefüllt. Aber als er dieses Werk vollendet hatte, da wünschte der Baumeister, es möge jemand da sein, der die Vernunft eines so hohen Werkes nachdenklich erwäge, seine Schönheit liebe, seine Größe bewundere. Deswegen dachte er, nachdem bereits alle Dinge fertiggestellt waren, wie es Moses und der Timaeus bezeugen, zuletzt an die Schöpfung des Menschen. Nun befand sich aber unter den Archetypen in Wahrheit kein einziger, nach dem er einen neuen Sprößling hätte bilden sollen. Auch unter seinen Schätzen war nichts mehr da, was er seinem neuen Sohn hätte als Erbe schenken sollen, und unter den vielen Ruheplätzen des Weltkreises war kein einziger mehr vorhanden, auf dem jener Betrachter des Universums hätte

Platz nehmen können. Alles war bereits voll, alles unter die höchsten, mittleren und untersten Ordnungen der Wesen verteilt. Aber es wäre der väterlichen Allmacht nicht angemessen gewesen, bei der letzten Zeugung zu versagen, als hätte sie sich bereits verausgabt. Es hätte der Weisheit nicht geziemt, wenn sie aus Mangel an Rat in einer notwendigen Sache geschwankt hätte. Es wäre der milden Liebe nicht würdig gewesen, daß derjenige, der bei andern Geschöpfen die göttliche Freigebigkeit loben sollte, bei sich selbst gezwungen wäre, diese zu verdammen.

Daher beschloß denn der höchste Künstler, daß derjenige, dem etwas Eigenes nicht mehr gegeben werden konnte, das als Gemeinbesitz haben sollte, was den Einzelwesen ein Eigenbesitz gewesen war. Daher ließ sich Gott den Menschen gefallen als ein Geschöpf, das kein deutlich unterscheidbares Bild besitzt, stellte ihn in die Mitte der Welt und sprach zu ihm: «Wir haben dir keinen bestimmten Wohnsitz, noch ein eigenes Gesicht, noch irgendeine besondere Gabe verliehen, o Adam, damit du jeden beliebigen Wohnsitz, jedes beliebige Gesicht und alle Gaben, die du dir sicher wünschst, auch nach deinem Willen und nach deiner eigenen Meinung haben und besitzen mögest. Den übrigen Wesen ist ihre Natur durch die von uns vorgeschriebenen Gesetze bestimmt und wird dadurch in Schranken gehalten. Du bist durch keinerlei unüberwindliche Schranken gehemmt, sondern du sollst nach deinem eigenen freien Willen, in dessen Hand ich dein Geschick gelegt habe, sogar jene Natur dir selbst vorherbestimmen. Ich habe dich in die Mitte der Welt gesetzt, damit du von dort bequem um dich schaust, was es alles in dieser Welt gibt.

Wir haben dich weder als einen Himmlischen noch als einen Irdischen, weder als einen Sterblichen noch einen Unsterblichen geschaffen, damit du als dein eigener, vollkommen frei und ehrenhalber schaltender Bildhauer und Dichter dir selbst die Form bestimmst, in der du zu leben wünschst. Es steht dir frei, in diese Unterwelt des Viehes zu entarten. Es steht dir ebenso frei, in die höhere Welt des Göttlichen dich durch den Entschluß deines eigenen Geistes zu erheben.»

Müssen wir darin nicht zugleich die höchste Freigebigkeit Gott-Vaters und das höchste Glück des Menschen bewundern? Des Menschen, dem es gegeben ist, das zu haben, was er wünscht, und das zu sein, was er will. Denn die Tiere, sobald sie geboren werden, tragen vom Mutterleibe an das mit sich, was sie später besitzen werden, wie Lucilius sagt. Die höchsten Geister aber sind von Anfang an oder bald darauf das gewesen, was sie in alle Ewigkeiten sein werden. In den Menschen aber hat der Vater gleich bei seiner Geburt die Samen aller Möglichkeiten und die Lebenskeime jeder Art hineingelegt. Welche er selbst davon pflegen wird, diejenigen werden heranwachsen und werden in ihm ihre Früchte bringen. Wenn er nur die des Wachsens pflegt, wird er nicht mehr denn eine Pflanze sein. Pflegt er nur die sinnlichen Keime, wird er gleich dem Tiere stumpf werden. Bei der Pflege der rationalen wird er als ein himmlisches Wesen hervorgehen. Bei der Pflege der intellektualen wird er ein Engel und Gottes Sohn sein. Und wenn er, mit dem Lose keines Geschöpfes zufrieden, sich in den Mittelpunkt seiner Ganzheit zurückziehen wird, dann wird er zu *einem* Geist mit Gott gebildet werden; in der einsamen Dunkelheit des Vaters, der über alles erhaben ist, wird er auch vor allen den Vorrang haben. Wer möchte nicht dies unser Chamäleon bewundern? Oder wer möchte überhaupt irgend etwas anderes mehr bewundern?

Nicht ohne Grund hat daher der Athener Asklepius gesagt, der Mensch werde auf Grund seiner ständig die Haut wechselnden und sich selbst umwandelnden Natur mit dem Geheimnis des Proteus bezeichnet. Daher stammen auch jene berühmten Metamorphosen bei den Hebräern und Pythagoreern. Denn auch die geheime Theologie der Hebräer verwandelt einmal den heiligen Enoch in einen Engel der Gottheit, den sie Melech Cheschakanach nennt, ein anderes Mal wieder andere in andere Namen. Die Pythagoreer aber lassen verbrecherische Menschen die Gestalt von Tieren annehmen. Und wenn man dem Empedokles glauben will, sogar die von Pflanzen. Auch Mohammed ist ihnen hierin gefolgt, der häufig jenen Ausspruch tat: «Wer sich vom göttlichen Gesetz getrennt hat, der wird als ein Tier hervorgehen, und das mit Recht.» Denn nicht die Rinde bildet die Pflanze, sondern die dumme und nichtsfühlende Natur, und nicht das dicke Fell macht das Tier aus, sondern die unvernünftige und sinnliche Seele, und nicht der scheibenförmige Körper bildet den Himmel, sondern die richtige Vernunft, und nicht die Trennung von einem Körper ist das Wesen des Engels, sondern die geistliche Weisheit. Wenn du daher einen Menschen siehst, der ganz dem Bauche ergeben ist und gleichsam auf der Erde kriecht, so wisse, es ist ein Strauch, nicht ein Mensch, was du da siehst. Wenn du einen andern siehst, in die Phantasie verstrickt, durch eitle Gaukelbilder erblindet, durch Sinneseindrükke bezaubert und durch ihre Verlockungen gleichsam gefesselt, es ist ein Tier, kein Mensch, was du da siehst. Wenn du aber einen erblickst, der nach der richtigen Art der Philosophen alles betrachtet, diesen sollst du verehren, denn er ist ein himmlisches und kein irdisches Wesen. Wenn du aber einen reinen Betrachter triffst, der nichts mehr von seinem Körper weiß, der sich ganz in das Innere des Geistes entfernt hat, dieser ist fürwahr kein irdisches noch ein himmlisches Wesen, dieser ist etwas noch Erhabeneres, nämlich ein Gott mit menschlichem Fleische umkleidet. Gibt es da noch irgendeinen, der den Menschen nicht bewundern möchte?

JOHANNES REUCHLIN

Gutachten über das jüdische Schrifttum

Verteidigung der Kabbala

Nun komme ich zum dritten Abschnitt meiner Aufteilung der jüdischen Schriften, betreffend das erhabene Geheimnis der Aussprüche und Worte Gottes, Kabbala genannt. Darüber könnte ich leicht sehr viel sagen – für und wider. Denn unser heiligster Vater, Papst Innocenz VIII., hat diese Materie, nämlich die Bücher der Kabbala, vor zwanzig Jahren durch viele sehr gelehrte Bischöfe und Professoren prüfen und erwägen lassen; gegenüber dem hochadligen und hochgelehrten Herrn, dem Grafen Johann Picus von Mirandola seligen Andenkens, der sich damals zu Rom zur Disputation erboten und durch öffentlichen Anschlag dazu eingeladen hatte. Unter andern Themen und Thesen war auch folgende: «Es gibt keine Wissenschaft, die uns der Gottheit Christi gewisser werden läßt, als Magie und Kabbala.» Dagegen aber sprachen und schrieben die Exegeten der Hl. Schrift vieles, obwohl sie kein gründliches Wissen darüber besaßen, was für ein Tier diese «Kabbala» denn wäre. Doch erhob der genannte Graf damals Einspruch gegen ihre Aussagen, mit großer Überzeugungskraft. Daraufhin erfolgte eine weitere Entgegnung durch Dr. Peter Garcia, Bischof von Barcelona, mit einer Gegenschrift gegen den Grafen, die er Papst Innocenz gewidmet hat. Und schließlich wurde nach dem Tode Innocenz' Alexander VI. Papst. Der gab vielen hochgelehrten Kardinälen, Bischöfen und dem Magister Palatii den Befehl, über das Für und Wider in den Schriften und Vorträgen der beiden eben genannten Parteien gründlich zu beraten. So hat Seine Heiligkeit auf Grund ihrer Bemühungen befunden, der obengenannte Graf Johannes habe mit gutem Recht in den Büchern der Kabbala geforscht, und seine Schriften darüber seien wohlfundiert. Er hat deshalb ein Buch, «Apologia» mit Namen, durch ein apostolisches Breve im Jahr 1493 (18. VI. 1493) approbiert. Darin durchforscht Graf Picus die Kabbala gründlich und sagt, daß diese Schriften, deren es an die siebzig geben mag, nicht allein das geistige Erbe des heiligen Moses, sondern auch die Begründung der Wahrheit unseres christlichen Glaubens darlegen.
Er gibt ferner an, Papst Sixtus IV. habe befohlen, ebendiese Bücher der Kabbala ins Lateinische zu übertragen und zu verdolmetschen, da es für unseren Glauben von besonderem Nutzen wäre. Von diesen sind bisher erst drei in lateinischer Sprache herausgekommen.

Auf Grund alles dessen und auch, weil ich die Bücher der Kabbala z. T. selbst gelesen habe, könnte ich im Zusammenhang mit diesem Gutachten lange das Für und Wider disputieren. Aber da man ja aus dem Buch «Apologia» des genannten Grafen von Mirandola, das von Papst Alexander approbiert ist, mit Sicherheit entnehmen kann, daß die Bücher der Kabbala nicht allein unschädlich, sondern höchst nützlich für unsern christlichen Glauben sind, und da Papst Sixtus IV. den Auftrag gab, sie zum Nutzen für uns Christen in das Latein zu übertragen, so begnüge ich mich damit, daraus den Schluß zu ziehen, daß solche kabbalistischen Schriften nicht sollen noch rechtlich können unterdrückt oder verbrannt werden.

Wie Glaube entsteht

Soll ich nun einem vernünftigen Menschen etwas glaubhaft machen, so muß ich es seinem Verstand in einer Weise darbieten, daß seine Vernunft nicht davor zurückschreckt, damit sich sein freier Wille bei kritischer Überlegung mehr auf diese Seite neige denn auf die andere. Und wenn eine Frage auf solche Weise einleuchtend gemacht ist, so fallen Wille und Einsicht zusammen, und daraus wird Glaube.

Niccolò Machiavelli

Was ist der Mensch?

Die Menschen sind immer schlecht, wenn sie nicht durch den Zwang der Notwendigkeit gut gemacht werden.

Wie uns alle jene lehren, die sich um die Erkenntnis der das Zusammenleben der Menschen betreffenden Dinge bemühen, und wie es jedes Geschichtsbuch durch eine Fülle von Beispielen belegt, muß jeder, der einem Staat eine Verfassung und Gesetze gibt, davon ausgehen, daß alle Menschen böse sind und daß sie so oft von der Bosheit ihres Herzens Gebrauch machen, als sie dazu freie Gelegenheit haben. Wenn irgendeine Bosheit eine Weile nicht sichtbar wird, so rührt dies von einer verborgenen Ursache her, die man nicht kennt, weil man noch keine Erfahrung vom Gegenteil hat. Die Zeit aber deckt sie auf, die Zeit, die man die Mutter der Wahrheit nennt.

Die Menschen sind so einfältig und so auf die Nöte des Augenblickes eingestellt, daß einer, der sie täuschen will, immer einen finden wird, der sich täuschen läßt.

Die Menschen werden viel mehr von den gegenwärtigen Dingen gepackt als von denen der Vergangenheit. Fühlen sie sich unter den gegenwärtigen wohl, sind sie's zufrieden und suchen nichts anderes.

Von den Menschen gilt schlechthin: Sie sind undankbar, wankelmütig, heuchlerisch, sie laufen Gefahren davon und sind auf ihren Vorteil aus. Während du ihnen Wohltaten erweisest, sind sie alle dein, bieten sie dir ihr Blut, ihr Vermögen, ihr Leben, ja ihre Söhne an – solange das Bedürfnis danach ferne ist. Wenn das Bedürfnis aber naherückt, dann fallen sie um. Der Herrscher, der sich ganz auf ihre Worte verlassen und sich nicht vorgesehen hat, geht zugrunde, wenn er mit leeren Händen dasteht. Freundschaften, die man um Geld erwirbt und nicht durch Größe und Adel des Geistes, verdient man zwar, aber man hat sie nicht in der Tasche; darum kann man im Notfall nichts damit anfangen.

Wankelmut ist das Wesen der Menschen. Es ist leicht, sie von einer Sache zu überzeugen, schwer, sie bei dieser Überzeugung zu halten. Darum muß man sich so einrichten, daß, wenn sie nicht mehr bereit sind zu glauben, man sie mit Gewalt dazu zwingen kann.

Die Menschen sind so unbeständig, daß sie, wenn sich ihrem Ehrgeiz auch nur die kleinste Pforte öffnet, wie Scipios Verbündete und Soldaten, sogleich alle Liebe vergessen, die sie ihrem Fürsten wegen seiner Menschlichkeit zugebracht hatten. So mußte Scipio, um diesem Übel abzuhelfen, einen Teil jener Grausamkeit üben, der er hatte ausweichen wollen.

Nächst der Neuerungssucht sind die hauptsächlichsten Antriebe der Menschen Liebe oder Furcht. Es gebietet über sie daher ebensowohl, wer ihnen Liebe als wer ihnen Furcht einflößt. Doch findet, wer gefürchtet wird, zumeist mehr Gefolgschaft und Gehorsam als einer, für den man Liebe fühlt. Es kommt daher für einen Feldherren wenig darauf an, auf welchem dieser Pfade er wandeln will, wenn er nur ein Mann von Kraft, Mut und Größe ist und dies ihm bei den Menschen Ruhm erworben hat. Ist die Summe dieser Eigenschaften so mächtig wie bei Hannibal und Scipio, so machen sie alle Fehler gegenstandslos, die einer machen kann, sei es, daß er zu sehr danach strebt, geliebt, sei es, daß ihm sehr daran liegt, gefürchtet zu werden.

Die Menschen verstehen gewöhnlich nur wenig von dem Gang der Weltläufe. Darum machen sie die größten Fehler und um so größere, je mehr es sich um Dinge außerhalb der Norm handelt.

Der Mensch ist von Natur ungeduldig und kann die Befriedigung seiner Leidenschaften nicht lange hinausschieben.
Er täuscht sich gerne in den Dingen, die ihn selbst betreffen, und am meisten in denen, die er am sehnlichsten herbeiwünscht.
So läßt er sich aus Ungeduld oder aus Selbsttäuschung in Unternehmungen ein, die gegen die Zeit sind, und scheitert.

Es ist ein allgemeiner Mangel der Natur des Menschen, daß er, solange der Himmel heiter ist, sich nicht auf Unwetter einrichtet.

Die Menschen begehen den Irrtum, daß sie ihren Hoffnungen keine Grenze zu ziehen wissen. Auf ihnen bauen sie ihre Vorhaben auf, statt das Maß ihrer Kräfte zu finden, und so gehen sie zugrunde.

Die Menschen springen von einer Stufe des Machtwillens auf die andere über. Die erste ist, imstande zu sein, zu verhindern, daß einem etwas getan werden kann; die zweite ist, imstande zu werden, anderen etwas antun zu können.

Der Machtwille des Menschen ist so drängend, daß er, um der Befriedigung einer Begierde des Augenblickes willen, sich den Gedanken an Übel aus dem Kopf schlägt, die in kürzester Frist daraus hervorgehen werden. Da richten auch Beispiele aus der Vorzeit nichts mehr aus ...

Der Wille zur Macht, die in der Herrschaft liegt, ist so groß, daß er nicht nur in das Herz jener drängt, die für die Herrschaft anstehen, sondern auch jener, die davon ausgeschlossen sind.

Die Menschen ertragen das Leben unter ihnen ungünstigen Umständen so lange, als der Zwang der Notwendigkeit sie darin festhält.

Die Klugheit der Menschen ist gering. Darum gehen sie auf eine Sache los, von der sie Gutes zu wissen glauben, ohne auf das Gift zu achten, das sich darunter verbirgt und sich nicht vor aller Augen zeigt.

Die Menschen gleichen, wie König Ferdinand von Aragón einmal gesagt hat, in vielen Lagen kleinen Raubvögeln, in denen eine solche Gier nach der Verfolgung ihrer Beute lebt, auf die Natur sie hetzt, daß sie einen anderen, größeren Vogel nicht wahrnehmen, der über ihnen schwebt, um sie zu erwürgen.

Es ist ein Lehrsatz der Alten, daß die Menschen im Ungemach sich verzehren und im Glücke ihren Zustand leid werden; beide Leidenschaften, sagen sie, brächten dieselben Wirkungen hervor. Immer kämpfen die Menschen, und wenn sie nicht die Not zum Kampfe treibt, so tut es der Wille zur Macht, der so mächtig in der Brust der Menschen wirkt, daß er sie nie verläßt, so hoch auch einer steigen möge. Dies kommt daher, daß die Natur die Menschen so geschaffen hat, daß sie alles begehren können, und ihnen nicht beschieden ist, alles zu erlangen. Weil nun aber immer die Kraft des Begehrens größer ist als die Möglichkeit der Erfüllung, so folgt daraus, daß die Menschen unzufrieden sind mit dem, was sie haben, und daß der Besitz selbst ihnen nur wenig Befriedigung gewährt. Hieraus entsteht der Wechsel in den Geschicken, denn da der eine Teil der Menschen mehr zu haben begehrt, der andere das Erworbene zu verlieren fürchtet, kommt es zu Feindschaft und Krieg, und diese bringen dem einen Lande Aufstieg, dem anderen den Niedergang.

(Durch das Verhalten des römischen Volkes bei den Kämpfen um das Ackergesetz) wird wieder einmal offenbar, um wie viel höher die Menschen Hab und Gut schätzen als Ehren und Amt! Immer hat der Adel von Rom in der Frage der Besetzung der Staatsämter dem Volke nachgegeben, ohne es auf außerordentliche Unruhen ankommen zu lassen; als es ihm aber an die Habe ging, wurde seine Hartnäckigkeit in der Gegenwehr so groß, daß das Volk, um sein Begehren zu befriedigen, zu den bekannten außergewöhnlichen Mitteln greifen mußte.

Der Mensch vergißt leichter die Ermordnung seines Vaters als den Verlust seines Vermögens.

Die Menschen glauben nur dann an die Sicherheit ihres Besitzes, wenn sie die Habe anderer hinzuerwerben.

Wenn die Menschen gut regiert werden, suchen und wollen sie keine andere Freiheit.

Was in der Reichweite der Menschen liegt, bewegt sie nicht; was ihnen unerreichbar ist, begehren sie.

Die Menschen sind immer gierig auf Neues aus. Darum sind jene, denen es gutgeht, so gut wie immer ebenso auf Veränderung aus wie jene anderen, denen es schlechtgeht. Wie ich schon früher gesagt habe – und es ist die Wahrheit –: Wohlergehen macht die Menschen verdrossen und Unglück wirft sie in Kümmernis. Darum öffnet dieses Verlangen nach Veränderung jedem die Tore, der sich in einem Lande an die Spitze einer Neuerung stellt. Ist er ein Fremder, so läuft ihm alles nach; stammt er aus dem Lande, macht ihm jeder den Hof, steigert ihn, schenken ihm alle ihre Gunst. So wird er an diesen Orten immer fortschreitend Erfolge einheimsen können, er mag sich anstellen, wie er will.

Haben sich die Menschen daran gewöhnt, in einer bestimmten Weise zu leben, so wollen sie diese nicht wechseln; sie tun dies um so weniger dann, wenn sie das Übel nicht unmittelbar vor Augen haben, sondern man ihnen anheimgeben muß, es durch Vermutungen zu erschließen.

Der Mensch ist von Natur ehrgeizig und argwöhnisch und versteht nicht, seinem Glücke Maß zu geben.

Die Geschichte der Decemviri lehrt uns noch, wie leicht es ist, die Menschen zu verderben und zum Gegenteil dessen werden zu lassen, was sie sind; gute Anlagen und gute Erziehung ändern daran nichts. Man braucht nur anzuschauen, wie die Jugend, die Appius Claudius um sich versammelt hatte, der Gewaltherrschaft freund zu werden begann, und dies für einen kleinen Nutzen. Und man sehe nur, wie Quintus Fabius – einer aus der Reihe der zweiten zehn und ein trefflicher Mann –, durch ein bißchen Ehrgeiz verblendet und durch die Tücke des Appius beschwatzt, seine gute Art mit abgründiger Bosheit vertauschte und diesem gleich wurde. Wenn die Gesetzgeber jeder Art von Staaten dies bedenken, werden sie um so geneigter sein, den Begierden der Menschen Zügel anzulegen und ihnen alle Hoffnung zu nehmen, sie könnten sich ungestraft vergehen.

Maßlos werden im Glück und verächtlich werden im Ungemach ist die Folge der Lebensart und der Erziehung, in der man groß geworden ist. War diese schwächlich und eitel, so macht sie dich sich gleich. War sie anders, macht sie dich in entsprechender Weise anders, und wenn sie dich zu einem besseren Kenner der Dinge dieser Welt macht, dämpft sie deine Freude über günstige und deine Trauer über widrige Wechselfälle.
Was so von den Individuen gilt, gilt auch von den Vielen, die in einem Staate leben: Ihnen wird das Ausmaß der Vollkommenheit zuteil, das den Lebensformen, die darin herrschen, eigen ist.

Die Masse der Menschen nährt sich ebensogut vom Scheine als von der Wirklichkeit, und häufig wird sie mehr von Dingen bewegt, die etwas scheinen, als von solchen, die etwas sind.

Schein und Erfolg sind es, was den Pöbel überzeugt. In dieser Welt ist aber so gut wie alles Pöbel, und die Wenigen kommen nur dort zur Geltung, wo den Vielen ein Rückhalt fehlt, auf den sie sich stützen können.

Was das Verlangen des Volkes nach Freiheit anbetrifft, so muß untersucht werden, aus welchen Gründen es nach Freiheit ruft. Man wird finden, daß eine kleine Gruppe die Freiheit will, um selbst Herr sein zu können, die anderen aber – und ihre Zahl ist unabsehbar – wollen die Freiheit, um ihr Leben in Sicherheit fristen zu können.

Erasmus von Rotterdam

Der Abt und die gelehrte Frau

Antronius: Was ist das für eine Einrichtung?
Magdalia: Ist sie nicht geschmackvoll?
Antronius: Vielleicht geschmackvoll schon; aber sie paßt wohl weder zu einem Mädchen noch zu einer verheirateten Frau.
Magdalia: Warum denn?
Antronius: Weil alles mit Büchern vollgestopft ist.
Magdalia: Du bist schon so alt, außerdem Abt und ein Mann von Welt; hast du noch nie Bücher im Haus hochgestellter Frauen gesehen?

ANTRONIUS: Schon, aber französisch geschriebene; hier sehe ich griechische und lateinische.

MAGDALIA: Kann man Bildung nur aus französischen Büchern lernen?

ANTRONIUS: Allerdings sollen hochgestellte Frauen etwas haben, woran sie sich in ihren Mußestunden erfreuen können.

MAGDALIA: Dürfen etwa nur hochgestellte Frauen gebildet sein und angenehm leben?

ANTRONIUS: Du bringst Dinge zusammen, die nicht zusammengehören: gebildet sein und angenehm leben. Gebildet zu sein ist unweiblich. Sache hochgestellter Frauen ist es, angenehm zu leben.

MAGDALIA: Ist es nicht Sache aller, gut zu leben?

ANTRONIUS: Ich meine schon.

MAGDALIA: Wie kann aber jemand angenehm leben, wenn er nicht gut lebt?

ANTRONIUS: Nein, umgekehrt: Wie kann jemand angenehm leben, wenn er gut lebt?

MAGDALIA: Also billigst du das Leben derer, die schlecht leben, wenn sie nur angenehm leben?

ANTRONIUS: Meine Ansicht ist, daß die gut leben, die angenehm leben.

MAGDALIA: Aber woher kommt das ‹Angenehme›? Von äußeren Dingen, oder aus dem Innern?

ANTRONIUS: Von äußeren Dingen.

MAGDALIA: Was für ein feiner Abt du bist, aber was für ein grober Philosoph! Sag mir, was verstehst du unter dem Begriff ‹angenehm›?

ANTRONIUS: Schlafen, Gelage, Freiheit, zu tun, was ich will, Geld, Ehren.

MAGDALIA: Wenn aber nun Gott zu diesen Dingen noch Bildung hinzufügt, wirst du dann nicht mehr angenehm leben?

ANTRONIUS: Was verstehst du unter Bildung?

MAGDALIA: Ich verstehe darunter, wenn du einsehen würdest, daß der Mensch nur glücklich ist aufgrund seiner inneren Güter, und daß Reichtum, angesehene Stellung und Herkunft den Menschen weder glücklicher noch besser machen.

ANTRONIUS: Auf diese Art Bildung verzichte ich.

MAGDALIA: Und wenn mir nun die Lektüre eines guten Schriftstellers angenehmer wäre als dir Jagd, Trinken und Würfelspiel, werde ich dann in deinen Augen nicht angenehm leben?

ANTRONIUS: Ich würde es jedenfalls nicht.

MAGDALIA: Ich frage nicht danach, was dir am angenehmsten ist, sondern, was einem angenehm sein müßte.

ANTRONIUS: Ich möchte nicht, daß meine Mönche häufig über den Büchern säßen.

MAGDALIA: Mein Mann jedoch ist sehr dafür. Aber warum bist du denn bei den Mönchen dagegen?

ANTRONIUS: Weil ich merke, daß sie dann weniger unterwürfig sind: Rasch sind sie mit Antworten aus den Dekreten, den Dekretalen, aus Petrus und Paulus zur Hand.

MAGDALIA: Du verlangst also von ihnen Dinge, die mit Petrus und Paulus in Widerspruch stehen?

ANTRONIUS: Was bei denen steht, weiß ich nicht. Jedenfalls habe ich nicht gern einen Mönch, der freche Antworten gibt; und ich möchte auch nicht, daß einer meiner Untergebenen gebildeter ist als ich.

MAGDALIA: Das wäre zu vermeiden, wenn du danach strebtest, selbst möglichst gebildet zu sein.

ANTRONIUS: Dazu fehlt mir die Zeit.

MAGDALIA: Wieso?

ANTRONIUS: Weil ich sie nicht habe.

MAGDALIA: Du hast keine Zeit, dich zu bilden?

ANTRONIUS: Nein.

MAGDALIA: Was hindert dich?

ANTRONIUS: Ausgiebiges Beten, Besorgung des Hauswesens, Jagden, Pferde und der Dienst bei Hof.

MAGDALIA: Dann ist dir das also wichtiger als Bildung?

ANTRONIUS: Das pflegt bei uns so zu sein.

MAGDALIA: Dann möchte ich gern das folgende wissen: Wenn irgendein Gott dir die Macht gäbe, deine Mönche und auch dich selbst in jedes beliebige Tier zu verwandeln, würdest du dann die Mönche in Schweine, dich selbst in ein Pferd verwandeln?

ANTRONIUS: Keinesfalls.

MAGDALIA: So würdest du jedoch verhindern, daß jemand gebildeter wäre als du.

ANTRONIUS: Es wäre mir ziemlich gleichgültig, welche Art Tiere meine Mönche wären, nur möchte ich selbst ein Mensch sein.

MAGDALIA: Hältst du den für einen Menschen, der weder Bildung besitzt, noch sie haben will?

ANTRONIUS: Mir bin ich gebildet genug.

MAGDALIA: Auch die Schweine sind sich gebildet genug.

ANTRONIUS: Du kommst mir wie eine Sophistin vor, so argumentierst du.

MAGDALIA: Ich werde lieber nicht sagen, als was du mir vorkommst. – Aber warum mißfällt dir diese Einrichtung?

Antronius: Weil die Waffen der Frau Rocken und Spindel sind.
Magdalia: Ist es nicht Sache der Frau, das Hauswesen zu verwalten und die Kinder zu erziehen?
Antronius: Sicher.
Magdalia: Glaubst du aber, daß eine so große Aufgabe erfüllt werden kann ohne Bildung?
Antronius: Das glaube ich nicht.
Magdalia: Und gerade diese Bildung lehren mich die Bücher.
Antronius: Ich habe zu Hause 62 Mönche, und dennoch wirst du in meiner Zelle kein einziges Buch finden.
Magdalia: So ist für die Mönche also gut gesorgt.
Antronius: Ich würde Bücher ja noch angehen lassen, aber keine lateinischen.
Magdalia: Warum?
Antronius: Weil sich diese Sprache für Frauen nicht schickt.
Magdalia: Und die Begründung?
Antronius: Weil sie dem Schutz ihrer Keuschheit nicht zuträglich ist.
Magdalia: Also sind französische Bücher, auch wenn sie voll leichtfertiger Geschichten sind, der Keuschheit zuträglich?
Antronius: Es ist etwas anderes.
Magdalia: Sag mir alles ganz offen.
Antronius: Sie sind sicherer vor den Priestern, wenn sie kein Latein können.
Magdalia: Dank eurer Mühe ist die Gefahr von daher doch wahrlich äußerst gering, denn ihr bemüht euch ja eifrig, kein Latein zu können.
Antronius: Das ist die allgemeine Meinung. Denn es ist selten und ungewöhnlich, daß eine Frau Latein kann.
Magdalia: Was zitierst du mir die Meinung der Masse, den schlechtesten Ratgeber für rechtes Verhalten? Warum die Gewohnheit, die Lehrmeisterin aller Schlechtigkeit? Man muß sich daran gewöhnen, sich so zu verhalten, wie es am besten ist. So wird üblich, was unüblich, angenehm, was unangenehm war, und was ungeziemend schien, geziemend.
Antronius: Aha!
Magdalia: Es gilt doch als völlig normal, wenn eine Deutsche Französisch lernt?
Antronius: Natürlich.
Magdalia: Und weshalb?
Antronius: Damit sie mit denen sprechen kann, die Französisch können.
Magdalia: Und für mich, glaubst du, ist es unpassend, wenn ich Latein lerne,

um täglich mit so vielen Autoren, so beredten, gebildeten, vernünftigen und zuverlässigen Ratgebern Zwiesprache zu halten?

ANTRONIUS: Die Bücher rauben den Frauen viel von ihrem Verstand, und sie haben ohnehin zu wenig.

MAGDALIA: Wieviel ihr Männer habt, weiß ich nicht. Ich möchte jedenfalls das wenige, das ich habe, lieber für ordentliche Studien verwenden als für das sinnlose Hersagen von Gebeten, für nächtelange Trinkgelage und das Leeren riesiger Humpen.

ANTRONIUS: Der Umgang mit Büchern bringt die Leute um den Verstand.

MAGDALIA: Und das Gerede von Saufbrüdern, Possenreißern und Hanswursten bringt dich nicht um den Verstand?

ANTRONIUS: Nein, es vertreibt die Langeweile.

MAGDALIA: Wie wäre es dann möglich, daß so liebenswürdige Gesprächspartner mich um den Verstand brächten?

ANTRONIUS: Man sagt es jedenfalls.

MAGDALIA: Aber die Wirklichkeit spricht eine andere Sprache. Um wieviel größer ist die Zahl derer, die unmäßiges Trinken, endlose Gelage, durchzechte Nächte und triebhafte Unbeherrschtheit um den Verstand gebracht haben?

ANTRONIUS: Ich jedenfalls möchte keine gelehrte Frau.

MAGDALIA: Und ich beglückwünsche mich, daß ich einen Mann bekommen habe, der anders ist als du. Denn die Bildung macht uns einander nur noch lieber.

ANTRONIUS: Mit unendlicher Mühe erwirbt man sich Bildung, und danach muß man sterben.

MAGDALIA: Sag mir, du vortrefflicher Mann, wenn du morgen sterben müßtest, möchtest du dann lieber dümmer oder gebildeter sterben?

ANTRONIUS: Gebildeter, wenn man ohne Anstrengung gebildeter werden könnte.

MAGDALIA: Aber dem Menschen wird doch in diesem Leben nichts ohne Anstrengung zuteil! Und doch muß man alles, was man sich erworben hat, sei es auch mit noch so großer Anstrengung, hier zurücklassen. Warum sollte es uns verdrießen, für das Wertvollste, was es gibt, ein wenig Mühe aufzuwenden, zumal uns dessen Frucht auch in das andere Leben begleitet?

ANTRONIUS: Ich habe oft sagen hören, eine gebildete Frau sei doppelt dumm.

MAGDALIA: Das wird oft behauptet, aber von Narren. Eine wahrhaft gebildete Frau ist nicht eingebildet. Hingegen ist eine ungebildete Frau, die sich für gebildet hält, allerdings doppelt töricht.

ANTRONIUS: Irgendwie ist es doch so: Wie ein Sattel nicht zum Ochsen, so paßt die Bildung nicht zur Frau.

MAGDALIA: Aber du kannst nicht leugnen, daß ein Sattel noch eher zum Ochsen paßt, als die Mitra zum Esel oder Schwein. – Was denkst du von der Jungfrau Maria?

ANTRONIUS: Das beste.

MAGDALIA: Las sie nicht oft Bücher?

ANTRONIUS: Sicher; aber nicht solche.

MAGDALIA: Was las sie dann?

ANTRONIUS: Die Stundengebete.

MAGDALIA: In welcher Fassung?

ANTRONIUS: In der des Benediktinerordens.

MAGDALIA: Mag sein. Wie steht es mit Paula und Eustochium? Lasen die nicht oft heilige Bücher?

ANTRONIUS: Aber das ist heutzutage selten.

MAGDALIA: Ebenso war früher einmal ein ungebildeter Abt ein seltener Vogel; heutzutage ist nichts häufiger als das. Früher zeichneten sich Fürsten und Kaiser nicht minder durch ihre Bildung als durch ihre Macht aus. Und doch ist es nicht ganz so selten, wie du glaubst. Es gibt in Spanien und in Italien nicht wenige sehr vornehme Frauen, die es mit jedem Mann aufnehmen könnten. Es gibt in England solche in der Familie Morus, in Deutschland in den Familien Pirckheimer und Blarer. Wenn ihr euch aber nicht in acht nehmt, wird es noch soweit kommen, daß wir in den theologischen Schulen den Vorsitz führen und in den Kirchen predigen. Wir werden eure Mitren in Besitz nehmen.

ANTRONIUS: Das möge Gott verhüten.

MAGDALIA: Nein, es wird an euch liegen, es abzuwenden. Wenn ihr euch weiterhin so verhaltet wie bisher, werden eher die Gänse auf die Kanzel steigen, als daß sie noch länger euch stumme Hirten ertragen. Ihr seht, daß die Weltszene sich von Grund auf wandelt. Man muß entweder die Maske ablegen oder seine Rolle spielen.

ANTRONIUS: Daß ich diesem Weib begegnen mußte! – Wenn du uns einmal besuchst, werde ich dich höflicher empfangen.

MAGDALIA: Wie denn?

ANTRONIUS: Wir werden tanzen, reichlich trinken, jagen, spielen und lachen.

MAGDALIA: Ich habe allerdings Lust, schon jetzt zu lachen.

Lob der Torheit: Die Torheit spricht

Sollte es den Anschein haben, daß ich mir ohne Grund den Titel einer Göttin anmaße, so werdet ihr, wenn ihr gut zuhört, sogleich erfahren, welche Annehmlichkeiten ich Göttern und Menschen gleichermaßen verschaffe und wie weit meine Macht reicht. Wenn nämlich jener im Recht ist, der einst behauptete, erst dann werde man zum Gott, wenn man den Menschen ihren Lebensweg erleichtert habe, und nur diejenigen seien würdig, in den Rat der Götter aufgenommen zu werden, die den Menschen den Wein, das Getreide oder eine andere Vergünstigung gebracht hätten – warum werde ich dann nicht mit viel größerem Recht gleichsam zum Alpha aller Götter ernannt und warum verehrt man mich nicht, mich, die Torheit, die ich allen alles reichlich gewähre?

Denn was kann – als erstes und Wichtigstes – angenehmer und wertvoller sein als das Leben selbst? Und seine Entstehung – wem kommt das Verdienst dafür zu, wenn nicht mir? Nicht die Lanze der edlen Pallas und auch nicht die Ägis des die Wolken türmenden Jupiter erzeugen und verbreiten das Menschengeschlecht. Denn der Vater der Götter und Beherrscher der Menschen, der durch einen einzigen Wink den Olymp erzittern läßt, muß seinen dreizakkigen Blitz beiseite legen, muß sein Titanenhaupt, womit er sonst nach Belieben seine göttliche Umwelt in Schrecken versetzt, verhüllen und muß wie ein Schauspieler eine fremde, entwürdigende Maske aufsetzen, wenn es ihn zu tun verlangt, was er nicht gerade selten tut, nämlich ein Kind zu zeugen.

Die Stoiker beanspruchen, von allen Menschen den Göttern am ähnlichsten zu sein. Aber mag jemand selbst dreifach, vierfach oder gar hundertfach Stoiker sein, es wird ihm nichts nützen. Wenn er auch seinen Bart, das Zeichen seiner Weisheit – den er übrigens mit dem Ziegenbock gemeinsam hat –, nicht ablegen muß, wird er doch seine stolzen Augenbrauen senken, seine Stirn entrunzeln, seine harten Prinzipien zurückstellen und zeitweise seine geschliffene Sprache und seine klare Vernunft aufgeben müssen – kurz und gut, mich, so behaupte ich stolz, mich muß der Weise herbeibitten, wenn er Vater werden will. Und warum soll es mir verwehrt sein, nach meiner Art noch eindeutiger mit euch zu reden? So frage ich denn, ob es der Kopf, das Gesicht, die Brust, das Auge oder sonst einer dieser sogenannten edlen Körperteile ist, wodurch Götter und Menschen gezeugt werden? Keineswegs, sondern jenes törichte, lächerlich wirkende Organ, über das man lachen muß, wenn je von ihm gesprochen wird, ist es, dem die Menschen ihre Vermehrung verdanken. Jenes ist die heilige Quelle, aus der alle, die leben wollen, schöpfen müssen – und nicht die Vierzahl des Pythagoras.

Welcher Mann – ich schwöre es euch – wäre bereit, seinen Nacken unter das Joch der Ehe zu beugen, wenn er, wie es sonst kluge Männer zu tun pflegen, vorher überschlagen hätte, welche Lasten ihm der Ehestand aufbürdet? Oder welche Frau würde sich je mit einem Manne eingelassen haben, wenn sie genau die Gefahren und Schmerzen der Geburt gekannt und um die Mühe der Kindererziehung gewußt hätte?

Wenn ihr so euer Leben der Ehe verdankt, die Ehe aber meiner Begleiterin, der Gedankenlosigkeit, so werdet ihr selbst einsehen, wie sehr ihr mir verpflichtet seid. Würde wohl eine Frau, die schon einmal verheiratet war und so über die Plagen der Ehe Bescheid weiß, die Qualen noch einmal auf sich nehmen, wenn nicht die Vergeßlichkeit ihre Hand im Spiel hätte? Venus selbst – mag auch Lukrez Einspruch erheben – wird nicht leugnen, daß sie ohne meinen Beistand kraftlos wäre und erfolglos bliebe. Aus diesem bedenkenlosen und lächerlichen Spiel entstehen sie alle: die stirnrunzelnden Philosophen, deren Stelle heute von denjenigen eingenommen wird, die das Volk «Mönche» nennt, die purpurgekleideten Könige, die frommen Geistlichen, ja, die dreimal heiligen Väter und schließlich auch jene Gesellschaft poetischer Götter, die so zahlreich ist, daß der Olymp mit seinen riesigen Ausmaßen kaum den ganzen Schwarm zu fassen vermag.

Aber wenig wichtig wäre, daß Ursache und Ursprung des Lebens mein Verdienst sind, wenn ich nicht auch beweisen könnte, daß alles, was das Leben angenehm macht, meine Leistung ist. Und was wäre dies Leben, von dem zweifelhaft bliebe, ob man es so nennen könnte, wenn das Vergnügen fehlte? Da applaudiert ihr. Und wahrlich, ich wußte genau, daß niemand von euch so weise oder eher so töricht – nein, besser doch so weise – sein würde, dieser Meinung anzuhängen. Selbst die Stoiker sind dem Vergnügen nicht abgeneigt, obwohl sie es eifrig verbergen und öffentlich Schmähreden dagegen halten. Selbstverständlich schrecken sie die anderen nur ab, um selbst desto mehr genießen zu können. Aber, beim Jupiter, sie sollen mir doch endlich offen antworten auf meine Frage, ob es irgendeine Zeit im Leben gibt, die nicht trostlos, gefahrvoll, lieblos, widerwärtig und beschwerlich wäre, wenn ihr das Vergnügen, und das heißt die Würze der Torheit, fehlte. Als Zeuge, den ich mir nicht geeigneter wünschen könnte, ließe sich Sophokles anführen, den ich niemals genug zu loben weiß. Sein Wort: «Nur wenn die Vernunft schweigt, ist das Leben angenehm», bedeutet das schönste Lob für uns. Aber betrachten wir das ein wenig genauer.

Zunächst: Wer wüßte nicht, daß wir uns über Kinder, die noch sehr jung sind, am meisten freuen und sie mehr als alles andere lieben? Was aber ist die Ursache, kleine Kinder so sehr zu küssen, zu umarmen, zu umhegen, daß sogar ein Feind sie schont und umsorgt, wenn nicht der verführerische Reiz der Torheit, den die Natur, die ihre Gaben so klug verteilt, den Neugeborenen mitgegeben hat, damit sie, gleichsam als Vergütung durch Vergnügen, die Mühen ihrer Erzieher vergessen machen und jenen schmeicheln, auf deren Schutz sie angewiesen sind? Sodann: Dem frühen Kindesalter folgt die Jugend. Sie ist bei allen beliebt, wird vorbehaltlos begünstigt, eifrig gefördert und gern unterstützt. Und woher, so frage ich euch, besitzt die Jugend diese Gunst? Woher, wenn nicht von mir? Durch meine Gnade ist sie so einfältig und deshalb auch so unbekümmert wie nur irgend möglich. Ich würde lügen, wenn ich etwas anderes behaupten wollte, als daß die Jugend, sobald sie durch Erfahrung und Einführung in die Welt der Erwachsenen klug zu werden beginnt, allmählich ihre körperliche Schönheit verliert, ihre Beweglichkeit aufgibt, ihre Anmut einbüßt und ihre Kraft schwinden sieht. Und je weiter sie sich von mir entfernt, desto weniger lebt sie im eigentlichen Sinne, bis sie das beschwerliche oder sorgenvolle Greisenalter erreicht, in dem sie nicht nur anderen, sondern auch sich selbst zur Last fällt. Dieser letzte Lebensabschnitt wäre ebenfalls keinem Sterblichen erträglich, wenn nicht wiederum ich aus Mitleid mit den bedrückenden Altersbeschwerden hilfreich meine Hand böte und – wie die Götter bei den Dichtern die dem Untergang Geweihten durch Verwandlung retten – in derselben Weise jene, die schon fast im Sarg liegen, zurückversetzte ins Reich der Kindheit, soweit es eben der Umstand erlaubt. Deshalb werden sie auch allgemein «zum zweiten Mal geborene Kinder» genannt.

Wenn jemand von euch mich nach dem Verfahren dieser Verwandlung fragen sollte, so will ich nicht weniger genau Auskunft geben. Ich führe sie an unseren Strom der Lethe – denn dieser Fluß entspringt auf den Inseln der Seligen, und nur ein kleiner Nebenarm fließt durch die Unterwelt –, damit sie dort völliges Vergessen trinken, allmählich ihren Kummer fahrenlassen und wieder jung werden. Aber sie reden irr, sagt man, und sind nicht bei Sinnen. In der Tat ist es so! Jedoch das ist gerade der Weg, wieder jung zu werden. Oder heißt jung sein etwas anderes als irr reden und von Sinnen sein? Bezaubert nicht gerade am meisten an der Jugend, daß sie nicht bei Vernunft ist? Denn wer würde ein Kind nicht wie eine Mißgeburt hassen und verfluchen, wenn es den Verstand eines erwachsenen Mannes besäße? Dem entspricht das auch im Volk sehr verbreitete Sprichwort: «Ich hasse ein altkluges Kind.» Denn wer würde Verkehr und Umgang mit einem alten Menschen pflegen, der außer einer großen Lebenserfahrung zugleich noch Verstandeskraft und

Urteilsschärfe besitzt? Deshalb ist der Greis durch meine Gunst nicht bei Sinnen. Und mein Wahnwitz befreit somit von all jenen erbärmlichen Plagen, die den Weisen heimsuchen. Im übrigen ist jener kindische Alte kein unangenehmer Zechbruder. Er spürt nicht den Lebensüberdruß, den ein tatkräftiges Alter kaum erträgt. Manchmal wendet er sich wie der Greis bei Plautus sogar erneut den drei Buchstaben zu. Sehr unglücklich wäre er, wenn er genau wüßte, wie es um ihn steht. So aber ist er durch meine Gunst glücklich, im Freundeskreis beliebt und ein gerngesehener Spießgeselle. Eben deshalb ist nach Homer die Rede des Nestor süßer als Honig, dagegen sind die Worte des Achill voll Bitterkeit; nach demselben Dichter sitzen auch die Greise auf den Stadtmauern und plappern lieblichen Unsinn. Bei genauerer Betrachtung erweisen sich sogar die alten Menschen der Jugend überlegen; die Kindheit ist zwar angenehm, aber auch stumm und muß auf jene kindische Schwatzhaftigkeit verzichten, die ein so bevorzugter Zeitvertreib im Leben ist. Nicht unerwähnt bleiben sollte, daß alte Menschen an Kindern besondere Freude haben, gleichzeitig aber auch Kinder Greisen zugetan sind, «wie doch ein Gott immer Gleiches mit Gleichem verbindet». Denn welcher Unterschied besteht zwischen ihnen, außer daß der Greis ein runzeliges Gesicht hat und auf eine größere Zahl von Geburtstagen zurücksieht? Beiden gemeinsam ist das weiße Haar, der Durst nach Milch, das Stottern, die Schwatzhaftigkeit, die Albernheit, das schlechte Gedächtnis, die Gedankenlosigkeit – kurz: alles übrige. Je mehr sich ein Mensch dem Greisenalter nähert, um so ähnlicher wird er wieder dem Kind, bis er die Welt verläßt, ganz in der Art eines Kindes, ohne den Überdruß des Lebens und den Schmerz des Todes zu spüren.

Die Klage des Friedens: Der Frieden spricht

Jeder, der Christus verkündigt, verkündigt Frieden. Jeder, der den Krieg rühmt, rühmt denjenigen, der Christi Widersacher ist. Nun wohlan, welche Dinge hätten Gottes Sohn auf die Erde gelockt, außer, daß er die Menschheit mit dem Vater versöhne? Daß er die Menschen unter sich durch gegenseitige und unauflösliche Nächstenliebe eng verbinde? Schließlich, daß er sich selber den Menschen zum Freund mache? Mir zuliebe ward er gesandt, meine Arbeit führte er fort. Und deshalb wollte er auch, daß Salomo ihm verglichen würde, der uns als «Eirenopoios», d. h. Friedensstifter, gepriesen wird. Obwohl David groß war, durfte er jedoch, weil er ein Kriegsmann war, weil er von Blut unrein geworden war, das Haus des Herrn nicht bauen, gebührte es ihm nicht, die Sinnbild-Rolle des Frieden bringenden Christus zu spielen. Nun erwäge unterdessen, Du Krieger, wenn Kriege, die auf göttliches Geheiß hin unternommen und geführt wurden, entheiligen, was bewirken dann die, zu denen der Ehrgeiz, der Zorn, die Kampfwut raten? Wenn den frommen König das vergossene Blut der Heiden befleckte, was bewirkt viel mehr das ungeheuere Vergießen von Christenblut? Ich bitte Dich inständig, christlicher Regent, wenn Du nur aufrichtig ein Christ bist, betrachte das Bildnis Deines Regenten, beachte, wie er seine Herrschaft antrat, wie er fortschritt, wie er von hier schied, und Du wirst dann erkennen, wie er Dich walten lassen will, zweifellos so, daß Deine ganze Sorge Frieden sei und Eintracht. Schon bei der Geburt Christi, ließen da die Engel etwa die Kriegstrompeten ertönen? Das Geschmetter der Trompeten bedeutete den Juden einen Auftakt zum Kriegführen. Dies stimmte mit den Vorzeichen überein, durch die es göttliches Recht war, Feinde zu hassen: Aber einem Frieden stiftenden Volk singen die Engel des Friedens ganz andere Lieder. Blasen sie denn zum Angriff? Verheißen sie etwa Siege, Triumphzüge und Trophäen? Wohl kaum. Was denn? Den Frieden möchten sie ankündigen in Übereinstimmung mit den Weissagungen der Propheten; und nicht denen gilt die Verkündigung, die nach Mord trachten und nach Krieg, die unerschrocken nach Waffen verlangen, sondern denen, die mit gutem Willen zur Eintracht geneigt sind. Die Sterblichen mögen ihre krankhafte Sucht bemänteln, wie sie wollen, wenn sie am Krieg nicht Gefallen fänden, würden sie sich untereinander nicht so mit dem Kriegsjoch zerrütten. Ferner, als Christus selbst schon erwachsen war, was lehrte er anderes, was brachte er anderes zum Ausdruck als Frieden? Mit dem Wunsch des Friedens grüßt er wiederholt die Seinigen, «Friede sei mit Euch», und er schreibt diese Grußform ebenso den Seinen vor, gleichsam als den Christen einzig würdig. Und die Apostel haben seine Regel nicht vergessen, den Frieden setzen sie als Eingangsformel ihren Briefen voran, den Frieden wünschen sie denen, die sie äußerst hochschätzen. Eine vortreffliche Sache wünscht, wer Wohlergehen wünscht, aber das höchste Glück erbittet der, der um Frieden betet. Dies hat jener im ganzen Leben so oft empfohlen, siehe, mit wieviel Besorgnis der Todgeweihte anvertraut: «Liebet einander», sagt er, «so wie ich euch geliebt habe.» Und wieder: «Meinen Frieden gebe ich euch, den Frieden lasse ich euch.» Hört Ihr, was er den Seinen hinterließ? Sind es denn Reiterei, Garde, Kaiserreich oder Streitkräfte? Nichts dergleichen. Was also? Den Frieden gibt er, den Frieden läßt er: den Frieden mit den Freunden, den Frieden mit den Feinden. Ich möchte, daß Ihr mir außerdem das beachtet, was er beim Abendmahl, als ihm der Tod schon bevorstand, mit dem höchsten der Gebete vom Vater erflehte. Ich meine, er forderte nicht gerade eine gewöhnliche Sache, weil er wußte, was immer er erbitte, würde ihm erfüllt. «Vater», sagte er, «Du Heiliger, erhalte sie in Deinem Namen, daß sie eins seien gleich wie wir.» Sieh bitte, welch eine ausgezeichnete Einigkeit Christus unter den Seinen verlangte: Er hat nicht gesagt, «daß sie einmütig seien», sondern «daß sie eins seien»; und dies nicht auf beliebige Art, sondern «gleich wie wir», sagt er, «eins sind», «die wir auf vollkommenste und unsagbare Weise gleich sind»; und zugleich verrät er jenes, daß die Sterblichen hier nur auf dem einen Wege zu retten seien, wenn sie untereinander Frieden halten. Wenn nun aber die Herrscher dieser Welt die Ihren mit Abzeichen irgendwie kenntlich machen, damit sie, zumal im Krieg, von den anderen unterschieden werden können, sieh, mit welchem Kennzeichen schließlich Christus die Seinen auszeichnete, mit keinem anderen offensichtlich als dem der gegenseitigen Nächstenliebe. «Durch diesen Beweis», sagt er, «werden die Menschen euch als meine Jünger erkennen, nicht, wenn ihr euch so oder so kleidet, auch nicht, wenn ihr die oder die Speise genießt, nicht, wenn ihr so lange fastet und nicht, wenn ihr noch so viele Psalmen hersagt, sondern, wenn ihr einander liebt, und nicht eben auf gewöhnliche Weise, sondern so, wie ich euch geliebt habe.» Zahllos sind die Unterweisungen der Philosophen, vielseitig sind des Moses Verordnungen, noch umfangreicher die der Könige, «mein Gebot», sagt er, «ist nur ein einziges: daß ihr einander liebhabt». Auch als er den Seinen den Wortlaut des Betens vorschrieb, hat er da nicht schon gleich bei seinem wunderbaren Beginn zur christlichen Eintracht aufgefordert? Er sagt: «Vater unser». Es ist das Gebet eines einzelnen, es ist eine allen gemeinsame Forderung, von einem Hause und der gleichen Familie sind alle, von einem Vater hängen alle ab, und wie ziemt es sich da, sich untereinander mit dem Joch des Krieges zu schlagen? Wozu bewegst Du mit dem Munde den gemeinsamen Vater, wenn Du das Schwert in Deines Bruders Eingeweide stößt? Nun, weil er ja dies eine vor allem anderen in den Seelen der Seinen ansiedeln wollte, wie viele Symbole, wie viele Gleichnisse, wie viele Lehren vom Erstreben der Eintracht prägte er ein? Sich nennt er den Hirten, die Seinen die Schafe. Und, ich bitte, wer sah jemals Schafe mit Schafen kämpfen? Oder was tun die Wölfe, wenn sich die Herde selbst untereinander zerreißt? Wenn er sich Weinstock nennt, die Seinen aber die Reben, was drückt er anderes damit aus als Einmütigkeit? Müßte es nicht als ein schlimmes, durch Opfer zu sühnendes Zeichen erscheinen, wenn an demselben Weinstock Rebe mit Rebe Krieg führte? Und das sei kein schreckliches Anzeichen, wenn Christ mit Christ kämpft? Schließlich, wenn etwas den Christen ganz hochheilig ist, gewiß hochheilig sein sollte und fest in ihren Seelen wohnen müßte, dann das, was Christus ihnen als letztes

Gebot hinterließ, wie ein dichtgedrängtes Testament, und den Kindern darin anvertraute, wovon er wünschte, daß es bei ihnen niemals in Vergessenheit komme. Aber was denn anderes lehrt er sie, trägt er auf, schreibt er vor, bittet er, als gegenseitige Liebe untereinander?

Was bestimmte er mit jener hochheiligen Gemeinschaft des Mahls von Brot und Kelch anderes als die neue, unauflösliche Einigkeit? Weil er aber wußte, daß kein Frieden bestehen kann, wo um Obrigkeitswürde, Ruhm, Reichtum und Vergeltung gehadert wird, darum riß er derartige tiefreichende Regungen aus den Seelen der Seinen, befahl im ganzen, dem Übel nicht zu widerstreben, erklärte, daß sie Böses mit Gutem vergelten sollten, wenn sie könnten, daß sie Gutes bitten sollten für die Fluchenden. Und nun möchten die sich als Christen ansehen lassen, die wegen der kleinsten sich erhebenden Ungerechtigkeit einen großen Teil der Welt in den Krieg hineinziehen? Er lehrt, daß der in seinem Volk der Vornehmste sei, der als Diener tätig ist und durch keine andere Sache die anderen übertrifft, als daß er rechtschaffener sei und vielen helfe. Und schämt es manche nicht, wegen eines winzigen Anhängselchens, das sie ihrem Besitztum hinzufügen möchten, so viel Kriegsgetümmel zu beginnen? Er unterweist, nach Art der Vögel und Lilien in den Tag zu leben. Verbietet, die Sorgen auf den kommenden Tag auszudehnen, will, daß sie ganz dem Himmel ergeben sind. Alle Reichen schließt er aus dem Reich des Himmels aus. Und da scheuen sich einige nicht, für eine nicht eingelöste kleine Geldschuld, die vielleicht nicht einmal geschuldet wird, so viel menschliches Blut zu vergießen? Aber heutzutage wird das sogar als Grund für das gerechteste Kriegsunternehmen angesehen. Christus agiert wirklich nicht eben in jener Weise, wenn er erklärt, daß sie wahrhaft das eine von ihm lernen sollen, sanftmütig zu sein und demütig. Wenn er geheißt, die Gabe auf dem Altar sein zu lassen und nicht eher zu opfern, als bis man mit dem Bruder versöhnt sei, lehrt er nicht offenkundig, daß die vorrangigste Sache die Eintracht sei, und daß Gott kein Dankopfer willkommen sei, wenn es nicht von mir empfohlen ist? Verschmähte doch Gott das jüdische Opfer, etwa ein Böckchen oder Schaf, wenn es von miteinander Zerstrittenen dargebracht wurde. Und die so unter sich Krieg führenden Christen wagen es, jenes hochheilige Weihopfer darzubringen.

Schon als er sich mit der Henne verglich, die ihre Küchlein unter die Flügel versammelt, mit welch einem passenden Symbol schilderte er die Eintracht? Er ist der Vereiniger der Schar, und wie paßt es, daß Christen Falken sind? Dazu trifft auch, daß er der Eckstein genannt wird, der zwei Mauern zusammenfügt und zusammenhält. Und wie ziemt es sich, daß dessen Gehilfen den ganzen Erdkreis unter Waffen bringen und ein Reich gegen das andere hetzen? Jenen höchsten Versöhner haben sie als Regenten, wie sie sich brüsten, und können sich selbst in keiner Beziehung versöhnen. Er versöhnte Pilatus und Herodes, und die Seinen kann er nicht zur Eintracht bringen? Petrus, der sich anschickte, seinen Herrn und Meister im Augenblick der höchsten Lebensgefahr zu verteidigen, wurde von dem Herrn selbst getadelt und gehalten, das Schwert zurückzustecken. Und Christen sind wegen der geringfügigsten Sachen immer bei der Hand, das Schwert zu zücken, und dies gegen Christen. Oder will jener etwa mit Hilfe des Schwertes verteidigt werden, der sterbend um Vergebung für die Anstiftung seiner Hinrichtung betete? Alle Schriften der Christen, Du magst das Alte Testament lesen oder das Neue, lassen nichts anderes ertönen als Frieden und Einmütigkeit, und die ganze Welt der Christen betreibt nichts anderes als Kriege? Was ist denn das für eine mehr als tierische Wildheit, die durch so viele Dinge nicht überwunden noch besänftigt werden kann? Wohlan, denn, entweder sollten sie lieber aufhören, sich mit dem Titel der Christen zu rühmen, oder durch Eintracht die Doktrin Christi bezeugen. Wie lange wird das Leben mit dem Wort kämpfen? Insigniert noch so sehr die Häuser und Kleider mit dem Bild des Kreuzes, kein Symbol wird Christus anerkennen, außer welches er selbst vorschrieb, nämlich das der Eintracht. Versammelt sahen sie ihn zum Himmel fahren, versammelt sollten sie den himmlischen Geist erwarten. Und unter den Versammelten versprach er, sich immer zu befinden, damit man nicht hoffen sollte, Christus könnte irgendwo in Kriegen zugegen sein. Nun, was ist jener «feurige Geist» anderes als Nächstenliebe? Nichts ist gemeinschaftlicher als Feuer; ohne irgendeinen Verlust wird Feuer an Feuer entzündet. Willst Du aber erfahren, wie jener Geist Eintracht erzeugt, sieh das Ergebnis: «Allesamt», heißt es, «waren ein Herz und eine Seele.»

Wenn man des Krieges aufrichtig überdrüssig ist, will ich einen Rat geben, wodurch Ihr die Eintracht bewahren könnt. Echter Frieden besteht nicht aus Verschwägerungen noch Bündnissen, aus welchen wir häufig Kriege entstehen sehen. Beseitigt werden müssen die Quellen selbst, aus denen das Übel da sprudelt, verkehrte Begierden erzeugen diesen Tumult. Wenn nur jeder seinen Affekten dient, wird das Gemeinwesen zugrunde gerichtet, und der einzelne erlangt damit ebenfalls nicht, wonach er in böser Absicht trachtete. Weise sollten die Herrscher sein, nämlich auf das Volk und nicht auf sich bedacht, wahrhaft weise, daß sie ihre Größe, ihr Glück, ihr Gut und ihren Glanz an den Dingen messen, die wirklich groß und hervorragend machen. Sie sollten für das Staatswohl sorgen wie ein Vater für die Familie. Dann halte sich ein König für groß, wenn er über Großgesinnte herrscht, dann für glücklich, wenn er die Seinen glücklich macht, dann für erhaben, wenn er über die freiesten Menschen gebietet, dann für reich, wenn das Volk Reichtümer besitzt, dann für blühend, wenn er durch dauernden Frieden blühende Städte hat. Und die Vorgesetzten und Amtsträger mögen diese Sinnesart des Herrschers imitieren. Alles sollten sie am Wohl des Staates messen, und auf diese Weise werden sie auch für ihr Wohl richtiger sorgen. Ein König, der so gesinnt ist, wird der wohl leicht zu bewegen sein, aus den Seinen Geld herauszupressen, um es einer barbarischen Miliz auszuzahlen? Möchte er die Seinen dem Hunger preisgeben, um ein paar gottlose Feldherren reich zu machen? Wird er etwa dies Leben der Seinigen einer so großen Gefahr preisgeben? Ich meine, nein. Möge er die Herrschaft so ausüben, daß er sich erinnert, als Mensch über Menschen zu gebieten, als Freier über Freie, endlich als Christ über Christen. Ihm wiederum möge das Volk so viel übertragen, als dem Volkswohl zuträglich ist. Nichts anderes wird ein guter Herrscher verlangen. Lasterhafte Ausschweifungen allerdings wird ein einstimmiger Beschluß der Bürger vereiteln. Mitwirken mag die Erwägung der gegenseitigen persönlichen Interessen. Die höchste Ehrung sollte denen zuteil werden, die Krieg verhindern, die mit Verstand und ihrem Rat eine Eintracht wiederherzustellen vermögen. Schließlich müßte mit allen Mitteln darauf hingearbeitet werden, nicht, daß die größte Streitmacht und Waffengewalt ausgerüstet werde, sondern daß man diese nicht nötig hätte; welche herrlichste Tat, unter so vielen Imperatoren, einzig von Diokletian geplant wurde.

Arbeitest Du auf den Krieg zu? Schau zuerst hin, wie der Frieden beschaffen ist und wie der Krieg, was dieser an Gutem, was jener andererseits an Unheil herbeiführt; und so magst Du überlegen, ob es zuträglich sei, den Frieden mit dem Krieg zu vertauschen. Wenn eine Sache wahrhaft bewundernswert ist, dann ein Reich, das in jeder Hinsicht aufs schönste blüht, mit gut gegründeten Städten, gut bebauten Feldern, mit bestmöglichen Gesetzen, dem angesehensten Bildungswesen, dem reinsten Sittenwandel. Bedenke bei Dir, dieses Glück muß ich mir zerstören, wenn ich Krieg führe. Dagegen, wenn Du je die Ruinen der Städte gesehen hast, die niedergerissenen Dörfer, die ausgebrannten Kirchen, die verlassenen Felder und diesen beklagenswerten Anblick, wie er ist, erlebt hast, bedenke, dies ist die Frucht des Krieges. Wenn Du es als Last empfindest, ein verbrecherisches Gesindel von Mietslegionären in Dein Land zu führen, sie vom Unglück Deiner Bürger zu nähren, ihnen ergeben zu sein und zu schmeicheln, ja vielmehr noch Dich selbst und Deine Unversehrtheit ihrer Willkür zu überlassen: Mache Dir klar, daß dies die Bedingung des Krieges sei. Wenn Du Raubüberfälle verabscheust, ebendiese lehrt der Krieg, wenn Du Mordverbrechen verwünschst, ebendiese werden im Krieg erlernt. Denn wird der sich scheuen, in Erregung einen umzubringen, der, für ein geringes Handgeld gemietet, so viele Menschen abschlachtet? Wenn die Mißachtung der Gesetze das sicherste Verderben des Gemeinwesens bedeutet, unter Waffen schweigen die Gesetze. Wenn Du Vergewaltigung, Inzest und solcher Schändlichkeiten mehr für abscheulich hältst, der Krieg ist ein Lehrmeister all dessen. Wenn die Quelle von allem Übel die Gottlosigkeit und Mißachtung der Religion ist, gerade die wird durch die Kriegsstürme ganz und gar verschüttet. Beurteilst Du es als äußerst ungünstig für die Staatslage, wenn die Schlechtesten den meisten Einfluß haben, im Krieg haben die ärgsten Verbrecher die Oberhand. Und die Du im Frieden an den Galgen hängst, die haben im Krieg die höchsten Ämter. Wer nämlich vermag die Truppen besser durch Schleichwege zu führen als ein geübter Räuber? Wer möchte mutiger die Häuser erstürmen oder Kirchen ausplündern als ein Einbrecher oder Kirchenräuber? Wer würde beherzter gegen den Feind sein und ihm den Lebenskern mit dem Schwert durchbohren als ein Bandit oder Mörder? Wer ist ebenso tauglich, in Städten und Festungen Feuer zu legen, wie ein Brandstifter? Wer verachtet ebenso die Gefahren der Wogen und Meere wie ein lange im Beutemachen geübter Pirat? Willst Du offenkundig sehen, was für eine gottlose Sache der Krieg sei, so nimm wahr, von welchen Leuten er geführt wird. Wenn einem frommen Herrscher nichts wichtiger sein darf als die Unversehrtheit der Seinen, muß ihm der Krieg zuerst verhaßt sein. Wenn es des Herrschers Glück ist, Glückliche zu regieren, muß ihm der Frieden vornehmlich am Herzen liegen. Wenn es der besondere Wunsch eines guten Herrschers ist, daß er über Edle herrsche, wird er den Krieg verfluchen müssen, aus dem die Gärhefe der Ruchlosigkeit quillt. Wenn er alles, was die Bürger besitzen, achtet, als sei es der eigene Reichtum, würde er den Krieg auf jede Weise vermeiden, der, auch wenn er aufs günstigste ausgeht, gewiß aller Leute Vermögen aufreibt, und was durch ehrenwertes Handwerk erworben ist, muß für einige schlimme Henkersknechte ausgegeben werden. Außerdem sollte man sich folgendes immer wieder vor Augen führen: Jedem schmeichelt sein Beweggrund und jedem lächelt seine Hoffnung zu, obwohl der Grund oftmals am ungerechtesten ist, der dem Erzürnten am gerechtesten erscheint, und die Hoffnung trügt nicht selten. Doch denke Dir den rechtmäßigsten Grund, denke Dir den glückhaftesten Ausgang eines Krieges, berechne alle Schäden, die ein Krieg anrichtet, und den Vorteil, den ein Sieg bringen würde, und sieh, ob es so viel wert sei zu siegen. Kaum einmal gelingt ein Sieg ohne Blutvergießen. Schon hast Du die Deinen mit Menschenblut befleckt. Hinzu rechne den Verlust der Moral und öffentlichen Disziplin, was durch keinerlei

Gewinn wiedergutzumachen ist. Du leerst Deine Staatskassen, beraubst das Volk, belastest die Guten und treibst die Unredlichen zu Verbrechen an, aber mit Beendung des Krieges sind nicht sogleich auch die Kriegsrelikte eingeschläfert. Die Wissenschaften verlieren an Geltung und Ansehen, der Handelsverkehr wird eingeengt. Um den Feind einzuschließen, bist Du genötigt, Dich vorher leichtfertig selbst von so vielen Gebieten auszuschließen. Vor dem Krieg standen Dir alle Nachbarländer offen, denn der Frieden macht durch den Warenhandel alles zum Gemeingut. Sieh, um wie vieles Du Dich gebracht hast, jetzt steht Dir kaum das offen, was Dir ganz botmäßig gehört. Wie viele Maschinen und Zelte braucht man, um ein Städtchen zu zerstören? Du mußt eine provisorische Stadt anlegen, um eine wirkliche zu zerstören, dagegen könnte mit weniger Mitteln eine andere, richtige Stadt erbaut werden. Damit der Feind eine Stadt nicht verlassen kann, schläfst Du fern der Heimat unter freiem Himmel. Es würde weniger kosten, neue Mauern zu errichten, als die erbauten mit Kriegsmaschinerie niederzureißen. Ich möchte jetzt nicht zusammenrechnen, wieviel Geld zwischen den Fingern der Eintreiber, Kassenverwalter und Führer des Heeres verschwindet, was bestimmt kein geringer Teil ist. Wenn Du alles einzeln genau kalkulierst, wirst Du finden, daß mit dem zehnten Teil der Unkosten der Frieden hätte eingelöst werden können. Du glaubst jedoch, zu wenig heldenmütig zu sein, wenn Du irgendeine Beleidigung vergibst; im Gegenteil, nichts ist ein zuverlässigerer Beweis von Kleinmut und einem schwachen König als Rachenahme. Von Deiner Würde meinst Du einiges einzubüßen, wenn Du beim Verhandeln mit einem Nachbarfürsten, der vielleicht gar blutsverwandt oder verschwägert mit Dir ist, sich vielleicht sonst um Dich wohlverdient machte, ein wenig von Deinem Recht nachgibst. Aber wieviel mehr erniedrigst Du Deine Würde, wenn Du gezwungen bist, Barbarenkohorten und den letzten Verbrecherabschaum, der niemals zu sättigen ist, wiederholt mit Gold zu besänftigen, wenn Du den gemeinen Karern und Übeltätern schmeichelnd und schutzflehend Gesandte schickst, wenn Du Deinen eigenen Kopf und das Schicksal der Deinen jenen anvertraust, denen nichts wert noch heilig ist. Wenn nun der Frieden irgendeine Unbilligkeit zu haben scheint, denke dann ja nicht, das ist vergeudet, sondern: Für solchen Preis erkaufe ich den Frieden.
«Aber», könnte irgendein Spitzfindiger sagen, «leicht würde ich vergeben, wenn mich die Sache nur privat anginge. Als Herrscher führe ich, ob ich will oder nicht, das Staatsgeschäft.» Schwerlich würde der einen Krieg unternehmen, der lediglich auf den Staat bedacht ist. Dagegen sehen wir die Anlässe fast aller Kriege aus solchen Dingen erwachsen, die nicht das Volk betreffen. Du willst diesen oder jenen Gebietsteil als Eigentum beanspruchen, was ist

das für ein Dienst am Volk? Du willst Dich an dem rächen, der Deine Tochter zurückgewiesen hat, was hat das mit dem Staatswohl zu tun? Dies zu erwägen, dies zu erkennen, steht dem wahrhaft weisen und wahrhaft großen Fürsten an.

Wie armselig und wie bald vergänglich ist das, wofür unter Euch Tumult ist. Der Tod steht allen bevor, den Königen nicht minder als den Bürgern. Welchen Tumult setzt ein Würmlein in Bewegung, das bald wie ein Rauch vergehen wird? Am Tor erscheint die Ewigkeit. Wie geht es an, sich für jene Schattendinge dort so abzumühen, als ob dieses Leben unvergänglich sei? O die Elenden, die nicht an jenes glückliche Leben der Seligen glauben noch darauf hoffen! Die Schamlosen, die sich versprechen, aus den Kriegen führe ein Weg dorthin, obwohl jenes doch nichts anderes ist als die ganz unbeschreibliche Gemeinschaft glücklicher Seelen, wo es wirklich vollkommen erreicht ist, worum Christus so inständig seinen himmlischen Vater gebeten hatte, daß sie so untereinander verbunden werden möchten, wie er selbst mit dem Vater verbunden ist. Wie könnt Ihr zu dieser höchsten Einigkeit geeignet sein, wenn Ihr Euch nicht inzwischen nach Kräften darauf vorbereitet? Wie nicht plötzlich aus einem gemeinen Prasser ein Engel wird, so auch nicht plötzlich aus einem blutdürstigen Krieger ein Gefährte der Märtyrer und Jungfrauen. Ach, genug schon und übergenug ist Christenblut vergossen worden, wenn Menschenblut zu wenig gilt, genug getobt zum gegenseitigen Verderben, genug bis jetzt den Furien und dem Orkus geopfert, lange genug wird das Drama zur Augenweide der Türken aufgeführt. Kommt endlich einmal zu Verstand, nachdem Ihr allzu lange das Elend der Kriege ertragen habt. Was bis jetzt an Wahnsinn getrieben wurde, möge dem Schicksal zur Last gelegt werden; die Christen sollten beschließen, was einst Ungetaufte beschlossen haben: eine Amnestie der früheren Übeltaten.

Von nun an widmet Euch in gemeinsamen Konzilien dem Studium des Friedens, und laßt ihn Euch so angelegen sein, daß er nicht durch Werg, sondern durch stahlfeste, nie zerreißbare Bande zusammengehalten werde.

An Euch appelliere ich, Ihr Herrscher, von deren Befehl hauptsächlich das Menschengeschick abhängt, die Ihr Sinnbild der Herrschaft Christi unter den Menschen darstellt, besinnt Euch auf den Ruf Eures Königs zum Frieden, glaubt, wie die ganze Welt, durch das lange Unheil erschöpft, Euch darum anfleht. Wenn jemand noch gegen wen Groll trägt, ist es recht, dies für das gemeinsame Glück aller zu vergeben. Zu groß ist die Sache, als daß man sie aus geringfügigen Gründen verzögern dürfte. Ich appelliere an Euch, Ihr Gott geweihten Priester, gebt mit allem Eifer das wieder, wovon Ihr wißt, daß es Gott am willkommensten ist, wehrt das ab, was ihm am meisten verhaßt ist.

Ich appelliere an Euch, Ihr Theologen, predigt das Evangelium des Friedens, laßt Eure Stimme hierzu immer vor den Ohren des Volkes hören. Ich appelliere an Euch, Ihr Bischöfe und sonstigen kirchlichen Würdenträger, daß Eure Autorität Einfluß habe, den Frieden mit unvergänglichen Banden zu befestigen. Ich appelliere an Euch, Ihr Führungsschichten und Magistratsherren, daß Eure Gesinnung ein Beistand sei für die Weisheit des Regenten und die Pflichttreue der Priester. An Euch appelliere ich insgesamt, die Ihr den christlichen Namen bekennt, verschwört Euch darin mit einhelligem Sinn. Laßt nunmehr sehen, wieviel die Einigkeit der Menge gegen Tyrannenmacht vermag. Hierzu sollten alle in gleicher Weise all ihre Vorschläge einbringen. Es möge die, welche die Natur durch so viele Dinge zusammenführt, noch mehr Christus zu fortwährender Eintracht verbinden. Durch gemeinsames Bemühen mögen alle vorantreiben, was allen gleichermaßen zum Segen dient.
Dazu fordert alles auf, zuerst unmittelbar das natürliche Empfinden, und auch, wie ich es nennen möchte, die Humanität. Alsdann der Fürst und Gründer allen menschlichen Glücks: Christus. Außerdem so viele Annehmlichkeiten des Friedens, das so große Unheil des Krieges.
Vom größten Teil des Volkes wird der Krieg verflucht, man betet um Frieden. Einige wenige nur, deren gottloses Glück vom allgemeinen Unglück abhängt, wünschen den Krieg. Beurteilt selbst, ob es recht und billig sei oder nicht, daß deren Unredlichkeit mehr gilt als der Wille aller Guten. Ihr seht, bis jetzt ist nichts durch Bündnisse zustande gebracht, nichts durch Verschwägerung gefördert, nichts durch Gewalt, nichts durch Rachenahme. Stellt nun dagegen auf die Probe, was Versöhnlichkeit und Wohltätigkeit vermögen. Krieg wird aus Krieg gesät, Rache verursacht wieder Rache. Nun möge Gnade Gnade gewinnen, Wohltat zu Wohltat einladen, und der möge als der Königlichste angesehen werden, welcher von seinen Rechtsansprüchen am meisten wird nachgelassen haben. Menschliches Mühen allein hat keinen Erfolg; aber Christus selbst wird die frommen Beschlüsse segnen, von denen er sieht, daß sie nach seinem Rat und Willen gefaßt sind. Er wird denen zur Rechten stehen und seinen Geist und Schutz verleihen, die das fördern, woran ihm selbst am meisten lag, das allgemeine Wohl sollte über die persönlichen Affekte siegen. Freilich, sofern man nur darauf bedacht ist, würde einem jeden auch sein Glück besser erhalten bleiben. Für die Fürsten wird es eine ehrwürdigere Herrschaft sein, wenn sie über fromme und glückliche Menschen gebieten, sobald sie mehr durch Gesetze als durch Waffen regieren, die Aristokraten werden ein größeres und rechtmäßigeres Ansehen genießen, die Priester mehr stille Mußezeit, dem Volk wird eine gedeihlichere Ruhe zuteil und Überfluß in Frieden: Der christliche Name wird den Feinden des Kreuzes mehr Ehr-

furcht einflößen. Endlich wird der einzelne dem einzelnen und alle werden allen zugleich lieb und wert sein und vor allem Christus willkommen sein, dem zu gefallen das höchste Glück ist.
Ich habe gesprochen.

Thomas Morus

Gottesdienst in Utopia

Gotteshäuser sieht man sehr schöne; sie sind nämlich nicht nur mit großem Aufwand gebaut, sondern, wie bei ihrer kleinen Zahl notwendig, sie bieten auch vielem Volk Raum. Alle sind freilich etwas dunkel, was aber, wie es heißt, nicht auf mangelnde Kenntnis des Bauens zurückgeht, vielmehr auf den Rat der Priester, die glauben, allzu helles Licht zerstreue die Gedanken, während ein sparsames und dämmeriges sie sammle und die Andacht befördere. Da die Religion dort nicht bei allen dieselbe ist, wohl aber in sämtlichen Formen trotz Verschiedenheit und Vielzahl die Verehrung des göttlichen Wesens zum Ziel hat – wie verschiedene Straßen demselben Punkt zustreben –, so sieht und hört man in den Gotteshäusern nichts, was nicht für alle passend schiene. Was der Kult jeder Sekte allenfalls an Besonderheiten aufweist, erledigen ihre Anhänger innerhalb ihrer vier Wände; der öffentliche Gottesdienst vollzieht sich in einer Weise, die mit keinem einzigen privaten unvereinbar ist.
Man sieht daher in keinem Heiligtum ein Bild der Gottheit: Es soll eben jedem freistehen, in welcher Gestalt er sie sich nach seiner heiligsten Überzeugung vorstellen will. Sie verwenden keinen speziellen Namen bei der Anrufung Gottes außer dem des Mythras; bei diesem Wort denken alle an ein gleichartiges Wesen von göttlicher Majestät, sei es nun dieses oder jenes. Keine Gebete werden formuliert, die nicht jeder nachsprechen könnte, seiner Sekte unbeschadet.

Sie schlachten keine Tiere zum Opfer und meinen nicht, daß dieselbe barmherzige Gottheit an Blut und am Töten Freude habe, die jeglicher Kreatur das Leben darum geschenkt hat, damit sie lebe. Sie verbrennen Weihrauch und andere wohlriechende Stoffe; dazu bringen sie zahlreiche Wachskerzen dar, wobei sie wohl wissen, daß dies alles kein Geschenk an das göttliche Wesen bedeuten kann – das tun ja auch die Gebete der Menschen nicht; aber sie lieben nun einmal den Kult, zumal er unschuldig ist, und durch die Düfte und Lichter und die übrigen Zeremonien fühlt sich eben der Mensch irgendwie emporgehoben und feiert dank ihnen den Gottesdienst mit größerem Schwung.

Das Volk trägt im Gotteshaus weiße Gewandung, der Priester bunte, von wunderbarer Arbeit und Form; nur das Material ist nicht entsprechend kostbar: Goldstickerei und Knöpfe aus seltenen Steinen gibt es nicht zu sehen; vielmehr sind die Kleider aus Federn verschiedener Vögel so geschickt und kunstfertig hergestellt, daß auch das köstlichste Material den Wert der Arbeit nicht aufwiegen könnte; dazu stecken, wie sie sagen, in jenen Federn, in jenem Flaum der Vögel und in der bestimmten Anordnung, in der alles auf dem Priestergewand unterschiedlich angebracht ist, gewisse geheime Mysterien; deren Bedeutung ist ihnen vertraut – die Priester erklären sie ihnen sorgfältig – und weist sie auf die göttlichen Gnadenbezeugungen hin, auf ihre Dankespflicht und auf das, was sie einander schuldig sind.

Sobald der Priester in diesem Ornat aus dem Allerheiligsten hervortritt, fallen alle in tiefer Verehrung nieder; dabei herrscht ein so völliges Schweigen im ganzen Raum, daß schon der Vorgang an sich einen förmlich schaudern macht, wie wenn die Gottheit leibhaftig erschiene. So bleiben sie eine Weile liegen; dann gibt der Priester ein Zeichen, und sie erheben sich. Darauf stimmen sie Gesänge zum Lobe Gottes an, begleitet von Instrumenten, die großenteils anders geformt sind als die in unsern Gegenden bekannten; die meisten davon übertreffen die bei uns gebräuchlichen an Schönheit des Klanges, andere wieder lassen sich mit den unsrigen nicht vergleichen.

Jedoch in einer Hinsicht sind sie uns zweifellos weit voraus: Ihre gesamte Musik, werde sie nun mit Instrumenten oder von Menschenstimmen ausgeführt, bringt die natürlichen Gefühle dermaßen klar zum Ausdruck, paßt sich so geschickt der Situation an – ob sie nun um Verzeihung bitten oder fröhlich, friedvoll, beunruhigt, traurig, zornig sind – und gibt durch die Form der Melodie einen sachlichen Inhalt so deutlich wieder, daß sie die Hörer wundersam ergreift, durchdringt, begeistert.

Zum Schluß sprechen Volk und Priester feierliche Gebete in festen Formeln, die aber so abgefaßt sind, daß jeder auf sich selbst beziehen kann, was die ganze Gemeinde ausspricht. Darin anerkennt er Gott als den Schöpfer und Lenker der Welt und als den Spender aller übrigen Güter; er dankt ihm für die Menge der empfangenen Wohltaten, namentlich aber dafür, daß ihn seine Gnade in das Gemeinwesen habe geraten lassen, das am glücklichsten sei, und die Religion erwählen, die er für die wahrste hoffe ansehen zu dürfen. Wenn er sich darin täusche oder wenn es etwas Besseres als diese beiden und etwas Gott Wohlgefälligeres gebe, so bitte er darum, daß er ihm in seiner Güte die Augen dafür öffne; er sei ja bereit zu folgen, wohin er ihn führe. Wenn aber diese Staatsform die beste und seine Religion die richtigste sei, dann möge er ihm Beharrlichkeit verleihen und die übrige Menschheit insgesamt zu denselben Lebensgrundsätzen und der gleichen religiösen Anschauung bekehren, es sei denn, daß gerade diese Verschiedenheit der Religionen seinem unerforschlichen Willen gefalle.

Sterben in Utopia

Immerhin verbot Utopus mit heiligem Ernst und mit aller Strenge, die Würde des Menschen preiszugeben und die Ansicht zu vertreten, auch die Seele gehe mit dem Leibe unter, oder eine Vorsehung existiere nicht und die Welt rolle dahin aufs Geratewohl. Darum glauben sie, nach diesem Leben habe das Laster Bestrafung, die Tugend Belohnung zu erwarten; wer anders denkt, gilt ihnen weder als Mensch – denn er würdige die erhabene Natur seiner Seele auf die Stufe eines tierischen Kadavers herab – noch gar als Bürger, denn er würde, hätte er nicht Angst, sich um alle ihre Einrichtungen und Gebräuche keinen Pfifferling scheren. Das steht ja außer Zweifel: Für wen es hinter den Gesetzen keine andere Macht zu fürchten und nach dem irdischen Leben nichts zu erwarten gibt, der wird sich kein Gewissen daraus machen, die allgemeinen Landesgesetze insgeheim mit List zu umgehen oder mit Gewalt zu brechen, um seine persönlichen Begierden befriedigen zu können.
Für einen Menschen mit solchen Ansichten gibt es daher keine Ehrung, keine Beamtung, keine leitende Stellung im staatlichen Betrieb: Man verachtet ihn, wo er geht und steht, als ein Wesen ohne Wert und Bedeutung. Im übrigen tun sie ihm nichts, weil sie überzeugt sind, daß der Mensch nicht frei darüber entscheidet, was er glauben will; sie nötigen ihn auch nicht mit Drohungen, seine wahre Meinung zu verbergen, und wollen nichts von Scheinheiligkeit und Unaufrichtigkeit wissen: Die ist ihnen unglaublich verhaßt, weil sie dem Betrug enge verwandt sei. Wohl aber untersagen sie ihm, zugunsten seiner Ansicht zu disputieren – wenigstens unter dem Volk; denn vor Priestern und bestandenen Männern in geschlossenem Kreise gestatten sie es nicht nur, sondern wünschen sie es auch, in der festen Erwartung, dieser Wahnwitz werde doch einmal vor der Vernunft die Waffen strecken. Daneben gibt es

andere und nicht einmal wenige – auch sie bleiben ja unbehelligt, weil sie an sich weder ganz unvernünftig noch böse sind –, die in den umgekehrten Fehler verfallen und glauben, auch die Seelen der Tiere seien unsterblich, wiewohl sie sich mit unsern Seelen an Würde nicht messen dürften und nicht zur gleichen Seligkeit bestimmt seien – denn was die Menschen betrifft, so sind fast alle Utopier felsenfest überzeugt, daß ihre Glückseligkeit keine Grenzen haben werde.

Darum bedauern sie zwar jeden Kranken, aber keinen Sterbenden, außer wenn sie sehen, daß er nur angstvoll und ungern das Leben abstreift. Dies gilt ihnen eben als ein sehr schlechtes Zeichen: Es macht ihnen den Eindruck, eine hoffnungslose und schuldbewußte Seele sträube sich in dunkler Vorahnung einer bevorstehenden Strafe, den Leib zu verlassen; dazu glauben sie, Gott werde keine Freude an der Ankunft eines Menschen haben, der trotz ergangenem Ruf nicht herbeieilt, und zwar gern, sondern der unwillig und widerspenstig muß herangeschleppt werden. Sehen sie einem solchen Sterben zu, so schaudert ihnen, und wer auf diese Weise gestorben ist, den tragen sie bedrückt und in aller Stille zu Grabe; sie beten zu Gott, er möge der Seele gnädig sein und barmherzig ihre Schwachheit verzeihen; dann decken sie die Leiche mit Erde zu.

Wer dagegen fröhlich und voll guter Hoffnung abscheidet, den bejammert kein Mensch: Unter Gesang geleiten sie den Toten hinaus, aus tiefstem Herzen empfehlen sie Gott seine Seele, verbrennen dann seinen Leib mehr unter Gefühlen der Ehrfurcht als der Trauer und errichten an jener Stätte eine Säule, deren Inschrift die Ehrentitel des Verstorbenen aufzählt. Heimgekehrt, denken sie seiner Persönlichkeit und seinen Taten nach und reden von ihnen, und kein Abschnitt seines Lebens wird öfter oder lieber besprochen als sein getrostes Sterben. In solchem Nachruhm eines tüchtigen Mannes sehen sie den wirksamsten Ansporn für die Lebenden und den für die Toten erfreulichsten Kult.

Sie glauben auch, daß diese bei den Gesprächen über ihre Person abwesend seien – freilich dem schwachen menschlichen Auge nicht sichtbar –, würde es doch schlecht zum Glücke der Seligen passen, wenn sie nicht frei wandern dürften, wohin sie wollen, und undankbar müßten sie sein, wenn sie gar kein Bedürfnis mehr hätten, ihre Freunde zu besuchen, mit denen sie zu Lebzeiten durch gegenseitige Liebe und Zuneigung verbunden gewesen waren; diese Gefühle aber, so vermuten sie, werden wie die übrigen Kräfte bei guten Menschen nach dem Tode eher gesteigert als geschwächt. So glauben sie denn, daß die Toten mitten unter den Lebenden weilen, als Zeugen ihrer Worte und Taten, und darum packen sie ihre Aufgaben zuversichtlicher an, im Vertrauen auf diese Schutzgeister, und anderseits hält sie der Glaube an die Gegenwart der Ahnen von unrechtem Tun im verborgenen ab.

Sterbehilfe in Utopia

Die Kranken pflegen sie, wie ich sagte, mit großer Hingebung, und sie tun alles, um ihnen die Gesundheit zurückzugeben, sei es durch Verabreichung von Arznei, sei es durch sorgfältige Diät. Unheilbaren suchen sie das Leiden erträglich zu machen, indem sie zu ihnen sitzen, sie unterhalten und alle verfügbaren Linderungsmittel anwenden. Ist aber die Krankheit nicht nur aussichtslos, sondern dazu noch dauernd schmerzhaft und qualvoll, dann geben die Priester und die Behörden dem Manne zu bedenken, daß er zu allen Verrichtungen unfähig, den Mitmenschen beschwerlich, sich selber lästig, nachgerade ein lebender Leichnam sei, und ermahnen ihn, nicht länger den Todeswurm in seinem Leib zu füttern; da das Leben für ihn eine Qual sei, solle er nicht zögern zu sterben, sondern solle getrost und guter Hoffnung aus diesem unerfreulichen Dasein, diesem wahren Kerker und Foltergehäuse, sich enweder selber befreien oder andere ihn daraus entführen lassen; da ihm der Tod keine Freuden, sondern nur Martern abkürze, werde er klug daran tun, und zudem werde er fromm und gottesfürchtig handeln, weil er damit dem Rate der Priester, das heißt der Deuter des göttlichen Willens, gehorsam sei. Wer sich dazu überreden läßt, endigt sein Leben entweder durch freiwilligen Verzicht auf Nahrung oder wird eingeschläfert und geht so von hinnen, ohne es zu merken; lehnt aber einer ab, so schaffen sie ihn nicht etwa aus der Welt oder behandeln ihn darum weniger aufmerksam. Auf einen solchen Rat hin seinem Leben ein Ende zu machen, gilt als ehrenvoll; sonst aber wird jedem, der sich selbst tötet, ohne daß die Priester und die Behörden zustimmen, sowohl Erdbestattung wie Kremation versagt: Statt die Leiche anständig zu begraben, wirft man sie kurzerhand in einen Sumpf.

Paracelsus

Der erste Grund der Arznei, die Philosophie

Da nun die Philosophie den ersten Grund der Arznei darstellt, müssen wir vor allem wissen, in welcher Art in der Philosophie eine Grundlage für die Arznei zu sehen ist. Ehe ich euch das aber darlege, ist es vor allen Dingen nötig, daß ich auch ein Bild von denjenigen gebe, die ich verachte, damit ihr die falsche Philosophie durchschaut, ehe ich über den rechten Grund zu schreiben beginne. Schwer wird es euch fallen, euch darüber belehren zu lassen, woran ihr gewöhnt seid, und schwerer das, wozu ihr erzogen seid. Doch hoffe ich von einem jeden, er werde das Gewohnte und Anerzogene gegen das von mir Gebotene abwägen und verständig beurteilen, nichts zu hart sein lassen, daß es sich nicht erweichen ließe, und nichts so weich, daß es nicht Stählung annehmen könnte. Also daß die neue Schöpfung allzeit die alte beherrschen möge. In der Philosophie ist ein Moos gewachsen, und kaum war es da, so wuchsen von Stund an von außen Schwämme dran, gleich wie Drüsen am Leibe. Aristoteles und die Seinen haben die Philosophie in der Weise behandelt, wie der Winzer der Erde den Wein entzieht. Und ebenso wie der Schaum das Schlechteste in dem Gefäße ist und doch ganz oben schwimmt und das Gute verdeckt, das unter ihm liegt, und nur darum, weil sich etwas Gutes unter ihm befindet, dessen Geschmack er annimmt, ist er als Speise zu betrachten, doch nur für Hunde und Katzen, so ist die alte Philosophie zu verstehen, die die Schwämme und den Schaum behandelt und nicht die Materie, von dem dieselbe stammt. Eine solche Schwammphilosophie hat die theoretische Grundlage in der Arznei abgegeben und den Schaumarzt hervorgebracht. Diese zwei hatten die Macht inne, die natürlichen Dinge zu beschreiben sowie die menschlichen Gebresten und Gebrechen. Wie aber die Grundlage, auf die sich diese Schriften stützen, so ist auch der Sprößling dieser Wurzel zu beurteilen. Ich will euch hiermit ermahnt haben, nichts bei euch so rauh sein zu lassen, daß es nicht durch den Hobel geglättet werden könnte, nichts so krumm, daß es der Hammer nicht zu ebnen vermöchte, nichts so wild, daß der Jäger es nicht zu Falle bringen könnte. Was gibt es denn Höheres und Löblicheres an einem Hörer und Schüler, als daß er in einer weichen Schale liege, die nicht erhärte, bis er in seiner Disziplin flügge geworden und dann der Rute entrinnt. Für diese ist es dann recht und löblich, daß sie die Alten aus den Nestern stoßen, denn Kunst und Weisheit, Zucht

und Liebe sollen alle Stund erhoben sein über ihre Meister und aufwachsen wie eine junge Buche, die der alten durch ihr Gedeihen ihren Ruhm nimmt.
Doch ich will mich eilends wieder der Besprechung der Philosophie zuwenden, damit ihr den Grund der Arznei verstehet, welche allein die Erkenntnis gibt, die ein Arzt haben soll von allen Krankheiten, ihrer Materie, Eigenschaft und all ihrem Wesen. Denn es gibt sonst keinen anderen Weg, die Wahrheit über das Wesen des Leibes und der Gesundheit zu erfahren, und wo man sonst eine Grundlage sucht, außerhalb der Philosophie, so beruht das auf einem Betrug. Denn unser Verstand, wie ihn die Hirnschale umschließt, ist zu schwach, einen Arzt hervorzubringen. Dann muß also die Philosophie der Arznei so behandelt werden, daß auch die Augen sie verstehen lernen und daß sie in den Ohren töne wie der Fall des Rheins und daß ihr Tönen so hell in den Ohren erklinge wie sausende Winde aus dem Meere, und die Zunge sie dermaßen schmecke wie den Honig und die Galle, und die Nase einen jeden Geruch der ganzen Wissenschaft empfinde. Was der Natur außerhalb dieser Erkenntnis gegeben und zugelegt wird, ist ihrem Wesen entgegengesetzt. Denn meine philosophische Meinung geht dahin, daß die Natur die Krankheit selbst ist und darum allein weiß, was die Krankheit ist. Sie ist allein die Arznei, sie weiß der Kranken Gebrechen. Wer kann ein Arzt sein, ohne diese beiden Dinge erkannt zu haben? Vom Arzt kommt keine Krankheit, von ihm kommt auch keine Arznei. So wenig aber, wie er krank machen kann, vermag er auch die Gesundheit zu geben. Wer ist hier ein berufenerer Lehrmeister als die Natur selbst? Diese besitzt das Wissen von diesen Dingen und gibt uns vom Wesen aller Dinge ein sichtbares Bild, und von diesem sichtbaren Bilde schöpft der Arzt seine Kenntnisse. Wenn nun die Natur allein das Wissen besitzt, so muß auch sie es sein, die das Rezept zusammenstellt, und diese ihre Kunst liegt deutlich vor dem Arzt. Von ihr stammt die Kunst, nicht vom Arzt. Darum muß der Arzt aus der Schule der Natur hervorgehen mit vollkommenem Verstande. Das ist ein vollkommener Verstand, wenn die Hände greifen, die Augen sehen können, was in der Hirnschale verborgen vor sich geht. Denn, was im verborgenen begriffen wird, gibt allein den Glauben. Den Ausgang und das Vollkommene geben die Werke. Die Werke sind sichtbar. So läuft schließlich Sichtbares und Unsichtbares in eins zusammen und ist nicht zwiespältig, die ganze vollkommene trostreiche Erkenntnis, die die Seligkeit in sich birgt, und alle gute Arbeit, Lehre und Unterweisung.
So nun der Arzt aus der Schule der Natur hervorgehen soll, was ist die Natur anderes als die Philosophie, was ist die Philosophie anderes als die unsichtbare Natur? Einer, der die Sonne und den Mond erkennt und mit geschlossenen Augen weiß, wie die Sonne und der Mond aussehen, der hat Sonne und Mond

in sich, wie sie am Himmel und Firmament stehen. So ist nun die Philosophie, daß sie im Menschen ist wie außerhalb von ihm und ungreifbar, wie einer, der sich selbst im Spiegel sieht. Wie sich einer so selbst von Punkt zu Punkt deutlich zu sehen vermag, so soll der Arzt ein deutliches Wissen vom Menschen in sich tragen, dem Spiegel der vier Elemente entnommen, denn diese führen ihm den ganzen Mikrokosmos vor Augen, daß er durch diese sieht, wie man Gallerte sieht, die in einem Glase verschlossen ist. So sei es denn, daß der Arzt den Menschen so klar durchschaue, wie man destillierten Tau durchschaut, in dem sich kein Fünklein verbergen kann, das nicht gesehen würde. So deutlich soll er ihn durchschauen, wie man durch einen quellenden Brunnen erkennen kann, wie viele Steine und Sandkörner darin sind, mit all ihren Farben, Formen etc. So offenbar sollen für ihn die einzelnen Glieder im Menschen sein, und auch sie sollen für ihn so durchsichtig sein wie ein polierter Kristall, in dem sich kein Härlein verbergen könnte. Das ist die Philosophie, welche den Grund der Arznei bildet. Nicht etwa, du sollst etwa den Menschen erkennen, sondern die Natur, die im Himmel geschaffen wurde. Diese zeigt dir alles von Stück zu Stück an. Denn aus ihr ist der Mensch geschaffen. Dieselbe Materie, aus der er gebildet wurde, zeigt dir das Wesen dieses ihres Geschöpfes an, in gleicher Weise, wie du im Stahl ein Gebäude siehst. Das kommt von außen hinein, und wenn das Außen nicht mehr da ist, so ist das innere Bild auch nicht mehr im Stahl. Denn das Äußere ist eine Mutter des Inneren. Also ist der Mensch ein Bildnis, das durch die vier Elemente in einen Spiegel gesetzt wurde, und auf den Untergang der Elemente folgt der Untergang des Menschen, denn weil der äußere Gegenstand des Spiegels vergeht, schwindet auch das innere Spiegelbild. Darum ist die Philosophie nichts anderes als das ganze Wissen und die Erkenntnis der Dinge, die dem Spiegel den Glanz geben. Und in gleicher Weise wie der, der im Spiegel drinnen ist, keinem sein Wesen erklären noch zu erkennen geben kann, was er sei, sondern dasteht wie ein totes Bild, so ist auch der Mensch an sich selbst, und aus ihm ist nichts zu entnehmen, als was aus der Erkenntnis des Äußeren kommt, dessen Spiegelbild er darstellt. Ein unsicheres Stammeln ist seine Rede und unsicher seine Stimme und Zunge. Soll ein Arzt nicht mehr zeigen, als ob er die Person des Kranken im Spiegel reden sähe und es nicht hörte? So ganz und vollkommen soll der Arzt diesen Mikrokosmos erkennen durch seine Mutter, von der er stammt. Denn nicht ein Glied ginge ihm ab, nicht ein Härlein ist am Menschen, das die Beweise nicht in sich begriffe und hundertfach anzeigte. Und wie also berichtet, kann die Arznei nicht dulden noch leiden den Schaum der Philosophie, oder die Schwammarznei, über die bisher geschimpft wurde.

Verteidigung der wahren Medizin

Da nichts so rein ist, daß es nicht mit einem Makel befleckt wäre, ist es notwendig, das Befleckte und Reine erkennen zu lassen. In der Arznei beweist sich das auch, da mehr Schlechtes als Gutes gefunden wird. Da Christus zwölf Jünger gehabt hat und einer unter diesen ein Verräter war, wie viel mehr gibt es dann unter den Menschen. Es ist glaubhaft, daß von zwölf kaum einer gut ist. Wir sollen alle Dinge aus Liebe tun. Aus Liebe geschieht aber nichts, sondern nur wegen der Begleichung und Bezahlung, aus denen Eigennutz folgt, durch den falsche Ärzte in der Arznei geboren werden. Sie suchen das Geld und erfüllen nicht das Gebot der Liebe. Wenn ein Ding auf den Eigennutz gerichtet wird, werden die Künste und auch das Werk gefälscht. Die Kunst und die Werke müssen aus der Liebe entspringen, sonst ist nichts Vollkommenes da. Wie wir zweierlei Apostel haben, der eine liebt Christum wegen seines Eigennutzes, deshalb wurde ihm auch der Säckel des Eigennutzes zugestellt. Sein Eigennutz ist die Ursache, Christum selbst zu verkaufen oder dem Tode zu überliefern. Wenn Christus das ertragen mußte, daß er wegen des Eigennutzes verkauft und verraten werden mußte, wieviel mehr verkrümmen, lähmen, erwürgen und töten dann die falschen Ärzte den Menschen, damit ihr eigener Nutzen vermehrt und nicht vermindert werde? Sobald die Liebe für den Nächsten erkaltet, kann sie dem Nächsten keine gute Frucht mehr tragen. Welche Frucht da getragen wird, die gehört zum Eigennutz. Wir sollen also wissen, daß es zwei Arten von Ärzten gibt, die aus Liebe handeln und die aus Eigennutz handeln; an den Werken werden beide erkannt. Die gerechten Ärzte werden durch die Liebe erkannt, indem sie die Liebe zu dem Nächsten nicht brechen. Die ungerechten Ärzte handeln gegen dieses Gebot. Sie schneiden, wo sie nicht gesät haben, und sie sind wie die reißenden Wölfe. Sie schneiden, weil sie schneiden können, damit ihr eigener Nutzen vermehrt werde, und sie beachten nicht das Gebot der Liebe.

Christus meldet das Beispiel, wie die Perle gekauft wurde und wie der Acker mit dem Schatz gekauft wurde. Dies besagt, daß nicht bei vielen die Liebe ist, sondern nur bei wenigen. Er würde sagen: «Bist du ein Arzt, so ist deine Perle krank und der Kranke ist der Acker, in dem der Schatz liegt.» Daraus folgt, daß ein Arzt das verkaufen soll, was er hat, um den Kranken gesund zu machen. So handelt die Liebe zum Nächsten. Wenn das aber nicht so ist, sondern du das Deine behältst und dem Kranken auch das Seine nimmst, wird der Schrift gar nicht gefolgt, und keine Kunst kann daher in der Arznei willkommen erscheinen. Das müssen wir vor den Augen haben, wie dem

Judas der Säckel des Eigennutzes zugestellt wurde und wie den anderen Aposteln verboten wurde, einen Säckel zu haben, sondern sie mußten essen, was ihnen vorgelegt wurde. Das selbst Vorgelegte geschieht aus Liebe. Heischen, gierig verlangen und Betteln sind nicht erlaubt. Es ist von der Liebe abhängig, was wir vom Nächsten empfangen sollen, und nicht von unserer Gewalt. Daher folgt daraus, daß dem Teil, der auf dem Wege der Gaben, die ihm Gott gegeben hat, wandelt, vollkommene Werke und Früchte ersprießen. Die anders handeln, als die Schrift angibt, die sind mit viel Jammer und Elend umgeben, auch die, bei denen sie ihren eigenen Nutzen suchen. Es sei denn, daß Gott in dem Nächsten gegen die Kunst und Arznei des falschen Arztes wirkt, sonst wird unter ihren Händen kein Kranker gesund. Es soll sich dadurch niemand befremden lassen, daß ich in der Arznei den Eigennutz nicht preisen kann. Ich weiß, wie verderblich der Eigennutz ist, indem die Künste durch den Eigennutz gefälscht werden, indem alles nur für den Schein und Kauf hergerichtet wird. Solches kann nicht ohne Falschheit geschehen, und diese Falschheit verursacht eine Verführung in allen Dingen. Daher soll der Arzt nicht aus Eigennutz, sondern aus Liebe handeln. Diese ist ohne Sorge, sie sorgt nicht, was sie morgen essen will, sondern sie denkt daran, wie die Lilien im Felde gekleidet und die Vögel gespeist werden, noch viel mehr der Mensch, der nach dem Willen Gottes handelt.

Michel de Montaigne

Der Mensch im Widerspruch und Wandel

Wahrlich, es ist ein eitles, wandelbares, leicht bewegliches Ding um den Menschen. Es ist schwer, sich ein festes, eindeutiges Urteil über ihn zu bilden. Man meint, man könne einen Menschen nach den in die Augen fallenden Zügen seines Lebens beurteilen. Auch die guten Schriftsteller sind eifrig darauf bedacht, sich ein Bild von uns zu gestalten mit festen, beständigen Zügen – mich will es oft bedünken, zu Unrecht. Da entwerfen sie sich eine allgemeine Gestalt und ordnen und erklären nach diesem Leitgedanken alle Handlungen eines Menschen; kommen sie damit nicht zurecht, so greifen sie zu dem Erklärungsgrund der Vorstellung. Mir ist bei allem, was die Menschen angeht, nichts schwerer glaublich als die Beständigkeit, nichts scheint mir glaublicher als ihre Wandelbarkeit. Wer sich damit abgibt, die menschlichen Handlungen zu beurteilen, ist nirgends in größerer Verlegenheit, als wenn es gilt, sie unter einen Hut zu bringen. Sie widersprechen sich gemeinhin so sonderbar, daß es uns unmöglich dünkt, daß sie alle aus demselben Laden stammen sollen. Vom Papst Bonifaz VIII. sagte man: Er kam auf den Heiligen Stuhl wie ein Fuchs, er hielt sich da wie ein Löwe, und er starb wie ein Hund. Als man dem noch jungen Nero zum erstenmal ein Todesurteil zum Unterschreiben vorlegte, rief er: «Wollten die Götter, ich hätte nie schreiben gelernt!» Ich setze bei den Menschen immer voraus, daß sie unberechenbar sind, viel eher, als daß sie konsequent sind. Es ist schwer, im ganzen Altertum auch nur ein Dutzend Menschen herauszufinden, die ihr Leben nach festen Grundsätzen geführt hätten; und das ist doch das Hauptkennzeichen der Weisheit. Läßt sie sich doch nach dem Wort eines Alten in das Eine zusammenfassen: immer dasselbe wollen und dasselbe nicht wollen. Das Laster aber ist nichts als Regellosigkeit und kann daher unmöglich mit Konsequenz zusammen bestehen.

Unsere gewöhnliche Art aber ist es, den Antrieben unserer Begierden zu folgen, nach rechts, nach links, nach oben, nach unten, wie eben der Wind der Gelegenheit uns mitnimmt. Über das, was wir wollen, denken wir erst nach in dem Augenblick, da unser Wille schon entschieden hat. Wir sind so wandelbar wie jenes Tier, das die Farbe des Orts annimmt, wo man es hinbringt. Was wir uns in diesem Augenblick vorgesetzt haben, das lassen wir bald wieder fallen, und bald darauf kehren wir wieder dazu zurück. Wir gehen nicht, wir werden geschoben, wie Gegenstände, welche schwimmen, jetzt schnell, jetzt langsam, je nachdem das Wasser ruhig fließt oder heftig. Man staune nicht, wenn der, der gestern so heroisch war, am andern Tag so feig erscheint. Der Zorn hatte es gemacht, oder die Not, oder die Gesellschaft, oder der Wein, oder Trompetenklang, daß er Herz im Leib hatte. Drum war's auch nicht ein Mut aus Grundsatz: Die Umstände haben ihn ihm verliehen. Kein Wunder, wenn er durch entgegengesetzte Umstände ganz anders geworden ist. Darum meinen ja auch einige, wir haben zwei Seelen in der Brust.

Mich bewegt nicht nur der Wind der Zufälle nach seiner Richtung, ich bewege mich noch außerdem selbst und schwanke hin und her, weil ich so unsicher auf meinen Füßen stehe. Meine Seele zeigt bald dieses Gesicht, bald jenes, je nach der Seite, nach der sie sich richtet. Spreche ich auf verschiedene Weise von mir, so geschieht's, weil ich mich auf verschiedene Weise betrachte. Alle Widersprüche finden sich in mir, je nachdem, wie man's nimmt: schamhaft und unverschämt, keusch und wollüstig, geschwätzig und schweigsam, energisch und weichlich, scharfsinnig und stumpf, widerwärtig und freundlich, lügnerisch und wahrhaftig, gelehrt und unwissend, sowohl freigebig als geizig, als verschwenderisch. Alles das sehe ich irgendwie in mir, je nachdem ich

mich wende und drehe. Und wer sich recht sorgfältig erforscht, findet in sich – ja sogar noch in seinem eigenen Urteil – dieses Wetterwendische und Gegensätzliche. Ich kann von mir nichts aussagen, das einheitlich einfach und unbedingt wäre, nichts, was sich in ein Wort fassen ließe. *Distinguo* ist das Grundelement meiner Logik.
Die Gewohnheit hat die Kraft, unserem Leben die Form zu geben, die ihr beliebt. Darin vermag sie alles. Sie ist der Trank der Circe, der unser Wesen nach ihrer Willkür verwandelt. Die Gewohnheit ist eine zweite Natur, nicht minder mächtig als die erste.

Vom Umgang mit der Leidenschaft

Wenn die Ärzte den Stickfluß nicht durch Purganzen heilen können, so lenken sie ihn ab auf einen weniger gefährdeten Körperteil. Das ist auch ein erprobtes Rezept für die Krankheiten der Seele. Wenn eure Liebesleidenschaft zu gewaltig ist, so verteilt sie. Das ist ein alter Rat, dessen Wert ich oft erprobt habe. Lenket sie in verschiedene Kanäle ab und tut beizeiten dazu, damit nicht eine Begierde, wenn sie euch einmal erfaßt hat, euch ganz zum Sklaven mache. Einst ward ich die Beute eines schweren Kummers, eines Kummers, der seinen tiefen Grund hatte. Ich wäre vielleicht darüber zugrunde gegangen, wenn ich mich auf meine eigenen Kräfte allein verlassen hätte. Da ich eine starke Ablenkung nötig hatte, um mich ihm zu entziehen, so machte ich mich mit allem Fleiß verliebt, wozu mir mein damaliges Lebensalter behilflich war. Die Liebe tat mir wohl und heilte mich von der Wunde, die mir die Freundschaft geschlagen hatte. Auch in anderen Fällen kann man sich so helfen. Hält mich eine unangenehme Zwangsvorstellung in ihrem Bann, so finde ich es leichter, sie durch eine andere abzulösen, als sie geradezu zu unterdrücken. Ich unterschiebe ihr eine andere; ist es nicht ihr Gegenteil, so ist es doch etwas anderes. Die Abwechslung erleichtert, zerstreut, verteilt. Ist es kein Kampf, so ist es doch ein Ausweichen. Bei der Flucht wende ich alle Listen an. Ich wechsle den Ort, die Beschäftigung, die Gesellschaft. Ich flüchte mich ins Gedränge anderer Gedanken und Vergnügungen. Da verliert sie meine Spur und kann mir nicht mehr folgen.

Herr seiner selbst

Das könnte ich nicht aushalten, wenn andere so leicht meinen Willen mit Beschlag belegen und ihn sich verpfänden lassen könnten. Wenn ich mich gleich so hineinsteigern würde wie die anderen – meine Seele hätte nicht die Kraft, die Unruhe und Aufregung zu ertragen, die das Los derer ist, die sich mit Feuer und Flamme auf alles mögliche einlassen. In so nervösem Treiben ginge sie gleich aus den Fugen. Es ist die Natur selbst, die uns sagt: Du hast genug zu schaffen im eigenen Haus, du brauchst nicht draußen herumzuschweifen. Die Menschen vermieten sich. Ihre Kräfte gehören nicht mehr ihnen selbst, sondern anderen, deren Knechte sie werden. Ihre Mietsherren sind die Herren in ihrem Hause, nicht sie. Diese Sinnesart, so verbreitet sie ist, will mir nicht zu Sinn. Wir müssen bedächtig umgehen mit der Freiheit unserer Seele und sie nie verpfänden, außer bei gerechten Anlässen; die sind aber gar nicht so häufig, wenn wir uns unser gesundes Urteil bewahren. Ich will Herr meiner selbst bleiben in jedem Sinn.

Über die Eitelkeit des Menschen

Es ist die Stimme der Wahrheit, die uns predigt, daß von allem Eiteln das Eitelste der Mensch ist, daß der Mensch, der sich seines Wissens überhebt, noch nicht einmal weiß, was Wissen ist, daß er, der nichts ist und doch sich dünkt, er sei etwas, sich selbst verführt und betrügt. Betrachten wir doch einmal den Menschen für sich, wie er ist, abgesehen von der göttlichen Gnade, bloß mit seinen eigenen Waffen versehen, wie er sich ausnimmt in dieser schönen Rüstung. Auf was gründet er seinen Glauben an seinen hohen Vorzug vor anderen Geschöpfen? Wer hat es ihm in den Kopf gesetzt, daß diese wunderbare rhythmische Bewegung des Himmelsgewölbes, daß das ewige Licht dieser Leuchten, die so majestätisch über seinem Haupte kreisen, daß die erstaunlichen Bewegungen dieses grenzenlosen Lichtmeers bloß zu seinem Dienst und zu seiner Bequemlichkeit eingerichtet und die Jahrtausende hindurch unterhalten werden? Kann man sich etwas Lächerlicheres denken, als daß dieses elende, ärmliche Gemächte, das nicht einmal Herr über sich selbst ist, sich als Herr und Kaiser des Weltalls fühlt? Und doch steht es nicht in seiner Macht, auch nur den geringsten Teil davon zu überschauen, ge-

schweige denn zu beherrschen. Er will der einzige sein in diesem großen Weltgebäude, der Geist genug hat, die Schönheit des Ganzen und der Teile zu durchschauen. Wer hat ihm dieses Privileg geschrieben und besiegelt? Er soll doch das Patent dieses schönen, großen Auftrags vorzeigen. Was hat der arme Wicht an sich, das ihn eines solchen Vorzugs wert machte?
Was die Meinungen der Alten über den Wert des Menschen im ganzen betrifft, so leuchten mir die am ehesten ein, die uns am meisten verachten, herunterdrücken und zunichte machen. Nie scheint mir die Philosophie so gutes Spiel zu haben, als wenn sie unsern Hochmut und unsere Eitelkeit bekämpft und wenn sie ehrlich ihre Unschlüssigkeit, ihre Schwäche und Unwissenheit eingesteht. Die Nährmutter der irrigsten Vorstellungen der Menschheit wie des Einzelmenschen ist die übertrieben hohe Meinung, die der Mensch von sich selbst hegt. Der Eigendünkel ist unsere natürliche Erbkrankheit. Das jämmerlichste, gebrechlichste aller Geschöpfe ist der Mensch, und zugleich das hochmütigste. Da sieht er sich untergebracht im Schmutz und Dreck der Welt, im untersten Stockwerk des Gebäudes, das am weitesten weg ist vom Himmelsgewölbe, und er stellt sich in seinen Gedanken hoch über den wechselnden Mond und will den Himmel zum Schemel seiner Füße machen. In der Eitelkeit dieser Einbildung maßt er sich göttliche Eigenschaften an, sondert sich ab von dem großen Haufen der anderen Geschöpfe, weist den Tieren, seinen Brüdern und Genossen, ihren Teil zu und will ihnen an Kräften und Fähigkeiten nur das bißchen zukommen lassen, das ihm gerade gut dünkt. Welches Recht gibt ihm der Vergleich zwischen seinen und ihren Eigenschaften, auf die Dummheit zu schließen, die er ihnen beimißt? Wenn ich mit meiner Katze spiele, wer weiß, ob sie sich nicht mehr Zeitvertreib mit mir macht als ich mit ihr? Wir machen eben wechselseitig Dummheiten miteinander. Wenn ich anfange oder aufhöre, wie es mir paßt, so sie auch.

Philosophie, eine fröhliche Wissenschaft!

Es ist seltsam, daß es in unserem Jahrhundert mit uns dahin gekommen, daß selbst bei Leuten von Verstand die Philosophie bis zu einem bedeutungsleeren Worte, ohne allen Nutzen, ohne allen Wert, weder in Meinung noch in Wirkung, herabgesunken ist. Ich glaube, die Schwätzer, die sich ihrer Zugänge bemächtigt haben, sind schuld daran. Man hat groß unrecht, sie den

Kindern als unzulänglich vorzumalen und ihnen solche mit mürrischem, grämlichem und schreckendem Gesicht abzubilden. Nichts ist heiterer, munterer, fröhlicher; fast möcht ich sagen, scherzhafter! Sie predigt nichts als Frohsinn und Wohlleben. Trübe und finstere Mienen sind ein Zeichen, daß sie da nicht herbergt.

Eine Seele, in welcher die Philosophie ihre Wohnung genommen hat, muß durch ihre Gesundheit auch ihren Körper gesund machen. Sie muß ihre Ruhe und ihr Wohlbehagen selbst von außen scheinen und leuchten lassen; muß das Betragen des Körpers nach dem ihrigen abmessen und es folglich mit einem angenehmen, festen Mute bewaffnen, mit lebhaften, frohen Bewegungen und mit einem zufriedenen und gefälligen Anstande. Der sicherste Stempel der Weisheit ist ein ununterbrochener Frohsinn.

PETER LUDER

Seine Abkunft

Mich erzeugte barbarisches Land, es war meine Mutter,
aber als Bauer fürwahr gelte ich selber doch nicht.
Daß von niederem Blute ich stamme, das soll man nicht glauben,
denn durch Rechtschaffenheit waren die Eltern bekannt.
Tugend allein verleiht einem jeglichen Würde und Adel,
uns erhöht nicht allein, daß wir aus uraltem Stamm.
Wer die Tugend besitzet, der gleichet den Himmlischen, aber
was wir selber nicht tun, das ist nicht unser Verdienst.

PHILIPP MELANCHTON

An einen Verteidiger des Zölibats

Der du die Keuschheit so mit höchstem Lob belegst
und gegen heilig Band der Ehe disputierst,
wer du auch bist, der so bewundert Zölibat:

Laß ab schon von der überschlauen Tüftelei,
womit du gegen Ehe ausspielst Zölibat.
Auf dich und deine Zölibatsgesellen schau,
wie keusch und rein wohl euer Lebenswandel sei.
Siehst du ihn dann, durchaus befleckt mit Hurerei,
gebrandmarkt ihn mit allen Arten schmutziger Lust,
hör auf, verruchten Lastern neue Schminke auf-
zutragen: Eure Lügenpredigt widerlegt
die Unmoral, der du und deine Herde frönt.
Bei Gott – wie wagst du's, du und Menschen deiner Art –
pervers und weibisch, wie der Phryger Priesterschar,
die auf des Ida Hängen rannten hinterher
dem Wagen Cybeles zu Tamburinenschall –,
wie wagst du's, über Keuschheit und Enthaltsamkeit
scheinheilig Phrasendreschen vorzulügen uns?
Wahrhaftig, Keuschheit ist das letzte, was ihr sucht:
Ihr wollt in ihrem Namen, der so würdig klingt,
hingeben euch, von Risiko und Strafe frei,
als Sklaven jeder Unzucht allerschlimmster Art.

JOHANNES HERMANN

An Caribella

Meine Augen geraubt hast du mir: gib sie wieder mir, Mädchen!
Hast mir die Seele geraubt: gib mir die Seele zurück!
Hast selbst mein Herz mir geraubt: gib, Mädchen, das Herz
selbst zurück mir!
Mich selbst hast mir du geraubt: mich gib mir, Mädchen, zurück!
Ach, ich Armer! Beraubt der Augen, der Seele, des Herzens,
ohne mich, klag ich – weshalb? Ohne mich sterb ich dahin.
Nein – ach, ich sterbe auch nicht: du raubst mir die Kunst
selbst des Sterbens;
ohne mich leb ich, doch, ach, Leben ist ohne mich nichts.
Sterben wie Leben verweigerst du mir, du grausames Mädchen:
habe zum Leben nicht Kraft, hab sie zum Tode auch nicht.

Gib meine Augen, die Seele, das Herz selbst – gib sie mir wieder,
mich auch, den du mir geraubt, gib mir, o Mädchen, zurück!
Gib mir alles zurück! Ach nein – behalte es alles,
nur dich gib mir zurück: alles schließt du mir ja ein.
Sehkraft hat in dir das Auge, Beseelung die Seele; das Herz selbst
wird beherzt – dann bin ich wieder bei mir, und bin mein.

Conrad Celtis

Nacht und Hasilinas Kuß

Wie war glücklich ich doch in jener Stunde,
da wir Küsse und wieder Küsse tauschten,
da ich streichelte Hasas zarte Brüste,
mich versenkte in ihrem süßen Schoße,
ihren Busen mit sanftem Arm umfaßte
und von Liebe erschöpft nur seufzen konnte!
Wie in mir sie dann Glut durch Glut entfachte,
die mich zwang, unsre Glieder zu verstricken!
Durch die Münder vermischten sich die Seelen,
und es band uns mit Fesseln von Demantstein
jene Göttin, der blauen See entstiegen.
Nacht, erstrahlend von tausend ew'gen Sternen,
die du leuchtendes Götterantlitz hebest,
die du heilsame Ruhe Müden spendest:
So wie einstmals, als Herkules erzeugt ward,
bleibe stehn – oder wie an Nordlands Küste,
wenn sich Phoebus zum regenreichen Süden
wendet, und es zwei Monde lang nicht Tag wird,
da beständiges Dunkel er läßt walten –
so nur wird meine heiße Lust gesättigt.

An Sepulus, den Abergläubischen

Daß in der Kirche ich nicht mit verkniffenem Munde Gebete
murmele, wundert dich sehr.
Dies ist der Grund: Es hören die hohen Mächte des Himmels
still auch des Herzens Gebet.
Wunderst du dich, daß nur selten herum in den Tempeln der Götter
schlurf ich mit müßigem Schritt?
Gott wohnt in uns: Begaffen in buntbepinselten Kirchen
muß darum Götzen ich nicht.
Warum geh lieber ich dorthin, wo Wasser fließt, Sonnenlicht leuchtet,
dieses auch wundert dich wohl?
Hier zeigt sich mir des Allmächtigen Bild in all seiner Größe,
hier ragt sein Tempel für mich.
Auch den Musen behagt es im Wald, doch die Stadt haßt die Dichter,
wüst tobt der Pöbel in ihr.
Geh nun, und meinen Glauben verhöhne mit törichten Reden,
Sepulus, Narr der du bist.

SIMON FRENZEL

Sittenlehre

Wer wissensmäßig kommt voran,
doch in Moral bleibt hintendran,
der geht zurück und nicht voran
und stößt zugleich bei vielen an.

Erziehung zur Humanität

Texte aus dem 18. und 19. Jahrhundert

Mythologisch gesehen, das haben wir schon angedeutet, begann der Humanismus mit dem «Sündenfall». Die Vertreibung des Menschen aus dem Paradies ist als eine Emanzipation zu verstehen, die den Menschen dazu bestimmte, sich sein eigenes Schicksal in der Freiheit zu suchen. Damit verlor er den unmittelbaren Rückhalt in «Gott», er konnte sich auch gegen die höchste Instanz entscheiden.
So mag man Humanismus als immer neuen Versuch des Menschen verstehen, sich selbst zu bestimmen, sich im Spannungsfeld zwischen Gott und Natur einen Platz und eine Funktion zu suchen.
Damit sind wir beim Kerngedanken, der wohl mehr oder weniger allen Erziehungsansätzen des europäischen Humanismus zugrunde liegt. Die Emanzipation von Gott, Natur und von jeglicher Tyrannei konnte nur einen glücklichen Ausgang nehmen, wenn sie getragen war vom Glauben an die Humanität, von der Überzeugung, daß der Mensch letzten Endes durch seine Bildungsfähigkeit auch zum Guten erzogen werden könne. Gott verloren zu haben, um ihn aus eigener Anstrengung wiederzugewinnen, in diesem Gedanken lag auch der Kern einer humanistischen Geschichtsauffassung, die Sinn zu machen versprach.

Es folgen Texte aus dem 18. und 19. Jahrhundert, Texte der Aufklärung und der deutschen Klassik, die wie keine andere Epoche den Humanitätsbegriff neu zu fassen versuchte. Neben den eigentlichen «Klassikern» galt es endlich auch einmal Autorinnen wie Olympe des Gouges, Mary Wollstonecraft, Sophie von La Roche und Amalia Holst zu berücksichtigen, die mit Klarsicht und Schärfe deutlich gemacht haben, daß jede Erziehung zur Humanität ihr Ziel verfehlen muß, die nicht den Frauen ebensoviel Bildung und Einfluß verschafft wie den Männern. Dann waren auch Autoren zu berücksichtigen, die schon ins 20. Jahrhundert weisen, ich nenne nur Tolstoi und Dostojewski, aber auch Thoreau, Burckhardt und Nietzsche. Es erübrigt sich, diese Texte hier noch einzeln zu kommentieren; ihre Plausibilität für unsren Zusammenhang ergibt sich von allein aus der Lektüre. Gemeinsam ist ihnen noch immer der Glaube, daß die Gewinnung der Humanität letztlich eine Erziehungsfrage sei.

VOLTAIRE

Lobrede auf die Vernunft

Gehalten von Herrn ... in einer Provinzhochschule

Meine Herren!
Erasmus hat im sechzehnten Jahrhundert das «Lob der Torheit» verfaßt, und Sie beauftragen mich, Ihnen eine Lobrede auf die Vernunft zu halten. Die Vernunft wird tatsächlich erst zwei Jahrhunderte später gefeiert und oftmals noch viel später; ja es gibt sogar Völker, bei denen man sie noch nie wahrgenommen hat.
Zur Zeit der Druiden war sie bei uns so unbekannt, daß sie in unserer Sprache nicht einmal einen Namen hatte. Cäsar brachte sie weder nach der Schweiz noch nach Autun, noch nach Paris, das damals nur ein kleines Fischernest war, und er selbst kannte sie auch nicht. Er hatte so viele hervorragende Eigenschaften, daß für die Vernunft kein Platz mehr war. Dieser großmütige Tor verließ unser verwüstetes Land, um sein eigenes zu verheeren und sich dreiundzwanzig Dolchstiche von dreiundzwanzig anderen erlauchten Toren, die ihm nicht das Wasser reichen konnten, versetzen zu lassen.
Der Franke Chlodwig kam etwa fünfhundert Jahre später, um einen Teil unserer Nation auszurotten und den anderen zu unterjochen. Weder in seinem Heer noch in unseren unglücklichen kleinen Dörfern hat man damals von Vernunft sprechen hören; es galt nur das Recht des Stärkeren.
Wir blieben lange in dieser furchtbaren, erniedrigenden Barbarei versunken, aus der uns auch die Kreuzzüge, die die weitverbreitetste, schlimmste, lächerlichste und unseligste Torheit war, nicht retteten. Sie zogen sich durch Jahrhunderte hin, und ihnen folgte der entsetzliche Wahnsinn des heiligen Bürgerkrieges, der so vielen Menschen, welche die Langue d'oc oder die Langue d'oil sprachen, das Leben nahm. Die Vernunft hütete sich wohl, sich hier zu zeigen.
Damals herrschte in Rom die Politik; als Minister hatte sie ihre beiden Schwestern Habsucht und Schurkerei. In ihrem Auftrag sah man Unwissenheit, Fanatismus und Tollheit durch Europa eilen, denen die Armut überallhin folgte. Die Vernunft verkroch sich mit ihrer Tochter, der Wahrheit, in einem Brunnen. Niemand wußte, wo dieser Brunnen war, und hätte man es geahnt, so wäre man hinabgestiegen, um Mutter und Tochter zu erwürgen.

Nachdem die Türken Konstantinopel eingenommen und die entsetzlichen Leiden verdoppelt hatten, fielen zwei oder drei Griechen auf der Flucht halbtot vor Müdigkeit, Hunger und Angst in diesen Brunnen, oder besser gesagt, in diese Höhle.

Die Vernunft nahm sie auf sehr menschenfreundliche Weise auf und gab ihnen ohne Rücksicht auf den Standesunterschied Fleisch zu essen (was sie in Konstantinopel nie gekannt hatten). Sie erhielten von ihr nur ganz wenig Anweisungen, denn die Vernunft ist nicht weitschweifig. Sie mußten ihr schwören, ihren Zufluchtsort nicht zu verraten; danach zogen sie weiter und kamen nach vielen Irrfahrten am Hofe Karls V. und Franz' I. an.

Wie Jongleure wurden sie empfangen, die dazu da sind, den Hofleuten und ihren Damen zwischen ihren Schäferstündchen die Langeweile zu vertreiben. Die Minister ließen sich herab, sie für einige Augenblicke, die sie sich im Drang der Staatsgeschäfte abringen konnten, zu betrachten. Sie wurden sogar vom Kaiser und vom König von Frankreich empfangen, die auf dem Wege zu ihren Mätressen einen Blick auf sie warfen. In kleinen Städten hatten sie mehr Glück, denn dort trafen sie gute Bürgersleute, die, ich weiß nicht, woher, noch einen Schimmer von gesundem Menschenverstand hatten.

Dieser schwache Schimmer verlosch in ganz Europa während der Bürgerkriege, die den Kontinent völlig verheerten. Zwei oder drei Funken Vernunft vermochten die Welt inmitten feuriger Fackeln und Scheiterhaufen, die der Fanatismus während so vieler Jahre entzündete, nicht zu erhellen. Die Vernunft und ihre Tochter verbargen sich vorsichtiger denn je.

Die Jünger ihrer ersten Apostel schwiegen mit Ausnahme einiger, die unvorsichtig genug waren, um höchst unvernünftig und zu einer unpassenden Zeit Vernunft zu predigen. Es kostete sie das Leben, wie Sokrates, ohne daß jemand davon Notiz nahm. Man war so sehr mit der Bartholomäusnacht, den Metzeleien in Irland, den Schafotten in Ungarn und den Königsmorden beschäftigt, daß man weder genügend Zeit noch genügend Gedankenfreiheit hatte, um an die kleinen Verbrechen und heimlichen Nöte zu denken, die die Welt von einem Ende zum andern überschwemmten.

Die Vernunft, die von einigen Verbannten, die bei ihr Zuflucht suchten, über alle Ereignisse unterrichtet worden war, wurde von Mitleid erfaßt, obgleich sie nicht sehr weichherzig sein soll. Ihre Tochter, die kühner ist, ermunterte sie, in die Welt zu gehen und den Versuch zu machen, sie zu heilen. Sie tauchten auf und redeten, aber sie trafen so viele böse Menschen, die ein Interesse daran hatten, ihnen zu widersprechen, so viele Dummköpfe, die im Solde dieser Bösen standen, so viele Gleichgültige, die sich allein mit sich selbst und der Gegenwart beschäftigten und sich weder um die Vernunft und ihre Tochter noch um deren Feinde kümmerten, daß sie es für klüger hielten, ihren Zufluchtsort wieder aufzusuchen. Und doch waren von den Samenkörnern, die sie immer bei sich tragen und von denen sie einen Teil ausgestreut hatten, einige aufgegangen, sogar ohne in Fäulnis zu geraten.

Kurze Zeit danach verspürten Vernunft und Wahrheit Lust, nach Rom zu pilgern. Aus Furcht vor der Inquisition verkleideten sie sich und verheimlichten ihre Namen. Gleich nachdem sie angekommen waren, wandten sie sich an den Koch des Papstes Ganganelli, Klemens XIV. Sie wußten, daß er der am wenigsten beschäftigte Koch in Rom war. Man kann sogar sagen, daß er nach ihren Beichtvätern, meine Herren, der größte Müßiggänger seines Standes war.

Nachdem dieser Tropf den beiden Pilgerinnen ein Mahl vorgesetzt hatte, das fast ebenso frugal wie das des Papstes war, führte er sie bei seiner Heiligkeit ein, der gerade die «Selbstbetrachtungen» Mark Aurels las. Der Papst erkannte die Masken und umarmte sie, trotz der Etikette, sehr herzlich. «Meine Damen», redete er sie an, «wenn ich geahnt hätte, daß Sie hier auf Erden weilen, hätte ich Ihnen den ersten Besuch gemacht.»

Nach der Begrüßung wurde von geschäftlichen Angelegenheiten gesprochen. Schon am nächsten Tage hob Ganganelli die Bulle «In coena Domini» auf, eine der größten Denkwürdigkeiten menschlicher Torheiten, durch die lange Zeit alle Potentaten verunglimpft wurden. Am folgenden Tage entschloß er sich, die Garasse-, Guignard-, Garnett-, Busembaum-, Malagrida-, Paulian-, Patouillet- und Nonnotte-Orden aufzulösen. Ganz Europa hallte von Beifall wider. Am nächsten Tag ermäßigte er die Abgaben, über die sich das Volk beklagt hatte. Er förderte die Landwirtschaft und alle Künste und erwarb sich die Zuneigung all derer, die man als Feinde seines Amtes ansah. Damals war man in Rom der Meinung, es gäbe in der ganzen Welt nur ein Volk und ein Recht.

Die beiden Pilgerinnen nahmen höchst verwundert und sehr befriedigt vom Papst Abschied, der ihnen kein Wachslamm und keine Reliquien, sondern eine schöne Postkutsche schenkte, mit der sie ihre Reise fortsetzen konnten. Vernunft und Wahrheit waren bis dahin an keinerlei Bequemlichkeiten gewöhnt.

Sie bereisten ganz Italien und waren überrascht, daß sie von Parma bis Turin zwischen Fürsten und Republiken an Stelle des Machiavellismus nur den einen Wetteifer fanden, wer von ihnen aus seinen Untertanen bessere, reichere und glücklichere Menschen machen könnte.

«Meine Tochter», sagte die Vernunft zur Wahrheit, «ich glaube, daß unsere Herrschaft nach einer so langen Gefangenschaft nun wohl anfangen könnte.

Einige der Propheten, die uns in unserem Brunnen besucht haben, müssen in Wort und Werk sehr erfolgreich gewesen sein, da sich auf Erden die Lage der Dinge so geändert hat. Du siehst, alles kommt spät: Durch Abgründe und Unkenntnis und Lüge führte der Weg, ehe du in dein Lichtschloß zurückkehren konntest, aus dem wir beide während so vieler Jahrhunderte vertrieben waren. Uns geschah dasselbe wie der Natur, die zahllose Jahrhunderte hindurch mit einem häßlichen Schleier bedeckt und gänzlich entstellt war, bis ein Galilei, ein Kopernikus, ein Newton kamen, die sie fast unverhüllt darstellten und dadurch die Liebe der Menschen zu ihr erweckten.»

Während sie sich so unterhielten, kamen sie in Venedig an. Dort erregte ihre größte Aufmerksamkeit ein Prokurator von Sankt Markus, der mit einer großen Schere in der Hand vor einem mit Krallen, Schnäbeln und schwarzen Federn bedeckten Tisch stand. «Ach», rief da die Vernunft, «Gott verzeih mir, illustrissimo Signore, ich glaube, ich sehe hier eine Schere, die ich bei mir hatte, als ich mit meiner Tochter in den Brunnen flüchtete. Wie ist sie zu Eurer Exzellenz gekommen, und was tut Ihr damit?» – «Illustrissima Signora», antwortete ihr der Prokurator, «es ist schon möglich, daß die Schere früher Eurer Exzellenz gehörte. Uns hat sie vor langer Zeit ein gewisser Fra Paolo gebracht, und wir verwenden sie jetzt dazu, der Inquisition die Krallen zu beschneiden, die Ihr hier auf dem Tisch liegen seht.

Diese schwarzen Federn hier sind von Harpyien, die das Mahl der Republik verspeisen wollten. Wir beschneiden ihnen jeden Tag die Krallen und die Schnabelspitze, denn ohne diese Vorsichtsmaßnahme würden sie schließlich alles verschlingen, und es würde weder für die vernünftigen Großen noch für die Senatoren, noch für die Bürger etwas übrigbleiben.

Wenn Ihr durch Frankreich kommt, findet Ihr in Paris vielleicht die andere Schere bei einem spanischen Gesandten, der sie in seinem Lande für den gleichen Zweck benutzt hat und dafür eines Tages von der Menschheit gepriesen wird.»

Nachdem die beiden Reisenden die venezianische Oper besucht hatten, fuhren sie ab und kamen nach Deutschland. Sie stellten mit Genugtuung fest, daß in diesem Reich, das zur Zeit Karls des Großen nichts als eine riesige, mit Sümpfen bedeckte Waldgegend war, jetzt friedliche Städte aufblühten. Die ehemals armen und unkultivierten Fürsten waren reiche und gebildete Menschen geworden. In alten Zeiten hatte es in diesem Land als Priester nur Zauberer gegeben, die die Menschen auf roh ausgehöhlten Steinen hinopferten. Das Reich, das dann mit Blut überschwemmt war, weil niemand recht wußte, ob es sich um «in», «cum», «sub» handelte oder nicht, ließ aber schließlich – worüber man sehr erstaunt war – drei feindliche Religionen friedlich

nebeneinander bestehen. «Gott sei gelobt!» sagte die Vernunft. »Diese Leute haben endlich über den Wahnsinn hinweg den Weg zu mir gefunden.»
Vernunft und Wahrheit wurden bei einer Kaiserin eingeführt, die nicht nur vernünftig, sondern, was mehr wert ist, auch wohltätig war. Die Pilgerinnen waren so zufrieden mit ihr, daß sie verschiedene Bräuche, die sie verletzte, übersahen. In ihren Sohn, den Kaiser, waren sie beide ganz verliebt.
Ihr Staunen wuchs, als sie nach Schweden kamen. «Was», riefen sie, «eine so schwere Revolution ist so schnell gekommen! Sie war so gefährlich und ist so friedlich verlaufen! Und seit diesem großen Tag ist nicht ein einziger vergangen, ohne daß Gutes getan wurde, und all das geschah in einem Zeitalter, in dem so wenig Vernunft herrschte! Wir haben sehr recht getan, unser Versteck zu verlassen, als dieses große Ereignis ganz Europa mit Bewunderung erfüllte!»
Von Schweden aus durcheilten sie Polen. «O Mutter, welch ein Gegensatz!» rief die Wahrheit. «Ich habe wirklich Lust, in meinen Brunnen zurückzukehren. Man sieht, was daraus entsteht, wenn der nützlichste Teil der Menschheit immer vernichtet wird, wenn die Landwirte selbst schlechter behandelt werden, als wie sie ihre Ackerpferde behandeln. Dieses Chaos des Anarchismus konnte nicht anders als mit einem Fiasko enden, wie ganz richtig vorausgesagt worden war. Ich bedauere einen tugendhaften, weisen und humanen Monarchen und wage zu hoffen, daß er einmal glücklich wird, denn die anderen Könige sind es nun geworden. Und ich hoffe auch, Mutter, daß dein Licht seine Strahlen immer weiter verbreitet.»
«Laß uns», fuhr sie fort, «eine günstigere und äußerst überraschende Wandlung anschauen. Wir wollen die unermeßlich weite nördliche Region aufsuchen, die vor achtzig Jahren ganz unkultiviert war, während sie jetzt eine aufgeklärte und unbesiegbare Gegend ist. Wir wollen die Kaiserin begrüßen, die das Wunder einer neuen Schöpfung vollbracht hat.» Sie begaben sich eilends dorthin und mußten zugeben, daß man ihnen nicht zuviel erzählt hatte.
Sie bewunderten immer wieder, wie sehr sich die Welt seit einigen Jahren verändert hatte, und folgerten daraus, daß vielleicht eines Tages Chile und Australien Zentren des guten Tones und Geschmackes sein würden und daß man nach dem Südpol gehen müsse, um Lebensart zu lernen.
Als sie in England ankamen, sagte die Wahrheit zu ihrer Mutter: «Mir scheint, das Glück dieser Nation ist mit dem der anderen nicht zu vergleichen. Sie war törichter, fanatischer, grausamer und unglücklicher als alle anderen Nationen, die ich kenne, aber sie hat es verstanden, sich eine einheitliche Regierung zu schaffen, in der nicht nur alle guten Seiten der Monarchie, sondern auch alle

Erfordernisse der Republik gewahrt werden. Ihre Überlegenheit zeigt sich in Sachen des Krieges und auf dem Gebiete der Gesetzgebung, der Künste und des Handels. Lediglich Nordamerika, das sie an dem einen Ende der Welt besiegte, und die sehr schönen indischen Provinzen, die sie am anderen unterjocht hat, haben sie in Verlegenheit gebracht. Wie kann sie diese doppelte Belastung ihres Glückes tragen?» – «Die Bürde ist schwer», antwortete die Vernunft, «aber wenn diese Nation ein wenig auf mich hört, so wird sie Mittel finden, die ihr die Last leicht machen.»

Schließlich fuhren Wahrheit und Vernunft durch Frankreich. Sie waren früher schon verschiedene Male in diesem Lande aufgetaucht, waren aber verjagt worden.

«Erinnerst du dich, daß es unser sehnlichster Wunsch war, uns in den herrlichen Tagen Ludwigs XIV. in Frankreich niederzulassen?» fragte die Wahrheit ihre Mutter. «Doch die widerwärtigen Händel der Jesuiten und Jansenisten vertrieben uns schnell, und selbst die unaufhörlichen Klagen des Volkes konnten uns nicht zurückrufen. Jetzt höre ich das Freudengeschrei von zwanzig Millionen Menschen, die den Herrn preisen. Die einen sagen: ‹Diese Thronbesteigung ist um so erfreulicher, da sie uns nichts kostet›, während die anderen rufen: ‹Luxus ist weiter nichts als Eitelkeit. Doppelte Ämter, überflüssige Ausgaben, übermäßige Verdienste sollen beschnitten werden› – womit sie recht haben – und ‹Jede neue Steuer muß abgelehnt werden› – womit sie unrecht haben, denn jeder einzelne muß für das Glück der Allgemeinheit zahlen.

‹Die Gesetze sollen einheitlich sein.› Nichts ist wünschenswerter, aber nichts ist schwieriger. ‹Man sollte die ungeheuren Besitztümer gewisser Müßiggänger, die das Gelübde der Armut abgelegt haben, an die arbeitende, bedürftige Bevölkerung und besonders an die armen Beamten verteilen. Die Leute von der toten Hand dürfen keine Sklaven von der toten Hand mehr haben. Die Mönche sollen nicht mehr Gerichtsvollzieher spielen und an den Bettelstab gebrachte Waisen aus dem Vaterhaus vertreiben, um mit ihrem Nachlaß Klöster zu bereichern, die Herrenrechte genießen, Herrenrechte, die nichts anderes sind als die Rechte früherer Eroberer. Man wird nicht länger ganze Familien vergeblich an der Pforte eines Klosters, das ihnen alles genommen hat, um Almosen betteln sehen.› Gott geb's! Nichts wäre eines Königs würdiger. Der König von Sardinien hat in seinem Land diese scheußlichen Mißbräuche abgeschafft. Gebe Gott, daß sie auch in Frankreich ausgerottet werden.

Mutter, hörst du nicht alle die Stimmen, die sagen: ‹Der Ehestand Hunderttausender dem Staate nützlicher Familien soll nicht länger als wilde Ehe bezeichnet werden, und die Kinder aus diesen Ehen sollen nicht mehr vor dem Gesetz Bastarde sein.› Die Natur, die Gerechtigkeit und du, liebe Mutter, ihr alle fordert eine weise Regelung dieser wichtigen Sache, eine Regelung, die mit der Ruhe und Ordnung des Staates und mit allen Menschenrechten vereinbar wäre.

‹Der Beruf des Soldaten soll von nun an als so ehrenhaft gelten, daß niemand mehr den Versuch machen wird, zu desertieren!› Es wäre wohl möglich, aber äußerst schwierig. ‹Leichte Vergehen sollen nicht mehr wie große Verbrechen bestraft werden, weil alles im richtigen Verhältnis zueinander stehen muß. Nicht länger sollen auf Grund eines grausamen Gesetzes, dessen unklarer Wortlaut schlecht ausgelegt wird, unvorsichtig und unbesonnen handelnde Kinder in Ketten und Flammen dahinsterben, als hätten sie Vater und Mutter ermordet. Das sollte der oberste Grundsatz der Strafgesetzgebung sein.›

‹Hab und Gut eines Familienvaters darf nicht mehr konfisziert werden, weil die Kinder nicht für die Sünden ihrer Väter Hungers sterben sollen und der König dieser erbärmlichen Konfiskationen nicht bedarf.› Vortrefflich wäre das und vor allem der Großmut eines Herrschers würdig.

‹Die Folter, die ursprünglich von Straßenräubern ersonnen wurde, um die Überfallenen zur Herausgabe ihrer Schätze zu bewegen, und heute nur bei wenigen Nationen in Gebrauch ist, um eine robusten Missetäter zu retten und einem schwachen Unschuldigen Leib und Seele zu nehmen, soll allein bei Verbrechen gegen den Staat und nur wenn es sich darum handelt, die Mitschuldigen zu entlarven, in Anwendung kommen. Aber solche Verbrechen werden überhaupt nicht mehr begangen werden!›

Diese Gelübde höre ich überall, und ich, die Wahrheit, werde alle diese bedeutenden Wandlungen in meinen Aufzeichnungen niederlegen.

An den Gerichtshöfen höre ich von allen Seiten noch folgende beachtliche Äußerungen: ‹Wir werden nie mehr beide Obergewalten anrufen, da nur eine bestehen kann: die des Königs oder der Gesetze in einer Monarchie, die des Volkes in einer Republik. Die göttliche Macht ist von so grundverschiedener und überlegener Art, daß sie nicht durch eine profane Verquickung mit den Menschenrechten entwürdigt werden darf. Unendliches kann sich nicht mit Endlichem verbinden. Gregor VII. war der erste, der es wagte, das Unendliche zu Hilfe zu rufen, und zwar in seinen unerhörten, bis dahin noch nie vorgekommenen Kriegen gegen Heinrich IV., der ein nur zu endlicher, das heißt zu beschränkter Kaiser war. Lange Zeit haben diese Kriege Europa mit Blut befleckt, bis man schließlich diese beiden Hoch-Ehrwürdigen, die nichts miteinander gemein hatten, trennte. Das war das einzige Mittel, um Frieden zu schaffen.› Solche Reden, die alle Staatsminister halten, erscheinen mir sehr bedeutsam. Ich weiß wohl, daß man weder in China noch in Indien, Persien, Konstantinopel, Moskau, London oder sonstwo zwei Gewalten anerkennt. Aber ich verlasse mich da auf dich, Mutter, und schreibe lediglich das, was du mir diktierst.»

Darauf antwortete ihr die Vernunft: «Du weißt wohl, meine Tochter, daß ich ungefähr dasselbe, ja noch viel mehr wünsche. All das erfordert jedoch Zeit und Nachdenken. Wenn mir Kummer bereitet wurde, bin ich stets sehr zufrieden gewesen, daß ich andererseits die Unterstützungen fand, die ich brauchte. Heute bin ich allzu glücklich.

Erinnerst du dich noch der Zeit, da die Welt im tiefsten Frieden lag und fast alle Könige sich die Zeit mit Rätselraten vertrieben und die schöne Königin von Saba dem König Salomo Logogriphen aufgab?» – «Ja, Mutter, das war eine schöne Zeit, aber sie dauerte nicht lange.» – «Nun», warf die Mutter ein, «die heutige ist weit besser. Damals dachte man nur daran, etwas Geist zu zeigen, während ich jetzt die Beobachtung mache, daß man sich seit zehn oder zwölf Jahren in Europa den Künsten und Tugenden zugewandt hat, welche die Bitternis des Lebens lindern. Im allgemeinen scheint es, als hätte man es darauf angelegt, gründlicher nachzudenken, als man es seit Jahrtausenden getan hat. Du, die niemals lügen konnte, sage mir doch, in welcher Zeit du dich lieber als jetzt in Frankreich angesiedelt hättest?»

«Ich stehe in dem Ruf», erwiderte die Tochter, «den Leuten, bei denen ich mich aufhalte, gern recht harte Dinge zu sagen, und du weißt wohl, daß ich dazu gezwungen war. Ich gestehe aber, daß ich von der heutigen Zeit nur Gutes sagen kann, wenn auch viele Schriftsteller nur die Vergangenheit loben. Ich muß der Nachwelt verkünden, daß die Menschen in diesem Zeitalter gelernt haben, sich gegen eine entsetzliche, todbringende Krankheit zu schützen und ihre Schmerzen zu lindern, die Ertrunkenen wiederzubeleben, den Blitz abzuleiten und seine Gefahren zu beseitigen, den festen Punkt zu ersetzen, den man vergebens von Westen nach Osten vorrücken lassen möchte. Und auf moralischem Gebiet ist noch viel mehr unternommen worden. Von den Gesetzen hat man Gerechtigkeit zu fordern gewagt gegen die Gesetze, welche die Tugend zum Tode verurteilt hatten, und man hat diese Gerechtigkeit auch verschiedentlich gefunden. Zu guter Letzt hat man sogar gewagt, das Wort ‹Toleranz› auszusprechen.»

«So wollen wir uns dieser schönen Tage freuen, liebe Tochter, und hier bleiben, solange sie währen. Und sollten unvermutet Gewitterstürme kommen, so kehren wir in unseren Brunnen zurück.»

OLYMPE DE GOUGES

Frau, erwache!

Frau, erwache! Die Sturmglocke der Vernunft ist im ganzen Universum vernehmbar. Fordere deine Rechte ein. Das gewaltige Reich der Natur ist nicht mehr umlagert von Vorurteilen, Fanatismus, Aberglauben und von Lüge. Die Fackel der Wahrheit hat die Wolken von Dummheit und Anmaßung vertrieben. Der versklavte Mann hat zwar seine Kräfte vervielfacht, doch benötigte er die deinen, um seine Ketten zu sprengen. Befreit, ist er nun seiner Gefährtin gegenüber ungerecht geworden. Oh, ihr Frauen, ihr Frauen! Wann wird eure Verblendung endlich ein Ende haben? Welche Vorteile habt ihr aus der Revolution gezogen? Eine noch tiefere Verachtung, eine noch ausgeprägtere Geringschätzung. In den Jahrhunderten der Korruption habt allein ihr über die Schwäche der Männer geherrscht. Nun ist eure Macht zerstört; was bleibt euch denn noch? Die Überzeugung, daß die Männer ungerecht sind! Der Anspruch auf das, was euch zusteht, abgeleitet aus den weisen Gesetzen der Natur. Was hättet ihr angesichts einer so schönen Aufgabe schon zu befürchten? Den Tadel des Herrn auf der Hochzeit von Kanaan? Befürchtet ihr, daß unsere französischen Gesetzgeber, Sittenrichter über eine Moral, die lange Zeit hindurch an den Zweigen der Politik hing, doch nun nicht in Mode ist, erneut sagen: «Frauen, was gibt es schon Gemeinsames zwischen uns und euch?» – «Alles», müßtet ihr denen nur erwidern. Und wenn sie in ihrer Schwäche darauf bestehen, mit ihren eigenen Prinzipien in Widerspruch zu geraten, dann setzt tapfer die Kraft der Vernunft dieser vergänglichen Anmaßung der Überlegenheit entgegen. Vereinigt euch unter dem Banner der Philosophie, entfaltet all eure Charakterstärke, und ihr werdet bald diese Dünkelhaften zwar nicht als unterwürfige Bewunderer, die zu euren Füßen kriechen, wohl aber stolz darauf, mit euch die Schätze des Allmächtigen teilen zu dürfen, vor euch sehen. Was immer die Hindernisse sein mögen, die man vor euch aufrichtet, es ist in eurer Macht, sie zu überwinden; ihr müßt es nur wollen.

Wenden wir uns jetzt dem entsetzlichen Bild dessen zu, was ihr einst in der Gesellschaft gewesen seid, und da im gegenwärtigen Augenblick von nationaler Erziehung die Rede ist, laßt uns darauf achten, daß unsere weisen Gesetzesväter angemessen über die Erziehung der Frauen nachdenken.

Die Frauen haben mehr Schlechtes als Gutes angerichtet. Zwang und Heimlichtuerei sind ihr Erbteil. Was ihnen die Gewalt geraubt hat, haben sie mit

List zurückgeholt. Sie haben mit allen Möglichkeiten ihrer Reize gespielt, und selbst der Ehrenwerteste widerstand ihnen nicht. Auf das Gift, den Dolch, auf alles verstanden sie sich. Sie hatten teil am Verbrechen wie an der Tugend. Nicht zuletzt die französische Regierung war über die Jahrhunderte hinweg von der nächtlichen Herrschaft der Frauen abhängig. Vor ihrer Indiskretion besaß das Kabinett keinerlei Sicherheit; Botschaft, Heeresführung, Ministerium, Präsidium, Pontifikat, Kardinalswürde, also alles, womit man die Dummheit der Männer, sei sie weltlich oder kirchlich, umschreiben kann, war der Begehrlichkeit und dem Ehrgeiz dieses Geschlechtes unterworfen, das früher verachtet, doch respektiert wurde und seit der Revolution respektiert, doch verachtet wird.
Wie viele Anmerkungen zu diesem Thema hätte ich noch vorzubringen! Es bleibt mir nur ein kleiner Augenblick Zeit dafür, aber dieser Augenblick wird die Aufmerksamkeit auch noch der fernsten Nachwelt auf sich ziehen. Unter dem Ancien régime war alles lasterhaft, war alles schuldig. Aber war die Verbesserung der Verhältnisse nicht daran abzulesen, wie sich das Wesen der Laster selbst verwandelte? Eine Frau brauchte nur schön oder liebenswert zu sein; wenn sie diese beiden Vorzüge in sich vereinigte, dann legte man ihr hundertfaches Vermögen zu Füßen. Wenn sie keinen Gebrauch davon machte, hatte sie entweder einen merkwürdigen Charakter oder eine abseitige Weltanschauung, die sie Reichtum verachten ließ. Dann hielt man sie nur für etwas verwirrt. Die Unanständigste wurde anständig durch Gold. Der Handel mit Frauen war eine Art Gewerbe, das selbst in den höchsten Klassen betrieben wurde, doch das nun kein Ansehen mehr genießt. Falls es dies noch hätte, wäre die Revolution verloren, und wir wären unter anderen Vorzeichen wieder korrupt. Aber müssen wir nicht zugeben, daß der Frau, die wie eine Sklavin der afrikanischen Küsten vom Mann gekauft wird, jeder andere Weg, zu Geld zu kommen, abgeschnitten wird? Sicher, der Unterschied ist beträchtlich: Denn diese Sklavin herrscht über den Herrn. Aber wenn dieser Herr ihr die Freiheit ohne eine Abfindung in einem Alter gibt, in dem die Sklavin jeden Reiz verloren hat, was wird dann aus der Unglücklichen? Ihr, dem Spielball der Verachtung, sind selbst die Türen der Wohltätigkeit verschlossen. Sie ist arm und alt, so sagt man, warum hat sie es nicht verstanden, Geld zu machen? Andere, noch rührendere Beispiele bieten sich dem dar, der nur einmal darüber nachdenkt. Eine junge, unerfahrene Person, die von dem Mann, den sie liebt, verführt wurde, wird ihre Eltern verlassen, um ihm zu folgen. Der Unwürdige verläßt sie nach einigen Jahren, und je länger sie mit ihm alt geworden ist, desto unmenschlicher ist seine Untreue. Wenn sie Kinder hat, wird er sie genauso verlassen. Wenn er reich ist, meint er, er sei

nicht verpflichtet, sein Vermögen mit seinen edlen Opfern zu teilen. Hat er sich durch Versprechen an seine Pflichten gebunden, wird er deren Gültigkeit im Vertrauen auf die Rechtslage brechen. Ist er verheiratet, so wird jede andere Verpflichtung sowieso null und nichtig. Welcher Gesetze bedarf es also, um das Laster an der Wurzel auszurotten? Es sind solche, die bestimmen, daß das Vermögen zwischen Mann und Frau geteilt wird, und solche einer öffentlichen Vermögensverwaltung. Es ist leicht erkennbar, daß diejenige, die aus einer reichen Familie stammt, bei einer Teilung viel von der Gleichheit der Geschlechter profitiert. Aber was wird aus der, die aus einer armen Familie stammt, die aber tugendhaft ist und voller Verdienste; was wird deren Los sein? Armut und Schande. Wenn sie nicht gerade ein Genie in der Musik oder der Malerei ist, hat sie keine Möglichkeit, in irgendeinem öffentlichen Amt angestellt zu werden, selbst wenn sie die Fähigkeiten dazu hätte. Ich skizziere dieses Problem hier nur. In der neuen Ausgabe meiner politischen Werke, die ich zusammen mit den Anmerkungen in wenigen Tagen dem Publikum vorstellen möchte, werde ich vertieft darauf eingehen.
So kehre ich noch einmal zum Thema der Sitten zurück. Die Ehe ist die Grabstätte des Vertrauens und der Liebe. Die verheiratete Frau kann ihrem Mann ungestraft Bastarde gebären und ihnen damit sein Vermögen, das ihnen nicht zusteht, geben. Die andere, die nicht verheiratet ist, hat kaum Rechte: Die alten und unmenschlichen Gesetze verweigerten ihren Kindern das Recht auf Namen und Vermögen ihres leiblichen Vaters; und bisher hat man in dieser Sache keine neuen Regelungen getroffen. Wenn mein Versuch, meinem Geschlecht eine achtbare und gerechte Existenzgrundlage zu verschaffen, gegenwärtig als paradox betrachtet wird, als der Versuch, das Unmögliche zu wagen, dann überlasse ich eben den Männern der Zukunft die Ehre, diese Frage einem guten Ende zuzuführen. Aber bis es soweit ist, kann man sie mittels des nationalen Bildungswesens, durch eine Erneuerung der guten Sitten und durch Eheverträge darauf vorbereiten.

Mary Wollstonecraft

Rettung der Rechte des Weibes

Nie konnte ich die Geschichte vergangner Zeiten mit Aufmerksamkeit überschauen, noch die jetzt lebende Welt mit scharfem, beobachtendem Blick betrachten, ohne in der Seele von den traurigsten Gefühlen des Kummers und

Unwillens niedergeschlagen zu werden. Ja, seufzen mußte ich dann jedesmal, wenn ich mir das Geständnis abgezwungen sah, daß entweder die Natur selbst einen großen Unterschied zwischen Menschen und Menschen gemacht habe oder daß die Ausbildung derselben sehr von Ungerechtigkeit und Parteilichkeit geleitet worden sei. Ich hatte mir ein eignes Geschäft daraus gemacht, eine Menge von Schriften über Erziehung nachzulesen und das wirkliche Verfahren der Eltern und die Behandlung in den Schulen anhaltend zu beobachten; aber, was war das Resultat davon? – Die feste Überzeugung, daß eine *vernachlässigte Erziehung* meiner Mitgeschöpfe die Hauptquelle des Elends sei, das ich so sehr beklage; und daß vorzüglich das *Weib* durch die vereinte Wirkung verschiedener Ursachen, die am Ende alle aus einem zu voreiligen Schlusse entspringen, schwach und unglücklich werden müsse.

In der Tat, es bedarf nur eines aufmerksamen Blicks auf das Betragen und die Sitten der Weiber, um sich auf das vollkommenste zu überzeugen, daß ihre Seelen nicht in einem gesunden Zustande sind. Man kann sie mit Blumen vergleichen, die man in einem zu fetten Boden treibt, weil bei ihnen gerade so wie bei diesen *Kraft* und *Nutzbarkeit* der *Schönheit* aufgeopfert wird: Die prangenden Blätter welken, haben sie ein üppiges Auge wenige Stunden ergötzt, verachtet auf dem Stengel dahin, lang vor der Zeit, in der sie zur Reife hätten kommen sollen. – *Eine* Ursache jenes *unfruchtbaren Blühens* der Frauenzimmer schreibe ich auf Rechnung eines falschen Erziehungssystems, das man aus verschiednen Schriften, die über diesen Gegenstand erschienen sind, zusammengestellt hat. Ihre Verfasser dachten sich in dem Begriffe unseres Geschlechts mehr *weibliche* als *menschliche* Geschöpfe; und daher war es ihnen weit mehr darum zu tun, *reizende Gebieterinnen* als *vernünftige Gattinnen* aus denselben zu machen. Wirklich hat durch diese gleißende Huldigung der weibliche Verstand sich so weit betören lassen, daß jetzt die gebildeten Weiber unseres Jahrhunderts, mit Ausnahme einiger wenigen, fast bloß darauf ausgehen, *Liebe* einzuflößen, da sie doch einen edlern Stolz in sich nähren und durch Vorzüge des Geistes und des Herzens *Achtung* gebieten sollten.

In einem Werke über weibliche Rechte und Sitten dürfen daher die Schriften, die recht eigentlich zu der Bildung dieses Geschlechts abgefaßt worden sind, nicht übergangen werden. Am wenigsten darf dies geschehen, wenn man, wie ich, gerade annimmt, daß die Seele der Weiber durch falsche Verfeinerung geschwächt ist; wenn man, wie ich, ausdrücklich behauptet, daß selbst *die* Bücher, die Männer von Genie zu ihrer Belehrung schrieben, am Ende doch sie zu demselben Ziele geleitet haben, wohin frivolere Produkte führen mußten, und daß man sie in diesen Büchern, auf gut mahometanisch, nur als

Weiblichkeiten betrachtet hat und nicht als einen Teil der Menschengattung, deren heiliger Charakter vervollkommnungsfähige Vernunft ist, die allein den Menschen über die tierische Schöpfung erhebt und seiner schwachen Hand einen Szepter übergibt, mit dem er die Natur beherrscht.

Doch, ich besinne mich, daß ich selbst Weib bin; und daher mag ich nicht gern meine Leser auf den Gedanken bringen, als ob ich willens sei, mich in eine heftige Fehde über die streitige Frage einzulassen: ob das weibliche Geschlecht mit dem männlichen durchaus gleichzusetzen oder dieses jenem überlegen sei? Gleichwohl liegt dieser Gegenstand mit auf dem Wege, den ich betreten habe; und ich darf ihn nicht ganz übergehen, wenn ich den Hauptzweck meines ganzen Räsonnements gegen Mißverständnisse sichern will. Deswegen sei es mir erlaubt, hier noch einen Augenblick zu verweilen und mit wenigen Worten meine Meinung zu sagen.

In der Haushaltung der physischen Welt bemerkt man leicht, daß insgemein das weibliche Geschlecht dem männlichen nachzustehen pflegt. Das Männchen verfolgt, das Weibchen ergibt sich – das ist Gesetz der Natur; und dies Gesetz scheint sich auch auf das weibliche Geschlecht unter den Menschen zu erstrecken. Diese *physische Überlegenheit* kann nicht abgeleugnet werden, und fürwahr – sie ist ein edles Vorrecht! Und nicht einmal zufrieden mit diesem natürlichen Vorzuge, geben die Männer vielmehr sich alle Mühe, uns noch immer tiefer herabzusetzen. Ihre Absicht dabei ist, aus uns Geschöpfe zu machen, die auf einige Augenblicke ihren Sinnen schmeicheln; und die Weiber, trunken von der Anbetung, die die Männer, überwältigt von ihrer eignen Sinnlichkeit, ihnen leisten, versäumen dagegen auch, sie durch ein dauerhaftes Band an sich zu fesseln und *eigentliche Freundinnen* dieser stolzen Wesen zu werden, die ihren Umgang als einen Zeitvertreib betrachten.

Ich sehe leicht voraus, was man dagegen sagen wird – von allen Seiten höre ich gegen *männliche Weiber* schreien. Aber ich möchte wohl fragen, wo denn *die* zu finden sind? Beabsichtigen die Männer durch diesen Ausdruck nichts als einen gerechten Tadel der leidenschaftlichen Hitze, mit der wohl manche von ihnen die Jagd oder das Spiel betreiben mögen – so stimme ich von ganzem Herzen ein. Wollen sie aber damit der Nachahmung *männlicher Tugenden* Einhalt tun oder, genauer zu reden, dem Erwerbe solcher Talente und Vorzüge entgegenwirken, deren Übung den menschlichen Charakter veredelt und deren Besitz auch die Weiber auf der Leiter lebendiger Wesen bis zu der Stufe erhebt, wo man sie unter dem gemeinschaftlichen Namen *der Menschengattung* mit begreift – so muß meines Bedenkens jedermann, wer sie mit philosophischem Auge betrachtet, mit mir wünschen, daß sie *in diesem Sinne* von Tag zu Tage immer männlicher werden mögen.

Nach dieser Erörterung zerfällt meine Abhandlung von selbst in zwei Teile. Zuerst werde ich die Weiber aus dem erhabenen Gesichtspunkte betrachten, aus dem sie als *menschliche Geschöpfe* überhaupt erscheinen, die ebensogut als die Männer auf diese Erde gesetzt wurden, um ihre Kräfte und Fähigkeiten zu entwickeln; zweitens werde ich sodann noch besonders ihre *eigentümliche Bestimmung* angeben.

Einen Fehler, in welchen viele, sonst achtungswerte Schriftsteller verfallen sind, werde ich sehr zu vermeiden suchen. Der Unterricht nämlich, den man bisher den Weibern in die Hände gab, war (wenn man die einzelnen guten Lehren, die in *Sandford und Merton* hier und da eingestreut, und nur beiläufig vorkommen, ausnimmt) doch eigentlich nur auf *Ladies,* auf Weiber von sehr hohem Stande anwendbar. Dagegen gedenke ich mein Geschlecht in einem nachdrücklichern Ton anzureden und damit mein besondres Augenmerk auf die Weiber aus den *mittleren Ständen* zu richten, weil es mir vorkommt, daß diese sich noch in dem natürlichsten Zustande befinden. Vielleicht sind es allemal die Großen, durch die zuerst der Same falscher Verfeinerung, eitler Ehrsucht und Unsittlichkeit ausgestreut wird. Schwache, künstliche Wesen, die sich vor der Zeit und gegen die Natur über die gemeinsamen Bedürfnisse und Leidenschaften ihrer Gattung erhaben fühlen – was können die wohl anders, als die Grundpfeiler der Tugend selbst untergraben und Verderbnis durch die ganze Masse der Gesellschaft verbreiten! Bei dem allen haben sie als ein Teil des Menschengeschlechts den stärksten Anspruch auf unser Mitleiden, das wir ihnen in desto höherm Grade schenken müssen, je mehr die ganze Erziehung der Reichen darauf hinarbeitet, ihre Zöglinge frivol und hülflos zu machen, und je weniger ihr Geist, bei seiner Entwicklung, durch die Übung solcher Pflichten gestärkt wird, die dem menschlichen Charakter seine Würde geben. Sie leben ja bloß, um sich die Zeit zu vertreiben; und so kommt es denn, nach einem Gesetze, das in der Natur unabänderlich und unfehlbar wirkt, bald genug dahin, daß sie auch andern weiter nichts als leeren Zeitvertreib gewähren.

[. . .]

Die Personen meines Geschlechts werden mir, wie ich hoffe, verzeihen, wenn ich, statt ihren *zauberischen* Reizen zu schmeicheln, sie lieber wie *vernünftige* Geschöpfte behandle, und wenn ich mir sie nicht in einem Zustande ewiger Kindheit denke, in dem sie nie das Gängelband von sich werfen dürften. Mein heißer Wunsch ist, sie über wahre Würde, über wahres Glück der Menschheit zu belehren. Zu diesem Ende werde ich mich bemühen, die Weiber zu dem ernstlichen Bestreben aufzumuntern, sich immer mehr *Stärke der Seele und*

des Körpers zu erwerben; ich werde sie zu überzeugen suchen, daß die honigsüßen Redensarten, wie: Regsamkeit des Herzens, Delikatesse der Empfindung, Verfeinerung des Geschmacks, fast gleichbedeutende Ausdrücke für Schwäche sind; ich werde alles aufbieten, um es ihnen recht anschaulich zu machen, daß Wesen, die nur Gegenstände des Mitleids und jener schmelzenden Art von Liebe sind, die man gemeiniglich die Schwester des Mitleids nennt, notwendig bald Gegenstände der Verachtung werden müssen.
Man erwarte daher nicht von mir jene süße, zärtliche Sprache, zu der sich die Männer so gern herablassen, wenn sie unsere sklavische Abhängigkeit von sich in etwas mildern wollen. Nein, ich sehe mit Verachtung herab auf jene schwächliche Eleganz der Seele, auf jene ausgesuchte Empfindsamkeit und auf jene sanfte Geschmeidigkeit im Betragen, die man insgemein als wahre Eigentümlichkeiten «der schwächern Werkzeuge» anzugeben pflegt. Dagegen werde ich mir alle Mühe geben darzutun, daß Eleganz jederzeit der Tugend nachstehen muß; daß eine rühmliche Ehrliebe immer ihr vorzüglichstes Augenmerk darauf zu richten hat, sich einen Charakter als menschliches Geschöpf, ohne Rücksicht auf Geschlechtsverschiedenheit, eigen zu machen; und daß jeder untergeordnete Zweck allemal erst an diesem echten Probiersteine zu prüfen ist.
[...]

Man kann nicht leugnen, daß man seit kurzem mehr als sonst auf weibliche Erziehung geachtet hat. Indessen fahren doch selbst die Schriftsteller, die sich ein eignes Geschäft daraus machen, die Frauenzimmer, sei es durch Satire oder durch eigentliche Belehrung, zu bessern, noch immer fort, sie als ein frivoles Geschlecht anzusehen und als ein solches entweder zu verlachen oder zu bedauern. Es ist unverkennbar, daß die Weiber immer noch viele ihrer frühern Lebensjahre mit dem Erwerbe einiger dürftigen Kenntnisse und Geschicklichkeiten, die meistens doch nur Stümperei bleiben, verderben müssen. Mittlerweile opfern sie immer noch die Stärke ihres Körpers und Geistes unsittlichen Begriffen von Schönheit und dem Bestreben auf, durch eine Heirat – das einzige Mittel, durch das ein Frauenzimmer in der Welt emporkommen kann – ihr Glück zu machen. Weil aber dieses unruhige Streben am Ende doch bloß tierische Geschöpfe aus ihnen macht, so handeln sie nun auch, wenn sie endlich einmal heiraten, genau so, wie man von solchen Kindern erwarten kann. Sie putzen sich; sie malen sich und machen Gottes Werk zum Gespött. Wahrhaftig, solche schwache Wesen taugen nur in ein Serail! Wie wären *die* wohl im Stande, einem Hauswesen vorzustehen oder sich auch nur der armen Geschöpfchen anzunehmen, die sie zur Welt bringen?

So dürfte sich denn aus dem gegenwärtigen Benehmen der Frauenzimmer im ganzen genommen, aus ihrem leidenschaftlichen Hange zum Vergnügen, der an die Stelle der Ehrliebe und jener edlern Bestrebungen, die die Seele erweitern und erheben, getreten ist, ziemlich richtig folgern lassen, daß die Anweisung, die man ihnen bisher erteilte, eigentlich es war, die, in Verbindung mit der Staatsverfassung, sie zu einem Zwecke leitete, der weiter nichts aus ihnen als unbedeutende Gegenstände bloß sinnlicher Wünsche – bestimmt, nur Toren fortzupflanzen! – machen mußte. Es dürfte sich beweisen lassen, daß das Bemühen, die Weiber auf einem andern Wege als durch die Ausbildung ihres Verstandes zu vervollkommnen, sie aus dem Kreise ihrer Pflichten herausreißen und mit dem Augenblicke, in dem die hinfällige Blüte der Schönheit welkt, in lächerliche und unbrauchbare Geschöpfe verwandeln muß. Und wenn sich jenes folgern und dies beweisen läßt, so werden, hoffe ich, *vernünftige* Männer es mir gewiß verzeihen, daß ich in Weibern den Wunsch hervorzubringen suche, immer männlicher und achtungswürdiger zu werden.
In der Tat, es bedarf keines tiefen Nachdenkens, um zu finden, daß das Wort *männlich* weiter nichts als ein Popanz ist. Man hat wenig Ursache zu fürchten, daß die Weiber am Ende wohl *zu viel* Mut und Seelenstärke gewinnen könnten. Sie stehen in Hinsicht auf körperliche Kraft den Männern zu augenscheinlich nach, als daß sie von diesen nicht immer noch in den mannigfaltigen Lebensverhältnissen abhängig bleiben müßten. Wodurch aber würde man wohl berechtigt, sie noch tiefer durch Vorurteile herabzusetzen, welche die Tugend als das Eigentum *eines* Geschlechts betrachten und einfache Wahrheiten mit sinnlichen Träumereien verwirren?
Fürwahr, man kann nicht leugnen, daß die Weiber durch falsche Begriffe von weiblicher Vortrefflichkeit ganz sichtbar herabgesunken sind. Ich fürchte daher ganz und gar nicht, etwas Paradoxes zu sagen, wenn ich behaupte, daß es eben jene erkünstelte Schwäche ist, die einen Hang zum *Tyrannisieren* in ihnen erzeugen und sie auf *List* und *Schlauheit,* die immer Feindinnen der Stärke sind, hinführen muß. So geht es denn wohl sehr natürlich zu, wenn sie auf den Gedanken kommen, mit jenem elenden, kindischen Wesen ein Spiel zu treiben, das selbst da, wo es Wünsche erregt, doch alle Achtung notwendig zerstören muß. Man nähre nun nicht weiter jene Vorurteile unter ihnen, so werden sie von selbst in ihre, zwar untergeordnete, aber immer achtungswerte Stelle, für welche sie in dieser Welt bestimmt sind, eintreten.
Kaum scheint mir jetzt noch die Erklärung nötig, daß das, was ich eben gesagt habe, vom weiblichen Geschlechte nur *im allgemeinen* gelten soll. Unleugbar ist es, daß manche einzelne Glieder in demselben den männlichen Geschöpfen, denen sie gegenüberstehen, an Einsichten weit überlegen sind. So wie bei

einer Waage, wo nach langem Schwanken am Ende doch immer nur die Schale die andre überwiegt, die wirklich gewichtiger als die andre ist, so beherrscht auch manche Frau ihren Mann, ohne ihn dadurch zu erniedrigen; denn im Grunde herrscht der Klügere doch allenthalben.

Immanuel Kant

Was ist Aufklärung?

Aufklärung ist der Ausgang des Menschen aus seiner selbstverschuldeten Unmündigkeit. Unmündigkeit ist das Unvermögen, sich seines Verstandes ohne Leitung eines anderen zu bedienen. Selbstverschuldet ist diese Unmündigkeit, wenn die Ursache derselben nicht am Mangel des Verstandes, sondern der Entschließung und des Mutes liegt, sich seiner ohne Leitung eines andern zu bedienen! Sapere aude! Habe Mut, dich deines eigenen Verstandes zu bedienen! ist also der Wahlspruch der Aufklärung.

Faulheit und Feigheit sind die Ursachen, warum ein so großer Teil der Menschen, nachdem sie die Natur längst von fremder Leitung freigesprochen (naturaliter majorennes), dennoch gerne zeitlebens unmündig bleiben; und warum es anderen so leicht wird, sich zu deren Vormündern aufzuwerfen. Es ist so bequem, unmündig zu sein. Habe ich ein Buch, das für mich Verstand hat, einen Seelsorger, der für mich Gewissen hat, einen Arzt, der für mich die Diät beurteilt usw., so brauche ich mich ja nicht selbst zu bemühen. Ich habe nicht nötig zu denken, wenn ich nur bezahlen kann; andere werden das verdrießliche Geschäft schon für mich übernehmen. Daß der bei weitem größte Teil der Menschen, darunter das ganze schöne Geschlecht, den Schritt zur Mündigkeit, außer dem, daß er beschwerlich ist, auch für sehr gefährlich halte: dafür sorgen schon jene Vormünder, die die Oberaufsicht über sie gütigst auf sich genommen haben. Nachdem sie ihr Hausvieh zuerst dumm gemacht haben und sorgfältig verhüteten, daß diese ruhigen Geschöpfe ja keinen Schritt außer dem Gängelwagen, darin sie sie einsperrten, wagen durften, so zeigen sie ihnen nachher die Gefahr, die ihnen droht, wenn sie es versuchen, allein zu gehen. Nun ist diese Gefahr zwar eben so groß nicht, denn sie würden durch einigemal Fallen wohl endlich gehen lernen; allein ein Beispiel von der Art macht doch schüchtern und schreckt gemeiniglich von allen ferneren Versuchen ab.

Es ist also für jeden einzelnen Menschen schwer, sich aus der ihm beinahe zur Natur gewordenen Unmündigkeit herauszuarbeiten. Er hat sie sogar liebgewonnen und ist vor der Hand wirklich unfähig, sich seines eigenen Verstandes zu bedienen, weil man ihn niemals den Versuch davon machen ließ. Satzungen und Formeln, diese mechanischen Werkzeuge eines vernünftigen Gebrauchs oder vielmehr Mißbrauchs seiner Naturgaben, sind die Fußschellen einer immerwährenden Unmündigkeit. Wer sie auch abwürfe, würde dennoch auch über den schmalsten Graben einen nur unsicheren Sprung tun, weil er an dergleichen freie Bewegung nicht gewöhnt ist. Daher gibt es nur wenige, denen es gelungen ist, durch eigene Bearbeitung ihres Geistes sich aus der Unmündigkeit herauszuwickeln und dennoch einen sicheren Gang zu tun.

Gotthold Ephraim Lessing

Fragmente des Wolfenbüttler Ungenannten

Ein Mann, der Unwahrheit unter entgegengesetzter Überzeugung in guter Absicht ebenso scharfsinnig als bescheiden durchzusetzen sucht, ist unendlich mehr wert als ein Mann, der die beste, edelste Wahrheit aus Vorurteil mit Verschreiung seiner Gegner auf alltägliche Weise verteidigt.
Will es denn eine Klasse von Leuten nie lernen, daß es schlechterdings nicht wahr ist, daß jemals ein Mensch wissentlich und vorsätzlich sich selbst verblendet habe? Es ist nicht wahr, sage ich, aus keinem geringeren Grunde, als weil es nicht möglich ist. Was wollen sie denn also mit ihrem Vorwurfe mutwilliger Verstockung, geflissentlicher Verhärtung, mit Vorbedacht gemachter Pläne, Lügen auszustaffieren, die man Lügen zu sein weiß? Was wollen sie damit? Was anderes als – nein; weil ich auch ihnen diese Wahrheit muß zugute kommen lassen, weil ich auch von ihnen glauben muß, daß sie vorsätzlich und wissentlich kein falsches, verleumderisches Urteil fällen können, so schweige ich und enthalte mich alles Widerscheltens.
Nicht die Wahrheit, in deren Besitz irgendein Mensch ist oder zu sein vermeint, sondern die aufrichtige Mühe, die er angewandt hat, hinter die Wahrheit zu kommen, macht den Wert des Menschen. Denn nicht durch den Besitz, sondern durch die Nachforschung der Wahrheit erweitern sich seine

Kräfte, worin allein seine immer wachsende Vollkommenheit besteht. Der Besitz macht ruhig, träge, stolz ...
Wenn Gott in seiner Rechten alle Wahrheit und in seiner Linken den einzigen immer regen Trieb nach Wahrheit, obschon mit dem Zusatze, mich immer und ewig zu irren, verschlossen hielte und spräche zu mir: «Wähle!» – ich fiele ihm mit Demut in seine Linke und sagte: «Vater, gib! Die reine Wahrheit ist ja doch nur für dich allein!»

Die Ringparabel

Vor grauen Jahren lebt' ein Mann im Osten,
Der einen Ring von unschätzbarem Wert
Aus lieber Hand besaß. Der Stein war ein
Opal, der hundert schöne Farben spielte,
Und hatte die geheime Kraft, vor Gott
Und Menschen angenehm zu machen, wer
In dieser Zuversicht ihn trug. Was Wunder,
Daß ihn der Mann im Osten darum nie
Vom Finger ließ und die Verfügung traf,
Auf ewig ihn bei seinem Hause zu
Erhalten? Nämlich so: Er ließ den Ring
Von seinen Söhnen dem geliebtesten
Und setzte fest, daß dieser wiederum
Den Ring von seinen Söhnen dem vermache,
Der ihm der liebste sei, und stets der liebste,
Ohn' Ansehn der Geburt, in Kraft allein
Des Rings, das Haupt, der Fürst des Hauses werde ...

So kam nun dieser Ring von Sohn zu Sohn
Auf einen Vater endlich von drei Söhnen,
Die alle drei ihm gleich gehorsam waren,
Die alle drei er folglich gleich zu lieben
Sich nicht entbrechen konnte. Nur von Zeit
Zu Zeit schien ihm bald der, bald dieser, bald
Der dritte, sowie jeder sich mit ihm

Allein befand und sein ergießend Herz
Die andern zwei nicht teilten, würdiger
Des Ringes, den er denn auch einem jeden
Die fromme Schwachheit hatte zu versprechen.
Das ging nun so, solang' es ging. Allein
Es kam zum Sterben, und der gute Vater
Kömmt in Verlegenheit. Es schmerzt ihn, zwei
Von seinen Söhnen, die sich auf sein Wort
Verlassen, so zu kränken. Was zu tun?
Er sendet in geheim zu einem Künstler,
Bei dem er nach dem Muster seines Ringes
Zwei andere bestellt und weder Kosten
Noch Mühe sparen heißt, sie jenem gleich,
Vollkommen gleich zu machen. Das gelingt
Dem Künstler. Da er ihm die Ringe bringt,
Kann selbst der Vater seinen Musterring
Nicht unterscheiden. Froh und freudig ruft
Er seine Söhne, jeden insbesondere,
Gibt jedem insbesondere seinen Segen
Und seinen Ring – und stirbt . . .

Kaum war der Vater tot, so kommt ein jeder
Mit seinem Ring und will der Fürst
Des Hauses sein. Man untersucht, man zankt,
Man klagt. Umsonst; der rechte Ring war nicht
Erweislich . . . Jeder schwur dem Richter,
Unmittelbar aus seines Vaters Hand
Den Ring zu haben (wie auch wahr), nachdem
Er von ihm lange das Versprechen schon
Gehabt, des Ringes Vorrecht einmal zu
Genießen (wie nicht minder wahr). Der Vater,
Beteu'rte jeder, könne gegen ihn
Nicht falsch gewesen sein, und eh' er dieses
Von ihm, von einem solchen lieben Vater,
Argwöhnen laß', eh' müß' er seine Brüder,
So gern er sonst von ihnen nur das Beste
Bereit zu glauben sei, des falschen Spiels
Bezeihen; und er wolle die Verräter
Schon auszufinden wissen, sich schon rächen . . .

Der Richter sprach: «Wenn ihr mir nun den Vater
Nicht bald zur Stelle schafft, so weis' ich euch
Von meinem Stuhle. Denkt ihr, daß ich Rätsel
Zu lösen da bin? Oder harret ihr,
Bis daß der rechte Ring den Mund eröffne? –
Doch halt! Ich höre ja, der rechte Ring
Besitzt die Wunderkraft, beliebt zu machen,
Vor Gott und Menschen angenehm. Das muß
Entscheiden! Denn die falschen Ringe werden
Doch das nicht können! – Nun, wen lieben zwei
Von euch am meisten? – Macht, sagt an! Ihr schweigt?
Die Ringe wirken nur zurück? und nicht
Nach außen? Jeder liebt sich selber nur
Am meisten? – O, so seid ihr alle drei
Betrogene Betrüger! Eure Ringe
Sind alle drei nicht echt. Der echte Ring
Vermutlich ging verloren. Den Verlust
Zu bergen, zu ersetzen, ließ der Vater
Die drei für einen machen ...

Und also», fuhr der Richter fort, «wenn ihr
Nicht meinen Rat statt meines Spruches wollt:
Geht nur! – Mein Rat aber ist der: Ihr nehmt
Die Sache völlig, wie sie liegt. Hat von
Euch jeder seinen Ring von seinem Vater,
So glaube jeder sicher seinen Ring
Den echten! Möglich, daß der Vater nun
Die Tyrannei des einen Rings nicht länger
In seinem Hause dulden wollen! Und gewiß,
Daß er euch alle drei geliebt und gleich
Geliebt, indem er zwei nicht drücken mögen,
Um einen zu begünstigen. Wohlan!
Es eifre jeder seiner unbestochnen,
Von Vorurteilen freien Liebe nach!
Es strebe von euch jeder um die Wette,
Die Kraft des Steins in seinem Ring an Tag
Zu legen, komme dieser Kraft mit Sanftmut,
Mit herzlicher Verträglichkeit, mit Wohltun,
Mit innigster Ergebenheit in Gott

Zu Hilf'! Und wenn sich dann der Steine Kräfte
Bei euren Kindes-Kindeskindern äußern,
So lad' ich über tausend tausend Jahre
Sie wiederum vor diesen Stuhl. Da wird
Ein weis'rer Mann auf diesem Stuhle sitzen
Als ich und sprechen. Geht!» – so sagte der
Bescheid'ne Richter ...

Heinrich von Kleist

Über das Marionettentheater

Als ich in den Winter 1801 in M ... zubrachte, traf ich daselbst eines Abends, in einem öffentlichen Garten, den Herrn C ... an, der seit kurzem in dieser Stadt, als erster Tänzer der Oper, angestellt war, und bei dem Publiko außerordentliches Glück machte.

Ich sagte ihm, daß ich erstaunt gewesen wäre, ihn schon mehrere Mal in einem Marionettentheater zu finden, das auf dem Markte zusammengezimmert worden war, und den Pöbel, durch kleine dramatische Burlesken, mit Gesang und Tanz durchwebt, belustigte.

Er versicherte mir, daß ihm die Pantomimik dieser Puppen viel Vergnügen machte, und ließ nicht undeutlich merken, daß ein Tänzer, der sich ausbilden wolle, mancherlei von ihnen lernen könne.

Da die Äußerung mir, durch die Art, wie er sie vorbrachte, mehr als ein bloßer Einfall schien, so ließ ich mich bei ihm nieder, um ihn über die Gründe, auf die er eine so sonderbare Behauptung stützen könne, näher zu vernehmen.

Er fragte mich, ob ich nicht, in der Tat, einige Bewegungen der Puppen, besonders der kleineren, im Tanz sehr graziös gefunden hatte.

Diesen Umstand konnte ich nicht leugnen. Eine Gruppe von vier Bauern, die nach einem raschen Takt die Ronde tanzte, hätte von Teniers nicht hübscher gemalt werden können.

Ich erkundigte mich nach dem Mechanismus dieser Figuren, und wie es möglich wäre, die einzelnen Glieder derselben und ihre Punkte, ohne Myriaden von Fäden an den Fingern zu haben, so zu regieren, als es der Rhythmus der Bewegungen, oder der Tanz erfordere?

Er antwortete, daß ich mir nicht vorstellen müsse, als ob jedes Glied einzeln, während der verschiedenen Momente des Tanzes, von dem Maschinisten gestellt und gezogen würde.
Jede Bewegung, sagte er, hätte einen Schwerpunkt; es wäre genug, diesen, in dem Innern der Figur, zu regieren; die Glieder, welche nichts als Pendel wären, folgten, ohne irgendein Zutun, auf eine mechanische Weise von selbst.
Er setzte hinzu, daß diese Bewegung sehr einfach wäre; daß jedesmal, wenn der Schwerpunkt in einer *geraden Linie* bewegt wird, die Glieder schon *Kurven* beschrieben; und daß oft, auf eine bloß zufällige Weise erschüttert, das Ganze schon in eine Art von rhythmische Bewegung käme, die dem Tanz ähnlich wäre.
Diese Bemerkung schien mir zuerst einiges Licht über das Vergnügen zu werfen, das er in dem Theater der Marionetten zu finden vorgegeben hatte. Inzwischen ahndete ich bei weitem die Folgerungen noch nicht, die er späterhin daraus ziehen würde.
Ich fragte ihn, ob er glaubte, daß der Maschinist, der diese Puppen regierte, selbst ein Tänzer sein, oder wenigstens einen Begriff vom Schönen im Tanz haben müsse?
Er erwiderte, daß wenn ein Geschäft, von seiner mechanischen Seite, leicht sei, daraus noch nicht folgte, daß es ganz ohne Empfindung betrieben werden könne.
Die Linie, die der Schwerpunkt zu beschreiben hat, wäre zwar sehr einfach, und, wie er glaube, in den meisten Fällen, gerad. In Fällen, wo sie krumm sei, scheine das Gesetz ihrer Krümmung wenigstens von der ersten oder höchstens zweiten Ordnung; und auch in diesem letzten Fall nur elliptisch, welche Form der Bewegung den Spitzen des menschlichen Körpers (wegen der Gelenke) überhaupt die natürliche sei, und also dem Maschinisten keine große Kunst koste, zu verzeichnen.
Dagegen wäre diese Linie wieder, von einer andern Seite, etwas sehr Geheimnisvolles. Denn sie wäre nichts anders als der *Weg der Seele des Tänzers;* und er zweifle, daß sie anders gefunden werden könne als dadurch, daß sich der Maschinist in den Schwerpunkt der Marionette versetzt, d. h. mit andern Worten, *tanzt.*
Ich erwiederte, daß man mir das Geschäft desselben als etwas ziemlich Geistloses vorgestellt hätte: etwa was das Drehen einer Kurbel sei, die eine Leier spielt.
Keineswegs, antwortete er. Vielmehr verhalten sich die Bewegungen seiner Finger zur Bewegung der daran befestigten Puppen ziemlich künstlich, etwa wie Zahlen zu ihren Logarithmen oder die Asymptote zur Hyperbel.

Inzwischen glaube er, daß auch dieser letzte Bruch von Geist, von dem er gesprochen, aus den Marionetten entfernt werden, daß ihr Tanz gänzlich ins Reich mechanischer Kräfte hinübergespielt, und vermittelst einer Kurbel, so wie ich es mir gedacht, hervorgebracht werden könne.
Ich äußerte meine Verwunderung zu sehen, welcher Aufmerksamkeit er diese, für den Haufen erfundene, Spielart einer schönen Kunst würdige. Nicht bloß, daß er sie einer höheren Entwickelung für fähig halte: Er scheine sich sogar selbst damit zu beschäftigen.
Er lächelte und sagte, er getraue sich zu behaupten, daß wenn ihm ein Mechanikus, nach den Forderungen, die er an ihn zu machen dächte, eine Marionette bauen wollte, er vermittelst derselben einen Tanz darstellen würde, den weder er noch irgendein anderer geschickter Tänzer seiner Zeit, Vestris selbst nicht ausgenommen, zu erreichen imstande wäre.
Haben Sie, fragte er, da ich den Blick schweigend zur Erde schlug, haben Sie von jenen mechanischen Beinen gehört, welche englische Künstler für Unglückliche verfertigen, die ihre Schenkel verloren haben?
Ich sagte, nein, dergleichen wäre mir nie vor Augen gekommen.
Es tut mir leid, erwiderte er; denn wenn ich Ihnen sage, daß diese Unglücklichen damit tanzen, so fürchte ich fast, Sie werden es mir nicht glauben. – Was sag ich, tanzen? Der Kreis ihrer Bewegungen ist zwar beschränkt; doch diejenigen, die ihnen zu Gebote stehen, vollziehen sich mit einer Ruhe, Leichtigkeit und Anmut, die jedes denkende Gemüt in Erstaunen setzen.
Ich äußerte, scherzend, daß er ja, auf diese Weise, seinen Mann gefunden habe. Denn derjenige Künstler, der einen so merkwürdigen Schenkel zu bauen imstande sei, würde ihm unzweifelhaft auch eine ganze Marionette, seinen Forderungen gemäß, zusammensetzen können.
Wie, fragte ich, da er seinerseits ein wenig betreten zur Erde sah, wie sind denn diese Forderungen, die Sie an die Kunstfertigkeit desselben zu machen gedenken, bestellt?
Nichts, antwortete er, was sich nicht auch schon hier fände; Ebenmaß, Beweglichkeit, Leichtigkeit – nur alles in einem höheren Grade; und besonders eine naturgemäßere Anordnung der Schwerpunkte.
Und der Vorteil, den diese Puppe vor lebendigen Tänzern voraushaben würde?
Der Vorteil? Zuvörderst ein negativer, mein vortefflicher Freund, nämlich dieser, daß sie sich niemals *zierte.* – Denn Ziererei erscheint, wie Sie wissen, wenn sich die Seele (vis motrix) in irgendeinem andern Punkte befindet als in dem Schwerpunkt der Bewegung. Da der Maschinist nun schlechthin, vermittelst des Drahtes oder Fadens, keinen andern Punkt in seiner Gewalt hat als

diesen: so sind alle übrigen Glieder, was sie sein sollen, tot, reine Pendel, und folgen dem bloßen Gesetz der Schwere; eine vortreffliche Eigenschaft, die man vergebens bei dem größesten Teil unsrer Tänzer sucht.
Sehen Sie nur die P . . . an, fuhr er fort, wenn sie die Daphne spielt, und sich, verfolgt vom Apoll, nach ihm umsieht; die Seele sitzt ihr in den Wirbeln des Kreuzes; sie beugt sich, als ob sie brechen wollte, wie eine Najade aus der Schule Bernins. Sehen Sie den jungen F . . . an, wenn er, als Paris, unter den drei Göttinen steht und der Venus den Apfel überreicht: Die Seele sitzt ihm gar (es ist ein Schrecken, es zu sehen) im Ellenbogen.
Solche Mißgriffe, setzte er abbrechend hinzu, sind unvermeidlich, seitdem wir von dem Baum der Erkenntnis gegessen haben. Doch das Paradies ist verriegelt und der Cherub hinter uns; wir müssen die Reise um die Welt machen, und sehen, ob es vielleicht von hinten irgendwo wieder offen ist.
Ich lachte. – Allerdings, dachte ich, kann der Geist nicht irren, da, wo keiner vorhanden ist. Doch ich bemerkte, daß er noch mehr auf dem Herzen hatte, und bat ihn, fortzufahren.
Zudem, sprach er, haben diese Puppen den Vorteil, daß sie *antigrav* sind. Von der Trägheit der Materie, dieser dem Tanze entgegenstrebendsten aller Eigenschaften, wissen sie nichts: weil die Kraft, die sie in die Lüfte erhebt, größer ist als jene, die sie an der Erde fesselt. Was würde unsre gute G . . . darum geben, wenn sie sechzig Pfund leichter wäre, oder ein Gewicht von dieser Größe ihr bei ihren Entrechats und Pirouetten, zu Hülfe käme? Die Puppen brauchen den Boden nur, wie die Elfen, um ihn zu *streifen,* und den Schwung der Glieder, durch die augenblickliche Hemmung neu zu beleben; wir brauchen ihn, um darauf zu *ruhen,* und uns von der Anstrengung des Tanzes zu erholen: ein Moment, der offenbar selber kein Tanz ist, und mit dem sich weiter nichts anfangen läßt, als ihn möglichst verschwinden zu machen.
Ich sagte, daß, so geschickt er auch die Sache seiner Paradoxe führe, er mich doch nimmermehr glauben machen würde, daß in einem mechanischen Gliedermann mehr Anmut enthalten sein könne als in dem Bau des menschlichen Körpers.
Er versetzte, daß es dem Menschen schlechthin unmöglich wäre, den Gliedermann darin auch nur zu erreichen. Nur ein Gott könne sich, auf diesem Felde, mit der Materie messen; und hier sei der Punkt, wo die beiden Enden der ringförmigen Welt ineinander griffen.
Ich erstaunte immer mehr, und wußte nicht, was ich zu so sonderbaren Behauptungen sagen sollte.
Es scheine, versetzte er, indem er eine Prise Tabak nahm, daß ich das dritte Kapitel vom ersten Buch Moses nicht mit Aufmerksamkeit gelesen; und wer

diese erste Periode aller menschlichen Bildung nicht kennt, mit dem könne man nicht füglich über die folgenden, um wieviel weniger über die letzte, sprechen.

Ich sagte, daß ich gar wohl wüßte, welche Unordnungen, in der natürlichen Grazie des Menschen, das Bewußtsein anrichtet. Ein junger Mann von meiner Bekanntschaft hätte, durch eine bloße Bemerkung, gleichsam vor meinen Augen, seine Unschuld verloren, und das Paradies derselben, trotz aller ersinnlichen Bemühungen, nachher niemals wieder gefunden. – Doch, welche Folgerungen, setzte ich hinzu, können Sie daraus ziehen?

Er fragte mich, welch einen Vorfall ich meine?

Ich badete mich, erzählte ich, vor etwa drei Jahren, mit einem jungen Mann, über dessen Bildung damals eine wunderbare Anmut verbreitet war. Er mochte ohngefähr in seinem sechszehnten Jahre stehn, und nur ganz von fern ließen sich, von der Gunst der Frauen herbeigerufen, die ersten Spuren von Eitelkeit erblicken. Es traf sich, daß wir grade kurz zuvor in Paris den Jüngling gesehen hatten, der sich einen Splitter aus dem Fuße zieht; der Abguß der Statue ist bekannt und befindet sich in den meisten deutschen Sammlungen. Ein Blick, den er in dem Augenblick, da er den Fuß auf den Schemel setzte, um ihn abzutrocknen, in einen großen Spiegel warf, erinnerte ihn daran; er lächelte und sagte mir, welch eine Entdeckung er gemacht habe. In der Tat hatte ich, in ebendiesem Augenblick, dieselbe gemacht; doch sei es, um die Sicherheit der Grazie, die ihm beiwohnte, zu prüfen, sei es, um seiner Eitelkeit ein wenig heilsam zu begegnen: ich lachte und erwiderte – er sähe wohl Geister! Er errötete, und hob den Fuß zum zweitenmal, um es mir zu zeigen; doch der Versuch, wie sich leicht hätte voraussehn lassen, mißglückte. Er hob verwirrt den Fuß zum dritten und vierten, er hob ihn wohl noch zehnmal: umsonst! Er war außerstand, dieselbe Bewegung wieder hervorzubringen – was sag ich? Die Bewegungen, die er machte, hatten ein so komisches Element, daß ich Mühe hatte, das Gelächter zurückzuhalten.

Von diesem Tage, gleichsam von diesem Augenblick an, ging eine unbegreifliche Veränderung mit dem jungen Menschen vor. Er fing an, tagelang vor dem Spiegel zu stehen; und immer ein Reiz nach dem anderen verließ ihn. Eine unsichtbare und unbegreifliche Gewalt schien sich, wie ein eisernes Netz, um das freie Spiel seiner Gebärden zu legen, und als ein Jahr verflossen war, war keine Spur mehr von der Lieblichkeit in ihm zu entdecken, die die Augen der Menschen sonst, die ihn umringten, ergötzt hatte. Noch jetzt lebt jemand, der ein Zeuge jenes sonderbaren und unglücklichen Vorfalls war, und ihn, Wort für Wort, wie ich ihn erzählt, bestätigen könnte. –

Bei dieser Gelegenheit, sagte Herr C . . . freundlich, muß ich Ihnen eine andere Geschichte erzählen, von der Sie leicht begreifen werden, wie sie hierher gehört.

Ich befand mich, auf meiner Reise nach Rußland, auf einem Landgut des Herrn v. G . . ., eines livländischen Edelmanns, dessen Söhne sich eben damals stark im Fechten übten. Besonders der ältere, der eben von der Universität zurückgekommen war, machte den Virtuosen, und bot mir, da ich eines Morgens auf seinem Zimmer war, ein Rapier an. Wir fochten; doch es traf sich, daß ich ihm überlegen war; Leidenschaft kam dazu, ihn zu verwirren; fast jeder Stoß, den ich führte, traf, und sein Rapier flog zuletzt in den Winkel. Halb scherzend, halb empfindlich, sagte er, indem er das Rapier aufhob, daß er seinen Meister gefunden habe; doch alles auf der Welt finde den seinen, und fortan wolle er mich zu dem meinigen führen. Die Brüder lachten laut auf und riefen: Fort! Fort! In den Holzstall herab!, und damit nahmen sie mich bei der Hand und führten mich zu einem Bären, den Herr v. G . . ., ihr Vater, auf dem Hofe auferziehen ließ.

Der Bär stand, als ich erstaunt vor ihn trat, auf den Hinterfüßen, mit dem Rücken an einem Pfahl gelehnt, an welchem er angeschlossen war, die rechte Tatze schlagfertig erhoben, und sah mir ins Auge: Das war seine Fechterpositur. Ich wußte nicht, ob ich träumte, da ich mich einem solchen Gegner gegenüber sah; doch: Stoßen Sie! Stoßen Sie! sagte Herr v. G . . ., und versuchen Sie, ob Sie ihm eins beibringen können! Ich fiel, da ich mich ein wenig von meinem Erstaunen erholt hatte, mit dem Rapier auf ihn aus; der Bär machte eine ganz kurze Bewegung mit der Tatze und parierte den Stoß. Ich versuchte ihn durch Finten zu verführen; der Bär rührte sich nicht. Ich fiel wieder, mit einer augenblicklichen Gewandtheit, auf ihn aus, eines Menschen Brust würde ich ohnfehlbar getroffen haben: Der Bär machte eine ganz kurze Bewegung mit der Tatze und parierte den Stoß. Jetzt war ich fast in dem Fall des jungen Herrn v. G . . . Der Ernst des Bären kam hinzu, mir die Fassung zu rauben, Stöße und Finten wechselten sich, mir triefte der Schweiß: umsonst! Nicht bloß, daß der Bär, wie der erste Fechter der Welt, alle meine Stöße parierte; auf Finten (was ihm kein Fechter der Welt nachmacht) ging er gar nicht einmal ein: Aug in Auge, als ob er meine Seele darin lesen könnte, stand er, die Tatze schlagfertig erhoben, und wenn meine Stöße nicht ernsthaft gemeint waren, so rührte er sich nicht.

Glauben Sie diese Geschichte?

Vollkommen! rief ich, mit freudigem Beifall; jedwedem Fremden, so wahrscheinlich ist sie: um wieviel mehr Ihnen!

Nun, mein vortrefflicher Freund, sagte Herr C . . ., so sind Sie im Besitz von allem, was nötig ist, um mich zu begreifen. Wir sehen, daß in dem Maße, als, in der organischen Welt, die Reflexion dunkler und schwächer wird, die Grazie darin immer strahlender und herrschender hervortritt. – Doch so, wie sich der Durchschnitt zweier Linien, auf der einen Seite eines Punkts, nach dem Durchgang durch das Unendliche, plötzlich wieder auf der andern Seite einfindet, oder das Bild des Hohlspiegels, nachdem es sich in das Unendliche entfernt hat, plötzlich wieder dicht vor uns tritt, so findet sich auch, wenn die Erkenntnis gleichsam durch ein Unendliches gegangen ist, die Grazie wieder ein; so, daß sie, zu gleicher Zeit, in demjenigen menschlichen Körperbau am reinsten erscheint, der entweder gar keins oder ein unendliches Bewußtsein hat, d. h. in dem Gliedermann, oder in dem Gott.

Mithin, sagte ich ein wenig zerstreut, müßten wir wieder von dem Baum der Erkenntnis essen, um in den Stand der Unschuld zurückzufallen?

Allerdings, antwortete er; das ist das letzte Kapitel von der Geschichte der Welt.

Johann Gottfried von Herder

Humanität als Zweck der Menschennatur

Der Zweck einer Sache, die nicht bloß ein totes Mittel ist, muß in ihr selbst liegen. Wären wir dazu geschaffen, um, wie der Magnet sich nach Norden kehrt, einem Punkt der Vollkommenheit, der außer uns ist und den wir nie erreichen könnten, mit ewig vergeblicher Mühe nachzustreben, so würden wir als blinde Maschinen nicht nur uns, sondern selbst das Wesen bedauern dürfen, das uns zu einem tantalischen Schicksal verdammte, indem es unser Geschlecht bloß zu seiner, einer schadenfrohen, ungöttlichen Augenweide schuf. Wollten wir auch zu seiner Entschuldigung sagen, daß durch diese leeren Bemühungen, die nie zum Ziele reichen, doch etwas Gutes befördert und unsere Natur in einer ewigen Regsamkeit erhalten würde, so bliebe es immer doch ein unvollkommenes, grausames Wesen, das diese Entschuldigung verdiente; denn in der Regsamkeit, die keinen Zweck erreicht, liegt kein Gutes, und es hätte uns, ohnmächtig oder boshaft, durch Vorhaltung eines solchen Traums von Absicht seiner selbst unwürdig getäuscht. Glücklicherweise aber wird dieser Wahn von der Natur der Dinge uns nicht gelehret; betrachten wir die Menschheit, wie wir sie kennen, nach den Gesetzen, die in ihr liegen, so kennen wir nichts Höheres als Humanität im Menschen; denn selbst wenn wir uns Engel oder Götter denken, denken wir sie uns nur als idealische, höhere Menschen.

Zu diesem offenbaren Zweck, sahen wir, ist unsre Natur organisieret: Zu ihm sind unsre feineren Sinne und Triebe, unsre Vernunft und Freiheit, unsre zarte und daurende Gesundheit, unsre Sprache, Kunst und Religion uns gegeben. In allen Zuständen und Gesellschaften hat der Mensch durchaus nichts anders im Sinn haben, nichts anders anbauen können als Humanität, wie er sich dieselbe auch dachte. Ihr zugut sind die Anordnungen unsrer Geschlechter und Lebensalter von der Natur gemacht, daß unsre Kindheit länger daure und nur mit Hilfe der Erziehung eine Art Humanität lerne. Ihr zugut sind auf der weiten Erde alle Lebensarten der Menschen eingerichtet, alle Gattungen der Gesellschaft eingeführt worden. Jäger oder Fischer, Hirt oder Ackermann und Bürger; in jedem Zustande lernte der Mensch Nahrungsmittel unterscheiden, Wohnungen für sich und die Seinigen errichten; er lernte für seine beiden Geschlechter Kleidungen zum Schmuck erhöhen und sein Hauswesen ordnen. Es erfand mancherlei Gesetze und Regierungsformen, die alle zum Zweck haben wollten, daß jeder, unbefehdet vom andern, seine Kräfte üben und einen schönern, freieren Genuß des Lebens sich erwerben könnte. Hiezu ward das Eigentum gesichert und Arbeit, Kunst, Handel, Umgang zwischen mehreren Menschen erleichtert; es wurden Strafen für die Verbrecher, Belohnungen für die Vortrefflichen erfunden, auch tausend sittliche Gebräuche der verschiednen Stände im öffentlichen und häuslichen Leben, selbst in der Religion, angeordnet. Hiezu endlich wurden Kriege geführt, Verträge geschlossen, allmählich eine Art Kriegs- und Völkerrecht, nebst mancherlei Bündnissen der Gastfreundschaft und des Handels, errichtet, damit auch außer den Grenzen seines Vaterlandes der Mensch geschont und geehrt würde. Was also in der Geschichte je Gutes getan ward, ist für die Humanität getan worden; was in ihr Törichtes, Lasterhaftes und Abscheuliches in Schwang kam, ward gegen die Humanität verübet, so daß der Mensch sich durchaus keinen andern Zweck aller seiner Erdanstalten denken kann als der in ihm selbst, d. i. in der schwachen und starken, niedrigen und edlen Natur liegt, die ihm sein Gott anschuf. Wenn wir nun in der ganzen Schöpfung jede Sache nur durch das, was sie ist und wie sie wirkt, kennen: so ist uns der Zweck des Menschengeschlechts auf der Erde durch seine Natur und Geschichte wie durch die helleste Demonstration gegeben.

Lasset uns auf den Erdstrich zurückblicken, den wir bisher durchwandert haben; in allen Einrichtungen der Völker von China bis Rom, in allen Mannigfaltigkeiten ihrer Verfassung sowie in jeder ihrer Erfindungen des Krieges und Friedens, selbst bei allen Greueln und Fehlern der Nationen, blieb das

Hauptgesetz der Natur kenntlich: «Der Mensch sei Mensch, er bilde sich seinen Zustand nach dem, was er für das Beste erkennet.» Hiezu bemächtigten sich die Völker ihres Landes und richteten sich ein, wie sie konnten. Aus dem Weibe und dem Staat, aus Sklaven, Kleidern und Häusern, aus Ergötzungen und Speisen, aus Wissenschaft und Kunst ist hie und da auf der Erde alles gemacht worden, was man zu seinem oder des Ganzen Besten daraus machen zu können glaubte. Überall also finden wir die Menschheit im Besitz und Gebrauch des Rechtes, sich zu einer Art von Humanität zu bilden, nachdem es solche erkannte. Irrten sie oder blieben auf dem halben Wege einer ererbten Tradition stehen, so litten sie die Folgen ihres Irrtums und büßeten ihre eigne Schuld. Die Gottheit hatte ihnen in nichts die Hände gebunden als durch das, was sie waren, durch Zeit, Ort und die ihnen einwohnenden Kräfte. Sie kam ihnen bei ihren Fehlern auch nirgend durch Wunder zu Hilfe, sondern ließ diese Fehler wirken, damit Menschen solche selbst bessern lernten.

So einfach dieses Naturgesetz ist, so würdig ist es Gottes, so zusammenstimmend und fruchtbar an Folgen für das Geschlecht der Menschen. Sollte dies sein, was es ist, und werden, was es werden könnte, so mußte es eine selbstwirksame Natur und einen Kreis freier Tätigkeit um sich her erhalten, in welchem es kein ihm unnatürliches Wunder störte. Alle tote Materie, alle Geschlechter der Lebendigen, die der Instinkt führet, sind seit der Schöpfung geblieben, was sie waren; den Menschen machte Gott zu einem Gott auf Erden, er legte das Prinzipium eigner Wirksamkeit in ihn und setzte solches durch innere und äußere Bedürfnisse seiner Natur von Anfange an in Bewegung. Der Mensch konnte nicht leben und sich erhalten, wenn er nicht Vernunft brauchen lernte; sobald er diese brauchte, war ihm freilich die Pforte zu tausend Irrtümern und Fehlversuchen, eben aber auch, und selbst durch diese Irrtümer und Fehlversuche, der Weg zum bessern Gebrauch der Vernunft eröffnet. Je schneller er seine Fehler erkennen lernt, mit je rüstigerer Kraft er darauf geht, sie zu bessern, desto weiter kommt er, desto mehr bildet sich seine Humanität; und er muß sie ausbilden oder Jahrhunderte durch unter der Last eigner Schulden ächzen.

Johann Wolfgang Goethe

Die pädagogische Provinz

Die Wallfahrenden hatten nach Vorschrift den Weg genommen und fanden glücklich die Grenze der Provinz, in der sie so manches Merkwürdige erfahren sollten; beim ersten Eintritt gewahrten sie sogleich der fruchtbarsten Gegend, welche an sanften Hügeln den Feldbau, auf höhern Bergen die Schafzucht, in weiten Talflächen die Viehzucht begünstigte. Es war kurz vor der Ernte und alles in größter Fülle; das, was sie jedoch gleich in Verwunderung setzte, war, daß sie weder Frauen noch Männer, wohl aber durchaus Knaben und Jünglinge beschäftigt sahen, auf eine glückliche Ernte sich vorzubereiten, ja, auch schon auf ein fröhliches Erntefest freundliche Anstalten zu treffen. Sie begrüßten einen und den andern und fragten nach dem Obern, von dessen Aufenthalt man keine Rechenschaft geben konnte. Die Adresse ihres Briefs lautete: «An den Obern, oder die Dreie.» Auch hierin konnten sich die Knaben nicht finden; man wies die Fragenden jedoch an einen Aufseher, der eben das Pferd zu besteigen sich bereitete; sie eröffneten ihre Zwecke; des Felix Freimütigkeit schien ihm zu gefallen, und so ritten sie zusammen die Straße hin.

Schon hatte Wilhelm bemerkt, daß in Schnitt und Farbe der Kleider eine Mannigfaltigkeit obwaltete, die der ganzen kleinen Völkerschaft ein sonderbares Ansehen gab; eben war er im Begriff, seinen Begleiter hiernach zu fragen, als noch eine wundersamere Bemerkung sich ihm auftat: Alle Kinder, sie mochten beschäftigt sein, wie sie wollten, ließen ihre Arbeit liegen und wendeten sich mit besonderen, aber verschiedenen Gebärden gegen die Vorbeireitenden, und es war leicht zu folgern, daß es dem Vorgesetzten galt. Die jüngsten legten die Arme kreuzweis über die Brust und blickten fröhlich gen Himmel, die mittleren hielten die Arme auf den Rücken und schauten lächelnd zur Erde, die dritten standen strack und mutig; die Arme niedergesenkt, wendeten sie den Kopf nach der rechten Seite und stellten sich in eine Reihe, anstatt daß jene vereinzelt blieben, wo man sie traf.

Als man darauf Halt machte und abstieg, wo eben mehrere Kinder nach verschiedener Weise sich aufstellten und von dem Vorgesetzten gemustert wurden, fragte Wilhelm nach der Bedeutung dieser Gebärden; Felix fiel ein und sagte munter: «Was für eine Stellung hab ich denn einzunehmen?» – «Auf alle Fälle», versetzte der Aufseher, «zuerst die Arme über die Brust und ernsthaft-froh nach oben gesehen, ohne den Blick zu verwenden.» Er gehorchte, doch rief er bald: «Dies gefällt mir nicht sonderlich, ich sehe ja nichts da droben; dauert es lange? Doch ja!» rief er freudig, «ein paar Habichte fliegen von Westen nach Osten; das ist wohl ein gutes Zeichen?» – «Wienach du's aufnimmst, je nachdem du dich beträgst», versetzte jener; «jetzt mische dich unter sie, wie sie sich mischen.» Er gab ein Zeichen, die Kinder verließen ihre Stellung, ergriffen ihre Beschäftigung oder spielten wie vorher.

«Mögen und können Sir mir», sagte Wilhelm darauf, «das, was mich hier in Verwunderung setzt, erklären? Ich sehe wohl, daß diese Gebärden, diese Stellungen Grüße sind, womit man Sie empfängt.» – «Ganz richtig», versetzte jener, «Grüße, die mir sogleich andeuten, auf welcher Stufe der Bildung ein jeder dieser Knaben steht.»

«Dürfen Sie mir aber», versetzte Wilhelm, «die Bedeutung des Stufengangs wohl erklären? Denn daß es einer sei, läßt sich wohl einsehen.» – «Dies gebührt Höheren, als ich bin», antwortete jener; «soviel aber kann ich versichern, daß es nicht leere Grimassen sind, daß vielmehr den Kindern zwar nicht die höchste, aber doch eine leitende, faßliche Bedeutung überliefert wird; zugleich aber ist jedem geboten, für sich zu behalten und zu hegen, was man ihm als Bescheid zu erteilen für gut findet; sie dürfen weder mit Fremden noch untereinander selbst schwatzen, und so modifiziert sich die Lehre hundertfältig. Außerdem hat das Geheimnis sehr große Vorteile; denn wenn man dem Menschen gleich und immer sagt, worauf alles ankommt, so denkt er, es sei nichts dahinter. Gewissen Geheimnissen, und wenn sie offenbar wären, muß man durch Verhüllen und Schweigen Achtung erweisen, denn dieses wirkt auf Scham und gute Sitten.» – «Ich verstehe Sie», versetzte Wilhelm, «warum sollten wir das, was in körperlichen Dingen so nötig ist, nicht auch geistig anwenden? Vielleicht aber können Sie in einem andern Bezug meine Neugierde befriedigen. Die große Mannigfaltigkeit in Schnitt und Farbe der Kleider fällt mir auf, und doch seh ich nicht alle Farben, aber einige in allen ihren Abstufungen, vom Hellsten bis zum Dunkelsten. Doch bemerke ich, daß hier keine Bezeichnung der Stufen irgendeines Alters oder Verdienstes gemeint sein kann, indem die kleinsten und größten Knaben untermischt so an Schnitt als Farbe gleich sein können, aber die von gleichen Gebärden im Gewand nicht miteinander übereinstimmen.» – «Auch was dies betrifft», versetzte der Begleitende, «darf ich mich nicht weiter auslassen; doch müßte ich sehr irren, oder Sie werden über alles, wie Sie nur wünschen mögen, aufgeklärt von uns scheiden.»

Man verfolgte nunmehr die Spur des Obern, welche man gefunden zu haben glaubte; nun aber mußte dem Fremdling notwendig auffallen, daß, je weiter sie ins Land kamen, ein wohllautender Gesang ihnen immer mehr entgegentönte. Was die Knaben auch begannen, bei welcher Arbeit man sie fand, immer sangen sie, und zwar schienen es Lieder jedem Geschäft besonders angemessen und in gleichen Fällen überall dieselben. Traten mehrere Kinder zusammen, so begleiteten sie sich wechselweise; gegen Abend fanden sich auch Tanzende, deren Schritte durch Chöre belebt und geregelt wurden. Felix stimmte vom Pferde herab mit ein, und zwar nicht ganz unglücklich, Wilhelm vergnügte sich an dieser die Gegend belebenden Unterhaltung.

«Wahrscheinlich», so sprach er zu seinem Gefährten, «wendet man viele Sorgfalt auf solchen Unterricht, denn sonst könnte diese Geschicklichkeit nicht so weit ausgebreitet und so vollkommen ausgebildet sein.» – «Allerdings», versetzte jener, «bei uns ist der Gesang die erste Stufe der Bildung, alles andere schließt sich daran und wird dadurch vermittelt. Der einfachste Genuß sowie die einfachste Lehre werden bei uns durch Gesang belebt und eingeprägt, ja, selbst was wir überliefern von Glaubens- und Sittenbekenntnis, wird auf dem Wege des Gesanges mitgeteilt; andere Vorteile zu selbsttätigen Zwecken verschwistern sich sogleich; denn indem wir die Kinder üben, Töne, welche sie hervorbringen, mit Zeichen auf die Tafel schreiben zu lernen und nach Anlaß dieser Zeichen sodann in ihrer Kehle wiederzufinden, ferner den Text darunterzufügen, so üben sie zugleich Hand, Ohr und Auge und gelangen schneller zum Recht- und Schönschreiben, als man denkt, und da dieses alles zuletzt nach reinen Maßen, nach genau bestimmten Zahlen ausgeübt und nachgebildet werden muß, so fassen sie den hohen Wert der Meß- und Rechenkunst viel geschwinder als auf jede andere Weise. Deshalb haben wir denn unter allem Denkbaren die Musik zum Element unserer Erziehung gewählt, denn von ihr laufen gleichgebahnte Wege nach allen Seiten.»

Wilhelm suchte sich noch weiter zu unterrichten und verbarg seine Verwunderung nicht, daß er gar keine Instrumentalmusik vernehme. »Diese wird bei uns nicht vernachlässigt», versetzte jener, «aber in einen besonderen Bezirk, in das anmutigste Bergtal, eingeschlossen geübt; und da ist denn wieder dafür gesorgt, daß die verschiedenen Instrumente in auseinanderliegenden Ortschaften gelehrt werden. Besonders die Mißtöne der Anfänger sind in gewisse Einsiedeleien verwiesen, wo sie niemand zur Verzweiflung bringen; denn Ihr werdet selbst gestehen, daß in der wohleingerichteten bürgerlichen Gesellschaft kaum ein trauriger Leiden zu dulden sei, als das uns die Nachbarschaft eines angehenden Flöten- oder Violinspielers aufdringt.

Unsere Anfänger gehen, aus eigener löblicher Gesinnung, niemand lästig sein zu wollen, freiwillig länger oder kürzer in die Wüste und beeifern sich, abgesondert, um das Verdienst, der bewohnten Welt nähertreten zu dürfen, weshalb jedem von Zeit zu Zeit ein Versuch heranzutreten erlaubt wird, der selten mißlingt, weil wir Scham und Scheu bei dieser wie bei unsern übrigen Einrichtungen gar wohl hegen und pflegen dürfen. Daß Eurem Sohn eine glückliche Stimme geworden, freut mich innigst, für das übrige sorgt sich um desto leichter.»

Nun waren sie zu einem Ort gelangt, wo Felix verweilen und sich an der Umgebung prüfen sollte, bis man zur förmlichen Aufnahme geneigt wäre; schon von weitem hörten sie einen freudigen Gesang; es war ein Spiel, woran sich die Knaben in der Feierstunde diesmal ergötzten. Ein allgemeiner Chorgesang erscholl, wozu jedes Glied eines weiten Kreises freudig, klar und tüchtig an seinem Teile zustimmte, den Winken des Regelnden gehorchend. Dieser überraschte jedoch öfter die Singenden, indem er durch ein Zeichen den Chorgesang aufhob und irgendeinen einzelnen Teilnehmenden, ihn mit dem Stäbchen berührend, aufforderte, sogleich allein ein schickliches Lied dem verhallenden Ton, dem vorschwebenden Sinne anzupassen. Schon zeigten die meisten viel Gewandtheit, einige, denen das Kunststück mißlang, gaben ihr Pfand willig hin, ohne gerade ausgelacht zu werden. Felix war Kind genug, sich gleich unter sie zu mischen, und zog sich noch so leidlich aus der Sache. Sodann ward ihm jener erste Gruß zugeeignet; er legte sogleich die Hände auf die Brust, blickte aufwärts, und zwar mit so schnackischer Miene, daß man wohl bemerken konnte, ein geheimer Sinn dabei sei ihm noch nicht aufgegangen.

Der angenehme Ort, die gute Aufnahme, die muntern Gespielen, alles gefiel dem Knaben so wohl, daß es ihm nicht sonderlich wehe tat, seinen Vater abreisen zu sehen; fast blickte er dem weggeführten Pferde schmerzlicher nach; doch ließ er sich bedeuten, da er vernahm, daß er es im gegenwärtigen Bezirk nicht behalten könne; man versprach ihm dagegen, er solle, wo nicht dasselbe, doch ein gleiches, munter und wohlgezogen, unerwartet wiederfinden.

Da sich der Obere nicht erreichen ließ, sagte der Aufseher: «Ich will Euch nun verlassen, meine Geschäfte zu verfolgen; doch will ich Euch zu den Dreien bringen, die unsern Heiligtümern vorstehen; Euer Brief ist auch an sie gerichtet, und sie zusammen stellen den Obern vor.» Wilhelm hätte gewünscht, von den Heiligtümern im voraus zu vernehmen, jener aber versetzte: «Die Dreie werden Euch, zu Erwiderung des Vertrauens, daß Ihr uns Euren Sohn überlaßt, nach Weisheit und Billigkeit, gewiß das Nötigste eröffnen. Die sichtbaren Gegenstände der Verehrung, die ich Heiligtümer nannte, sind in einen besondern Bezirk eingeschlossen, werden mit nichts gemischt, durch nichts gestört; nur zu gewissen Zeiten des Jahres läßt man die Zöglinge, den Stufen ihrer Bildung gemäß, dort eintreten, um sie historisch und sinnlich zu belehren, da sie denn genugsamen Eindruck mit wegnehmen, um, bei Ausübung ihrer Pflicht, eine Zeitlang daran zu zehren.»

Nun stand Wilhelm am Tor eines mit hohen Mauern umgebenen Talwaldes; auf ein gewisses Zeichen eröffnete sich die kleine Pforte, und ein ernster, ansehnlicher Mann empfing unsern Freund. Dieser fand sich in einem großen, herrlich grünenden Raum, von Bäumen und Büschen vielerlei Art beschattet, kaum daß er stattliche Mauern und ansehnliche Gebäude durch diese dichte und hohe Naturpflanzung hindurch bemerken konnte; ein freundlicher Empfang von den Dreien, die sich nach und nach herbeifanden, löste sich endlich in ein Gespräch auf, wozu jeder das Seinige beitrug, dessen Inhalt wir jedoch in der Kürze zusammenfassen.

«Da Ihr uns Euren Sohn vertraut», sagten sie, «sind wir schuldig, Euch tiefer in unser Verfahren hineinblicken zu lassen. Ihr habt manches Äußerliche gesehen, welches nicht sogleich sein Verständnis mit sich führt; was davon wünscht Ihr vor allem aufgeschlossen?»

«Anständige, doch seltsame Gebärden-Grüße hab ich bemerkt, deren Bedeutung ich zu erfahren wünschte; bei euch bezieht sich gewiß das Äußere auf das Innere und umgekehrt; laßt mich diesen Bezug erfahren.»

«Wohlgeborne, gesunde Kinder», versetzten jene, «bringen viel mit; die Natur hat jedem alles gegeben, was er für Zeit und Dauer nötig hätte; dieses zu entwickeln ist unsere Pflicht, öfter entwickelt sich's besser von selbst. Aber eins bringt niemand mit auf die Welt, und doch ist es das, worauf alles ankommt, damit der Mensch nach allen Seiten zu ein Mensch sei. Könnt Ihr es selbst finden, so sprecht es aus.» Wilhelm bedachte sich eine kurze Zeit und schüttelte sodann den Kopf.

Jene, nach einem anständigen Zaudern, riefen: *«Ehrfurcht!»* Wilhelm stutzte. – «Ehrfurcht!» hieß es wiederholt. «Allen fehlt sie, vielleicht Euch selbst. Dreierlei Gebärde habt Ihr gesehen, und wir überliefern eine dreifache Ehrfurcht, die, wenn sie zusammenfließt und ein Ganzes bildet, erst ihre höchste Kraft und Wirkung erreicht. Das erste ist Ehrfurcht vor dem, was über uns ist. Jene Gebärde, die Arme kreuzweis über die Brust, einen freudigen Blick gen Himmel, das ist, was wir unmündigen Kindern auflegen und zugleich das Zeugnis von ihnen verlangen, daß ein Gott da droben sei, der sich in Eltern, Lehrern, Vorgesetzten abbildet und offenbart. Das zweite, Ehrfurcht vor dem, was unter uns ist. Die auf den Rücken gefalteten, gleichsam gebundenen Hände, der gesenkte, lächelnde Blick sagen, daß man die Erde wohl und heiter zu betrachten habe; sie gibt Gelegenheit zur Nahrung; sie gewährt unsägliche Freuden; aber unverhältnismäßige Leiden bringt sie. Wenn einer sich körperlich beschädigte, verschuldend oder unschuldig, wenn ihn andere vorsätzlich oder zufällig verletzten, wenn das irdische Willenlose ihm ein Leid zufügte, das bedenk er wohl; denn solche Gefahr begleitet ihn sein Leben lang. Aber aus dieser Stellung befreien wir unsern Zögling baldmöglichst, sogleich wenn wir überzeugt sind, daß die Lehre dieses Grads genugsam auf ihn gewirkt habe; dann aber heißen wir ihn sich ermannen, gegen Kameraden gewendet nach ihnen sich richten. Nun steht er strack und kühn, nicht etwa selbstisch vereinzelt; nur in Verbindung mit seinesgleichen macht er Fronte gegen die Welt. Weiter wüßten wir nichts hinzuzufügen.»

«Es leuchtet mir ein», versetzte Wilhelm; «deswegen liegt die Menge wohl so im argen, weil sie sich nur im Element des Mißwollens und Mißredens behagt; wer sich diesem überliefert, verhält sich gar bald gegen Gott gleichgültig, verachtend gegen die Welt, gegen seinesgleichen gehässig; das wahre, echte, unentbehrliche Selbstgefühl aber zerstört sich in Dünkel und Anmaßung. Erlauben Sie mir dessen ungeachtet», fuhr Wilhelm fort, «ein einziges einzuwenden: Hat man nicht von jeher die Furcht roher Völker vor mächtigen Naturerscheinungen und sonst unerklärlichen, ahnungsvollen Ereignissen für den Keim gehalten, woraus ein höheres Gefühl, eine reinere Gesinnung sich stufenweise entwickeln sollte?» – Hierauf erwiderten jene: «Der Natur ist Furcht wohl gemäß, Ehrfurcht aber nicht; man fürchtet ein bekanntes oder unbekanntes mächtiges Wesen; der Starke sucht es zu bekämpfen, der Schwache zu vermeiden; beide wünschen es loszuwerden und fühlen sich glücklich, wenn sie es auf kurze Zeit beseitigt haben, wenn ihre Natur sich zur Freiheit und Unabhängigkeit einigermaßen wieder herstellte. Der natürliche Mensch wiederholt diese Operation millionenmal in seinem Leben; von der Furcht strebt er zur Freiheit, aus der Freiheit wird er in die Furcht getrieben und kommt um nichts weiter. Sich zu fürchten ist leicht, aber beschwerlich; Ehrfurcht zu hegen ist schwer, aber bequem. Ungern entschließt sich der Mensch zur Ehrfurcht, oder vielmehr entschließt sich nie dazu; es ist ein höherer Sinn, der seiner Natur gegeben werden muß, und der sich nur bei besonders Begünstigten aus sich selbst entwickelt, die man auch deswegen von jeher für Heilige, für Götter gehalten. Hier liegt die Würde, hier das Geschäft aller echten Religionen, deren es auch nur dreie gibt, nach den Objekten, gegen welche sie ihre Andacht wenden.»

Die Männer hielten inne, Wilhelm schwieg eine Weile nachdenkend; da er in sich aber die Anmaßung nicht fühlte, den Sinn jener sonderbaren Worte zu deuten, so bat er die Würdigen, in ihrem Vortrage fortzufahren, worin sie ihm denn auch sogleich willfahrten. «Keine Religion», sagten sie, «die sich auf Furcht gründet, wird unter uns geachtet. Bei der Ehrfurcht, die der Mensch in sich walten läßt, kann er, indem er Ehre gibt, seine Ehre behalten, er ist nicht mit sich selbst veruneint wie in jenem Falle. Die Religion, welche auf Ehrfurcht vor dem, was über uns ist, beruht, nennen wir die ethnische, es ist die Religion der Völker und die erste glückliche Ablösung von einer niedern Furcht; alle sogenannten heidnischen Religionen sind von dieser Art, sie mögen übrigens Namen haben, wie sie wollen. Die zweite Religion, die sich auf jene Ehrfurcht gründet, die wir vor dem haben, was uns gleich ist, nennen wir die philosophische; denn der Philosoph, der sich in die Mitte stellt, muß alles Höhere zu sich herab-, alles Niedere zu sich heraufziehen, und nur in diesem Mittelzustand verdient er den Namen des Weisen. Indem er nun das Verhältnis zu seinesgleichen und also zur ganzen Menschheit, das Verhältnis zu allen übrigen irdischen Umgebungen, notwendigen und zufälligen, durchschaut, lebt er im kosmischen Sinne allein in der Wahrheit. Nun ist aber von der dritten Religion zu sprechen, gegründet auf die Ehrfurcht vor dem, was unter uns ist; wir nennen sie die christliche, weil sich in ihr eine solche Sinnesart am meisten offenbart; es ist ein Letztes, wozu die Menschheit gelangen konnte und mußte. Aber was gehörte dazu, die Erde nicht allein unter sich liegen zu lassen und sich auf einen höhern Geburtsort zu berufen, sondern auch Niedrigkeit und Armut, Spott und Verachtung, Schmach und Elend, Leiden und Tod als göttlich anzuerkennen, ja Sünde selbst und Verbrechen nicht als Hindernisse, sondern als Fördernisse des Heiligen zu verehren und liebzugewinnen. Hievon finden sich freilich Spuren durch alle Zeiten, aber Spur ist nicht Ziel, und da dieses einmal erreicht ist, so kann die Menschheit nicht wieder zurück, und man darf sagen, daß die christliche Religion, da sie einmal erschienen ist, nicht wieder verschwinden kann, da sie sich einmal göttlich verkörpert hat, nicht wieder aufgelöst werden mag.»

«Zu welcher von diesen Religionen bekennt ihr euch denn insbesondere?» sagte Wilhelm. – «Zu allen dreien», erwiderten jene, «denn sie zusammen bringen eigentlich die wahre Religion hervor, aus diesen drei Ehrfurchten entspringt die oberste Ehrfurcht, die Ehrfurcht vor sich selbst, und jene entwickeln sich abermals aus dieser, so daß der Mensch zum Höchsten gelangt, was er zu erreichen fähig ist, daß er sich selbst für das Beste halten darf, was Gott und Natur hervorgebracht haben, ja, daß er auf dieser Höhe verweilen kann, ohne durch Dünkel und Selbstheit wieder ins Gemeine gezogen zu werden.»

«Ein solches Bekenntnis, auf diese Weise entwickelt, befremdet mich nicht«, versetzte Wilhelm, «es kommt mit allem überein, was man im Leben hie und da vernimmt, nur daß euch dasjenige vereinigt, was andere trennt.» – Hierauf versetzten jene: «Schon wird dieses Bekenntnis von einem großen Teil der Welt ausgesprochen, doch unbewußt.»

«Wie denn und wo?» fragte Wilhelm. – «Im ‹Credo›!» riefen jene laut, «denn der erste Artikel ist ethnisch und gehört allen Völkern; der zweite christlich, für die mit Leiden Kämpfenden und in Leiden Verherrlichten; der dritte zuletzt lehrt eine begeisterte Gemeinschaft der Heiligen, welches heißt: der im höchsten Grad Guten und Weisen. Sollten daher die drei göttlichen Personen, unter deren Gleichnis und Namen solche Überzeugungen und Verheißungen aussgesprochen sind, nicht billigermaßen für die höchste Einheit gelten?»
«Ich danke», versetzte jener, «daß ihr mir dieses, als einem Erwachsenen, dem die drei Sinnesarten nicht fremd sind, so klar und zusammenhängend aussprechen wollen, und wenn ich nun zurückdenke, daß ihr den Kindern diese hohe Lehre erst als sinnliches Zeichen, dann mit einigem symbolischen Anklang überliefert und zuletzt die oberste Deutung ihnen entwickelt, so muß ich es höchlich billigen.»
«Ganz richtig», erwiderten jene, «nun aber müßt Ihr noch mehr erfahren, damit Ihr Euch überzeugt, daß Euer Sohn in den besten Händen sei. Doch dies Geschäft bleibe für die Morgenstunden; ruht aus und erquickt Euch, damit Ihr uns, vergnügt und vollkommen menschlich, morgen früh in das Innere folgen könnt.»

Sophie von La Roche

Über meine Bücher

Die wahre Kenntnis der Erde und ihrer Gewächse zieht unsere Vernunft unausbleiblich zu dem Nachdenken über ihre Bewohner – Tiere und Menschen. Oh, was ein ewigreicher Stoff zu Beobachtungen! – wie reich für mich! Denn da ich die Hoffnung auf ganz gelehrten Ruhm verloren hatte, so sagte ich mir, nach dem artigen Gedanken der Madame de St. Lambert, welche das Lesen die Spaziergänge des Geistes nennt:
«Ich konnte mir in dem Reich der Wissenschaften kein eigenes Land erobern, aber ich kann es ja machen wie Reisende und mich in jedem Gebiet umsehen, welches andre angebaut haben.»
Und so las ich die Geschichte alter und neuer Zeiten unserer bekannten Welt, lernte ihre guten und schlechten Beherrscher kennen, freute mich über die vielfachen wohltätigen Erfindungen des Geistes der Wissenschaften und der

Künste, über das mächtige Band der Handlung, welches alle Weltteile miteinander verknüpft, und den Überfluß eines Volks zum Bedürfnis des andern macht. – Ich suchte einen richtigen Begriff von allem zu haben, was Menschen wissen und tun können. Da fand ich nun einen stillen Genuß alles Guten und Schönen, so durch Gott und seine Geschöpfe in die Welt gelegt wurde. Dieses Vergnügen ist, was ich anfangs sagte, daß oft an dem Ende eines mißlungenen Wunsches etwas Besseres liege, als man dachte. – Denn meine Eigenliebe selbst, die mich nach Gelehrsamkeit lüstern gemacht hatte, sagte nun: Da es nicht sicher sei, daß ich etwas Neues gefunden hätte, so würde mein ganzes Wissen am Ende allein in Auswendiglernen bestanden haben, wodurch ich bei den Männern der Papagei gewesen wäre, welcher ihre Gedanken wiederholte – und bei den Weibern der mit fremden Federn geschmückte Vogel. Und vielleicht hätte mich doch ein Stolz auf mein Gedächtnis ergriffen; ich wäre dann andern guten Menschenkindern geringschätzig begegnet, und gewiß nicht so glücklich, als ich jezo bin. Denn ich genieße den Geist der Bücher, wie ich Weizenbrod genieße: Ich kann nicht pflügen, nicht säen, nicht Korn schneiden und nicht Mehl mahlen, würde auch, ohngeachtet ich allerlei Küchelgen backen kann, gewiß kein so leichtes, schmackhaftes Brod machen können als mein Bäcker: Aber ich kenne die Eigenschaften einer guten Ackererde; ich habe alle Feldarbeiten beobachtet, kenne den Bau einer Mühle, und habe auch dem Bäcker zugesehen; ich weiß, was Tau und Regen ist, was sie, was die Sonne zu dem Keimen und Wachsen des Korn beitragen, und so kann ich mit Einsicht und Empfindung die Vorsicht für alles Gute segnen, welches sie in ihre Geschöpfe legte; und so, meine liebe unbekannte Fragerin! habe ich es auch mit den Beschäftigungen des Geists gemacht, und, soviel ich konnte, die Kenntnis von dem Wert und Nutzen alles dessen, was Männer wissen, in meine Seele gesammelt, und daneben soviel möglich alles gelernt, was ich nach Bestimmung der Natur und den vaterländischen Gesetzen als Frauenzimmer wissen sollte – überzeugt, daß meinem Geschlecht das moralische Gebiet der schönen, wohltätigen Empfindungen, und den Männern dies von starken Gedanken und großen Taten angewiesen sei. – Ich forderte aber von der Moral, daß sie mich gut, und von meinen Kenntnissen, daß sie mich glücklich machen sollten. Denn ach! wozu dient selbst die göttliche Religion, wenn sie nicht Güte in unsere Seele bringt? – und wozu alle Wissenschaft, wenn sie uns nicht den wahren Wert aller Dinge zeigt? Geschieht aber dieses, so sind wir gewiß glücklich, weil uns dann der falsche Schwätzer mit schönen Worten ebensowenig um unsere gute Gesinnungen betrügen kann als der Krämer mit dem Glanz einer nichtswürdigen Ware um unser Geld.

[. . .]

Jezo noch etwas, wie ich die Einrichtung meines Zimmers benütze. – Die Abgüsse der alten Köpfe machten mich, da ich die Bildhauerkunst liebe, meinen Winkelmann über die Geschichte dieser Kunst vorsuchen und nachlesen. – Da dachte ich mit erneuter Ehrfurcht und Freude an die Namen eines Phidias und Praxiteles, die vierhundert Jahr vor Christi Geburt lebten, und so große Meister in ihrer Kunst waren, daß ihre Arbeiten seit Jahrtausenden immer die vollkommenste Muster blieben. – Unter diesen Köpfen, welche den Geist der Alten zeigen, hängen meine Kupferstiche – eine Erfindung des Kunstfleißes der neueren Zeiten, indem es erst vor dreihundertvierzig Jahren versucht wurde, Bilder in Holz zu graben, und man nun seitdem zu der großen Schönheit in Kupferstichen kam, worüber ich in Hallens Werkstätte der Künste nachlas. – Es freute mich, daß der Genius der Griechen seine Meisterstücke in Stein und Erz verfertigte, weil die darin die Dauerhaftigkeit erhielten, durch welche wir nach so viel hundert Jahren das Vergnügen genießen, die Beweise zu sehen, was Menschen erdenken und ausarbeiten können. Die Erfindung der Gips-Abgüsse ist mir auch sehr schätzbar, denn ich bin ihr den Besitz meiner alten Köpfe schuldig, und die Kupferstecherkunst ist mir lieb, weil durch sie die herrlichsten Gemälde, Bilder, Gebäude und schöne Gegenden unserer Erde mehr ausgebreitet, und ihr angenehmer Anblick von mehr Menschen genossen werden kann. – Dies Glas, welches meine Kupferstiche schützt, ohne die mindeste Schönheit zu verbergen – die Scheiben, wodurch das Licht in meine Stube kommt, und ich, ohne Sturm und Regen zu fühlen, alles erblicken kann, was außer meinem Fenster ist – das Verdienst der Spiegelfabriken – die Vergoldung der Rahmen, welche die Kunst des Goldschlägers, und die Eigenschaften des Goldes nach sich zog – die Schreiner-Arbeiten – die von dem Plüsch an meinen Stühlen – die Papier-Tapete – die Bilder von den Venetianischen Kirchen, wo ich an Baukunst, und was dazu gehört, denken kann – vermehrten meine Kenntnisse – und meine Achtung für Menschenfleiß – welche zusammen eine wahre Quelle edlen Glückes sind.

FRIEDRICH SCHILLER

Über die ästhetische Erziehung des Menschen in einer Reihe von Briefen

Vierundzwanzigster Brief

Es lassen sich also drei verschiedene Momente oder Stufen der Entwicklung unterscheiden, die sowohl der einzelne Mensch als die ganze Gattung notwendig und in einer bestimmten Ordnung durchlaufen müssen, wenn sie den ganzen Kreis ihrer Bestimmung erfüllen sollen. Durch zufällige Ursachen, die entweder in dem Einfluß der äußern Dinge oder in der freien Willkür des Menschen liegen, können zwar die die einzelnen Perioden bald verlängert, bald abgekürzt, aber keine kann ganz übersprungen, und auch die Ordnung, in welcher sie aufeinander folgen, kann weder durch die Natur noch durch den Willen umgekehrt werden. Der Mensch in seinem *physischen* Zustand erleidet bloß die Macht der Natur; er entledigt sich dieser Macht in dem *ästhetischen* Zustand, und er beherrscht sie in dem *moralischen.*

Was ist der Mensch, ehe die Schönheit die freie Lust ihm entlockt und die ruhige Form das wilde Leben besänftigt? Ewig einförmig in seinen Zwecken, ewig wechselnd in seinen Urteilen, selbstsüchtig, ohne er selbst zu sein, ungebunden, ohne frei zu sein, Sklave, ohne einer Regel zu dienen. In dieser Epoche ist ihm die Welt bloß Schicksal, noch nicht Gegenstand; alles hat nur Existenz für ihn, insofern es ihm Existenz verschafft; was ihm weder gibt noch nimmt, ist ihm gar nicht vorhanden. Einzeln und abgeschnitten, wie er sich selbst in der Reihe der Wesen findet, steht jede Erscheinung vor ihm da. Alles, was ist, ist ihm durch das Machtwort des Augenblicks; jede Veränderung ist ihm eine ganz frische Schöpfung, weil mit dem Notwendigen *in ihm* die Notwendigkeit *außer ihm fehlt,* welche die wechselnden Gestalten in ein Weltall zusammenbindet und, indem das Individuum flieht, das Gesetz auf dem Schauplatze festhält. Umsonst läßt die Natur ihre reiche Mannigfaltigkeit an seinen Sinnen vorübergehen, er sieht in ihrer herrlichen Fülle nichts als seine Beute, in ihrer Macht und Größe nichts als seinen Feind. Entweder er stürzt auf die Gegenstände und will sie in sich reißen, in der Begierde; oder die Gegenstände dringen zerstörend auf ihn ein, und er stößt sie von sich, in der Verabscheuung. In beiden Fällen ist sein Verhältnis zur Sinnenwelt unmittelbare Berührung, und ewig von ihrem Andrang geängstigt, rastlos von dem gebieterischen Bedürfnis gequält, findet er nirgends Ruhe als in der Ermattung und nirgends Grenzen als in der erschöpften Begier.

> Zwar die gewalt'ge Brust und der Titanen
> Kraftvolles Mark ist sein . . .
> Gewisses Erbteil; doch es schmiedete
> Der Gott um seine Stirn ein ehern Band,
> Rat, Mäßigung und Weisheit und Geduld
> Verbarg er seinem scheuen düstern Blick.
> Es wird zur Wut ihm jegliche Begier,
> Und grenzenlos dringt seine Wut umher.
>
> *Iphigenie auf Tauris*

Mit *seiner* Menschenwürde unbekannt, ist er weit entfernt, sie in andern zu ehren, und der eignen wilden Gier sich bewußt, fürchtet er sie in jedem Geschöpf, das ihm ähnlich sieht. Nie erblickt er andre in sich, nur sich in andern, und die Gesellschaft, anstatt ihn zur Gattung auszudehnen, schließt ihn nur enger und enger in sein Individuum ein. In dieser dumpfen Beschränkung irrt er durch das nachtvolle Leben, bis eine günstige Natur die Last des Stoffes von seinen verfinsterten Sinnen wälzt, die Reflexion *ihn selbst* von den Dingen scheidet und im Widerscheine des Bewußtseins sich endlich die Gegenstände zeigen.

Dieser Zustand roher Natur läßt sich freilich, so wie er hier geschildert wird, bei keinem bestimmten Volk und Zeitalter nachweisen; er ist bloß Idee, aber eine Idee, mit der die Erfahrung in einzelnen Zügen aufs genaueste zusammenstimmt. Der Mensch, kann man sagen, war nie ganz in diesem tierischen Zustand, aber er ist ihm auch nie ganz entflohen. Auch in den rohesten Subjekten findet man unverkennbare Spuren von Vernunftfreiheit, so wie es in den gebildetsten nicht an Momenten fehlt, die an jenen düstern Naturstand erinnern. Es ist dem Menschen einmal eigen, das Höchste und das Niedrigste in seiner Natur zu vereinigen, und wenn seine *Würde* auf einer strengen Unterscheidung des einen von dem andern beruht, so beruht auf einer geschickten Aufhebung dieses Unterschieds seine *Glückseligkeit*. Die Kultur, welche seine Würde mit seiner Glückseligkeit in Übereinstimmung bringen soll, wird also für die höchste Reinheit jener beiden Prinzipien in ihrer innigsten Vermischung zu sorgen haben.

Die erste Erscheinung der Vernunft in dem Menschen ist darum noch nicht auch der Anfang seiner Menschheit. Diese wird erst durch seine Freiheit

entschieden, und die Vernunft fängt erstlich damit an, seine sinnliche Abhängigkeit grenzenlos zu machen; ein Phänomen, das mir für seine Wichtigkeit und Allgemeinheit noch nicht gehörig entwickelt scheint. Die Vernunft, wissen wir, gibt sich in dem Menschen durch die Forderung des Absoluten (auf sich selbst Gegründeten und Notwendigen) zu erkennen, welche, da ihr in keinem einzelnen Zustand seines physischen Lebens Genüge geleistet werden kann, ihn das Physische ganz und gar zu verlassen und von einer beschränkten Wirklichkeit zu Ideen aufzusteigen nötigt. Aber obgleich der wahre Sinn jener Forderung ist, ihn den Schranken der Zeit zu entreißen und von der sinnlichen Welt zu einer Idealwelt emporzuführen, so kann sie doch durch eine (in dieser Epoche der herrschenden Sinnlichkeit kaum zu vermeidende) Mißdeutung auf das physische Leben sich richten und den Menschen, anstatt ihn unabhängig zu machen, in die furchtbarste Knechtschaft stürzen.
Und so verhält es sich auch in der Tat. Auf den Flügeln der Einbildungskraft verläßt der Mensch die engen Schranken der Gegenwart, in welche die bloße Tierheit sich einschließt, um vorwärts nach einer unbeschränkten Zukunft zu streben; aber indem vor seiner schwindelnden Imagination das Unendliche aufgeht, hat sein Herz noch nicht aufgehört, im Einzelnen zu leben und dem Augenblick zu dienen. Mitten in seiner Tierheit überrascht ihn der Trieb zum Absoluten – und da in diesem dumpfen Zustande alle seine Bestrebungen bloß auf das Materielle und Zeitliche gehen und bloß auf sein Individuum sich begrenzen, so wird er durch jene Forderung bloß veranlaßt, sein Individuum, anstatt nach Form nach einem unversiegenden Stoff, anstatt nach dem Unveränderlichen nach einer ewig dauernden Veränderung und nach einer absoluten Versicherung seines zeitlichen Daseins zu streben. Der nämliche Trieb, der ihn, auf sein Denken und Tun angewendet, zur Wahrheit und Moralität führen sollte, bringt jetzt, auf sein Leiden und Empfinden bezogen, nichts als ein unbegrenztes Verlangen, als ein absolutes Bedürfnis hervor. Die ersten Früchte, die er in dem Geisterreich erntet, sind also *Sorge* und *Furcht;* beides Wirkungen der Vernunft, die sich in ihrem Gegenstand vergreift und ihren Imperativ unmittelbar auf den Stoff anwendet. Früchte dieses Baumes sind alle unbedingten Glückseligkeitssysteme, sie mögen den heutigen Tag oder das ganze Leben oder, was sie um nichts ehrwürdiger macht, die ganze Ewigkeit zu ihrem Gegenstand haben. Eine grenzenlose Dauer des Daseins und Wohlseins bloß um des Daseins und Wohlseins willen, ist bloß ein Ideal der Begierde, mithin eine Forderung, die nur von einer ins Absolute strebenden Tierheit kann aufgeworfen werden. Ohne also durch eine Vernunftäußerung dieser Art etwas für seine Menschheit zu gewinnen, verliert er dadurch bloß die glückliche Beschränktheit des Tiers, vor welchem er nun bloß den

unbeneidenswerten Vorzug besitzt, über dem Streben in die Ferne den Besitz der Gegenwart zu verlieren, ohne doch in der ganzen grenzenlosen Ferne je etwas anderes als die Gegenwart zu suchen.

Aber wenn sich die Vernunft auch in ihrem Objekt nicht vergreift und in der Frage nicht irrt, so wird die Sinnlichkeit noch lange Zeit die Antwort verfälschen. Sobald der Mensch angefangen hat, seinen Verstand zu brauchen und die Erscheinungen umher nach Ursachen und Zwecken zu verknüpfen, so dringt die Vernunft, ihrem Begriffe gemäß, auf eine absolute Verknüpfung und auf einen unbedingten Grund. Um sich eine solche Forderung auch nur aufwerfen zu können, muß der Mensch über die Sinnlichkeit schon hinausgeschritten sein; aber ebendieser Forderung bedient sie sich, um den Flüchtling zurückzuholen. Hier wäre nämlich der Punkt, wo er die Sinnenwelt ganz und gar verlassen und zum reinen Ideenreich sich aufschwingen müßte; denn der Verstand bleibt ewig innerhalb des Bedingten stehen und frägt ewig fort, ohne je auf ein Letztes zu geraten. Da aber der Mensch, von dem hier geredet wird, einer solchen Abstraktion noch nicht fähig ist, so wird er, was er in seinem sinnlichen *Erkenntniskreise* nicht findet und über denselben hinaus in der reinen Vernunft noch nicht sucht, unter demselben in seinem *Gefühlkreise* suchen und dem Scheine nach finden. Die Sinnlichkeit zeigt ihm zwar nichts, was sein eigener Grund wäre und sich selbst das Gesetz gäbe; aber sie zeigt ihm etwas, was von keinem Grunde weiß und kein Gesetz achtet. Da er also den fragenden Verstand durch keinen letzten und innern Grund zur Ruhe bringen kann, so bringt er ihn durch den Begriff des Grundlosen wenigstens zum Schweigen und bleibt innerhalb der blinden Nötigung der Materie stehen, da er die erhabene Notwendigkeit der Vernunft noch nicht zu erfassen vermag. Weil die Sinnlichkeit keinen andern Zweck kennt als ihren Vorteil und sich durch keine andre Ursache als den blinden Zufall getrieben fühlt, so macht er jenen zum Bestimmer seiner Handlungen und diesen zum Beherrscher der Welt.

Selbst das Heilige im Menschen, das Moralgesetz, kann bei seiner ersten Erscheinung in der Sinnlichkeit dieser Verfälschung nicht entgehen. Da es bloß verbietend und gegen das Interesse seiner sinnlichen Selbstliebe spricht, so muß es ihm so lange als etwas Auswärtiges erscheinen, als er noch nicht dahin gelangt ist, jene Selbstliebe als das Auswärtige und die Stimme der Vernunft als sein wahres Selbst anzusehen. Er empfindet also bloß die Fesseln, welche die letztere ihm anlegt, nicht die unendliche Befreiung, die sie ihm verschafft. Ohne die Würde des Gesetzgebers in sich zu ahnen, empfindet er bloß den Zwang und das ohnmächtige Widerstreben des Untertans. Weil der sinnliche Trieb dem moralischen in seiner Erfahrung *vorhergeht,* so gibt er dem Gesetz der Notwendigkeit einen Anfang in der Zeit, einen *positiven Ursprung*, und durch den unglückseligsten aller Irrtümer macht er das Unveränderliche und Ewige in sich zu einem Accidens des Vergänglichen. Er überredet sich, die Begriffe von Recht und Unrecht als Statuten anzusehen, die durch einen Willen eingeführt wurden, nicht die an sich selbst und in alle Ewigkeit gültig sind. Wie er in Erklärung einzelner Naturphänomene über die *Natur* hinausschreitet und außerhalb derselben sucht, was nur in ihrer innern Gesetzmäßigkeit kann gefunden werden, ebenso schreitet er in Erklärung des Sittlichen über die *Vernunft* hinaus und verscherzt seine Menschheit, indem er auf diesem Weg eine Gottheit sucht. Kein Wunder, wenn eine Religion, die mit Wegwerfung seiner Menschheit erkauft wurde, sich einer solchen Abstammung würdig zeigt, wenn er Gesetze, die nicht *von* Ewigkeit her banden, auch nicht für unbedingt und *in* alle Ewigkeit bindend hält. Er hat es nicht mit einem heiligen, bloß mit einem mächtigen Wesen zu tun. Der Geist seiner Gottesverehrung ist also Furcht, die ihn erniedrigt, nicht Ehrfurcht, die ihn in seiner eigenen Schätzung erhebt.

Obgleich diese mannigfaltigen Abweichungen des Menschen von dem Ideale seiner Bestimmung nicht alle in der nämlichen Epoche statthaben können, indem derselbe von der Gedankenlosigkeit zum Irrtum, von der Willenlosigkeit zur Willensverderbnis mehrere Stufen zu durchwandern hat, so gehören doch alle zum Gefolge des physischen Zustandes, weil in allen der Trieb des Lebens über den Formtrieb den Meister spielt. Es sei nun, daß die Vernunft in dem Menschen noch gar nicht gesprochen habe und das Physische noch mit blinder Notwendigkeit über ihn herrsche, oder daß sich die Vernunft noch nicht genug von den Sinnen gereinigt habe und das Moralische dem Physischen noch diene: So ist in beiden Fällen das einzige in ihm gewalthabende Prinzip ein materielles und der Mensch, wenigstens seiner letzten Tendenz nach, ein sinnliches Wesen – mit dem einzigen Unterschied, daß er in dem ersten Fall ein vernunftloses, in dem zweiten ein vernünftiges Tier ist. Er soll aber keines von beiden, er soll Mensch sein; die Natur soll ihn nicht ausschließend und die Vernunft soll ihn nicht bedingt beherrschen. Beide Gesetzgebungen sollen vollkommen unabhängig voneinander bestehen und dennoch vollkommen einig sein.

AMALIA HOLST

Über die Bestimmung des Weibes zur höhern Geistesbildung

Wenn also mancherlei Ursachen da sind, die das Weib von ihrer Bestimmung als Gattin und Mutter abhalten; wenn verheerende Kriege und Krankheiten, die den Männern mehr tödlich sind als den Weibern, so viele aus unserer Mitte in den Stand veralteter Jungfrauen versetzen: was wird alsdann die Schutzwehr der Weiber gegen das Ridikül sein, welches man so gerne über diesen Stand verbreitet? Was wird sie fähig machen, auch in dieser Lage wohltätig auf die Menschheit zu wirken? Nichts als die Wissenschaften in der höchsten vollendeten Bildung des Menschen.

Hat das Weib ihre Bildung aus dem einzig wahren Gesichtspunkt zur vollendeten schönen Humanität erreicht, so ist sie für kein Verhältnis des Lebens verloren, dann schmiegt sie sich jedem Wirkungskreise an. Kann sie der Welt auf eine Weise nicht nützlich werden, so geschieht es auf eine andere. Zufrieden, wenn sie am Abend ihres Lebens dem, der ihr ihre Rolle gab, auch dann noch für ihren Anteil danken, und mit dem stillen Bewußtsein seines und der Edlen Beifall von dieser Bühne abtreten kann, und jenseits ihren Lohn erwartet. Sie ist es sich innigst bewußt, sie habe den Zoll der Menschheit in Vermehrung des sittlich Schönen und Guten angetragen, in dem Wirkungskreise, worin sie versetzt ward.

Nach der jetzigen Lage der Dinge, wo die Männer alle einträglichen Ämter und Gewerbe für sich genommen haben, bleiben dem unverehelichten Weibe nur wenige Nahrungszweige übrig.

Diese sind die Erziehung der Jugend; der männlichen nur bis zu einem gewissen Alter, der weiblichen bis zu ihrer Vollendung. Dann als Haushälterinnen oder Gesellschafterinnen sich fortzuhelfen, und endlich sich durch Handarbeit, besonders im Fache der Moden und des Luxus, zu nähren.

Eine jede wird von diesen Nahrungszweigen denjenigen wählen, wozu ihre Bildung, ihre Talente und ihre Neigung sie bestimmen.

Laßt uns als den nützlichsten und ehrenvollsten, besonders den zahlreichen Stand der Erzieherinnen betrachten. – Man hat es noch nicht genug erwogen, wieviel das Weib in diesem Wirkungskreise zum Heil oder Unheil der Welt beitragen könne. Alles, was ich im Abschnitte der gebildeten Mutter gesagt habe, gilt auch hier, und zwar in einem noch größeren Umfange. Wenn das

Weib als Mutter, als Bildnerin ihrer Kinder, der höchsten Bildung bedarf, so ist es gewiß, daß die Erzieherin, welche die Motive der mütterlichen Zärtlichkeit nicht hat, noch in einem höhern Grade gebildet sein, noch mehr vom innigen, tiefen Gefühl der Pflicht durchdrungen sein muß als die vom Naturgefühl beseelte Mutter.

Sie muß es recht mit Überzeugung einsehen, daß die Stelle, welche sie als Erzieherin wählte, die ehrenvollste und wichtigste in der gesamten Menschheit sei.

Jede Kenntnis, die dazu erforderlich ist, wird ihr wichtig werden, sie wird unablässig streben, sie sich zu erwerben. Ihre eigne, immerwährende moralische Bildung wird das heiligste Geschäft ihres Lebens sein. Denn sie ist nicht allein Lehrerin, sie ist auch Vorbild der ihr anvertrauten Jugend. Lehre ohne Beispiel wirkt nichts, gar nichts, dies weiß, dies fühlt sie. Und diese ernste Absicht ihres wichtigen Berufs, dies immerwährende Streben nach eigner vollendeter Bildung, beschäftigt sie auf eine so edle Art, daß sie alle jene Lächerlichkeiten vermeidet, welche man oft mit Recht den veralteten Jungfrauen vorwirft.

Wenn je ein Weib den höchsten Grad der Bildung bedarf, so ist es in dieser Lage. Sie, die mit dem schönen Bande der Gatten- und Mutterpflicht, nicht mit der Menschheit vereint ist, muß ganz Weltbürgerin sein. Dies kann sie nur durch Kenntnisse werden. Sie betrachtet die gesamte Menschheit als ihre Familie. Sie weiß, ihr Urteil als wirkendes Mitglied dieser großen Kette ward mitberechnet. Ihr wohlwollendes Herz, ihr heller Verstand sagen es ihr, ein jedes Glied müsse zur allgemeinen Summe das Seinige beitragen, und sie strebt mit rastlosem Eifer, diese große Schuld der Menschheit darzulegen.

Dann tröstet dies große Gefühl der erfüllten Pflicht sie für die Entbehrung des höheren Grades der Glückseligkeit, welche ihr als Gattin und Mutter nicht ward.

Die ihr anvertrauten Kinder werden die ihrigen. Verdanken sie ihr nicht die physische, so doch die moralische Existenz. Sie hat in ihrem Wirkungskreise so viel Gelegenheit, verjährte Vorurteile der Ahnen und des Reichtums zu bestreiten, richtigere Begriffe unterzuschieben, und so noch auf entfernte Generationen zu wirken. Vorurteile und richtige Begriffe gleichen einer Lawine, der kleine unmerkliche Urstoff rollt in eine unabsehbare Ferne fort, und nimmt in seinem Wege die homogenen Teile auf, bis sie zu einer furchtbaren oder wohltätigen Masse anschwellen, wo ihr Einfluß nicht mehr zu berechnen ist. Von dieser großen Ansicht ihres Berufs durchdrungen, sucht sie die Herzen ihrer Zöglinge zu gewinnen, und der fruchtbaren Ideen recht viele auszustreuen. Und je mehr sie das Aufkeimen dieser Ideen bemerkt, je mehr diese ihre moralischen Kinder gedeihen, um so mehr gewinnt sie dieselben lieb, um so größer wird ihr Eifer zu ihrer Bildung.

Diese humanen Empfindungen mindern die Härte gegen ihre Zöglinge, die den veralterten Mädchen, welche nie das süße Muttergefühl gekannt haben, oft vorgeworfen wird. Die Ansicht, welche ihr der hohe Grad ihrer eignen Bildung von ihrem Beruf gibt, läßt sie ihre Pflicht und das Verhältnis, worin sie zur Menschheit steht, aus dem erhabensten Gesichtspunkt betrachten.

Ein solches Weib kann der Kenntnisse, die man als ebensoviel Berührungspunkte betrachten kann, durch welche die mit der Menschheit zusammentrifft, nicht zu viel haben, um alle die Klippen zu vermeiden, die in ihrem Wege mehr als auf dem Wege der verehelichten Weiber sich finden. Und wenn sie dann an der Hand der Wissenschaften und des eignen Nachdenkens sich Schätze der Weisheit gesammelt hat, wird man es ihr alsdann zu einem Verbrechen der beleidigten Majestät der Männer anrechnen wollen, wenn sie die Früchte ihres Nachdenkens der Welt noch zum späten Segen hinterläßt? Wenn sie nach ihrem Hinscheiden noch Nutzen stiften wird? Und wird diese Beschäftigung nicht edler sein, als wenn in einem Alter, wo die Ansprüche auf die Eroberung der Männer sich nicht mehr ziemen, sie dennoch fortfährt, diese zu dem ersten Geschäft ihres Daseins zu machen, und daher einen Anzug wählt, der ihr Alter verbergen soll, aber nichts bewirkt, als sie lächerlich zu machen, und ihr jene Verachtung zuzuziehen, welche mit Recht oder mit Unrecht auf diesem Stand ruht?

Oder wenn sie als Ausspäherin der Handlungen ihrer jüngeren Mitschwestern auftritt, mit Argusaugen ihre Schritte belauscht, und voll Schmähsucht sie zum Argen deutet, weil sie es ihnen nicht verzeihen kann, daß sie Freuden genießen, die ihr versagt wurden. Oder wenn sie die Maske der Frömmigkeit noch obendrein anlegt, um die Welt desto besser zu täuschen, und schlauer die Arglist und den Neid zu verbergen, der sie quält.

Der Mensch, in einem Verhältnis erzogen, welches an so viele Berührungspunkte des so mannigfaltig sich kreuzenden Interesses der verfeinerten Menschheit grenzt, sehnt sich nach Beschäftigung. Steht er auf einem niedrigen Grade der Kultur, so wird seine Beschäftigung niedrig und zwecklos, steht sie hoch, so wird seine Tätigkeit zweckmäßig und edel sein.

Wer auf das Streben und die Handlungen der Menschen, in den verschiedenen Graden ihrer Kultur, achtet, der wird nach der Wahl ihrer Vergnügungen und ihrer Lieblingsbeschäftigungen gleich die Stufe bestimmen können, welche sie in der Reihe gebildeter Wesen einnehmen.

Nur in der Nichtbildung oder Verbildung der Weiber können wir die unlautere Quelle ihrer mehrsten Gebrechen finden. Schmähsucht, Klatschereien,

Neid über unbedeutende Vorzüge, unmäßige Putzliebe, Koketterien, Hang nach rauschenden Ergötzlichkeiten, Zank und Spielsucht fließen alle aus einer leeren oder verbildeten Seele.
Ich kann es aber nicht genug wiederholen, das Studium der Wissenschaften muß immer mit der höchsten Bildung zur Humanität gleichen Schritt halten, sonst erniedrigen wir die Wissenschaft, und machen ein Paradekleid daraus, welches wir anlegen, um andere damit zu verdunkeln, und dann steht das schlechte Kleid der edlen Einfalt gewiß weit besser.
Aber auch unter diesen unverehelichten Weibern wird der Grad der Kultur nach ihren physischen und intellektuellen Kräften verschieden sein. Die Natur beobachtet ja in allen ihren Formen die größte Mannigfaltigkeit. Die große Kette geht vom Niedrigsten bis zum Höchsten hinauf. Wenn aber nur die Bildung des Weibes aus dem richtigen Gesichtspunkte begonnen, und mit der beständigen Tendenz zum moralisch Schönen und Guten verfolgt wird, so nehme das Weib einen niedrigen oder hohen intellektuellen Standpunkt ein, und sie wird gewiß die Mängel vermeiden, welche unserm Geschlecht noch so oft vorgeworfen, besonders den unverehelichten Weibern zur Last gelegt werden.
Sollte je das weibliche Geschlecht zu der Ansicht gelangen, daß es die Ausbildung seiner Anlagen und Kräfte als Geschäft und Pflicht betriebe, so würde die gesamte Menschheit einen großen, nicht zu berechnenden Vorteil daraus ziehen. Die Weiber können nach der Lage der Dinge keinen andern ersprießlichen Zweck zu ihrer höheren Ausbildung haben als diesen. Dieser oder die Begierde zu glänzen, kann nur der richtige oder falsche Beweggrund ihrer Bildung sein. Und möchte ich doch meine Freundinnen so recht innig überzeugen können, daß sie sich und die Wissenschaften erniedrigen, wenn sie dieselben zu diesem frivolen Zweck verbrauchen?

Wilhelm von Humboldt

Über die Sprache

Die Sprachen trennen allerdings die Nationen, aber nur um sie auf eine tiefere und schönere Weise wieder inniger zu verbinden; sie gleichen darin den Meeren, die, anfangs furchtsam an den Küsten umschifft, die länderverbindendsten Straßen geworden sind. Das Ineinanderwirken hochgebildeter Nationen hat erst den ganzen Prozeß des geistigen Lebens, welchen die zu vollendeter Entwicklung ihrer Intellektualität gelangenden durchgehen, an leuchtenden und deutlich zu erkennenden Beispielen entfaltet. Die Sprache spielt natürlich in demselben die wichtigste Rolle, und das Letzte und Höchste ihrer Wirksamkeit, ihre eigentliche Bestimmung, wird erst hieran sichtbar. Sie bezeichnet die Gegenstände, leiht den Empfindungen Ausdruck, besitzt ihr eigentümliches Lautsystem, ihre Analogien der Wortbildung, ihre grammatischen Gesetze. Dies ist die breite, schon zu ihrem unmittelbarsten Zweck, dem Verständnis, notwendige Basis, auf welcher sie ruht, und die das sorgfältigste, strengste, in jede Einzelheit eindringende Studium erfordert. An dieser Form leitet sie die Nation, aber umschlingt sie auch beschränkend, mit dieser eröffnet sie ihr die Welt, mischt aber der Farbe der Gegenstände auch die ihrige bei. Sie dient den niedrigsten Zwecken und Bedürfnissen des Menschen, führt aber unbemerkt, wie von selbst, alles ins Allgemeinere und Höhere hinauf, und das Geistige kann sich nur durch sie Geltung verschaffen. Sie vermittelt die Verschiedenheit der Individualitäten, heftet durch Überlieferung und Schrift das sonst unwiederbringlich Verhallende, und hält der Nation, ohne daß diese sich dessen selbst einzeln bewußt wird, in jedem Augenblick ihre ganze Denk- und Empfindungsweise, die ganze Masse des geistig von ihr Errungenen, wie einen Boden gegenwärtig, von dem sich der auftretend beflügelte Fluß zu neuen Aufschwüngen erheben kann, als eine Bahn, die, ohne zwängend einzuengen, gerade durch die Begrenzung die Stärke begeisternd vermehrt. In welchem Grade, welcher Art sie dies tut, steht aber in durchgängiger Verbindung mit dem, was wir eben ihre Basis nannten, und die Forschung der Sprachkunde muß immer auf diesen Zusammenhang, immer zugleich auf die beiden Endpunkte des Ganges der Sprachen gerichtet sein.

Durch diesen heftenden, leitenden und bildenden Einfluß der Sprache wird auch erst der höhere, und oft wohl nicht deutlich genug erkannte Begriff des Wortes Nation sichtbar, so wie die Stelle, welche die Verteilung der Nationen in dem großen Gange einnimmt, auf dem sich der geistige Bildungstrieb des Menschengeschlechts seine Bahn bricht. Eine Nation in diesem Sinne ist eine durch eine bestimmte Sprache charakterisierte geistige Form der Menschheit, in Beziehung auf idealische Totalität individualisiert. In allem, was die menschliche Brust bewegt, namentlich aber in der Sprache, liegt nicht nur ein Streben nach Einheit und Allheit, sondern auch eine Ahndung, ja eine innere Überzeugung, daß das Menschengeschlecht, trotz aller Trennung, aller Verschiedenheit, dennoch in seinem Urwesen und seiner letzten Bestimmung unzertrennlich und eins ist. Die Sehnsucht in allen konkreten Gestalten, die sie in dem ewig untermischt sinnlich und geistig angeregten Menschen annimmt, ist, sowie sie auf Ergänzung des vereinzelten Daseins geht, Aushauch dieses einen Gefühls. Die Individualität zerschlägt, aber auf eine so wunderbare Weise, daß sie gerade durch die Trennung das Gefühl der Einheit weckt, ja als ein Mittel erscheint, diese wenigstens in der Idee herzustellen.

FEDOR MICHAILOWITSCH DOSTOJEWSKI

Der Großinquisitor weist den wiederkehrenden Christus zurück

«Du bist nicht vom Kreuz herabgestiegen, als sie Dir, indem sie Dir die Kleider vom Leibe rissen und Dich verhöhnten, zuriefen: Steig vom Kreuz herab, und wir werden glauben, daß Du der Sohn Gottes bist. Du bist deshalb nicht herabgestiegen, weil Du wiederum die Menschen nicht mit dem Wunder knechten wolltest und Dich nach dem freien und nicht nach dem Wunderglauben dürstete, Du sehntest Dich nach der freien Liebe und verwarfst das feige Entzücken der Sklaven vor der Macht. Aber Du dachtest zu hoch von den Menschen, denn sie sind nun einmal Sklaven, wenn auch zur Empörung geschaffen. Blicke um Dich und urteile selbst! Fünfzehn Jahrhunderte sind vergangen, komm, sieh Dir die Menschen an: Wen hast Du da bis zu Dir emporgehoben? Ich bezeuge es: Der Mensch ist schwächer und niedriger, als Du dachtest. Kann er wirklich alles das erfüllen, was Du ihn gewiesen hast? Indem Du also hoch von ihm dachtest, hast Du wie einer gehandelt, der kein Mitleid mit ihm fühlt, da Du allzuviel von ihm verlangtest – und das tatest Du, der Du ihn mehr liebst als Dich selber. Hättest Du ihn niedriger eingeschätzt, so würdest Du weniger von ihm verlangt haben, und es würde mehr der Liebe geglichen haben, denn die Bürde wäre leichter zu tragen gewesen. Er ist schwach, und er ist gemein. Was liegt schließlich daran, daß er sich allerorten jetzt gegen unsere Macht empört und sich darauf viel einbildet, daß er sich empört! Ich sage Dir, es ist die Empörung von Kindern und Schulknaben; das sind kleine Kinder, die sich in der Klasse zusammenrotten und den Lehrer davonjagen. Doch diesem Jubeln der Kinder wird bald ein Ende gesetzt sein, und es wird sie teuer zu stehen kommen. Sie reißen die Tempel ein und begießen die Erde mit Blut, aber endlich werden sie es selber spüren, diese törichten Knaben, daß, wenn sie auch Empörer sind, ihre Empörung doch nur erbärmlich ist und daß sie selber ihre eigene Empörung nicht lange aushalten. So werden sie wie dumme Kinder zu heulen anfangen und einsehen, daß Er, der sie zu Empörern geschaffen hat, sich ganz zweifellos über sie hatte lustig machen wollen. Sie werden es in ihrer Verzweiflung so aussprechen, und ihre Rede wird Gotteslästerung sein, um derentwillen sie noch unglücklicher sein werden. Denn die menschliche Natur vermag Gotteslästerungen nicht zu ertragen und straft sich schließlich selber dafür. Unruhe, Verwirrung und Unglück: Da hast Du das Los der gegenwärtigen Menschen nach allem, was Du für deren Freiheit gelitten hast. Dein großer Prophet spricht in seinen Geschichten, daß er alle gesehen, die an der Auferstehung teilgenommen hätten, und daß es aus jedem Stamme zwölftausend gewesen wären – aber wenn es nicht mehr sind, so waren die eben nicht Menschen, sondern schon Götter. Sie haben Dein Kreuz getragen, sie haben zehn Jahre in der hungernden und nackten Wüste gelebt und sich dort von Heuschrekken und Wurzeln genährt – gewiß kannst Du jetzt mit Stolz auf sie hinweisen, auf diese Kinder der Freiheit, der freien Liebe, des freien, erhabenen Opfers in Deinem Namen, doch vergiß nicht, daß ihrer nur einige tausend und daß sie Götter waren! Was geschieht aber mit den anderen, was haben Dir die übrigen schwachen Menschen getan, daß sie das nicht aushielten, was die starken zu tragen die Kraft hatten? Ist es die Schuld der schwachen Seele, daß sie nicht mächtig sei, so furchtbare Geschenke in sich zu fassen? Bist Du nur zu den Auserwählten und ihretwegen geraden Weges vom Himmel heruntergestiegen? Wenn ja, so ist dies ein Geheimnis, das wir nicht zu begreifen vermögen. Und wenn es ein Geheimnis ist, so haben auch wir das Recht, das Geheimnis zu verkünden und sie zu lehren, daß nicht der freie Entschluß des Herzens und nicht die Liebe, sondern eben das Geheimnis entscheide, welchem sie blind, ja gegen ihr eigenes Gewissen gehorchen sollten. Und so haben wir auch gehandelt. Wir haben Deine Tat verbessert und sie auf dem Wunder, auf dem Geheimnis und auf der Autorität neu aufgebaut. Und die Menschen sind froh, daß wir sie abermals führen wie eine Herde und daß wir aus ihren Herzen die furchtbare Gabe wieder stahlen, die ihnen so viel Qual gebracht hat.

Sprich, haben wir recht gehandelt? Haben wir die Menschheit nicht geliebt, indem wir in Demut deren Schwäche erkannten und mit Liebe die Bürde leichter machten und die schwache Natur von der Sünde freisprachen? Warum bist Du also gekommen, um uns zu stören? Warum blickst Du mich so still und durchdringend mit Deinen sanften Augen an? Zürnst Du mir dafür, daß ich Deine Liebe nicht will, weil ich Dich selber nicht liebe? Warum sollte ich es vor Dir verheimlichen, ich weiß ja nicht, zu wem ich rede; was ich Dir zu sagen habe, das weißt Du im voraus, ich lese es in Deinen Augen. Soll ich Dir unser Geheimnis enthüllen? Vielleicht willst Du es aus meinem Munde hören, so vernimm denn: Wir sind nicht mit Dir, sondern mit *ihm*, das ist unser Geheimnis. Schon lange sind wir nicht mit Dir, sondern mit *ihm*, schon acht Jahrhunderte. Acht Jahrhunderte ist es her, daß wir das von *ihm* annahmen, was Du mit Zorn zurückgewiesen hast, jenes letzte Geschenk, das er Dir anbot, indem er vor Deinen Augen die Reiche der Erde ausbreitete. Wir haben aus seiner Hand Rom und das Schwert Cäsars empfangen und uns als die Herren der Erde erklärt, die einzigen, wenn auch unser Werk bis jetzt noch nicht zu Ende geführt ist. Wer ist aber daran schuld? Oh, unser Werk ist noch in seinen Anfängen, aber es hat begonnen; noch lange müssen wir auf dessen Vollendung warten, und noch viel Leiden wird auf der Erde sein, aber wir werden es vollenden und die Herren der Erde sein, und dann erst wird die Zeit gekommen sein, daß wir an das allgemeine, ewige Glück der Menschen denken. Und doch hättest Du damals schon das Schwert Cäsars an Dich reißen können! Warum hast Du auch dieses letzte Geschenk zurückgewiesen? Wärest Du damals seinem Rate gefolgt, so würdest Du alles gehabt haben, wonach den Menschen auf Erden verlangt: den Gott, den er anbeten, den Herrn, dem er sein Gewissen übergeben will, und den Weg und die Weise, wie sich die ganze Menschheit endgültig zu einem einzigen, einträchtigen Ameisenhaufen vereinen kann.

Denn dieses Verlangen nach weltumspannender Einheit ist die dritte und letzte Sorge des Menschen. Seit je ist das Streben der ganzen Menschheit die Welteinheit gewesen. Es hat viele große Völker gegeben mit großer Geschichte, aber je höher sie aufstiegen, um so glücklicher waren sie, denn um so stärker empfanden sie die Notwendigkeit der Einigung aller Völker. Die großen Heerführer, ein Timur und Dschingis-Khan, sind wie ein Wirbelwind über die Erde dahingejagt und haben die Welt mit dem Schwerte zu erobern gesucht. Aber auch sie drückten, wenn auch unbewußt, denselben gewaltigen Drang der Menschheit nach dem Weltreich aus. Hättest Du das Reich und den Purpur Cäsars damals angenommen, so würdest Du das Weltenreich gegründet und der Welt ewigen Frieden gegeben haben. Wer soll denn über die Menschen herrschen, wenn nicht der, der ihr Gewissen unterjocht und in dessen Hand das Brot ist? Wir nun haben uns mit dem Schwerte Cäsars gegürtet und Dich damit für alle Zeiten besiegt und sind *ihm* nachgefolgt. O gewiß, es werden noch Jahrhunderte des Mißbrauchs der menschlichen Geisteskraft kommen, Jahrhunderte der Wissenschaft und Menschenfresserei – denn wenn sie ihren Babylonischen Turm ohne uns zu Ende führen wollen, werden sie bei der Menschenfresserei aufhören. Dann aber wird das Tier zu uns gekrochen kommen und uns die Füße lecken und mit blutigen Tränen netzen. Und wir werden uns auf das Tier setzen und den Kelch hochheben, und auf diesem wird geschrieben stehen: Geheimnis.

Aber dann erst und nicht früher wird für die Menschen das Reich des Friedens und des Glückes gekommen sein. Du bist stolz auf Deine Auserwählten, denn Du hast nur Auserwählte, wir aber werden allen Menschen Ruhe und Frieden bringen. Doch das ist noch nicht alles, vergiß nicht: Gar viele von den Auserwählten, von den Starken, die da Auserwählte hätten werden können, sind des Wartens auf dein Kommen müde geworden und haben die Kraft ihres Geistes und die Glut ihres Herzens in ein fremdes Land gebracht und auf einen fremden Acker getragen und tragen es noch immer dorthin, so daß sie schließlich gegen Dich die Fahne der Freiheit, die Du selbst einst aufgerichtet hattest, aufpflanzen werden. Bei uns aber werden alle glücklich sein, alle ohne Unterschied, und es wird keine Empörung mehr unter Menschen herrschen, und sie werden sich nicht mehr gegenseitig das Schwert in den Leib stoßen, wie sie es in Deinem freien Reiche immer getan haben. Wir werden sie davon überzeugen, daß sie nur dann frei sein können, wenn sie sich von ihrer Freiheit zu unseren Gunsten lossagen und sich uns ergeben. Werden wir recht damit tun, oder werden wir lügen? Die Menschen selber werden davon überzeugt sein, daß wir recht haben; denn sie werden es nie vergessen, zu welchen Schrecknissen der Knechtschaft und Erniedrigung Deine Freiheit sie geführt hat.

Die Freiheit, der freie Geist, die freie Wissenschaft werden sie vor solche Abgründe bringen und vor solche Wunder und unenthüllbare Geheimnisse stellen, daß die einen, die Unruhigen und Unbändigen, sich das Leben nehmen, daß die anderen, die wohl unruhig, aber schwach sind, sich gegenseitig töten werden; die übrigen aber, die Demütigen und Unglücklichen, die werden zu uns gekrochen kommen und zu uns reden: Ja, ihr hattet recht, ihr allein seid die Herren des Geheimnisses, und wir kehren zu euch zurück; rettet uns vor uns selber!

[. . .]

Und wir, die wir die Sünde zu deren Glück auf uns genommen haben, wir werden uns vor Dir erheben und sagen: Richte uns, wenn Du es kannst und wagst! Wisse, daß ich Dich nicht fürchte, wisse, daß auch ich in der Wüste gelebt habe und mich dort von Heuschrecken und Wurzeln genährt habe, daß auch ich die Freiheit gesegnet habe, mit der Du die Menschen gesegnet hast, daß auch ich mich vorbereitet hatte, unter die Auserwählten zu treten, unter die Stolzen und Starken, dürstend, daß die Zahl voll werde! Doch ich bin erwacht und wollte Dir nicht mehr mit dem Wahnsinn dienen, ich bin umgekehrt und habe mich der Schar derer angeschlossen, die Deine Tat verbessern wollten. Ich bin aus der Reihe der Stolzen ausgeschieden und bin zurückgekehrt zu denen, die sich gedemütigt haben zum Heile der Sterblichen. – Das, was ich zu Dir gesprochen habe, wird sein, und unser Reich wird gegründet werden. Ich wiederhole Dir: Morgen wirst Du selber die gehorsame Schar sehen, die auf den ersten Wink meiner Hand sich zum Scheiterhaufen stürzen wird, um die Kohlen zu schüren, auf welchen Du dafür brennen sollst, daß Du gekommen bist, uns zu stören; denn wenn jemand lebt, der mehr als alle Ketzer unseren Scheiterhaufen verdient, so bist Du es. Morgen werde ich Dich verbrennen.»

Da der Inquisitor seine Rede beendet hat, wartet er, daß der Gefangene ihm antworte, denn daß dieser schweigt, bedrückt ihn. Er sieht, wie der Gefangene ihm die ganze Zeit über aufmerksam zuhört und ihm dabei gerade ins Auge sieht, ohne daß Er auch nur im geringsten den Wunsch verriete, ihm zu erwidern. Der Greis möchte, daß Er ihm ein Wort nur sagte, ein stolzes meinetwegen, ein furchtbares. Doch Er steht plötzlich auf, tritt an den Greis heran und küßt ihn sanft auf dessen blutlose Lippen. Das war seine Antwort. Der Greis erbebt. Seine Mundwinkel bewegen sich. Er geht zur Tür, öffnet sie und spricht mit Ihm: «Gehe hinaus und kehre nicht wieder – kehre nie wieder – nie, nie!» Er läßt Ihn hinaus auf die «dunklen, schweigenden Plätze» der Stadt. Der Gefangene geht hinaus.

LEO TOLSTOI

Luzern

Aus den Aufzeichnungen des Fürsten N. Nechljudow

Am 7. Juli 1857 hat ein armer wandernder Sänger in Luzern vor dem Hotel Schweizerhof, in dem das allerreichste Publikum abzusteigen pflegt, eine halbe Stunde lang seine Lieder vorgetragen und Gitarre gespielt. Annähernd hundert Personen hörten ihm zu. Der Sänger wandte sich an die Zuhörer dreimal mit der Bitte, ihm eine Kleinigkeit zu geben. Doch kein einziger gab ihm etwas, und viele machten sich über ihn lustig.

Dies ist keine erdachte Geschichte, sondern eine wahre Begebenheit, die jeder auf Wunsch bei den Stammgästen des «Schweizerhofs» nachprüfen kann; an Hand des Fremdenblatts läßt sich feststellen, welche Ausländer am 7. Juli im «Schweizerhof» gewohnt haben.

Es ist ein Vorfall, den die Historiker unserer Zeit mit flammenden, unauslöschbaren Lettern verzeichnen sollten. Dieser Vorfall ist bedeutsamer, ernster und von tieferem Sinn als die Ereignisse, mit denen die Zeitungen und Geschichtsbücher gefüllt werden. Daß die Engländer weitere tausend Chinesen getötet haben, weil die Chinesen nichts für bares Geld kaufen, ihr Land aber klingende Münze verschlingt; daß die Franzosen nochmals tausend Kabylen töteten, weil Getreide in Afrika gut gedeiht und ein ständiger Krieg für die Ausbildung der Truppen von Nutzen ist; daß der türkische Gesandte in Neapel kein Jude sein darf und daß Kaiser Napoleon in Plombières zu Fuß spazierengeht und dem Volke schwarz auf weiß versichert, daß er kraft des Willens des gesamten Volkes regiere – das sind alles Phrasen, die längst bekannte Dinge mitteilen oder bemängeln. Was sich dagegen am 7. Juli in Luzern zugetragen hat, scheint mir etwas ganz Neues und Seltsames zu sein, das nicht mit den von jeher schlechten Eigenschaften der menschlichen Natur zusammenhängt, sondern eine gewisse Entwicklungsstufe der Gesellschaft darstellt. Es ist eine Erscheinung, die nicht in der Geschichte menschlicher Taten, sondern in der Geschichte des Fortschritts und der Zivilisation verzeichnet werden muß.

Wie kommt es, daß dieses unmenschliche Vorkommnis, das in keinem Dorf, weder in einem deutschen noch französischen, noch italienischen möglich gewesen wäre, gerade hier möglich war, wo Zivilisation, Freiheit und Gleichheit die höchste Entwicklungsstufe erreicht haben und wo die Fremden, die höchstzivilisierten Menschen aus den höchstzivilisierten Ländern zusammenströmen? Wie kommt es, daß diese fortschrittlichen, humanen Menschen, die für die Allgemeinheit zu jeder ehrenhaften, humanen Tat bereit sind, nicht das menschliche, von Herzen kommende Gefühl für eine einzelne Wohltat aufbringen? Wie kommt es, daß diese Menschen, die sich in ihren Parlamenten, Versammlungen und Vereinen mit so großem Eifer die Lage der ehelosen Chinesen in Indien, die Verbreitung von Christentum und Aufklärung in Afrika und die Gründung von Gesellschaften zur Verbesserung der ganzen Menschheit angelegen sein lassen, in ihren Herzen nicht das einfache, primitive Gefühl aufbringen, das Mensch mit Mensch verbindet? Ist es wirklich so, daß ihnen dieses Gefühl fehlt und daß an seine Statt Eitelkeit, Ehrgeiz und Gewinnsucht getreten sind, von denen sich diese Menschen in ihren Parlamenten, Versammlungen und Vereinen leiten lassen? Ist es wirklich so, daß die Ausbreitung einer auf vernünftigen Egoismus beruhenden Gemeinschaft

von Menschen, die man Zivilisation nennt, das instinktive Bedürfnis nach einer von Nächstenliebe eingegebenen Gemeinschaft vernichtet, und ihm widerspricht? Und ist das wirklich jene Gleichheit, um derentwillen so viel unschuldiges Blut vergossen und so viele Verbrechen begangen wurden? Sind die Völker wirklich so einfältig wie Kinder, daß man sie allein schon durch das Wort Gleichheit glücklich machen kann?
Gleichheit vor dem Gesetz? Ja spielt sich denn das ganze Leben der Menschen nach Gesetzesparagraphen ab? Nur der tausendste Teil des Lebens ist gesetzlich geregelt, der ganze übrige Teil spielt sich außerhalb der Gesetze ab, im Rahmen gesellschaftlicher Sitten und Anschauungen. In der Gesellschaft aber ist der Kellner besser gekleidet als der Sänger und kann diesen ungestraft beleidigen. Ich bin besser angezogen als der Kellner und somit berechtigt, diesen zu beleidigen. Der Protier hält mich für über sich und den Sänger für unter sich stehend; als ich mich dem Sänger angeschlossen hatte, glaubte der Portier, mit uns auf gleichem Fuße zu stehen, und wurde unverschämt. Ich wurde grob gegen den Portier, und dieser erkannte an, unter mir zu stehen. Der Kellner benahm sich unverschämt gegen den Sänger, und dieser erkannte an, unter dem Kellner zu stehen. Und kann man einen Staat wirklich für frei, für einen, wie es heißt, vorbildlich freien Staat halten, wenn in ihm auch nur ein einziger Fall möglich ist, daß man einen Bürger deshalb ins Gefängnis steckt, weil er, ohne jemand zu schaden und zu stören, die einzige ihm mögliche Tätigkeit ausübt, um nicht Hungers sterben zu müssen?
Ein unglückseliges, bejammernswertes Geschöpf ist der Mensch, der mit seinem Streben nach endgültigen Entscheidungen in diesen grenzenlosen, ewig brodelnden Ozean von Gut und Böse, von Tatsachen, Erwägungen und Widersprüchen geworfen ist! Seit ewigen Zeiten plagen und bemühen sich die Menschen, das Gute nach der einen und das Böse nach der anderen Seite abzusondern. Jahrhunderte vergehen, doch wo immer ein nüchterner Geist sich anschickt, Gutes und Böses gegeneinander anzuwägen, bleibt die Waage in der Schwebe, und es zeigt sich, daß Gutes und Böses auf beide Schalen gleichmäßig verteilt ist. Wenn der Mensch es doch lassen könnte, unablässig schroffe, endgültige Entscheidungen und Urteile zu fällen und Fragen zu beantworten, die ihm nur gestellt sind, damit sie für immer Fragen bleiben! Wenn er doch begreifen wollte, daß jeder Gedanke zugleich widersinnig und berechtigt ist! Widersinnig durch seine Einseitigkeit, infolge der Unfähigkeit des Menschen, die ganze Wahrheit zu erfassen, und berechtigt, weil sich dadurch eine Seite menschlichen Strebens offenbart. Die Menschen haben dieses ewig in Bewegung befindliche, unendliche, unsagbar bunt zusammengewürfelte Chaos in verschiedene Abteilungen aufgegliedert, haben durch

dieses Meer imaginäre Linien gezogen und erwarten nun, daß das Meer sich entsprechend teilen werde. Als ob es nicht Millionen anderer Einteilungen gäbe, die nach anderen Gesichtspunkten und auf anderer Ebene vorgenommen sind! Gewiß, diese neue Aufteilung ist im Laufe von Jahrhunderten ausgearbeitet worden, aber Millionen Jahrhunderte sind vergangen und werden weiter vergehen. Zivilisation ist etwas Gutes, Barbarei etwas Böses; Freiheit ist etwas Gutes, Unterjochung etwas Böses. Eben dieses vermeintliche Wissen ist es, das im Menschen sein ursprüngliches, beglückendes Trachten nach dem Guten vernichtet. Wer auch sollte bestimmen, was unter Freiheit und was unter Despotismus, was unter Zivilisation und was unter Barbarei zu verstehen ist? Und wo liegen die Grenzen zwischen dem einen und dem anderen? In wessen Seele stehen die Merkmale des Guten und des Bösen so unerschütterlich fest, daß er danach alle die verwickelten, in Fluß befindlichen Erscheinungen zu messen vermöchte? Wessen Verstand ist so groß, um wenigstens in der feststehenden Vergangenheit alle Momente zu erfassen und zu wägen? Wer ist jemals einem Zustand begegnet, in dem das Gute und das Böse nicht zugleich vorhanden gewesen wäre? Und woher soll ich wissen, ob ich nicht vielleicht nur deshalb mehr von dem einen als von dem anderen wahrnehme, weil ich nicht den richtigen Standort eingenommen habe? Wer besitzt wohl die Fähigkeit, seine Vernunft, und sei es auch nur für einen Augenblick, so vollkommen vom Leben zu trennen, daß er dieses unbefangen von oben betrachten könnte? Nur einen, einen einzigen unfehlbaren Wegweiser haben wir – den das All umfassenden Geist, der uns alle zusammen und jeden einzelnen als Ganzes durchdringt und jedem das Streben nach dem Rechten eingeimpft hat; jenen Geist, der den Baum heißt, sich der Sonne entgegenzustrecken, der der Blume gebietet, im Herbst ihren Samen auszustreuen, und der die Menschen dazu bewegt, sich unbewußt aneinanderzuschließen.

Diese eine unfehlbare, segensreiche Stimme aber wird von der lärmenden, überhasteten Entwicklung der Zivilisation erstickt. Wer ist mehr Mensch, wer mehr Barbar: jener Lord, der beim Anblick der zerschlissenen Kleidung des Sängers entrüstet den Tisch verließ, der ihn für seine Mühe auch nicht den millionsten Teil seines Besitzes bedachte und der jetzt gesättigt in seinem hellen, behaglichen Zimmer sitzt, seelenruhig die Lage in China beurteilt und die dort verübten Greuel für gerecht hält – oder der kleine Sänger, der unter der Gefahr, eingekerkert zu werden, mit einem Franken in der Tasche, ohne jemand zu schaden, seit zwanzig Jahren über Berg und Tal zieht und die Menschen durch seine Lieder entzückt, den man geschmäht und heute abend beinahe hinausgeworfen hat und der jetzt müde, hungrig und beschämt wei-

tergegangen ist, um sich irgendwo auf faulem Stroh zum Schlafen niederzulegen?
In der tiefen Stille der Nacht schallten da plötzlich aus weiter Ferne von der Stadt her die Gitarrenklänge und die Stimme des kleinen Sängers zu mir herüber. Nein, sagte mir eine innere Stimme, du hast kein Recht, ihn zu bedauern und dich über den Wohlstand des Lords zu entrüsten. Wer hat das Glück gegeneinander abgewogen, das in der Seele jedes dieser beiden Menschen ruht? Der eine sitzt jetzt irgendwo auf einer schmutzigen Türschwelle, blickt zu dem mondhellen, leuchtenden Himmel hinauf und singt inmitten der stillen, duftenden Nacht frohgemut seine Lieder; in seiner Seele gibt es weder Vorwürfe noch Verbitterung, noch Zerknirschung. Wer weiß dagegen, was jetzt in der Seele aller jener Leute vor sich geht, die hinter diesen prächtigen, stolzen Mauern hausen? Wer weiß, ob sich in ihren Herzen ebensoviel unbekümmerte, stille Freude am Leben und Zufriedenheit mit der Welt verbirgt, wie sie dem Herzen des kleinen Sängers innewohnt? Unendlich ist die Güte und Weisheit dessen, der alle diese Gegensätze duldet und auf dessen Gebot sie entstanden sind. Nur dir, einem nichtigen Wurm, der sich vermessen anheischig macht, seine Gesetze und Absichten zu durchdringen, nur dir erscheinen sie widerspruchsvoll. Er aber blickt milde aus seiner verklärten, unermeßlichen Höhe herab und erfreut sich an der ewigen Harmonie, in der wir uns alle in unaufhörlicher, widerspruchsvoller Bewegung befinden. In deinem Hochmut hast du geglaubt, dich den allgültigen Gesetzen entziehen zu können. Nein, auch du mit deinem kleinlichen, nichtigen Ärger über die Kellner, auch du hast damit dem harmonischen Gefüge des Ewigen und Unendlichen entsprochen ...

HENRY DAVID THOREAU

Die beste Regierung ist die, welche am wenigsten regiert

Ich habe mir den Wahlspruch zu eigen gemacht: «Die beste Regierung ist die, welche am wenigsten regiert»; und ich sähe gerne, wenn schneller und gründlicher nach ihm gehandelt würde. Wenn er verwirklicht wird, dann läuft es auf dies hinaus – und daran glaube ich auch: «Die beste Regierung ist die, welche gar nicht regiert»; und wenn die Menschen einmal reif dafür sein werden, wird dies die Form ihrer Regierung sein. Eine Regierung ist bestenfalls ein nützliches Instrument; aber die meisten Regierungen sind immer – und alle sind manchmal – unnütz. Die Einwände, die man gegen ein stehendes Heer vorgebracht hat – und davon gibt es viele und gewichtige, die sich durchsetzen sollten –, können letztlich auch gegen eine ständige Regierung erhoben werden. Das stehende Heer ist doch nur ein Arm der ständigen Regierung. Diese Regierung aber, die nichts weiter als die Form ist, welche das Volk zur Ausführung seines Willens gewählt hat, kann leicht mißbraucht und verdorben werden, bevor das Volk Einfluß darauf nehmen kann. Der Krieg in Mexiko beweist es, das Werk einer vergleichsweise geringen Zahl von einzelnen, welche die ständige Regierung als ihr Werkzeug benutzt; das Volk hätte dieser Maßnahme von vornherein nicht zugestimmt.

Was ist die amerikanische Regierung anderes als eine Tradition – und noch dazu eine recht junge –, die danach strebt, sich selbst ohne Machteinbuße für die Nachwelt zu erhalten, die dabei aber in jedem Augenblick mehr von ihrer Glaubwürdigkeit verliert? Sie hat ja nicht einmal die Lebenskraft und Energie eines einzigen lebensvollen Mannes; denn ein einzelner kann sie nach seinem Willen zurechtbiegen. Sie ist eine Art Holzkanone für das Volk; wenn man sie je im Ernst gebrauchen würde – sie würde ganz sicher platzen. Deshalb ist sie aber nicht weniger notwendig; die Leute brauchen einfach irgendeine umständliche Maschine, sie wollen ihr Geräusch hören, um die Vorstellung zu befriedigen, die sie von einer Regierung haben. Regierungen führen uns also vor, wie leicht man die Menschen betrügen kann, ja, wie sie sich sogar selbst betrügen – und zwar zu ihrem eigenen Vorteil. Wir müssen zugeben: Es ist eindrucksvoll; nur, von sich aus hat diese Regierung noch nie irgendeine Unternehmung gefördert, höchstens durch die Behendigkeit, mit der sie ihr aus dem Weg gegangen ist. Sie bewahrt nicht die Freiheit des Landes. Sie besiedelt den Westen nicht. Sie erzieht nicht. Alles, was erreicht wurde, verdanken wir dem eingewurzelten Charakter des amerikanischen Volkes; und der würde mehr ausgerichtet haben, wenn die Regierung nicht so oft im Wege gelegen hätte. Denn die Regierung ist ein Instrument, mit dessen Hilfe sich die Menschen endlich gegenseitig in Ruhe lassen könnten; und sie ist, wie gesagt, um so nützlicher, je mehr die Regierten von ihr in Ruhe gelassen werden. Wie aber ist es in Wirklichkeit? Wenn sie nicht aus Gummi wären, könnten Handel und Wirtschaft niemals die Hindernisse überspringen, welche die Gesetzgeber ihnen unaufhörlich in den Weg legen; wenn man diese Leute nur nach ihrer Wirkung und nicht teilweise auch nach ihren Absichten beurteilte, dann verdienten sie, zusammen mit jenem Gesindel eingestuft und bestraft zu werden, das Hindernisse auf Eisenbahnschienen legt.

Ich will sachlich reden, und nicht wie die Leute, die sich überhaupt gegen jede Regierung erklären. Ich sage nicht: von jetzt an keine Regierung mehr, sondern: von jetzt an eine bessere Regierung. Jedermann soll erklären, vor welcher Art von Regierung er Achtung haben könnte, und das wird ein Schritt auf dem Weg zu ihr sein.
Der praktische Grund, warum die Mehrheit regieren und für längere Zeit an der Regierung bleiben darf, wenn das Volk die Macht hat, ist schließlich nicht, daß die Mehrheit das Recht auf ihrer Seite hat, auch nicht, daß es der Minderheit gegenüber fair ist, sondern ganz einfach, daß sie physisch am stärksten ist. Aber eine Regierung, in der die Mehrheit in *jedem* Fall den Ausschlag gibt, kann nicht auf Gerechtigkeit gegründet sein, nicht einmal soweit Menschen die Gerechtigkeit verstehen. Könnte es nicht eine Regierung geben, in der nicht die Mehrheit über Falsch und Richtig befindet, sondern das Gewissen? – in der die Mehrheit nur solche Fragen entscheidet, für die das Gebot der Nützlichkeit gilt? Muß der Bürger auch nur einen Augenblick, auch nur ein wenig, sein Gewissen dem Gesetzgeber überlassen? Wozu hat denn dann jeder Mensch ein Gewissen? Ich finde, wir sollten erst Menschen sein, und danach Untertanen. Man sollte nicht den Respekt vor dem Gesetz pflegen, sondern vor der Gerechtigkeit. Nur eine einzige Verpflichtung bin ich berechtigt einzugehen, und das ist, jederzeit zu tun, was mir recht erscheint. Man sagt, daß vereinte Masse kein Gewissen hat – und das ist wahr genug; gewissenhafte Menschen aber verbinden sich zu einer Vereinigung *mit* Gewissen. Das Gesetz hat die Menschen nicht um ein Jota gerechter gemacht; gerade durch ihren Respekt vor ihm werden auch die Wohlgesinnten jeden Tag zu Handlangern des Unrechts.
Ein allgemeines und natürliches Ergebnis dieses ungebührlichen Respektes vor dem Gesetz sieht man zum Beispiel in einer Kolonne von Soldaten: Oberst, Hauptmann, Korporal, Gemeine, Pulverjungen und alles, wie sie in bewundernswerter Ordnung über Tal und Hügel in den Krieg marschieren, wider ihren Willen, ja wider ihre gesunde Vernunft und ihr Gewissen – weshalb es ein recht anstrengender Marsch wird und beträchtliches Herzklopfen verursacht. Sie zweifeln nicht daran, daß es ein verdammenswertes Geschäft ist, mit dem sie sich da befassen; sie möchten alle friedlich sein. Aber was sind sie denn eigentlich? Sind sie überhaupt Männer, oder kleine bewegliche Verschanzungen und Waffenlager, und irgendeinem skrupellosen Menschen, der gerade an der Macht ist, zu Diensten?
Die Mehrzahl der Menschen dient also dem Staat mit ihren Körpern nicht als Menschen, sondern als Maschinen. Sie bilden das stehende Heer und die Miliz, die Gefängniswärter, die Konstabler, Gendarmen etc. In den meisten

Fällen bleibt da kein Raum mehr für Urteil oder moralisches Gefühl; sie stehen auf derselben Stufe wie Holz und Steine; vielleicht könnte man Holzmänner herstellen, die ebenso zweckdienlich wären. Solche Wesen flößen nicht mehr Achtung ein als Strohmänner oder ein Dreckklumpen. Sie sind nicht mehr wert als Pferde oder Hunde. Und doch hält man sogar solche Menschen gewöhnlich für gute Bürger. Andere, wie die meisten Gesetzgeber, Politiker, Advokaten, Pfarrer und Würdenträger, dienen dem Staat vor allem mit ihren Köpfen; doch weil sie selten moralische Unterschiede machen, könnten sie – ohne es zu wollen – ebenso dem Teufel dienen wie Gott.

[. . .]

Die rechtmäßige Regierungsgewalt, auch von der Art, welcher ich mich gerne unterwerfe – denn ich gehorche leichten Herzens denen, die mehr wissen und besser handeln als ich, und in vielen Stücken auch denen, die nicht einmal mehr wissen und besser handeln –, diese Regierungsgewalt ist immer unvollständig: Um nämlich unbedingt gerecht zu sein, muß sie Vollmacht und Zustimmung der Regierten haben. Sie kann kein umfassendes Recht über mich und mein Eigentum haben, sondern nur so weit, wie ich zustimme. Der Fortschritt von einer absoluten zu einer beschränkten Monarchie, von einer beschränkten Monarchie zur Demokratie, ist ein Fortschritt in Richtung auf wahre Achtung vor dem Individuum. Sogar der chinesische Philosoph war weise genug, das Individuum als die Grundlage des Reiches anzusehen. Ist die Demokratie, wie wir sie kennen, wirklich die letztmögliche Verbesserung im Regieren? Ist es nicht möglich, noch einen Schritt weiter zu gehen bei der Anerkennung und Kodifizierung der Menschenrechte? Nie wird es einen wirklich freien und aufgeklärten Staat geben, solange sich der Staat nicht bequemt, das Individuum als größere und unabhängige Macht anzuerkennen, von welcher all seine Macht und Gewalt sich ableiten, und solange er den Einzelmenschen nicht entsprechend behandelt. Ich mache mir das Vergnügen, mir einen Staat vorzustellen, der es sich leisten kann, zu allen Menschen gerecht zu sein, und der das Individuum achtungsvoll als Nachbarn behandelt; einen Staat, der es nicht für unvereinbar mit seiner Stellung hielte, wenn einige ihm fernblieben, sich nicht mit ihm einließen und nicht von ihm einbezogen würden, solange sie nur alle nachbarlichen, mitmenschlichen Pflichten erfüllten. Ein Staat, der solche Früchte trüge, und sie fallen ließe, sobald sie reif sind, würde den Weg für einen vollkommeneren und noch ruhmreicheren Staat freigeben – einen Staat, den ich mir auch vorstellen kann, den ich bisher aber noch nirgends gesehen habe.

Jakob Burckhardt

Die Dialektik des Bösen

Und nun ist das Böse auf Erden allerdings ein Teil der großen weltgeschichtlichen Ökonomie: es ist die Gewalt, das Recht des Stärkeren über den Schwächeren, vorgebildet schon in demjenigen Kampf ums Dasein, welcher die ganze Natur, Tierwelt wie Pflanzenwelt, erfüllt, weitergeführt in der Menschheit durch Mord und Raub in den früheren Zeiten, durch Verdrängung resp. Vertilgung oder Knechtung schwächerer Rassen, schwächerer Völker innerhalb derselben Rasse, schwächerer Staatenbildungen, schwächerer gesellschaftlicher Schichten innerhalb desselben Staates und Volkes.

Der Stärkere ist als solcher noch lange nicht der Bessere. Auch in der Pflanzenwelt ist ein Vordringen des Gemeineren und Frecheren hie und da erweisbar. In der Geschichte aber bildet das Unterliegen des Edlen, weil es in der Minorität ist, besonders für solche Zeiten eine große Gefahr, da eine sehr allgemeine Kultur herrscht, welche sich alle Rechte der Majorität beilegt. Und nun waren alle diese unterlegenen Kräfte vielleicht edler und besser; allein die Sieger, obwohl nur von Herrschsucht vorwärts getrieben, führen eine Zukunft herbei, von welcher sie selbst noch keine Ahnung haben. Nur in der Dispensation der Staaten vom allgemeinen Moralgesetz, bei fortwährender Geltung desselben für den einzelnen, blickt etwas wie eine Ahung durch.

Das größte Beispiel bietet das römische Weltreich, begonnen mit den entsetzlichsten Mitteln – bald nach Erlöschen des Kampfes zwischen Patriziern und Plebejern – in Gestalt der Samniterkriege, vollendet durch Unterwerfung von Orient und Okzident mit unermeßlichen Strömen von Blut.

Hier erkennen wir im großen einen wenigstens für uns recht scheinbaren weltgeschichtlichen Zweck: die Schöpfung einer gemeinsamen Weltkultur, wodurch auch die Verbreitung einer neuen Weltreligion möglich wurde, beides überlieferbar auf die barbarischen Germanen der Völkerwanderung als künftiger Zusammenhalt eines neuen Europas.

Allein daraus, daß aus Bösem Gutes, aus Unglück relatives Glück geworden ist, folgt noch gar nicht, daß Böses und Unglück nicht anfänglich waren, was sie waren. Jede gelungene Gewalttat war böse und ein Unglück und allermindestens ein gefährliches Beispiel. Wenn sie aber Macht begründete, so kam in der Folge die Menschheit heran mit ihrem unermüdlichen Streben, bloße Macht in Ordnung und Gesetzlichkeit umzuwandeln; sie brachte ihre heilen Kräfte herbei und nahm den Gewaltzustand in die Kur.

Und das Böse herrscht bisweilen lange als Böses auf Erden, nicht bloß bei Fatimiden und Assassinen. Der Fürst dieser Welt ist laut der christlichen Lehre Satan. Nichts Unchristlicheres, als der Tugend eine dauernde Herrschaft, einen materiellen Gotteslohn auf Erden zu verheißen, wie die Kirchenschriftsteller den christlichen Kaisern versprachen. Aber das herrschende Böse hat eine hohe Bedeutung: Nur neben ihm gibt es ein uneigennütziges Gutes. Es wäre ein unerträglicher Anblick, wenn infolge konsequenter Belohnung des Guten und Bestrafung des Bösen hienieden die Bösen alle aus Zweckmäßigkeit anfingen, sich gut aufzuführen; denn unvermeidlich vorhanden und innerlich böse wären sie ja doch. Man könnte in die Stimmung kommen, den Himmel wieder um einige Straflosigkeit der Bösen auf Erden zu bitten, nur damit dieselben wenigstens ihre wahren Züge wieder an den Tag legten. Es ist schon so Verstellung genug in der Welt.

Friedrich Nietzsche

Erkenntnis und Kunst

Wer sich einmal anschaulich macht, wie nach Sokrates, dem Mystagogen der Wissenschaft, eine Philosophenschule nach der anderen wie Welle auf Welle sich ablöst, wie eine nie geahnte Universalität der Wissensgier in dem weitesten Bereich der gebildeten Welt und als eigentliche Aufgabe für jeden höher Befähigten die Wissenschaft auf die hohe See führte, von der sie niemals seitdem wieder völlig vertrieben werden konnte, wie durch diese Universalität erst ein gemeinsames Netz des Gedankens über den gesamten Erdball, ja mit Ausblicken auf die Gesetzlichkeit eines ganzen Sonnensystems, gespannt wurde; wer dies alles, samt der erstaunlich hohen Wissenspyramide der Gegenwart, sich vergegenwärtigt, der kann sich nicht entbrechen, in Sokrates den einen Wendepunkt und Wirbel der sogenannten Weltgeschichte zu sehen. Denn dächte man sich einmal diese ganze unbezifferbare Summe von Kraft, die für jene Welttendenz verbraucht worden ist, nicht im Dienste des Erkennens, sondern auf die praktischen, d. h. egoistischen Ziele der Individuen und Völker verwendet, so wäre wahrscheinlich in allgemeinen Vernichtungskämpfen und fortdauernden Völkerwanderungen die instinktive Lust zum Leben so abgeschwächt, daß, bei der Gewohnheit des Selbstmordes, der einzelne vielleicht den letzten Rest von Pflichtgefühl empfinden müßte, wenn er, wie der Bewohner der Fidschi-Inseln, als Sohn seine Eltern, als Freund seinen Freund erdrosselt: ein praktischer Pessimismus, der selbst eine grausenhafte Ethik des Völkermordes aus Mitleid erzeugen könnte – der übrigens überall in der Welt vorhanden ist und vorhanden war, wo nicht die Kunst in irgendwelchen Formen, besonders als Religion und Wissenschaft, zum Heilmittel und zur Abwehr jenes Pesthauchs erschienen ist.

Angesichts dieses praktischen Pessimismus ist Sokrates das Urbild des theoretischen Optimisten, der in dem bezeichneten Glauben an die Ergründlichkeit der Natur der Dinge dem Wissen und der Erkenntnis die Kraft einer Universalmedizin beilegt und im Irrtum das Übel an sich begreift. In jene Gründe einzudringen und die wahre Erkenntnis von Schein und von Irrtum zu sondern, dünkte dem sokratischen Menschen der edelste, selbst der einzige wahrhaft menschliche Beruf zu sein: so wie jener Mechanismus der Begriffe, Urteile und Schlüsse von Sokrates an als höchste Betätigung und bewunderungswürdigste Gabe der Natur über alle anderen Fähigkeiten geschätzt wurde. Selbst die erhabensten sittlichen Taten, die Regungen des Mitleids, der Aufopferung, des Heroismus und jene schwer zu erringende Meeresstille der Seele, die der apollinische Grieche Sophrosyne nannte, wurden von Sokrates und seinen gleichgesinnten Nachfolgern bis auf die Gegenwart hin aus der Dialektik des Wissens abgeleitet und demgemäß als lehrbar bezeichnet. Wer die Lust einer sokratischen Erkenntnis an sich erfahren hat und spürt, wie diese, in immer weiteren Ringen, die ganze Welt der Erscheinungen zu umfassen sucht, der wird von da an keinen Stachel, der zum Dasein drängen könnte, heftiger empfinden als die Begierde, jene Eroberung zu vollenden und das Netz undurchdringbar fest zu spinnen. Einem so Gestimmten erscheint dann der platonische Sokrates als der Lehrer einer ganz neuen Form der «griechischen Heiterkeit» und Daseinsseligkeit, welche sich in Handlungen zu entladen sucht und diese Entladung zumeist in mäeutischen und erziehenden Einwirkungen auf edle Jünglinge, zum Zweck der endlichen Erzeugung des Genius, finden wird.

Nun aber eilt die Wissenschaft, von ihrem kräftigen Wahne angespornt, unaufhaltsam bis zu ihren Grenzen, an denen ihr im Wesen der Logik verborgener Optimismus scheitert. Denn die Peripherie des Kreises der Wissenschaft hat unendlich viele Punkte, und während noch gar nicht abzusehen ist, wie jemals der Kreis völlig ausgemessen werden könnte, so trifft doch der edle und begabte Mensch, noch vor der Mitte seines Daseins und unvermeidlich, auf solche Grenzpunkte der Peripherie, wo er in das Unaufhellbare starrt. Wenn er hier zu seinem Schrecken sieht, wie die Logik sich an diesen Grenzen um sich selbst ringelt und endlich sich in den Schwanz beißt – da bricht

die neue Form der Erkenntnis durch, die tragische Erkenntnis, die, um nur ertragen zu werden, als Schutz und Heilmittel die Kunst braucht.
Schauen wir, mit gestärkten und an den Griechen erlabten Augen, auf die höchsten Sphären derjenigen Welt, die uns umflutet, so gewahren wir die in Sokrates vorbildlich erscheinende Gier der unersättlichen optimistischen Erkenntnis in tragische Resignation und Kunstbedürftigkeit umgeschlagen: während allerdings dieselbe Gier, auf ihren niederen Stufen, sich kunstfeindlich äußern und vornehmlich die dionysisch-tragische Kunst innerlich verabscheuen muß, wie dies an der Bekämpfung der äschyleischen Tragödie durch den Sokratismus beispielsweise dargestellt wurde.
Hier nun klopfen wir, bewegten Gemütes, an die Pforten der Gegenwart und Zukunft: Wird jenes «Umschlagen» zu immer neuen Konfigurationen des Genius und gerade des musiktreibenden Sokrates führen? Wird das über das Dasein gebreitete Netz der Kunst, sei es auch unter dem Namen der Religion oder der Wissenschaft, immer fester und zarter geflochten werden, oder ist ihm bestimmt, unter dem ruhelos barbarischen Treiben und Wirbeln, das sich jetzt «die Gegenwart» nennt, in Fetzen zu reißen? – Besorgt, doch nicht trostlos stehen wir eine kleine Weile beiseite, als die Beschaulichen, denen es erlaubt ist, Zeugen jener ungeheuren Kämpfe und Übergänge zu sein. Ach! Es ist der Zauber dieser Kämpfe, daß, wer sie schaut, sie auch kämpfen muß!

Wladimir Solowjew

Vom Sinn der geschlechtlichen Liebe

Allgemein gesprochen, ist der Sinn der menschlichen Liebe *die Rechtfertigung und Rettung der Individualität durch die Opferung des Egoismus.* Auf dieser allgemeinen Grundlage können wir auch unsere spezielle Aufgabe lösen: den Sinn der geschlechtlichen Liebe zu erklären. Nicht umsonst werden die geschlechtlichen Beziehungen nicht nur Liebe genannt, sondern sie sind, wie allgemein anerkannt wird, Liebe im hervorragenden Sinn des Wortes, Typus und Ideal jeder anderen Liebe (siehe Hohelied Salomos, die Apokalypse).
Die Lüge und das Böse des Egoismus bestehen durchaus nicht darin, daß sich ein bestimmter Mensch zu hoch einschätzt, sich eine unbedingte Bedeutung und eine unendliche Würde verleiht: Darin hat er recht, weil jedes menschli-

che Subjekt als selbständiges Zentrum lebender Kräfte, als Potenz (Möglichkeit) einer unendlichen Vollkommenheit, als Wesen, das in seinem Bewußtsein und in seinem Leben der absoluten Wahrheit Raum geben kann – weil jeder einzelne Mensch in dieser Eigenschaft eine absolute Bedeutung und Würde besitzt, weil er etwas unbedingt Unersetzliches ist und sich nicht zu hoch einschätzen kann (nach den Worten des Evangeliums: «Was kann der Mensch geben, womit er seine Seele wieder eintauschen könnte?»). Sich diese unbedingte Bedeutung nicht zuerkennen ist dasselbe wie Verzicht auf die Menschenwürde; dies ist der Grundirrtum und der Anfang allen Unglaubens: Wer so kleinmütig ist, daß er nicht einmal imstande ist, an sich selbst zu glauben – wie kann er dann an irgend etwas anderes glauben? Die Grundlüge und das Böse des Egoismus bestehen nicht in diesem absoluten Selbstbewußtsein und der Selbsthochschätzung des Subjekts, sondern darin, daß es, während es gerechterweise *sich selbst* unbedingte Bedeutung zuschreibt, ungerechterweise *anderen* diese Bedeutung verweigert; während es sich selbst als Mittelpunkt des Lebens betrachtet, was es in der Tat auch ist, verlegt es die anderen an die Peripherie seines Seins und beläßt ihnen nur einen äußerlichen und relativen Wert.

Im abstrakten, theoretischen Bewußtsein läßt natürlich jeder Mensch, der nicht geistesgestört ist, immer die volle Gleichberechtigung der anderen mit sich zu; aber im praktischen Bewußtsein, in seinem inneren Gefühl und in der Tat behauptet er einen unendlichen Unterschied, eine völlige Inkommensurabilität zwischen sich und den anderen: Er ist an und für sich alles, sie sind an und für sich nichts. Dabei kann der Mensch gerade bei einer solchen ausschließlichen Selbstbehauptung das gar nicht wirklich sein, was er zu sein behauptet. Jene unbedingte Bedeutung, jene Absolutheit, die er, allgemein gesprochen, mit Recht sich selbst zuerkennt, aber zu Unrecht den anderen abspricht, hat an sich nur potentionellen Charakter – es ist nur eine Möglichkeit, die ihre Verwirklichung verlangt. Gott *ist* alles, d. h., er besitzt in einem einzigen absoluten Akt den ganzen positiven Inhalt, die ganze Fülle des Seins. Der Mensch (der Mensch im allgemeinen und jeder individuelle Mensch im besonderen), der faktisch nur *dieser* und nicht *ein anderer* ist, kann nur dann alles *werden,* wenn er in seinem Bewußtsein und seinem Leben jene innere Scheidewand wegnimmt, die ihn vom anderen trennt. «Dieser» kann «alles» nur *zusammen mit den anderen* sein; nur zusammen mit den anderen kann er seine unbedingte Bedeutung verwirklichen – kann er ein untrennbarer und unersetzlicher Teil des all-einen Ganzen, ein selbständiges, lebendiges und eigenartiges Organ des absoluten Lebens werden. Die wahre Individualität ist ein bestimmtes Abbild der All-Einheit, eine bestimmte Art, alles andere aufzunehmen und sich anzueignen. Indem der Mensch sich außerhalb von allen anderen behauptet, beraubt er eben dadurch seine eigene Existenz ihres Sinnes, nimmt er sich seinen wahren Lebensinhalt und verwandelt seine Individualität in eine leere Form. Auf diese Weise ist der Egoismus keineswegs Selbstbewußtsein und Selbstbehauptung der Individualität, sondern im Gegenteil Selbstverneinung und Verderben.

Metaphysische und physische, historische und soziale Bedingungen der menschlichen Existenz wandeln unseren Egoismus auf vielerlei Art ab und mildern ihn, indem sie ihm starke und vielfältige Grenzen setzten, die ihn daran hindern, sich in reiner Form und in all seinen entsetzlichen Folgen zu äußern. Aber dieses ganze komplizierte System von Hindernissen und Korrektiven, das von der Vorsehung vorherbestimmt und von Natur und Geschichte verwirklicht wird, läßt die eigentliche Grundlage des Egoismus unberührt, die ständig unter der Hülle der persönlichen und gesellschaftlichen Sittlichkeit hervorschaut und gelegentlich auch in voller Klarheit zutage tritt. Es gibt nur *eine* Kraft, die den Egoismus von innen her, an seiner Wurzel treffen kann und ihn auch wirklich mit seiner Wurzel ausreißt; das ist die Liebe, und vor allem die geschlechtliche Liebe. Die Lüge und das Böse des Egoismus bestehen darin, daß man unbedingte Bedeutung ausschließlich sich selbst zuerkennt, sie bei den anderen aber leugnet; der Verstand zeigt uns, daß dies unbegründet und ungerecht ist, die Liebe aber hebt direkt und wirklich solch ein ungerechtes Verhalten auf, indem sie uns veranlaßt, nicht im abstrakten Bewußtsein, sondern im inneren Fühlen und im praktischen Wollen anzuerkennen, daß der andere unbedingte Bedeutung für uns besitzt. Indem wir in der Liebe die Wahrheit des anderen nicht abstrakt, sondern wesenhaft erkennen, indem wir das Zentrum unseres Lebens in der Tat über die Grenzen unserer empirischen Gesondertheit hinaustragen, offenbaren und verwirklichen wir eben dadurch unsere eigene Wahrheit, unsere unbedingte Bedeutung, die ja gerade in der Fähigkeit besteht, die Grenzen unseres faktischen, phänomenalen Seins zu überschreiten, in der Fähigkeit, nicht nur in uns, sondern auch im anderen zu leben.

Jede Liebe ist eine Offenbarung dieser Fähigkeit, aber nicht jede verwirklicht sie in gleichem Maße, nicht jede reißt den Egoismus in gleich radikaler Weise aus. Der Egoismus ist nicht nur eine reale, sondern er ist die Grundkraft unseres Seins, eine Kraft, die im tiefsten Zentrum unseres Seins verwurzelt ist und von dort aus unsere ganze Wirklichkeit durchdringt und umfaßt – eine Kraft, die unentwegt in allen Einzelheiten und Kleinigkeiten unserer Existenz wirkt. Um den Egoismus wirklich zu treffen, muß man ihm unbedingt die ebenso konkret bestimmte und unser ganzes Wesen durchdringende, alles in ihm ergreifende Liebe entgegenstellen. Jenes andere, das unsere Individualität aus den Fesseln des Egoismus befreien soll, muß in einer Wechselbeziehung mit dieser ganzen Individualität stehen, muß ein ebenso reales und konkretes, völlig objektiviertes Subjekt wie wir selber sein und muß sich gleichzeitig in allem von uns unterscheiden, um tatsächlich ein anderes zu sein, d. h., es muß jenen ganz wesentlichen Inhalt haben, den auch wir haben, aber es muß ihn auf eine andere Art oder eine andere Weise, in einer anderen Form haben, so daß jede Äußerung unseres Wesens, jeder unserer Lebensakte in diesem anderen einer entsprechenden, aber nicht gleichen Äußerung begegnen kann, so daß das Verhältnis des einen zum anderen ein voller und beständiger Austausch, eine volle und beständige Behauptung seiner selbst im anderen, eine vollkommene Wechselwirkung und Gemeinschaft sein kann. Nur dann wird der Egoismus nicht nur im Prinzip, sondern in seiner ganzen konkreten Wirklichkeit getroffen und aufgehoben. Nur bei dieser sozusagen chemischen Vereinigung zweier Wesen von gleicher Art und gleicher Bedeutung, aber von *allseitiger* Verschiedenheit in der Form ist (wie in der natürlichen, so auch in der geistigen Ordnung) die Schaffung eines neuen Menschen, eine tatsächliche Verwirklichung der wahren menschlichen Individualität möglich. Eine solche Vereinigung oder zum mindesten die nächste Möglichkeit einer solchen Vereinigung finden wir in der geschlechtlichen Liebe, weshalb wir ihr auch eine außerordentliche Bedeutung zuschreiben, als der notwendigen und unersetzlichen Grundlage aller weiteren Vervollkommnung, als der unumgänglichen und ständigen Bedingung, unter der allein der Mensch wirklich die Wahrheit sein kann.

IV.

HUMANITÄT AM ENDE?

Eine Besinnung am Abgrund (20. Jahrhundert)

Nachdem man sich die vielen Beiträge aus den vergangenen Jahrhunderten angehört hätte, würden sich mit gutem Recht die Skeptiker zu Wort melden. Nun müsse man auch Zeugnisse der Unmenschlichkeiten zur Sprache bringen, die ja mit dem Fortschreiten der Geschichte keineswegs abgenommen hätten. Die Freiheit habe uns nicht nur immer idealistischere Humanitätsgedanken beschert, sondern auch die verheerenden Seiten des technischen Zeitalters. So gesehen sei auch die Atombombe eine Frucht der Freiheit, mit der uns die Neuzeit konfrontiert habe.

Bevor wir auf die einzelnen Texte dieses Kapitels eingehen, ein paar Bemerkungen zum Problem des politischen Totalitarismus. Die Trennung von Kirche und Staat, von der Aufklärung gefordert und vielerorts durchgesetzt, hat nicht nur den Sinn einer Gewaltenteilung, sie ist in der Neuzeit auch aus anderen Gründen unerläßlich geworden.
Sehen wir in der Religion das Medium, das uns spirituelle Erfahrungen vermittelt, ohne die uns das Leben auf die Dauer sinnlos erscheinen muß, darf sie nicht durch autoritäre Reglementierungen gebunden sein, die nur noch eine äußerliche Form sind. Auch wenn strenge Ordensregeln zur Erreichung einer gewissen geistigen Disziplin durchaus ihre Funktion haben, sie verlieren ihren Sinn, wenn daraus ein staatsähnliches Regelwerk wird. Spiritualität braucht Offenheit für transzendente Erfahrungen aus dem Bereich des «Irrationalen». Gott zu erfahren, ist ein Akt der absoluten Hingabe, der Totalität, der Ekstase.
Wird nun aber Religion zur Grundlage der Staatsführung, wird sie sich notgedrungen immer mehr um Dinge kümmern müssen, die ihrem spirituellen Anspruch wesensfremd sind: Verwaltung, Gesetzgebung, Diplomatie, Militärwesen. Damit wird die Religion ihren spirituellen Ursprüngen entfremdet und läuft Gefahr, zu einem pervertierten Machtapparat zu erstarren. Da sie nun aber noch immer die Sache Gottes zu vertreten vorgibt, hat sie sich den ursprünglich rein spirituell gemeinten Absolutheitsanspruch erhalten. Statt sich einer inneren Erfahrung zu öffnen, projiziert sie nun diesen Absolutheitsanspruch auf ihren Staatsapparat. Die Folge dieser Entwicklung hat sich unter anderem in der Inquisition gezeigt.

Nicht die absoluten Ansprüche der Religion, sondern Toleranz und Demokratie sind geeignet, die verfassungsmäßige Grundlage der Staatsführung zu sein. Nur solange Toleranz und Demokratie die Vielfalt des Lebens und die Freiheit der einzelnen nach Maßgabe vernünftiger Kompromisse regeln, bleibt auch ein Spielraum für die innere Entfaltung echter religiöser Gefühle. Politischer Totalitarismus aber, der seine Verführungskraft immer aus pseudoreligiösen Absolutheitsvorstellungen bezieht, würgt spirituelle Erfahrungen ab. Also gereicht es sowohl dem Staat als auch der Religion nur zum Besten, wenn sie sich nicht mehr vermischen.

Die großen Katastrophen dieses Jahrhunderts sind unter anderem auch darauf zurückzuführen, daß sich der Bereich, den wir als spirituelle Erfahrung des Absoluten definieren, mit dem Bereich der Staatsführung vermischt hat. Statt Gott in sich selbst zu suchen, haben mehrere Generationen das Vaterland zu ihrem Gott gemacht und dafür ihr Leben auf den Schlachtfeldern der beiden Weltkriege gelassen.
Vor allem aber bezog Hitlers Deutschland seine Faszination aus der unseligen Vermischung pseudoreligiöser Rituale und Rassentheorien mit brutaler Machtpolitik.
Auch der real praktizierte Kommunismus krankte daran, daß er mit seinem eschatologischen Denken religiöse Elemente in die Staatsführung einbezog. Auch da läßt sich genau der Übergang zeigen, wo eine sinnvolle wirtschaftliche Gesellschaftstheorie umschlägt in Religionsersatz, sich vom Reich des Absoluten usurpieren läßt. So wurden unter dem Vorwand einer künftigen klassenlosen Gesellschaft menschenverachtende Praktiken entwickelt.
Übrigens ist keine Staatsform dagegen gefeit, dem religiösen Absolutheitsanspruch zu verfallen. Auch wo Vertreter der Demokratie ihre Vorstellung einer «neuen Weltordnung» mit dem Eifer eines Glaubensbekenntnisses verfechten, droht diese Gesellschaftsform sich in ihr Gegenteil zu verkehren.
Diese Bemerkungen sollten nun aber nicht als Plädoyer gegen die Religionen mißverstanden werden. In einer Zeit, da die verschiedenen Religionen immer dichter aufeinandertreffen, müssen sie miteinander zurechtkommen, und dazu bedarf es einer wohlbedachten politischen Toleranz.
Andrerseits wird wohl das religiöse Bedürfnis des Menschen nach spiritueller Erfahrung um so größer werden, desto schwieriger sich die Bewältigung der täglichen Sorgen erweist. Aus persönlichen spirituellen Erfahrungen aber, das haben uns «Humanisten» wie Mahatma Gandhi oder Martin Luther King gezeigt, erwächst uns erst die Kraft, auch bei härtesten politischen Auseinandersetzungen die Menschenwürde nicht zu verlieren.

Die größte Ernüchterung des historischen Humanismus, wie er sich in Europa entwickelt hat, erfolgte im 20. Jahrhundert, angefangen mit dem Ersten Weltkrieg, den Karl Kraus in seinem Buch «Die letzten Tage der Menschheit» hellsichtig hinterfragt hat. Aus Deutschland, dem «Volk der Dichter und Denker», sei ein «Volk der Richter und Henker» geworden, heißt es im Gespräch zwischen dem «Optimisten» und dem «Nörgler». Hellsichtig finden wir darin auch unsre Frage beantwortet, warum Bildung allein noch nicht ausreicht, das humanistische Ideal eines edleren Menschen zu erfüllen: Die deutsche Bildung sei kein Inhalt mehr, sondern ein «Schmückedeinheim», mit dem sich das Volk der Richter und Henker seine Leere ornamentiere. Auch die schönsten Ausgestaltungen des Humanitätsgedankens bleiben vergebliche Mühe, sofern sie sich nicht in einem gelebten Leben ständig hinterfragt finden und sich erneuern müssen.

Es folgt ein Bericht von Isa Vermehren, einem Opfer des Hitler-Staats, die in ihrem Buch über die Konzentrationslager nüchterne Beobachtungen aneinanderfügt, die uns zu denken geben, dabei aber immer wieder darum ringt, über all dem Grauen ihre eigene Menschlichkeit nicht zu verlieren.

Hannah Arendt hat mit ihrem Buch «Eichmann in Jerusalem» heftige Diskussionen ausgelöst. Im Untertitel nannte sie ihre Beobachtungen und Überlegungen einen «Bericht von der Banalität des Bösen». Damit hat sie vielen, die Hitlers Reich dämonisiert haben und damit fast schon einem nationalsozialistisch inspirierten Satanskult Vorschub leisteten, eine ernüchternde Antwort gegeben. Ich halte diesen Bericht für besonders wertvoll, weil er ein bleibender Beitrag ist, die Macht eines pervertierten Staatsapparates zu demaskieren, die Kläglichkeit ihres Vertreters zu entlarven – und damit den Widerstand leichter zu machen.

Zu den großen Katastrophen des 20. Jahrhunderts gehört auch der Abwurf der Atombombe über Hiroshima. In unsrem Zusammenhang berührt die Verwandlung des Bomberpiloten Claude Eatherly während des Rückflugs. Es ist ein Bekenntnis zur Humanität, das auf dem Hintergrund der vorangegangenen Erfahrung eine neue und dringlichere Bedeutung erhält.

Einen ganz anderen Zugang zur Humanität eröffnet uns der russische Dissident Andrej Siniavskij mit seinem Essay «Ich und die anderen». Die von ihm beschriebenen Häftlinge finden die letzte Zuflucht ihrer Menschlichkeit darin, daß sie den Aufsehern die Sprache verweigern, um mit den Mitteln einer intuitiven «Körperkunst» andere Wege der Kommunikation zu suchen.

Das Kapitel endet mit einem Plädoyer des ungarischen Dichters Gyule Illyés gegen jede Art der Tyrannei und einem Gedicht von Tadeusz Rozewicz: «Denkmal aus der Besatzungszeit».

Karl Kraus

Die letzten Tage der Menschheit

22. Szene. Vor dem Kriegsministerium. Der Optimist und der Nörgler im Gespräch.

Der Optimist: Sie legen Scheuklappen an, um die Fülle von Edelsinn und Opfermut, die der Krieg an den Tag gefördert hat, nicht zu bemerken.

Der Nörgler: Nein, ich übersehe nur nicht, welche Fülle von Entmenschtheit und Infamie nötig war, um dieses Resultat zu erzielen. Wenn's einer Brandstiftung bedurft hat, um zu erproben, ob zwei anständige Hausbewohner zehn unschuldige Hausbewohner aus den Flammen tragen wollen, während achtundachtzig unanständige Hausbewohner die Gelegenheit zu Schuftereien benützen, so wäre es verfehlt, die Tätigkeit von Feuerwehr und Polizei durch Lobsprüche auf die guten Seiten der Menschennatur aufzuhalten. Es war ja gar nicht nötig, die Güte der Guten zu beweisen, und unpraktisch, dazu eine Gelegenheit herbeizuführen, durch die die Bösen böser werden. Der Krieg ist bestenfalls ein Anschauungsunterricht durch stärkere Kontrastierung. Er kann den Wert haben, daß er künftig unterlassen werde. Ein einziger Kontrast, der zwischen gesund und krank, wird durch den Krieg nicht verstärkt.

Der Optimist: Indem die Gesunden gesund und die Kranken krank bleiben?

Der Nörgler: Nein, indem die Gesunden krank werden.

Der Optimist: Aber auch die Kranken gesund.

Der Nörgler: Sie denken da an das bekannte Stahlbad? Oder an die bewiesene Tatsache, daß die Granaten dieses Krieges Millionen Krüppel gesund geschossen haben? Hunderttausende Schwindsüchtiger gerettet und ebenso viele Luetiker der Gesellschaft zurückgegeben?

Der Optimist: Nein, dank den Errungenschaften der modernen Hygiene ist es gelungen, so viele im Krieg Erkrankte oder Beschädigte zu heilen –

Der Nörgler: – um sie zur Nachkur an die Front zu schicken. Aber diese Kranken werden ja nicht durch den Krieg gesund, sondern trotz dem Krieg und zu dem Zweck, um wieder dem Krieg ausgesetzt zu werden.

Der Optimist: Ja, es ist nun einmal Krieg. Vor allem aber ist es unserer fortgeschrittenen Medizin gelungen, die Verbreitung von Flecktyphus, Cholera und Pest zu verhindern.

Der Nörgler: Was wiederum nicht so sehr ein Verdienst des Krieges ist als einer Macht, die sich ihm in den Weg stellt. Aber sie hätte es noch leichter, wenn's keinen Krieg gäbe. Oder soll es für den Krieg sprechen, daß er die Gelegenheit geboten hat, ein wenig seinen Begleiterscheinungen beizukommen? Wer für den Krieg ist, hätte diese mit größerem Respekt zu behandeln. Schmach einem wissenschaftlichen Ingenium, das sich auf Prothesen etwas zugute tut anstatt die Macht zu haben, Knochensplitterungen vorweg und grundsätzlich zu verhüten. In ihrem moralischen Stand ist die Wissenschaft, die heute Wunden verbindet, keine bessere als jene, die die Granaten erfunden hat. Der Krieg ist eine sittliche Macht neben ihr, die sich nicht nur damit begnügt, seine Schäden zusammenzuflicken, sondern es zu dem Zweck tut, das Opfer wieder kriegstauglich zu machen. Ja, so antiquierte Gottesgeißeln wie Cholera und Pest, Schrecknisse aus Kriegen von annodazumal, lassen sich von ihr imponieren und werden fahnenflüchtig. Aber Syphilis und Tuberkulose sind treue Bundesgenossen dieses Kriegs, mit denen es einer lügenverseuchten Humanität nicht gelingen wird, einen Separatfrieden abzuschließen. Sie halten Schritt mit der allgemeinen Wehrpflicht und mit einer Technik, die in Tanks und Gaswolken daherkommt. Wir werden schon sehen, daß jede Epoche die Epidemie hat, die sie verdient. Der Zeit ihre Pest!

29. Szene. Der Optimist und der Nörgler im Gespräch.

DER OPTIMIST: Die Vorwürfe, daß die deutsche Kriegführung barbarisch sei, sind doch zu albern.

DER NÖRGLER: Nehmen wir mit Gott an, die deutsche Kriegführung sei bis auf etliche nur als Repressalien angewandte Maßnahmen, die zufällig immer die Zivilbevölkerung treffen, und bis auf Fälle wie den der Lusitania, die der Biedersinn «Zwischenfälle» nennt, nicht barbarischer als die Kriegführung der andern. Aber wenn die andern sagen, die deutsche Kriegführung sei barbarisch, so fühlen sie doch mit Recht, daß die deutsche Friedensführung barbarisch ist. Und das muß sie gewesen sein, da sie sonst nicht seit Generationen mit dem Gedanken aufgebaut gewesen wäre, die deutsche Kriegführung vorzubereiten.

DER OPTIMIST: Aber die Deutschen sind schließlich doch auch das Volk der Dichter und Denker. Widerspricht nicht die deutsche Bildung dem von Ihnen behaupteten Materialismus?

DER NÖRGLER: Die deutsche Bildung ist kein Inhalt, sondern ein Schmükkedeinheim, mit dem sich das Volk der Richter und Henker seine Leere ornamentiert.

DER OPTIMIST: Das Volk der Richter und Henker? So nennen Sie die Deutschen? Das Volk Goethes und Schopenhauers?

DER NÖRGLER: So kann es sich selbst nennen, weil es gebildet ist, aber es müßte dafür von Rechts wegen nach seinem populärsten Strafparagraphen, nämlich wegen groben Unfugs, vom Weltgericht abgeurteilt werden.

DER OPTIMIST: Warum denn?

DER NÖRGLER: Weil Goethe und Schopenhauer gegen den heutigen Zustand des deutschen Volkes mit mehr Berechtigung alles das vorbrächten, was sie gegen ihre deutsche Zeitgenossenschaft auf dem Herzen hatten, und mit mehr Schärfe als der ‹Matin›. Sie müßten heute froh sein, wenn es ihnen glückte, als lästige Inländer über die Grenze zu kommen. Goethe hat schon dem aufgeschwungenen Zustand, in dem sich sein Volk während des Befreiungskrieges befand, nichts als das Gefühl der Leere abgewinnen können, und die deutsche Umgangs- und Zeitungssprache könnte Gott danken, wenn sie heute noch auf dem Niveau wäre, auf dem Schopenhauer sie verächtlich gefunden hat. Kein Volk lebt entfernter von seiner Sprache, also von der Quelle seines Lebens, als die Deutschen. Welcher neapolitanische Bettler stünde seiner Sprache nicht näher als der deutsche Professor der seinen! Ja, aber gebildet ist dieses Volk wie kein andres, und weil seine Doktoren ohne Ausnahme, das heißt, wenn sie nicht in einem Pressequartier unterkommen, mit Gasbomben hantieren, macht es gleich seine Feldherren zu Doktoren. Was hätte Schopenhauer zu einer philosophischen Fakultät gesagt, die ihre höchste Ehre an einen Organisator des Maschinentods vergibt? Gebildet sind sie, das muß ihnen der britische Neid lassen, und wissen Bescheid von allem. Ihre Sprache dient eben noch dem Zweck, Bescheid zu sagen. Dieses Volk schreibt heute das abgestutzte Volapük des Weltkommis, und wenn es die Iphigenie nicht zufällig ins Esperanto rettet, so überläßt es das Wort seiner Klassiker der schonungslosen Barbarei aller Nachdrucker und entschädigt sich in einer Zeit, in der kein Mensch mehr das Schicksal des Wortes ahnt und erlebt, durch Luxusdrucke, Bibliophilie und ähnliche Unzucht eines Ästhetizismus, die ein so echtes Stigma des Barbarentums ist wie das Bombardement einer Kathedrale.

Isa Vermehren

Reise durch den letzten Akt

Das Frauenkonzentrationslager

Für die Mädchen aus dem KZ hatte der Zellenbau weiß Gott ein ganz anderes Gesicht, sie nannten ihn «Bunker» und hatten mit Recht große Furcht, dort eingewiesen zu werden. Wochen- und monatelang lagen sie zu zweit, zu dritt, zu viert in einer Zelle, mit oder ohne Strohsack, mit oder ohne Decken, je nach Gutdünken des Unterscharführers, der mit ihrer Betreuung beauftragt war. Die Ansichten über diesen Mann waren bei den Häftlingen verschieden, einige behaupteten, er sorge wie ein Vater für sie, andere hielten ihn für ein ausgekochtes Viech. Ich neige zu letzterer Beurteilung nach allem, was ich beobachten konnte. Sicher ist, daß er seine Kompetenzen weitgehend überschritt und nicht selten auf eigene Faust es unternahm, sich aktiv in den Gang der Vernehmung einzuschalten. Wie zufällig stellte er dann hintenherum eine verfängliche Frage an den Häftling und machte nur zu oft den Essensempfang abhängig von der Brauchbarkeit der ihm zuteil gewordenen Antwort. Mit dieser Methode bewährte er sich als ein gelehriger Untergebener seines besonderen Vorgesetzten – des «Henkers von Ravensbrück», Kriminalsekretär Ramdow. Dieser war berüchtigt dafür, daß er dem Häftling genau die Aussage in den Mund legte, mit der dieser sich oder andere belasten mußte, und er scheute keine Mittel, diese gewünschte Antwort aus ihnen herauszupressen: Bestechungen mit Zigaretten, Sonderzuteilungen, tagelanges Strafestehen mit Kostabzug, wochenlange Dunkelhaft ohne Nahrung, Schläge, Prügel usw., bis die Frauen halb wahnsinnig vor Schmerzen und Verzweiflung alle Bindungen fallen und auch bis zur bewußten Lüge sich verleiten ließen, nur um weiteren Folterungen zu entgehen.

Das sogenannte Gerichtsverfahren war Hohn jeder Rechtsprechung. In einer Zelle unter uns lag eine Polin Mimi, die kurz nach mir in den Bau gekommen war. Die ersten Tage hatte sie viel gesungen mit rauher musikalischer Stimme; sie war Pianistin und hatte in Polen einen kleinen Sohn zurücklassen müssen, als sie wegen ihrer national-polnischen Haltung von der Gestapo verhaftet wurde. Jetzt, als ich sie nach drei Monaten da unter mir wiedertraf, war sie sehr still und blaß geworden, und eine wunderbar abgeklärte Güte und Bescheidenheit sprach aus allem, was sie sagte. Ihre Geschichte ist kurz: In der gegenüberliegenden Fabrik hatte sie an einer Maschine gearbeitet, und als diese eines Tages ihren Dienst versagte, war sie wegen Sabotageverdachts in den Bunker gekommen. Ein paarmal war sie verhört worden, aber das war ganz bedeutungslos gewesen. Daß sie die Maschine kaputtgemacht habe, stand für den Kommissar schon fest vor ihrer ersten Aussage, und sämtliche Fragen waren so angelegt, daß alle Antworten zur Bestätigung des auf ihr liegenden Verdachtes werden mußten. Für sie selber bestand seitdem kein Zweifel mehr über das Ende ihrer Haft. Eines Abends erschien der Schutzhaftlagerführer in ihrer Zelle, um ihr mitzuteilen, daß er ihre Akten nach Berlin geschickt habe – die Antwort könne sie sich wohl denken. Sie wurde nur eine Schattierung blasser noch und stiller, denn damit, das wußte sie, war ihr Tod besiegelt.

Wenige Tage später hörten wir, wie abends etwa gegen halb zehn, zu einer ungewöhnlichen Tageszeit also, ihre Zelle aufgeriegelt wurde und die Aufseherin sagte: «Machen Sie sich fertig, Sie sollen nach vorne kommen . . . Nein, Ihre Sachen können Sie hierlassen . . . Los, ein bißchen voran, die warten schon.» Und dann folgte dem eisernen Stiefelschritt der Aufseherin das unsichere Klappern der Holzpantoffel.

Etwa eine Viertelstunde später vernahmen wir hinter der Lagermauer Schritte und gedämpfte Stimmen, dann ein merkwürdiges Knacken, das sich in Abständen wiederholte. Plötzlich zerriß ein todwunder Schrei die gespannte Stille – wieder ein kurzes Knacken, und alles war ruhig wie zuvor. Dann wieder Schritte, Knacken, Stille . . . Schritte, Knacken, Stille . . . Am ganzen nächsten Tage stieg dunkler, stinkender Qualm aus dem Schornstein hinter der Mauer – die Polin, die Freundin vom Neuner und noch sechs andere Frauen aus dem Lager waren erschossen worden. Wenige Tage später passierte das gleiche – wir zählten einundzwanzig Genickschüsse der schallgedämpften Pistole. An einundzwanzig Polinnen «war das Urteil vollstreckt worden».

In dieser Weise kam auch Helena ums Leben – so nannten wir die junge Deutsche, die seit ihrer Heirat Engländerin war und auch als solche zusammen mit ihrem Manne als englische Geheimagentin mit dem Fallschirm über Deutschland abgesprungen war. Sehr bald nach ihrer Landung war sie denunziert und verhaftet worden. Zwei Jahre waren seitdem vergangen, die sie im Keller dieses Bunkers verbracht hatte, bis eines Abends der Kommandant bei ihr erschien und ihr mitteilte, daß ihre Angelegenheit nun endlich zum Abschluß gekommen sei, es stünde gut um sie, in wenigen Tagen würde es ihr bessergehen . . . Zwei Tage darauf öffnete sich abends in der todbringenden halben Stunde ihre Zelle, und nach fünfzehn Minuten knackte es einmal leise hinter der großen Mauer.

Diese Exekutionen setzten sich fort durch einige Tage und Wochen, und langsam geriet der ganze Zellenbau aus den Fugen vor Entsetzen. Das langsame Heraufdämmern des Abends schien schon so voller böser Grausamkeit, die Luft geschwängert von Mord und Tod, und wirklich zitternd vor Angst verfolgten wir die Vorgänge im Bau zwischen halbzehn und zehn, ob wieder eine Türe sich öffnete. Für Tage verstummte das Schluchzen der armen Boschka nicht, die auf so grausame Weise ihre Freundin, die Polin Mimi, verloren hatte, immer wieder kamen uns Tränen der Verzweiflung über den Tod der sehr reizenden Helena, und wohl aus allen Zellen sind Gebete zum Himmel aufgestiegen, um Erbarmen für ihre armen Seelen, für Mimis Sohn und alle Angehörigen der Ermordeten und schließlich wohl auch um Erbarmen für die Seelen ihrer Mörder – um Jesu Christi willen. Es dauerte eine lange Zeit, bis abends wieder das erste Lied erklang. Vor allem zwei Russinnen sangen mit prachtvollen Stimmen und einer so reichen Musikalität unendlich wehmütige Lieder ihres weiten, traurigen Landes; ich kenne keine Landschaft, in der der Mensch sich so verloren vorkommen muß, wie inmitten dieser unendlichen Weite, und alle Lieder, meine ich, geben ergreifende Kunde von einem Heimweh, das über diese Welt hinaus nach echter, letzter Geborgenheit sucht.

Die Aufseherinnen

In die Zeit auf der Nordseite fällt mein intensiver Versuch, etwas tiefer einzudringen in die Psychologie der Aufseherinnen. Von meinem Fenster aus hatte ich täglich einmal Gelegenheit, die ganze Schar der Aufseherinnen, etwa siebzig an der Zahl, zu beobachten, wenn sie zu ihrem Appell in die Schreibstube kamen. Nie hätte ich so viel Häßlichkeit für möglich gehalten! Und so uniforme Häßlichkeit dazu! Es war schwer, die eine von der anderen zu unterscheiden. Alle hatten sie die gleiche Figur, deren hervorstechendste Linie die Diagonale war: Vorne oben hatten sie viel und hinten unten noch mehr. Und wie sie das durch die Gegend schaukelten, watschelten, schleppten, schoben, zogen, steuerten und balancierten – wahrhaftig, eine Parade des Unmöglichen. Dazu trugen sie ausnahmslos alle eine wilde, seetangartige Dauerwellenfrisur, die ihnen wie schlecht angepaßte Perücken auf den dicken Gesichtern saßen – dicken Gesichtern? Roten Gesichtern, schwammigen Gesichtern, formlosen Gesichtern, «Visagen» im schlimmsten Sinne, in denen sämtlich Bosheit, Dummheit, Frechheit, Brutalität, kurz, eine der schlimmen Möglichkeiten des menschlichen Wesens seine besondere Prägung fand. Man wird meinen, ich übertreibe hier, aber was nützt die eine oder andere Ausnah-

me, wenn sie nur um so deutlicher die Regel unterstreicht? Hände, Beine, Füße – alles war von der gleichen klobigen Art, die nie durch die Mangel des Wunsches gegangen ist, hübsch zu sein. Und doch bildeten sie sich offensichtlich ein, fesche Gestalten zu sein. Anders läßt sich diese schamlose Zurschaustellung der eigenen Häßlichkeit nicht begreifen. Bei allen lag eine so unbegreifliche Unempfindlichkeit vor gegen die Wirkung der eigenen Erscheinung, daß man es mit mehr und letztlich wohl anderen als einer normalen Stumpfsinnigkeit zu tun hatte.
Ich glaube, daß hier das Phänomen der Uniform die entscheidende Rolle spielt. Bei uniformierten Frauen geht offenbar die stärkste Wirkung von den Stiefeln aus, die wie mit magnetischer Kraft alle männlichen Wesensakzente in die Gangart zwingen. Alle Aufseherinnen gingen gleich, denn bei allen handelte es sich um den ungeschickten Versuch, die gleiche Idealgestalt darzustellen, wie sie sich im Laufe der zwölf Jahre herausgebildet hatte im Spiegel von Wort und Bild der Propaganda. – Wir alle haben mal als Kinder versucht, einen Klaviervirtuosen nachzuahmen, haben uns an die Tasten gesetzt und mehr oder weniger begabt die schwankende Bewegung des Oberkörpers, das wilde Spiel der Arme und Finger zu imitieren versucht, mit dem höchst schauervollen Effekt entsetzlich ungeordneten Lärmes. Etwas ganz Ähnliches lag hier vor, nur daß es hier nicht Halt machte bei diesem kindlichen und rein visuellen Nachahmungstrieb, sondern sich noch erweiterte um die ganze mit der äußeren Erscheinung verbundene innere Problematik. Man kann sich von der grotesken Zwitterhaftigkeit dieser uniformierten Gestalten kaum eine Vorstellung machen: vollste weibliche Formen – dazu forciert männliche Bewegungen; steife Lockenmähne und dicke Ohrringe – dazu Hosenröcke und Schaftstiefel; trübe, dumme Kinderaugen – dazu harte, laute Stimmen; das ganze die Karikatur einer Köchin in Generalsattitüde.
So wenig diese Mädchen rein äußerlich ihrer uniformierten Idealgestalt entsprachen, genau so kläglich war es um die inneren Voraussetzungen für diesen Beruf bestellt. Es erübrigt sich, zu bemerken, daß es dem Wesen der Frau überhaupt widerspricht, nach militärischen Gesichtspunkten unformiert zu werden. Überdies muß erwähnt werden, und es dürfte in keinem Verteidigungsplädoyer für diese irregeleiteten Geschöpfe fehlen, daß sie für diesen Beruf geworben wurden mit falschen Ködern: Kameradinnen der SS würden sie sein, freie Wohnung, gute Verpflegung und eine Uniform würden sie bekommen, dazu ein unverhältnismäßig hohes Gehalt und einen leichten Dienst. Und gerade über diesen wurde nur in vagen Andeutungen gesprochen, etwa von einer Beaufsichtigung ausländischer Arbeiterinnen, oder einer Bürotätigkeit in einer SS-Kanzlei und so fort. Viele von ihnen haben sich für

diesen Beruf entschlossen in dem Wunsch, ein bequemes, sorgloses Leben zu führen. In dieser verlogenen Art der Werbung offenbarte sich zweierlei: einmal die Notwendigkeit, den bösen Zweck vor der in jeder Öffentlichkeit latent vorhandenen Gutgläubigkeit zu tarnen, und zum anderen eine wahrhaft teuflische Gleichgültigkeit gegen den Betroffenen. Die Betroffenen dieser Auswahl waren nicht nur die verführten «SS-Kameradinnen», sondern vor allem auch die Häftlinge, die auf diese Weise völlig unqualifizierten Aufseherinnen ausgeliefert waren.
Mit der Vorstellung einer idealen Aufseherin verbinden sich wenigstens drei Tugenden: Verantwortungsfreudigkeit, Gerechtigkeit und selbstlose Hingabe an jenes Ideal, in dessen Dienst sie sich sichtbar durch das Tragen ihrer Uniform gestellt hat. Es bedarf keiner besonderen Erwähnung, daß ich keine dieser drei Tugenden auch nur andeutungsweise jemals habe verwirklicht gefunden. Dahingegen lohnt es sich festzustellen, daß diese Tugenden gar nicht verwirklicht werden konnten, und zwar deshalb nicht, weil das Ideal, dem die uniformierte SS sich verschrieben hatte, von vornherein das Wachsen jeder echten Tugend unmöglich machte.
Die Würde einer Uniform entscheidet sich am Wert der Sache, der sie dient. Das Ziel, dem die SS sich verschrieben hatte, war, die Macht zu erlangen, zu haben und zu behalten. Macht aber ist noch kein Inhalt, sondern nur ein Mittel, um einem Inhalt zum Durchbruch zu verhelfen; wieweit also Macht gut ist, liegt bei dem Inhalt, für den sie sich einsetzt. Die SS gebrauchte ihre Macht «zur radikalen Durchführung des Nihilismus, um auf der Tabula rasa der völligen Befreiung von Bindungen die totale Despotie aufzurichten. Und der Begriff der Macht hatte bereits in den meisten Köpfen den Bedeutungswandel auf die Gewalt hin angenommen.» Dieses Zitat ist dem Buche von Hermann Rauschning entnommen «Die Revolution des Nihilismus», das in wahrhaft erschütternder Klarheit das ganze entsetzensvolle Antlitz des Nationalsozialismus vor uns enthüllt. Auf dieses Buch stützt sich auch die unkommentierte Anwendung des Begriffes der SS in diesen Zeilen; mehr als einmal weist Rauschning darauf hin, daß die radikalen Aktivisten dieser nihilistischen Revolution nur einen kleinen Elitekader bildeten, der zum größten Teil der SS angehörte.
Bewußt verfolgte nur diese kleine Elite das vernichtende Prinzip «Macht um der Macht willen», trotzdem wirkte es sich bis in die untersten Reihen dieser unglückseligen Aufseherinnen aus, deren eigene Entwicklung notwendig unfruchtbar bleiben mußte bei der totalen Inhaltslosigkeit der Sache, der sie dienten. Im Gegenteil, gerade dieses Prinzip verzehrt die Substanz aller geistigen Bindungen um so schneller, je eher diese erkannt werden als ein Wider-

stand, der sich der totalen Machtentfaltung entgegensetzen will. Die wahrhaft beängstigende Wirklichkeit dieses tödlichen Prinzips wird besonders deutlich an jener Stelle, wo es auch die Zerstörung natürlicher Gefühlsgebundenheit fordert. Wer möchte sich zwingen lassen zur Brutalität, zwingen lassen, Frauen zu prügeln, denen die Würde einer Mutter eigen ist, zwingen lassen, vor zu Tode gequälten Wesensgefährtinnen eben jene Autorität zu vertreten, die die Schwester so zugerichtet hat? Und warum wurde von diesen Uniformträgerinnen das nicht mehr als Verbrechen empfunden, was doch jedes natürliche Gefühl als ein solches erkennen mußte?

Zwei Dinge, so meine ich, gehören in die Beantwortung dieser Frage: einmal der Hinweis auf die diabolische Wirkung der Uniform im seelischen Bereich des Menschen: Sie ersetzt ihm – unter dem moralischen Deckmantel des «blinden Gehorsams» – das Gewissen. Nicht ich bin mehr verantwortlich für das, was ich tue, sondern jener, der mir den Befehl gab; nicht ich gab den Befehl, sondern der Dienst an der Sache erforderte ihn. Diese Logik scheint zwingend, ist aber falsch, und sie leitet hinüber zu der anderen Antwort auf die oben gestellte Frage. Das «natürliche» Gefühl gibt es nicht wie etwas, das man als stabil voraussetzen kann. Das «Natürliche», das «natürlich Menschliche», wie es in diesem Zusammenhange als umfassender ethischer Begriff gebraucht wird, ist das kostbarste Produkt einer ungebrochenen Tradition. Wo aber diese zerstört ist, muß auch jenes zugrunde gehen, und das Absinken in die Barbarei wird unaufhaltsam.

Sehr beweiskräftig für diese Behauptung scheint mir die kürzlich in einem Bericht aus dem Belsen-Prozeß zitierte Frage zu sein: Nachdem durch viele Zeugenaussagen die besondere Brutalität einer Aufseherin festgestellt worden war, fragte der Richter sie: «Sind Sie grausam?», worauf er die Antwort bekam: «Ich weiß nicht, was ich mir unter grausam vorstellen soll.» Welch ein haarsträubender Unterschied zwischen dem Wirklichkeitsbewußtsein dieser Aufseherin und dem des Richters! Das «natürliche» Gefühl des Richters erkannte in den zahllosen und willkürlichen Mißhandlungen seitens dieser Aufseherin den Niederschlag echter Grausamkeit; sie hingegen konnte es auf Grund jahrelanger Belehrung durch die Nazi-Propaganda fast für ein gutes Werk halten, eine Jüdin totzuprügeln. Dieser Unterschied im Denken, Empfinden und Urteilen erhellt ein wenig vom eigentlichen Sachverhalt, daß nämlich der Wirklichkeitsbegriff abhängig ist vom Wahrheitsbegriff. Und in der Verkennung dieses Sachverhaltes liegt der Fehler der oben als «zwingend, aber falsch» bezeichneten Logik, die den Versuch darstellt, von der Wirklichkeit her die Wahrheit bestimmen zu wollen. In diesem genialen und großangelegten Selbstbetruge des Menschen ist immer die Wirklichkeit das primär Vorhandene, und «die Wahrheit ist degradiert zum Zufall der Kombination».

Dem Bereich des Wirklichen ist das Willensvermögen des Menschen zugeordnet sowie dem Bereich der Wahrheit seine Erkenntnisfähigkeit. Erkenntnis wurzelt in der demütigen Bereitschaft, sich von der Wahrheit belehren zu lassen, und in dem Maße versucht der Mensch, «aus eigenem klug zu sein», als ihm diese Demut fehlt. Mit der Abwendung von der Wahrheit begibt sich der Mensch auf die Flucht, und anstelle der Lebensfreude tritt die Lebensangst. Die Akedeia, die Traurigkeit, die nichts mehr wissen will von dem Hohen, Guten, zu dem der Mensch berufen ist, sitzt wie der todbringende Krebs in der Seele des modernen Menschen, und langsam versinken ihm Wahrheit und Wirklichkeit im Begriff des Möglichen. Losgelöst von jeglicher Bindung kann nun der Mensch bestimmen, was er für wirklich halten will, und voller Entsetzen erkennt man nachträglich die abgründige Bedeutung der intensiven Willenspropaganda aus den letzten Jahren. Ihr Symbol war das Zeichen vom Totenkopf mit dem zwei gekreuzten Knochen, und das Wort aus Goethes Faust: «Am Anfang war die Tat» eines ihrer liebsten Zitate.

In dem Versuch, der von ihm bestimmten Wirklichkeit auch die Überzeugungskraft der Wahrheit zu verleihen, mußte der Mensch möglichst viele zwingen, dasselbe wie er für wirklich zu halten, d. h., er ersetzte die Qualität durch die Quantität; und wer es wagte, eine andere Wirklichkeit denn diese als wahr zu bekennen, verwirkte sein Leben, so angreifbar blieb trotz allem die vermeintliche Sicherheit des Menschen in der von ihm selbst gesetzten Wirklichkeit. Der angestrebten einheitlichen Übereinstimmung verlieh der Mensch sichtbaren äußeren Ausdruck durch die totale Uniformierung der Masse, wodurch jeder einzelne dazu beitrug, sein Bild von der Wirklichkeit als echt zu bestätigen.

Jener, der da sagte, nicht ich gebe den Befehl, sondern die Sache erfordert ihn – wobei er unter Sache die Aufrechterhaltung der von ihm gesetzten Wirklichkeit versteht –, wird der Sache gefügig bleiben, solange die damit für ihn verbundene Wirklichkeit geeignet ist, ihm das zu vermitteln, was er zusammen mit dem Wahrheitsbewußtsein verloren hat: das intensive Lebensgefühl.

Es klingt dem heutigen Menschen philiströs und unglaubwürdig, wenn ihm erzählt wird, daß es früher ganze Generationen gegeben hat, denen nichts ein solches Bedürfnis war wie die Erkenntnis der Wahrheit, und deren Lebensgefühl und Lebensfreude sich steigerten mit jedem Schritt, den sie der Wahrheit näher kamen. Das Experiment des heutigen Menschen, im Bereich des Möglichen die gleiche Befriedigung zu finden, mutet etwa so an wie der Versuch, unter Wasser atmen zu wollen – in beiden Fällen muß der Mensch ertrinken. Die Jagd nach dem Lebensgefühl im Raume des Erfahrbaren führt zu einer endlosen Irrfahrt, denn befruchtend und befriedigend vollzieht Erfahrung sich nur, wenn Wahrheit und Wirklichkeit einander begegnen, nicht aber wenn zwei Möglichkeiten aufeinanderprallen. Um so gehetzter nur sucht der Mensch nach jenem Ufer, wo die Wogen des Möglichen ihn wieder auf den festen Boden der Wirklichkeit spülen können. Folgende Zitate aus dem Buch «Flucht vor Gott» von Max Picard mögen als Abschluß und Überleitung dieser Überlegungen dienen: «Wenigstens die Wirklichkeit der Sünde will ein solcher Mensch in dieser Welt haben, hoffend, daß, wenn die Sünde, wenigstens sie, in die Wirklichkeit gezwungen würde, auch alles andere zurückkehren würde aus der Möglichkeit in die Wirklichkeit.» – «Man ist radikal in der Welt der Flucht, weil die Radikalität einen bis an den Rand vortreibt. Nicht eine Sache will man radikal vortreiben, sondern sich selber, der Radikalismus ist nur das Mittel, das Maß der Radikalität wird nicht von der Sache bestimmt, sondern von dem Maß, das notwendig ist, um sich in der allgemeinen Undeutlichkeit der Flucht selber sichtbar zu machen. Es gibt nur noch einen Radikalismus der Form, nicht einen des Inhalts.» – «Der Mensch ist imstande, etwas Böses zu tun, nur damit die Angst nicht mehr so leer sei, und damit wenigstens das Böse in ihr sei. Er fundamentiert das Haus der Angst mit dem Bösen, nachträglich, damit er einen Boden unter den Füßen spürt. Er experimentiert mit dem Bösen, er sucht das Böseste herzustellen, er sucht den Grund der Angst zu fabrizieren, selbst zu fabrizieren, weil er den wahren Grund nicht anerkennen will.» Hier, glaube ich, öffnet sich der eigentliche Zugang zur höllischen Wirklichkeit der Konzentrationslager.

Die Aufgabe der Ravensbrücker Aufseherinnen im Lager war, positiv ausgedrückt, Aufrichtung und Aufrechterhaltung des Ansehens der Autorität, so etwa formuliert sich das Prinzip «Macht um der Macht willen». Praktisch wirkte sich das dahingehend aus, daß immer wieder die Angst vor der Macht geschürt wurde, daß jede Form sich bildender Häftlingsgemeinschaft gesprengt wurde, daß, wo immer sich etwas Angreifbares fand im äußeren und inneren Bereich des Menschen, die Macht sich umsetzte in Zerstörung. Dieses Fehlen jeglicher positiven Aufgabe hemmte nun vollends die sowieso kärglichen Entwicklungsmöglichkeiten dieser durchweg sehr trivialen Mädchen, von denen kaum eine mehr zu bedenken schien als die nächste Mahlzeit. Ich kann mich der Peinlichkeit einer Situation noch gut erinnern, deren Zeuge ich wurde während der kurzen Wochen, die ich später selber im Lager verbrachte: Ich hatte mich mit meiner Blockältesten in ihrem Dienstzimmer unterhalten über die Bedeutung dieses Krieges, Europas Zukunftsaussichten und ähnliches mehr, als plötzlich unsere Blockleiterin mit einer Freundin in die Türe trat. Vorschriftsmäßig sprangen wir auf, machten Meldung, halfen den beiden unförmigen Gestalten aus dem Mantel und auf die Stühle, und schwerfällig niedersackend, sagte die dicke Freundin in breitem Mecklenburgisch: «Du, Frieda, weißt du, was ich jetzt möchte? Griesbrei! Ahmmmm, ühmmm usw.» Die andere bemerkte, daß sie persönlich es vorziehen würde zu schlafen, womit das Gespräch nicht etwa beendet war, sondern dank der offenbar abstrusen Gefräßigkeit der dicken Freundin wieder zum Essen zurückkehrte, worüber sie sich dann lange und ohne jegliches Gefühl für ihre peinliche Wirkung unterhielten. Wie kränkend zu allem Überfluß noch diese Lächerlichkeit ist! Da sind sie und bilden sich ein, das berufene Volk der Welt zu sein, reden von der Verpflichtung, als «Herrenrasse» die Welt beherrschen zu müssen, und träumen von Griesbrei! Nicht einmal die Eitelkeit konnten sie vor einem solchen Sich-gehen-Lassen bewahren, dafür waren sie zu dumm. Sie meinten wohl, daß das Ansehen ihrer Uniform einen so lächerlichen Eindruck leicht aushalten könne, anstatt, wie es eigentlich sein müßte, durch die ständige Hinabe aller besten Bemühungen die Würde des Rockes stets neu zu beleben. Die «Pflicht», die sie bewußt mit dieser Uniform übernommen hatten, war wohl nur die, ständigen Gebrauch zu machen von den mit ihr verliehenen Rechten, die den Häftlingen gegenüber in dem Begriff des Herrschens zusammengefaßt werden können, wobei man nur hinzusetzen muß, daß gesetzlose Herrschaft dasselbe ist wie Willkür. Willkür aber ist verheerend, unabhängig davon, ob sie in den Händen eines großen Mannes liegt oder in den ungeschickten Fingern dicker, dummer Mädchen.

Die folgenden Skizzen sind ein Versuch, die oben angeführte Problematik des Aufseherinnenberufes in ihrer praktischen Auswirkung im Bilde dreier Gestalten zu zeichnen, an der Person der Frau Mewes, der Frau Boedecker und der Oberaufseherin des Lagers, Fräulein Binz.
Frau Mewes war eine unserer SS-Wächterinnen im Zellenbau. In ihrer äußeren Erscheinung war sie keine Ausnahme von der oben geschilderten Norm: Sie war von kleinem Wuchs, und der schmale Oberkörper stand in keinem Verhältnis zur Stämmigkeit der Beine. Ihr schmales Gesicht war umrahmt von der üblichen Dauerwellenpracht dünner, aschblonder Haare, deren wilde, anspruchsvolle Aufmachung in einem grotesken Widerspruch stand zu der sonstigen Ungepflegtheit ihres Äußeren, und die unkleidsame, graue Uniform mit der zu kurzen Jacke, dem unförmigen Hosenrock und den dickwadigen Schaftstiefeln vollendete die häßliche Uneleganz ihrer Erscheinung.

Anfangs hatte ich Angst vor ihr. Sie war so entsetzlich laut, so laut, daß ich hinten in meiner Zelle ihr Eintreffen vorne im Bau hören konnte. Wenn sie Dienst hatte, pfiff ein scharfer Zugwind durchs Haus. Sie war so unwirsch, so kurz, so schnell, so zackig und präzise in allem, was sie tat, daß ich es lange ängstlich vermieden habe, sie anders als nur dienstlich anzusprechen. Sie hatte scheinbar ein so sachliches Verhältnis zu ihrem Beruf, daß es der Unpersönlichkeit ihrer Haltung fast etwas Unheimliches verlieh. Gegen die Schicksale und Vorgänge im Zellenbau trug sie eine absolute Unempfindlichkeit zur Schau, und in dieser Umgebung schien es nichts zu geben, was ihre privaten Empfindungen hätte berühren können. Sie war nicht launisch, nicht brutal, nicht intrigant, sie funktionierte wie ein seelenloser Dynamo, dessen einzige Freude die schnelle Umdrehung ist. Das etwa war die eine, die uniformierte Erscheinungsform von Frau Mewes, mit der sie jeden zweiten Tag ihren Dienst bei uns versah. Mit zweiundzwanzig Jahren war sie Aufseherin geworden in dem damals neugegründeten Ravensbrücker Lager. Mit ihrer nunmehr fünfjährigen Dienstzeit gehörte sie zu den wenigen «alten Aufseherinnen», über die das Lager zu meiner Zeit noch verfügte.
Die zwischen ihrem Dienst liegenden vierundzwanzig freien Stunden verbrachte sie in Fürstenberg mit ihren drei Kindern im Hause ihrer Mutter, und die Art, wie sie später von diesem Zuhause sprach, ließ unschwer erkennen, daß sie selber sich dort als viertes Kind fühlte. Den freien Tag verbrachte sie bis zum Mittag im Bett, lesender-, dösenderweise, ließ sich bedienen und verwöhnen wie ein krankes Kind von ihrer rührend sorgenden Mutter. Um keinen Preis war sie zu bewegen, auch nur einen Schritt aus dem Hause zu gehen, kostete es sie doch schon Überwindung, die Geborgenheit des Bettes zu verlassen. Selbst die Verpflichtung ihren drei Kindern gegenüber vermochte nicht, ihre Aktivität in Gang zu bringen. Am liebsten hätte sie um den ihr teuersten Aufenthaltsort, das Bett, noch einen Wandschirm gestellt, um wirklich ganz geschützt und geborgen zu sein vor der Außenwelt, so groß war das Gefühl der eigenen Hilflosigkeit und Ausgeliefertheit. Der rasenden und knallenden Aktivität, die sie als Aufseherin zur Schau trug, war im Grunde die Angst verschwistert.
Ihr Leben zerfiel in zwei Teile, ein uniformiertes und ein nicht uniformiertes, und sie führte beide mit geschlossenen Augen. Uniformtragen ist wesentlich verknüpft mit der Vorstellung von selbstloser Hingabe an einen übergeordneten Wert. An der Gestalt von Frau Mewes wird etwas deutlich von der äußersten Perversion dieser zauberhaften Tugend, die nun nicht mehr den Namen Selbstlosigkeit verdient, sondern Leblosigkeit heißen muß. Die Autorität des Rockes, den sie trug, zwang sie nicht nur, ihren Inhalt in eine

neue Form zu geben, sondern verlangte überdies die Preisgabe des Inhalts selber, um der Autorität willen, die den totalen Machtanspruch vertrat. Die Uniform dispensierte sie von jeder Herzensbindung, jeder Gewissensbindung, jeder in ihrem eigenen Wesen lagernden Verpflichtung. So war sie wohl «selbstlos» geworden in ihrem Dienst, aber diese Selbstlosigkeit ist nicht mehr die schönste Frucht der Tugend der Selbstüberwindung, sondern ihr ist vorausgegangen furchtbarste Selbstvernichtung, ihr sind nicht mehr die Vorstellungen des geläuterten, leuchtenden, «siebenfach im Tiegel gereinigten Goldes» zugeordnet, sondern die leergebrannten, fensterlosen Fassaden unserer zerstörten Städte sind die rechte Versinnbildlichung dieser Seelenverfassung.
Von hier aus gesehen bekommt diese ganze Art, mit der Frau Mewes ihren Dienst versah, ein anderes Gesicht. Das rasende Arbeitstempo, der ohrenbetäubende Krach, diese unheimliche Sachlichkeit, das alles wirkt von dieser Deutung aus gesehen anders: Hinter der Aktivität verbirgt sich die Flucht vor der äußeren, hinter dem Lärm der Angriff gegen die innere Wirklichkeit, und hinter der Sachlichkeit der Versuch zur Neutralität. Neutralität nicht als Haltung, sondern als Zustand bildet sich zwangsläufig bei jedem Menschen, der in dieser Weise den Versucht begeht, seine Person vor der Begegnung mit der Wirklichkeit zu schützen, um vor sich selbst die Ausrede zu behalten, es sei ja alles gar nicht wahr. An kleinen Kindern kann man hin und wieder beobachten, daß sie die Hände vor die Augen legen und dann sagen: «Such mich mal!» So etwa, meine ich, ist es auch hier: In der Dunkelheit des Nicht-mehr-sehen-Könnens gibt es für mich die Wirklichkeit nicht mehr, und so bin auch ich vor ihr verborgen. Ein Trugschluß zwar, aber ein wie weit verbreiteter! Ich würde ihre seelische Entwicklung auf höchstens vierzehn Jahre ansetzen. In dem Alter etwa mag es gewesen sein, daß mit dem beginnenden Bewußtsein der eigenen Schwäche ihre Kräfte mehr und mehr versagten, Erkenntnis und Erfahrung fruchtbar gegeneinander auszuwerten. Die Geschichte ihrer drei unehelichen Kinder scheint mir in etwa diese Spekulation zu bestätigen; auf drei verschiedene Männer dreimal hereinfallen kann eigentlich nur einer, der endgültig darauf verzichtet hat, bestimmend in sein eigenes Leben einzugreifen.
Die uns erkennbare Schuld eines solchen Menschen beginnt da, wo er im Bewußtsein der eigenen Schwäche auch einen Dispens für seine Handlungen findet, anstatt seinen Lebensraum enger abzustecken nach dem Maße der eigenen Verantwortungskraft. Entsprechend der Kleinheit und Schwäche ihres ganzen Formates mag diese Entwicklung sich ohne jeden dramatischen Höhepunkt vollzogen haben; unbemerkt von ihr selber war diese Zersetzung

vor sich gegangen, und nur manchmal fand sich im Ausdruck ihrer kleinen Augen ein Schatten jener dumpfen Ahnung, daß all dieses wohl vom Übel sei.

Frau Mewes' Kollegin im Zellenbau, Frau Boedecker, war ebenfalls ein Prototyp der Aufseherinnen, aber in einer anderen, weniger dramatischen, dafür aber allgemeineren Art. Sie war ein typisches Opfer der verlogenen Werbung für diesen Beruf, deren Angebot ihrer abgründigen Trägheit so gewaltigen Vorschub geleistet hatte. Ihr war es zu tun um die freie Wohnung, die gute Verpflegung, die leichte Arbeit. Der normale Dienst im Zellenbau war nicht anstrengend, aber offenbar immer noch zu anstrengend für Frau Boedecker, die sich oft genug durch trübe Vergeßlichkeit den wenigen täglichen Pflichten entzog. Sie machte eine kurze Wandlung durch in den Flitterwochen eines sommerlichen Verhältnisses zu einem unserer SS-Untersturmführer, und für die kurze Zeit schimmerte ein harmloses Kindergesicht durch die dicke Schicht zähflüssiger Faulheit. Wie merkwürdig sah es aus in den Köpfen dieser verführten Mädchen: Frau Boedecker wünschte für sich mit großer Selbstverständlichkeit ein kleines Haus mit einem Garten, wo sie friedlich leben wollte. Die Haus- und Gartenarbeit sollte ein dienstbarer Geist, eine Polin oder Russin, verrichten, und auf Befragen, was sie selber denn tun wolle, gab sie ganz harmlos zur Antwort: «Die Blumen in die Vase stellen.» Wie will man die Menge derer zum geordneten Arbeits- und Dienstbegriff zurückführen, die auf so unsittliche Weise wie z. B. diese Aufseherinnen in den letzten Jahren ihr Geld verdient haben? Wofür eigentlich bekamen sie ihre einhundertundachtzig Mark im Monat? Genau besehen für ihre willfährige Dummheit, für ihre stupide Bereitschaft, als kleinstes Rad der riesigen Staatsmaschine im Werk der totalen Vernichtung zu dienen.

Das kurze Glück ihrer sommerlichen Liebe stand Frau Boedecker eigentlich reizend zu Gesicht. Sie verschönte sich sichtlich und konnte beinahe hübsch aussehen mit ihren bunten Farben, roten Backen, braunen, mandelförmigen Augen, weißen Zähnen und dunklen Haaren; nach Dienstschluß schminkte sie sich sogar ein wenig, und legte im ganzen Wert auf eine gepflegte Erscheinung. Sie war aufgeschlossen, freundlich und gesprächig und teilte ein paar Wochen unser allgemeines Unverständnis für alle Abnormitäten innerhalb dieser hohen Lagermauern. In dieser Zeit erfüllte sie die angenehmeren Pflichten ihres Berufes gerne, sie holte uns reelmäßig und lange zum Spaziergang, und die unangenehmen Aufträge überließ sie nach Möglichkeit ihrer Kollegin. Immer war es Frau Mewes, die abends um halb zehn die Todgeweihten aus ihrer Zelle holen mußte. Vielleicht hat in diesem letzten Sommer

der SS-Obrigkeit auch die Seele der Frau Boedecker das letzte Mal geblüht. Eine Zeit lang waren beide, er und sie, ganz klar und einig im Bewußtsein, auf einem sinkenden Schiff zu stehen, und in diesen Tagen zogen wilde, abenteuerliche Pläne durch ihre Herzen, die nach echter Freiheit suchten. Sie hätten fliehen müssen aus dem Lager, denn eine andere Möglichkeit, diesem Leben zu entkommen, gab es auch für die SS-Mannschaften nicht, und ihr Fluchtversuch wurde nicht weniger hart bestraft als der eines Häftlings. In dieser Zeit merkten sie, daß kein wesentlicher Unterschied bestand zwischen ihrer und unserer Freiheit bzw. Unfreiheit, und hin und wieder war fast so etwas wie ein kameradschaftlicher Unterton zu hören, wenn sie mit uns sprachen.
Aber ihre Kraft und Kunst, einander zu lieben, hatte sich bald erschöpft. Die Flitterwochen gingen zu Ende und mit ihnen auch der ahnungsvolle Traum vom freien, menschenwürdigen Dasein, und im Heraufdämmern ihrer dunklen Zukunft verfärbte sich alles Helle ins Finstere. In der Unfähigkeit, sich mit der eigenen Terminologie herauszulösen als einzelne Person aus dem fatalen Wir-Bewußtsein ihrer verbrecherischen Kameradie, griffen sie wahllos aus dem Wust der Goebbelsschen Propagandaphrasen die eine oder andere heraus im Versuch, sich zu schützen und zu verteidigen gegen die hereinbrechende unheilvolle Zerstörung ihres bisherigen Lebensraumes. Ihre Weise zu argumentieren war mehr als primitiv und lautete etwa folgendermaßen: Hätten wir dieses Leben verlassen können, hätte auch unsere Liebe sich in glücklichster Weise vollendet, aber wir konnten es nicht, da die allgemeine Kriegslage einen Berufs- und Stellungswechsel dieser Art unmöglich machte. Wer aber war schuld an dieser Kriegslage? Die bösen Freimaurer, die bösen Katholiken, die bösen Aristokraten. Frau Boedecker vertrat ganz ernsthaft diese schon im Zusammenhang mit dem 20. Juli erwähnte Anschauung, und es wundert einen gar nicht mehr zu hören, daß sie nach diesem Datum nur noch böse und abfällig über Moltke sprach, für den sie bis dahin doch eine offenkundige Sympathie an den Tag gelegt hatte.
Ihre unfreundliche Trägheit wuchs sich im Laufe des Winters zu unwahrscheinlichen Formen aus. Fast den ganzen Tag verbrachte sie mit Kartenspiel im Dienstzimmer. Die dumpfe Ahnung von der Hoffnungslosigkeit der ihr bevorstehenden Zukunft lag wie ein bleiernes Gewicht auf all ihren inneren und äußeren Bewegungen, und in der Gewißheit, daß für sie das Leben nur schlechter werden könne, wurde sie völlig skurpellos im Nehmen des Besten, was sie jetzt noch haben konnte. Bequem wollte sie es haben, und sie machte es sich bequem auf Kosten der Häftlinge; gut essen wollte sie, und wo sie vorher nur bestechlich gewesen war, wurde sie jetzt erpresserisch; rauchen wollte sie und trinken, und da sie es nicht geschenkt bekam, mußte sie es

stehlen. Gewiß, diese moralischen Verstöße sind im Grunde die harmlose Erscheinungsform vom Fin de siècle im Leben eines kleinen Mädchens, aber was für Katastrophen sind dem vorausgegangen!

Die dritte Aufseherin, die mir zur Gestalt wurde, ist die Oberaufseherin Binz, die mit Frau Mewes befreundet war. Diese Freundschaft erinnert an die blühende Blume auf dem schwarzen Schutthaufen des zertrümmerten Hauses. Es war keine Berufs- oder Kollegenfreundschaft, sondern eine echte, menschliche Neigung, wie sie sich nur bilden kann um die Treue im Glauben an das Gute im anderen. Fräulein Binz war fünfundzwanzig Jahre alt und war etwas länger und etwas schlanker als die übrigen Aufseherinnen, von deren oben gezeichnetem Normaltyp sie nur die Beine und den Gang übernommen hatte. Ihrer ganzen Erscheinung fehlte die verschwommene, farblose Breiförmigkeit ihrer übrigen Kolleginnen, sie war eigentlich die einzige, die noch ein Gesicht hatte. Ihre jungen Züge waren umrahmt von einer leuchtendblonden Löwenmähne, deren wilde Gelocktheit wie eine äußere Versinnbildlichung anmutete der in ihrem Inneren sich heftig widerstreitenden Gedanken und Empfindungen. Mund und Stirn waren überladen von Trotz und Bockigkeit, und die scharfe Falte zwischen den Augenbrauen stand wie eine harte Narbe in ihrem Gesicht. Wieder bestätigte sich mir eine häufig gemachte Beobachtung, daß gerade von dieser Stelle eines Antlitzes – von dem Dreieck zwischen Augenbrauen und Nase – so etwas wie ein entscheidendes Licht auf die ganzen Züge fällt. Bewußt machte ich diese Beobachtung zum ersten Mal am Christuskopf auf dem berühmten Abendmahl von da Vinci, wo in dieser lichten Stelle sich das ganze erfüllte Ewigkeitsbewußtsein zu spiegeln scheint. Im Gesicht jener Aufseherin war diese Stelle wie zerfetzt und zerrissen, ein finsteres, verqueres Daseinsbewußtsein äußerte sich hier, an dem die zarteren Dinge zerschellen mußten. Alles war überlagert vom Ausdruck der Abwehr und Unverbindlichkeit, und nur in den Augen gab hin und wieder ein Schimmer angstvoller Unsicherheit noch Kunde von der Bedürftigkeit des Herzens.
Von meinem Zellenfenster aus habe ich sie oft im Zustand erregtesten Zornes beobachten können: Dann schrie sie mit heiserer Stimme und schlug mit wütend-gerötetem Gesicht auf irgendeinen Häftling ein. In diesem Augenblick glichen ihre Züge einem klirrenden Scherbenhaufen, und nur allzu leicht kam in solchen Auftritten eine Wildheit zum Durchbruch, wie nur die Verzweiflung sie hervorbringen kann, Verzweiflung, die sich bildet über die Aussichtslosigkeit des Guten in sich selber, Verzweiflung, die alles zerschlagen und vernichten möchte, um endlich Ruhe vor sich selber zu haben. Das ist nicht die Weise des radikalen «Wenn schon – denn schon» totaler Gewissen-

losigkeit, die immer gekennzeichnet ist durch die schmerzlose Leichtigkeit, mit der sie das Böse tut, wie ein Experiment mit neugierigem Eifer, sondern diese Weise trug noch alle Merkmale lebhaftester Gewissensnot. Die wilden Schläge auf den Kopf des armen Häftlings ließen ein anderes, tiefer liegendes Umsichschlagen erkennen, das gerichtet war gegen das «Entweder – oder», das wie ein unsichtbarer Feind ständig und von allen Seiten zugleich herandrängte.

Im Laufe der Begegnungen mit diesem Gesicht haben sich mir noch zwei Metamorphosen besonders deutlich eingeprägt. An einem Abend gegen neun Uhr, also nach Dienstschluß, wurde ich zum Schutzhaftlagerführer gerufen, um ihm und der Oberaufseherin etwas vorzuspielen und vorzusingen. Da wich unter der Wirkung der Lieder für Momente das Finstere, Verkrampfte aus den Zügen dieses jungen Wesens, und eine Unsicherheit flackerte über das Gesicht, die auch durch die betont gleichgültige Haltung nicht verdeckt werden konnte; es war wie ein verwundertes, unruhiges Aufhorchen auf einen neuen und doch zutiefst vertrauten Ton, und als wollte sie sich dem Zugriff entziehen, wandte sie sich mit rauher Gebärde dem vor ihr liegenden Hunde zu, um ihm mit fahrigen Bewegungen über den Kopf zu streicheln, wobei sie mit ihrer heiseren Stimme liebkosende Worte murmelte.

Der dritte Eindruck dieses Gesichtes fällt in eine viel spätere Zeit; es mag im Januar, Februar 1945 gewesen sein, als die Eindeutigkeit der gesamten Lage schon keinen Zweifel mehr über den Ausgang des Krieges ließ. Ich war gerade auf dem Spaziergang im Hof, als Fräulein Binz durch die Türe trat. Den Kopf weit vorgestreckt eilte sie mit ihrem stampfenden Gang die Treppen hinauf, und ihr Gesicht war ganz entstellt von der offenbaren Zerquältheit ihrer inneren Verfassung. «Mit dem Kopf durch die Wand!» dachte ich ganz unwillkürlich. Als sie meiner Gegenwart inne wurde und meinen Gruß bemerkte, löste sich die Spannung in ihren Zügen ein wenig, und für Sekunden trat eine große Müdigkeit an ihre Stelle. Da öffnete sich die Türe des Zellenbaus, und das aufmunternde «Na» ihrer Freundin zauberte ein so hinreißendes Lächeln auf ihre Züge, daß ich im Moment ganz verblüfft dachte: was für ein hübsches Mädchen! Leuchtendblonde Haare, strahlende weiße Zähne und plötzlich über der ganzen Erscheinung ein Schimmer von unbeschwerter Heiterkeit und inniger Freude – so also konnte sie aussehen, wenn es ihr gelang, die innere und äußere Wirklichkeit ihres beruflichen Daseins für einen Augenblick zu verlassen.

Natürlich war sie nicht beliebt bei den Häftlingen, aber es herrschte auch keine schaudernde Furcht vor ihr. Gefürchtet wurden ihre «schlechten Tage», an denen sie völlig unberechenbar war und ohne Maß in ihren willkürlichen Anordnungen; an guten Tagen war sie einem Argument, einer Bitte nicht unzugänglich. Für ihren Beruf als Oberaufseherin war sie vor allem zu jung, um dem Maß der Verantwortung entsprechen, und selber noch zu unerzogen, um eine wirkliche Autorität aufrichten zu können. Sie war weder dumm noch faul und im Grunde kein böser und gemeiner Charakter. Aber sie war auf dem Wege, es zu werden, wobei ihrem Verhältnis mit dem Schutzhaftlagerführer ein wesentlicher Teil der Schuld zufiel: Er gehörte wirklich zu jenen Elitekadern der SS, wie sie in Rauschnings Buch geschildert werden, und es war ihr Verhängnis, diesen diabolischen Zauber scheinbar vollendeter Kühnheit und totaler Gewissenlosigkeit jemals mit dem Bilde echter Freiheit verwechselt zu haben.

In den Monaten, die mir gegeben waren, all diese Beobachtungen und Betrachtungen anzustellen, war es wirklich eine harte Arbeit, die vielen schlimmen Eindrücke hereinzulassen in den Bannkreis erkennender Liebe. Stunden und Tage innig bemühten Nachdenkens hat es gekostet, in den widerwärtigen Verzerrungen vor meinem Fenster das Gesicht des Menschen wiederzufinden, das uns die christliche Offenbarung als liebenswert anvertraut hat. Die natürliche Liebe versagt vor dieser scheuseligen Entstellung, und ein ganzes Heer dialektischer Spitzfindigkeiten deckt ihren feigen Rückzug vor dieser Aufgabe, in diesem entsetzlichen Anderen noch den Gleichen, den Nächsten, den Menschen wie ich einer bin, anzuerkennen. In der natürlichen Abwehr gegen die furchtbaren von draußen hereindringenden Eindrücke tauchte immer wieder die Versuchung auf, sich einfach abzuwenden, das Fenster zuzumachen und ein Buch zu lesen. Das wäre der erste Schritt zu jener Stumpfheit gewesen, die gleichzeitig auch zur Dummheit führt: Das, was ich nicht sehen will, werde ich auch nie begreifen können. Was für ein ungefüger Bolzen das Herz doch ist, man muß sich hüten, seine natürliche Liebes- und Leidensbereitschaft zu überschätzen. Nicht nur das, was ich im Lager sah, gibt mir Veranlassung zu dieser Warnung, sondern was ich im Zusammenhang damit im eigenen Herzen erfuhr, macht mich fast noch besorgter. Wie wohlbegründet ist diese Furcht, so einem schrecklichen Bilde des Menschen zu begegnen, wie es täglich vor meinem Fenster sich mir bot, muß man doch gegenwärtig sein, in ihm auch das Spiegelbild des eigenen Gesichts zu finden.

Hannah Arendt

Eichmann in Jerusalem
Ein Bericht von der Banalität des Bösen

Wichtigtuerei war das Laster, das Eichmann zugrunde richtete. Es war reine Angeberei, wenn er seinen Leuten in den letzten Kriegstagen erzählte: «Ich werde freudig in die Grube springen, denn das Bewußtsein, fünf Millionen Juden [er selbst behauptete stets, «Reichsfeinde» gesagt zu haben] auf dem Gewissen zu haben, verleiht mir ein Gefühl großer Zufriedenheit.» Nun, er ist nicht gesprungen, und was sein Gewissen anlangte, so stellte sich heraus, daß nicht Mord, sondern eine Ohrfeige es bedrückte, die er «in der Unbeherrschtheit eines plötzlichen Zornes» Dr. Löwenherz, dem Präsidenten der Wiener Judengemeinde, «verabreicht» hatte. (Eichmann hatte sich seinerzeit vor seinen Untergebenen bei Löwenherz entschuldigt, aber trotzdem ließ ihm diese «kleine Begebenheit» keine Ruhe.) Den Tod von fünf Millionen Juden auf das eigene Konto zu buchen – so hoch berechnet man etwa die Gesamtsumme der Verluste, die das europäische Judentum durch die vereinten Bemühungen aller Nazibehörden und Einheiten erlitten hat –, war natürlich absurd, was er auch selbst recht gut wußte; dennoch wiederholte er den für ihn verhängnisvollen Satz ad nauseam vor jedermann, der zuzuhören bereit war, sogar noch zwölf Jahre später in Argentinien, denn es verlieh ihm ein «außerordentlich erhebendes Gefühl, sich vorzustellen, daß [er] auf diese Weise von der Bühne abtreten würde». (Der ehemalige Legationsrat Horst Grell, ein Zeuge der Verteidigung, der Eichmann von Ungarn her kannte, sagte aus, daß er immer der Meinung gewesen sei, Eichmann prahle einfach. Und diesen Eindruck muß in der Tat jeder gehabt haben, der ihn hörte.) So war es auch reine Prahlerei, wenn er behauptete, daß er das Gettosystem «erfunden» oder «die Idee geboren» hätte, alle europäischen Juden nach Madagaskar zu verfrachten. Das Getto in Theresienstadt, für das Eichmann die «Vaterschaft» in Anspruch nahm, wurde errichtet, nachdem bereits Jahre zuvor in den östlichen Besatzungsgebieten das Gettosystem eingeführt worden war; und Spezialgettos für gewisse privilegierte Kategorien von Juden einzurichten war, wie das Gettosystem selbst, die «Idee» Heydrichs. Der Madagaskar-Plan hingegen scheint in den Büros des deutschen Auswärtigen Amts «geboren» worden zu sein, und Eichmanns eigener Beitrag dazu war, wie sich zeigen sollte, den Gedankengängen seines hochgeschätzten Dr. Löwenherz sehr verpflichtet. Diesen hatte er nämlich dazu angehalten, «einige

Grundgedanken zu einem ... Plane zu verankern», wie man nach dem Kriege rund vier Millionen Juden aus Europa herausschaffen könnte, und zwar angeblich nach Palästina; das Madagaskar-Projekt war ja streng geheim. (Als ihm während des Verhörs der Bericht von Dr. Löwenherz vorgelegt wurde, leugnete er die eigentliche Herkunft des Planes nicht – dies war einer der seltenen Augenblicke, in denen er echte Verlegenheit zeigte.) Seine Großmannssucht führte letztlich zu seiner Gefangennahme – er war es «satt, ein anonymer Wanderer zwischen den Welten zu sein» –, und diese Sucht muß mit der Zeit immer stärker geworden sein, nicht nur weil es für ihn nichts mehr zu tun gab, was in seinen Augen sich lohnte, sondern auch deshalb, weil die Nachkriegsepoche ihm so viel unerwarteten «Ruhm» beschert hatte.

Doch Angeberei ist eine weitverbreitete Untugend; spezifischer und auch entscheidender war ein anderer Fehler Eichmanns – seine nahezu totale Unfähigkeit, jemals eine Sache vom Gesichtspunkt des anderen her zu sehen. Er und seine Leute und die Juden «zogen an einem Strang»; wenn Schwierigkeiten auftauchten, kamen die jüdischen Funktionäre zu ihm gerannt, und «... ich habe die Klagen und die ewigen Bitten um Unterstützung seitens der jüdischen Funktionäre gehört ... und war bemüht ... zu helfen.» Die Juden waren «bestrebt» auszuwandern, und er, Eichmann, versprach ihnen seine «freudige Mitarbeit», zumal die Naziführung gerade damals den Wunsch äußerte, ihr Reich «judenrein» zu machen. Zwei Bestrebungen trafen sich also – und er, Eichmann, verstand es, «beiden Teilen gerecht» zu werden. Als im Prozeß die Methoden der Wiener Auswanderungszentrale zur Sprache kamen, rückte Eichmann nicht einen Millimeter von dieser Version der Vorgänge ab – er räumte allenfalls ein, daß das Wort «Zusammenarbeit» nicht mehr ganz am Platze sei, «das würde die Menschen heute vielleicht heruntersetzen», und er wollte ihnen ja auch «in keinster Weise zu nahe treten». (Superlative für Worte, die sinngemäß keinen haben können, waren Eichmanns Spezialität.)

Für einen Psychologen könnte der deutsche Text des auf Band aufgenommenen Polizeiverhörs, das vom 29. Mai 1960 bis zum 17. Januar 1961 dauerte, Seite für Seite von Eichmann korrigiert und signiert, eine wahre Fundgrube von Einsichten bilden. In Eichmanns Mund wirkt das Grauenhafte oft nicht einmal mehr makaber, sondern ausgesprochen komisch. Komisch ist auch Eichmanns heldenhafter Kampf mit der deutschen Sprache, in dem er regelmäßig unterlag – so, wenn er immer wieder von «geflügelten Worten» sprach, aber Redensarten oder Schlagworte wie zum Beispiel Himmlers Neujahrsparolen meinte, oder wenn er im deutsch geführten Kreuzverhör dem Vorsitzenden erklärte, er habe «kontra gegeben», als Sassen ihn drängte, seine

Geschichte ein bißchen aufzufrisieren. Richter Landau, offensichtlich unvertraut mit den Mysterien des Kartenspiels, verstand den Ausdruck nicht, aber Eichmann fiel beim besten Willen kein anderes Wort ein. Komisch sind auch die endlosen Sätze, die niemand verstehen kann, weil sie ohne alle Syntax Redensart auf Redensart häufen. Als Landau ihm sagte, daß es so nicht weiterginge, spürte er wohl dunkel einen Defekt, der ihm schon in der Schule zu schaffen gemacht haben muß – wie ein milder Fall von Aphasie –, und entschuldigte sich: «Amtssprache ist meine einzige Sprache.» Doch die Amtssprache war eben gerade deshalb seine Sprache geworden, weil er von Haus aus unfähig war, einen einzigen Satz zu sagen, der kein Klischee war. (Waren es die Klischees, die die Psychiater so «normal» und «vorbildlich» fanden? Sind dies die «positiven Ideen», die ein Pfarrer bei denen zu finden hofft, über deren Seelen er wacht? Eichmanns Stunde, die «positive Seite» seines Charakters hervorzukehren, schlug an jenem Tag in Jerusalem, an dem ihm der junge Polizeioffizier, der für sein geistiges und seelisches Wohlergehen zu sorgen hatte, zur Entspannung «Lolita» in die Hand drückte. Nach zwei Tagen gab Eichmann das Buch mit offener Entrüstung seinem Wärter zurück: «Das ist aber ein sehr unerfreuliches Buch.») Die Richter hatten zwar recht, als sie dem Angeklagten bei der Urteilsverkündung sagten, alles, was er vorgebracht habe, sei «leeres Gerede» gewesen, aber sie glaubten – zu Unrecht –, daß diese Leere vorgetäuscht war und daß der Angeklagte dahinter Gedanken zu verbergen wünschte, die zwar abscheulich, aber nicht leer waren. Dagegen spricht schon die verblüffende Konsequenz, mit der Eichmann trotz seines eher schlechten Gedächtnisses Wort für Wort die gleichen Phrasen und selbsterfundenen Klischees wiederholte (wenn es ihm einmal gelang, einen wirklichen Satz zu konstruieren, wiederholte er ihn so lange, bis ein Klischee daraus wurde), wann immer die Rede auf Dinge oder Ereignisse kam, die ihm wichtig waren. Ob er nun in Argentinien oder in Jerusalem seine Memoiren schrieb, ob er zu dem verhörenden Polizeibeamten sprach oder vor Gericht – was er sagte, war stets das gleiche, und er sagte es stets mit den gleichen Worten. Je länger man ihm zuhörte, desto klarer wurde einem, daß diese Unfähigkeit, sich auszudrücken, aufs engste mit einer Unfähigkeit zu *denken* verknüpft war. Das heißt hier, er war nicht imtande, vom Gesichtspunkt eines anderen Menschen aus sich irgend etwas vorzustellen. Verständigung mit Eichmann war unmöglich, nicht weil er log, sondern weil ihn der denkbar zuverlässigste Schutzwall gegen die Worte und gegen die Gegenwart anderer, und daher gegen die Wirklichkeit selbst umgab: absoluter Mangel an Vorstellungskraft.

Claude Eatherly

Brief an den Reverend N. über den Abwurf der Atombombe über Hiroshima

8. August 1960

Geehrter Herr,

Lassen Sich micht damit beginnen, Ihnen und den anderen Parlamentsmitgliedern, die den Brief vom 25. Juli unterzeichnet haben, meinen Dank auszudrücken. Meine Dankbarkeit für die Sorge, die Sie um mich haben, und für die Gebete, die Sie für mich sprechen, ist grenzenlos. Ich empfinde es als eine Ehre, daß Sie in diesen Tagen der Furcht und der Unruhe mehr über meinen philosophischen Standpunkt zu wissen wünschen.

Ich werde ausschließlich für mich selbst sprechen, obwohl eine große Zahl von Amerikanern so wie ich glauben, daß diese Zeit des Kampfes zwischen allen Nationen, groß und klein, ihr Ende nehmen müsse. Ich habe viele Artikel geschrieben zur Veröffentlichung, um Mut zur Hoffnung zu machen, und um die Bemühungen, die nötig sind, wenn wir diese Erde retten wollen, zu fördern.

Zuerst möchte ich Ihre Frage beantworten, worin meine Rolle bei der Bebombung von Hiroshima bestanden habe.

Ich kommandierte das Führungsflugzeug, das «Straight Flush». Es war meine Aufgabe (job), den Zielort Hiroshima zu erreichen, den Ort, der bei der Wahl der Bombenziele an erster Stelle stand, das Wetter dort zu rekognoszieren und festzustellen, ob wir irgendeinen Widerstand von der feindlichen Luftwaffe oder Bodenbeschuß zu erwarten haben würden. Ich flog über dem Zielgebiet etwa fünfundvierzig Minuten lang, um die Wolkengruppen zu studieren, die das Ziel teilweise unsichtbar machten; Ziel war eine Brücke zwischen dem militärischen Hauptquartier und der Stadt Hiroshima selbst. Etwa fünfzehn japanische Flugzeuge flogen in einer Höhe von 15 000 feet (etwa 5000 Meter), aber sie machten keinen Versuch, meine Höhe von 29 000 feet (etwa 10 000 Meter) zu erreichen. Diese Flugzeuge verschwanden bald. Was das Wetter an diesem Tage des 6. August betrifft: Über der Stadt Hiroshima gab es in der Höhe zwischen 12 000 und 15 000 feet verstreute Kumulus-Wolken. Diese Wolken schienen in der Richtung der Stadt Hiroshima in einer Geschwindigkeit von zehn bis fünfzehn Meilen stündlich zu ziehen. Die Zeit dieser meiner Beobachtung war ungefähr halb acht Uhr morgens. Der Zielpunkt war deutlich sichtbar. Dieser bestand, wie gesagt, in einer Brücke,

deren Zerstörung das japanische Hauptquartier aufs schlimmste beeinträchtigen mußte. Das Wetter schien mir ideal: Da nur das Ziel sichtbar war, aber nicht die Stadt, würde diese gerettet werden, und der Abwurf der Bombe auf das Hauptquartier würde das Militär dazu bringen, die Zerstörungskraft der Bombe zu begreifen und die Armee davon zu überzeugen, daß sie nun einen Friedensvertrag zu unterzeichnen und den furchtbaren Krieg zu beenden hätte. Ich sandte meine kodifizierte Botschaft, die das endgültige «Fertig – los» darstellte, dem Bombenflugzeug zu, ich wies es also an, das Hauptziel zu bebomben. Aber meine Hoffnung verwirklichte sich nicht. Die Wolken über Hiroshima verflüchtigten sich, der Bombenschütze verfehlte den Zielpunkt um etwa 3000 feet (1 Kilometer) und zerstörte die Stadt Hiroshima. Ich glaube nicht, daß es sich dabei um einen beabsichtigten Fehler gehandelt hat, sondern eben um ein Versehen, das verhinderte, daß die Bombe genau saß (straight and true). Bitte denken Sie daran, es war eine neue, noch unausprobierte Bombe. Aber die Sache war nun einmal geschehen, und nun ist es unser «job», alles nur Denkbare dafür zu tun, damit es nie wieder ein anderes «Hiroshima» gebe.
Nun, nachdem ich Ihnen über meine Rolle bei der Mission berichtet habe, möchte ich Ihnen erzählen, daß ich an diesem Tage des 6. August 1945 den Entschluß gefaßt habe, mein Leben der Aufgabe zu weihen, die Kriegsursachen zu zerstören und für die Ächtung aller Atomwaffen zu kämpfen. Dies gelobte ich in einem Gebet auf dem Flug zur Heimatbasis – und was in der Zukunft auch geschehen mag, ich weiß, daß ich drei Dinge gelernt habe, die für immer Überzeugungen meines Herzens und meines Geistes bleiben werden. Zu leben, selbst das härteste Leben zu leben, ist der schönste Schatz und das wundervollste Wunder in der Welt.
Seine Pflicht zu erfüllen, ist das zweite wunderbare Ding. Und dieser Pflicht: Nämlich allen Menschen aller Rassen, gleich, ob rot, weiß, schwarz oder gelb, ein Leben voller Glück, ohne Furcht, ohne Armut, ohne Ignoranz und ohne Knechtschaft zu verbürgen – der Erfüllung dieser Pflicht weihte ich mich auf dem Rückflug von Hiroshima nach Tinian. Das war mein zweites Credo.
Mein drittes Credo ist, daß Grausamkeit, Haß, Gewalttätigkeit oder Ungerechtigkeit niemals ein Millenium wird heraufbringen können, weder im geistigen noch im moralischen noch im materiellen Sinne. Der einzige Weg zum Millenium ist die verströmende schöpferische Liebe, das Vertrauen und die Brüderlichkeit, die nicht nur gepredigt, sondern pausenlos praktiziert wird. – Ungefähr fünfzehn Jahre sind seit diesem Gelöbnis verflossen, und die Schuld, die mit einem solchen Verbrechen verbunden ist, hat in meinem Geist und in meinem Gemüt viel Verwirrung angerichtet. Beinahe acht von diesen Jahren habe ich in Hospitälern, und eine kurze Zeit in Gefängnissen ver-

bracht. Mir schien, ich war in Gefängnissen stets glücklicher, weil ich dadurch, daß ich bestraft wurde, die Schuld loswurde . . .
Diese tragischen Jahre verminderten nicht meine Begierde, für immer Gewalttätigkeit und atomare Bewaffnung auszulöschen (to stamp out). Vielmehr steigerten sie nur meine Begierde danach, alles zu tun, was in meinen Kräften steht, und zwar dadurch, daß ich mich einerseits über die wissenschaftlichen Fortschritte auf dem laufenden hielt und andererseits über die Abnahme (oder die langsamere Entwicklung) der Moral der Massen unserer Erde.
Lassen Sie mich diese eine Stelle aus der Bibel zitieren: «Selig sind die Sanftmütigen: denn sie werden das Erdreich besitzen. Selig sind die Barmherzigen: denn sie werden Barmherzigkeit erlangen. Selig sind die Friedfertigen: denn sie werden Gottes Kinder heißen.»

Leider kann ich Ihnen unter meinen gegenwärtigen Bedingungen kein Bild meiner Familie schicken. Aber ich habe ein Bild von mir, das mir von einem mir Unbekannten in Deutschland, der einen meiner Artikel gelesen hatte, zugeschickt worden ist. Das will ich Ihnen senden.
Möge Ihnen alles gelingen als Lohn für Ihre gute christliche Gesinnung.

In Brüderlichkeit
Claude R. Eatherly

Andrej Siniavskij

Ich und die anderen

Essay über die Grenzmittel der Kommunikation unter den Bedingungen der menschlichen Isolation.

Ich beginne einfach mit einem Witz: In einem Arbeiterinnenheim, wo acht oder zwölf Betten in einem Raum stehen, sagt Klava erstaunt zu Nina: «Also stell dir vor, ich sitze hier ruhig, und da kommt plötzlich Waska angerannt, legt mich hin, liebt mich und rennt wieder weg.» Klava überlegt ein wenig und sagt: *«Ich möchte jetzt gerne wissen, was er mir damit eigentlich sagen wollte!»*
Dies ist eine absurde und unflätige Geschichte. Aber wenn wir uns diesen Vorfall ernsthaft überlegen, müssen wir gestehen, daß der Gewalttäter Waska

mit einer plötzlichen und unmotivierten Tat, oder besser gesagt, mit einer stummen und doch so bedeutungsvollen Geste, tatsächlich etwas ausdrücken, tatsächlich etwas sagen wollte.

Viele unserer Taten und Impulse, vor allem solche, die einen absurden Grenzcharakter aufweisen, sind ursprüngliche Mittel der nonverbalen Kommunikation, mit denen wir uns den Menschen und der Realität erklären wollen. Wenn wir mit unserer expressiven und eindringlichen Sprache die Realität nicht durchdringen können, oder wenn uns die Worte fehlen und wir sie nicht finden können, greifen wir zu Gesten und Aktionen, um etwas zu sagen. So entsteht aus einem Streit eine Prügelei, und diese Prügelei wird zu einem Dialogersatz.

Aber ich will mich nicht in die abstrakte Sphäre «der Kommunikation als solcher» begeben, von der aus man den Lebensstil des Menschen und der Gesellschaft oft nur als einen Versuch betrachtet, sich seinem Nächsten zu offenbaren. Oder mit anderen Worten: Die ganze menschliche Geschichte wird als eine Form der Sprache angegeben. Sondern ich begebe mich jetzt auf das einfachere und mir besser bekannte Gebiet der Gefängnisse und Lager und versuche, dort dieses Problem zu erhellen aufgrund von Beispielen, die jene Grenzbedingungen der menschlichen Existenz, der menschlichen Beziehungen und menschlichen Einsamkeit illustrieren. Aber auch die Gefängnis- und Lagerpraxis ist ein reiches und vielfältiges Feld, so daß ich als Modell nur einige seltene und ungewöhnliche Episoden aus dem Zwiegespräch zwischen dem einzelnen und der Gesellschaft, zwischen dem «Ich» und «den anderen», auswähle. In diesen Episoden befindet sich der einzelne in einer verzweifelten Lage, wo ihm weder Sprache noch Kommunikation, sogar nicht einmal die Existenz selbst, helfen können. Ein Mensch, der sich in einer solchen Situation offenbaren und ausdrücken will, benützt einen außergewöhnlichen und auf den ersten Blick unverständlichen «Jargon».

Ich entschuldige mich, daß ich Dinge hier anführen werde, die die Leser höchstwahrscheinlich für unanständig, schockierend und geschmacklos halten könnten. Diese Episoden habe ich mir nicht ausgedacht, sondern der Realität des Lagerlebens entnommen. Alle diese Fakten sind theoretisch öffentlich bekannt. Jene, die die Lagermemoiren, die aus Rußland kommen, aufmerksam verfolgen, werden sie gut kennen. Die Frage ist hier nur, *wie* wir diese Fakten verstehen, wie wir sie interpretieren sollen.

Es existiert vor allem ein weitverbreiteter Brauch, daß Häftlinge, die schon ihre zweite, dritte oder lebenslängliche Strafe «absitzen», an ihrem eigenen Körper verschiedenartige monstruöse und unnatürliche Dinge vornehmen: Sie verschlucken z. B. Löffel oder andere Gefängniswerkzeuge, befestigen

sogenannte «Anker» am Penis, trinken eigenes Blut und essen eigenes Fleisch. Es ist schwer, diesen «Kannibalismus» mit Perversion oder psychopathologischer Krankheit zu erklären, und doch werden jene, die dem verfallen, als halbwahnsinnige Wesen, die nicht zu den Menschenwesen gehören, abgeschrieben. Diese Menschen werden für *Nicht*-Menschen gehalten, die das System in Tiere verwandelt hat. Die Frage bleibt: Was soll mit ihnen geschehen? Soll man sie vernichten? Oder wieder isolieren?
Mit dieser Ansicht kann ich nicht einverstanden sein. Ich habe solche Menschen getroffen, ich sprach mit ihnen und habe mich überzeugt, daß die Mehrheit von ihnen weder Tiere sind noch degenerierte Menschen oder Wahnsinnige, sondern ganz normale Menschen – einige von ihnen sind sogar mit außergewöhnlicher Intelligenz begabt. Deshalb frage ich ganz naiv, wie Klava, als sie über Waskas merkwürdige Tat nachgedacht hat: «Ich möchte wissen, was sie uns eigentlich damit sagen wollten.»
Stellen wir uns einen Menschen vor, der zehn, fünfzehn oder zwanzig Jahre im Gefängnis verbracht und vor sich nichts anderes als einen weiteren Gefängnisaufenthalt hat, einen Menschen, der in die kriminelle Welt gehört, keine Bücher liest und keine erhabenen Gedanken hat, der in einem Zustand der Verzweiflung, in die tiefste Tiefe des menschlichen Elends und der Einsamkeit geworfen wurde. Das einzige, was ihm bleibt und womit er disponieren kann, ist sein Körper. Er ist am Rande des Abgrundes, ist aber noch nicht gestorben, noch nicht wahnsinnig geworden. Was soll er machen, um zu beweisen, daß er noch lebt, daß er Verstand hat und Macht über etwas? In dem Fall benützt er seinen Körper (weil er nichts anderes hat), um mit einer totalen Endsprache der Gesellschaft ungefähr folgendes zu sagen: «Alles habt ihr mit genommen. Die Freiheit, das Leben, die Erde und den Himmel. Aber dieser Körper gehört *mir*, er ist *mein* Besitz und *ich* bin sein Herr!» Diese Sprache, unausgesprochen oder sogar nur unbewußt, hat manchmal die Form eines unwillkürlichen Theaterspiels, das sich vor den Gefängniswärtern und Gefängnisbeamten, vor anderen Häftlingen, oder, abstrakter gesagt, vor der ganzen Welt abspielt. Aus dem «Kannibalismus» wird eine Art Theatervorstellung, eine Show.
Stellen wir uns folgende Situation vor: Ein alter Krimineller, der schon alles mögliche hinter sich hat, und der die schwierigsten Prüfungen des Lebens überstanden hat, der krank ist, an Schwindsucht leidet und nur noch eine Häfte des Magens besitzt, und der weiß, daß er seine Freilassung nicht erleben wird, dieser Häftling sitzt in der Zelle mit einem anderen, den er sozusagen unter seine Fittiche genommen hat und vor dem er gerne posiert. Sagen wir, daß der Spitzname des anderen Häftlings «Muschka» (deutsch: Fliege) sei.

Man nennt ihn Muschka, weil er klein und sehr lebendig ist. Muschka ist ein Mann, aber unter diesen Bedingungen wird er zur Geliebten, zur Ehefrau des alten Diebes. Sie sind einfach eine Ehepaar, eine Familie. Es kommt das neue Jahr, und sie haben nichts, womit sie feiern könnten. Sie sind allein in der Zelle, der alte Dieb und vor ihm Muschka. Das einzige, was der alte Häftling zur Feier, zur Vorstellung und zur Gastfreundschaft beizutragen hat, ist sein Körper. Und so bestellt er mit einer großzügigen Geste «Wein und Eiskrem». Ich bitte wieder um Verzeihung, daß ich unangenehme Details anführe, aber man kann sie nicht umgehen. Der Häftling nimmt eine eiserne Tasse und füllt sie nicht etwa mit Eis, sondern mit eigenen Spermien. Dann schneidet er sich die Adern auf und gießt «Wein» über das «Eis». Beide trinken dann auf ein glückliches neues Jahr.

Ich frage mich, was sich hier abspielt. Und ich antworte: Kunst. Kunst und etwas mehr. Es spielt sich hier in einem gewissen Sinne die Erfüllung des Mythos ab, und sein vielleicht unbewußter Ursprung ist in einigen rituellen Gesten und Opfern enthalten, die aber hier eine farcenhafte, karikaturistische Form angenommen haben. Auch unter normalen Bedingungen haben Menschen Schwierigkeiten, wenn sie sich gegenseitig verständigen wollen. Die geläufigen Phrasen klingen anders in fremden Ohren. Worte wie «Freiheit» und «Demokratie» werden manchmal ganz gegensätzlich verstanden. Aber noch schwieriger und fast unmöglich ist es, eine sprachliche Kommunikation und gegenseitiges Verständnis zu finden in einer Situation, wo der Häftling schon viele Jahre in Einsamkeit und im Konflikt mit der ganzen Welt verbracht hat. Beim Versuch, einen Dialog unter diesen Bedingungen anzuknüpfen, wird eine normale Beziehung zwischen «ich» und «du» oder «ihr» durch die Beziehung «ich» und «die anderen» ersetzt. «Sie» sind jene Menschen, für die «ich» nicht «ich» bin, sondern eine Chiffre aus einer andern, unpersönlichen, fremden Kategorie «sie». Die Kommunikation hat die Form des Widerstandes, der Beleidigung, des Hohns. Es geschieht, daß ein Teil des menschlichen «Ichs» abbröckelt, sich verfremdet und einen Kampf zu führen beginnt, der die Zersetzung der Persönlichkeit zur Folge haben kann. «Ich» spielt Theatervorstellungen mit «ihm» (d. h. vor sich selbst), um es «jenen» zu zeigen (eigentlich um es sich selbst, seinem eigenen «Ich», das mit Abstand und Feindseligkeit betrachtet wird, zu zeigen). Diese Vorstellung bekommt die Form eines Experiments, das an Spott und Lästerung grenzt.

Vielleicht hat jener Häftling, der zum neuen Jahr aus sich selbst Eis und Wein produziert hat, die Vorstellung, nicht nur für seinen heißgeliebten Muschka gespielt zu haben, sondern auch für «sie» (die Wärter und Gefängnisbeamten), und diese «sie» sind bis zu einem gewissen Maß ein Teil seines «Ichs» geworden, das sich über die Gefängnismauern geschwungen und die Rolle eines feindlichen Zuschauers bei diesem Melodrama übernommen hat. Die Gefängniswelt führt das «Ich» dazu, daß es in «sie» hineinprojiziert. Der Mensch hat das Gefühl, daß er in dem engen Raum der Gefängnismauern verschwindet, und deshalb wächst sein Bedürfnis nach Kommunikation und sprachlicher Aktivität. Anstatt mit dem Kopf gegen die Wände zu schlagen, fängt er an, sich mit «ihnen» zu unterhalten wie mit sich selbst, und spielt Theater vor «ihnen», ein Theater, das zugleich agrressiv und alptraumähnlich ist: «So, ihr habt mich hier so eingemauert? Ihr haltet mich also hier fest? Und ihr wollt mit mir nicht sprechen? Also dann hört schön zu, was ich euch sage.»

Das einfachste Beispiel eines solchen Spiels mit dem Feuer ist ein Akt, bei dem der Häftling, zum Äußersten getrieben und ohne die Möglichkeit, mit jemandem zu sprechen, einen Löffel oder etwas anderes verschluckt. Er hofft wie jeder Künstler auf einen Theatereffekt und rechnet damit, daß sein Trick einen erfolgreichen Abschluß haben wird, d. h., er hofft, daß der verschluckte Löffel durch einen chirurgischen Eingriff entfernt werde. (Die Gefängnisbehörde hat aber solche Demonstrationen schon satt, und in der letzten Zeit ist sie weniger willig, rasch medizinische Hilfe zu holen, und manchmal läßt man es der Unterhaltung der anderen Häftlinge zuliebe zu, daß ein solches Experiment zu seinem tragischen Ende kommt.) Aber das, wessen wir hier Zeuge sind, ist nicht einfach ein gewöhnlicher Husarenstreich. Der Künstler, der den Löffel verschluckt, riskiert viel, und er riskiert es, damit er in der Form der Übertreibung und Parodie zeigen kann, wie hungrig er ist und wie erschöpft er sein muß, wenn er bereit ist, symbolisch darauf aufmerksam zu machen, indem er einen eisernen Löffel aufißt! Aber den Löffel hat er nicht deshalb verschluckt, weil er wörtlich vor Hunger stirbt. Er kann bloß die Stille, die ihn umgibt, nicht ertragen, und mit einem unnatürlichen Akt kommt dies zum Vorschein.

Ein Häftling, der seine Geschlechtsorgane mißhandelt, der seinen Hodensack an die Holzpritsche nagelt, sich einen «Anker» am Penis befestigt und ähnliches, demonstriert gerade auf diese Weise, daß er vom Gedanken besessen ist, sein Leben sei zu Ende. Und dies ist sein letztes Argument, da er die Kraft nicht mehr hat, diese Qual noch länger auszuhalten, und da er diese Organe, die ihm die Natur schenkte, nicht mehr braucht – er gibt sie auf, und gleichzeitig sagt er sich vom Leben und der Gesellschaft los, die ihn in diesem Käfig eingesperrt hat. Wie anders soll er das beweisen?

Zu anderen, angeseheneren und vielleicht intellektuelleren Arten von visueller Provokation gehört die Tätowierung der Stirn mit antistaatlichen Losungen wie «Sklave der Kommunistischen Partei der UdSSR», «Sklave des KGB» oder «Sklave von Chruschtschow» (diese und ähnliche Aufschriften waren zu Chruschtschows Zeit üblich). Man sagt, daß Chruschtschow auf diese Versuche der Häftlinge, zu sagen, was sie denken, mit dem Geheimbefehl reagierte, die Träger dieser Losungen zu erschießen. Ich weiß nicht, ob es wahr ist, daß so ein Befehl tatsächlich bestand, aber ich weiß, daß Menschen, die sich solche Inschriften tätowieren ließen, tatsächlich hingerichtet wurden. Der Staat wußte einfach nicht mehr, was er mit diesen Menschen anfangen sollte, die sich mit einer unauslöschbaren Propaganda und Botschaft, die sie für immer in ihren Gesichtern oder auf der Stirn trugen, an die Mitmenschen wandten. Der Geheimbefehl, die Träger und die Autoren dieser Tätowierungen hinzurichten – Träger und Autoren stammen vor allem aus den Reihen der Kriminellen –, wurde offenbar in allen Sonderlagern vorgelesen. Aber die ersten Hinrichtungen lösten sonderlicherweise nur eine neue Welle von Inschriften aus. Erst nach der zweiten Phase gelang es den Behörden, diese Bewegung einzudämmen.

Das, was ich hier beschrieben habe, ist unendlich traurig. Aber wir werden gut tun, wenn wir versuchen, diese Fakten nicht als Illustration einer wilden Lebensart zu sehen, der man nur in Sträflingslagern begegnen kann. Diese Vorkommnisse sind auch ein Ergebnis bestimmter menschlicher Grundstimulantien, die sogar einen Bezug zur Arbeit des Schriftstellers und der Kunst als solcher haben. Sie haben vielleicht keinen Bezug zur Kunst im weitesten Sinne des Wortes, aber sie berühren manche Seiten und Formen der künstlerischen Tätigkeit, vor allem in unserer Epoche, in der der schaffende Autor die Gesellschaft meidet und sie mit Mißtrauen betrachtet, in einer Situation der äußersten Einsamkeit und des äußersten Mangels an Verständnis und Kontakt. Auch hier flüchtet die Kunst zu Grenzmethoden, um Wirkung zu erzielen – ihr Mittel ist die provokative Bestürzung *(épatage)*, Groteske, Absurdität, Phantastizität und verschiedene Arten von Abweichungen, und dies alles kann man als unglaublich expressive, aggressive und gleichzeitig als kommunikative Arten von «Sprache» bezeichnen. Es zeigt sich hier nicht nur der Bruch mit der Menschheit, nicht nur die Ablehnung des Lesers, des Zuschauers. Diese Unterbrechung der Kommunikation führt seltsamerweise dazu, daß man eine Sprache mit einem höheren Grad an Mitteilung entdeckt, höher gerade wegen der Einsamkeit und der Entfremdung des Autors. Als Beispiel können wir die poetische Sprache anführen, in der viele provokative Gedanken ausgedrückt werden.

Aber wenn wir diese Grenzmittel beiseite lassen, so ist der Schaffensprozeß bis zu einem bestimmten Grad mit dem Bedürfnis verbunden, die Grenzen des Lebens zu erreichen und sie sogar zu überschreiten, um etwas hervorzubringen. Dieses Bemühen muß der Künstler nicht unbedingt mit äußerlichen Stileffekten ausdrücken. Der Stil kann von außen her gesehen ruhig, einfach, gedämpft, sogar angenehm anmutend sein. Aber weil in ihm unterirdische Ströme verborgen sind, spricht er eine totale Sprache, die an den Gefängnismauern rüttelt, eine Sprache, in der der Autor im Sterben liegt, um auferstehen zu können oder sich aufzulösen, gänzlich zu verschwinden und sich in seinem Werk zu begraben. Ist nicht etwa dies die Ursache, warum die Kunst sich immer bemüht, aus der Umzingelung des normalen Lebens, des Staates, des Landes und der Kunst selbst auszubrechen? Die Grenzen des Stils, des Genres und des eigenen Lebens zu überschreiten – ist dies nicht sehr oft der Weg des Künstlers und seine Berufung?

Wenn wir zum Thema Sträflingslager zurückkommen, möchte ich sagen, daß alle diese Beispiele des äußersten und offensichtlich finalen Appells des Menschen an den Menschen («Kannibalismus», Tätowierung der Stirn usw.) uns unvermeidlich zu einer weiteren Phase solcher Ausbrüche und somit auch zu einer weiteren Phase der Sprache führen – zum Selbstmord. Ich werde mich bei dieser Form nicht lange aufhalten, weil dies ein besonderes und heikles Gebiet ist, das eine längere Diskussion bedingte. Der Selbstmord ist in den Lagern eine Besonderheit. Offenbar verschärft sich hier der biologische Selbsterhaltungstrieb. In der Todesdrohung versucht der Mensch, auch unter den ungünstigsten Bedingungen zu überleben. Das Leben bekommt die Form der Resistenz und der Konfrontation und siegt – wenn man an den Sieg in den Grenzen der physischen Kraft des einzelnen denkt. Wenn es auch unter diesen Bedingungen zu Selbstmorden kommt, dann sind sie gar nicht der Ausdruck der Kapitulation, sondern eine gewaltsame und äußerst relevante Mitteilung, die an die Gesellschaft gerichtet ist.

Aber der Selbstmord in den Lagern und Gefängnissen, dieser außergewöhnliche Schritt, ist von einer Menge von Halbschritten umgeben, die auch davon zeugen, daß der Mensch bereit ist, bis zum Ende zu verharren, und daß er den Behörden ein Ultimatum in einer sehr wichtigen, ja der wichtigsten Angelegenheit stellt. So zum Beispiel ist die allgemein bekannte Art des individuellen und kollektiven Protestes der Hungerstreik. Wenn wir den eigentlichen Inhalt dieses Protestes untersuchen, sehen wir, daß es hier nicht nur um eine Methode geht, irgendwelche Rechte und Konzessionen zu fordern. Der Hungerstreik ist ein Symbol des Todes, das der Sträfling wie ein Transparent der Gefängnisverwaltung zeigt, um mitzuteilen, daß er am System der Beziehungen, das ihm aufgezwungen wurde, nicht teilnehmen will, und daß er die ekelhafte Art des Existenz, die ihm das Lagerregime auferlegt, ablehnt. Der

Hungerstreikende unterbricht jegliche Verbindung mit der Welt, mit den «anderen», und zieht sich in die Isolation, unter den Vorhang des Todes, zurück. Diese Isolation drückt er symbolisch und manchmal auch faktisch damit aus, daß er sich entschließt, keine Nahrung aufzunehmen. Aber gleichzeitig stellt diese Unterbrechung der Kommunikation eine neue und verstärkte Form der Kommunikation dar, die allerdings ein negatives Vorzeichen aufweist. Diese Bedeutung des freiwilligen Fastens ist nicht ganz deutlich in kollektiven Hungerstreiks, bei denen schon vorher die Anzahl der Tage ohne Nahrung festgelegt wird und wo eine Verhandlung mit der Gefängnisverwaltung eingeleitet wird. Die Bedeutung des Hungerstreiks als symbolische Sprache zeigt sich in jenen sonderbaren und individuellen Fällen, wo der Mensch für eine unbestimmte Zeit oder für immer es ablehnt, irgendwelche Nahrung aufzunehmen. Somit verwandelt er den Rest seines Lebens in einen Schrei, der an die Gesellschaft, die Menschheit, den Himmel gerichtet ist.
Über diese Dinge weiß man im Westen wenig. Wir begegnen ihnen manchmal in sowjetischen Lagern, obwohl es sich hier um außergewöhnliche und besondere Fälle handelt. Jemand verkündet einen *dauernden* Hungerstreik. Nach einer bestimmten Zeit, am zwölften oder siebzehnten Tag, wird er durch die Nase, durch eine gewaltsame und sehr schmerzhafte Methode, zwangsernährt. Aber der Mensch weigert sich weiter, freiwillig Nahrung aufzunehmen. Weil er zwangsernährt wird, bleibt er am Leben, ist aber ans Bett gefesselt, und dies kann sogar einige Jahre dauern (Legenden erzählen, daß einige solcher Hungerstreiks fünf, sogar zehn Jahre dauerten). Aber der hungernde Häftling ist von Anfang an verloren, weil er mit der Zeit als physisches Ergebnis seiner freiwilligen Qualen eine unheilbare Lähmung der Beine bekommt, nach der eine allmähliche Atrophie anderer Teile und Organe seines Körpers folgt. Den eigentlichen Sinn dieser freiwilligen Qualen demonstriert gerade dieser finale Hungerstreik, dieser ununterbrochene Appell des Menschen an die Menschen, die ihn nicht anhören wollen, und aus denen in den Augen des Häftlings für immer und unwiderruflich «die anderen» geworden sind. Es existiert aber auch eine andere Form des Hungerstreiks. Ein «Hungerstreik» im übertragenen Sinne des Wortes, und dieser ist nicht weniger wirksam als ein Mittel der Kommunikation, der finalen Kommunikation unter den Bedingungen der Isolation. Es ist: das Schweigen. Das Schweigen als eine einzig mögliche Reaktion auf das geistig zerstörende System, das euch umgibt. Manchmal geschieht es (es sind wieder einzelne besondere Fälle), daß der Häftling es endgültig ablehnt, mit der Gefängnisverwaltung zu sprechen, ihre Fragen nicht beantwortet und überhaupt nichts sagt, obwohl er weiter zur Arbeit geht und alle Befehle befolgt, außer dem einen, zu sprechen, wenn

er angesprochen wird. Den stummen Mauern antwortet der Mensch mit eigener Stummheit.
Das Schweigen, sagt man, ist das Zeichen des Einverständnisses. Aber in diesem Fall ist es ein Zeichen des endgültigen totalen Entschlusses, nichts zu beantworten, alles zu verachten, seine Umgebung nicht als die eigene anzuerkennen. Die Sprache zu verweigern heißt, alles abzulehnen. Aus irgendwelchen Gründen sind die Behörden besonders empfindlich auf diese Verweigerung der Sprache, auf diese Weigerung der Kommunikation mit «ihnen» (und manchmal mit der ganzen Welt). Sie denken ungefähr so: «Er hält uns also nicht für Menschen?» Das Schweigen ist schlimmer als die Hungerstreiks und schlimmer als der Selbstmord, Schweigen ist eine Beleidigung. Das Schweigen läßt solch schreckliche Verdächtigungen aufkommen, daß man sie nicht einmal aussprechen kann ...
Wir können daran zweifeln, daß das Schweigen irgendeine Mitteilung enthält, und wir können uns fragen, ob es überhaupt möglich ist, das Schweigen als eine Art Sprache anzusehen. Da ich alle diese «Abweichungen von der Sprache» als eine Sprache eigener Art betrachte, führe ich ein außergewöhnliches Beispiel an. Es handelt sich um einen abgehärteten kriminellen Sträfling (nennen wir ihn Nikolaj), aus dem während des langjährigen, qualvollen Aufenthalts in den Gefängnissen und Lagern ein politischer «Dissident» geworden ist. Dieser Mann wurde zum vierten Mal verhaftet. Er wußte schon alles auswendig über *Tscheka,* Prozesse, Staatsanwälte und Verteidiger, und als er verhaftet wurde, weil er sich gegen die sowjetische Militärokkupation in der CSSR äußerte, entschloß er sich, darauf mit einem Endmittel zu reagieren. Während der Untersuchung lehnte er es ab, die Fragen zu beantworten, er unterschrieb kein einziges Protokoll, und von Anfang an unternahm er einen Hungerstreik. Nach einigen Monaten wurde er auf der Bahre zum Prozeß hereingetragen, weil er schon nicht mehr ohne fremde Hilfe gehen konnte. Auf die Anklage und die Fragen antwortete er zur großen Unzufriedenheit der Richter mit Schweigen. Nur hie und da während der Gerichtsverhandlung, wenn er die Übertreibungen des Gerichts für unerträglich hielt, richtete sich Nikolaj auf der Bahre auf und sagte im Gerichtssaal (der Prozeß fand selbstverständlich unter Ausschluß der Öffentlichkeit statt) vulgäre Ausdrükke zum Thema Gerechtigkeit (für die er eine zusätzliche Strafe erhielt), dann sank er wieder auf die Bahre und schwieg weiter. Als er zu sieben Jahren Arbeitslager verurteilt wurde (er hatte schon insgesamt 18 Jahre Haft hinter sich), schnitt er sich die Adern auf und beging einen Selbstmordversuch durch Erhängen. Aber es half ihm nichts. Fragen wir uns doch: Sind diese Gesten Sprache? Und wann war seine Sprache am bedeutendsten? Als er schwieg?

Als er hungerte? Als er sich erhängen wollte? Oder als er das Gericht beschimpfte? Es ist anzunehmen, daß er verschiedene Sprachen wechselte (vielleicht in der Hoffnung, daß eine von ihnen wirksam sein könnte). Und es ist möglich, daß seine Stummheit, sein Schweigen vor Gericht und während der Verhandlung, das Absoluteste und Ausdrucksvollste war, was er «ihnen» gesagt hat.

Ich möchte nicht, daß Sie über Gefängnisse und Lager, wo ich eigene Erfahrungen für diese Gedanken gesammelt habe, die Vorstellung von irgendeinem unbeschreiblichen Schrecken haben und denken, daß die Menschen dort zu irgendeinem blutigen, formlosen Knoten zusammengewoben sind. Dasselbe Schweigen, über welches ich sprach (nicht unbedingt das demonstrative und schockierende Schweigen, sondern das innere Schweigen als Maßstab für die Einsamkeit des Menschen, der spürt, daß die Gesellschaft ihn verdammt hat und vielleicht sogar Gott selbst ihn verlassen hat), kann manchmal die reinsten und erhabensten Impulse der Seele und der Sprache hervorrufen. Ich denke dabei vor allem an die Poesie und an die Religion. In unseren Gefängnissen und Lagern gibt es viele Dichter. Es sind nicht nur Menschen, die dafür bestraft wurden, daß sie Poesie und Verse schrieben, sondern auch solche, die erst in den Lagern zu Dichtern wurden, wobei sie vorher keine Ahnung von Reimen oder Rhythmus hatten. Das Bedürfnis nach Kommunikation, die über die üblichen Tageszeitungen hinausgehen würde, ist in der Folteranstalt unglaublich intensiv. Und da die Autoren ungebildet sind, ist die Lagerpoesie vom literarischen Standpunkt her meistens kläglich schwach. Aber auch diese schlechten Verse beinhalten manchmal erstaunlich klangvolle Partien und Bilder, bei denen die Professionellen vor Neid erblassen würden. Ich spreche nicht von echten Schriftstellern und Dichtern, die aus der Lagererfahrung geformt wurden – einige Namen kennen wir schon. Nein, ich spreche von einer Poesie auf einer unteren «Volksstufe», die sozusagen direkt aus der Quelle des Lebens quillt und deren Ausdruck die «Untergrundballade» ist, eine der Spitzenleistungen der russischen Folklore in diesem Jahrhundert.

Wenn wir uns auf eine tiefgreifendere und höhere Ebene begeben, begegnen wir der religiösen Erfahrung, vor der wir alle, die in der Freiheit leben, nur staunend in die Knie gehen können. Orthodoxe Christen, Katholiken, Protestanten, Muselmanen, Juden, Buddhisten und sogar die heidnischen Gläubigen glauben in den Lagern dreimal fester an Gott als wir und ragen weit über uns hinaus in der Kunst der menschlichen Kommunikation durch das religiöse Empfinden.

Da ich immer bestimmte Grenzfaktoren, die den Rahmen des üblichen Verhaltens sprengen, gezeigt habe, will ich auch dies am Beispiel der sogenannten

«Fünfziger» *(Pjatidesjatniki)* illustrieren. Es ist eine der vielen religiösen Sekten, die verfolgt werden und deren Anhänger regelmäßig in den Lagern enden, manchmal für zehn oder, mit kurzen Pausen, für zwanzig oder fünfundzwanzig Jahre. Die «Fünfziger» sind Christen, die an die Taufe durch den Heiligen Geist glauben, ähnlich wie es den Aposteln geschah. Der Heilige Geist läßt sich in der Seele des Gläubigen nieder und lehrt sie, andere Sprachen zu sprechen, unter anderem auch die Sprache der Engel, und ihre Sprache ist somit ein hörbares Zeugnis ihrer Taufe. Die «Fünfziger», die im Westen «Pentecostalisten» genannt werden, sind in der ganzen Welt verstreut, viele von ihnen sind in Amerika und auch in Australien, aber offenbar erhalten ihre in diesen merkwürdigen Sprachen abgefaßten Gebete nur in Rußland eine universelle menschliche Bedeutung und Kraft, Gebete in Sprachen, die sie selber nicht verstehen, aber von denen sie glauben, daß sie das Ergebnis der Gottesgnade seien. Sie glauben, daß durch ihre Rippen der Heilige Geist selbst spreche. Diese direkte Kommunikation mit Gott und mit allen Menschen der Welt, die unerreichbaren Engelssphären inbegriffen, kann man in der Lagerumgebung als eine besondere, unverständliche und doch *totale* Sprache, als die einsamste und deshalb vollkommenste *Kommunikation* interpretieren.

Als ich einmal im Lager meinen «Fünfziger»-Freund fragte, ob auch ich bei ihren Gebeten in «seltsamen Sprachen» anwesend sein könnte, um selber zu hören, was dabei eigentlich geschehe, war er zu meinem Erstaunen damit bereitwillig einverstanden. Er führte mich in die Lagerbäder, wo einer von ihnen als Heizer arbeitete, was ihnen ermöglichte, das Dampfbad, wenn es frei war, als Gebetsstätte, versteckt vor dem aufmerksamen Auge der Wächter und Denunzianten, zu benützen. Wir waren dort zu dritt, ich und zwei «Fünfziger». Wir schlossen das Tor der Bäder und knieten auf dem feuchten steinernen Boden nieder. Zu meiner Erleichterung begannen sie auf russisch ein einfaches, bekanntes Gebet, «Vater unser». Plötzlich ging einer der «Fünfziger», dem bald darauf auch der andere folgte, in eine Sprache über, die ich nicht kannte. Es war ein gleitender, ruhiger Übergang in eine andere Sprache, ohne irgendeine Spur von Ekstase oder Hysterie, oder, besser gesagt, ein Übergang in verschiedene, unähnliche Sprachen, von denen eine nordeuropäisch klang, die andere mich an irgendeinen östlichen Dialekt erinnerte. Sie selbst wußten nicht, in welcher Sprache sie beteten, und ich hörte zu. Was war das? Ein Geschenk der Sprachen? Klänge des Aberglaubens? Ein formloses Gequassel, das sie für die Sprache der Engel hielten? Wenn ich damals irgendeine andere Fremdsprache beherrscht hätte, hätten mir diese Sprachelemente vielleicht irgendeinen Sinn enthüllt. Aber meine Kenntnis der fremden Sprachen ist schwach, und ich bin auch kein Linguist. Zum Glück konnte ich wenigstens soviel begreifen, daß ihre Sprache eine *Struktur* und einen harmonischen Rhythmus hatte – ob den der Engelssprache oder den einer anderen. Aber es war eine bedeutungsvolle, intelligente Sprache . . . eine Endsprache. Ich wollte aufstehen und gehen. Ich hatte das Gefühl, es blitze, und gewaltige elektrische Explosionen führten durch diese Blitzableiter in den Steinboden dicht an mir hinunter, und jeden Augenblick könnten sie mich mit einer wunderschönen Lasterkaskade in einer andern Sprache erreichen, einer Sprache, die ich nicht verdient hatte und die ich verachtete . . . In allen Sprachen auf einmal teilten sie der ganzen Welt die Bedeutung der Kommunikation unter den Bedingungen der Einsamkeit mit.

GYULE ILLYÉS

Tyrannei

Wo Tyrannei uns beherrscht,
Dort lauert sie nicht nur im Gewehrlauf,
Im Gefängnis, in den Folterkammern,
Nicht nur im Ruf eines Wächters.
Tyrannei spricht nicht nur
Aus der Feuerzunge des Staatsanwaltes,
Aus dem Geständnis,
Dem Morsezeichen des Häftlings,
Dem eiskalten Schuldspruch
Und aus dem Feuerbefehl.
Tyrannei zeigt sich nicht nur im Trommelwirbel
Und darin, wie man die Leiche verschachert,
Nicht nur im heimlichen Flüstern, in der Angst,
Mit der man die Neuigkeiten durch einen Türspalt haucht,
Nicht nur im erhobenen Finger vor zwei verschlossenen Lippen.
Tyrannei ist nicht nur in den vereisten Gesichtern,
Die den Gefängnissen gleichen, dahinter ein Schrei –

Tyrannei fließt nicht nur in den einwärts rinnenden Tränen,
Die die Stille beklemmend machen,
Tyrannei steht nicht nur im starren Blick

Der aus den Höhlen quillenden Augen,
Tyrannei ist nicht nur im befohlenen Beifall,
Im Hurra! im Gesang . . .
Wo Tyrannei uns beherrscht,
Da findet sie sich nicht nur in krampfhaft klatschenden Händen,
In den Fanfarenstößen der Oper,
Den Steinen der Denkmäler,
Den Farben, Gemäldegalerien, den Rahmen,
Den Pinseln, die da Instrumente der Lüge werden,
Und nicht nur in der schleichenden Fahrt eines Autos,
Im Angstschrei: Es hält vor unserer Tür!
Sie ist allgegenwärtiger als ehmals das Auge Gottes.

Tyrannei beginnt schon im Kindergarten,
Im Ratschlag der Väter, im Lächeln,
Und zeigt sich darin,
Wie das Kind einem Ausländer antwortet.
Sie ist nicht nur im Stacheldraht,
In den Phrasen der Lehrbücher,
Die uns noch mehr als der Stacheldraht
Das Leben zur Hölle machen.

Tyrannei ist im Abschiedsgruß,
Wenn die Frau uns fragt,
Wann kommst du zurück, mein Lieber?
Und ist auch im schnellen: Wie geht's?
Tyrannei zeigt sich auf der Straße
Im erschlaffenden Händedruck,
Zeigt sich im versteinerten Gesicht der Geliebten,
Bei jedem Stelldichein stellt sie sich ein,
Begleitet den sanften Rausch deiner Worte,
Tyrannei ist die Schmeißfliege im Wein,
Sie läßt dich nicht mal mehr träumen,
Sie besudelt das Hochzeitsbett, ja,
Schon vorher das erste Verlangen,
Denn dir bleibt nur noch Schönheit,
Die schon vergewaltigt wurde.
Du hast mit der Tyrannei geschlafen
Und meintest dabei, es sei Liebe.

Sie ist auf dem Teller, im Becher,
In deiner Nase,
Du spürst sie auf deiner Zunge bei Tag, bei Nacht,
Im Zimmer, im Freien wie Giftgas,
Das einer undichten Leitung entwich.
Und wenn du ein Selbstgespräch führst,
Dann spricht sie mit deiner Zunge.

Nicht einmal deine Vorstellungen sind frei von ihr!
Selbst die Milchstraße hat eine andre Bedeutung:
Sie gleicht einem Grenzstreifen,
Von Scheinwerfern abgetastet,
Gleicht einem Minenfeld;
Die Sterne sind Spählöcher,
Das Gewimmel am Himmelszelt
Ist ein einziges Zwangsarbeitslager!
Die Tyrannei spricht aus dem Fieberwahn,
Aus dem Glockengeläut,
Aus dem Pfarrer,
Dem du gebeichtet hast,
Aus seiner Predigt.
Kirche, Parlament, Folterbank,
Nichts als ihre Kulissen!
Ob du die Augen schließt oder öffnest,
Sie blickt dir aus allem entgegen,
Sie verfolgt dich wie eine Krankheit,
Wie dein verseuchtes Gewissen,
Und die Räder des Zuges
Murmeln ein einziges Wort: Kerker, Kerker, Kerker ...

Du atmest nur sie im Gebirge, am Strand,
Sie ist in jedem plötzlichen Licht, jedem Lärm,
Im sockenden Schlag deines Herzens,
Und Ruhe findest du nur,
Wenn dich die Ketten schon abgestumpft haben.
Tyrannei macht den Regen zum Gitter,
Das bis in den Himmel hoch reicht,
Und macht aus dem Schneefall
Die weißgetünchte Wand einer Zelle.

Sie sieht dich an aus den Augen eines Hundes,
Sie erwartet dich an deinem Ziel, deinem Morgen,
Beherrscht die Gedanken, die Gesten.
Wie sich der Fluß sein Bett gräbt,
Dem er dann folgen muß,
So erzeugst du selbst die Tyrannei,
Folgst ihr, versuchst,
Auszubrechen aus ihren Dämmen.
Sie starrt dich an aus dem Spiegel,
Sie wartet auf dich,
Wohin du auch fliehst:
Du bist ihr Gefangener –
Zugleich auch ihr Wächter.

Sie nistet im Duft deines Tabaks,
Im Stoff deiner Kleider,
Sie frißt sich ins Mark deiner Knochen,
Und möchtest du denken,
Dann denkst du ihre Gedanken,
Und möchtest du sehen,
Dann siehst du nur das,
Was sie dir vorgaukeln will.

Bald lodert sie um uns herum wie ein Waldbrand,
Der aus einem Streichholz entstand,
Das du beiseite geworfen hast,
Ohne es auszutreten.
Jetzt belauert sie dich
In der Fabrik,
Auf dem Feld und zu Hause.
Schon hast du vergessen,
Was Leben heißt,
Was Fleisch ist, was Blut,
Vergessen, was Lieben bedeutet,
Was, wenn zwei Arme sich öffnen –
So schmiedet der Knecht sich die Ketten:
Wenn du dich nährst, ernährst du die Tyrannei,
Und wenn du Kinder zeugst – sie wird sie dir nehmen.

Wo Tyrannei uns beherrscht,
Dort wirst du zum Glied in der Kette.
Sie stinkt aus deinem Mund,
Du selbst bist die Tyrannei!
Wie der blinde Maulwurf im Licht,
So leben wir am Tag in der Finsternis,
Und im Gewühl sind wir einsam,
Die Mitmenschen werden zur Wüste,
Denn dort, wo Tyrannei uns beherrscht,
Da ist alles umsonst,
Da bestimmt sie noch an deinem Grab,
Wer du gewesen bist,
Und sogar dein Staub hilft ihr weiter.

Tadeusz Rozewicz

Denkmal aus der Besatzungszeit

Unsere Denkmäler
haben zwei Gesichter
sie haben die Form einer Grube
unsere Denkmäler
haben die Form
einer
Träne

Unsere Denkmäler
baute der Maulwurf
unter der Erde

Unsere Denkmäler
haben die Form des Rauchs
Sie steigen hoch bis zum Himmel.

V.

DIE GESPALTENE ZUKUNFT

Ansätze zu einem künftigen Humanismus

> Nah ist
> Und schwer zu fassen der Gott.
> Wo aber Gefahr ist,
> Wächst das Rettende auch.
>
> *Hölderlin, «Patmos»*

Die vorangegangenen ernüchternden Berichte über die Katastrophen des 20. Jahrhunderts hätten dazu geführt, daß sich einige Kongreßteilnehmer resigniert zurückgezogen und sich mit dem Ende der Humanität abgefunden hätten. Dagegen aber hätten vor allem Vertreterinnen und Vertreter der außereuropäischen Kulturen protestiert. Gerade jetzt in Resignation zu verfallen, sei so dumm wie gefährlich. Es sei unakzeptabel, daß nun die ganze Welt infolge einer vor allem von Europa ausgehenden Entwicklung zugrunde gehen solle. Sie hätten eine neue Gesprächsrunde mit offenem Ende gefordert, die Ansätzen eines künftigen Humanismus gewidmet sein sollte.

Wir fassen zusammen: Obwohl das 20. Jahrhundert die bisher schlimmsten Verbrechen wider die Menschlichkeit hervorgebracht hat, ist die Frage nach dem Humanismus damit noch längst nicht erledigt. Im Gegenteil. Sie wird immer dringlicher mit dem Fortschreiten der Zivilisation. Obwohl mit dem Wort «Humanismus» viel Unfug getrieben wurde und es in gewissen Kreisen fast schon die negative Qualität eines Schimpfworts angenommen hat, liegt in der Suche nach seiner Erneuerung die Möglichkeit, einen internationalen Konsens für die Gestaltung der Zukunft zu finden. Vielleicht ist es erst uns wieder gegeben, nachdem wir so viel Geschichte durchlaufen und so viel universales Wissen angehäuft haben, neu und unvoreingenommen zurückzufinden zu den zentralen Fragen des Lebens.

Allerdings werden keine noch so gut gemeinten politischen Absichtserklärungen, keine moralisch noch so einleuchtenden Appelle und keine noch so aufwendig organisierten Kongresse über Ethik und Umweltschutz Erfolg haben, wenn nicht gleichzeitig eine innere Bereitschaft der Menschen entwickelt wird, die Wurzeln der Humanität in sich selbst zu finden. Wir gehen davon aus, daß ein künftiger Humanismus weniger durch ein äußerliches politisches System zu gewinnen sei als vielmehr durch eine Selbstbesinnung auf das, was uns wesentlich ausmacht. Wenn der «Kongreß der Weltweisen» nicht zunächst einmal in uns selbst stattfindet, bleiben alle äußeren Maßnahmen vergebliches Stückwerk.

Trotz aller pessimistischen Zukunftsaussichten gibt es auch gute Chancen für einen zukünftigen Humanismus. Unsre Situation ist durchaus jener vergleichbar, die im Italien des 14. Jahrhunderts diejenigen Umwälzungen mit sich brachte, die wir heute als Geburt der Neuzeit bezeichnen. Wie damals erleben wir heute einen Kollaps gewohnter Strukturen, eine zunehmende Orientierungslosigkeit, einen Wertezerfall und ein unverkennbares Mißtrauen gegenüber jedem institutionalisierten, gesellschaftlichen Gefüge.

Damals fanden die Menschen ihre Maßstäbe für eine Neuorientierung in der Antike. Man projizierte ins Altertum, was man in der Gegenwart vermißte. So wurde die Antike zu einer Art Spiegel der Hoffnung. Aus der Renaissance der Antike sollte sich das gegenwärtige Leben erneuern. Im historisch orientierten Essay haben wir gezeigt, wie sich dieser Vorgang einige Male wiederholt hat. Wie im individuellen Leben, so auch in der Geschichte: In ihren Krisen sah sich die Menschheit immer wieder auf die menschlichen Grundfragen zurückgeworfen. Hatten Religionen, Ideologien, Kirchen und Fürsten versagt, stellte sich die Frage nach den Grundwerten der Menschheit.

Es scheint, daß der Humanismus immer dann seine Chance bekommt, wenn die Menschen sich wieder einmal neu orientieren müssen. Da erweist er sich als eine geistige Haltung, die frei ist von allen einschränkenden nationalen Vorurteilen und konfessionellen Scheuklappen. Auf diesem Hintergrund wäre Humanismus als ein immer neuer Ansatz der menschlichen Individuation und sozialen Verantwortung zu definieren, ein fortwährender Selbstfindungsprozeß, letzten Endes gegen jede Art der Tyrannei gerichtet. Tyrannei ist dem Humanismus wesensfremd, da er die Frage nach dem Menschsein niemals für alle Zeiten beantworten will, sondern immer wieder neu zu stellen beginnt.

Die Gefahren, die der europäische Humanismus in sich birgt, haben wir hinreichend erörtert. Wenn wir nun versuchen, den europäischen Humanismus zu einer allgemeineren Auffassung der Humanität zu erweitern, sollten wir deswegen allerdings nicht hinter seine unverzichtbar erscheinenden Errungenschaften zurückfallen.

Die Errungenschaften, die der europäische Humanismus mit sich gebracht hat – ich nenne hier noch einmal das Demokratieverständnis und die moderne Naturwissenschaft mit ihren Auswirkungen im technischen Bereich –, haben sich zwar als zwiespältig erwiesen, aber nicht, weil sie an sich schon eine Fehlentwicklung gewesen wären, sondern weil sie sich nicht mehr in einem sinnvollen Gesamtzusammenhang entwickeln können.

Wenn wir nun die «Weltweisen» aus anderen Kulturen und vor allem auch Frauen vermehrt zu Wort kommen lassen, fragen wir also weniger nach alternativen Weltmodellen und Menschenbildern als vielmehr danach, wie unsre moderne, europäisch geprägte Welt wieder in einen größeren, menschengerechteren Sinnzusammenhang eingegliedert werden könnte. Dabei sei uns nicht nur die griechisch-römische Antike ein Spiegel der Hoffnung, sondern unser Entwurf einer «Bibel der Bibeln».

Die darin vorgegebenen Akzente «Schöpfungswonnen», «Sterben lernen», «Die soziale Dimension» und «Der innere Mensch» bleiben auch jetzt unsere Leitmotive. Ein künftiger Humanismus könnte tatsächlich davon abhängen, wie wir es verstehen, diese Wurzeln der Humanität wieder fruchtbar werden zu lassen. Daß diese Wurzeln nur theoretisch voneinander zu trennen sind, braucht wohl nicht näher begründet zu werden und zeigt sich auch in Beiträgen, die sich an einer Gesamtschau des Menschen versuchen.

So verwurzelt, könnte man annehmen, wären die «Früchte der Freiheit» für alle bekömmlicher.

Was wir in unsrem Entwurf einer «Bibel der Bibeln» als «Schöpfungswonne» bezeichnet haben, ist in der modernen Welt immer weniger anzutreffen. Schöpferische Daseinsfreude droht von einer nach rein wirtschaftlichen Gesichtspunkten gesteuerten Bedürfnisindustrie vereinnahmt zu werden, die Urszene sexueller Vereinigung zu einem reinen Akt der Triebbefriedigung zu verkommen, die Ehe zu einem schmerzhaften Mißverständnis zu werden, das die Partner immer ratloser macht.

Und dennoch, erkennen wir in der «Schöpfungswonne» eine unverzichtbare Wurzel der Humanität, trösten wir uns mit Sigmund Freud, der in seinem Aufsatz «Vergänglichkeit» die Liebesfähigkeit (Libido) des Menschen als eine ewige Urkraft gedeutet hat, die auch den Verlust aller Kulturgüter zu überdauern vermag. Nach einer Zeit der Trauer gewinnt die Libido aus der entstandenen Leere eine schöpferische Freiheit, die stark genug sei, eine kulturelle und damit menschliche Neugeburt zu erwirken.

Sich diese Libido wieder zu erschließen und vorurteilslos bewußtzumachen, ist ein Hauptmotiv der modernen Dichtung. Im europäischen Bereich wirkt allerdings die Verdrängung der Sexualität durch das Christentum noch so verhängnisvoll nach, daß wir es schwer haben, eine angemessene Sprache zu finden. Es fällt uns schwer, zwischen rein akademischer Begrifflichkeit, reali-

tätsferner Verklärung und flacher Pronographie die treffenden Worte zu finden. Wie erfrischend ist dagegen die geniale Direktheit einiger südamerikanischer Dichter, die offenbar ein ungebrocheneres Verhältnis zum Phänomen der «Libido» haben als wir. Ihr eindringlich und ungeschminkt beizukommen, gelingt vor allem immer wieder dem chilenischen Lyriker Pablo Neruda, etwa indem er die Urszene der sexuellen Vereinigung einzubetten versteht in einen alles überwältigenden Rausch der Natur, der auch einen «alleinstehenden Herrn» um so mehr bedrängt, als er ihm ausweichen will.

Der senegalesische Dichter Léopold Sédar Senghor besingt die geschlechtliche Liebe als einen Befreiungsakt und gibt ihr die Qualität des Sakralen zurück, indem sie das Paradies erst zum Paradies macht.

Der indische Dichter Rabindranath Tagore nannte sein berühmtes Buch über die Liebe «Der Gärtner». Die erotische Verzückung gehört dem Bereich des Absoluten an; ihre «gefährliche Entrücktheit» macht Menschen zu Göttern.

Aus dem arabisch-islamischen Bereich fügen wir einen Text des Dichters Khalil Gibran an, der den zwingenden Schritt einer erotischen Sozialisation beschreibt, sobald aus der Liebe ein dauerhaftes Verhältnis werden soll. Bei aller Verbundenheit der Liebenden ist es unerläßlich, daß sie in der Ehe ihre Eigenständigkeit zurückgewinnen. Selten ist subtiler und einfacher ausgesprochen worden, worauf es in einer Ehe ankommt: «Füllet einander den Kelch, doch trinket nicht aus einem Kelche.»

Aus feministischer Sicht kommt auch die afroamerikanische Dichterin Audre Lorde zu einer Verteidigung des Erotischen als einer menschlichen Urmacht, die aus ihrer Verdrängung befreit werden sollte.

Bei der Suche nach Beiträgen für zukunftsweisende humanistische Visionen zeigt sich, daß uns vor allem die lateinamerikanischen Befreiungstheologen die ursprüngliche christliche Religion und Mystik wieder erstaunlich nahezubringen vermögen. Sie sind eben nicht im Bann einer über Jahrhunderte übersättigten und pervertierten Institution erstarrt, sondern erneuern das Christentum aus ihrer Erfahrung der sozialen Not und dem schreienden Unrecht, das ihnen täglich begegnet. Wie neu, aktuell und plausibel klingen gewisse Sätze des Evangeliums, wenn ein Ernesto Cardenal sie zitiert! Wie abgestorben und langweilig in den meisten unsrer ehrwürdigen Kirchen! Was in der «Dritten Welt» durch die Theologie der Befreiung gefordert und praktiziert wird, ist auch für die europäischen Kirchen eine Chance, sich auf ihre eigentliche, vielfach verschüttete Tradition zu besinnen.

Ein sehr bemerkenswerter Ansatz für die Entwicklung eines künftigen Humanismus findet sich in Leonardo Boffs Aufsatz über «Spiritualität und Sexualität». Eine Verdrängung der Sexualität ist genauso verhängnisvoll wie eine

Verdrängung der Spiritualität. Mag Sigmund Freud uns über die Struktur des Trieblebens und seine Psychopathologie aufgeklärt haben, wodurch er ganz gewiß zu den ersten «Weltweisen» des 20. Jahrhunderts gehört, über die Sexualität als spirituelles Phänomen hat er sich meines Wissens kaum geäußert. Freuds Arbeiten bleiben aber auch für die Gedankengänge eines Leonardo Boff eine wichtige Grundlage, wenn er Spiritualität und Sexualität auf die gleichen Energien zurückführt und sich dabei auf indische Heilslehren beruft.

Im Zentrum der nächsten Beiträge steht das Thema «Sterben lernen». Auch unser Umgang mit dem unleugbaren Faktum unsrer Sterblichkeit könnte entscheidend sein für einen Humanismus der Zukunft. Auch der Tod hat viele Gesichter, und es kommt sehr auf unser eigenes Verhalten an, welches Gesicht er uns zeigt. Weigern wir uns, uns mit dem Tod auseinanderzusetzen, oder machen wir ihn gar zu unsrem scheinbaren Komplizen, wie das die Kriegstreiber aller Nationen immer wieder versuchen, dann wird der Tod zu einem gnadenlosen Tyrannen, dessen Willkür wir vollkommen ausgeliefert sind. Trifft er uns unvorbereitet, haben wir als Antwort nur blankes Entsetzen. Integrieren wir dagegen das «Sterben lernen» in unser Leben, zwingt uns die Auseinandersetzung mit unsrer Sterblichkeit, unsre herrschenden materialistischen Anschauungen zu durchbrechen. Einmal erwirkt das demütige Eingeständnis unsrer Sterblichkeit eine Solidarität mit aller Kreatur, zum andern bringt erst dieses Eingeständnis unsrer Begrenztheit unsre Lebenskräfte zu voller Blüte; erst das Bewußtsein des Todes macht uns zu metaphysischen Wesen, läßt uns schon zu Lebzeiten teilhaben an Himmel und Erde.
Wie uns aus dem Bewußtsein unsrer Sterblichkeit und einem tätigen Umgang mit dem Phänomen des Leidens eine menschenwürdigere Gesellschaft erwachsen könnte, hat zuletzt wohl die schweizerisch-amerikanische Ärztin Elisabeth Kübler-Ross in eindrücklicher Weise vorgelebt. Ihre Bücher sind ein wiederholtes Plädoyer dafür, unsre Humanität durch ein tätiges Bekenntnis zu unsrer Sterblichkeit zurückzugewinnen. In diesem Sinne hat sie das Auftreten von Aids als eine «Herausforderung zur Menschlichkeit» verstanden.

Auch was wir als dritte Wurzel der Humanität bezeichnet haben, «Die soziale Dimension», hat viele Gesichter. In der Vision, daß soziales Unrecht zu beheben und zu vermeiden sei, sind sich viele einig. Um so leichter läßt sich diese Vision dazu mißbrauchen, die Ausgebeuteten dieser Erde für machtpolitische Zwecke zu vereinnahmen. Schon Hitler hatte seinen «Erfolg» unter anderem dem Umstand zu verdanken, daß er sich einer «nationalen» und «sozialen» Ideologie bediente und damit die arbeitslosen Massen für sich gewann.

Andrerseits ist es den Menschen, die zunehmende Armut und immer entwürdigendere Lebensumstände erleiden, kaum zu verdenken, wenn sie eines Tages nur noch im gewaltsamen Aufstand eine Möglichkeit sehen, sich noch zu Lebzeiten ihr Recht zu verschaffen.

Dennoch hat uns die Geschichte gezeigt, daß eine soziale Vision, die mehr als nur eine demagogische Vokabel sein möchte, schon im Ansatz ihrer Umsetzung eine äußerst subtile Vorgehensweise erfordert, wenn sie nicht Gefahr laufen will, sich schon bald in ihr Gegenteil zu verkehren. Was Mahatma Gandhi und später Martin Luther King in dieser Hinsicht vorgelebt haben, gehört zu den größten ethischen und politischen Leistungen, die das 20. Jahrhundert zu bieten hat. Ihre Schriften sollten jedem politischen Aktivisten, jeder Aktivistin eines künftigen Humanismus wiederholte Lektüre sein. Gandhi konnte sich bei seiner Philosophie der Gewaltfreiheit unter anderem auf die buddhistische Tradition berufen, die schon sechshundert Jahre vor Christi der Menschheit das Prinzip des gewaltfreien Widerstands verkündet hat. Man lese in diesem Zusammenhang nur das Märchen «König Tugendreich» aus der buddhistischen Märchensammlung «Dschatakam», das etwa in jener Zeit entstand.

Unverzichtbar erscheint auch Martin Luther Kings Methode, die er seinem gewaltlosen Widerstand zugrunde legte. Er unterscheidet vier Phasen: 1. Sammlung der Fakten, um zu bestimmen, ob Ungerechtigkeit herrscht, 2. Verhandlungen, 3. Läuterung (self-purification), 4. direkte Aktion.

Wichtig an dieser Methode erscheint mir, daß der eigentliche äußere Aktivismus immer erst einsetzt, nachdem eine Läuterung der persönlichen Motive (self-purification) stattgefunden hat. So nur verhindert man, daß man aus persönlichen Rachegedanken handelt oder einer hinterhältigen Demagogie verfällt.

Das Entsetzen, das die Kriege und die anderen politischen Katastrophen des 20. Jahrhunderts bei den Vernunftbegabten ausgelöst hat, schlug sich auch in einem Briefwechsel zwischen Einstein und Freud nieder, der in diesem Buch nicht fehlen darf, gerade weil Sigmund Freud sich so skeptisch über die Möglichkeit eines dauerhaften Friedens geäußert hat. Logisch, daß wir darauf Bertrand Russels Plädoyer für Abrüstung folgen lassen. In ihrer Rede an die Kriegsblinden appelliert Ingeborg Bachmann eindringlich dafür, sich dem Schmerz zu stellen, ihn nicht zu leugnen. In der Orientierung an der Wahrheit sieht sie den Weg für das Individuum und die Gesellschaft, über sich selbst hinauszuwachsen.

Auf dem Hintergrund dessen, daß wir künftig mehr und mehr eine direkte und tägliche Konfrontation verschiedener Kulturen und Glaubensrichtungen

zu erwarten haben, erscheint uns Martin Bubers Essay «Bildung und Weltanschauung» wegweisend für einen künftigen Humanismus.
Obwohl der humanistische Glaube an die ethische Wirkung der Bildung und der Kultur durch manches traurige Beispiel erschüttert wurde, fügen wir dennoch Albert Schweitzers Beitrag zu diesem Thema ein. Die Vision, den Menschen durch Bildung und Kultur zu bessern, bleibt uns trotz aller Widersprüche erhalten. Unser eigenes Mißtrauen richtet sich ja nicht gegen Bildung und Kultur, sondern gegen den Dünkel und Hochmut einer sogenannten «Bildungselite», die dem Irrtum verfällt, ihre Bildung allein erhebe sie schon über den Rest der Menschheit.
Die folgenden Beiträge zum Thema «soziale Dimension», die unsre tastenden Bemühungen um einen künftigen Humanismus illustrieren, bedürfen auf dem Hintergrund des bereits Gesagten keines weiteren Kommentars. Trotzdem sei kurz begründet, warum wir darauf verzichtet haben, programmatische Texte wie die Menschenrechtskonvention der Vereinten Nationen oder die «Erklärung zum Weltethos»[1] von Hans Küng aufzunehmen. Solche Regelwerke sind unverzichtbar für die politische Umsetzung eines künftigen Humanismus, aber bleiben Papier, wenn sie nicht aus der Plausibilität einer inneren Notwendigkeit ihren Rückhalt erfahren. Und eben darum geht es uns in diesem fiktiven «Kongreß der Weltweisen».

Eine unerläßliche Basis aller Bemühungen um einen künftigen Humanismus bleibt die Entwicklung des «inneren Menschen». Mit Erstaunen stellen wir fest, daß gerade jener Teil, mit dem wir unsren Entwurf einer «Bibel der Bibeln» abgeschlossen haben, heute auf zunehmendes Interesse trifft. Der Hochmut des rein rationalistischen Zeitalters scheint verflogen. Eine neue Offenheit für die Notwendigkeit, den «inneren Menschen» auszubilden, ist zu beobachten. Mystik erscheint nicht mehr als Spinnerei einiger weltfremder Esoteriker, sondern als Basis allen Menschseins. Auch in diesem Bereich liefern Frauen besonders überzeugende Beiträge, wie die Texte der Koreanerin Hyun Kyung Chung und der deutschen Theologin Dorothee Sölle zeigen.
Daß sich Naturwissenschaftler und religiöse Ekstatiker in der Mystik entgegenkommen, darf uns nicht weiter erstaunen. Wer religiöse Erfahrungen gemacht und dafür Worte gefunden hat, bewegt sich zwangsläufig in ganz ähnlichen Dimensionen wie die Erkenntnistheoretiker der Physik, schließlich schöpfen ja beide aus der nämlichen Wirklichkeit. Gerne greifen wir auch in diesem Punkt auf Einstein zurück, der in seinem Vortrag «Religion und Wissenschaft» zu folgendem Schluß kommt: «Wenn die Befreiung des Menschen aus den Fesseln egozentrischer Wünsche, Begierden und Ängste zu den religiö-

sen Zielen gehört, dann kann das wissenschaftliche Denken der Religion noch in anderer Beziehung zu Hilfe kommen. Zwar erstrebt die Naturwissenschaft die Aufdeckung von Gesetzen, welche die Verknüpfung und die Voraussage von Tatsachen gestatten, aber das ist nicht ihr einziges Anliegen. Sie bemüht sich auch, die entdeckten Zusammenhänge auf die kleinstmögliche Zahl voneinander unabhängiger Begriffselemente zurückzuführen. In diesem Bemühen um eine rationale Vereinheitlichung der Vielfalt bucht sie ihre größten Erfolge, obwohl sie gerade dabei am meisten Gefahr läuft, Illusionen zum Opfer zu fallen. Aber wer je die erfolgreichen Fortschritte auf diesem Gebiet eindringlich erfahren hat, wird tiefe Ehrfurcht vor der Vernunft empfinden, die sich in der Wirklichkeit offenbart. Durch die Erkenntnis befreit sich der Mensch weitgehend aus den Fesseln seiner Hoffnungen und Wünsche und gewinnt dabei jene demütige Geisteshaltung gegenüber der Erhabenheit der Vernunft, die sich in der Wirklichkeit verkörpert und ihm in ihren letzten Tiefen unzugänglich ist. Diese Einstellung scheint mir aber im höchsten Sinne des Wortes religiös zu sein. Daher glaube ich, die Wissenschaft reinigt nicht nur die Religiosität von den Schlacken ihres Anthropomorphismus, sondern trägt auch zu einer Vergeistigung unserer Lebensanschauung bei.
Je weiter die geistige Entwicklung der Menschheit fortschreitet, desto mehr wird sich erweisen – davon bin ich überzeugt –, daß wir die wahre Frömmigkeit nicht in Lebensangst, Todesfurcht und blindem Glauben, sondern nur durch das Streben nach rationaler Erkenntnis erreichen. In diesem Sinne glaube ich, muß der Priester zum Lehrer werden; nur so wird er seine hohe erzieherische Mission erfüllen.»[2]

Ansätze für einen künftigen Humanismus, der sich aus den Wurzeln der Humanität herleiten ließe, gibt es also auch im 20. Jahrhundert genug. Das rechtfertigt zwar noch nicht, sich allzu große Hoffnungen auf eine Besserung der Menschheit zu machen, läßt uns aber immerhin doch zwei Möglichkeiten offen, wie Elias Canetti sie beschreibt, wenn er von einer «gespaltenen Zukunft» spricht: «Das Kommende ist anders da als je zuvor, und es wird bewußt herbeigeführt. Seine Gefahren sind unser eigenstes Werk; aber ebenso auch seine Hoffnungen. Die Wirklichkeit des Kommenden hat sich gespalten: auf der einen Seite die Vernichtung, auf der anderen das gute Leben. Beide sind gleichzeitig aktiv, in der Welt, in uns. Diese Spaltung, dieses doppelte Kommende, ist absolut, und es gibt niemand, der von ihr absehen könnte. Jeder sieht eine dunkle und eine helle Gestalt zugleich, die sich ihm mit beklemmender Geschwindkeit nähern. Man mag sich die eine weghalten, um nur die andere zu sehen, es sind doch beide immer unablässig da.»[3]

Der Mensch, mehr und mehr aller göttlichen Fürsorge entrückt, zu Selbsterkenntnis und Eigenverantwortung verdammt, sieht sich in einen scheinbar unversöhnlichen Zwiespalt versetzt. An der Schwelle zum dritten Jahrtausend hat uns die Geschichte des Humanismus in die Freiheit entlassen, uns nicht nur weitgehend selbst bestimmen zu können, sondern uns weitgehend selbst bestimmen zu müssen.

Gelingt es, den Humanismus seiner allgemeinen Bedeutung wieder zuzuführen und ihm damit die gebührende Weltgeltung zu verschaffen, könnte er auch zur Grundlage des politischen Handelns werden. José Ayalo Lasso, seit dem 14. Februar 1994 Hochkommissar für Menschenrechte bei den Vereinten Nationen, hat kürzlich in einem Interview auf den Punkt gebracht, worauf es ankommen wird: «Ich denke, es wäre ein Fehler, die Menschenrechte von einer bestimmten Denktradition her bestimmen zu wollen. Die Basis der Menschenrechte ist für mich die Menschenwürde selbst, und die ist überall und für alle Menschen gleich. In diesem Sinn sind Menschenrechte nicht die Erfindung von irgend jemandem, sondern die natürliche Konsequenz des menschlichen Lebens selbst ... Die Gründe für die Verletzungen von Menschenrechten mögen unterschiedlich sein. Das spielt für mich aber keine Rolle. Wo der Tatbestand der Verletzung klar ist, betrifft das meine Aufgabe, das heißt überall ... Ich will wahrnehmen, wo Menschen in ihrer Würde verletzt werden und überall intervenieren. In diesem Sinn muß die Arbeit des Hochkommissars für Menschenrechte überall dort effektiv werden, wo Menschenrechte verletzt werden, und ich denke, es gibt kein Land auf der Welt, in dem die Menschenrechte vollumfänglich realisiert sind.»[4]

Demnach ist es die vornehmlichste Aufgabe eines künftigen Humanismus, die Wahrung der Menschenrechte und das friedliche Überleben aller Völker und Religionen zur obersten Kategorie des politischen Handelns zu machen. So erst werden die verschiedenen ethnischen, nationalen und religiösen Interessen in ihre Schranken gewiesen; so erst erhalten sie aber auch die Möglichkeit, sich in ihrer ganzen Vielfalt zu entwickeln.[5]

SIGMUND FREUD

Vergänglichkeit

Vor einiger Zeit machte ich in Gesellschaft eines schweigsamen Freundes und eines jungen, bereits rühmlich bekannten Dichters einen Spaziergang durch eine blühende Sommerlandschaft. Der Dichter bewunderte die Schönheit der Natur um uns, aber ohne sich ihrer zu erfreuen. Ihn störte der Gedanke, daß all diese Schönheit dem Vergehen geweiht war, daß sie im Winter dahingeschwunden sein werde, aber ebenso jede menschliche Schönheit und alles Schöne und Edle, was Menschen geschaffen haben und schaffen könnten. Alles, was er sonst geliebt und bewundert hätte, schien ihm entwertet durch das Schicksal der Vergänglichkeit, zu dem es bestimmt war.

Wir wissen, daß von solcher Versenkung in die Hinfälligkeit alles Schönen und Vollkommenen zwei verschiedene seelische Regungen ausgehen können. Die eine führt zu dem schmerzlichen Weltüberdruß des jungen Dichters, die andere zur Auflehnung gegen die behauptete Tatsächlichkeit. Nein, es ist unmöglich, daß all diese Herrlichkeiten der Natur und der Kunst, unserer Empfindungswelt und der Welt draußen, wirklich in Nichts zergehen sollten. Es wäre zu unsinnig und zu frevelhaft, daran zu glauben. Sie müssen in irgendeiner Weise fortbestehen können, allen zerstörenden Einflüssen entrückt.

Allein diese Ewigkeitsforderung ist zu deutlich ein Erfolg unseres Wunschlebens, als daß sie auf einen Realitätswert Anspruch erheben könnte. Auch das Schmerzliche kann wahr sein. Ich konnte mich weder entschließen, die allgemeine Vergänglichkeit zu bestreiten, noch für das Schöne und Vollkommene eine Ausnahme zu erzwingen. Aber ich bestritt dem pessimistischen Dichter, daß die Vergänglichkeit des Schönen eine Entwertung desselben mit sich bringe.

Im Gegenteil, eine Wertsteigerung! Der Vergänglichkeitswert ist ein Seltenheitswert in der Zeit. Die Beschränkung in der Möglichkeit des Genusses erhöht dessen Kostbarkeit. Ich erklärte es für unverständlich, wie der Gedanke an die Vergänglichkeit des Schönen uns die Freude an demselben trüben sollte. Was die Schönheit der Natur betrifft, so kommt sie nach jeder Zerstörung durch den Winter im nächsten Jahre wieder, und diese Wiederkehr darf im Verhältnis zu unserer Lebensdauer als eine ewige bezeichnet werden. Die Schönheit des menschlichen Körpers und Angesichts sehen wir innerhalb unseres eigenen Lebens für immer schwinden, aber diese Kurzlebigkeit fügt zu ihren Reizen einen neuen hinzu. Wenn es eine Blume gibt, welche nur eine einzige Nacht blüht, so erscheint uns ihre Blüte darum nicht minder prächtig. Wie die Schönheit und Vollkommenheit des Kunstwerks und der intellektuellen Leistung durch deren zeitliche Beschränkung entwertet werden sollte, vermochte ich ebensowenig einzusehen. Mag eine Zeit kommen, wenn die Bilder und Statuen, die wir heute bewundern, zerfallen sind, oder ein Menschengeschlecht nach uns, welches die Werke unserer Dichter und Denker nicht mehr versteht, oder selbst eine geologische Epoche, in der alles Lebende auf der Erde verstummt ist, der Wert all dieses Schönen und Vollkommenen wird nur durch seine Bedeutung für unser Empfindungsleben bestimmt, braucht dieses selbst nicht zu überdauern und ist darum von der absoluten Zeitdauer unabhängig.

Ich hielt diese Erwägungen für unanfechtbar, bemerkte aber, daß ich dem Dichter und dem Freunde keinen Eindruck gemacht hatte. Ich schloß aus diesem Mißerfolg auf die Einmengung eines starken affektiven Moments, welches ihr Urteil trübte, und glaubte dies auch später gefunden zu haben. Es muß die seelische Auflehnung gegen die Trauer gewesen sein, welche ihnen den Genuß des Schönen entwertete. Die Vorstellung, daß dieses Schöne vergänglich sei, gab den beiden Empfindsamen einen Vorgeschmack der Trauer um seinen Untergang, und da die Seele von allem Schmerzlichen instinktiv zurückweicht, fühlten sie ihren Genuß am Schönen durch den Gedanken an dessen Vergänglichkeit beeinträchtigt.

Die Trauer über den Verlust von etwas, das wir geliebt oder bewundert haben, erscheint dem Laien so natürlich, daß er sie für selbstverständlich erklärt. Dem Psychologen aber ist die Trauer ein großes Rätsel, eines jener Phänomene, die man selbst nicht klärt, auf die man aber anderes Dunkle zurückführt. Wir stellen uns vor, daß wir ein gewisses Maß von Liebesfähigkeit, genannt Libido, besitzen, welches sich in den Anfängen der Entwicklung dem eigenen Ich zugewendet hatte. Später, aber eigentlich von sehr frühe an, wendet es sich vom Ich ab und den Objekten zu, die wir solcher Art gewissermaßen in unser Ich hineinnehmen. Werden die Objekte zerstört oder gehen sie uns verloren, so wird unsere Liebesfähigkeit (Libido) wieder frei. Sie kann sich andere Objekte zum Ersatz nehmen oder zeitweise zum Ich zurückkehren. Warum aber diese Ablösung der Libido von ihren Objekten ein so schmerzhafter Vorgang sein sollte, das verstehen wir nicht und können es derzeit aus keiner Annahme ableiten. Wir sehen nur, daß sich die Libido an ihre Objekte klammert und die verlorenen auch dann nicht aufgeben will, wenn der Ersatz bereitliegt. Das also ist die Trauer.

Die Unterhaltung mit dem Dichter fand im Sommer vor dem Kriege statt. Ein

Jahr später brach der Krieg herein und raubte der Welt ihre Schönheiten. Er zerstörte nicht nur die Schönheit der Landschaften, die er durchzog, und die Kunstwerke, an die er auf seinem Wege streifte, er brach auch unseren Stolz auf die Errungenschaften unserer Kultur, unseren Respekt vor so vielen Denkern und Künstlern, unsere Hoffnungen auf eine endliche Überwindung der Verschiedenheiten unter Völkern und Rassen. Er beschmutzte die erhabene Unparteilichkeit unserer Wissenschaft, stellte unser Triebleben in seiner Nacktheit bloß, entfesselte die bösen Geister in uns, die wir durch die Jahrhunderte währende Erziehung von seiten unserer Edelsten dauernd gebändigt glaubten. Er machte unser Vaterland wieder klein und die andere Erde wieder fern und weit. Er raubte uns so vieles, was wir geliebt hatten, und zeigte uns die Hinfälligkeit von manchem, was wir für beständig gehalten hatten.

Es ist nicht zu verwundern, daß unsere an Objekten so verarmte Libido mit um so größerer Intensität besetzt hat, was uns verblieben ist, daß die Liebe zum Vaterland, die Zärtlichkeit für unsere Nächsten und der Stolz auf unsere Gemeinsamkeiten jäh verstärkt worden sind. Aber jene anderen, jetzt verlorenen Güter, sind sie uns wirklich entwertet worden, weil sie sich als so hinfällig und widerstandsunfähig erwiesen haben? Vielen unter uns scheint es so, aber ich meine wiederum, mit Unrecht. Ich glaube, die so denken und zu einem dauernden Verzicht bereit scheinen, weil das Kostbare sich nicht als haltbar bewährt hat, befinden sich nur in der Trauer über den Verlust. Wir wissen, die Trauer, so schmerzhaft sie sein mag, läuft spontan ab. Wenn sie auf alles Verlorene verzichtet hat, hat sie sich auch selbst aufgezehrt, und dann wird unsere Libido wiederum frei, um sich, insofern wir noch jung und lebenskräftig sind, die verlorenen Objekte durch möglichst gleich kostbare oder kostbarere neue zu ersetzen. Es steht zu hoffen, daß es mit den Verlusten dieses Krieges nicht anders gehen wird. Wenn erst die Trauer überwunden ist, wird es sich zeigen, daß unsere Hochschätzung der Kulturgüter unter der Erfahrung von ihrer Gebrechlichkeit nicht gelitten hat. Wir werden alles wieder aufbauen, was der Krieg zerstört hat, vielleicht auf festerem Grund und dauerhafter als vorher.

PABLO NERUDA

Einsamer Herr

Die jungen Homosexuellen und die verliebten Mädchen
und die langjährigen Witwen, die an wahnsinniger Schlaflosigkeit leiden,
und die jungen, vor dreißig Stunden geschwängerten Damen
und die heiseren Kater, die im Dunkeln meinen Garten durchstreifen,
sie umringen wie ein Geschmeid
aus zuckenden sexuellen Austern mein einsames Haus,
als eingesetzte Feinde meiner Seele,
als Verschwörer im Pyjama,
die als Erkennungszeichen lange dicklippige Küsse tauschen.

Der strahlende Sommer macht aus den Verliebten
einförmige melancholische Regimenter,
die aus feisten und schmächtigen, frohen und traurigen Paaren bestehen:
Nah dem Ozean und dem Mond ist unter den eleganten Kokospalmen
ein unaufhörliches Leben und Treiben von Hosen und Unterröcken,
ein Geräusch von gestreichelten Seidenstrümpfen
und weiblichen Brüsten, die wie Augen glänzen.

Der kleine Angestellte hat nach so manchem,
nach der wöchentlichen Öde und den des Nachts
  im Bett gelesenen Romanen,
endlich seine Nachbarin verführt,
und er führt sie aus in die armseligen Kinos,
wo die Helden Fohlen sind und leidenschaftliche Prinzen,
und er streichelt ihre ganz von süßem Flaum bedeckten Schenkel
mit feuchtheißen Händen, die nach Zigaretten riechen.

Die Abenddämmerungen des Verführers und die Nächte der Ehegatten
fügen sich wie zwei Laken zusammen, die mich begraben,
und die Stunden nach dem Frühstück, wenn die jungen Studenten
und die jungen Studentinnen und die Priester onanieren,
die Tiere sich geil bespringen,
die Bienen nach Blut riechen und die Fliegen zornig brummen,
und die Vettern mit ihren Basen seltsame Spielchen treiben,

und die Ärzte den Ehemann der jungen Patientin wütend anstarren,
und die Morgenstunden, in denen der Professor, wie aus Versehen,
seinen Ehepflichten nachkommt und frühstückt,
und dann noch die Ehebrecher,
die sich mit wahrer Leidenschaft lieben,
auf Betten lang und hoch wie Schiffe:
Sicher und ewig umgibt mich
dieser große ineinanderverflochtene atmende Wald
mit Blumen groß wie Münder und Gebisse
und schwarze Wurzeln in Gestalt von Zehennägeln und Schuhen.

LÉOPOLD SÉDAR SENGHOR

Werden sie denn die Verliebten besingen

Werden sie denn die Verliebten besingen im gläsernen Lichte der Zukunft?
Zum Klang der Klarinetten die nächtliche Glut der Verliebten von
gestern besingen?

Was soll mir das Lob der Sänger, wenn ich ein welker Zweig bin,
o grüner Regen!
Den Christus im weißen Frühling nicht auferweckt? Ich hasse die
Tänze der Erstlinge
Wenn ich dich nicht auf mein Targipferd reiße, deine Trunkenheit
gegen mein Herz gepreßt
Zwischen Schreien und Kugeln des Blutes und im Zischen der Wurfmesser.

Ich will alle Bande des Blutes zerreißen, ich will einen Schutzwall aufrichten
für eine einzige Nacht ohne Ende. Vertraulicher ist deine Stimme
als ein lauwarmes Nest.
Und deine Lippen aus Brot stillen meine wie eine schwarze
Schlange zischende Brust.
Ich will alle Bande Europas zerreißen, um auf deinen
Sandschenkeln mein Gedicht erklingen zu lassen.

Was schert mich denn der Name, der über der Pforte des Allerheiligsten singt?
Das Paradies würde leer sein für mich und dein Fehlen meine Verdammnis.

RABINDRANATH TAGORE

Vergib mir meine Liebe

Ich liebe Dich, Geliebter. Vergib mir meine Liebe,
Wie ein Vogel, der seinen Weg verliert, bin ich gefangen.
Da mein Herz erschüttert ward, verlor es seinen Schleier und wurde nackt.
Deck es mit Mitleid zu, Liebster, und vergib mir meine Liebe.

Wenn Du mich nicht lieben kannst, Geliebter, vergib mir meine Pein.
Sieh mich nicht verächtlich an von weitem. Ich will mich in meine Ecke zurückstehlen und im Finstern sitzen.
Mit beiden Händen will ich meine nackte Schande zudecken.
Wende Dein Gesicht von mir, Geliebter, und vergib mir meine Pein.

Wenn Du mich liebst, Geliebter, vergib mir meine Freude.
Wenn mein Herz fortgetragen wird von der Flut des Glücks, lächle nicht über meine gefährliche Entrücktheit.
Wenn ich auf meinem Thron sitze und herrsche über Dich mit der Tyrannei meiner Liebe, wenn ich wie eine Göttin Dir meine Gunst gewähre, ertrag meinen Stolz, Geliebter, und vergib mir meine Freude.

KHALIL GIBRAN

Von der Ehe

Und wieder ergriff Almitra das Wort und sprach:
«Und wie ist es um die Ehe, Meister?»
Und er antwortete also:
Vereint seid ihr geboren, und vereint sollt ihr bleiben immerdar.
Ihr bleibt vereint, wenn die weißen Flügel des Todes eure Tage scheiden.
Wahrlich, ihr bleibt vereint selbst im Schweigen von Gottes Gedenken.
Doch lasset Raum zwischen eurem Beieinandersein,
Und lasset Wind und Himmel tanzen zwischen euch.
Liebet einander, doch macht die Liebe nicht zur Fessel:

Schaffet eher daraus ein webendes Meer zwischen den Ufern eurer Seelen.
Füllet einander den Kelch, doch trinket nicht aus *einem* Kelche.
Gebet einander von eurem Brote, doch esset nicht vom gleichen Laibe.
Singet und tanzet zusammen und seid fröhlich, doch lasset jeden von euch allein sein.
Gleich wie die Saiten einer Laute allein sind, erbeben sie auch von derselben Musik.
Gebet einander eure Herzen, doch nicht in des andern Verwahr.
Denn nur die Hand des Lebens vermag eure Herzen zu fassen.
Und stehet beieinander, doch nicht zu nahe beieinander:
Denn die Säulen des Tempels stehen einzeln,
Und Eichbaum und Zypresse wachsen nicht im gegenseit'gen Schatten.

LEONARDO BOFF

Spiritualität und Sexualität
Eine radikale Sehweise

Auf zwei Wegen können wir uns dem Thema Spiritualität und Sexualität nähern. Erstens können wir die beiden Begriffe verstehen, als bezeichneten sie zwei fertige Größen, die nichts miteinander zu tun haben. Dann käme es darauf an, die spezifischen Berührungs- und die Unterscheidungspunkte herauszuarbeiten. So vorzugehen ist nicht ohne Sinn. Es würde uns helfen, eine bestimmte Art von Erfahrung zu verstehen – jene Erfahrung nämlich, die wir ganz unmittelbar im täglichen Leben machen: daß Spiritualität eine Sache ist und Sexualität eine andere. Dieser Annäherung liegt eine bestimmte Metaphysik zugrunde, mit anderen Worten: eine bestimmte Art der Objektivierung und der Darstellung der Wirklichkeit, als eines *Datums,* eines Gegebenen, das da ist und keiner näheren Erklärung bedarf.
Zweitens können wir Spiritualität und Sexualität als das *Resultat* eines tiefgreifenden Lebensprozesses verstehen. Das Gegebene ist ein Ergebnis. Sosehr sich die Dinge auch unterscheiden mögen, beide stellen Momente ein und desselben sie tragenden Prozesses dar, der immer offen ist und als solcher unverwandt die verborgene Kraft in allen Kristallisationen bildet. So erweisen sich Geistigkeit und Geschlechtlichkeit nicht als ein unmittelbar Gegebenes,

sondern als vermitteltes Ergebnis. Die Gründe ihres Seins liegen nicht in ihnen selbst. Sie verweisen auf tiefere Dimensionen. Sie erklären nichts. Eher müssen sie schon erklärt werden.

Sollten Spiritualität und Sexualität nicht Manifestationen ein und derselben Lebensenergie sein, die den ganzen Menschen durchdringt und geschichtlich greifbar wird eben in der Form von Spiritualität und Sexualität? Beide wären dann Dimensionen von etwas, was nur jenseits ihrer selbst zu fassen wäre; denn ihre Dynamik läßt ahnen, daß sie selbst noch einmal von einer Kraft getragen sind. Unsere Sehweise geht in diese Richtung. Sie ist eine radikale Sehweise.

In der ersten Annäherung ist der Begriff «Spiritualität» vergleichsweise klar definiert. Es geht um alles Tun des Menschen, das mit seinem Geist in Verbindung steht, insofern dieser sich vom Leib unterscheidet oder gar das Gegenstück dazu ist. Der Mensch ist ein einheitliches Kompositum aus Leib und Seele. Spiritualität wirkt sich auf eine der beiden Dimensionen aus, auf die des Geistes. Merkmale des Geistes sind Reflexion, Verinnerlichung und Kontemplation. Geistigkeit erfordert Vorbedingungen – wie etwa Befriedigung der körperlichen Regungen, Ruhe der Sinne und einen physischen Raum der Zurückgezogenheit. In Anbetracht der Flut der Reize, die über die Sinne des Körpers gerade in unserem kulturellen Alltag nur so hereinbricht, braucht der Mensch eine gewisse «Spiritualität», will er nicht aus dem Gleichgewicht geraten.

Dementsprechend bildet auch die Sexualität einen begrifflich eigenen, abgegrenzten Bereich. Geschlechtlichkeit konstituiert die Dimension der menschlichen Affektivität, die sich in Offenheit zum bzw. zur anderen in der Gestalt erotischer Intimität und genitaler Begegnung ausdrückt. Sie ist eine umfassende Energie, die Spannung aufbaut und sich entladen will. Soll Sexualität ihren menschlichen Charakter als Ausdruck von Gemeinschaft zwischen Mann und Frau bewahren, beinhaltet sie selbstverständlich auch eine gewisse «Spiritualität». So wäre es nicht schwer, zwischen den beiden verschiedenen Bereichen von Spiritualität und Sexualität interessante Verbindungen herauszustellen. Aber so möchten wir nicht vorgehen. Statt dessen bevorzugen wir einen weniger metaphysischen, dafür aber prozeßhafteren Weg. Wahrscheinlich ist er eine größere Herausforderung und verspricht mehr, weil es uns um die verborgene gemeinsame Wurzel der beiden Phänomene geht.

Ursprüngliche Erfahrung des Geistes

Hinter dem Wort «Spiritualität» steckt eine Urerfahrung, der wir sowohl in der Archäologie der großen Religionen als auch in den allerersten Ansätzen des philosophischen Denkens im Westen wie im Osten begegnen. Der Mensch erfährt den Geist nicht als einen Teil seiner selbst, sondern als ein lebendiges Ganzes. Geist bezeichnet die Energie und die Vitalität aller Manifestationen des Menschen. In diesem Sinn ist Geist kein Gegensatz zu Leib. Geist schließt den Leib ein. Der Leib wird immer wieder erfüllt von Leben, von Geist also. Das Gegenstück zu Geist ist Tod. Der große Gegensatz besteht mithin nicht zwischen Geist und Materie bzw. Seele und Leib, sondern zwischen Leben und Tod.

Spiritualität, so verstanden, heißt folglich nach dem Geist leben, nach dem Geschmack der Kraft des Lebens. Ein spiritueller Mensch richtet seine Existenz danach aus, daß sich Leben behaupten kann, daß es geschützt und gefördert wird – wobei wir Leben in seiner Gesamtheit nehmen, es sei in bezug auf seine äußere Seite als Verhältnis zu den anderen, zur Gesellschaft und zur Natur, sei es in bezug auf seine innere Seite als Dialog mit unserem Tiefen-Ich oder mit dem großen Ahn, der in uns wohnt (der Welt der Archetypen), und zwar mit Hilfe von Betrachtung, Reflexion und Verinnerlichung – oder in einem Wort gesagt: mit Hilfe der Potenzierung der Subjektivität.

Was das Leben menschliches Leben und was den Geist menschlichen Geist sein läßt, das ist die Fähigkeit, zum anderen in Bezug zu treten, wer dieser auch sei, und den anderen eben als anderen anzunehmen; das ist Solidarität, ja Identifikation mit den ganz anderen, das heißt mit den Leidenden und vom Schicksal ungerecht Bestraften, kurzum: Das ist absichtsfreie Liebe. Geistigkeit stellt in der Tat ein Lebensprojekt dar: ein Leben zu führen voller Zärtlichkeit zu sich selbst, sich für das Leben der anderen einzusetzen, insbesondere derer, deren Lebenstage ungerechterweise abgebrochen werden, das Leben in all seinen kosmischen Bekundungsformen zu schätzen zu wissen, angefangen mit der ersten Bewegung der subatomaren Materie mit ihrer ganzen Energie und Zielgerichtetheit bis hin zu den ganz offenkundigen Formen pflanzlichen und tierischen Lebens. Treffend heißt es in der Hebräischen Bibel: «Wähle das Leben, und du wirst leben» (Dtn 30, 19).

Das Gegenteil von Leben ist Tod. Mit Tod ist hier allerdings nicht an erster Stelle das biologische Phänomen der Desintegration gemeint, sondern die Art jenes Menschen, der immer nur mit sich beschäftigt ist, ohne einen Blick auch für die anderen zu haben. Tod heißt hier Inflation des Ichs, Kappen der Kommunikation mit den Mitmenschen, Ausbeutung der Leben der anderen.

Wer so denkt, produziert kein Leben, sondern den Tod, zunächst für sich, weil er seine Existenz daran hindert, sich zu entfalten, und letzten Endes auch für die anderen. So beklagt sich der weise Mayaindianer Chilam Balam zu Beginn der Eroberung Lateinamerikas durch die Spanier: «Sie haben uns die Angst gelehrt; sie sind gekommen, um die Blumen welken zu lassen. Damit allein ihre Blume lebte, zertraten und verschlangen sie unsere Blume . . .»

Im folgenden wollen wir uns ein wenig mit dieser Deutung von Geist als Leben beschäftigen; denn sie eröffnet uns die Möglichkeit, einigermaßen gründlich zu verstehen, was Spiritualität sein mag.

Der Geist zeigt sich uns von zwei Seiten, von der Seite des Inneren und von der Seite des Äußeren. Zunächst das Innere. Hier erweist sich der Geist als Dynamik der menschlichen Psyche. Er hat eine Tiefendimension, die unbewußt, archetypisch, instinktiv, traumbezogen, bewußt, gefühlsmäßig, intellektuell und willentlich sein kann. In diesem Fall geht es um eine vitale Energie, die sich im Laufe des Lebens steigern kann und die sich kanalisiert und realisiert in den unterschiedlichsten Formen von Phantasie, Verstand, Gefühl und Willen. Ihre Kristallisationen konzentrieren sich im empirischen Ich und lassen sich, bis zu einem bestimmten Grad, erzieherisch formen und kontrollieren. Persönliche Anstrengungen sind hier gefordert. Alles konvergiert in Richtung auf unser bewußtes Ich.

Nur, dieses bewußte Ich ist nicht die letzte Wirklichkeit. Es ist auf ein tieferes Ich in uns verwiesen, das auf der Ebene des persönlichen und kollektiven Unbewußten angesiedelt ist. Für Mystiker und Tiefenpsychologen ist es ausgesprochen wichtig.[6] Aus den Tiefen der menschlichen Pysche erwächst eine Kraft, bricht ein Licht hervor und kündigt sich ein vitales, lebendiges Zentrum an, das sich dem empirischen Ich spontan aufdrängt. Mystiker und Mystikerinnen wie Teresa von Avila nennen es *über-natürlich.* Das Wort will korrekt verstanden sein. Denn das unbewußte Ich kommt nicht von außerhalb der menschlichen Psyche, sondern ist ihr höchster Ausdruck (und in diesem Sinn gehört es zum natürlichen Bereich). Es heißt über-natürlich, weil es sich dem natürlichen und bewußten Ich aufdrängt. Das bewußte Ich wird als natürlich betrachtet, weil wir darüber verfügen und es in gewisser Weise schaffen können. Was indes das psychische Leben überflutet, stammt aus einer tieferen Quelle. Es ist einfach da, unableitbar, ohne daß wir es mit unserem Bemühen beeinflussen könnten. Das bewußte Ich kann nichts anderes tun, als es annehmen, so wie es kommt und wir es als unerklärlich erfahren. So stellt es sich uns als über-natürlich dar.

Das Tiefen-Ich erfahren wir, als wäre es ein Mittelpunkt, in dem alles zusammenfließt, das Bewußte und Unbewußte, oder eine Sonne, die alle Planeten der Seele anzieht. Es erinnert an etwas Absolutes, unendlich Wichtiges, Numinoses, Faszinierendes und Schreckenerregendes. Alle diese Merkmale sind nun aber Elemente der Erfahrung des *Heiligen,* wie sie in der Phänomenologie der Religionen von Rudolf Otto, van der Loew oder Mircea Eliade beschrieben werden.

Das Heilige haftet nicht primär an den Dingen, die wir für heilig halten. Das Heilige ist vielmehr jene Tiefendimension, die unserem seelischen Leben Gesamtheit und Einheit verleiht. In unserer von der jüdisch-christlichen Erfahrung geprägten Kultur heißt es *imago Dei,* Bild Gottes, das im Mittelpunkt unseres Innenlebens strahlt (in anderen Kulturen sind die Bezugsgrößen andere – wie Buddha, Atman, Krischna usw.). An anderen Stellen heißt es *Christus.* Meister Eckhart nennt es *Seelenfunke* oder *Geburt Gottes in der Seele.* Alles wird von diesem Mittelpunkt angezogen und strömt auf ihn hin. Alles hat mit ihm zu tun.

Versteht man unter Religion das Bemühen jedes Menschen, sich an seinen göttlichen Mittelpunkt zu binden und immer wieder rück-zu-binden (re-ligare), dann sind wir allesamt religiöse Menschen. Denn der menschlichen Psyche wohnt eine Struktur, ein regelrechter Instinkt, ein angeborenes Verhaltensmuster inne, das – unabhängig von jeder bewußten Motivation – so etwas wie ein nie versiegender, regelmäßiger Impuls in Richtung auf eine persönliche Zentralität hin ist.

Dieser religiöse Instinkt bewegt den Menschen dazu, Herr seiner selbst sein zu wollen und die innere, höhere und die äußere Welt um ein lebendiges, strahlendes Zentrum herum zu einer Einheit zu bringen. Tiefer Frieden erfaßt den Menschen dann, verbunden mit dem Gefühl unerschütterlicher Ganzheit und eines solchermaßen überzeugenden Sinns, daß jede Anwandlung von Angst verweht.

Am 13. Januar 1948 schrieb C. G. Jung in einem Brief an den Theologen Gerhard Frei: «Ich bin Gott jeden Tag dankbar, daß ich die Wirklichkeit des *imago Dei* in mir erfahren durfte . . . Dank diesem *actus gratiae* hat mein Leben Sinn.»[7]

Die *imago Dei* bzw. Christus wie auch die Erfahrung des Mittelpunktes bringen sich in starken Symbolen zum Ausdruck. Sie geben sich zu erahnen, wo die Welt der von Affektivität und Sinn geladenen Bedeutungen gepflegt wird. Aus diesem Grund legt das einfache Volk auch so großen Wert auf religiöse Feiern. Mit ihnen nährt es seinen Mittelpunkt und schafft sich immer wieder jene tiefen Bedeutungen, die seinem Leben Sinn geben. Jeder Mensch braucht eine Welt von Höchstwerten, das heißt von Erfahrungen und Begegnungen, die für ihn zu Symbolen werden. Sie sprechen die Subjektivität tief in uns an, lassen das Zentrum in uns hervorbrechen und führen uns von Zeit zu Zeit wieder zu ihnen zurück.

Die moderne Kultur ist bestrebt, den Menschen mit einem gewaltigen Ansturm von Botschaften und Reizen in Beschlag zu nehmen. Dringlichkeiten des Alltags überkommen den Zeitgenossen lawinenartig und hindern ihn daran, sich in das Zentrum zu versenken. Was jedoch die Entfaltung des Mittelpunktes am meisten blockiert, ist die Ungerechtigkeit in den persönlichen und gesellschaftlichen Beziehungen. Die ungerechten Beziehungen sind doppelt unmenschlich. Zum einen zwingen sie den Unterdrücker, sich selbst zu unterdrücken, zu vergessen, daß der andere, die andere ja seinesgleichen ist, und sich letztlich zu entmenschlichen (seinen Mittelpunkt aufzugeben); denn nur so ist er imstande, den Mitmenschen zu einer Sache zu machen und ihm Gewalt anzutun. Zum anderen sieht sich der Unterdrückte objektiv entmenschlicht (sein Mittelpunkt hat keine Chance auszustrahlen) aufgrund der Gewalt, deren Opfer er ist, insofern man ihm das Recht auf Leben in Form von Nahrung, Wohnung, Bildung und anerkannter Würde vorenthält.

Wer nicht sein inneres Heiligtum pflegt, neigt auch dazu, die Heiligtümer um ihn herum zu entweihen, das heißt, den Menschen Gewalt anzutun. Umgekehrt zieht die systematische Verletzung des Heiligen in den Menschen den Weg zum inneren Heiligtum in ihnen selbst in Mitleidenschaft. Der Wille nach sozialer und politischer Befreiung öffnet sich für innere Befreiung und umgekehrt. Innere Befreiung will immer auch gesellschaftliche und politische Befreiung. In Wirklichkeit geht es um einen einzigen Befreiungsprozeß. Damit dieser ganzheitlich ist, muß er das Innere mit dem Äußeren verbinden.

Dieser religiöse Tiefeninstinkt und diese Fähigkeit, das eine in das andere zu integrieren, bilden eine Realität in der Psyche des Menschen wie jede andere auch. Nur daß sie radikaler ist. Deshalb ist sie auch kein Luxus für ein paar Begnadete, sondern die Kraft, die alles in Bewegung setzt, und der Magnet, der alle Fähigkeiten jedes – auch noch so bescheidenen – Menschen anzieht.

Den Reichtum des inneren Menschen leben im Modus des Suchens und der Pflege des persönlichen Mittelpunktes, das heißt *Spiritualität.* Ganz wichtig dabei ist die Seite der Erfahrung. Spiritualität ist nämlich weder nur eine intellektuelle Haltung noch nur das Ergebnis eines bewußten Bemühens um religiöse Zustimmung zu einer Lehre oder zu einem Dogma. Eher im Gegenteil: Religiöse Objektivationen bedeuten da womöglich eher ein gewaltiges Hindernis, weil sie die Tendenz haben, anstatt religiöse Erfahrungen zum Ausdruck zu bringen, sich an deren Stelle zu setzen. Sie lähmen die Erfahrung des Übernatürlichen, das zu unserer Tiefendynamik hinzu-kommt, sie überkommt und ihr zu-kommt.

Die Erfahrung des Mittelpunktes besteht wesentlich in der Begegnung des Ichs mit sich selbst, des bewußten Ichs mit dem unbewußten Ich. Sie erweist sich als Dialog zwischen dem Gesamt meiner inneren mit dem Gesamt meiner äußeren Welt (wobei dieser freilich in mehr als in Worten geschieht). Es geht um die Erfahrung des Lebens in seiner ganzen Dichte, Leichtheit und Schwere, um Frieden und Heiterkeit, die keine Technik zu vermitteln vermag. Es geht um die Gewahrung des ewigen Lebens in der Zeit, um die Fülle der Zeit in jedem einzelnen Augenblick. Dies zu erfahren, das ist die geheime Quelle des geistigen Lebens, ist Spiritualität.

Zweitens zeigt sich der Geist auch in der Gestalt der äußeren Welt. Dabei handelt es sich aber nicht um einen anderen Geist, sondern um eine andere Seite des Geistes. Teresa von Avila würde sagen, daß die «Burg», deren Innenseite wir ja gerade betrachtet haben, auch eine Außenansicht hat. Und was ist dann der Geist von seiner Außenseite her? Und was damit die andere Dimension von Spiritualität?

Was trifft der Geist, wenn er sich den Dingen rings um sich herum zuwendet? Er trifft eine Wirklichkeit voller Widersprüche. Auf der einen Seite begegnet er Menschen, die miteinander auskommen, in Einklang mit der Natur stehen und gesellschaftliche Beziehungen pflegen, so daß sie ein Leben in Würde führen können und Lust am Leben haben. In diesem Fall heißt Spiritualität: Leben, Gemeinschaft und Teilhabe am Rhythmus eines ausgeglichenen Lebens.

Auf der anderen Seite stößt der Geist auf die Zerrissenheit der Gesellschaft, auf die Aufspaltung in Klassen, auf Erscheinungsformen des Todes. Die innere Einheit wird draußen zunichte gemacht. Aber was heißt Spiritualität in diesem Fall? Zunächst einmal heißt Spiritualität in diesem Fall Reaktion, und zwar zum einen in Form von heiligem Zorn über die Perversität und zum anderen von Erbarmen mit den Opfern.

Protest und Erbarmen wecken den Willen, die Dinge zu verändern und für Befreiung einzutreten. Spiritualität wird zu einer Spiritualität der Befreiung und der Veränderung, des Bemühens um gerechte Verhältnisse und des Arbeitens an einem Prozeß der Vermenschlichung, bis daß die Menschen ihre Freiheit zum Ausdruck bringen und ihre Identität genießen können. Doch das alles ist Frucht einer Entwicklung, in der Inneres und Äußeres zu ihrer Einheit finden. Wir haben diesen Weg als Mystik bezeichnet.

Beispielhaft ablesen läßt sich diese Verbindung, neben anderen Gestalten der Geschichte, an dem deutschen Reformator und Volksrevolutionär Thomas Müntzer zu Beginn des 16. Jahrhunderts (1490–1525). Luther ersetzt die Autorität des Papstes durch die Autorität der Bibel. Müntzer, dessen geistlicher

Hintergrund die deutsche Mystik ist (er kennt Meister Eckhart, Suso und Tauler), fokalisiert die Erfahrung des Glaubens als lebendige Begegnung mit Gott, der vor allem durch die Nöte dieser Welt spricht. Für ihn muß die Arbeit zur Veränderung des Menschen selbst Hand in Hand gehen mit der Arbeit zur Überwindung des Elends. Die Einheit dieser beiden Herausforderungen macht für Müntzer wahre Mystik und überzeugende Spiritualität aus. In dem Maße, in dem sich eine schlechte Lage bessert und somit die äußere Einheit wächst, wächst auch die innere Einheit, und der Mann bzw. die Frau wird zu einem spirituellen Menschen. Diese Einschätzung bringt große geistig-geistliche Konsequenzen mit sich. Auch die sogenannte Theologie der Befreiung, die ja Glauben und politische Praxis, Mystik und Befreiungsengagement miteinander verbinden will, greift immer wieder auf sie zurück.

Seien wir realistisch! Geschichte und Gesellschaft haben strukturellen Charakter. Ihre Entfremdungen sind nicht erst von gestern. Wer sich auf den Befreiungsprozeß einläßt, muß einen langen Atem haben. Aber muß man sich dann nicht darauf einstellen, daß man für immer mit der entfremdenden fundamentalen Suche nach sich elbst beschäftigt ist? Nein, dem ist nicht so.

Die Praxis hat eine symbolische Dimension. Der Mensch will sein Leben und Kämpfen in Welt, Familie und Religion feiern. Feiern aber geht nicht ohne Symbole. In der Welt der Symbole erfährt der Mensch in vorweggenommener Form das gute Ende der Geschichte. Unter den Gestalten des Symbols erlebt er die Einheit, die erst noch geschaffen werden muß. Aus diesem Grund ist die Welt der Symbole von grundlegender Bedeutung für die Integration der Psyche. Sinnbildlich eröffnet sie die neue Gesellschaft, den neuen Himmel und die neue Erde, den neuen Mann und die neue Frau und vergegenwärtigt sie sakramental für einen Augenblick unter uns. Spiritualität speist sich aus der weiten Welt der Symbole und bringt sich normalhin auch in Symbolen zum Ausdruck. Man kann sagen: In dem Rhythmus, in dem wir uns die Welt mit Symbolen ausstatten, werden wir zu spirituellen Menschen – und umgekehrt. Ohne die Sprache der Symbole trocknet der Geist aus und wird steril. Im Symbol entfaltet er seinen Wunsch, setzt ihn in gewisser Weise in die Tat um und legt den Grund für die Hoffnung, die ihn dann erneut zu Wünschen und Träumen anregt.

Ursprüngliche Erfahrung von Sexualität

Denselben hermeneutischen Weg, auf dem wir uns der Kategorie *Geist* genähert haben, gehen wir jetzt, um uns dem Thema *Sexualität* mitsamt ihren verschiedenen Ebenen zuzuwenden.

Geschlechtlichkeit hat zunächst eine biologische Dimension. Auf der Ebene der Empirie kann man zwischen dem *genetisch-zellularen* (d. h. der chromosomatischen Ausstattung des Mannes und der Frau), dem *genital-gonodalen* (den spezifischen Geschlechtsteilen: den Hoden beim Mann und den Eierstöcken bei der Frau) und dem *hormonalen Geschlecht* (dem Testosteron bzw. den Androgenen beim Mann und dem Östrogen bei der Frau) unterscheiden.

Aber es gibt auch ein *anthropologisches Geschlecht* (der konkrete Mann als solcher und die konkrete Frau als solche, als sexuell unterschiedene aufeinander bezogene Wesen), das wir auch *ontologisches Geschlecht* nennen. Dabei geht es um die Sexualität als um eine Form des Seins (deshalb der Begriff *ontologisch,* der mit dem Sein und nicht mit unserer Interpretation des Seins zu tun hat), die alle Manifestationen des Menschen prägt. Alles, was Mann und Frau tun, tut er als Mann, und tut sie als Frau.

Geschlecht ist demzufolge nicht etwas, was der Mensch hat, sondern was er in einer ganz eigenen, unverwechselbaren Form ist. Die ontologische Sexualität realisiert sich sowohl im Männlichen als auch im Weiblichen, die beide in jedem Menschen stecken, ob Mann, ob Frau. Sexualität gehört zur Definition des Menschen. Auch ohne lange vermittelnde Argumente können wir mithin sagen: So intensiv wir den Menschen auch analysieren, stets entgleitet er uns in einen Raum der Offenheit für das Geheimnis, das immer schon erkannt und gleichwohl immer noch zu erkennen ist. Was also ist die Sexualität innerhalb des Geheimnisses des Menschen?

Alles deutet darauf hin, daß sich unsere Geschlechtlichkeit weder durch die menschliche Vernunft im letzten entziffern noch durch irgendeine ethische Vorstellung oder Kontroll- bzw. Sublimierungsdisziplin völlig bändigen läßt. Über Sexualität sprechen Mythen und große Symbole. Allein Mythen und Symbole eröffnen uns einen relativ umfassenden Zugang zu dem, was Sexualität ist.

Ontologische Sexualität ist danach etwas Radikales. Ontologische Sexualität steckt hinter allen Formen, in denen sich Geschlechtlichkeit zeigt. Wir sagen, Sexualität sei eine *radikale* Wirklichkeit, weil sie im *Wurzelwerk** des Mikro-

* Anm. des Übersetzers: Radix (im Lateinischen) heißt im Deutschen: die Wurzel.

kosmos des Menschen nistet. Nistet sie aber im menschlichen Mikrokosmos, dann können wir sicher sein, daß sie auch im Makrokosmos wohnt. Geschlechtlichkeit ist die grundlegende Energie im menschlichen Leben genauso wie in jedem Leben und in jeder Bewegung des Weltalls.

Symbolisch wird Sexualität über viele Kulturen hin dargestellt im Bild von der Schlange und vom Drachen (bzw. von der geflügelten Schlange). Pierre Weil hat nachgewiesen, welch vielfältige Bedeutungen die Schlange und der Drache als archaische Sinnbilder für Lebensenergie haben können.[8] Am Anfang steht möglicherweise die Schlange *Uroboros* in ihren verschiedenen Darstellungsformen, sei es als Kreis (der Kopf frißt den eigenen Schwanz, so daß damit die Einheit bedeutet wäre zwischen Bewußtem und Unbewußtem, zwischen Männlichem und Weiblichem, zwischen Ich und Welt), sei es ausgestreckt, Kopf und Schwanz zeigend (so daß damit die erste Aufspaltung im Menschen angedeutet wäre zwischen Unbewußtem und Bewußtem, zwischen Mythos und Rationalität, zwischen Mann und Frau, zwischen Himmel und Erde usw.).[9] Allseits bekannt wurde das Bild durch das moderne Symbol für die Medizin: Zwei Schlangen winden sich an einem den Baum des Lebens darstellenden gefiederten Stab empor.

Daß sich die Schlange (als Bild für universale Sexualität) innerhalb des Menschen befindet, wußte man auch schon in der alten indischen Weisheit des tantrischen Yoga. Sie heißt *Kundalini* (bzw. *Parakundalini),* was auf Sanskrit *Energie der Schlange* bedeutet, und wird durch eine um das untere Ende unserer Wirbelsäule sich windende Schlange dargestellt. *Kundalini* schläft offenbar, harrt aber darauf, aufgeweckt zu werden.

Wenn sie sich bewegt, kann das Glück oder Unglück bringen. Geht es doch um den Aufbruch der kosmischen Energie, die in allem steckt und in uns zu menschlicher Form findet. Sie steigt im ganzen Körper empor und windet sich an der Wirbelsäule hoch, bis sie oben im Kopf anlangt. Die Herausforderung des Yoga besteht darin, die Kraft der *Kundalini* zu wecken, ihr Aufbrechen unter Kontrolle zu halten, die kosmische Energie mit der persönlichen Energie zu vereinigen und so in das Reich der Freiheit und des Bewußtseins des Ganzen *(Nirwana)* einzugehen.

Sobald *Kundalini* erweckt ist, beginnt sie ihren Aufstieg durch die verschiedenen Grade des Bewußtseins und der Vereinigung mit dem Gesamt der Wirklichkeit. Immer wacher werdend, kommt sie durch die verschiedenen Energiezentren des Menschen, die im Yoga *Schakras* (Zentren) oder *Lotus* heißen. Das erste *Schakra* liegt im (heiligen) *Beckenplexus,* von dem aus die Geschlechtsorgane gesteuert werden. Hier manifestiert sich die kosmische Energie als sexuelle Begierde und bedeutet Leben im Sinne von Enthusiasmus und

Expansion. Bliebe *Kundalini* in diesem *Schakra* stecken und käme auf ihrem Weg nach oben nicht weiter, könnte das zu Abhängigkeit und Besessenheit führen, die beide nur entmenschlichen.
Das zweite *Schakra* ist im *Unterleibszentrum* (im hypogastrischen Plexus) angesiedelt, das für Reproduktion und Stuhlgang verantwortlich ist. Hier hat das Leben schon einen höheren Grad erreicht, und hier zielt die Sexualität auf ein menschliches Projekt von Leben und Erhebung ab.
Im *Nabelzentrum* (im epigastrischen oder Sonnen-Plexus) treffen wir das dritte *Schakra* an. Hier nun kommt es zu einer besonders intensiven Vereinigung mit der kosmischen Energie, die sich wie durch eine Nabelschnur mit dem Menschen verbindet. Deshalb ist es auch der Sitz der Ernährung und des Lebens.
Das vierte *Schakra,* das im Herz-Plexus sitzt, ist verantwortlich für das Gefäßsystem. Auf der Ebene des Bewußtseins bedeutet es das Prinzip der Eigenständigkeit und des Individuationsprozesses (Entwicklung des personalen Mittelpunktes).
Im *Nackenzentrum* befindet sich das fünfte *Schakra,* als Steuerungsorgan für das Atemsystem. Mit der Atmung nehmen wir die kosmische Energie in uns auf, geben sie aber auch wieder ab und fügen uns ein in den vitalen Prozeß des Weltalls.
Das sechste *Schakra,* das seinen Ort zwischen den Augen hat, ist das *Nachhirn* (oder verlängertes Mark). Es ist die Schaltstelle des reflexen Nervensystems und das dritte Auge bzw. das Auge der Erkenntnis aller Dinge.
Das siebte *Schakra* liegt schließlich unter der *Schädeldecke* in der Zirbeldrüse, die das zerebrale und volitive Nervensystem reguliert. Hier erreicht *Kundalini* das Nirwana, das heißt die befreiende Erleuchtung. Es kommt zur Vereinigung mit dem All. Der Mensch fühlt sich als Teil eines Ganzen und erfährt das Ganze in dem Teil, der er ist.
Der ganze Aufstieg versinnbildlicht die Manifestation der einen und derselben Lebensenergie. Zuvor hatten wir sie Geist genannt, jetzt nennen wir sie – im radikalen Sinn des Wortes – Sexualität bzw. in der Überlieferung des Yoga *Prana* oder *Kundalini.*
Zurück zur Thematik Sexualität: Menschliche Geschlechtlichkeit mit ihrer Dynamik beinhaltet einen Prozeß von Aufstieg und Universalisierung. Sexuelle Beziehung beginnt mit instinktiven Formen: Es geht um lustvolle Begegnung, und eine Spannung will sich entladen (die drei ersten *Schakras).* Getrieben von der inneren Dynamik und vom Willen nach Expansion, liegt dem Menschen dann an einer Beziehung im Sinne von Beschenktwerden, von Liebe *(Schakra* des Herzens) und von bereicherndem Austausch *(Schakra* des

Nackens oder der Lunge). Des weiteren will er das Gegenüber tiefer erkennen, ja in Gemeinschaft mit ihm eintreten (*Schakra* des Kopfes oder des dritten Auges). Schließlich verklärt Geschlechtlichkeit den Menschen und läßt ihn, in einer gewaltigen kosmischen Fusion, das Einswerden mit dem All erfahren (*Schakra* der Zirbeldrüse).

Dieses ganze Geschehen ist eine einzige Bewegung des Aufstiegs und der Bekundung von Vitalität. Um die Integration zu erreichen, muß der Mensch sein Geschlecht, im Sinne von Instinkt, allerdings oft genug streng unter Kontrolle nehmen. Natürlich hat das nichts mit Repression zu tun; es geht um das Bemühen, es in seinen Grenzen und im rechten Verhältnis zu den anderen Ausdrucksformen der kosmischen Energie zu halten. Nur wer sich so bemüht, ohne dabei stehenzubleiben, erfährt die Transzendenz der Liebe und die Ekstase des Ganzen. So erhellt, daß es sich um eine wirklich radikale Erfahrung dessen handelt, was Leben bedeutet, des Geistes also, wie wir ihn zuvor beschrieben haben.

Symbolischer Ausdruck dieser radikalen Energie ist, wie gesagt, die Schlange. Eine aussagekräftige Verkörperung der Schlange ist die ägyptische Gottheit *Bès Panteo,* von der im Louvre eine Plastik zu sehen ist und die von Pierre Weil eingehend untersucht wird.[10] *Bès Panteo* wird dargestellt mit erigiertem Penis; zu ihren Füßen windet sich die Schlange Uroboros; aus den Füßen, aus den Knien und aus dem Haupt ragen Schlangenköpfe hervor; und auch die Zirbeldrüse fehlt nicht. *Bès Panteo* ist eine anschauliche Konkretion dessen, was *Kundalini* mit ihren unterschiedlichen Manifestationen in der menschlichen Wirklichkeit bedeutet. Mann und Frau lassen sich von der Schlange, das heißt von radikaler Sexualität erfassen, und deshalb strotzen sie von Geist und Leben.

Doch die kosmische Energie findet sich nicht nur im Menschen. Sie durchwirkt alle Formen von Leben und zeigt ihre Ausstrahlung in jedem Element der Schöpfung, in der Bewegung der Materie ebenso wie in der Komplexität der subatomaren Materie-Energie. Die Reaktion des Menschen auf die universale *Kundalini* ist Bewunderung, ist das Gefühl, von den Dingen angezogen zu werden, ist die enthusiastische Faszination, sozusagen in den universalen Uterus hinabzusteigen, in dem nichts als Geborgenheit herrscht.

In der christlichen Überlieferung kennen wir, wie schon an anderer Stelle dieses Buches gesagt, auch eine Kategorie, die die Vitalität von Mensch und Kosmos zum Ausdruck bringt. Die Rede ist vom Heiligen Geist. Allerdings wurde der Geist in der lateinischen Theologie nahezu vergessen, weil man Gott nachgerade verdinglichte (Gott ist das höchste Wesen, der Heilige Geist die dritte Person in der Dreifaltigkeit) und nicht als Energie und Beziehung verstand. In der orthodoxen Theologie hingegen wird der Geist grundsätzlich als Leben, Energie und Beziehung gesehen.

Wie dem auch sei, wir kommen nicht am Heiligen Geist vorbei. Der Geist bedeutet Beziehung, Leben und schöpferische Gestaltungskraft par excellence; er eröffnet den neuen Himmel und die neue Erde. Er, der über dem Urchaos schwebte (Gen. 1, 1), schuf die Ordnung. Fortan wirkt er in allem, bewegt alles, teilt sich in allem mit und steigt in allem empor. Er spricht durch die Propheten, und er zeigt sich in allen Bruchstücken, insofern sich in ihnen das noch nicht erprobte Neue den Weg bahnt. Christen und Christinnen bekennen, der Geist sei «Spender des Lebens».

Theologen der orthodoxen Kirche (namentlich Gregorios Palamas, 1296–1359) unterscheiden zwischen der Person des Geistes und seinen Energien. Diese bezeugen das Wirken des Geistes in der Schöpfung, das heißt in den Elementen der Natur, vor allem in den Prozessen des Lebens. Wie der Sohn Fleisch wird, so nimmt der Geist Wohnung in der Schöpfung. Mittels des Geistes ist Gott in der Welt immanent und macht sie für die göttliche Wirklichkeit transparent. «In ihm leben wir, bewegen wir uns und sind wir», sagt Paulus treffend den Athenern auf dem Areopag (Apg. 17, 28).

Auf der Linie dieser Logik können wir also sagen: Der Geist durchdringt mit seinen Kräften den Menschen; diese entfalten sich in den verschiedenen Formen, in denen sich die Lebensenergie zum Ausdruck bringt, und spiritualisieren den Menschen. Nur auf dieser Grundlage kann die christliche Rede vom Menschen als Tempel des Geistes (vgl. 1 Kor. 3, 16; 6, 19) bestehen.

Spiritualität in diesem Zusammenhang bedeutet die Fähigkeit, den Heiligen Geist überall in der kosmischen Energie wahrzunehmen, das heißt in der Lebensenergie mitsamt all ihren Ausdrucksformen bis hin zur integrierenden Erleuchtung. Es geht also nicht darum, lediglich das eine *Schakra,* das mit den Geschlechtsteilen zu tun hat, zu aktivieren oder irgendeine andere Energie des Geistes einzuspannen; es geht darum, die ganze innere Kraft in Bewegung zu bringen, damit sie den ganzen Menschen vitalisiert, bis er zur vollen Gemeinschaft findet mit der radikalen kosmischen Energie, mit dem Heiligen Geist; denn dieser ist das Prinzip, das alle Seienden in ihrer Verwiesenheit auf die anderen trägt und – wie die Atomphysiker sagen – alle (einschließlich der subatomaren Elementarteilchen) in den anderen, für die anderen und mit den anderen in einem universalen Beziehungsnetz existieren läßt. Spiritualität besteht darin, in Einklang zu leben mit dem Geist, der in allem und für alles ist, dem En-thu-siasmus (das griechische Wort bedeutet in der Übersetzung: einen Gott in sich tragen) den Lauf zu geben, den dieser Einklang mit sich bringt, und sich erfassen zu lassen von dem, was durch uns hindurchgeht und was größer ist als wir selbst.

Begegnung zwischen Sexualität und Spiritualität

Wie wir eingangs dieses Kapitels sagten, sind Spiritualität und Sexualität, in einer radikalen Sehweise betrachtet, zwei Namen für ein und dasselbe Phänomen. Beide sind Ausdrucksformen ein und derselben Energie, die den Menschen durchdringt.

Logisch wäre es, nunmehr auch das Unterscheidende und das je Besondere herauszuarbeiten. Warum nennen wir das eine Spiritualität und das andere Sexualität? Ja, damit die Dinge nicht einfach über einen Leisten geschlagen werden, wäre es in der Tat wichtig, sie zu differenzieren. Dennoch liegt uns mehr an der Identität als an der Differenz. Ohne die Identität herauszustellen, die der einen wie der anderen zugrunde liegt, blieben wir im Allgemeingültigen stecken, blieben hängen bei dem, was alle schon wußten, und liefen – die zuvor schon angedeutete – Gefahr, der Metaphysik der beschreibenden und analytischen Wissenschaften zu verfallen. Angesichts der Tatsache, daß uns heute an globalen Erfahrungen von Einheit liegt, kommt es mehr denn je darauf an, gegen alle Segmentierungsbestreben der Einzelwissenschaften den gemeinsamen Bezugspunkt wiederzuentdecken. Nur so finden wir in den Hafen der Radikalität, erfahren wir, daß in uns selbst wie im ganzen Kosmos eine radikale Dimension steckt: die Lebensenergie.

Mit Lebensenergie meinen wir die Kraft zu Kommunikation, Gemeinschaft und allseitigem Aufstieg. Diese läßt den Menschen stets aufs neue die Erfahrung von Transzendenz machen, das heißt von Überwindung seiner Grenzen und von Eingehen in eine andere Realität, die ihn in seinem Menschsein weitet, bis daß er schließlich in die eine kosmische Gesamtwirklichkeit eintaucht. Sie versetzt uns in den Stand, nichts auszuschließen, und öffnet uns dafür, Gemeinschaft zu suchen mit allem, was uns umgibt (Menschen, Natur und Kosmos), wie auch mit dem ganz anderen, das der Heilige, die Gottheit, ja Gott selber ist. Geschlechtlichkeit und Geistigkeit sind die beiden Seiten dieser einen radikalen Energie (Geist und seine Energien, *Kundalini).*

Die Herausforderung, vor der wir stehen, lautet Integration. Es geht nicht einfach darum, was wir mit unserer genialen, instinkthaften Sexualität machen, die die Medien der vorherrschenden Kultur ja weithin ihrer affektiven, kontemplativen und all-ekstatischen Dimension entkleidet haben und böse ausschlachten. Es geht darum, was wir mit unserer Lebensenergie machen, mit den Anrufen unseres Mittelpunktes in Richtung und Aufstieg, mit den Impulsen und Appellen des Geistes. Menschlicher werden heißt Ohr und Herz für die Lebensenergie öffnen. Spiritualität kommt dann in allem zum Tragen, was wir tun und sind, wenn wir ganz sind, was wir tun und sein wollen.

Teresa von Avila sagt, ein geistiger Mensch sein heiße, ein ganzer Mensch sein: «Wenn Rebhuhn, dann Rebhuhn; wenn Fasten, dann Fasten.» Mit anderen Worten: Wenn's Rebhuhn gibt, soll man sich's schmecken lassen; wenn Fasten ansteht, soll man sich ernsthaft enthalten. Ein geistiger Mensch sein heißt voll und ganz tun, was man tut, sei es, was empirisch als materiell betrachtet wird (Rebhuhnessen), es sei, was als geistig gilt (Fasten).

Wer so lebt, lebt in Einklang mit dem Anruf der All-Wirklichkeit. Wer so lebt, ist voll des Geistes, voll jener kosmischen Kraft, die alles vorwärts und himmelwärts zusammenströmen und dort seine Einheit finden läßt.

AUDRE LORDE

Vom Nutzen der Erotik: Erotik als Macht

Es gibt viele Arten von Macht, genutzte und ungenutzte, erkannte oder unerkannte Macht. Erotik ist ein Potential, ein «Lebens-Mittel» in uns allen, das einer zutiefst weiblichen und spirituellen Ebene angehört und fest in der Macht unserer unausgesprochenen Gefühle wurzelt. Jede Unterdrückung muß zum Zweck ihrer eigenen Aufrechterhaltung die Quellen der Macht in der Kultur der Unterdrückten vergiften oder zuschütten, aus denen Kraft zur Veränderung geschöpft werden könnte. Daraus folgt für Frauen die Unterdrückung der Erotik, da Erotik als Quelle von Macht und Wissen in unserem Leben angesehen wird.

Wir wurden gelehrt, diesem in unserer westlichen Gesellschaft mißachteten, mißbrauchten und seines Werts beraubten Potential zu mißtrauen. Einerseits wurde oberflächliche Erotik als Zeichen weiblicher Minderwertigkeit gefördert und andererseits hat man die Frauen dazu gebracht, unter der Erotik zu leiden und sich ihretwegen selbst zu verachten und zu mißtrauen.

Von da aus ist es nur ein kurzer Schritt zu dem Irrglauben, allein die Verdrängung der Erotik aus unserem Leben und Bewußtsein mache uns Frauen wirklich stark. Aber diese Stärke ist eine Illusion, denn sie entsteht in einem Kontext männlicher Machtmodelle.

Wir sind dahin gekommen, diese Macht, die unserem tiefsten, nichtrationalen Wissen entspringt, mit Argwohn zu betrachten. Die Männerwelt hat uns unser Leben lang vor ihr gewarnt: Männer messen dieser Gefühlstiefe genügend Wert bei, um sich Frauen zu halten, damit sie derartige Gefühle im Dienst an den Männern ausleben, aber gleichzeitig haben sie zuviel Angst vor dieser Tiefe, um ihre Möglichkeiten in sich selbst auszuloten. Und so halten sie sich Frauen in einer distanzierten, minderwertigen Position, um sie psychisch zu melken, ähnlich wie sich Ameisen Kolonien von Blattläusen halten, damit sie ihre Herren mit einer lebenswichtigen Substanz versorgen.

Erotik ist jedoch eine Quelle erfüllender und provozierender Macht für diejenige Frau, die ihre Offenbarung nicht fürchtet und auch nicht dem Glauben erliegt, mit dem Gefühl der Erregung sei es getan.

Männer haben die Erotik vielfach fehlbenannt und gegen Frauen verwendet. Sie haben sie zu der konfusen, der trivialen, der psychotischen Erregung, der Erregung aus Plastik gemacht. Aus diesem Grund haben wir die Erforschung und Betrachtung der Erotik als Quelle von Macht und Wissen vielfach gemieden und sie mit ihrem Gegenteil verwechselt – mit Pornographie. Aber Pornographie ist eine nackte Leugnung der Macht der Erotik; sie repräsentiert die Verdrängung von Gefühl. Pornographie besteht auf Erregung ohne Gefühl.

Erotik ist ein Maß der beginnenden Wahrnehmung unserer selbst im Chaos unserer stärksten Gefühle. Sie ist eine Empfindung innerer Befriedigung, von der wir – wenn wir sie einmal erlebt haben – wissen, daß wir sie anstreben können. Denn wenn wir die Fülle und Tiefe dieses Gefühls einmal erlebt haben und seine Macht wiedererkennen, können wir um den Preis unserer Ehre und Selbstachtung nicht mehr weniger von uns erwarten.

Es ist niemals leicht, das Optimum von uns selbst, unserem Leben und unserer Arbeit zu verlangen. Die Mittelmäßigkeit zu überschreiten, die von unserer Gesellschaft gefördert wird, bedeutet Ansporn zu höchster Qualität. Einwilligung in die Angst, bis an die Grenzen unserer Möglichkeiten zu fühlen und zu arbeiten, ist ein Luxus, den sich nur Absichtslose leisten können, und absichtslos sind die, die ihr Schicksal nicht selbst bestimmen wollen.

Das innere Streben nach höchster Qualität, das wir von der Erotik lernen, darf nicht fehlinterpretiert werden: Es bedeutet nicht, von sich oder anderen Unmögliches zu verlangen. Ein solches Verlangen verurteilt alle Beteiligten zur Unfähigkeit, denn Erotik ist nicht nur eine Frage nach dem Was unseres

Tuns. Sie ist eine Frage nach der Stärke und Intensität unseres Fühlens bei unserem Tun. Wenn wir nämlich erst einmal wissen, in welchem Maß wir fähig sind, Befriedigung, Intensität und Erfüllung zu erleben, können wir auch erkennen, welche der diversen Bestrebungen in unserem Leben uns diesem Erfülltsein am nächsten bringt.

Das Ziel all unseres Tuns ist es, unser Leben und das Leben unserer Kinder lebenswerter und reicher zu gestalten. Wenn all unsere Bestrebungen zu einer Feier der Erotik werden, wird meine Arbeit zur bewußten Entscheidung – zu dem ersehnten Bett, in das ich mich dankbar lege und aus dem ich mich bestärkt und mit neuer Macht erfüllt wieder erhebe.

Natürlich, auf diese Weise bestärkte, machterfüllte Frauen sind gefährlich. Deshalb lehrt man uns auch, unsere erotischen Bedürfnisse von den wichtigsten Bereichen unseres Lebens – mit Ausnahme der Sexualität – abzuspalten. Und die mangelnde Beachtung der erotischen Wurzel und Befriedigung in unserer Arbeit wird darin spürbar, daß uns so vieles von dem, was wir tun, gleichgültig ist. Wie oft zum Beispiel lieben wir wirklich unsere Arbeit?

Der größte Horror eines Systems, das nicht nach Maßgabe menschlicher Bedürfnisse, sondern nach Maßgabe des Profits bestimmt, was gut ist, oder das über menschliche Bedürfnisse unter Mißachtung ihrer psychischen und emotionalen Komponenten befindet – der größte Horror eines solchen Systems ist, daß es unserer Arbeit ihren erotischen Wert, ihre erotische Macht, Lebendigkeit und Erfüllung raubt. Solch ein System reduziert Arbeit auf eine Karikatur von Notwendigkeiten, auf eine Pflicht, durch die wir uns Brot – oder Vergessen unserer selbst und derer, die wir lieben – verdienen. Aber genausogut könnte man eine Malerin blenden und sie dann auffordern, ihre Arbeit zu verfeinern und sich an der Tätigkeit des Malens zu erfreuen. Es ist schlechthin unmöglich und obendrein zutiefst grausam.

Für uns Frauen ist es eine Notwendigkeit, darüber nachzudenken, auf welche Art und Weise unsere Welt sich wirklich ändern könnte. Ich meine damit die Notwendigkeit, die eigentliche Qualität aller Aspekte unseres Lebens und unserer Arbeit neu zu bestimmen.

Die Wurzel des Wortes «Erotik» ist das griechische Wort *eros,* die personifizierte Liebe in all ihren Formen – die aus dem Chaos geborene Verkörperung schöpferischer Macht und Harmonie. Wenn ich daher von Erotik spreche, dann im Sinne einer Bestätigung der weiblichen Lebenskraft – dieser machtvollen schöpferischen Energie, die wir uns nun zu unserer Erkenntnis und zu unserem Nutzen in unserer Sprache, unserer Geschichte, unseren Tänzen, unserer Liebe, unserer Arbeit und in unserem Leben zurückgewinnen.

Es wird häufig versucht, Pornographie und Erotik – zwei diametral entgegengesetzte Arten, Sexualität zu erfahren – gleichzusetzen. Aufgrund dieser Versuche ist es in Mode gekommen, das Spirituelle (Psychische und Emotionale) vom Politischen zu trennen und als gegensätzlich oder antithetisch auszugeben. «Wie stellen Sie sich das vor: ein poetischer Revolutionär, ein meditierender Waffenschmuggler?!» Auf dieselbe Weise haben wir versucht, Spiritualität und Erotik voneinander zu trennen, und haben damit die Spiritualität zu einer Welt schalen Geschmacks verflacht – zur Welt des Asketen, der danach strebt, nichts zu fühlen. Aber nichts ist weiter von der Wahrheit entfernt. Denn die asketische Haltung ist eine Haltung höchster Angst und schwerster Immobilität. Die strenge Enthaltsamkeit des Asketen wird zur bestimmenden Obsession. Und zwar zur Obsession nicht von Selbstbeherrschung, sondern von Selbstverleugnung.

Die Entgegensetzung von Spiritualität und Politik ist genauso falsch und entstammt mangelnder Aufmerksamkeit für unser erotisches Wissen. Die verbindende Brücke zwischen beiden ist nämlich die Erotik – die Sinnlichkeit –, das Teilen/Mitteilen des physischen, emotionalen und psychischen Ausdrucks für das, was unser aller tiefstes, stärkstes und reichstes Potential ist: die Leidenschaft des Liebens – des Liebens in seiner tiefsten Bedeutung.

Die wohlüberlegte Aussage: «Für mich fühlt es sich so richtig an» hat die Kraft der Erotik als wirkliches Wissen erkannt, denn was das heißt und wie es sich anfühlt, ist der erste machtvolle Wegweiser zu jeglichem Verstehen. Verständnis kann diesem tiefgeborenen Wissen zwar eine Dienerin sein oder ihm zur Klärung verhelfen, aber die eigentliche Ernährerin oder Amme unseres tiefsten Wissens ist die Erotik.

Erotik kommt für mich auf verschiedene Weise zur Wirkung: zunächst einmal durch die Macht, die durch intensives Teilen mit einem anderen Menschen entsteht. Das Teilen von Freude – physischer, emotionaler oder intellektueller Freude – bildet eine Brücke zwischen uns und kann auch zum Verständnis von vielem führen, was wir nicht teilen. Sie mildert außerdem das Bedrohliche unserer Verschiedenheit.

Eine andere wichtige Funktion erotischen Bezogenseins ist die offene, furchtlose Betonung meiner Fähigkeit zur Freude. Genauso wie mein Körper sich nach einer Musik streckt und sich im Hören auf ihre innersten Rhythmen zu einer Antwort öffnet, öffnet sich jede Ebene meines Fühlens der erotisch befriedigenden Erfahrung – ob ich tanze oder ein Bücherregal baue, ein Gedicht schreibe oder einer Idee nachgehe.

Dieser mit-geteilte Selbstbezug ist ein Maß für die Freude, die zu empfinden ich mich fähig weiß – er ist eine Erinnerung an meine Fähigkeit zu fühlen.

Und das tiefe, unersetzliche Wissen von meiner Fähigkeit zur Freude verlangt letztlich, daß ich mein ganzes Leben im Wissen um die Möglichkeit solcher Befriedigung lebe – und sie weder Ehe noch Gott noch Leben nach dem Tod zu nennen brauche.

Dies ist einer der Gründe, warum Erotik so gefürchtet ist und warum man sie mit Vorliebe ins Schlafzimmer verbannt – wenn man sie überhaupt als solche erkennt. Denn wenn wir erst einmal alle Bereiche unseres Lebens intensiv zu fühlen beginnen, verlangen wir allmählich von uns selbst und unseren Lebenszielen, daß sie mit der Freude, die zu empfinden wir uns fähig wissen, in Einklang stehen.

Unser erotisches Wissen macht uns stärker und mächtiger; es wird zu einem Vergrößerungsglas, durch das wir alle Aspekte unserer Existenz genau mustern und uns zwingen, diese Aspekte ehrlich nach ihrem relativen Wert für unser Leben einzuschätzen. Und dies ist eine schwere, aus unserem Inneren projizierte Verantwortung für uns alle: uns nicht mit dem bequem Erreichbaren, mit minderwertiger Qualität, mit der Erfüllung konventioneller Erwartungen oder mit bloßer Sicherheit zufriedenzugeben.

Während des Zweiten Weltkriegs haben wir weiße, ungefärbte Margarine in versiegelten Plastikbeuteln gekauft. Direkt unter der durchsichtigen Plastikhaut thronte ein winziger praller Kern gelber Farbe wie ein Topas. Wir ließen die Margarine eine Zeitlang weich werden und drückten dann den Farbkern innerhalb des Beutels auf, so daß sich das satte Gelb in die weiche, blasse Masse der Margarine ergoß. Dann nahmen wir sie vorsichtig in die Hände und kneteten sie sanft und gründlich durch, bis sich das Gelb über den ganzen Pfundsack Margarine verteilt hatte und ihn gleichmäßig gefärbt hinterließ.

Als solch ein Kern erscheint mir die Erotik in mir selbst. Wenn sie aus ihrer festen, einzwängenden Hülle befreit wird, durchströmt sie mein Leben und färbt es mit einer Art von Energie, die all meine Erfahrungen erhöht, verfeinert und verstärkt.

Wir sind dazu erzogen worden, das Ja in uns selbst – unser tiefstes Verlangen – zu fürchten. Denn die Forderungen unserer einmal freigesetzten Erwartungen führen uns unvermeidlich zu Handlungen, die dazu beitragen, unser Leben mit unseren Bedürfnissen, unserem Wissen und unseren Wünschen in Einklang zu bringen. Und die Furcht vor unseren stärksten Sehnsüchten erhält unseren Argwohn ihnen gegenüber, hält uns selbst dozil, loyal und gehorsam und führt dazu, daß wir uns mit vielen Facetten unserer Unterdrükkung als Frauen arrangieren oder sie hinnehmen.

Wenn wir außerhalb unserer selbst leben – und damit meine ich, nur nach äußeren Richtlinien anstatt nach unserem inneren Wissen und Bedürfnis –, wenn wir von den erotischen Wegweisern in uns selbst entfernt leben, dann wird unser Leben durch äußere, entfremdete Formen eingeschränkt, und wir passen uns den Bedürfnissen einer Struktur an, die sich nicht auf menschliche und schon gar nicht auf individuelle Bedürfnisse gründet. Doch wenn wir von innen heraus zu leben beginnen, in Berührung mit der Macht der Erotik in uns selbst, und wenn wir uns von dieser Macht im Einwirken auf unsere Umwelt inspirieren lassen, dann werden wir allmählich im eigentlichen Sinn verantwortlich für uns selbst. Wenn wir nämlich unsere innersten Gefühle zu erkennen beginnen, können wir uns notwendig nicht mehr mit Leiden und Selbstverleugnung begnügen – oder mit jener Abstumpfung, die in unserer Gesellschaft so oft die einzige Alternative dazu zu sein scheint. Unsere Handlungen gegen die Unterdrückung werden selbst bestimmt, von innen her motiviert und mit Macht erfüllt.

Die Berührung mit der Macht der Erotik macht mich weniger willens, Ohnmacht oder jene anderen demütigenden und für mich unnatürlichen Zustände wie Resignation, Verzweiflung, Selbstzurücknahme, Depression und Selbstverleugnung zu akzeptieren.

Und ja, es gibt dabei eine Hierarchie. Es ist ein Unterschied, ob ich einen Zaun anstreiche oder ein Gedicht schreibe, aber nur ein quantitativer. Und für mich ist es kein Unterschied, ob ich ein gutes Gedicht schreibe oder eng umschlungen mit einer Frau, die ich liebe, in die Sonne gehe.

Dies bringt mich zu einer letzten Überlegung über die Erotik. Es ist ein Unterschied, ob wir miteinander die Macht unserer Gefühle teilen oder ob wir diese Gefühle benutzen wie ein Tempotaschentuch. Und wenn wir den Blick von unserer eigenen erotischen oder sonstigen Erfahrung abwenden, dann benutzen wir die Gefühle der an dieser Erfahrung beteiligten anderen, statt daß wir sie teilen. Und ohne Zustimmung der anderen von etwas Gebrauch zu machen, bedeutet Mißbrauch.

Um unsere erotischen Gefühle nutzen zu können, müssen wir sie erst einmal kennen. Das Bedürfnis, tiefe Empfindungen zu teilen, ist ein allgemein menschliches Bedürfnis. Aber in der europäisch-amerikanischen Tradition wird dieses Bedürfnis durch gewisse vorgeschriebene erotische Zusammenkünfte befriedigt, die sich fast immer durch ein gleichzeitiges Abwenden des Blicks auszeichnen: Sie werden als etwas anderes ausgegeben, als sie eigentlich sind – als Religion zum Beispiel oder als Kaprize, als Massenunruhen oder gar als Doktorspielen. Und diese sprachliche Verfälschung des Bedürfnisses wie des Tuns ermöglicht dann die Entstellung, die in Pornographie und Obszönität – dem Mißbrauch von Gefühl – resultiert.

Wenn wir unsere erotischen Bedürfnisse gemeinsam mit anderen befriedigen und dabei den Blick von der Bedeutung der Erotik für die Entwicklung unserer Macht oder von uns selbst abwenden, benutzen wir uns gegenseitig als Objekte der Befriedigung, statt unsere Freude an unserem befriedigenden Tun zu teilen und auf unsere Ähnlichkeiten und Unterschiedlichkeiten einzugehen. Die Weigerung, uns unsere Gefühle jederzeit bewußtzumachen – so bequem das auch scheinen mag –, bedeutet die Verleugnung eines Großteils unserer Erfahrung und ermöglicht unsere Reduzierung auf das pornographische, mißbrauchte, absurde Objekt.

Erotik läßt sich nicht aus zweiter Hand erleben. Als Schwarze Lesbische Feministin habe ich ein besonderes Gefühl für diejenigen Schwestern, mit denen ich intensiv getanzt, gespielt oder gar gekämpft habe. Die intensive Gemeinsamkeit wurde nicht selten zur Vorbotin für gemeinsame Tätigkeiten und Aktionen, die vorher nicht möglich gewesen wären.

Aber diese erotische Spannung wird nur schwer von Frauen geteilt, die weiterhin einer ausschließlich europäisch-amerikanischen männlichen Tradition unterstehen. Ich weiß, daß sie mir selbst nicht zugänglich gewesen ist, solange ich mich bemüht habe, mein Bewußtsein jener Lebensweise und Art von Erregung anzupassen. Erst jetzt finde ich mehr und mehr frauenidentifizierte Frauen mit dem Mut, das Risiko einzugehen und die elektrische Spannung der Erotik zu teilen, ohne den Blick abwenden zu müssen und ohne die unerhört starke und kreative Natur dieses Austauschs zu verfälschen. Die Anerkennung der Macht der Erotik in unserem Leben kann uns die nötige Energie geben, um auf eine wirkliche Veränderung unserer Welt hinzuzielen, anstatt uns mit dem bloßen Austausch einiger Figuren in demselben müden Drama zu begnügen.

Denn wir berühren damit nicht nur die tiefste Quelle unserer Kreativität, sondern wir handeln auf weibliche und selbstbestätigende Weise einer rassistischen, patriarchalen und antierotischen Gesellschaft zuwider.

ELISABETH KÜBLER-ROSS

Menschen sind grausam,
doch der Mensch ist gütig.
Tagore

Der Tod und die Zukunft unserer Gesellschaft

Im folgenden geht es nicht mehr um die individuelle Reaktion auf Tod und Sterben, sondern um die Frage, was mit dem Menschen in einer Gesellschaft geschieht, die dazu neigt, den Tod zu ignorieren und den Gedanken an ihn zu vermeiden. Auf welche Weise trägt sie dazu bei, die allgemeine Angst vor dem Tod zu steigern? Was vor allem geht in der Medizin vor sich, wenn man sich tatsächlich fragen muß, ob sie überhaupt noch ein humanes und achtbares Arbeitsfeld bietet oder ob sie nicht zu einer neuen, von der Persönlichkeit abgelösten Wissenschaft geworden ist, die sich eher um Verlängerung von Leben als um die Milderung menschlicher Leiden bemüht? Wenn Studenten zwar unter einem Dutzend Vorlesungen über Ribonukleinsäuren und Desoxyribonukleinsäuren wählen, aber keine Erfahrungen im Umgang des Arztes mit dem Patienten sammeln können – was früher schließlich zum Abc jedes Hausarztes gehörte? Was geht in einer Gesellschaft vor, die mehr Wert auf den Intelligenzquotienten und den sozialen Status legt als auf so einfache Voraussetzungen wie Takt, Einfühlungsvermögen, Einsicht und Zurückhaltung im Umgang mit Kranken? In einer Gesellschaft der Professionellen, die den jungen Mediziner wegen seiner Forschungs- und Laborarbeit in seinen ersten Ausbildungsjahren bewundert, obwohl ihm die Worte fehlen, wenn er einem Kranken eine Frage beantworten soll? Von Fortschritt könnte man überhaupt erst dann sprechen, wenn wir die Ausbildung in den neuen technischen und wissenschaftlichen Bereichen mit einer ebenso gründlichen über die Art und die Herstellung der Beziehung von Mensch zu Mensch verbinden würden – aber gewiß nicht, wenn der junge Mediziner die neuesten Erkenntnisse um den Preis von Menschenkenntnis und Kunst der Menschenbehandlung erwirbt.

Wohin treibt eine Gesellschaft, die den Akzent auf Zahlen und Massen statt auf den einzelnen legt? Zur Zeit rechnet jede medizinische Fakultät mit steigenden Studentenzahlen; der Trend strebt fort von der alten Lehrer-Schüler-Beziehung zum unpersönlichen Unterricht durch Fernsehen, Filme und Tonbänder.

Diese Akzentverschiebung vom einzelnen auf die Masse hat sich auf anderen Gebieten noch dramatischer vollzogen – man bemerkt sie überall, wenn man die Wandlungen der letzten Jahrzehnte überdenkt. In alter Zeit konnte der Mann seinem Gegner ins Auge sehen und hatte eine faire Chance, wenn er auf seinen persönlichen Feind stieß. Heute werden Soldaten wie Zivilisten von Massenvernichtungsmitteln bedroht, die ihnen keine Chance mehr lassen – nicht einmal die, daß man die Gefahr kommen sieht. Die Vernichtung kann aus blauem Himmel heraus Tausende töten wie in Hiroshima; sie kann als Gas oder als eine andere Spezialität der chemischen Kriegführung kommen, unsichtbar, schleichend und alles zerstörend. Es ist nicht mehr der Mann, der für seine Rechte und Überzeugungen, die Sicherheit und Ehre seiner Familie kämpft – heute gerät die ganze Nation mit Frauen und Kindern in die Gewalt des Krieges, und jedermann wird mittelbar oder unmittelbar bedroht: Wissenschaft und Technik haben dazu beigetragen, daß die Furcht vor der Vernichtung und damit die Angst vor dem Tod immer noch ansteigt.
Also muß der Mensch mehr Abwehrkräfte mobilisieren, und wenn es keine physische Verteidigung sein kann, müssen sich seine psychologischen Kniffe vervielfachen. Er kann ja nicht in alle Ewigkeit den Kopf in den Sand stecken, kann nicht ausdauernd und mit Erfolg behaupten, er sei sicher. Doch wenn wir den Tod nicht leugnen können, müssen wir versuchen, ihm anders beizukommen: Wir rasen über die Autostraßen, lesen dann, wie viele Menschen bei Verkehrsunfällen umgekommen sind, und stellen schaudernd, doch erleichtert fest: «Es war der andere, ich bin es nicht, ich hab es überstanden.»
Von der Gangsterbande bis hin zu gesamten Nationen können Gruppen ihre Gruppenidentität dazu verwenden, die Angst vor der Vernichtung in Angriff und Zerstörung anderer umzusetzen. Ist vielleicht der Krieg nichts anderes als das Bedürfnis, dem Tod entgegenzutreten, ihn zu bezwingen – also eine besondere Form für die Ableugnung der eigenen Sterblichkeit? Ein Patient, der an Leukämie starb, sagte fassungslos: «Aber das kann doch gar nicht sein, daß ich jetzt sterbe! Das kann doch Gott nicht wollen! Er hat mich ja am Leben gelassen, als mir im Krieg die Kugeln um die Ohren pfiffen!»
Empörung und fassungslose Verwunderung klangen auch aus den Worten einer Frau, als sie vom «unfairen Tod» eines jungen Mannes sprach, der heil aus Vietnam zurückgekommen war und bei einem Autounfall den Tod fand – als ob er für alle Zeiten gegen den Tod gefeit sein müßte, weil er auf dem Schlachtfeld überlebt hatte.

Vielleicht wäre es für den Weltfrieden gut, wenn man einmal die Einstellung der führenden Männer zum Tode untersuchen würde, jener Leute, die unwi-

derrufliche Entscheidungen über Krieg und Frieden zwischen den Nationen treffen. Wenn wir uns alle bemühten, den eigenen Tod ins Auge zu fassen, unsere Ängste anderen mitzuteilen und ihnen dadurch zu helfen, sich mit solchen Gedanken vertraut zu machen, dann würden vielleicht um uns herum nicht so viele zerstörerische Kräfte am Werk sein.
Die Nachrichtenagenturen könnten den Lesern die Realitäten des Todes ganz anders vor Augen führen: Was will eine allgemeine Wendung wie «Lösung der Judenfrage» besagen, wo es um den Mord an Millionen von Männern, Frauen und Kindern ging! Oder, um ein Beispiel aus der Gegenwart anzuführen: Statt von der Rückeroberung eines Hügels in Vietnam durch Zerstörung eines Maschinengewehrnestes und von den hohen Verlusten des Vietcong zu reden, sollte man das Ereignis als menschliche Tragödie und eben als Vernichtung menschlicher Wesen auf beiden Seiten schildern. Die Zeitungen und andere Nachrichtenträger bieten so viele Beispiele, bei denen eine andere Wortwahl die Realität anschaulich machen würde, daß hier keine weiteren angeführt zu werden brauchen.
Auf verschlungenen Wegen findet der Mensch seine psychologischen Abwehrkräfte gegen die steigende Angst und das Gefühl, die Gefahr nicht rechtzeitig erkennen zu können.
In unserem Unterbewußtsein können wir den eigenen Tod nicht begreifen, sondern halten uns für unsterblich, doch den Tod des Nachbarn erkennen wir durchaus: Informationen über Massen von Menschen, die im Krieg oder durch Autounfälle ums Leben gekommen sind, vermögen deshalb den unbewußten Glauben an die eigene Unsterblichkeit zu stützen und lassen es zu, daß wir uns im tiefsten Winkel des Unterbewußtseins ganz im geheimen freuen, «weil es der andere ist, nicht ich».

Wenn Leugnen sinnlos wird, können wir versuchen, den Tod herauszufordern: Wer rasend schnell fährt, wer heil aus Vietnam zurückkommt, muß sich wohl wirklich für gefeit halten. Fast täglich meldet der Nachrichtendienst, daß wir zehnmal mehr Feinde getötet als selbst Verluste erlitten haben. Steckt unser Wunschdenken dahinter, handelt es sich um eine Projizierung unserer infantilen Wünsche nach Allmacht und Unsterblichkeit? Eine ganze Nation, eine ganze Gesellschaft, die an der Furcht und der Verleugnung des Todes leidet, kann sich offenbar nur noch durch Vernichtung wehren: Kriege, Aufstände, immer neue Morde und andere Verbrechen könnten durchaus auf unsere schwindende Fähigkeit deuten, dem Tod mit Würde und Bejahung ins Gesicht zu sehen. Vielleicht müssen wir uns wieder dem einzelnen menschlichen Wesen zuwenden, ganz von vorn anfangen und dann versuchen, den

eigenen Tod zu fassen und zu lernen, diesem tragischen, doch unausweichlichen Geschehen mit weniger Verwirrung und Angst entgegenzusehen.
Welche Rolle hat die Religion in dieser Epoche der großen Veränderungen gespielt? Sicherlich haben früher mehr Menschen als heute an Gott geglaubt; sie vertrauten auf ein Jenseits, das von Qual und Schmerz erlösen sollte; der Himmel hielt den Lohn bereit, und wenn wir hier auf Erden viel gelitten hatten, sollten wir nach unserem Tode so belohnt werden, wie es die Geduld, Tapferkeit und Würde, mit der wir unsere Bürde getragen hatten, verdienten. Dieser Glaube führte zu einer völlig anderen Einstellung zum Leiden: Schmerz war etwas Alltägliches, eine Entbindung ein natürlicher, langer und schmerzvoller Vorgang – doch die Mutter sah mit wachen Augen auf das Neugeborene. Leiden hatte Sinn und wurde belohnt. Heute geben wir den Gebärenden Sedativa, um Angst und Schmerz zu verscheuchen; man kann sich sogar bemühen, die Geburt am Geburtstag eines Verwandten oder auf keinen Fall an einem bestimmten Datum stattfinden zu lassen. Viele Mütter, die viel zu sehr unter Mitteln stehen, erleben die Geburt ihres Kindes im Grunde gar nicht, sondern wachen erst Stunden später auf. Wozu denn auch leiden, wenn es Medikamente gegen den Schmerz wie gegen das Hautjucken gibt! Da der Glaube dahin ist, daß irdisches Leiden im Himmel belohnt wird, ist auch das Leiden an sich zwecklos geworden.
Immer weniger Menschen glauben ja an ein Leben nach dem Tode, das an sich vielleicht schon zu den Vorstellungen gehört, mit denen wir unsere Sterblichkeit leugnen. Wenn wir uns aber kein Leben nach dem Tode vorstellen können, haben wir uns mit dem Tode abzufinden; und wenn Leiden zwecklos geworden ist, weil es nicht mehr im Himmel belohnt wird, können wir auch mit der alten Funktion der Kirche nichts mehr anfangen, die uns tröstete, uns Hoffnung gab und Tragödien und unerträglich schmerzlichen Ereignissen unseres Lebens einen Sinn verlieh.
Man muß sich eigentlich wundern, daß bei der wachsenden Neigung unserer Gesellschaft, den Tod zu verleugnen, die Religion trotzdem so viele ihrer Anhänger verloren hat, die an ein Leben nach dem Tode – also tatsächlich an den Nicht-Tod – geglaubt haben. Der Leidende selbst hat aus diesem Verzicht nichts gewonnen: Wer die Sterblichkeit aus religiösen Gründen nicht wahrhaben wollte, konnte Hoffnung aus seinem Glauben schöpfen, doch die Verleugnung des Todes, wie sie von unserer Gesellschaft geübt wird, bietet weder Hoffnung noch überhaupt einen Sinn, sondern steigert nur unsere Angst und unseren Vernichtungswillen, unsere Aggressivität: Wir töten – auch –, um der Wirklichkeit aus dem Wege zu gehen und nicht unserem eigenen Tod ins Gesicht blicken zu müssen.

In der Gesellschaft der Zukunft werden vielleicht immer mehr Menschen «am Leben erhalten», wobei Maschinen lebenswichtige Organe ersetzen und Computer von Zeit zu Zeit feststellen, ob weitere physiologische Funktionen von einer elektronischen Apparatur übernommen werden müssen; vermutlich wird es immer neue Zentren geben, die alle technischen Daten sammeln, bis ein Lichtsignal anzeigt, daß der Patient tot und die Apparatur ausgeschaltet worden ist.
Vielleicht werden ja auch die Institute populär werden, in denen man Verstorbene rasch einfriert und sie so lange bei niedrigen Temperaturen aufbewahrt, bis Wissenschaft und Technik imstande sind, sie aufzutauen und der Gesellschaft und dem Leben zurückzugeben. Allerdings wird man bei der entsetzlichen Übervölkerung der Erde dann wahrscheinlich durch besondere Gremien beschließen lassen, wie viele Leichen aufgetaut werden dürfen – so wie heute Ausschüsse darüber entscheiden, wer ein lebenswichtiges Ersatzorgan erhalten soll und wer sterben muß.
Das mag grauenhaft und unwahrscheinlich klingen, doch leider gibt es das alles bereits in Anfängen. In Amerika hindert kein Gesetz die Geschäftemacher, aus der Angst vor dem Tode Kapital zu schlagen; wer sich davon Gewinn verspricht, kann ungehindert das Wiederaufleben nach Jahren der Vereisung versprechen und «verkaufen». Es gibt bereits solche Unternehmen, wenn wir heute auch noch über die Fragen lächeln, ob die Witwe eines Tiefgekühlten soziale Versorgung in Anspruch nehmen oder wieder heiraten darf. Man sollte diese Dinge schon deshalb nicht einfach ignorieren, weil sie zeigen, wohin sich der Mensch versteigen kann, um nur nicht seine Sterblichkeit zugeben zu müssen. Es wird Zeit, daß sich einsichtige Vertreter aller religiösen Richtungen und vieler Berufe zusammensetzen, ehe unsere Gesellschaft so erstarrt, daß sie sich selbst zerstört.

Nach diesem Blick in die Vergangenheit, auf den Menschen, der seinem Tod gelassen entgegensah, und voraus in eine grauenhafte Zukunft, wenden wir uns wieder der Gegenwart zu: Was können wir als einzelne gegen solche Erscheinungen tun? Dem Trend zur Masse können wir uns nicht entgegenstemmen, denn wir leben tatsächlich in einer Massen-, nicht in einer Individualgesellschaft, und die Studentenzahlen der medizinischen Fakultäten werden weiter anschwellen, ob wir es wollen oder nicht, die Zahl der Autos auf den Straßen wird wachsen, aber auch die Zahl der Menschen, die am Leben erhalten werden können – wir brauchen nur an die ständigen Fortschritte in der Kardiologie und der Behandlung der Herzkranken zu denken.
Wir können nicht das Rad zurückdrehen und jedem Kind die Umwelt des

einfachen Bauernhofes mit seiner Nähe zu Natur, Geburt und Tod verschaffen. Und vermutlich wird es den Vertretern der Kirche auch kaum gelingen, den Glauben an das Leben nach dem Tode wieder zum Allgemeingut und damit auch das Sterben hoffnungsvoller zu machen.

Die Existenz von Massenvernichtungsmitteln können wir ebensowenig aus der Welt schaffen wie die Tatsache, daß Wissenschaft und Technik uns künftig gestatten werden, immer mehr lebenswichtige Organe zu ersetzen, so daß die Entscheidungen über Krieg und Frieden auf der einen Seite, über Leben und Tod, Spender und Empfänger auf der anderen immer schwerer wiegen, beziehungsweise immer häufiger getroffen werden müssen. Bis die Computer uns die Arbeit abnehmen – was sie ja sicherlich eines Tages tun werden –, müssen sich die gegenwärtigen und künftigen Generationen mit den rechtlichen und ethischen Konsequenzen ihrer Entscheidungen herumschlagen.

Wenn auch jeder von uns seine eigene Methode hat, diese Probleme vor sich her zu schieben, bis er ihnen nicht mehr ausweichen kann, so vermag er sie doch nur zu lösen, wenn er bei sich selbst anfängt und seinen eigenen Tod akzeptiert. Das ist natürlich kein Vorgang, der in Massen zu absolvieren oder von Computern zu steuern wäre – hier muß jedes einzelne menschliche Wesen seinen Weg allein finden. Aber wenn auch jeder das Bedürfnis hat, das Thema so lange wie möglich auszusparen, wäre es fruchtbar, wenn wir endlich anfangen wollten, der Möglichkeit unseres eigenen Todes ins Auge zu sehen – zum Wohl unserer Patienten, unserer Familien und schließlich auch der Nation. Wenn wir unseren Studenten mit dem Gefühl für den Wert der Wissenschaft und der Technologie auch einen Sinn für den Wert der zwischenmenschlichen Beziehungen und der humanen, umfassenden Fürsorge für den Patienten beibringen könnten, wäre viel gewonnen, wäre es ein echter Fortschritt. Wenn Wissenschaft und Technik nicht dazu mißbraucht würden, einerseits das Vernichtungspotential zu steigern und andererseits das Leben zu verlängern, statt es humaner zu machen, wenn Wissenschaft und Technik dafür sorgen könnten, daß wir mehr und nicht weniger Zeit für die individuellen Beziehungen von Mensch zu Mensch freihalten, dann könnten wir tatsächlich von einer großartigen Gesellschaft sprechen.

Und schließlich kämen wir auch dem Frieden, unserem persönlichen und dem unter den Völkern, einen Schritt näher, wenn wir der Realität unseres eigenen Todes ins Auge sähen und ihn annähmen.

Aids – Herausforderung zur Menschlichkeit

Amerika war bekanntlich eine Gesellschaft, die den Tod leugnete, und ebenso leugnen wir offensichtlich Aids und tun so, als ginge uns die Seuche nichts an. Jeden Sonntag predigen wir von Tausenden von Kanzeln herunter: «Liebe deinen Nächsten!», aber wenn es ums Praktizieren geht, sind wir schnell mit Bedingungen zur Hand. Diejenigen, die am lautesten predigen, schneiden in der praktischen Fürsorge und Barmherzigkeit gewöhnlich am erbärmlichsten ab.

Wenn Ehefrauen entdecken, daß die Ursache der Aids-Erkrankung ihres Babys auf ihren Mann zurückgeht, mit dem sie zehn Jahre verheiratet sind, versuchen sie verzweifelt, die Möglichkeit zu leugnen, daß sein bisexuelles Verhalten zur Ansteckung führte. Auch wenn er es schließlich zugibt, versuchen sie immer noch, einen anderen Grund für die Infektion zu finden. Eine solche Frau beschuldigte den Kinderarzt, er habe ihren kleinen Sohn mit verschmutzten Injektionsnadeln behandelt, obwohl sich herausstellte, daß der Ehemann ein positiver Aids-Träger war, und obwohl er eine lange Beziehung zu einem seiner männlichen Mitarbeiter eingestand.

Zorn und Wut herrschen in Familien vor, wenn sie merken, daß sie das Leugnen nicht mehr aufrechterhalten können. Eine deutsche Familie war so verstört und wütend, als der Sarg ihres Sohnes, markiert mit dem Wort «Aids» in großen, sichtbaren Buchstaben, in ihre Heimatstadt geschickt wurde, daß sie den Ort, wo die Familie seit Generationen ansässig war, für immer verließ.

Zorn und Wut leuchten ein, wenn wir die «Lösungen» betrachten, die scheinbar wohlgesinnte Bürger in ihren Reden vorschlagen, bis zum Angebot, «alle Aids-Träger auf eine Insel oder in eine Art Lager zu sperren, wo sie beobachtet werden und die gefürchtete Krankheit nicht weiter verbreiten können». Klingt das nicht verdächtig nach der Leprakolonie in Molokai im letzten Jahrhundert oder nach den Konzentrationslagern der Nazis, in denen die «unerwünschte Rasse» oder alle diejenigen, die mit dem Führer nicht einverstanden waren, «isoliert» wurden? Wir haben aus den vergangenen Jahrzehnten wahrhaftig wenig gelernt!

Erinnert es nicht auch ein wenig an den Krieg in Vietnam, als wir täglich den Satz zu hören bekamen: «Zehn Vietcong fielen, aber nur ein Amerikaner»? Wir leben immer noch in der Illusion, daß es «nur den anderen zustoßen kann, aber mir nicht». Wie viele Kriege, Epidemien, Hungersnöte oder andere Tragödien brauchen wir Menschen noch, bevor wir unser Gemüt, unsere

Herzen und Ohren öffnen und endlich begreifen, daß alles, was unseren Mitmenschen geschieht, uns selbst betrifft? Man hat uns gelehrt, unseres Bruders Hüter zu sein, aber wir sind schnell mit jeder Art von Bedingungen bei der Hand, bevor wir eine solche Möglichkeit auch nur in Erwägung ziehen.

Zorn erscheint in der Aids-Epidemie in vielerlei Gestalt. Als ich vor Jahren einmal die oberen Behörden unseres Strafvollzugs anrief und einen Plan vorlegte, wie die Verbreitung von Aids in unseren Strafanstalten verhindert werden könnte, wurde mir gesagt: «Dieses Problem existiert bei uns nicht.» Man versicherte mir, daß es nur vier solche Patienten im ganzen Vollzugssystem gab, und drei davon seien bereits entlassen worden! Am folgenden Tag besuchte ich eine Strafanstalt, wo in einem Flügel sieben Aids-Kranke untergebracht waren. Nein, Leugnen geht nicht, und Zorn auf die kranken Männer und Frauen hilft weder den Betroffenen noch denjenigen, die nicht wissen, wie sie mit der zunehmenden Realität fertigwerden sollen, daß es sich um eine Krankheit handelt, die sich immer mehr verbreiten wird, bis wir daraus lernen und unsere Lebensweise und unsere Einstellung zum Leben ändern.

Ich wurde selbst einmal zornig, als einer der bettlägerigen Strafgefangenen, den ich besucht hatte, um Haferflocken bat oder irgend etwas, das er noch schlucken konnte – und sie brachten ihm Tacos*! Dieser Mann verhungerte buchstäblich durch eine grassierende Infektion des Mund- und Rachenraumes und konnte keine adäquaten weichen Nahrungsmittel bekommen, die wenigstens eine kleine Erleichterung gewesen wären. Eine Überführung in ein städtisches Krankenhaus kam nicht in Frage, weil die Bürokratie zu umständlich gewesen wäre. Dieser getarnte Zorn, diese passiv-aggressive Feindseligkeit herrschte in den früheren Jahren von Aids in den Vereinigten Staaten – nicht nur im Strafvollzug, sondern auch im zivilen Leben.

Mit freundlichem Lächeln teilte ein Pfarrer einer meiner Aids-Patientiennen mit, daß sie den Sonntagsgottesdienst nicht mehr besuchen könne, weil ihre Anwesenheit die Kirche entvölkern würde, und er wolle nicht vor leeren Bänken predigen! Dasselbe passierte einer alleinstehenden Mutter eines dreijährigen sterbenden Kindes, als sie die Unterstützung ihrer Kirche mehr denn je nötig hatte.

Wie viele Kinder, die jahrelang zur Sonntagsschule gingen, waren schockiert über den Widerspruch zwischen dem, was man ihnen beibrachte, und dem, was sie in der Praxis sahen, wenn es um die Frage ging, ob ein infizierter Bluter die Schule besuchen durfte. Der Zorn, die Frustration und der Energie-

* Eine Art mexikanischer Tortilla, hart und scharf gewürzt (Anm. d. Übers.).

verschleiß sind oft unüberwindlich, wenn man sich in einer Gemeindeversammlung oder gegen eine Schulbehörde behaupten muß. Da so etwas geschieht, wenn eine Familie bereits völlig erschöpft ist durch schlaflose Nächte – durch die Ängste vor dem nächsten ominösen Symptom ihres Kindes, die Sorgen um die ständig anwachsenden Kosten, um dem Patienten jede nur mögliche Untersuchung und Behandlung bieten zu können –, ist nur wenig Kraft übrig für den Kampf gegen die Behörden und die wachsende Negativität und Feindseligkeiten der Umgebung. Sie geben entweder auf oder ziehen sich aus der Gemeinschaft zurück, um die letzten Wochen oder Monate, die sie noch zusammen verbringen können, in einer möglichst friedvollen Umgebung zu leben. Und wieder stellt sich heraus, daß diejenigen, die zusammenhalten, gestärkt werden, und daß diejenigen, die allein kämpfen müssen, entweder zusammenbrechen oder sich völlig zurückziehen und ihr Kind im Krankenhaus zurücklassen, um «aus der Gesellschaft zu verschwinden». So wissen sie wenigstens, daß ihr Kind medizinisch versorgt und gepflegt wird. Sie selbst aber verkriechen sich irgendwo, wo niemand sie kennt, und sterben irgendwo in einer Mietwohnung.

Das *Verhandeln* tritt bei älteren Kindern und Erwachsenen sowie in der Familie und oft beim Pflegepersonal auf. «Wenn sie es nur bis zur ersten Klasse schafft, dann wird ihr Abwehrsystem stärker sein, und sie wird die Krankheit überwinden.» Eine Prostituierte sagte: «Wenn mein Kind gesund wird, verspreche ich, daß ich in Zukunft wie eine Nonne leben werde.» Beide starben innerhalb von sieben Monaten.

Einige Mütter, die von der Aids-Erkrankung ihrer Söhne erfuhren, zogen quer durch das ganze Land, weil sie fest daran glaubten, daß ihre «Jungs» durchkommen würden, wenn sie, die Mütter, ihr Heim aufgaben und sie persönlich pflegten.

Je nach dem Verlauf der Krankheit hält diese Art von zeitweiliger Ruhepause nicht lange vor. Sie weicht allmählich einer Mischung aus Zorn, Frustration, Erschöpung und *Depression.* Im Unterschied zu Patienten mit Krebs oder anderen «akzeptableren Krankheiten» können sie sich in ihrer Depression nicht vielen Menschen anvertrauen. Ein Ehemann oder eine Frau mit Krebs findet Mitgefühl, ein offenes Ohr, Organisationen, Geistliche, Klinikpersonal, Verwandte und Freunde, die bereit sind einzuspringen und ihre Klagen stundenlang anhören. Sie können mit einem Mann mitfühlen, dessen Frau mit Krebs im Sterben liegt, der sich bemüht, eine Stelle zu halten, dann nach Hause kommt, das Essen kocht, der lernen muß, einzukaufen, die Wäsche zu besorgen, der die Kinder zu Bett und zeitig am nächsten Morgen zur Schule bringen muß.

Derselbe Mann, dessen Frau von Aids betroffen ist, wird nur wenige Nachbarn zu Gesicht bekommen, und wenn sie gelegentlich für ihn einkaufen gehen, werden sie die Lebensmittel vor der Wohnungstür abstellen mit der Entschuldigung: «Ich wollte euch nicht stören.»

Ein Mensch, dessen nächster Angehöriger an Aids stirbt, hat vielleicht eine verzweifelte Sehnsucht danach, sich an eine Schulter zu lehnen, aber man wird ihm nicht einmal die Hand reichen aus Angst, daß auch das ansteckend sein könnte. Der Friseur – häufig ein Ort, wo man sein Herz ausschütten kann – verschließt ihm vielleicht die Tür mit der Erklärung, daß er seine Kundschaft reduzieren mußte und ihm nun nicht mehr regelmäßig die Haare schneiden könne. Dieselbe Behandlung wird ihn beim Zahnarzt oder in der nächsten Kneipe erwarten, wo sein alter Kumpel plötzlich eine wichtige Verabredung hat und davoneilt, wenn der Kranke sich zeigt. Ein früher sehr zugeknöpftes Ehepaar war schließlich so frustriert, als ein bekanntes Bestattungsinstitut in Kalifornien sich weigerte, ihren Sohn zu begraben, daß sie bei den Homosexuellen um Hilfe baten, die Hunderte ihrer eigenen Freunde beerdigt hatten. Diese Männer nahmen das Ehepaar nicht nur herzlich auf, sondern arrangierten das ganze Begräbnis und gaben dem Toten in großer Zahl das Geleit, um ihnen zu zeigen, daß nicht alle Menschen auf der Welt sie vergessen und im Stich gelassen hatten. Sie schluchzten und weinten beim Begräbnis ihres Sohnes, nicht nur aus Trauer über den Tod eines jungen, begabten, vielversprechenden Sohnes, sondern aus Dankbarkeit, daß diese tragische Krankheit wirklich die Spreu vom Weizen geschieden hatte.

Depression tritt bei Homosexuellen auf, die mehr Beerdigungen junger Männer in der Blüte ihrer Jahre beiwohnen, als man für möglich halten könnte. Einer meiner Patienten sagte traurig, es sei vielleicht ein Segen, daß er jetzt bettlägerig geworden sei, weil es ihn emotional und physisch aufrieb, jede Woche auf ein oder mehr Begräbnisse zu gehen.

Nein, kein von dieser Krankheit Betroffener gewöhnt sich je daran, daß seine Kollegen und Freunde sich aus dem Staub machen und daß der Kreis seiner gesunden Freunde immer kleiner wird. Sogar ein kleiner Schnupfen im Winter wird als ominöses Zeichen betrachtet, und jeder Husten wird für den Beginn einer Lungenentzündung aufgrund von Aids gehalten. Ein Patient von mir, bei dem sich plötzlich blutrote Flecken auf der Haut zeigten, war überzeugt, daß er «das nächste Opfer» sei, wie er sagte, und war überrascht und «fast glücklich», als die Diagnose Leukämie lautete. Er kämpfte zwei Jahre gegen die Leukämie, bevor er starb, und sagte erschütternderweise, daß er nicht daran dächte, wegen seiner geringen Heilungsaussichten deprimiert zu sein, da er so glücklich sei, nicht Aids zu haben.

Werden Aids-Patienten je die Phase der Zustimmung und des Friedens erreichen? Ja, für sie gilt dasselbe wie für alle anderen Todkranken. Wenn man ihnen gestattet und wenn sie es selbst zulassen, ihren Kummer und ihre Tränen auszudrücken, ihre Hilflosigkeit gegenüber einem bösartigen, tödlichen Virus und gegenüber einer Gesellschaft, die sie diskriminiert, verurteilt, tadelt und sich in gemeiner Weise «an den Früchten des ungesunden Lebensstils dieser Kranken» weidet; wenn sie genügend Unterstützung von Menschen haben, die sie einfach lieben und annehmen und ihnen die natürliche Zuwendung geben, die alle Menschen brauchen, besonders dann, wenn sie krank sind – dann und nur dann werden sie die Phase des Friedens und der Abgeklärtheit erreichen, die den Übergang, den wir Tod nennen, zu einem stillen Hinübergleiten in eine andere Daseinsform macht.
Es gibt viele, die diese Art der Hilfe nicht empfangen. Es gibt viele, die bis zu ihrem Ende verurteilt und diskriminiert werden, und solche, die abgeschoben werden und niemanden haben, dem sie ihren Schmerz mitteilen können. Doch der menschliche Geist ist stark, und ich habe gesehen, wie hartgesottene Strafgefangene denen gegenüber, die ihnen die letzten Monate mit Absicht unbegreiflich schwergemacht hatten, nachsichtig wurden und ihnen verziehen. In den letzten Wochen oder Tagen hatten viele von ihnen Visionen und wurden einer Hilfe aus dem Jenseits gewahr. Und einige von ihnen schrieben unerhört tiefsinnige Briefe, die uns angesichts einer solch echten Spiritualität beschämen sollten.
Doch unter all den Tausenden von Kranken, die ich buchstäblich rund um die Erde gesehen habe, begegnete mir nie so viel gegenseitige Hilfe und Solidarität wie unter Aids-Kranken und ihren Partnern. Junge Männer riskierten in der Anfangszeit der Epidemie ihr Leben, als wir über die Übertragungsweise der Krankheit noch nichts wußten. Sie waren bereit, diese sterbenden jungen Männer in ihren Armen zu halten, damit sie sich am Ende ihres Lebens nicht ungeliebt und verlassen fühlten. Sie wußten damals noch nicht, daß man die Krankheit durch bloße Nähe nicht bekommen konnte, und waren im wörtlichen Sinn bereit, ihr junges Leben für ihre Freunde hinzugeben.
Ich meine, daß wir in Anbetracht der schrecklichen Geschichte unserer Destruktivität gegenüber der Welt der Natur und der Welt des Menschen zahlreiche Gelegenheiten hatten, eine Lehre daraus zu ziehen. Außerdem gab es viele große Lehrmeister, die versuchten, uns darauf vorzubereiten. Doch in unserer arroganten und selbstherrlichen Art dachten wir, wir wüßten besser, was für uns und unser Land gut sei. An die Stelle unseres alten inneren Wissens von unserem spirituellen Selbst setzten wir allmählich den Götzen des materiellen Reichtums und der Macht, der Politik und der bedingten

Liebe. Wir haben sehr wenig aus den Weltkriegen, aus den Kriegen in Korea, Vietnam, Biafra, Beirut, Irland, Äthiopien gelernt, um nur einige der Bewährungsproben zu nennen, die uns gegeben wurden. Ein Krieg eskalierte zum anderen, eine Religion bekämpft die andere – im Namen Gottes! Wir konnten das Radio oder den Fernseher immer abschalten, wenn uns die Dinge zu nahe kamen. Wir brauchen buchstäblich eine Mahnung, daß wir nicht fortfahren können mit unserer Zerstörung der Natur und des Menschen, denn sonst wird es den Planeten Erde bald nicht mehr geben.

Ich glaube daran, daß unsere Aids-Kranken, Kinder sowie Erwachsene, ihr kurzes Leben dahingeben, um uns zu helfen, unsere Augen zu öffnen und am Ende das Licht zu sehen.

Das betrachte ich als die oft vorhergesagte Scheidung von Spreu und Weizen, die vor dem Jüngsten Gericht eintreten soll. Wir können uns mit unseren selbstgeschaffenen Ängsten, Schuldvorwürfen, mit unserer Scham und Negativität zerstören. Wir können auch sehr anfällig werden für Krankheiten und in noch größere Panik geraten, wenn die Anzahl der Aids-Kranken sich von Tausenden zu einer Million und mehr erhöht. Oder wir können unsere Entscheidungen auf die Liebe gründen und anfangen zu heilen, Menschen mit Aids oder anderen Krankheiten helfen, Mitgefühl und Verständnis zeigen und schließlich, bevor es zu spät ist, die letzte Lektion lernen, die Lektion der *bedingungslosen Liebe.*

In einem Jahrzehnt, wenn viele Veränderungen auf der Erde stattfinden werden, haben diejenigen, die sich *jetzt* für die Liebe entscheiden, nichts zu befürchten. Sie werden spirituell aufgehoben sein und über allen Umwälzungen stehen. Diejenigen aber, die bei ihren alten negativen Vorurteilen bleiben, werden die Schuld auf jeden und alles schieben und zu blind sein, um zu erkennen, daß sie sich selbst ihr Schicksal geschaffen haben.

Da wir nicht länger leugnen können, daß Aids eine lebensbedrohende Krankheit ist, die mit der Zeit Millionen von Menschen in Mitleidenschaft ziehen und einen Teil der menschlichen Bevölkerung ausrotten wird, haben wir die Wahl: daran zu wachsen und daraus zu lernen, den von Aids Betroffenen entweder zu helfen oder sie im Stich zu lassen. Wir haben die Wahl, ob wir uns dieser äußersten Herausforderung stellen oder an ihr zugrunde gehen wollen.

Mahatma Gandhi

Die Gewaltlosigkeit

Wer gewaltfrei sein will, darf dem nicht zürnen, der ihn beleidigt. Darf ihm nichts Böses wünschen. Muß ihm Gutes wünschen. Darf ihm nicht fluchen. Darf ihm keinerlei körperliche Verletzung zufügen. Muß jede Bosheit ruhig hinnehmen, die sein Verfolger gegen ihn anwendet. So bedeutet Gewaltfreiheit völlige Harmlosigkeit. Völlige Gewaltfreiheit ist völlige Abwesenheit von Übelwollen gegen alles, was lebt. Sie umfaßt auch das untermenschliche Leben und schließt schädliche Insekten und wilde Tiere nicht aus. Sie sind nicht geschaffen worden, um unsere Zerstörungswut zu nähren. Wenn wir die Absichten unseres Schöpfers kennten, würden wir ihnen innerhalb seiner Schöpfung die richtige Stelle anweisen. Gewaltfreiheit ist also in ihrer Anwendung Wohlwollen allem Leben gegenüber. Sie ist reine Liebe. Ich fand sie in den Schriften der Hindu, in der Bibel und im Koran.

Gewaltfreiheit ist ein Zustand der Vollkommenheit. Sie ist ein Ziel, zu dem sich die Menschheit naturgemäß, wenn auch unbewußt, hinbewegt. Der Mensch wird nicht göttlich, wenn er dazu gelangt, Schuldlosigkeit zu verkörpern. Vielleicht wird er dann erst wahrhaft Mensch. So, wie wir jetzt sind, sind wir zum Teil Mensch, zum Teil Tier, und in unserer Unwissenheit und Anmaßung behaupten wir, den Zweck unserer Art treu zu erfüllen, wenn wir dem Schlag mit dem Gegenschlag antworten und dazu den nötigen Zorn kochen lassen. Wir geben vor zu glauben, daß Vergeltung das Gesetz unseres Daseins ist, während wir doch in den heiligen Schriften finden, daß Vergeltung nie vorgeschrieben, immer nur gestattet ist. Vergeltung ist die Gesinnung, die eine peinliche Austragung des Falles verlangt.

Selbstüberwindung ist vorgeschrieben. Selbstüberwindung ist das Gesetz unseres Daseins. Höchste Vollkommenheit ist nicht zu erreichen ohne höchste Selbstüberwindung. Leiden wird also zum Wahrzeichen des menschlichen Geschlechts.

Und immer weicht das Ziel vor uns zurück. Je größer der Fortschritt, um so größer die Erkenntnis unseres Unwertes. Die Genugtuung liegt im Streben, nicht im Erreichen. Höchstes Streben ist höchster Sieg.

Und wenn ich auch besser denn je erkenne, wie fern ich dem Ziele noch bin, bleibt doch das Gesetz vollkommener Liebe für mich das Gesetz meines Daseins. Und jeder Fehltritt soll mein Streben stärker anspornen.

Dieses höchste Gesetz verkündige ich aber *nicht* durch das Sprachrohr des

Kongresses oder der Kalifat-Organisation. Ich kenne meine Grenzen nur zu gut. Ich weiß, daß jeder solche Versuch von vornherein zum Scheitern verurteilt wäre. Wer erwarten wollte, daß eine Vielheit von Männern und Frauen dies Gesetz sogleich befolge, würde dessen Wirken nicht erkennen. Doch verkündige ich durch den Kongreß die Folgerungen aus dem Gesetze. Was der Kongreß und die Kalifat-Organisation angenommen, ist nur ein Bruchstück dieser Folgerungen. Gute Mitarbeiter vorausgesetzt, kann die Anwendung in solch beschränktem Maß auch von einer großen Menge in kurzer Zeit verstanden und befolgt werden. Soll es sich bewähren, muß auch diese begrenzte Verwirklichung den gleichen Prüfungen standhalten wie das Ganze. Ein Tropfen Wasser muß bei der Analyse den gleichen Befund ergeben wie das ganze Meer. Die Art meiner Gewaltfreiheit gegenüber meinem Nächsten kann nicht anderer Art sein als meine Gewaltfreiheit dem All gegenüber. Wenn ich meine Liebe zu dem Nächsten ausdehne auf das All, muß sie immer noch derselben Prüfung standhalten.

Zur Politik wird eine bestimmte Anwendung dieses Gesetzes, wenn sie in Zeit und Raum verwirklicht wird. Höchste Politik wäre also vollkommene Verwirklichung. Ehrenhaftigkeit als praktische Politik ist während ihrer Dauer in nichts unterschieden von Ehrenhaftigkeit als innerer Überzeugung. Ein Kaufmann, der aus praktisch-politischen Erwägungen an der Ehrenhaftigkeit festhält, wird das gleiche Maß und die gleiche Qualität zum gleichen Preis verkaufen wie der Kaufmann, dem Ehrenhaftigkeit Herzenssache ist. Der Unterschied zwischen beiden ist der, daß der Kaufmann, der aus Politik ehrlich ist, seine Ehrenhaftigkeit aufgibt, sobald sie ihm nichts einbringt, während der Überzeugte auf ihr beharrt, auch wenn er alles verliert.

Die politische Gewaltfreiheit der Anhänger der *Non-Cooperation* besteht in den meisten Fällen diese Probe nicht. Das bedingt eine Verlängerung des Kampfes. Niemand soll die unnachgiebige Natur des Engländers dafür verantwortlich machen. Das härteste Eisen muß in der Flamme der Liebe schmelzen. Niemand wird mich von dieser Überzeugung abbringen, denn die Erfahrung hat sie mich gelehrt. Wenn sich die britische oder eine andere Eigenart nicht erweichen läßt, so ist eben das Feuer nicht heiß genug, wenn überhaupt eines da ist. Unsere Gewaltfreiheit verlangt nicht Stärke, aber sie verlangt unbedingte Wahrhaftigkeit. Nicht einmal in Gedanken dürfen wir den Engländern oder unsern der *Non-Cooperation* fernbleibenden Landsleuten ein Leid zufügen, wenn und solange wir behaupten, gewaltfrei zu sein. Aber die meisten von uns haben solche Gedanken gehegt, doch sind wir davor zurückgescheut, sie in die Tat umzusetzen, weil wir uns zu schwach fühlten oder weil wir in unserer Unwissenheit glaubten, daß der bloße Verzicht auf äußere Gewalttat schon die rechte Erfüllung unserer Verpflichtung ausmache. Unser Bekenntnis zur Gewaltfreiheit schließt auch die Möglichkeit späterer Vergeltung aus. Einzelne unter uns scheinen unglücklicherweise die Rache nur aufgeschoben zu haben.

Ich möchte nicht mißverstanden werden. Ich behaupte nicht, daß die Politik der Gewaltfreiheit die Möglichkeit späterer Vergeltung ausschließt, wenn diese Politik einmal aufgegeben wird. Aber mit aller Entschiedenheit schließt sie jede Möglichkeit von Rache aus nach erfolgreicher Beendigung des Kampfes. Während wir also diese Politik verfolgen, sind wir gebunden, uns der englischen Verwaltung und ihren Anhängern gegenüber wahrhaft freundlich zu erweisen. Ich schämte mich, als mir gesagt wurde, daß in manchen Teilen Indiens die Engländer und ihre Anhänger ihres Lebens nicht sicher waren. Die höchst unerfreulichen Szenen, die sich unlängst in Madras bei einer Versammlung ereigneten, waren eine völlige Verleugnung der Gewaltfreiheit. Die Leute, welche den Versammlungsleiter niederschrien, weil sie annahmen, er habe mich beleidigt, zogen sich und ihre Sache damit in den Schmutz. Und haben ihren Freund und Helfer, Mr. Andrews, auf das tiefste verletzt. War der Versammlungsleiter einmal der Meinung, ich sei ein Schurke, so war er durchaus berechtigt, das auszusprechen. Unwissenheit ist keine Herausforderung. Aber auch mit der schwersten Beleidigung muß sich der Anhänger unserer Bewegung still abfinden. Eine Beleidigung und Herausforderung würde es sein, wenn *ich* wie ein Schurke handelte. Das würde jeden Anhänger der *Non-Cooperation* seiner Verpflichtung entbinden und ihm das Recht geben, mich zu töten, weil ich ihn in die Irre geführt hätte.

Es mag sein, daß die Pflege selbst einer solchermaßen beschränkten Gewaltfreiheit im allgemeinen unmöglich ist. Es mag sein, daß wir von den Menschen nicht verlangen dürfen, dem Gegner, da sie ihm schon nichts Böses tun, nicht einmal etwas Böses zu *wünschen.* Dann müssen wir aber um der Ehrlichkeit willen deutlich auf die Bezeichnung Gewaltfreiheit für unsere Kampfesweise verzichten. Das heißt nicht, daß man sofort zur Gewalt übergehe. Doch braucht das Volk sich dann nicht länger einer Selbstdisziplin im Sinne der Gewaltfreiheit zu unterziehen. Und ein Mensch wie ich wird sich dann nicht veranlaßt fühlen, die Verantwortung für Vorgänge wie die in Chauri Chaura auf sich zu nehmen. Eine Anhängerschaft der begrenzten Gewaltfreiheit wird dann noch im verborgenen weiterbestehen, aber ohne die furchtbare Last der Verantwortung, die diese Anhängerschaft heute trägt.

Wenn aber Gewaltfreiheit weiter die Politik der Nation bleiben soll, so ist es um ihres hohen Namens und um der Menschen Würde willen unsere Pflicht, sie dem Buchstaben und dem Geiste nach auszuführen.

Und wenn wir beabsichtigen, diese Politik durchzuführen, wenn wir an diese Politik glauben, müssen wir ohne Säumen mit den Engländern und ihren Anhängern übereinzukommen versuchen. Wir müssen von ihnen das Zeugnis erhalten können, daß sie sich in unserer Mitte völlig sicher fühlen, und daß sie uns als Freunde betrachten können, obgleich wir einer ganz anderen Welt der Gedanken und der Politik angehören. Wir müssen sie bei unsern politischen Aussprachen als willkommene Gäste ehren. Wir müssen auf neutralem Boden als Kameraden mit ihnen zusammentreffen. Und müssen Gelegenheiten dafür schaffen. Unsere Gewaltfreiheit soll weder Gewalt noch Haß, noch Übelwollen hervorrufen. Wie alle Sterblichen müssen wir gewärtigen, nach unsern Werken beurteilt zu werden. Ein auf Gewaltfreiheit aufgebautes Programm zur Erlangung der Unabhängigkeit setzt die Fähigkeit voraus, unsere Sache im Sinne der Gewaltfreiheit zu leiten. Das wieder bedeutet Einprägung eines Geistes des Gehorsams. Churchill, der nur den Geist der Gewalt kennt, hat ganz recht mit der Behauptung, daß das irische Problem von dem indischen verschieden ist. Damit will er nichts anderes sagen, als daß die Irländer, da sie ihre Unabhängigkeit durch Gewalt erobert, auch imstande sein werden, sie, wenn nötig, durch Gewalt zu verteidigen. Indien aber muß, wenn es seine Unabhängigkeit wirklich durch Gewaltfreiheit erreicht, fähig sein, es im wesentlichen durch gewaltfreie Mittel zu bewahren. Das nun kann Churchill nicht für möglich halten, ehe Indien nicht seine Fähigkeit durch überzeugende Verwirklichung des Prinzips erwiesen hat. Solch eine Verwirklichung wird indessen erst möglich, wenn Gewaltfreiheit das Volk durchdrungen hat, so daß es in seinem *Leben als Gesamtheit,* also in seinem politischen Leben, der Gewaltfreiheit entspricht, mit anderen Worten, daß die zivilen Behörden über die militärischen die Oberhand gewinnen.

Unabhängigkeit durch die Mittel der Gewaltfreiheit zu erreichen bedeutet also nicht Mittelding zwischen Chaos und Anarchie. Unabhängigkeit durch Gewaltfreiheit muß vielmehr eine schrittweise, friedliche Revolution sein, wo der Übergang der Macht von einer geschlossenen Körperschaft auf die Vertreter des Volkes sich so natürlich vollzieht wie das Fallen einer reifen Frucht von einem gesunden Baum. Ich wiederhole, daß es vielleicht gar nicht möglich ist, solches zu erreichen. Doch weiß ich, daß nichts Geringeres als dies die Forderung der Gewaltfreiheit ist. Und wenn die heutigen Vertreter des Gedankens nicht an die Möglichkeit glauben, eine solche im ganzen gewaltfreie Stimmung zu schaffen, so müssen sie das Programm der Gewaltfreiheit aufgeben und ein anderes aufstellen, das gänzlich von ihm verschieden ist. Wenn wir aber mit dem heimlichen Vorbehalt an unser Programm herantreten, daß wir letzten Endes den Engländern die Macht doch durch die Gewalt der

Waffen entreißen werden, verleugnen wir unser Bekenntnis zur Gewaltfreiheit. Glauben wir aber an unser Programm, so sind wir auch gebunden zu glauben, daß das englische Volk so gut wie der Gewalt der Waffen auch der Macht der Liebe zugänglich ist. Diejenigen aber, die den Glauben nicht aufbringen können, mögen an der Forderung der gesetzgebenden Räte zur Einsicht kommen: Entweder nehmen wir für eine Reihe von Generationen Demütigungen auf uns oder dann eine kurze, doch blutige Revolution, wie die Welt noch keine gesehen hat. Ich habe kein Verlangen, mich an einer solchen Revolution zu beteiligen. Ich möchte ihr auch in keiner Weise Vorschub leisten. Wir haben nach meiner Ansicht die Wahl zwischen aufrichtiger, vorbehaltloser Gewaltfreiheit, verbunden mit *Non-Cooperation* als ihrer notwendigen Ergänzung, oder Umkehr zur bedingten Zusammenarbeit nach Maßgabe der Verhältnisse, d. h. Zusammenarbeit, die im Notfall in Obstruktion umschlagen kann.

9. März 1920

Martin Luther King

Brief aus dem Stadtgefängnis von Birmingham

Meine lieben Brüder,
während ich hier im Stadtgefängnis von Birmingham eingesperrt bin, kam mir Eure jüngste Erklärung zu Gesicht, worin ihr über unser derzeitiges Tun sagt, es sei «unklug» und komme «zur Unzeit». Selten, wenn überhaupt je, halte ich inne, um Kritik an meiner Arbeit und an meinen Ideen zu beantworten. Wollte ich auf alle Kritik erwidern, die mir auf den Schreibtisch gelangt, so kämen meine Sekretärinnen den ganzen Tag über zu nichts anderem, und ich hätte gar keine Zeit mehr für konstruktives Arbeiten. Aber da ich glaube, daß Ihr Männer wirklich guten Willens seid und Eure Kritik geradeheraus vorgetragen habt, würde ich Eure Erklärungen gern in, so hoffe ich, geduldiger und vernünftiger Weise beantworten.

Ich denke, ich sollte zunächst den Grund dafür angeben, daß ich in Birmingham bin, da ihr auf das Argument angespielt habt, daß «Außenseiter» sich in Eure Angelegenheiten einmischten. Ich habe die Ehre, der Southern Christian Leadership Conference als Präsident zu dienen, einer Organisation, die in sämtlichen Südstaaten tätig ist und ihr Hauptquartier in Atlanta (Georgia) hat. Im ganzen Süden sind uns rund fünfundachtzig Organisationen angeschlossen; eine davon ist das Alabama Christian Movement for Human Rights. Vor einigen Monaten bat uns diese Zweigstelle, uns gegebenenfalls an einem Programm gewaltfreier direkter Aktion zu beteiligen. Wir stimmten gern zu, und als die Stunde kam, lösten wir unser Versprechen ein. Ich bin also mit einigen anderen hier, weil wir eingeladen worden sind.

Darüber hinaus jedoch bin ich in Birmingham, weil die Ungerechtigkeit hier ist. Wie die Propheten des achten Jahrhunderts ihre Dörfchen verließen und ihr «Also sprach der Herr» weit über die Grenzen ihrer Heimat trugen; und wie der Apostel Paulus sein Dörfchen Tarsus verließ und das Evangelium des Jesus Christus in praktisch jeden Weiler, jede Großstadt der griechisch-römischen Welt trug, so bin auch ich getrieben, das Evangelium der Freiheit jenseits der Mauern meiner eigenen Heimatstadt zu verkünden. Wie Paulus, muß ich dauernd auf den Hilferuf der Mazedonier reagieren.

Überdies bin ich mir bewußt, daß alle Gemeinden und Gemeinschaften zusammenhängen. Ich kann nicht müßig in Atlanta herumsitzen, ohne mich um das zu kümmern, was in Birmingham geschieht. Ungerechtigkeit irgendwo ist eine Bedrohung der Gerechtigkeit überall. Wir sind gefangen in einem unentrinnbaren Geflecht der Gegenseitigkeit, verknotet in einem einzigen Gewand des Schicksals. Was immer einen einzelnen direkt berührt, berührt indirekt alle ...

Ihr beklagt die Demonstrationen, die gegenwärtig in Birmingham stattfinden. Es tut mir leid, daß Eure Erklärung keine ähnliche Klage über die Zustände enthält, welche doch die Demonstrationen ausgelöst haben. Gewiß wird jeder von Euch über den oberflächlichen Gesellschaftsanalytiker hinausgehen wollen, der immer nur die Wirkungen betrachtet und sich gar nicht erst bemüht, die zugrunde liegenden Ursachen zu erkennen. Ich stehe nicht an zu sagen: Es ist unglückselig, daß gegenwärtig in Birmingham sogenannte Demonstrationen stattfinden; aber ich möchte mit noch größerem Nachdruck sagen: Es ist noch unglückseliger, daß die weiße Machtstruktur dieser Stadt der Negerbevölkerung keine andere Wahl gelassen hat.

In jeder gewaltfreien Kampagne gibt es vier Grundschritte: 1. Sammlung der Fakten, um zu bestimmen, ob Ungerechtigkeit herrscht. 2. Verhandlungen. 3. Läuterung (self-purification). 4. Direkte Aktion. In Birmingham haben wir diese vier Phasen alle durchlaufen.

Es läßt sich nicht bestreiten, daß in Birmingham rassische Ungerechtigkeit die Gemeinschaft überwältigt. Birmingham ist wahrscheinlich die am stärksten segregierte Stadt in den Vereinigten Staaten. Die Brutalität seiner Polizei ist in allen Landesteilen bekannt. Die ungerechte Behandlung der Neger in seinen Gerichtshöfen ist notorische Wirklichkeit. Es gibt in Birmingham mehr unaufgeklärte Bombenanschläge auf Negerwohnungen und Negerkirchen als in irgendeiner anderen amerikanischen Stadt. Dies sind die harten, brutalen und unglaublichen Fakten. Aufgrund dieser Zustände versuchten die Negerführer, mit den Stadtvätern zu verhandeln. Aber die politisch Verantwortlichen weigerten sich beständig, guten Glaubens Verhandlungen zu führen.

Dann ergab sich im vergangenen September die Gelegenheit, mit einigen Wirtschaftsführern der Stadt zu reden. In diesen Verhandlungssitzungen gaben die Kaufleute gewisse Versprechen ab – so das Versprechen, an den Geschäften die demütigenden Rassenschilder zu entfernen. Auf der Grundlage dieser Zusicherungen erklärten sich Pfarrer Shuttlesworth und die Leiter des Alabama Christian Movement for Human Rights bereit, ein Moratorium für jegliche Art von Demonstrationen zu verkünden. Doch als die Wochen und Monate verstrichen, wurde uns klar, daß wir die Opfer eines gebrochenen Versprechens waren. Die Schilder blieben. Wie wir dies so oft schon in der Vergangenheit erlebt hatten, standen wir abermals vor geborstenen Hoffnungen, und der dunkle Schatten einer tiefen Enttäuschung legte sich auf uns. Wir hatten dann keine andere Wahl, als uns auf direkte Aktionen vorzubereiten und so unser Anliegen mit unseren Körpern vor das Gewissen der Stadt und der Nation zu bringen.

Der Schwierigkeiten waren wir uns wohl bewußt. Deshalb beschlossen wir, uns einem Prozeß der Läuterung zu unterwerfen. Wir veranstalteten Workshops über Gewaltfreiheit und fragten uns immer wieder: «Kannst du Schläge einstecken, ohne zurückzuschlagen?» – «Kannst du die Härte, die Grausamkeit der Gefängniszelle aushalten?»

Ihr mögt fragen: Warum direkte Aktion? Warum Sit-ins, Märsche und so weiter? Ihr habt ganz recht, wenn Ihr zu Verhandlungen aufruft. In der Tat sind Verhandlungen ja der Zweck der direkten Aktion. Gewaltfreie direkte Aktion sucht solch eine Krise zu schaffen und solch kreative Spannung auszulösen, daß eine Gemeinde, die sich Verhandlungen ständig verweigert hat, gezwungen wird, sich dem Problem zu stellen. Sie sucht das Problem so zu dramatisieren, daß es nicht länger ignoriert werden kann.

Ich habe eben als Teil der Aufgabe des gewaltfreien Widerstandes die Erzeugung von Spannung genannt. Dies mag schockierend klingen. Doch muß ich gestehen, daß ich vor dem Wort Spannung keine Angst habe. Ich habe ernsthaft gegen gewaltsame Spannung gearbeitet und gepredigt, aber es gibt eine Art konstruktiver gewaltfreier Spannung, die notwendig ist zum Wachsen. Wie Sokrates glaubte, es sei notwendig, geistige Spannung zu schaffen, damit der Mensch sich aus der Hörigkeit der Mythen und Halbwahrheiten in das Reich der schöpferischen Analyse und der objektiven Bewertung erhebe, so müssen wir erkennen, daß wir gewaltfreie Stechfliegen (non violent gadflies) brauchen, damit in der Gesellschaft jene Art von Spannung entsteht, die dem Menschen hilft, sich aus den dunklen Tiefen des Vorurteils und des Rassismus auf die majestätischen Höhen des Verstehens und der Brüderlichkeit zu erheben.

Der Zweck der direkten Aktion ist es denn, eine so krisengeladene Situation zu schaffen, daß sich unausweichlich die Tür zu Verhandlungen öffnet. Wir gehen daher mit Euch einig, wenn Ihr zu Verhandlungen aufruft. Zu lange war unser geliebter Süden in den tragischen Versuch verstrickt, im Monolog zu leben statt im Dialog.

Ein zentraler Punkt in Eurer Erklärung ist der, daß unser Handeln zur Unzeit komme . . . Meine Freunde, ich muß Euch sagen, daß wir in Sachen Bürgerrechte ohne entschlossenen legalen und gewaltfreien Druck nicht einen einzigen Schritt vorwärts gemacht haben. Die Geschichte ist ein langer und tragischer Beleg der Tatsache, daß privilegierte Gruppen ihre Privilegien selten freiwillig aufgeben. Individuen mögen das Licht der Moral sehen und ihre ungerechte Haltung freiwillig aufgeben; aber Gruppen – daran hat Reinhold Niebuhr uns erinnert – handeln unmoralischer als einzelne. Wir wissen aus schmerzlicher Erfahrung, daß die Freiheit niemals freiwillig von den Unterdrückern gewährt wird; sie muß den Unterdrückern abverlangt werden.

Um ganz offen zu sein: Ich habe noch niemals an einer direkten Aktion teilgenommen, die nach den Vorstellungen derer, die nicht unangemessen unter der Seuche der Rassentrennung leiden, nicht zur Unzeit gekommen wäre. Seit Jahren höre ich nun die Worte: «Wartet doch ab!» In den Ohren eines jeden Negers haben sie den Klang stechender Vertrautheit. Dieses «Wartet doch ab!» hat fast immer bedeutet: «Niemals.» Es war ein beruhigendes Contergan, das den Gefühlsstreß einen Augenblick lang minderte, doch hinterher kam ein mißgestaltetes Kind der Frustration zur Welt. Wir müssen mit dem großen Juristen aus der Vergangenheit sagen: «Vertagte Gerechtigkeit ist versagte Gerechtigkeit.» Wir haben über dreihundertvierzig Jahre auf unsere verfassungsmäßigen und gottgegebenen Rechte gewartet. Die Völker Afrikas und Asiens bewegen sich mit Düsengeschwindigkeit dem Ziel der politischen Unabhängigkeit entgegen, wir aber kriechen im Kutschentempo darauf zu, daß wir an einer Imbißtheke eine Tasse Kaffee serviert bekommen. «Wartet doch ab!» – das können jene leicht sagen, die nie die sengenden Pfeile der Segregation gespürt haben. Aber wenn man bösartige Mobs erlebt hat, wie sie nach Lust und Laune unsere Mütter und Väter lynchten und unsere Schwestern und Brüder ertränkten; wenn man erlebt hat, wie haßerfüllte Polizisten die schwarzen Brüder und Schwestern straflos verfluchen, treten, brutal mißhandeln und sogar töten; wenn man zusieht, wie die übergroße Mehrheit unserer zwanzig Millionen Negerbrüder inmitten der Wohlstandsgesellschaft in einem luftdicht abgeschlossenen Käfig der Armut am Ersticken ist; wenn man plötzlich einen Knoten in der Zunge hat und zu stottern beginnt, weil man seiner sechsjährigen Tochter erklären soll, warum sie nicht in den öffentlichen Vergnügungspark darf, für den doch eben im Fernsehen Reklame gemacht worden ist, und Tränen ihr in die Augen steigen, wenn man ihr sagen muß, daß Funtown für farbige Kinder verboten ist; wenn man merkt, wie niederdrückende Wolken der Inferiorität sich an ihrem kleinen geistigen Horizont bilden; wenn man sich rasch eine Antwort auf die Frage des fünfjährigen Sohnes zusammenflunkern muß: «Daddy, warum sind die Weißen so gemein zu den Schwarzen?»; wenn man über Land fährt und Nacht um Nacht in den unbequemen Ecken seines Automobils schlafen muß, weil kein Motel einen aufnimmt; wenn man Tag für Tag gedemütigt wird durch stichelnde Schilder «Weiße» und «Farbige»; wenn man mit Vornamen nur noch «Nigger» heißt, mit Mittelnamen «Junge» (gleichgültig, wie alt man ist) und mit Nachnamen «John»; wenn der Ehefrau, der Mutter niemals der Respektstitel «Mrs.» zuerkannt wird; wenn einen die Tatsache, daß man Neger ist, bei Tag plagt und bei Nacht verfolgt, so daß man dauernd auf den Zehenspitzen steht und nie ganz genau weiß, was als nächstes auf einen zukommt, und stets nach innen Furcht und nach außen Ressentiments empfindet – dann muß doch zu begreifen sein, warum uns das Warten schwerfällt. Es kommt eine Zeit, da der Becher der Duldsamkeit überläuft und die Menschen nicht länger gewillt sind, sich in einen Abgrund der Ungerechtigkeit stürzen zu lassen, wo sie bloß die Finsternis nagender Verzweiflungen erfahren . . . Ich hoffe, meine Herren, Sie können unsere legitime und unvermeidliche Ungeduld verstehen.

Sie zeigen sich ziemlich besorgt über unsere Bereitschaft, Gesetze zu brechen. Dies ist gewiß ein legitimes Anliegen. Da wir so nachdrücklich darauf dringen, daß das Urteil von 1954, mit dem der Oberste Gerichtshof die Rassentrennung für gesetzeswidrig erklärte, beachtet wird, ist es seltsam, ja paradox, daß wir bewußt Gesetze brechen. Man mag uns fragen: «Wie können Sie dafür eintreten, daß manche Gesetze beachtet, andere aber gebrochen werden?» Die Antwort liegt in der Tatsache, daß es zweierlei Gesetze gibt: gerechte und ungerechte Gesetze. Ich würde dem heiligen Augustin beipflichten: «Ein ungerechtes Gesetz ist überhaupt kein Gesetz.» Was freilich ist der Unterschied zwischen beiden? Wie bestimmt man, ob ein Gesetz gerecht ist oder ungerecht?

Ein gerechtes Gesetz ist ein von Menschen verfaßter Kodex, der in Einklang steht mit dem moralischen Gesetz oder dem Gesetz Gottes. Ein ungerechtes Gesetz ist eines, das mit dem moralischen Gesetz nicht harmoniert. In den Worten des Thomas von Aquin: Ein ungerechtes Gesetz ist eines, das nicht im ewigen Recht und im Naturrecht wurzelt. Jegliches Gesetz, das die menschliche Persönlichkeit erhebt, ist gerecht. Jegliches Gesetz, das die menschliche Persönlichkeit erniedrigt, ist ungerecht. Alle Rassentrennungsgesetze sind ungerecht, weil die Rassentrennung die Seele entstellt und die Persönlichkeit beschädigt. Es gibt dem Trenner ein falsches Gefühl der Überlegenheit, dem Getrennten ein falsches Gefühl der Unterlegenheit. Also ist Rassentrennung nicht nur politisch, ökonomisch und soziologisch unvernünftig, sondern sie ist unmoralisch, ist Sünde. So kann ich denn die Menschen aufrufen, die Rassentrennungsverordnungen zu mißachten, weil sie unmoralisch sind.

Lassen Sie mich noch konkreter werden. Ein ungerechtes Gesetz ist ein Kodex, den eine Mehrheit einer Minderheit aufzwingt, obwohl er für sie selber nicht verbindlich ist. Andererseits ist ein gerechtes Gesetz ein Kodex, dessen Beachtung der Minderheit von einer Mehrheit auferlegt wird, die sich selber danach richtet; hier wird die Gleichheit Gesetz.

Lassen Sie mich eine andere Erklärung geben. Ein ungerechtes Gesetz ist ein Kodex, der einer Minderheit aufgedrückt wird, die an dessen Abfassung und Inkraftsetzung keinen Anteil hatte, weil sie ein uneingeschränktes Stimmrecht nicht besaß. Wer kann schon sagen, daß die gesetzgebende Körperschaft in Alabama, welche die Rassentrennungsgesetze beschloß, demokratisch gewesen wäre? Im ganzen Staat Alabama werden alle möglichen Methoden angewendet, um die Neger daran zu hindern, sich als Stimmbürger registrieren zu lassen; es gibt manche Landkreise, in denen nicht ein einziger Neger in den Wählerlisten registriert ist, obwohl dort die Neger die Mehrheit der Bevölkerung stellen. Kann irgendein Gesetz, das in solch einem Staat beschlossen wird, als demokratisch gelten?

Es gibt auch Beispiele dafür, daß ein Gesetz dem Anschein nach gerecht ist, daß es aber ungerecht angewendet wird. Zum Beispiel wurde ich am Freitag verhaftet, weil ich einen Umzug ohne Genehmigung veranstaltet hatte. Nun ist nichts dagegen einzuwenden, daß Umzüge genehmigt werden müssen, aber der Erlaß wird ungerecht, wenn er nur benutzt wird, um die Rassentrennung zu erhalten und Bürgern ihr Grundrecht der Versammlungsfreiheit und ihr Demonstrationsrecht zu verweigern.

Ich hoffe, Sie erkennen die Unterscheidung, die ich hier zu treffen versuche. In keiner Weise trete ich dafür ein, Gesetze zu umgehen oder ihnen zu trotzen, wie dies radikale Befürworter der Rassentrennung tun würden. Das würde zur Anarchie führen. Wer ein ungerechtes Gesetz bricht, der muß es offen und in Liebe tun (nicht voller Haß, wie die weißen Mütter in New Orleans, die vor den Fernsehkameras «Nigger, Nigger, Nigger» kreischten). Er muß es überdies mit der Bereitschaft tun, die Strafe auf sich zu nehmen: Ein Mensch, der ein Gesetz bricht, das er für ungerecht hält, und der bereitwillig die Strafe auf sich nimmt, um das Gewissen der Gemeinschaft über ihre Ungerechtigkeit wachzurütteln, bekundet dem Gegner damit in Wahrheit den höchsten Respekt.

Natürlich ist solcher bürgerlicher Ungehorsam nichts Neues. Er ist höchst sublim in der Weigerung von Schadrach, Meschach und Abednego zu erkennen, den Gesetzen des Nebukadnezar zu gehorchen, weil ein höheres moralisches Gesetz auf dem Spiel stand. Es wurde auf superbe Weise von den Urchristen praktiziert, die ergeben lieber den hungrigen Löwen entgegentraten und ihren Kopf auf den Hackklotz legten, als daß sie sich bestimmten ungerechten Gesetzen des Römischen Reiches fügten. In einem gewissen Ausmaß ist die akademische Freiheit heute eine Realität, weil Sokrates bürgerlichen Ungehorsam übte.

Wir können nie vergessen, daß alles, was Hitler in Deutschland tat, «legal» war, und alles «illegal», was die ungarischen Freiheitskämpfer in Ungarn taten. Es war «illegal» in Hitlers Deutschland, einem Juden beizustehen. Aber ich bin sicher, hätte ich damals in Deutschland gelebt, so hätte ich meinen jüdischen Brüdern beigestanden, obwohl dies gesetzwidrig war. Und wenn ich heute in einem kommunistischen Lande lebte, wo einige Prinzipien, die meinem christlichen Glauben teuer sind, unterdrückt werden, so glaube ich, daß ich offen dafür eintreten würde, diesen antireligiösen Gesetzen nicht Gehorsam zu leisten ...

In Eurer Erklärung behauptet Ihr, unsere Aktionen müßten verurteilt werden, obwohl sie friedlich seien, denn sie lösten Gewalttätigkeit aus. Doch ist diese Behauptung logisch? Kommt sie nicht mit der Verurteilung des Beraubten gleich, der, weil er Geld besaß, die schlimme Tat des Raubs auslöste? Der Verurteilung des Sokrates, weil dessen standhaftes Festhalten an der Wahrheit und an seinem philosophischen Wühlen das irregeleitete Volksempfinden dazu brachte, daß ihm der Schierlingsbecher gereicht wurde? Der Verurteilung Jesu Christi, weil dessen einzigartiges Gottverständnis und seine nimmer endende Unterwerfung unter Gottes Willen die schlimme Tat der Kreuzigung bewirkte? Wir müssen einsehen lernen, daß es unmoralisch ist, einen Bürger zu bedrängen, in seinem Streben nachzulassen, seine verfassungsmäßigen Grundrechte zu erlangen, weil solches Streben Gewalttätigkeit auslöse. Die Gesellschaft muß den Beraubten schützen und den Räuber bestrafen ...

Unterdrückte können nicht ewig unterdrückt werden. Der Drang zur Freiheit erwacht am Ende doch. Dies ist es, was jetzt dem amerikanischen Neger widerfahren ist. Irgend etwas in ihm hat ihn an sein Geburtsrecht auf Freiheit erinnert; irgend etwas außerhalb seiner selbst hat ihn daran erinnert, daß er sie erringen kann ... Der Neger hat viele aufgestaute Ressentiments und latente Frustrationen. Er muß sie loswerden. So laßt ihn denn gelegentlich marschieren; laßt ihm seine Gebetswallfahrten zum Rathaus; versteht doch, daß er Sit-ins und Freedom Rides braucht. Wenn seine unterdrückten Gefühle nicht auf diesem gewaltfreien Wege herauskommen, werden sie sich in ominösen Gewalttätigkeiten Luft machen. Dies ist keine Drohung; es ist eine historische Erfahrungstatsache. So habe ich meinem Volk nicht gesagt: «Laßt Eure Unzufriedenheit fahren.» Ich habe versucht zu sagen, daß diese normale und gesunde Unzufriedenheit durch das Ventil schöpferischer gewaltfreier Aktion kanalisiert werden kann.

Jetzt nennt man dies extremistisch. Ich gestehe, daß mich diese Einstufung anfänglich enttäuscht hat. Aber als ich länger darüber nachdachte, bereitete es mir allmählich ein bißchen Genugtuung, als Extremist betrachtet zu werden. War nicht Jesus ein Extremist der Liebe – «Liebet Eure Feinde; tut denen wohl, die Euch hassen; segnet die, die Euch verfluchen.» War nicht Amos ein Extremist der Gerechtigkeit – «Es soll aber das Recht offenbart werden wie Wasser und die Gerechtigkeit wie ein starker Strom.» War nicht Paulus ein Extremist für das Evangelium – «Ich trage die Malzeichen des Herrn Jesu an meinem Leibe.» War nicht Martin Luther ein Extremist – «Hier stehe ich, ich kann nicht anders.» War nicht John Bunyan ein Extremist – «Ich werde lieber bis ans Ende meiner Tage ins Gefängnis gehen, als mein Gewissen dahinmetzeln.» War nicht Abraham Lincoln ein Extremist – «Diese Nation kann nicht halb frei, halb versklavt überleben.» War nicht Thomas Jefferson ein Extremist – «Wir halten diese Wahrheit für selbstverständlich: daß alle Menschen gleich geschaffen sind.» Die Frage ist dann nicht, ob wir Extremisten sind, sondern welche Art Extremisten wir sind. Werden wir Extremisten sein zugunsten fortdauernder Ungerechtigkeit – oder Extremisten im Dienste der Gerechtigkeit? ...

In den letzten Jahren habe ich ständig gepredigt, daß die Mittel, die wir gebrauchen, so rein sein müssen wie die Ziele, die wir verfolgen. Ich habe klarzumachen versucht, daß es falsch ist, unmoralische Mittel anzuwenden, um moralische Ziele zu erreichen. Aber ich muß nun bekräftigen, daß es ebenso falsch ist, vielleicht sogar noch falscher, moralische Mittel einzusetzen, um unmoralische Zwecke zu erfüllen. T. S. Eliot war es, der gesagt hat, daß es keinen schlimmeren Verrat gibt als den: die richtige Tat aus dem falschen Grunde zu begehen.

Ich wünschte, Ihr hättet die schwarzen Sit-in-Teilnehmer und Demonstranten ob ihres hohen Mutes, ihrer Leidensbereitschaft und ihrer erstaunlichen Disziplin inmitten unmenschlicher Provokation belobigt. Eines Tages wird der Süden seine wahren Helden erkennen. Es werden die James Merediths sein, die mutig und mit majestätischem Sendungsbewußtsein geifernden und feindseligen Mobs gegenübertreten und die schmerzhafte Einsamkeit auf sich nehmen, die das Leben aller Pioniere kennzeichnet. Es werden alte, unterdrückte, geschlagene Negerfrauen sein, wie sie in einer zweiundziebzigjährigen Frau aus Montgomery in Alabama ihr Symbol gefunden haben, die sich voller Würde mit ihrem Volk auflehnte und beschloß, nicht mehr Omnibus zu fahren, solange in den Bussen Rassentrennung herrsche, und die auf die Frage, ob sie davon nicht müde sei, mit ungrammatikalischer Profundität erwiderte: «My feet is tired, but my soul is rested – meine Füße sind müde, aber meine Seele ist ausgeruht.» Es werden junge Oberschüler und College-Studenten sein, junge Prediger des Evangeliums und eine Heerschar von Älteren, die couragiert und gewaltfrei Sit-ins in Imbißstuben veranstalten und bereitwillig um ihres Gewissens willen ins Gefängnis gehen.
Eines Tages wird der Süden wissen, daß diese enterbten Kinder Gottes, als sie sich an die Lunch-Theken setzten, in Wahrheit für das Beste an unserem amerikanischen Traum und für die heiligsten Werte unserer jüdisch-christlichen Tratition eintraten und so unsere ganze Nation zu jenen großen Quellen der Demokratie zurückführten, die einst die Gründerväter bei der Formulierung der Verfassung und der Unabhängigkeitserklärung so tief gegraben hatten.
Nie zuvor habe ich einen so langen Brief geschrieben (oder sollte ich sagen: ein Buch?). Ich fürchte, er ist viel zu lang für Eure kostbare Zeit. Ich kann Euch versichern, daß er viel kürzer ausgefallen wäre, hätte ich ihn an einem bequemen Schreibtisch geschrieben. Aber was sonst kann man denn tun, als lange Briefe schreiben, seltsame Gedanken denken und lange Gebete beten, wenn man tagelang in der dunklen Monotonie einer schmalen Gefängniszelle allein ist? Wenn ich irgend etwas in diesem Briefe gesagt haben sollte, das eine Übertreibung der Wahrheit ist oder unverständige Ungeduld verrät, so bitte ich Euch um Vergebung. Wenn ich irgend etwas in diesem Briefe gesagt haben sollte, was eine Untertreibung der Wahrheit ist und eine Geduld verrät, die mich duldsam sein läßt gegenüber allem, was weniger ist als Brüderlichkeit, so bitte ich Gott um Vergebung.
Ich hoffe, daß dieser Brief Euch fest im Glauben antrifft. Laßt uns alle hoffen, daß die dunklen Wolken rassistischen Vorurteils bald verwehen, daß der dichte Nebel des Mißverstehens sich lichtet, der über unseren angstdurch-

tränkten Gemeinden liegt, und daß in einem nicht zu fernen Morgen die leuchtenden Sterne der Liebe und der Brüderlichkeit in all ihrer glitzernden Schönheit über unserem Volke scheinen werden.
Euer in der Sache des Friedens und der Brüderlichkeit.

ALBERT EINSTEIN

Brief an Sigmund Freud: Warum Krieg?

Es gäbe genug Geld, genug Arbeit, genug zu essen, wenn wir die Reichtümer der Welt richtig verteilen würden, statt uns zu Sklaven starrer Wirtschaftsdoktrinen oder -traditionen zu machen. Vor allem aber dürfen wir nicht zulassen, daß unsere Gedanken und Bemühungen von konstruktiver Arbeit abgehalten und für die Vorbereitung eines neuen Krieges mißbraucht werden.
Ich bin der gleichen Meinung wie der große Amerikaner Benjamin Franklin, der sagte: Es hat niemals einen guten Krieg und niemals einen schlechten Frieden gegeben.
Ich bin nicht nur Pazifist, ich bin militanter Pazifist. Ich will für den Frieden kämpfen. Nichts wird Kriege abschaffen, wenn nicht die Menschen selbst den Kriegsdienst verweigern. Um große Ideale wird zunächst von einer aggressiven Minderheit gekämpft. Ist es nicht besser, für eine Sache zu sterben, an die man glaubt, wie an den Frieden, als für eine Sache zu leiden, an die man nicht glaubt, wie an den Krieg? Jeder Krieg fügt ein weiteres Glied an die Kette des Übels, die den Fortschritt der Menschlichkeit verhindert. Doch eine Handvoll Wehrdienstverweigerer kann den allgemeinen Protest gegen den Krieg dramatisieren.
Die Massen sind niemals kriegslüstern, solange sie nicht durch Propaganda vergiftet werden. Wir müssen sie gegen Propaganda immunisieren. Wir müssen unsere Kinder gegen Militarismus impfen, indem wir sie im Geiste des Pazifismus erziehen. Der Jammer mit Europa ist, daß die Völker mit falschen Zielen erzogen worden sind. Unsere Schulbücher verherrlichen den Krieg und unterschlagen seine Greuel. Sie indoktrinieren die Kinder mit Haß. Ich will lieber Frieden lehren als Haß, lieber Liebe als Krieg.
Die Schulbücher müssen neu geschrieben werden. Statt uralte Konflikte und Vorurteile zu verewigen, soll ein neuer Geist unser Erziehungssystem erfüllen. Unsere Erziehung beginnt in der Wiege: Die Mütter der ganzen Welt

haben die Verantwortung, ihre Kinder im Sinne der Friedenserhaltung zu erziehen.
Es wird nicht möglich sein, die kriegerischen Instinkte in einer einzigen Generation auszurotten. Es wäre nicht einmal wünschenswert, sie gänzlich auszurotten. Die Menschen müssen weiterhin kämpfen, aber nur, wofür zu kämpfen lohnt, und das sind *nicht* imaginäre Grenzen, Rassenvorurteile oder Bereicherungsgelüste, die sich die Fahne des Patriotismus umhängen. Unsere Waffen seien Waffen des Geistes, nicht Panzer und Geschosse.
Was für eine Welt könnten wir bauen, wenn wir die Kräfte, die ein Krieg entfesselt, für den Aufbau einsetzten. Ein Zehntel der Energien, die die kriegführenden Nationen im Weltkrieg verbraucht, ein Bruchteil des Geldes, das sie mit Handgranaten und Giftgasen verpulvert haben, wäre hinreichend, um den Menschen aller Länder zu einem menschenwürdigen Leben zu verhelfen sowie die Katastrophe der Arbeitslosigkeit in der Welt zu verhindern.
Wir müssen uns stellen, für die Sache des Friedens die gleichen Opfer zu bringen, die wir widerstandslos für die Sache des Krieges gebracht haben. Es gibt nichts, das mir wichtiger ist und mir mehr am Herzen liegt.
Was ich sonst mache oder sage, kann die Struktur des Universums nicht ändern. Aber vielleicht kann meine Stimme der größten Sache dienen: Eintracht unter den Menschen und Frieden auf Erden.

Sigmund Freud

Brief an Albert Einstein: Pazifismus

Wien, im September 1932

Lieber Herr Einstein!
Als ich hörte, daß Sie die Absicht haben, mich zum Gedankenaustausch über ein Thema aufzufordern, dem Sie Ihr Interesse schenken und das Ihnen auch des Interesses anderer würdig erscheint, stimmte ich bereitwillig zu. Ich erwartete, Sie würden ein Problem an der Grenze des heute Wißbaren wählen, zu dem ein jeder von uns, der Physiker wie der Psychologe, sich seinen besonderen Zugang bahnen könnte, so daß sie sich von verschiedenen Seiten her auf demselben Boden träfen. Sie haben mich dann durch die Fragestellung überrascht, was man tun könne, um das Verhängnis des Krieges von den Menschen abzuwehren. Ich erschrak zunächst unter dem Eindruck meiner –

fast hätte ich gesagt: unserer – Inkompetenz, denn das erschien mir als eine praktische Aufgabe, die den Staatsmännern zufällt. Ich verstand dann aber, daß Sie die Frage nicht als Naturforscher und Physiker erhoben haben, sondern als Menschenfreund, der den Anregungen des Völkerbunds gefolgt war, ähnlich wie der Polarforscher Fridtjof Nansen es auf sich genommen hatte, den Hungernden und den heimatlosen Opfern des Weltkrieges Hilfe zu bringen. Ich besann mich auch, daß mir nicht zugemutet wird, praktische Vorschläge zu machen, sondern daß ich nur angeben soll, wie sich das Problem der Kriegsverhütung einer psychologischen Betrachtung darstellt.

Aber auch hierüber haben Sie in Ihrem Schreiben das meiste gesagt. Sie haben mir gleichsam den Wind aus den Segeln genommen, aber ich fahre gern in Ihrem Kielwasser und bescheide mich damit, alles zu bestätigen, was Sie vorbringen, indem ich es nach meinem besten Wissen – oder Vermuten – breiter ausführe.

Sie beginnen mit dem Verhältnis von Recht und Macht. Das ist gewiß der richtige Ausgangspunkt für unsere Untersuchung. Darf ich das Wort «Macht» durch das grellere, härtere Wort «Gewalt» ersetzen? Recht und Gewalt sind uns heute Gegensätze. Es ist leicht zu zeigen, daß sich das eine aus dem anderen entwickelt hat, und wenn wir auf die Uranfänge zurückgehen und nachsehen, wie das zuerst geschehen ist, so fällt uns die Lösung des Problems mühelos zu. Entschuldigen Sie mich aber, wenn ich im folgenden allgemein Bekanntes und Anerkanntes erzähle, als ob es neu wäre; der Zusammenhang nötigt mich dazu.

Interessenkonflikte unter den Menschen werden also prinzipiell durch die Anwendung von Gewalt entschieden. So ist es im ganzen Tierreich, von dem der Mensch sich nicht ausschließen sollte; für den Menschen kommen allerdings noch Meinungskonflikte hinzu, die bis zu den höchsten Höhen der Abstraktion reichen und eine andere Technik der Entscheidung zu fordern scheinen. Aber das ist eine spätere Komplikation. Anfänglich, in einer kleinen Menschenhorde, entschied die stärkere Muskelkraft darüber, wem etwas gehören oder wessen Wille zur Ausführung gebracht werden sollte. Muskelkraft verstärkt und ersetzt sich bald durch den Gebrauch von Werkzeugen; es siegt, wer die besseren Waffen hat oder sie geschickter verwendet. Mit der Einführung der Waffe beginnt bereits die geistige Überlegenheit die Stelle der rohen Muskelkraft einzunehmen; die Endabsicht des Kampfes bleibt die nämliche, der eine Teil soll durch die Schädigung, die er erfährt, und durch die Lähmung seiner Kräfte gezwungen werden, seinen Anspruch oder Widerspruch aufzugeben. Dies wird am gründlichsten erreicht, wenn die Gewalt den Gegner dauernd beseitigt, also tötet. Es hat zwei Vorteile, daß er seine Gegnerschaft nicht ein andermal wieder aufnehmen kann und daß sein Schicksal andere abschreckt, seinem Beispiel zu folgen. Außerdem befriedigt die Tötung des Feindes eine triebhafte Neigung, die später erwähnt werden muß. Der Tötungsabsicht kann sich die Erwägung widersetzen, daß der Feind zu nützlichen Dienstleistungen verwendet werden kann, wenn man ihn eingeschüchtert am Leben läßt. Dann begnügt sich also die Gewalt damit, ihn zu unterwerfen, anstatt ihn zu töten. Es ist der Anfang der Schonung des Feindes, aber der Sieger hat von nun an mit der lauernden Rachsucht des Besiegten zu rechnen, gibt ein Stück seiner eigenen Sicherheit auf.

Das ist also der ursprüngliche Zustand, die Herrschaft der größeren Macht, der rohen oder intellektuell gestützten Gewalt. Wir wissen, dies Regime ist im Laufe der Entwicklung abgeändert worden, es führte ein Weg von der Gewalt zum Recht, aber welcher? Nur ein einziger, meine ich. Er führte über die Tatsache, daß die größere Stärke des Einen wettgemacht werden konnte durch die Vereinigung mehrerer Schwachen. «L'union fait la force.» Gewalt wird gebrochen durch Einigung, die Macht dieser Geeinigten stellt nun das Recht dar im Gegensatz zur Gewalt des Einzelnen. Wir sehen, das Recht ist die Macht einer Gemeinschaft. Es ist noch immer Gewalt, bereit, sich gegen jeden Einzelnen zu wenden, der sich ihr widersetzt, arbeitet mit denselben Mitteln, verfolgt dieselben Zwecke; der Unterschied liegt wirklich nur darin, daß es nicht mehr die Gewalt eines Einzelnen ist, die sich durchsetzt, sondern die der Gemeinschaft. Aber damit sich dieser Übergang von der Gewalt zum neuen Recht vollziehe, muß eine psychologische Bedingung erfüllt werden. Die Einigung der Mehreren muß eine beständige, dauerhafte sein. Stellt sie sich nur zum Zweck der Bekämpfung des einen Übermächtigen her und zerfiele nach seiner Überwältigung, so wäre nichts erreicht. Der nächste, der sich für stärker hält, würde wiederum eine Gewaltherrschaft anstreben, und das Spiel würde sich endlos wiederholen. Die Gemeinschaft muß permanent erhalten werden, sich organisieren, Vorschriften schaffen, die den gefürchteten Auflehnungen vorbeugen, Organe bestimmen, die über die Einhaltung der Vorschriften – Gesetze – wachen und die Ausführung der rechtmäßigen Gewaltakte besorgen. In der Anerkennung einer solchen Interessengemeinschaft stellen sich unter den Mitgliedern einer geeigneten Menschengruppe Gefühlsbindungen her, Gemeinschaftsgefühle, in denen ihre eigentliche Stärke beruht.

Damit denke ich, ist alles Wesentliche bereits gegeben: die Überwindung der Gewalt durch Übertragung der Macht an eine größere Einheit, die durch Gefühlsbindungen ihrer Mitglieder zusammengehalten wird. Alles Weitere sind Ausführungen und Wiederholungen. Die Verhältnisse sind einfach, solange die Gemeinschaft nur aus einer Anzahl gleich starker Individuen besteht. Die Gesetze dieser Vereinigung bestimmen dann, auf welches Maß von persönlicher Freiheit, seine Kraft als Gewalt anzuwenden, der Einzelne verzichten muß, um ein gesichertes Zusammenleben zu ermöglichen. Aber ein solcher Ruhezustand ist nur theoretisch denkbar, in Wirklichkeit kompliziert sich der Sachverhalt dadurch, daß die Gemeinschaft von Anfang an ungleich mächtige Elemente umfaßt, Männer und Frauen, Eltern und Kinder, und bald infolge von Krieg und Unterwerfung Siegreiche und Besiegte, die sich in Herren und Sklaven umsetzen. Das Recht der Gemeinschaft wird dann zum Ausdruck der ungleichen Machtverhältnisse in ihrer Mitte, die Gesetze werden von und für die Herrschenden gemacht werden und den Unterworfenen wenig Rechte einräumen. Von da an gibt es in der Gemeinschaft zwei Quellen von Rechtsunruhe, aber auch von Rechtsfortbildung. Erstens die Versuche Einzelner unter den Herren, sich über die für alle gültigen Einschränkungen zu erheben, also von der Rechtsherrschaft auf die Gewaltherrschaft zurückzugreifen, zweitens die ständigen Bestrebungen der Unterdrückten, sich mehr Macht zu verschaffen und diese Änderungen im Gesetz anerkannt zu sehen, also im Gegenteil vom ungleichen Recht zum gleichen Recht für alle vorzudringen. Diese letztere Strömung wird besonders bedeutsam werden, wenn sich im Inneren des Gemeinwesens wirklich Verschiebungen der Machtverhältnisse ergeben, wie es infolge mannigfacher historischer Momente geschehen kann. Das Recht kann sich dann allmählich den neuen Machtverhältnissen anpassen, oder, was häufiger geschieht, die herrschende Klasse ist nicht bereit, dieser Änderung Rechnung zu tragen, es kommt zu Auflehnung, Bürgerkrieg, also zur zeitweiligen Aufhebung des Rechts und zu neuen Gewaltproben, nach deren Ausgang eine neue Rechtsordnung eingesetzt wird. Es gibt noch eine andere Quelle der Rechtsänderung, die sich nur in friedlicher Weise äußert, das ist die kulturelle Wandlung der Mitglieder des Gemeinwesens, aber sie gehört in einen Zusammenhang, der erst später berücksichtigt werden kann.

Wir sehen also, auch innerhalb eines Gemeinwesens ist die gewaltsame Erledigung von Interessenkonflikten nicht vermieden worden. Aber die Notwendigkeiten und Gemeinsamkeiten, die sich aus dem Zusammenleben auf demselben Boden ableiten, sind einer raschen Beendigung solcher Kämpfe günstig, und die Wahrscheinlichkeit friedlicher Lösungen unter diesen Bedingungen nimmt stetig zu. Ein Blick in die Menschheitsgeschichte zeigt uns aber eine unaufhörliche Reihe von Konflikten zwischen einem Gemeinwesen und einem oder mehreren anderen, zwischen größeren und kleineren Einheiten, Stadtgebieten, Landschaften, Stämmen, Völkern, Reichen, die fast immer durch die Kraftprobe des Krieges entschieden werden. Solche Kriege gehen entweder in Beraubung oder in volle Unterwerfung, Eroberung des einen Teils, aus. Man kann die Eroberungskriege nicht einheitlich beurteilen. Manche, wie die der Mongolen und Türken, haben nur Unheil gebracht, andere im Gegenteil zur Umwandlung von Gewalt in Recht beigetragen, indem sie größere Einheiten herstellten, innerhalb deren nun die Möglichkeit der Gewaltanwendung aufgehört hatte und eine neue Rechtsordnung die Konflikte schlichtete. So haben die Eroberungen der Römer den Mittelmeerländern die kostbare Pax Romana gegeben. Die Vergrößerungslust der französischen Könige hat ein friedlich geeinigtes, blühendes Frankreich geschaffen. So paradox es klingt, man muß doch zugestehen, der Krieg wäre kein ungeeignetes Mittel zur Herstellung des ersehnten «ewigen» Friedens, weil er imstande ist, jene großen Einheiten zu schaffen, innerhalb deren eine starke Zentralgewalt weitere Kriege unmöglich macht. Aber er taugt doch nicht dazu, denn die Erfolge der Eroberung sind in der Regel nicht dauerhaft; die neu geschaffenen Einheiten zerfallen wieder, meist infolge des mangelnden Zusammenhalts der gewaltsam geeinigten Teile. Und außerdem konnte die Eroberung bisher nur partielle Einigungen, wenn auch von größerem Umfang, schaffen, deren Konflikte die gewaltsame Entscheidung erst recht herausforderten. So ergab sich als die Folge all dieser kriegerischen Anstrengungen nur, daß die Menschheit zahlreiche, ja unaufhörliche Kleinkriege gegen seltene, aber um so mehr verheerende Großkriege eintauschte.

Auf unsere Gegenwart angewendet, ergibt sich das gleiche Resultat, zu dem Sie auf kürzerem Weg gelangt sind. Eine sichere Verhütung der Kriege ist nur möglich, wenn sich die Menschen zur Einsetzung einer Zentralgewalt einigen, welcher der Richtspruch in allen Interessenkonflikten übertragen wird. Hier sind offenbar zwei Forderungen vereinigt, daß eine solche übergeordnete Instanz geschaffen und daß ihr die erforderliche Macht gegeben werde. Das eine allein würde nicht nützen. Nun ist der Völkerbund als solche Instanz gedacht, aber die andere Bedingung ist nicht erfüllt; der Völkerbund hat keine eigene Macht und kann sie nur bekommen, wenn die Mitglieder der neuen Einigung, die einzelnen Staaten, sie ihm abtreten. Dazu scheint aber derzeit wenig Aussicht vorhanden. Man stünde der Institution des Völkerbundes nun ganz ohne Verständnis gegenüber, wenn man nicht wüßte, daß hier ein Versuch vorliegt, der in der Geschichte der Menschheit nicht oft – vielleicht noch nie in diesem Maß – gewagt worden ist. Es ist der Versuch, die Autorität – d. i. den zwingenden Einfluß –, die sonst auf dem Besitz der Macht ruht, durch die Berufung auf bestimmte ideelle Einstellungen zu erwerben. Wir haben gehört, was eine Gemeinschaft zusammenhält, sind zwei Dinge: der

Zwang der Gewalt und die Gefühlsbindungen – Identifizierungen heißt man sie technisch – der Mitglieder. Fällt das eine Moment weg, so kann möglicherweise das andere die Gemeinschaft aufrechthalten. Jene Ideen haben natürlich nur dann eine Bedeutung, wenn sie wichtigen Gemeinsamkeiten der Mitglieder Ausdruck geben. Es fragt sich dann, wie stark sie sind. Die Geschichte lehrt, daß sie in der Tat ihre Wirkung geübt haben. Die panhellenische Idee z. B., das Bewußtsein, daß man etwas Besseres sei als die umwohnenden Barbaren, das in den Amphiktyonien, den Orakeln und Festspielen so kräftigen Ausdruck fand, war stark genug, um die Sitten der Kriegführung unter Griechen zu mildern, aber selbstverständlich nicht imstande, kriegerische Streitigkeiten zwischen den Partikeln des Griechenvolkes zu verhüten, ja nicht einmal, um eine Stadt oder einen Städtebund abzuhalten, sich zum Schaden eines Rivalen mit dem Perserfeind zu verbünden. Ebensowenig hat das christliche Gemeingefühl, das doch mächtig genug war, im Renaissancezeitalter christliche Klein- und Großstaaten daran gehindert, in ihren Kriegen miteinander um die Hilfe des Sultans zu werben. Auch in unserer Zeit gibt es keine Idee, der man eine solche einigende Autorität zumuten könnte. Daß die heute die Völker beherrschenden nationalen Ideale zu einer gegenteiligen Wirkung drängen, ist ja allzu deutlich. Es gibt Personen, die vorhersagen, erst das allgemeine Durchdringen der bolschewistischen Denkungsart werde den Kriegen ein Ende machen können, aber von solchem Ziel sind wir heute jedenfalls weit entfernt, und vielleicht wäre es nur nach schrecklichen Bürgerkriegen erreichbar. So scheint es also, daß der Versuch, reale Macht durch die Macht der Ideen zu ersetzen, heute noch zum Fehlschlagen verurteilt ist. Es ist ein Fehler in der Rechnung, wenn man nicht berücksichtigt, daß Recht ursprünglich rohe Gewalt war und noch heute der Stützung durch die Gewalt nicht entbehren kann.

Ich kann nun daran gehen, einen anderen Ihrer Sätze zu glossieren. Sie verwundern sich darüber, daß es so leicht ist, die Menschen für den Krieg zu begeistern, und vermuten, daß etwas in ihnen wirksam ist, ein Trieb zum Hassen und Vernichten, der solcher Verhetzung entgegenkommt. Wiederum kann ich Ihnen nur uneingeschränkt beistimmen. Wir glauben an die Existenz eines solchen Triebes und haben uns gerade in den letzten Jahren bemüht, seine Äußerungen zu studieren. Darf ich Ihnen aus diesem Anlaß ein Stück der Trieblehre vortragen, zu der wir in der Psychoanalyse nach vielem Tasten und Schwanken gekommen sind? Wir nehmen an, daß die Triebe des Menschen nur von zweierlei Art sind, entweder solche, die erhalten und vereinigen wollen – wir heißen sie erotische, ganz im Sinne des Eros im Symposion Platos, oder sexuelle mit bewußter Überdehnung des populären Begriffs von

Sexualität –, und andere, die zerstören und töten wollen; wir fassen diese als Aggressionstrieb oder Destruktionstrieb zusammen. Sie sehen, das ist eigentlich nur die theoretische Verklärung des weltbekannten Gegensatzes von Lieben und Hassen, der vielleicht zu der Polarität von Anziehung und Abstoßung eine Urbeziehung unterhält, die auf Ihrem Gebiet eine Rolle spielt. Nun lassen Sie uns nicht zu rasch mit den Wertungen von Gut und Böse einsetzen. Der eine dieser Triebe ist ebenso unerläßlich wie der andere, aus dem Zusammen- und Gegeneinanderwirken der beiden gehen die Erscheinungen des Lebens hervor. Nun scheint es, daß kaum jemals ein Trieb der einen Art sich isoliert betätigen kann, er ist immer mit einem gewissen Betrag von der anderen Seite verbunden, wie wir sagen: legiert, der sein Ziel modifiziert oder ihm unter Umständen dessen Erreichung erst möglich macht. So ist z. B. der Selbsterhaltungstrieb gewiß erotischer Natur, aber gerade er bedarf der Verfügung über die Aggression, wenn er seine Absicht durchsetzen soll. Ebenso benötigt der auf Objekte gerichtete Liebestrieb eines Zusatzes vom Bemächtigungstrieb, wenn er seines Objektes überhaupt habhaft werden soll. Die Schwierigkeit, die beiden Triebarten in ihren Äußerungen zu isolieren, hat uns ja so lange in ihrer Erkenntnis behindert.

Wenn Sie mit mir ein Stück weitergehen wollen, so hören Sie, daß die menschlichen Handlungen noch eine Komplikation von anderer Art erkennen lassen. Ganz selten ist die Handlung das Werk einer einzigen Triebregung, die an und für sich bereits aus Eros und Destruktion zusammengesetzt sein muß. In der Regel müssen mehrere in der gleichen Weise aufgebaute Motive zusammentreffen, um die Handlung zu ermöglichen. Einer Ihrer Fachgenossen hat das bereits gewußt, ein Prof. G. Ch. Lichtenberg, der zur Zeit unserer Klassiker in Göttingen Physik lehrte; aber vielleicht war er als Psychologe noch bedeutender denn als Physiker. Er erfand die Motivenrose, indem er sagte: «Die Bewegungsgründe, woraus man etwas tut, könnten so wie die zweiunddreißig Winde geordnet und ihre Namen auf eine ähnliche Art formiert werden, z. B. Brot – Brot – Ruhm oder Ruhm – Ruhm – Brot.» Wenn also die Menschen zum Krieg aufgefordert werden, so mögen eine ganze Anzahl von Motiven in ihnen zustimmend antworten, edle und gemeine, solche, von denen man laut spricht, und andere, die man beschweigt. Wir haben keinen Anlaß, sie alle bloßzulegen. Die Lust an der Aggression und Destruktion ist gewiß darunter; ungezählte Grausamkeiten der Geschichte und des Alltags bekräftigen ihre Existenz und ihre Stärke. Die Verquickung dieser destruktiven Strebungen mit anderen, erotischen und ideellen, erleichtert natürlich deren Befriedigung. Manchmal haben wir, wenn wir von den Greueltaten der Geschichte hören, den Eindruck, die ideellen Motive hätten

den destruktiven Gelüsten nur als Vorwände gedient, andere Male, z. B. bei den Grausamkeiten der heiligen Inquisition, meinen wir, die ideellen Motive hätten sich im Bewußtsein vorgedrängt, die destruktiven ihnen eine unbewußte Verstärkung gebracht. Beides ist möglich.
Ich habe Bedenken, Ihr Interesse zu mißbrauchen, das ja der Kriegsverhütung gilt, nicht unseren Theorien. Doch möchte ich noch einen Augenblick bei unserem Destruktionstrieb verweilen, dessen Beliebtheit keineswegs Schritt hält mit seiner Bedeutung. Mit etwas Aufwand von Spekulation sind wir nämlich zu der Auffassung gelangt, daß dieser Trieb innerhalb jedes lebenden Wesens arbeitet und dann das Bestreben hat, es zum Zerfall zu bringen, das Leben zum Zustand der unbelebten Materie zurückzuführen. Er verdiente in allem Ernst den Namen des Todestriebes, während die erotischen Triebe die Bestrebungen zum Leben repräsentieren. Der Todestrieb wird zum Destruktionstrieb, indem er mit Hilfe besonderer Organe nach außen, gegen die Objekte, gewendet wird. Das Lebewesen bewahrt sozusagen sein eigenes Leben dadurch, daß es fremdes zerstört. Ein Anteil des Todestriebes verbleibt aber im Inneren des Lebewesens tätig, und wir haben versucht, eine ganze Anzahl von normalen und pathologischen Phänomenen von dieser Verinnerlichung des Destruktionstriebes abzuleiten. Wir haben sogar die Ketzerei begangen, die Entstehung unseres Gewissens durch eine solche Wendung der Aggression nach innen zu klären. Sie merken, es ist gar nicht so unbedenklich, wenn sich dieser Vorgang in allzu großem Ausmaß vollzieht, es ist direkt ungesund, während die Wendung dieser Triebkräfte zur Destruktion in der Außenwelt das Lebewesen entlastet, wohltuend wirken muß. Das diene zur biologischen Entschuldigung all der häßlichen und gefährlichen Strebungen, gegen die wir ankämpfen. Man muß zugeben, sie sind der Natur näher als unser Widerstand dagegen, für den wir auch noch eine Erklärung finden müssen. Vielleicht haben Sie den Eindruck, unsere Theorien seien eine Art von Mythologie, nicht einmal eine erfreuliche in diesem Fall. Aber läuft nicht jede Naturwissenschaft auf eine solche Art von Mythologie hinaus? Geht es Ihnen heute in der Physik anders?
Aus dem Vorstehenden entnehmen wir für unsere nächsten Zwecke soviel, daß es keine Aussicht hat, die aggressiven Neigungen der Menschen abschaffen zu wollen. Es soll in glücklichen Gegenden der Erde, wo die Natur alles, was der Mensch braucht, überreichlich zur Verfügung stellt, Völkerstämme geben, deren Leben in Sanftmut verläuft, bei denen Zwang und Aggression unbekannt sind. Ich kann es kaum glauben, möchte gern mehr über diese Glücklichen erfahren. Auch die Bolschewisten hoffen, daß sie die menschliche Aggression zum Verschwinden bringen können dadurch, daß sie die

Befriedigung der materiellen Bedürfnisse verbürgen und sonst Gleichheit unter den Teilnehmern an der Gemeinschaft herstellen. Ich halte das für eine Illusion. Vorläufig sind sie auf das sorgfältigste bewaffnet und halten ihre Anhänger nicht zum mindesten durch den Haß gegen alle Außenstehenden zusammen. Übrigens handelt es sich, wie Sie selbst bemerken, nicht darum, die menschliche Aggressionsneigung völlig zu beseitigen; man kann versuchen, sie so weit abzulenken, daß sie nicht ihren Ausdruck im Krieg finden muß.

Von unserer mythologischen Trieblehre her finden wir leicht eine Formel für die indirekten Wege zur Bekämpfung des Krieges. Wenn die Bereitwilligkeit zum Krieg ein Ausfluß des Destruktionstriebes ist, so liegt es nahe, gegen sie den Gegenspieler dieses Triebes, den Eros, anzurufen. Alles, was Gefühlsbindungen unter den Menschen herstellt, muß dem Krieg entgegenwirken. Diese Bindungen können von zweierlei Art sein. Erstens Beziehungen wie zu einem Liebesobjekt, wenn auch ohne sexuelle Ziele. Die Psychoanalyse braucht sich nicht zu schämen, wenn sie hier von Liebe spricht, denn die Religion sagt dasselbe: Liebe Deinen Nächsten wie Dich selbst. Das ist nun leicht gefordert, aber schwer zu erfüllen. Die andere Art von Gefühlsbindung ist die durch Identifizierung. Alles, was bedeutsame Gemeinsamkeiten unter den Menschen herstellt, ruft solche Gemeingefühle, Identifizierungen, hervor. Auf ihnen ruht zum großen Teil der Aufbau der menschlichen Gesellschaft.

Einer Klage von Ihnen über den Mißbrauch der Autorität entnehme ich einen zweiten Wink zur indirekten Bekämpfung der Kriegsneigung. Es ist ein Stück der angeborenen und nicht zu beseitigenden Ungleichheit der Menschen, daß sie in Führer und in Abhängige zerfallen. Die letzteren sind die übergroße Mehrheit, sie bedürfen einer Autorität, welche für sie Entscheidungen fällt, denen sie sich meist bedingungslos unterwerfen. Hier wäre anzuknüpfen, man müßte mehr Sorge als bisher aufwenden, um eine Oberschicht selbständig denkender, der Einschüchterung unzugänglicher, nach Wahrheit ringender Menschen zu erziehen, denen die Lenkung der unselbständigen Massen zufallen würde. Daß die Übergriffe der Staatsgewalten und das Denkverbot der Kirche einer solchen Aufzucht nicht günstig sind, bedarf keines Beweises. Der ideale Zustand wäre natürlich eine Gemeinschaft von Menschen, die ihr Triebleben der Diktatur der Vernunft unterworfen haben. Nichts anderes könnte eine so vollkommene und widerstandsfähige Einigung der Menschen hervorrufen, selbst unter Verzicht auf die Gefühlsbindungen zwischen ihnen. Aber das ist höchstwahrscheinlich eine utopische Hoffnung. Die anderen Wege einer indirekten Verhinderung des Krieges sind gewiß eher gangbar, aber sie versprechen keinen raschen Erfolg. Ungern denkt man an Mühlen, die so langsam mahlen, daß man verhungern könnte, ehe man das Mehl bekommt.

Sie sehen, es kommt nicht viel dabei heraus, wenn man bei dringenden praktischen Aufgaben den weltfremden Theoretiker zu Rate zieht.

Besser, man bemüht sich in jedem einzelnen Fall, der Gefahr zu begegnen mit den Mitteln, die eben zur Hand sind. Ich möchte aber noch eine Frage behandeln, die Sie in Ihrem Schreiben nicht aufwerfen und die mich besonders interessiert. Warum empören wir uns so sehr gegen den Krieg, Sie und ich und so viele andere, warum nehmen wir ihn nicht hin wie eine andere der vielen peinlichen Notlagen des Lebens? Er scheint doch naturgemäß, biologisch wohl begründet, praktisch kaum vermeidbar. Entsetzen Sie sich nicht über meine Fragestellung. Zum Zweck einer Untersuchung darf man vielleicht die Maske einer Überlegenheit vornehmen, über die man in Wirklichkeit nicht verfügt. Die Antwort wird lauten, weil jeder Mensch ein Recht auf sein eigenes Leben hat, weil der Krieg hoffnungsvolle Menschenleben vernichtet, den einzelnen Menschen in Lagen bringt, die ihn entwürdigen, ihn zwingt, andere zu morden, was er nicht will, kostbare materielle Werte, Ergebnis von Menschenarbeit, zerstört, und anderes mehr. Auch daß der Krieg in seiner gegenwärtigen Gestaltung keine Gelegenheit mehr gibt, das alte heldische Ideal zu erfüllen, und daß ein zukünftiger Krieg infolge der Vervollkommnung der Zerstörungsmittel die Ausrottung eines oder vielleicht beider Gegner bedeuten würde. Das ist alles wahr und scheint so unbestreitbar, daß man sich nur verwundert, wenn das Kriegführen noch nicht durch allgemeine menschliche Übereinkunft verworfen worden ist. Man kann zwar über einzelne dieser Punkte diskutieren. Es ist fraglich, ob die Gemeinschaft nicht auch ein Recht auf das Leben des Einzelnen haben soll; man kann nicht alle Arten von Krieg in gleichem Maß verdammen; solange es Reiche und Nationen gibt, die zur rücksichtslosen Vernichtung anderer bereit sind, müssen diese anderen zum Krieg gerüstet sein. Aber wir wollen über all das rasch hinweggehen, das ist nicht die Diskussion, zu der Sie mich aufgefordert haben. Ich ziele auf etwas anderes hin; ich glaube, der Hauptgrund, weshalb wir uns gegen den Krieg empören, ist, daß wir nicht anders können. Wir sind Pazifisten, weil wir es aus organischen Gründen sein müssen. Wir haben es dann leicht, unsere Einstellung durch Argumente zu rechtfertigen.

Das ist wohl ohne Erklärung nicht zu verstehen. Ich meine das Folgende: Seit unvordenklichen Zeiten zieht sich über die Menschheit der Prozeß der Kulturentwicklung hin. (Ich weiß, andere heißen ihn lieber: Zivilisation.) Diesem Prozeß verdanken wir das Beste, was wir geworden sind, und ein gut Teil von dem, woran wir leiden. Seine Anlässe und Anfänge sind dunkel, sein Ausgang ungewiß, einige seiner Charaktere leicht ersichtlich. Vielleicht führt er zum Erlöschen der Menschenart, denn er beeinträchtigt die Sexualfunktion in mehr als einer Weise, und schon heute vermehren sich unkultivierte Rassen und zurückgebliebene Schichten der Bevölkerung stärker als hochkultivierte. Vielleicht ist dieser Prozeß mit der Domestikation gewisser Tierarten vergleichbar; ohne Zweifel bringt er körperliche Veränderungen mit sich; man hat sich noch nicht mit der Vorstellung vertraut gemacht, daß die Kulturentwicklung ein solcher organischer Prozeß sei. Die mit dem Kulturprozeß einhergehenden psychischen Veränderungen sind auffällig und unzweideutig. Sie bestehen in einer fortschreitenden Verschiebung der Triebziele und Einschränkung der Triebregungen. Sensationen, die unseren Vorahnen lustvoll waren, sind für uns indifferent oder selbst unleidlich geworden; es hat organische Begründungen, wenn unsere ethischen und ästhetischen Idealforderungen sich geändert haben. Von den psychologischen Charakteren der Kultur scheinen zwei die wichtigsten: die Erstarkung des Intellekts, der das Triebleben zu beherrschen beginnt, und die Verinnerlichung der Aggressionsneigung mit all ihren vorteilhaften und gefährlichen Folgen. Den psychischen Einstellungen, die uns der Kulturprozeß aufnötigt, widerspricht nun der Krieg in der grellsten Weise, darum müssen wir uns gegen ihn empören, wir vertragen ihn einfach nicht mehr, es ist nicht bloß eine intellektuelle und affektive Ablehnung, es ist bei uns Pazifisten eine konstitutionelle Intoleranz, eine Idiosynkrasie gleichsam in äußerster Vergrößerung. Und zwar scheint es, daß die ästhetischen Erniedrigungen des Krieges nicht viel weniger Anteil an unserer Auflehnung haben als seine Grausamkeiten.

Wie lange müssen wir nun warten, bis auch die anderen Pazifisten werden? Es ist nicht zu sagen, aber vielleicht ist es keine utopische Hoffnung, daß der Einfluß dieser beiden Momente, der kulturellen Einstellung und der berechtigten Angst vor den Wirkungen eines Zukunftskrieges, dem Kriegführen in absehbarer Zeit ein Ende setzen wird. Auf welchen Wegen oder Umwegen, können wir nicht erraten. Unterdes dürfen wir uns sagen: Alles, was die Kulturentwicklung fördert, arbeitet auch gegen den Krieg.

Ich grüße Sie herzlich und bitte Sie um Verzeihung, wenn meine Ausführungen Sie enttäuscht haben.

Ihr

Sigm. Freud

BERTRAND RUSSEL

Hat der Mensch noch eine Zukunft?

Ich schreibe diese Zeilen in einer finsteren Stunde (im Jahre 1961), und man kann nicht wissen, ob die Menschheit noch so lange existieren wird, daß sie zum Druck befördert oder, wenn sie gedruckt sind, Leser finden werden. Noch aber ist nicht alle Hoffnung dahin, und solange Hoffnung besteht, wird nur der Feigling verzweifeln.

Die wichtigste Frage, vor der heute die Welt steht, lautet: Läßt sich irgend etwas, das irgendwer sich wünschen könnte, durch den Krieg herbeiführen? Kennedy und Chruschtschow sagen ja, vernünftige Menschen sagen nein. In dieser bedeutsamsten aller Fragen sind Kennedy und Chruschtschow sich einig. Wenn man den beiden einen vernünftigen Überblick der Möglichkeiten und Wahrscheinlichkeiten zutrauen dürfte, müßte man annehmen, beide seien sich darüber einig geworden, daß es für den Menschen an der Zeit sei, auszusterben. Aber sie denken sich natürlich etwas ganz anderes. Stolz, Dünkel, die Angst, das Gesicht zu verlieren, und ideologische Intoleranz haben ihr Urteilsvermögen getrübt. Ihre eigene Blindheit wird durch die Verblendung mächtiger Interessenkreise und durch eine hysterische Volksstimmung verstärkt, die ihre eigene Propaganda und die ihrer Kollegen und Untergebenen aufgepeitscht hat.

Was kann unter solchen Umständen geschehen, um dem törichten Treiben der großen Mächte entgegenzuwirken?

Ein Pessimist könnte sagen: Warum sollte man sich Mühe geben, das Menschengeschlecht zu retten? Sollten wir uns nicht eher über die Aussicht freuen, daß die gewaltige Bürde an Leid, Haß und Furcht, die bisher das Leben der Menschen verdüstert hat, endlich ein Ende findet? Sollten wir nicht mit Freuden unserem Planeten eine neue, friedlichere Zukunft wünschen, nachdem er am Ende des langen Alptraumes mit all seinem Kummer und Grausen angelangt ist?

Jeden Betrachter der Weltgeschichte, wenn er die erschreckende Fülle der Dummheiten, Grausamkeiten und Nöte erwägt, die bisher den größten Teil des Menschenlebens ausgemacht haben, wird sich in Stunden des Mitleids und der entfesselten Phantasie diese oder ähnliche Fragen stellen. Vielleicht wird unser Resümee uns dazu verleiten, uns dem wenn auch noch so tragischen und unwiderruflichen Ende einer Spezies zu beugen, die nicht gelernt hat, sich des Lebens zu freuen.

Aber der Pessimist sieht nur die Hälfte der Wahrheit, und meiner Meinung nach die weniger bedeutsame Hälfte. Der Mensch ist nicht nur der Grausamkeit und des Leidens fähig (die einander ergänzen), sondern auch der Größe und des Glanzes: Möglichkeiten, die man bisher nur zum Teil begriffen hat, die uns aber verraten, wie das Leben in einer freieren und froheren Welt aussehen könnte. Wenn der Mensch sich gestattete, zu seiner vollen Statur heranzuwachsen, können wir uns gar keinen Begriff davon machen, was er nicht alles zu leisten imstande wäre. Armut, Krankheit und Einsamkeit würden nur noch seltene Einzelfälle sein. Die begründete Aussicht auf ein glücklicheres Leben würde die beängstigende Nacht verscheuchen, in der heute nur allzu viele umherirren. Und mit dem Fortschritt der Entwicklung würde das strahlende Genie, das bisher nur wenigen vergönnt war, zum Allgemeingut vieler werden. Das alles ist möglich, ja sogar wahrscheinlich – in den Tausenden von Jahrhunderten, die vor uns liegen –, wenn wir uns nicht vorschnell und aus reinem Wahnsinn selber umbringen, bevor wir die Reife erreicht haben, die unser Ziel sein sollte. Nein, wir wollen nicht auf den Pessimisten hören, sonst werden wir zu Verrätern an der Zukunft der Menschen.

Wenn wir diese fernen Hoffnungen beiseite lassen – was hat in unseren Tagen zu geschehen?

Zuerst einmal müssen wir das Gespenst des Krieges loswerden. Momentan geben die am Kalten Krieg beteiligten Länder für die Vorbereitungen des Gemetzels 30 000 Millionen Pfund (über 300 Milliarden DM) jährlich oder 57 000 Pfund (ca. 6 000 000 DM) in der Minute aus. Man überlege sich, wieviel Gutes mit diesem Geld auszurichten wäre. Über die Hälfte der Erdbevölkerung ist unterernährt, nicht weil es so sein muß, sondern weil die reicheren Länder lieber einander umbringen, als die ärmeren zu ernähren und ihnen zu einem höheren Lebensstandard zu verhelfen. Solange unsere jetzige Mentalität sich behauptet, helfen die reichen Länder den ärmeren nur dann, wenn sie sich damit ihren Beistand im Kalten Krieg zu erkaufen hoffen. Warum sollten wir nicht statt dessen unseren Reichtum dazu verwenden, ihren Beistand zur Sicherung des Friedens zu erkaufen?

Kreise, die an der Rüstungsindustrie interessiert sind, ob als Unternehmer oder als Arbeiter, nähren absichtlich die Befürchtung, eine Abrüstung könnte verhängnisvolle wirtschaftliche Zerrüttungen nach sich ziehen. Fachleute, die am ehesten feststellen können, ob diese Furcht berechtigt sei, halten sie für unbegründet. Ich möchte den Leser auf zwei sehr kompetente und gewissenhafte Äußerungen aufmerksam machen: die eine in der Zeitschrift «The Nation's Business» (Organ der Handelskammer der Vereinigten Staaten) vom Oktober 1951, die andere aus der Feder Senator Hubert H. Humphreys

(Vorsitzender des Unterausschusses für Abrüstungsfragen im amerikanischen Senat) in der Zeitschrift «Think» vom Januar 1960. Nach Ansicht dieser beiden Autoritäten hat die Erfahrung seit dem Ende des Zweiten Weltkrieges bewiesen, daß ein reibungsloser Übergang von der Kriegswirtschaft zur Friedenswirtschaft möglich ist, wenn man gewisse selbstverständliche und leicht durchführbare Vorsichtsmaßnahmen berücksichtigt. Ich bin also dafür, die paradoxe These zu verwerfen, daß wir uns nur am Leben erhalten können, indem wir uns darauf vorbereiten, einander umzubringen.

Wenn eine Weltregierung reibungslos arbeiten soll, werden gewisse wirtschaftliche Voraussetzungen erforderlich sein. Eine davon ist bereits weithin anerkannt: den Lebensstandard in den heute unterentwickelten Ländern auf das Niveau zu heben, das für die wohlhabenden Länder des Westens gilt. Solange nicht eine gewisse wirtschaftliche Angleichung zwischen den verschiedenen Teilen der Welt erzielt werden kann, werden die ärmeren Völker die reicheren beneiden und die reicheren Gewaltmaßnahmen seitens der benachteiligten Völker befürchten.

Das ist aber keineswegs die schwierigste ökonomische Regelung, die sich als notwendig erweisen würde. Die Industrie braucht Rohstoffe. Einer der wichtigsten Rohstoffe ist heute das Erdöl. Uran wird zwar später einmal nicht mehr für Kriegszwecke, wohl aber für die industrielle Anwendung der Kernenergie notwendig sein. Es ist ungerecht, daß so wichtige Rohstoffe sich im Privatbesitz befinden – und ich glaube, dabei sollten wir nicht nur an Einzelpersonen und Konzerne denken, sondern auch an die staatskapitalistischen oder sozialistischen Staatsapparate. Die Rohstoffe, ohne die die Industrie nicht arbeiten kann, sollten einer internationalen Behörde gehören und an die verschiedenen Länder nach zwei Grundsätzen verteilt werden: berechtigter Anspruch und das Vermögen, sie richtig zu verwenden. Ländern, denen dieses Vermögen fehlt, müßte man helfen, es zu erwerben.

In einer stabilen Welt, wie sie uns vorschwebt, könnte in vieler Beziehung mehr Freiheit herrschen als heute. Aber gewisse neuartige Einschränkungen der Handlungsfreiheit würden erforderlich sein: Man würde die Menschen dazu erziehen müssen, der Weltregierung treu zu sein, man würde die Kriegshetze einzelner Länder oder Ländergruppen unterbinden müssen. Abgesehen von diesen Restriktionen sollten Presse-, Rede- und Reisefreiheit herrschen. Das Erziehungswesen müßte von Grund auf umgestaltet werden. Der Jugend sollte nicht mehr beigebracht werden, die Verdienste des eigenen Landes herauszustreichen, auf diejenigen ihrer Landsleute stolz zu sein, die es am besten verstanden haben, Ausländer umzubringen, oder Mr. Podsnaps Maxime aufzunehmen: «Fremde Länder tun nun leider mal das, was ihnen beliebt.»

Der Geschichtsunterricht sollte internationale Gesichtspunkte in den Vordergrund rücken, wenig Gewicht auf die Kriege und großes Gewicht auf friedliche Errungenschaften legen, sei es in den Wissenschaften oder Künsten, in der Erforschung der Welt oder in kühnen Abenteuern. Die Weltregierung dürfte den Schulbehörden in den einzelnen Ländern nicht gestatten, chauvinistische Stimmungen zu nähren oder den bewaffneten Aufstand gegen die Weltregierung zu befürworten. Abgesehen von diesen Einschränkungen sollte das Erziehungswesen größere Freiheit genießen, als das heute der Fall ist. Den Lehrern müßten unpopuläre Anschauungen erlaubt sein, sofern sie nicht die Gefahr eines Krieges fördern. Bei allen historischen und soziologischen Themen müßte das Schwergewicht der Betrachtung auf den Menschen, nicht aber auf einzelne Nationen oder Völkergruppen gelegt werden.

Einzelpersonen und Gruppen kennen beide zwei einander entgegengesetzte Antriebe: den Willen zur Zusammenarbeit und den Konkurrenzgeist. Jeder Fortschritt wissenschaftlicher Technik erweitert die wünschenswerte Sphäre der Zusammenarbeit und schränkt den wünschenswerten Bereich des Wettbewerbs ein. Ich bin nicht der Meinung, die Konkurrenz sollte als Anreiz ganz und gar verschwinden, aber sie sollte nicht Formen annehmen, die Unrecht stiften und Unheil anrichten, ganz besonders natürlich in Gestalt eines Krieges. Das Erziehungswesen müßte unter anderem die Jugend auf die Möglichkeit internationaler Zusammenarbeit aufmerksam machen und sie daran gewöhnen, die Interessen der ganzen Menschheit zu berücksichtigen. Pädagogische Grundsätze dieser Art würden dazu führen, daß die freundschaftlichen Stimmungen wachsen und die Haßpropaganda, die heute in den meisten Ländern einen Teil des staatlichen Unterrichts bildet, eingedämmt wird.

Es gibt Leute, die der Meinung sind, eine Welt ohne Krieg würde eine langweilige Welt sein. Zugegeben – in der heutigen Welt führen viele Menschen ein uninteressantes und engbegrenztes Leben, und manche unter ihnen haben das Gefühl, sie richteten endlich etwas Wichtiges aus und würden die Langeweile und Monotonie des Alltags los, wenn sie im Kriegsfall in ferne Länder befördert werden und Gelegenheit erhalten, andere Lebensweisen kennenzulernen als die aus der Heimat vertrauten. Den jungen Menschen, die sich nach Abenteuern sehnen, sollte man Abenteuer bieten, sogar gefährliche. Solche Abenteuer, die normalerweise kollektiven Charakter tragen, würden Disziplin, Zusammenarbeit, Verantwortung und sogar Gehorsam fordern, Elemente, ohne die eine Stählung des Charakters nicht denkbar ist und die heute der Kriegslust mancher Menschen zugrunde liegen. Es sollte die Möglichkeit offenstehen, sich wissenschaftlichen Expeditionen in die Arktis und Antarktis, ins Himalajagebirge und die Anden anzuschließen. Wer noch kühnere Abenteuer ersehnt, mag sich an Weltraumfahrten beteiligen. Ist erst einmal die Bürde der Rüstungen beseitigt, kann man auf Kosten der Allgemeinheit den rastlosen jungen Menschen Befriedigung ihrer Wünsche bieten auf eine Art, die nicht so wie heute Elend und Unheil und den Untergang der Menschheit heraufbeschwört.

Wenn die Kriegsgefahr verschwände, würde es erst einmal eine Übergangsperiode geben, in der die Gedanken und Empfindungen der Menschen nach wie vor durch die turbulente Vergangenheit beeinflußt sein würden. Während dieser Übergangsperiode ließen sich die Wohltaten, die uns die Abschaffung des Krieges verspricht, noch nicht vollständig realisieren. Es würde immer noch ein Übermaß an Konkurrenzgeist herrschen, und zumindest die ältere Generation würde ihre Denkweise nicht so leicht der neuen Welt anpassen können, die im Entstehen begriffen wäre. Während diese Umorientierung im Gange ist, würde man sich anstrengen müssen – vielleicht nicht ohne gewisse Eingriffe in die persönliche Freiheit –, die erforderliche Anpassung herbeizuführen. Ich halte aber diese Anpassung durchaus nicht für unmöglich. Die menschliche Natur ist wenigstens zu neun Zehnteln anerzogen, und nur das restliche Zehntel ist genetisch bedingt. Die anerzogenen Züge unterliegen dem Einfluß der Erziehung. Mit der Zeit wird wahrscheinlich auch der genetische Faktor wissenschaftlichen Methoden zugänglich sein. Nehmen wir an, die Übergangsperiode sei mit Erfolg bewältigt worden, und fragen wir uns, was für eine Welt wir uns in ihrem Gefolge erhoffen dürfen.

Wie würden Kunst, Literatur und Wissenschaft in einer solchen Welt gedeihen? Ich glaube, wir würden uns der Hoffnung hingeben, der Menschengeist, befreit von der lastenden Furcht privater Wirtschaftsnot und allgemeiner Kriegsangst, würde bisher ungeahnte Gipfel erreichen. Bisher sind die Menschen in ihren Hoffnungen, Bestrebungen und Vorstellungen immer durch die engen Grenzen des Möglichen behindert worden. In der Hoffnung auf ein himmlisches Jenseits haben sie Trost in ihren Leiden und Sorgen gesucht, so wie es im Negro Spiritual heißt: «Wenn ich nach Hause komme, werde ich dem Herrgott alle meine Sorgen berichten . . .» Aber wir brauchen gar nicht auf den Himmel zu warten. Es gibt keinen Grund dafür, daß nicht das Leben hier auf Erden ein glückliches werde. Es gibt keinen Grund dafür, daß die Phantasie in den Mythos flüchten müsse. In einer Welt, wie die Menschen sie heute – wenn sie nur wollten – schaffen könnten, würden sie im Rahmen unseres irdischen Daseins freie Entfaltungsmöglichkeiten besitzen. In der letzten Zeit ist unser Wissen so schnell gewachsen, daß nur eine winzige Minderheit von Fachleuten in der Lage war, es sich anzueignen. Wenige dieser Fachleute besitzen genug Energie oder die Fähigkeit, die dürren Kenntnisse mit dichterischer Einfühlung und kosmischem Weitblick zu durchtränken. Das ptolemäische Weltbild hat seinen schönsten poetischen Ausdruck bei Dante gefunden und mußte etwa fünfzehnhundert Jahre warten, bis es zu dieser Gestaltung kam. Wir leiden an unverdautem Wissenschaftsbrei. Aber in einer Welt, in der Bildung und Erziehung kühnere Wege gehen, wäre diese unverdaute Masse ohne weiteres zu assimilieren. Dichtung und bildende Künste könnten ihre Grenzen erweitern, um neue Welten zu erfassen und sie in neuen Epen zu schildern. Man darf damit rechnen, daß die Befreiung des Menschengeistes zu neuem Glanz, neuer Schönheit und neuer Erhabenheit führen würde, wie sie in der beengten und bösen Welt der Vergangenheit gar nicht möglich waren. Wenn es uns gelingt, unsere heutigen Nöte zu besiegen, darf der Mensch einer Zukunft entgegenschauen, die weit länger sein wird als seine Vergangenheit, befeuert durch neue, weitere Horizonte und eine nie erlahmende Hoffnung, die durch ständige Erfolge genährt wird. Die Anfänge des Menschen sind für ein Kind recht lobenswert – denn im biologischen Sinne ist der Mensch, die jüngste aller Tiergattungen, noch ein Kind. Seinen künftigen Leistungen sind keine Grenzen gesetzt. Ich sehe vor meinem inneren Auge eine glorreiche und frohe Welt, in der die Geister und Seelen sich weiten und die Hoffnung ungetrübt leuchtet, eine Welt, in der nicht mehr das Edle als Verrat an diesem oder jenem läppischen Ziel verurteilt wird. So kann es kommen, wenn wir es zulassen. Unsere Generation hat zu wählen zwischen dieser Vision und einem durch Torheit heraufbeschworenen Ende.

Ingeborg Bachmann

Die Wahrheit ist dem Menschen zumutbar

Der Schriftsteller – und das ist in seiner Natur – wünscht, sich Gehör zu verschaffen. Und doch erscheint es ihm eines Tages wunderbar, wenn er fühlt, daß er zu wirken vermag – um so mehr, wenn er wenig Tröstliches sagen kann vor Menschen, die des Trostes bedürftig sind, wie nur Menschen es sein können, verletzt, verwundet und voll von dem großen geheimen Schmerz, mit dem der Mensch vor allen anderen Geschöpfen ausgezeichnet ist. Es ist eine schreckliche und unbegreifliche Auszeichnung. Wenn das so ist, daß wir sie tragen und mit ihr leben müssen, wie soll dann der Trost aussehen und was soll er uns überhaupt? Dann ist es doch – meine ich – unangemessen, ihn durch Worte herstellen zu wollen. Er wäre ja, wie immer er aussähe, zu klein, zu billig, zu vorläufig.

So kann es auch nicht die Aufgabe des Schriftstellers sein, den Schmerz zu leugnen, seine Spuren zu verwischen, über ihn hinwegzutäuschen. Er muß ihn, im Gegenteil, wahrhaben und noch einmal, damit wir sehen können, wahrmachen. Denn wir wollen alle sehend werden. Und jener geheime Schmerz macht uns erst für die Erfahrung empfindlich und insbesondere für die der Wahrheit. Wir sagen sehr einfach und richtig, wenn wir in diesen Zustand kommen, den hellen, wehen, in dem der Schmerz fruchtbar wird: Mir sind die Augen aufgegangen. Wir sagen das nicht, weil wir eine Sache oder einen Vorfall äußerlich wahrgenommen haben, sondern weil wir begreifen, was wir doch nicht sehen können. Und das sollte die Kunst zuwege bringen: daß uns, in diesem Sinne, die Augen aufgehen.

Der Schriftsteller – und das ist auch in seiner Natur – ist mit seinem ganzen Wesen auf ein Du gerichtet, auf den Menschen, dem er seine Erfahrung vom Menschen zukommen lassen möchte (oder seine Erfahrung der Dinge, der Welt und seiner Zeit, ja von all dem auch!), aber insbesondere vom Menschen, der er selber oder die anderen sein können und wo er selber und die anderen am meisten Mensch sind. Alle Fühler ausgestreckt, tastet er nach der Gestalt der Welt, nach den Zügen des Menschen in dieser Zeit. Wie wird gefühlt und was gedacht und wie gehandelt? Welche sind die Leidenschaften, die Verkümmerungen, die Hoffnungen . . .?

Wenn in meinem Hörspiel «Der gute Gott von Manhattan» alle Fragen auf die nach der Liebe zwischen Mann und Frau und was sie ist, wie sie verläuft und wie wenig oder wie viel sie sein kann, hinauslaufen, so könnte man sagen: Aber das ist ein Grenzfall. Aber das geht zu weit . . .

Nun steckt aber in jedem Fall, auch im alltäglichsten von Liebe, der Grenzfall, den wir, bei näherem Zusehen, erblicken können und vielleicht uns bemühen sollten, zu erblicken. Denn bei allem, was wir tun, denken und fühlen, möchten wir manchmal bis zum Äußersten gehen. Der Wunsch wird in uns wach, die Grenzen zu überschreiten, die uns gesetzt sind. Nicht um mich zu widerrufen, sondern um es deutlicher zu ergänzen, möchte ich sagen: Es ist auch mir gewiß, daß wir in der Ordnung bleiben müssen, daß es den Austritt aus der Gesellschaft nicht gibt und wir uns aneinander prüfen müssen. Innerhalb der Grenzen aber haben wir den Blick gerichtet auf das Vollkommene, das Unmögliche, Unerreichbare, sei es der Liebe, der Freiheit oder jeder reinen Größe. Im Widerspiel des Unmöglichen mit dem Möglichen erweitern wir unsere Möglichkeiten. Daß wir es erzeugen, dieses Spannungsverhältnis, an

dem wir wachsen, darauf, meine ich, kommt es an; daß wir uns orientieren an einem Ziel, das freilich, wenn wir uns nähern, sich noch einmal entfernt.
Wie der Schriftsteller die anderen zur Wahrheit zu ermutigen versucht durch Darstellung, so ermutigen ihn die anderen, wenn sie ihm, durch Lob und Tadel, zu verstehen geben, daß sie die Wahrheit von ihm fordern und in den Stand kommen wollen, wo ihnen die Augen aufgehen. Die Wahrheit nämlich ist dem Menschen zumutbar.
Wer, wenn nicht diejenigen unter Ihnen, die ein schweres Los getroffen hat, könnte besser bezeugen, daß unsere Kraft weiter reicht als unser Unglück, daß man, um vieles beraubt, sich zu erheben weiß, daß man enttäuscht, und das heißt, ohne Täuschung, zu leben vermag. Ich glaube, daß dem Menschen eine Art des Stolzes erlaubt ist – der Stolz dessen, der in der Dunkelheit der Welt nicht aufgibt und nicht aufhört, nach dem Rechten zu sehen.

MARTIN BUBER

Bildung und Weltanschauung

Wir, die wir an der sogenannten Erwachsenenbildung arbeiten, begegnen immer wieder einem Widerstand der Weltanschauungsgruppen gegen das «Allgemeine», das da getrieben wird. Sie erklären: erstens, daß die Auswahl des für ihre Angehörigen Wissenswerten von keiner anderen Instanz aus rechtmäßig zu treffen sei als von der sie bestimmenden Tendenz aus, da nur hier entschieden werden könne, was einer zu wissen brauche, um zur Durchsetzung dieser Tendenz beizutragen; und zweitens, daß überhaupt jede Gruppe ihre gesamte Erziehungstätigkeit im eigenen Haus zu besorgen habe, denn nur hier, unter Gleichgesinnten, sei jene Straffheit und Schwungkraft möglich, auf die es ankomme, mit Andersdenkenden komme man vernünftigerweise nur zusammen, um sich mit ihnen «auseinanderzusetzen», nicht um miteinander etwas zu lernen, was angeblich gemeinsam gelten solle, was also weltanschauungsleer oder doch weltanschauungsarm sein müsse.
Das wird zwar im wesentlichen hinsichtlich der Jugendlichen erklärt, aber im Grunde sind alle noch so alten Leute mitgemeint, sofern sie eben noch Jugend in sich haben, also noch bildsam sind – und in dieser Zeit hat ja mancher, der vordem ganz fertig schien, eine zweite, eine Krisen-Jugend gewonnen, ist aufgerührt, aufgelockert worden, wieder weiche Tonerde.

Vorweg sei gesagt, daß mir diese Haltung der Weltanschauungsgruppen recht verständlich ist. Die direkte Aktion beherrscht die Stunde, und man hat keine Zeit zu verlieren. Es ist zu begreifen, daß die Meinung aufgekommen ist, eine unpolitische Bildung schwäche die Stoßkraft und der allgemeine Geist lenke vom Ziel ab, das eben immer ein besonderes und als solches den anderen Zielen entgegengesetztes sei.

Stimmen tut das freilich nur vordergründig, nur wenn man die Dinge wie auf einer Leinwand geschehen sieht; es stimmt nicht mehr, wenn man sich in die dritte Dimension begibt und erfährt, was «dahintersteckt».

Mit einem der geläufigen Bildungsbegriffe ist dabei jedoch nichts anzufangen, die reichen nicht zu. Der wirklich zeitwahre, zeitgerechte Bildungsbegriff muß auf der Einsicht begründet sein, daß, um irgendwo hinzugelangen, es nicht genügt, auf etwas *zu*zugehen, sondern daß man auch von etwas *aus*gehen muß. Und nun verhält es sich so, daß das «Auf was zu» von uns selbst, von unserer zweckbestimmenden «Weltanschauung» gesetzt werden kann, nicht aber das «Von wo aus». Dieses zu setzen kommt uns nicht zu; was wir mit solchem Anspruch zurechtmachen, erweist sich bald als trügliches Gemächt.

Wovon einer tatsächlich ausgehen kann – nicht bloß sich einreden, daß er's tue, sondern wirklich seinen Ausgang davon nehmen –, das muß etwas anderes sein als ein Standpunkt oder meinetwegen Standort, es muß ein rechter Stand und Urstand sein: eine Unwirklichkeit, die mich auf den Weg zu meinem Ziel nicht entläßt, sondern, wiewohl ich selber es mir erwählt habe, mich leitet, damit ich es nicht im Gehen verwechsle und so verfehle; die mir beisteht. Eine, die mich hervorgebracht hat und die mich, wenn ich mich ihr anvertraue, zu tragen, zu hüten, mich zu bilden bereit ist. Zu ihr, zu meinem Ursprung, zu seinen bildnerischen Kräften will die Bildungsarbeit den – verlorenen oder geminderten – vollen Zugang wieder eröffnen, oder seinen Kräften den Zugang zu mir.

Über die Kräfte können wir nicht verfügen, wir können nur zu ihnen hinleiten. Es sind diese besonderen, ursprünglichen Kräfte, und sind doch nicht ethnisch, so wenig wie sie religionhaft sind, sondern beides in einem und mehr und andres. Aber mit der Einsicht in die Besonderheit der Bildungskräfte ist nichts über den Bildungsstoff ausgesagt. Der Bereich, dem dieser zu entnehmen ist, ist schlechthin kein besonderer, er umfaßt grundsätzlich alles; was ihm aber jeweils entnommen wird, das bestimmen keine allgemeinen Prinzipien, das Bestimmende ist hier unsere jeweilige Situation. Sie allein liefert das Kriterium der Auswahl: wessen der Mensch, der diese Situation da bestehen soll, unser wachsendes Geschlecht, an Bildungsstoff bedarf, um sie zu bestehen, das und nichts andres ist der Bildungsstoff unsrer Stunde. Hier verbindet und vermischt sich eigentümlich Allgemeines und Besonderes.

Der Bildung, die hier erörtert wird, ist es um die «Welt» zu tun, deren vielfältige Aspekte die «Weltanschauungen» sind. Es gibt ja eben doch nicht etwa bloß die verschiedenen Auffassungen eines Volkstums, in deren Zeichen und um deren Wahrheit die Volksgruppen miteinander ringen –, es gibt doch auch das wirkliche Volkstum selber, das sie alle meinen und keine umfaßt: Es geht in sie alle ein, spiegelt und bricht sich in jeder – und ist keiner hörig. Die Bildungsarbeit weist auf die reale Einheit hin, die sich hinter der Vieldeutigkeit der Aspekte birgt. Sie maßt sich nicht an, die Weltanschauungen durch Welt zu ersetzen, sie kann jene nicht verdrängen und darf es nicht wollen; sie weiß, daß man eine Welt nicht «haben» kann, wie man eine Weltanschauung hat; aber sie weiß auch, daß für den Aufbau der Person und somit auch für den Aufbau der aus Personen und ihren Beziehungen wachsenden großen Gemeinschaft alles davon abhängt, wieweit man faktisch mit der Welt zu tun bekommt, die die Weltanschauungen ausdeuten.

Aber kann man denn zu einer Welt hinführen? Keiner vermag doch einen Bestand anders zu zeigen, als wie er sich eben ihm darstellt, also notwendigerweise wieder einen Aspekt! Ist es denn möglich, weltanschauungsfrei zu lehren – und wäre es, wenn's möglich wäre, erwünscht?

Nein, es ist nicht möglich, und nein, es wäre nicht erwünscht. Aber es kommt, beim Lehrenden wie beim Lernenden, darauf an, ob seine Weltanschauung sein lebensmäßiges Verhältnis zu der «angeschauten» Welt fördert oder ihm diese verstellt. Die Tatsachen sind; es kommt darauf an, ob ich sie so treu zu erfassen strebe, als ich vermag. Meine Weltanschauung kann mir darin helfen; wenn sie nämlich meine Liebe zu dieser «Welt» so wach und stark hält, daß ich nicht müde werde wahrzunehmen, was wahrzunehmen ist. Ein Text etwa meines Schrifttums ist da; er ist unzählige Male und auf unzählige Weise interpretiert worden; ich weiß, daß keine Interpretation, und nun auch meine nicht, den Ursprungssinn des Textes deckt; ich weiß, daß mein Interpretieren, wie jedes, bedingt ist durch mein Sein; aber wenn ich auf das, was dasteht, auf Wort und Gefüge, auf Laut und rhythmischen Bau, auf offenbare und heimliche Zusammenhänge so treulich achte, als ich vermag, ist es nicht umsonst getan – ich finde etwas, ich habe etwas gefunden. Und wenn ich, was ich gefunden habe, aufzeige, führe ich – den, der sich führen läßt – zur Wirklichkeit des Textes hin; ich setze ihn, den ich lehre, den wirkenden Kräften des Textes aus, deren Wirken ich erfahren habe. Und ebenso ist etwa eine geschichtliche Erscheinung da; gewiß, schon ihr erster Chronist mag sie, zumindest durch die Auswahl des Mitgeteilten, «weltanschaulich» gefärbt haben;

aber was tut das? Von meiner Weltanschauung befeuert, diese Erscheinung zu erkennen, mühe ich mich redlich um die Durchdringung des Materials, um die Schau des verborgenen «Dahinter»; irgendwo, ich weiß nicht, wo, mag diese meine wahrnehmende Unbefangenheit von meiner bearbeitenden weltanschaulichen Befangenheit durchsetzt werden – vergeblich war sie nicht, denn in das Ergebnis, das ich heimtrage, ist Wirklichkeit chemisch eingemengt, unauslösbar freilich, aber vorhanden und wirksam; vergeblich war meine Treue nicht, wenn ich nur darauf ausging, zu erfahren, was irgend ich erfahren kann. Die Tatsachen sind und die Treue ist; die Treue ist wie alles Menschliche bedingt und wie alles Menschliche maßgeblich. Es ist uns nicht gewährt, die Wahrheit zu besitzen; aber wer an sie glaubt und ihr dient, baut an ihrem Reich. Der ideologische Anteil an dem, was jeder einzelne Wahrheit nennt, ist unausschmelzbar; aber was er vermag, das ist, im eigenen Geist Einheit zu gebieten der Politisierung der Wahrheit, der Utilitarisierung der Wahrheit, der ungläubigen Gleichsetzung von Wahrheit und Verwendbarkeit. Die Relativierung waltet in mir, wie der Tod in mir waltet; aber ihr kann ich, anders als ihm, immer wieder die Schranke setzen: bis hierher und nicht weiter!

Die Bildung, die hier erörtert wird, stellt die geteilten Weltanschauungsgruppen vor das Angesicht des Ganzen. Da aber dieses Ganze nicht ein abgesondertes Objekt, sondern das sie gemeinsam tragende Leben ist, können sie nicht in getrennten Scharen dastehen und betrachten – sie müssen in dieser erfahrenen Gemeinsamkeit auch miteinander zu tun bekommen, ja erst im gelebten Miteinander bekommen sie recht eigentlich die Gewalt des Ganzen zu spüren.

Die moderne Gruppe will «sich durchsetzen», sie will das Ganze werden. Aber das Ganze wird nicht gemacht, es wächst. Wer sich ihm auferlegt, verliert es, indem er es zu gewinnen scheint; wer sich ihm hingibt, wächst mit ihm. Nur in *gewachsener* Ganzheit ist die elementare (d. h. die freie) Produktivität eines Volkstums verbürgt, nur im Blick auf sie ist sie möglich.

Die Bildungsarbeit vereinigt die teilnehmenden Gruppen, im Zugang zu den bildnerischen Kräften und im gemeinsamen Dienst um die Tatsachen, zu einem Modell der großen Gemeinschaft: als welche nicht Zusammenschluß der Gleichgesinnten ist, sondern echtes Miteinanderleben der Gleichgearteten oder Artverschmolzenen, aber Verschiedengesinnten. Gemeinschaft ist Bewältigung der *Anderheit* in der gelebten Einheit.

Es gilt nicht «Toleranz» zu üben, sondern Vergegenwärtigung der Wurzelgemeinschaft und der Verzweigungen; es gilt den Stamm so zu erfahren und zu erleben (hier steht das oft fragwürdige Wort zu Recht), daß man auch erlebt, wo und wie die *andern* Äste abspringen und hinschießen, so wirklich wie der eigne. Es gilt nicht eine formelhafte Scheinverständigung auf einer Minimalbasis, sondern Wissen um das Wahrheitsverhältnis von drüben, um des andern Realverhältnis zur Wahrheit; nicht «Neutralität», sondern Solidarität, lebendiges Füreinander-Einstehen, und Mutualität, lebendige Wechselwirkung. Nicht Verwischung der Grenzen zwischen den Bünden, Kreisen und Parteien, sondern gemeinschaftliche Erkenntnis der gemeinsamen Wirklichkeit und gemeinschaftliche Erprobung der gemeinsamen Verantwortung.

Vitale Dissoziierung ist die Krankheit der Völker in unserer Zeit, die durch eine zusammenpressende Aktion nur scheinbar zu heilen ist. Hier kann zunächst nichts andres helfen als ein rechtschaffnes Miteinander-zu-tun-Bekommen der Menschen verschiedener Gesinnungskreise in gemeinsamer Erschließung des gemeinsamen Grundes. Darauf geht die Pädagogik, die Andragogik unserer Bildungsarbeit aus.

Aber sie setzt die verschiedenen Weltanschauungsgruppen nicht bloß in unmittelbare Beziehung zueinander, sie gibt auch jeder einzelnen das, was diese für ihre eigene Weltanschauung braucht und sich selbst nicht geben kann.

Jeder Weltanschauung heftet sich, sowie sie auf dem Bereich des Denkens und Planens in den Bereich des Menschenlebens tritt, eine eigentümliche Problematik an, die eine ganz neue, vorher nicht gestellte und nicht stellbare Wahrheitsfrage einschließt. Es ist die Problematik dessen, was ich als die dialektische Innenlinie bezeichnen möchte.

Solange die Weltanschauung in den Höhen des reinen Gedankens und des unbedingten Willens schwebt, nimmt sie sich glatt und fugenlos aus; sowie sie die Erde unseres Lebens betritt, erhält sie einen Riß – einen wenig beachteten, aber äußerst wichtigen Riß mittendurch.

Wir befinden uns nun im Raum des konkreten, persönlichen Lebens; jede Gruppe hat ja (was sie gern vergißt) ihre Konkretheit, die konkrete Probe, die über die Zukunft entscheidet, im Leben der Personen, die ihr angehören.

Hier, in diesem Raum, scheidet und entscheidet es sich innerhalb der Weltanschauung.

Von einer doppelten Frage aus vollzieht sich die Scheidung: Worauf steht deine Weltanschauung? Und: Was fängst du mit deiner Weltanschauung an? Worauf sie stehe – das heißt: auf welcher Weite und welcher Dichtigkeit der persönlichen Erfahrung, des lebensmäßigen Wissens um die Dinge und um die eigene Person. Einer Weltanschauungsgruppe angeschlossen sein kann eine echte Wahl bedeuten oder einen täppischen Zugriff wie im Blindekuhspiel.

Je nach dem Grund, worauf eine Weltanschauung ruht, je nachdem, was für Wurzeln sie hat, Luftwurzeln oder Erdwurzeln, entscheidet es sich, was ihr

an nährender Wirklichkeit zufließt, entscheidet sich ihr Wirklichkeitsgehalt – und von dem aus die Zuverlässigkeit ihres Wirkens.
Und zum zweiten: was man damit anfange – das heißt: ob einer seine Weltanschauung nur verficht und «durchsetzt» oder sie auch lebt und bewährt, so gut er eben je und je kann (so gut er kann; es gibt ein sich großartig ausnehmendes Entweder–Oder, das im Kern nichts anderes ist als Flucht, Ausflucht). Die Wahrheit einer Weltanschauung wird nicht in den Wolken erwiesen, sondern im gelebten Leben: Wahr ist, was bewährt wird.
Im einheitlichen Marschtakt einer Gruppe verliert sich heute die Unterscheidung, wessen Schritt den Gang seiner richtungerfüllten Existenz selber und wessen Schritt nur eine beredte Gebärde bedeutet. Und doch ist diese Unterscheidung, die quer durch jede Gruppe führt, gewichtiger noch als die zwischen Schar und Schar. Denn nur die mit ihrer Lebenssubstanz Verwirklichenden werden neue lebensfähige Wirklichkeit stiften. Mag von der Stoßkraft des Trupps der Erfolg abhängen, von der Echtheit der einzelnen hängt ab, als was sich in der Tiefe der Zukunft dieser Erfolg kundtun wird: als echter Sieg oder als dessen Vortäuschung. Die Bildungsarbeit hat auf die Angehörigen der Weltanschauungen einen doppelten Einfluß: einen fundierenden und einen postulativen. Sie hilft zum ersten jedem seine Weltanschauung im Erdreich seiner Welt verwurzeln, indem sie ihm diese weit und dicht erfahrbar macht, ihm den Zugang zu ihr eröffnet, ihn ihren wirkenden Kräften aussetzt. Und sie erzieht zum zweiten in jedem sein Weltanschauungsgewissen, das ihn immer neu auf die Bewährung hin prüft und das den Unverbindlichkeiten der Durchsetzung die Verbindlichkeit, den Ernst der tausend kleinen Verwirklichungen entgegenstellt.
Gewiß ist es wichtig, was einer bekennt; aber noch wichtiger ist es, *wie* er es bekennt. Dieses Wie ist kein ästhetisches und nicht einmal ein ethisches; es geht um Realität im genausten Sinn, um die ganze Realität, im Verhältnis zu der das Ästhetische und das Ethische nur Abstraktionen sind. Wohnt eine Weltanschauung im Kopf oder im ganzen Menschen? Lebt sie in den Stunden der Proklamation oder noch in den stillen Privatzeiten seines Lebens? Verwendet er sie oder gibt er sich ihr her? Das ist die Scheidung zwischen Realgesinnung und Fiktivgesinnung, zwischen der Gesinnung, die verwirklicht wird, bis sie ganz in die Wirklichkeit eingegangen ist, und der Gesinnung, die flott durchgesetzt und durchgesetzt wird, bis nichts von ihr übriggeblieben ist. Es gibt die existentielle Verantwortung der Person für das Haben einer Weltanschauung; die kann mir meine Gruppe nicht abnehmen, sie darf es nicht.
Man rede nicht von «Individualismus»! Wohl geht es um Personen, aber nicht

um der Person willen; es geht um sie um der Zukunft willen. Ob im Bereich irgendeiner Weltanschauung die Menschen der Realgesinnung oder die Menschen der Fiktivgesinnung bestimmend sind, ob die zu treffenden Entscheidungen von der existentiellen Verantwortung aus getroffen werden oder nicht, was sich an der inneren Front begibt, die quer durch alle Weltanschauungen sich zwischen Wahrheit und Lüge hinzieht, davon hängt noch mehr ab als davon, ob diese Weltanschauung «siegt» oder nicht; denn davon hängt ab, ob der geschichtlich verzeichnete Sieg wahrhaft dies und nicht etwa die Katastrophe ist. Wie weit die künftige Gemeinschaft dem Wunschbild entsprechen wird, hängt von der Wesenshaltung der gegenwärtigen Personen – nicht der führenden allein, sondern jedes einzelnen – wesentlich ab. Das Ziel steht nicht fest und wartet; wer einen Weg einschlägt, der nicht schon in seiner Art die Art des Zieles darstellt, wird es verfehlen, so starr er es im Auge behält; das Ziel, das er erreicht, wird nicht anders aussehen als der Weg, auf dem er es erreichte.

Wir leben – man muß es immer wieder sagen – in einer Zeit, in der Schlag auf Schlag die großen Träume, die großen Hoffnungen des Menschenvolks sich erfüllen: als ihre eignen Karikaturen. Was ist die Ursache all dieses massiven Scheins? Ich weiß keine andre als die Macht der Fiktivgesinnung. Diese Macht nenne ich die Ungebildetheit des Menschen dieses Zeitalters. Gegen sie steht die zeitwahre, zeitgerechte Bildung, die den Menschen hinführt zum gelebten Zusammenhang mit seiner Welt und ihn von da aufsteigen läßt zu Treue, zu Erprobung, zu Bewährung, zu Verantwortung, zu Entscheidung, zu Verwirklichung.

Die Bildungsarbeit, die ich meine, ist Führung zu Wirklichkeit und Verwirklichung. Der Mensch ist zu bilden, der zwischen Schein und Wirklichkeit, zwischen Scheinverwirklichung und echter Verwirklichung zu scheiden weiß, der den Schein verwirft und die Wirklichkeit erwählt und ergreift, gleichviel, welche Weltanschauung er erwähle. Diese Bildungsarbeit erzieht die Angehörigen aller Weltanschauungen zur Echtheit und zur Wahrheit. Sie erzieht jeden dazu, mit seiner Weltanschauung Ernst zu machen von der Echtheit des Grundes aus und auf die Wahrheit des Zieles zu.

ALBERT SCHWEITZER

Kultur aus ethischer Forderung

Die Ehrfurcht vor dem Leben läßt die rein individualistische und innerliche Auffassung der Kultur, wie sie im indischen Denken und in der Mystik herrscht, nicht gelten. Daß der Mensch in der Zurückziehung auf sich selbst Vervollkommnung erstrebt, ist ihr ein tiefes, aber unvollständiges Ideal von Kultur.

In keiner Weise erlaubt die Ehrfurcht vor dem Leben dem einzelnen, das Interesse an der Welt aufzugeben. Fort und fort zwingt sie ihn, mit allem Leben um ihn herum beschäftigt zu sein und sich ihm verantwortlich zu fühlen. Wo Leben in Betracht kommt, dessen Entwicklung durch uns beeinflußt werden kann, geht unsere Beschäftigung mit ihm und unsere Verantwortung gegen es nicht nur darauf, daß wir seine Existenz als solche erhalten und fördern, sondern auch darauf, daß wir es in jeder Hinsicht auf seinen höchsten Wert zu bringen suchen.

Das durch uns in seiner Entwicklung beeinflußbare Wesen ist der Mensch. Die Ehrfurcht vor dem Leben nötigt uns also zum Vorstellen und Wollen aller Fortschritte, deren der Mensch und die Menschheit fähig sind. Sie wirft uns in rastloses Vorstellen und Wollen von Kultur hinein, aber als ethische Menschen ...

Das Wesen der Kultur besteht darin, daß die in unserem Willen zum Leben nach Geltung ringende Ehrfurcht vor dem Leben sich in den einzelnen Menschen und in der Menschheit immer mehr durchsetzt. Kultur ist also nicht eine Erscheinung einer Weltrevolution, sondern ein Erlebnis des Willens zum Leben in uns, das wir mit dem Weltgeschehen, wie wir es von außen erkennen, nicht in Beziehung bringen können und auch nicht in Beziehung zu setzen brauchen. Als Vollendung unseres Willens zum Leben genügt es sich selber. Was die in uns stattfindende Entwicklung in der Totalität der Weltentwicklung bedeutet, lassen wir als unerforschlich dahingestellt. Daß es infolge aller den Menschen und der Menschheit erreichbaren Fortschritte auf der Welt möglichst viel Willen zum Leben gebe, der an allem in seinen Wirkungsbereich kommenden Leben Ehrfurcht vor dem Leben betätigt und in der Geistigkeit der Ehrfurcht vor dem Leben Vollendung sucht: Dies und nichts anderes ist Kultur. So sehr trägt sie ihren Wert in sich selber, daß uns sogar die Gewißheit eines in absehbarer Zeit eintretenden Aufhörens der Menschheit nicht in dem Bemühen um Kultur irremachen könnte.

Als Entwicklung, in der sich das höchste Erlebnis des Willens zum Leben auslebt, hat die Kultur eine Weltbedeutung, ohne einer Welterklärung zu bedürfen.

Der von der Ehrfurcht vor dem Leben erfüllte Wille zum Leben ist in der denkbar lebendigsten und stetigsten Weise für alle Arten von Fortschritten interessiert. Dabei besitzt er ein Maß, sie in der richtigen Weise zu bewerten, und vermag eine Gesinnung hervorzubringen, die sie alle miteinander in der zweckmäßigsten Weise zusammenwirken läßt.
Drei Arten von Fortschritt kommen für die Kultur in Betracht: Fortschritte des Wissens und Könnens, Fortschritte in der Vergesellschaftung der Menschen, Fortschritte der Geistigkeit.
Vier Ideale machen die Kultur aus: das Ideal des Menschen, das Ideal der sozialen und politischen Vergesellschaftung, das Ideal der geistig-religiösen Vergesellschaftung, das Ideal der Menschheit. Auf Grund dieser vier Ideale setzt sich das Denken mit den Fortschritten auseinander.
Die Fortschritte des Wissens haben eine unmittelbare geistige Bedeutung, wenn sie im Denken verarbeitet werden. Immer mehr lassen sie uns erkennen, daß alles, was ist, Kraft, das heißt Wille zum Leben ist; immer weiter ziehen sie uns in den Kreis des Willens zum Leben, den wir in Analogie mit dem unsrigen erfassen können. Was bedeutet es doch für unser Nachdenken über die Welt, daß wir in der Zelle eine Lebensindividualität entdeckt haben, in deren Fähigkeiten der Betätigung und des Erleidens wir die Elemente unserer Vitalität wiederfinden! Durch das sich erweiternde Wissen werden wir zu immer größerem Staunen über das uns allenthalben umgebende Geheimnis des Lebens angeregt. Aus naiver Naivität gelangen wir zu tiefer Naivität.
Aus dem Wissen kommt aber auch Macht über die Kräfte der Natur. Unsere Beweglichkeit und unsere Aktivität werden in außerordentlicher Weise gesteigert. Eine weitgehende Veränderung unserer Lebensumstände findet statt. Die damit gegebenen Fortschritte sind aber nicht ebenso viele Vorteile für die Entwicklung des Menschen. Durch die Macht, die wir über die Kräfte der Natur erhalten, befreien wir uns von ihr und machen sie uns dienstbar. Zugleich aber lösen wir uns damit auch von ihr los und begeben uns in Lebensbedingungen, deren Unnatürlichkeit mannigfache Gefahren bringt.
Die Kräfte der Natur machen wir uns in der Maschine dienstbar. Als ein Schüler des Kungtse (Confucius), so wird in den Schriften des Dschuang Dsi (Tschuangtse) erzählt, einen Gärtner sah, der, um Wasser zum Begießen seiner Beete zu holen, jedesmal mit dem Gefäß in den Brunnen hinunterstieg,

fragte er ihn, ob er sich die Arbeit nicht erleichtern wolle. «Wieso denn?» erwiderte dieser. Kungtses Schüler sprach: «Man nimmt einen hölzernen Hebelarm, der hinten beschwert und vorne leicht ist. Auf diese Weise kann man das Wasser schöpfen, daß es nur so sprudelt. Man nennt das einen Ziehbrunnen.» Da antwortete der Gärtner, der ein Weiser war: «Ich habe meinen Lehrer sagen hören: Wenn einer Maschinen benützt, so betreibt er alle seine Geschäfte maschinenmäßig; wer seine Geschäfte maschinenmäßig betreibt, der bekommt ein Maschinenherz; wenn aber einer ein Maschinenherz in der Brust hat, dem geht die reine Einfalt verloren.»

Die von jenem Gärtner im 5. Jahrhundert vor Christus geahnten Gefahren treten unter uns in ihrer ganzen Schwere auf. Rein mechanische Arbeit ist das Los vieler um uns her geworden. Vom eigenen Haus und vom eigenen nährenden Boden losgelöst, leben sie in einer drückenden, materiellen Unfreiheit. Durch die Umwälzung, die die Maschine hervorgerufen hat, sind wir fast alle einem allzu geregelten, allzu eingeengten und allzu anstrengenden Arbeitsdasein unterworfen worden. Selbstbesinnung und Sammlung sind uns schwergemacht. Das Familienleben und die Erziehung der Kinder leiden Not. Alle sind wir mehr oder weniger in Gefahr, Menschendinge statt Persönlichkeiten zu werden. Vielfache materielle und geistige Schädigung der Menschenexistenz ist also die Schattenseite der Errungenschaften des Wissens und Könnens.

Unsere Kulturfähigkeit selbst wird in Frage gestellt. Von schwerstem Kampf ums Dasein ganz in Anspruch genommen, sind viele unter uns nicht mehr imstande, Ideale, die auf Kultur gehen, zu denken. Sie bringen die Objektivität dafür nicht mehr auf. All ihr Sinnen ist nur auf Verbesserung ihres eigenen Daseins gerichtet. Die Ideale, die sie hierfür aufstellen, geben sie als Kulturideale aus und stiften damit Verwirrung in der Vorstellung von der Kultur an. Um der Lage, wie sie durch die Folgen der sowohl förderlichen als schädigenden Errungenschaften des Wissens und Könnens geschaffen ist, gewachsen zu sein, müssen wir das Ideal des Menschen denken und mit den Umständen ringen, daß sie die Entwicklung des Menschen zu diesem Ideal möglichst wenig hemmen und möglichst viel fördern.

Das Ideal des Kulturmenschen ist kein anderes als das des Menschen, der in allen Verhältnissen wahres Menschentum bewährt. Für uns bedeutet Kulturmenschen sein beinahe, daß wir trotz der Zustände der modernen Kultur Menschen bleiben. Nur das Besinnen auf alles, was zum wahren Menschentum gehört, kann uns davor bewahren, daß wir uns in den Zuständen fortgeschrittenster äußerer Kultur von der Kultur selbst verirren. Erst wenn die Sehnsucht, wieder wahrhaft Mensch zu werden, in dem modernen Menschen entzündet wird, kann er sich aus der Verirrung heimfinden, in der er jetzt, von Wissensdünkel und Könnensstolz geblendet, herumwandelt. Nur dann ist er auch in der Lage, dem Drucke der Lebensverhältnisse, die sein Menschentum bedrohen, entgegenzuarbeiten.

Als Ideal des materiellen und geistigen Seins des Menschen stellt die Ehrfurcht vor dem Leben also auf, daß er in möglichster Ausbildung aller seiner Fähigkeiten und in möglichst weitgehender materieller und geistiger Freiheit darum ringe, gegen sich selbst wahrhaftig zu sein und allem Leben um ihn herum miterlebende und helfende Teilnahme entgegenzubringen. In ernster Beschäftigung mit sich selbst soll er sich immer alle Verantwortungen, die für ihn gegeben sind, gegenwärtig halten und so als Leidender und Handelnder, in seinem Verhalten zu sich selbst und zur Welt, lebendige Geistigkeit bewähren. Als wahres Menschentum schwebe ihm vor, in der tiefen Welt- und Lebensbejahung der Ehrfurcht vor dem Leben ethisch zu sein.

Ist als Ziel der Kultur anerkannt, daß jeder Mensch in einem möglichst menschenwürdigen Dasein zu wahrem Menschentum gelangen soll, so kann die kritiklose Überschätzung des Äußerlichen der Kultur, wie wir sie von dem ausgehenden neunzehnten Jahrhundert übernommen haben, unter uns nicht weiter bestehen. Immer mehr kommen wir in ein Überlegen hinein, das uns zwischen dem Wesentlichen und dem Unwesentlichen der Kultur unterscheiden läßt. Der geistlose Kulturdünkel verliert seine Macht über uns. Wir wagen der Wahrheit ins Auge zu schauen, daß mit den Fortschritten des Wissens und Könnens die Kultur nicht leichter, sondern schwerer geworden ist. Das Problem der Wechselbeziehungen zwischen dem Materiellen und dem Geistigen geht uns auf. Wir wissen, daß wir alle mit den Verhältnissen um unser Menschentum zu ringen haben und Sorge tragen müssen, den fast aussichtslosen Kampf, den viele um ihr Menschentum führen, wieder zu einem aussichtsvollen zu gestalten.

Als geistige Hilfe in diesem Kampfe bringen wir ihnen die Gesinnung entgegen, daß nie ein Mensch als Menschending den Verhältnissen geopfert werden soll. Von sogenannten Denkern formuliert und in allen möglichen Fassungen populär geworden, geht die Überzeugung unter uns um, daß Kultur das Gut einer Elite sei und der Massenmensch nur ein Mittel, sie zu verwirklichen. Damit wird denen, die schwer um ihr Menschentum zu ringen haben, die geistige Hilfe, auf die sie Anspruch haben, versagt. So will es der Wirklichkeitssinn, dem wir uns ergeben haben. Die Ehrfurcht vor dem Leben aber empört sich gegen ihn und schafft eine Gesinnung, in der jedem Menschen der Menschenwert und die Menschenwürde, die ihm die Lebensumstände versagen wollen, in den Gedanken der anderen entgegengebracht wird. Damit

hat der Kampf das Bitterste verloren. Der Mensch hat sich nur noch gegen die Verhältnisse, aber nicht auch zugleich gegen die Menschen zu behaupten.
Weiter hilft die Gesinnung der Ehrfurcht vor dem Leben denen, die am schwersten um ihr Menschentum zu kämpfen haben, dadurch, daß sie die Vorstellung des Menschentums als des um jeden Preis zu wahrenden Gutes in ihnen wachhält. Sie bewahrt sie davor, sich einseitig in den Kampf um die Verringerung der materiellen Unfreiheit zu verrennen, und heißt sie bedenken, daß viel mehr Menschentum und innerliche Freiheit mit ihren Lebensumständen vereinbar ist, als sie darin verwirklichen. Sie leitet sie an, sich Sammlung und Innerlichkeit zu wahren, wo sie sie bisher preisgaben.
Kommen muß eine Vergeistigung der Massen. Die vielen einzelnen müssen denkend werden über ihr Leben, über das, was sie im Kampfe des Daseins für ihr Leben erringen wollen, über das, was ihnen die Umstände erschwert, und über das, was sie sich selber versagen. Es fehlt ihnen an Geistigkeit, weil sie eine verworrene Vorstellung von Geistigkeit haben. Sie vergessen das Denken, weil ihnen das elementare Denken über sich selbst fremd geworden ist. In dem, was in unserer Zeit als Geistigkeit gepflegt und als Denken geübt wird, ist so gar nichts, was sie als für sie notwendig unmittelbar erfaßt. Kommt es aber dazu, daß die Gedanken der Ehrfurcht vor dem Leben unter uns gedacht werden, so ist damit ein Denken gegeben, das an allen arbeitet, und eine Geistigkeit rege geworden, die in allen aufkommen will. Auch die, die im schwersten Kampfe um ihr Menschentum stehen, werden dann zu Selbstbesinnung und Innerlichkeit geführt und empfangen Kräfte, die sie vorher nicht besaßen.
Miteinander wissend, daß die Erhaltung der Kultur vor allem von dem Aufbrechen der Quellen geistigen Lebens in uns abhängig ist, nehmen wir dennoch die wirtschaftlichen und sozialen Probleme mit Eifer in Angriff. Möglichst hohe materielle Freiheit für möglichst viele ist uns eine Forderung der Kultur.
Die Einsicht, daß wir augenscheinlich so wenig Macht über die wirtschaftlichen Verhältnisse haben, entmutigt uns nicht. Wir wissen, daß dies zu einem bedeutenden Teil dadurch bedingt ist, daß bisher Tatsachen gegen Tatsachen und Leidenschaften gegen Leidenschaften kämpften. Aus unserem Wirklichkeitssinn kommt unsere Machtlosigkeit. Viel mehr vermögen wir über die Dinge, wenn wir uns entschließen, die Probleme durch Gesinnung lösen zu wollen. Für diese Einsicht sind wir nachgerade reif. Die auf Grund wirtschaftlicher Theorien und Utopien geführten Machtkämpfe waren in jeder Hinsicht unzweckmäßig und haben uns in eine grauenvolle Lage gebracht. Es bleibt uns nur die radikale Umkehr, die Lösung der Probleme auf zweckmäßige Art,

durch zweckmäßiges Verstehen und Vertrauen zu versuchen. Allein die Ehrfurcht vor dem Leben ist imstande, die hierzu notwendige Gesinnung zu schaffen. Verstehen und Vertrauen, in denen wir uns gegenseitig auf das Zweckmäßigste einigen und durch die wir so viel Macht über die Umstände bekommen, als immer möglich ist, sind nur vorhanden, wenn alle bei allen Ehrfurcht vor der Existenz des andern und Rücksicht auf sein materielles und geistiges Wohlergehen als eine von innen heraus bei ihnen wirkende Gesinnung voraussetzen können. Nur aus der Ehrfurcht vor dem Leben sind die Maßstäbe der wirtschaftlichen Gerechtigkeit zu gewinnen, in der wir uns miteinander zu verständigen haben.

Wird es uns möglich sein, diese Entwicklung zu verwirklichen? Wir müssen es, wenn wir nicht miteinander materiell und geistig zugrunde gehen wollen. Alle Fortschritte des Wissens und Könnens wirken sich zuletzt verhängnisvoll aus, wenn wir nicht durch entsprechenden Fortschritt unserer Geistigkeit Gewalt über sie behalten. Durch die Macht, die wir über die Kräfte der Natur gewinnen, bekommen wir auch in unheimlicher Weise als Menschen über Menschen Gewalt. Mit dem Besitz von hundert Maschinen ist für einen Menschen oder eine Genossenschaft die Herrschaft über alle, die diese Maschinen bedienen, gegeben. Durch eine neue Erfindung wird es möglich, daß ein Mensch mit einer Bewegung nicht mehr hundert, sondern zehntausend Menschen tötet. In keinem Kampfe läßt sich erkämpfen, daß wir einander nicht in wirtschaftlicher oder physischer Macht verderblich werden. Höchstens kommt dabei heraus, daß der Vergewaltiger und der Vergewaltigte in ihren Rollen miteinander abwechseln. Helfen kann nur, daß wir die Macht, die uns gegeneinander gegeben ist, ablegen. Dies ist aber eine Tat der Geistigkeit.

Trunken von den Fortschritten des Wissens und Könnens, die über unsere Zeit hereinbrachen, vergaßen wir, uns um den Fortschritt in der Geistigkeit der Menschen zu sorgen. Gedankenlos glitten wir unversehens in den Pessimismus, an alle Fortschritte zu glauben, nur nicht mehr an den geistigen Fortschritt des Menschen und der Menschheit.

Die Tatsachen rufen uns zur Besinnung, wie die Bewegungen des kenternden Fahrzeuges die Mannschaft auf Deck und in die Segel jagen. Schon ist uns der Glaube an den geistigen Fortschritt des Menschen und der Menschheit etwas fast Unmögliches geworden. Mit dem Mute der Verzweiflung müssen wir uns zu ihm zwingen. Alle miteinander wieder den geistigen Fortschritt des Menschen und der Menschheit wollen und wieder auf ihn hoffen: Dies ist das Herumwerfen des Steuers, das uns gelingen muß, wenn unser Fahrzeug im letzten Augenblick noch vor den Wind gebracht werden soll.

Fähig zu dieser Leistung werden wir nur in denkender Ehrfurcht vor dem

Leben. Fängt Ehrfurcht vor dem Leben an, irgendwo am Denken und an der Gesinnung zu arbeiten, dann ist das Wunder möglich. Die Macht der in ihr gegebenen elementaren und lebendigen Geistigkeit ist unberechenbar.

LÉOPOLD SÉDAR SENGHOR

Die Botschaft Goethes an die «neuen Neger»

Es ist nicht meine Absicht, das Werk Goethes neu zu beleuchten. Andere, Befähigtere, werden das nicht versäumen. Ich möchte nur von den Lehren sprechen, die ich, oder wir, die schwarzen Intellektuellen französischer Sprache, aus der Lektüre Goethes in den finsteren Tagen der Naziherrschaft gezogen haben.

Es war Ende des Jahres 1941. Ich war seit einem Jahr in Poitiers, in einem Kriegsgefangenenlager für Kolonialsoldaten. Meine Fortschritte im Deutschen hatten mir schließlich ermöglicht, Gedichte von Goethe im Original zu lesen. Das war eine Offenbarung, die mich dazu bewog, die großen Werke des Meisters erneut und aufmerksamer zu lesen. In meiner winzigen Bibliothek stellte ich nun *Faust* und *Iphigenie* neben die *Äneis,* die *Gedanken* von Pascal und die *Dialoge* von Platon, die zu meinen Lieblingsbüchern gehörten.

Es war eine echte Bekehrung. Zwei Jahre zuvor war ich noch ganz versunken in die Trunkenheit des «Reiches der Kindheit», der wiedergefundenen Négritude – war ich noch eine Beute der glühenden Lava des Vulkans in mir. Wie es zu dieser Bekehrung kam, bei der Goethe eine so schöne Rolle spielte, ist der Gegenstand dieser Betrachtung.

Zwei Jahre zuvor schürfte ich, schürften wir nur in uns selbst. Wir suchten nur Brennstoff, um unsere Gluten zu schüren, und schlugen Feuer aus jedem Holze. Wir gingen nur noch mit unseresgleichen um. Wir gingen in die Schule der Griots und der Zauberer. Im Rhythmus der Tam-Tams gaben wir uns der Trance des Wodu hin und beklagten unsere Leiden mit der bald schrillen, bald wehmutsvollen Stimme der Trompete.

Bei der abenteuerlichen Suche nach dem «Gral der Négritude» machten wir uns alle die zu Verbündeten, in denen wir irgendeine Ähnlichkeit entdeckten. Und warum nicht auch Deutsche, trotz Hitler? Wir ließen uns von den leuchtenden Thesen von Leo Frobenius verführen, demzufolge die Neger-Seele und die deutsche Seele Schwestern seien. Waren sie nicht, die eine wie

die andere, Töchter der «äthiopischen Kultur», welche «Hingabe an ein paideumatisches Wesen», Gefühlsbegabung und Sinn für das Wirkliche bedeutete, während die «hamitische Kultur», mit der der westliche Rationalismus verwandt ist, den Willen zur Herrschaft, die Gabe der Erfindung und den Tatsachensinn ausdrückte?
Leo Frobenius hatte uns in einen neuen «Sturm und Drang» eingereiht und uns zu Goethe geführt, zu einem Goethe, der schön war wie Ganymed, leuchtender als Alkibiades und von verwegener Kühnheit. Im Gefolge des Aufrührers erhoben wir uns gegen die Ordnung und die Werte des Westens, besonders gegen die Vernunft.
Mit *Götz von Berlichingen* und *Egmont* liefen wir Sturm gegen den kapitalistischen Imperialismus und forderten für die schwarzen Völker die politische Unabhängigkeit – und mehr noch: die Autonomie der Négritude. Als neue Prometheuse, als Fauste mit Ebenholzgesichtern stellten wir den Platitüden der Vernunft die hohen Stämme unserer Wälder, der lächelnden Weisheit des «bleichgesichtigen Gottes mit den rosa Ohren» das Buschfeuer unserer Köpfe entgegen, vor allem aber den unstillbaren Schwung des Blutes in unserer Brust. Wir zitierten:

> Hast du nicht alles selbst vollendet,
> heilig glühend Herz?

Und dann:

> Geheilt will ich nicht sein, mein Sinn ist mächtig,
> Da wär ich ja wie andre niederträchtig.

Das waren zwischen 1930 und 1939 die Jahre der Trunkenheit des «Neuen Negers» in Frankreich. Versehen mit den *Wunderwaffen** des automatischen Schreibens, die wirksamer waren als Maschinengewehre, schleuderten wir vergiftete Assagaie und siebenzackige Wurfmesser, ließen alle Vulkane Äthiopiens ausbrechen und begruben am Himmelfahrtstag alle Saint-Pierres** unter dem Feuerregen unseres Grolls. So glaubten wir wenigstens.
Die Niederlage Frankreichs und des Westens 1940 hatte uns Negerintellektuelle völlig bestürzt. Doch wachten wir bald wieder auf unter dem Stachel der Katastrophe, nackt und ernüchtert. Dahin also, in den Geruch der Beinhäuser

* Titel eines Gedichtbandes von Aimé Césaire.
** Saint-Pierre: frühere Hauptstadt der Antilleninsel Martinique, die am Himmelfahrtstag 1904 durch einen Vulkanausbruch verschüttet wurde.

und in das Geknatter der Hinrichtungstrupps, dahin also hatten uns der Haß auf die Vernunft und der «Kult des Blutes» geführt. In diesem Abgrund, in dieser Dunkelheit blieb uns nichts – nur jene mächtigen Bindungen, die Leuchttürme der beispielhaften Denker, woher sie auch kommen mochten. Wir machten uns also daran, zumindest wir Kriegsgefangenen, unsere Klassiker mit frischem Sinn wiederzulesen.

Darunter Goethe, der nun als «vollkommener Mensch» und gar nicht mehr fremd vor unseren offenen Augen stand. Er blieb im reifen Alter jung – und schön. Von jener Schönheit des Ausgleichs, die viel eher einer viele Künste und Wissenschaften umfassenden Kultur als einer enzyklopädischen Erziehung entsprang. Und wir dachten nach über die Lektion, die uns sein Leben und sein Werk erteilten.

Er lehrte uns zunächst die Gefahren der kulturellen Vereinsamung, der Selbstbezogenheit, die Gefahr, nur auf das eigene Volk, die eigene Nation, auf die eigenen Tugenden bauen zu wollen. Er hatte sich mit allen Disziplinen des Körpers und des Geistes vertraut gemacht, von der Reitkunst bis zu den Naturwissenschaften. Er hatte Latein gelernt, Griechisch, Hebräisch, und interessierte sich für die Literaturen des Orients. Er wollte sich mit allen Farben des Regenbogens schmücken. Und über alledem empfand er, der Deutsche, das Fernweh, den alten Ruf des Mittelmeers und der sonnigen Länder an die «Barbaren des Nordens», den alten Ruf der Vernunft nach dem Herzen. Und er antwortete darauf. Goethe antwortete mit seinem Leben, einem Leben emsiger und methodischer Arbeit während seiner reiferen Jahre. Er antwortete darauf vor allem durch sein Werk.

Von seinem wissenschaftlichen Werk spreche ich nur als Beispiel. So umstritten es sein mag, so interessiert es uns wegen seiner Beispielhaftigkeit. Es bedeutet für uns, daß wir das neue Gemeinwesen der Négritude nicht allein auf die literarischen und künstlerischen Werte gründen können, daß die Négritude auch unsere wirtschaftliche und soziale Entwicklung spiegeln muß, indem sie in aktiver Assimilation den wissenschaftlichen Fortschritt Europas einbezieht. Daß sie zu einer dynamischen Bewegung werden muß, die, wenn sie die Natur verändert, sie auch vermenschlicht, um sie dem Menschen dienstbar zu machen.

Vor allem aber fanden wir Goethes Botschaft in seinem literarischen Werk, denn dies lasen wir, während die blutigen Wirbelstürme unsere Augen blendeten.

Da ist Goethe aus Italien zurück, reich an Erlebtem, an Gelesenem, an neuen Gedanken. Eine fruchtbare Entwurzelung, die ihm dann erlaubt, die saftigsten Früchte hervorzutreiben: seine Meisterwerke. Wenn ich seine Botschaft richtig verstanden habe, so will er uns weniger die sprudelnden Quellen der im Heimatboden enthaltenen Wirklichkeit verwehren, als uns mißtrauisch machen gegen das Gestammel des Herzens, gegen Worte, die nicht schöpferisch sind. Das Griechische oder Römische in seinem Spätwerk zeigt sich weniger in den Gestalten und Stoffen als in der Struktur und im Rhythmus. Also im Stil, der den Werken das Siegel der Notwendigkeit, des Ewigen gibt. So in *Iphigenie,* in den *Römischen Elegien,* und vor allem im zweiten Teil des *Faust.*

«Jeder sei auf seine Art ein Grieche! Aber er sei's!» – rät Goethe den «neuen Negern». Das heißt also nicht, daß sie auf die soziale Bestätigung ihrer Gefühle verzichten, die dunklen Geister ihres Blutes ersticken sollten, daß sie die Tam-Tams der Nacht verhüllen sollten. Keineswegs. Sondern daß sie die Beherrscher seien der tellurischen Kräfte, durch die sich die Négritude ausdrückt, und daß das Bild nicht mehr ungebändigt sich auslebe und den Gedanken erdrücke, sondern daß der Geist die Form in Grenzen halte. «Gezähmte Romantik!» Indem André Gide der Klassik diese Definition gab, nahm er nur den großen Gedanken Goethes wieder auf. «Gezähmte Romantik», vollkommenes Gleichgewicht zwischen zwei sich ergänzenden Werten, zwischen Herz und Kopf, zwischen Instinkt und Vorstellung, zwischen dem Wirklichen und dem Tatsächlichen – das vollkommene Gleichgewicht des blitzeschleudernden Zeus: Das ist die Lehre, die Goethe für uns aus der antiken Kunst zog.

Auf diese Weise, so dachte ich, als ich den Stacheldraht des Gefangenenlagers abschritt, wird unsere leibhaftigste Stimme, werden unsere negerhaftesten Werke zugleich die menschlichsten sein, Schwestern sein von *Hermann und Dorothea* in der «Weltliteratur». Und der Naziwachtposten maß mich von Kopf bis Fuß mit dummem Gesicht, und ich lächelte ihm zu, und er begriff nicht . . .

Eine seltsame Begegnung, eine bedeutungsvolle Lektion. Die blinde Verschwägerung des Leo Frobenius hatte uns – die Neger – zusammen mit den Deutschen abgesondert. Und ein anderer Deutscher hatte uns wieder versöhnt. Aus dem hohen Norden hatte er sich auf den Weg gemacht, die Sonne zu suchen. Wir kamen aus dem Süden in die gemäßigteren Länder. Und so sind wir uns begegnet am Ufer des Mittelmeeres, dem Nabel der Welt. Brüderlich plauderten wir dort in der leuchtenden lauen Luft. Und fanden Geschmack an der Süße des Mischlingsmeeres, des Mittelmeeres.

Konzaburo Oe

Humanismus in Japan

In der Geschichte der modernen japanischen Literatur waren die aufrichtigsten und ihrer Aufgabe bewußtesten jene «Nachkriegsautoren», die unmittelbar nach dem letzten Krieg von der Katastrophe tief verletzt, aber voller Hoffnung auf eine Wiedergeburt die Literaturszene betraten. Sie machten große Anstrengungen, die von japanischen Soldaten in Asien begangenen unmenschlichen Greueltaten auszugleichen und die tiefen Abgründe zu überbrücken, die nicht nur zwischen den Industrieländern des Westens und Japan, sondern auch zwischen afrikanischen und lateinamerikanischen Ländern und Japan existierten. Nur so glaubten sie demütig eine Versöhnung mit dem Rest der Welt erreichen zu können. Es war immer mein Streben, mich als Schlußlicht an diese von jenen Schriftstellern ererbte Tradition zu halten.
Der jetzige japanische Staat und sein Volk in ihrer postmodernen Phase können nur ambivalent sein. Genau in der Mitte der Geschichte von Japans Modernisierung kam der Zweite Weltkrieg, ein Krieg, der durch die Entgleisung eben dieser Modernisierung verursacht wurde. Die Niederlage vor fünfzig Jahren bot Japan und den Japanern als der treibenden Kraft dieses Krieges Gelegenheit zum Versuch einer Wiedergeburt aus dem großen Leid und Elend, das von der «Nachkriegsschule» der japanischen Schriftsteller beschrieben wurde. Die moralischen Stützen für japanisches Streben nach einer solchen Wiedergeburt waren die demokratische Idee und ihre Entschlossenheit, nie wieder einen Krieg zu führen. Paradoxerweise waren das Volk und der Staat, die nach diesen moralischen Grundsätzen lebten, nicht unschuldig, sondern von ihrer eigenen jüngsten Geschichte befleckt, in andere asiatische Länder eingefallen zu sein. Diese moralischen Grundsätze spielten auch eine Rolle für die toten Opfer der Atomwaffen, die zum erstenmal in Hiroshima und Nagasaki angewandt wurden, und für die Überlebenden und ihre radioaktiv belasteten Nachkommen (einschließlich Zehntausender, deren Muttersprache Koreanisch ist).
In den letzten Jahren wurde Kritik gegen Japan erhoben, es sollte den Vereinten Nationen mehr militärische Unterstützung gewähren und so eine aktivere Rolle bei der Friedenserhaltung und -schaffung in verschiedenen Teilen der Welt spielen. Immer, wenn wir diese Kritik hören, sinkt uns das Herz. Nach dem Ende des Zweiten Weltkrieges war es für uns ein kategorischer Imperativ, in einem zentralen Artikel der neuen Verfassung zu erklären, daß wir dem

Krieg für immer entsagen. Wir Japaner wählten das Prinzip des ewigen Friedens als moralische Grundlage unserer Wiedergeburt nach dem Krieg.
Ich vertraue darauf, daß dieses Prinzip im Westen mit seiner langen Tradition der Toleranz gegenüber Kriegsdienstverweigerung vollauf verstanden wird. In Japan haben einige von Anfang an versucht, den Artikel zum Verzicht auf Krieg zu streichen, und zu diesem Zweck haben sie jede Gelegenheit wahrgenommen, Druck aus dem Ausland auszunutzen. Doch das Prinzip des ewigen Friedens aus der Verfassung zu streichen wäre ein Akt des Verrats an den Völkern Asiens und an den Opfern der Atombomben von Hiroshima und Nagasaki.
Die japanische Vorkriegsverfassung, die eine absolute Macht über das demokratische Prinzip setzte, wurde von der großen Masse getragen. Obwohl wir jetzt die ein halbes Jahrhundert alte neue Verfassung haben, lebt die Befürwortung der alten in manchen Kreisen fort. Würde Japan ein anderes Prinzip institutionalisieren als jenes, das wir in den letzten fünfzig Jahren befolgt haben, nämlich den Entschluß, den wir in den Nachkriegsruinen unserer zusammengebrochenen Modernisierungsanstrengungen trafen, so würde dieser unser Entschluß, der Idee universeller Menschlichkeit Geltung zu verschaffen, zunichte gemacht.
Was ich hier in meiner Rede Japans «Zweideutigkeit» nenne, ist eine Art chronisches Leiden, das während des ganzen modernen Zeitalters weit verbreitet war. Japans wirtschaftlicher Wohlstand ist auch nicht frei davon, wenn man an seine Begleiterscheinungen aller möglichen Gefahren in bezug auf die Weltwirtschaft und den Umweltschutz denkt. Die «Zweideutigkeit» scheint in dieser Hinsicht schnell zuzunehmen. Sie mag für das kritische Auge der Welt sichtbarer sein als für uns im Lande. Auf dem Tiefpunkt der wirtschaftlichen Nachkriegsmisere haben wir unverwüstlich durchgehalten, nie die Hoffnung auf Besserung verloren. Es mag sich seltsam anhören, aber jetzt scheinen wir nicht weniger unverwüstlich unsere Ängste über die unheilvollen Folgen des jetzigen Wohlstands auszuhalten.
Um eine wünschenswerte japanische Identität zu definieren, möchte ich zu dem Wort «anständig» greifen, das unter den von George Orwell für die Charaktere, die er bevorzugte, häufig gebrauchten Adjektiven ist, zusammen mit Wörtern wie «menschlich», «vernünftig» und «nett». Dieses trügerisch einfache Epitheton mag sich in völligem Kontrast von dem Wort «zweideutig» abheben, das ich für meine Selbstdefinition in «Japan, das Zweideutige und ich» gebrauchte. Es besteht eine weite, ironische Diskrepanz zwischen dem, wie die Japaner von außen wirken und wie sie aussehen möchten.
Ich hoffe, Orwell würde keinen Einwand erheben, wenn ich das Wort «an-

ständig» als Synonym für «humanistisch» gebrauche, da beiden Wörtern Eigenschaften wie Toleranz und Menschlichkeit innewohnen. Unter unseren Vorfahren gab es Pioniere, die gewissenhafte Anstrengungen machten, die japanische Identität «anständig» und «humanistisch» aufzubauen.
Einer davon war der verstorbene Professor Kazuo Watanabe, ein Kenner der französischen Literatur der Renaissance. Umgeben von der wahnsinnigen patriotischen Leidenschaft vor und im Zweiten Weltkrieg, hegte Watanabe den einsamen Traum, dem zum Glück nicht völlig ausgerotteten traditionellen Sinn der Japaner für Schönheit und ihrer Empfänglichkeit für die Natur die humanistische Weltanschauung aufzupfropfen.
Die Art und Weise, in der Japan versucht hatte, einen modernen Staat nach westlichem Muster aufzubauen, war katastrophal. Japanische Intellektuelle hatten mit anderen, teilweise jedoch entsprechenden Mitteln versucht, die Kluft zwischen dem Westen und ihrem eigenen Land an ihrer tiefsten Stelle zu überbrücken. So war Professor Watanabes Studie über François Rabelais eine der herausragenden wissenschaftlichen Leistungen der intellektuellen Welt Japans.
Ein anderer Punkt, in dem Professor Watanabe mich beeinflußt hat, ist seine Idee vom Humanismus. Ich halte diese Idee für die Quintessenz von Europa als lebendige Totalität. Auf der Grundlage seiner gründlichen Lektüre historischer Quellen schrieb Watanabe, von Rabelais ausgehend, kritische Biographien über Personen von Erasmus bis Sébastién Castellion und über Frauen im Umfeld von Heinrich IV., von Königin Marguerite bis Gabrielle Destré. Damit verfolgte Watanabe die Absicht, den Japanern den Humanismus nahezubringen, sie über die Bedeutung der Toleranz, über die Anfälligkeit des Menschen für vorgefaßte Meinungen oder von ihm selbst Hergestelltes aufzuklären. Seine Aufrichtigkeit bewog ihn dazu, den Satz des dänischen Philologen Kristoffer Nyrop zu zitieren: «Wer nicht gegen den Krieg protestiert, ist ein Komplize des Krieges.» In seinem Bemühen, den Humanismus, die wesentliche Grundlage westlichen Denkens, in Japan heimisch zu machen, wagte sich Watanabe kühn an eine «entreprise inouïe« und an eine «belle entreprise Pantagruélique».
Als jemand, der von Watanabes Humanismus beeinflußt wurde, sehe ich meine Aufgabe als Schriftsteller darin, sowohl jenen, die sich mit Wörtern ausdrücken, als auch deren Lesern zu helfen, von ihren eigenen Leiden wie von den Leiden ihrer Zeit zu genesen und ihre Seele von Wunden zu heilen. Wie ich schon sagte, bin ich zerrissen zwischen den entgegengesetzten Polen der für die Japaner charakteristischen Zweideutigkeit. Ich habe mir Mühe gegeben, mittels der Literatur von diesen Schmerzen und Wunden geheilt zu

werden. Als jemand mit einer peripheren, marginalen, abgelegenen Existenz in der Welt möchte ich mit dem, was hoffentlich ein bescheidener, anständiger und humanistischer Beitrag ist, herausfinden, wie ich bei der Heilung und Versöhnung der Menschheit ein wenig von Nutzen sein kann.

Fatema Mernissi

Die Angst vor dem Fremden

Garb, so das arabische Wort für Westen, ist auch der Ort der Dunkelheit und des Unfaßbaren, und beides ist immer erschreckend. *Garb* ist das Gebiet des Fremden, des *garib.* Alles, was man nicht begreift, erschreckt. Das Fremde hat im Arabischen eine sehr starke räumliche Konnotation, denn *garb* ist der Ort, wo die Sonne untergeht und wo die Schatten lauern.

[. . .]

In einer der Geschichten aus «Tausendundeiner Nacht» begegnet der Herrscher sich selbst. Er sieht seinen Doppelgänger auf einem Fluß, und er erfährt dies als totales Verlorensein, als völlig unverständliche Angelegenheit, faszinierender, als man sich überhaupt vorstellen kann. Der Kalif war niemand anderes als Harun al Raschid (*Harun ar-Rasid*), der fünfte Kalif der Abbasiden-Dynastie (Regierungszeit: 170–193/786–809), an dessen prunkvollem und großartigem Leben sich die Phantasie seiner Zeitgenossen entzündete: «Eines Nachts wurde der Kalif Harun er-Raschîd von großer Unruhe geplagt; da ließ er seinen Wesir Dscha'far, den Barmekiden, kommen und sprach zu ihm: ‹Meine Brust ist beklommen, und ich habe den Wunsch, mich heute nacht in den Straßen von Baghdad umzuschauen und dem Treiben der Menschen zuzusehen; doch dazu müssen wir uns als Kaufleute verkleiden, damit uns niemand erkennt.› – ‹Ich höre und gehorche!› gab der Wesir zur Antwort. Zur selbigen Stunde erhoben sie sich, legten die prächtigen Staatsgewänder, die sie trugen, ab und zogen Kaufmannskleider an. Es waren ihrer drei, der Kalif und Dscha'far und Masrur, der Schwertträger; und sie gingen von Ort zu Ort, bis sie zum Tigris kamen. Dort sahen sie einen alten Mann in einem Boote sitzen; an den traten sie heran, grüßten ihn und sprachen: ‹Alterchen, wir bitten dich um die Güte und den Gefallen, daß du uns mit diesem deinem Boote zu einer Lustfahrt hinausruderst; nimm diesen Dinar als deinen Lohn!› [. . .]

Jener antwortete: ‹Wer kann denn noch eine Lustfahrt machen, wo der Kalif

Harun er-Raschid jede Nacht in einer kleinen Schaluppe den Tigris hinunterfährt und ein Ausrufer bei ihm ist, der da verkündet: Ihr Leute allesamt, groß und klein, gering und fein, Männer und Jüngelein! Einem jeden, der jetzt ein Schiff besteigt und auf dem Tigris fährt, dem schlage ich den Kopf ab, oder ich hänge ihn am Maste seines Fahrzeuges auf! Ihr könntet ihm gerade jetzt begegnet sein; denn sein Boot kommt dort an.› Da sprachen der Kalif und Dscha'far: ‹Alter, da, nimm diese beiden Dinare und fahre uns unter einen von den Bögen dort, bis das Boot des Kalifen vorüber ist!› – ‹Gebt das Gold her!› sagte der Alte, ‹wir wollen auf Allah den Erhabenen vertrauen.› Nachdem er die Goldstücke erhalten hatte, ruderte er mit ihnen eine Weile dahin; plötzlich aber kam das Schiff mitten im Tigris dahergefahren, von Kerzen und Leuchten erhellt. Da sprach der Alte: ‹Habe ich euch nicht gesagt, daß der Kalif jede Nacht hier fährt?› Dann fuhr er fort: ‹O schützende Macht, lüfte nicht den Schleier der Nacht!› So fuhr er mit ihnen unter einen Bogen und legte ein schwarzes Tuch über sie; nun schauten sie unter dem Tuche hervor und erblickten vorn im Boot einen Mann, der in der Hand eine Leuchte aus rotem Golde hielt, und die speiste er mit sumatranischer Aloe. Jener Mann trug einen Ärmelmantel aus rotem Atlas; über seiner einen Schulter lag ein Band aus gelber Seide, das mit Silber bestickt war, um seinen Kopf trug er einen Turban aus feinem Musselin, und über seiner anderen Schulter hing ein grünseidener Beutel, voll von sumatranischem Aloeholz, mit dem er das Feuer in der Leuchte statt mit Reisig speiste. Und ferner sahen sie einen anderen Mann am Ende des Bootes, der ebenso gekleidet war und eine ebensolche Leuchte in der Hand hielt. In der Mitte des Bootes aber erblickten sie zweihundert Mamluken, die rechts und links in Reihen standen, zu seiten eines Thrones aus rotem Golde, der dort aufgestellt war und auf dem ein Jüngling schön wie der Mond saß, gekleidet in ein schwarzes Gewand, das mit gelbem Golde bestickt war. Vor ihm stand ein Mann, der sah aus, als ob er der Wesir Dscha'far wäre, und hinter ihm ein Eunuch, der sah aus, als ob er Masrûr wäre, und der trug ein gezücktes Schwert in der Hand; schließlich sahen sie auch noch zwanzig Zechgenossen. Als der Kalif all das erblickte, sprach er: ‹Dscha'far!› Und der erwiderte: ‹Zu deinen Diensten, o Beherrscher der Gläubigen!› Der Kalif sagte weiter: ‹Vielleicht ist dies einer meiner Söhne, entweder el-Mamun oder el-Amin.› Darauf betrachtete er den Jüngling genauer, wie der dort auf dem Throne saß; und er sah, daß jener vollkommen war an Schönheit und Lieblichkeit und des Wuchses Ebenmäßigkeit. Nachdem er ihn betrachtet hatte, wandte er sich wiederum an den Wesir und sprach: ‹Wesir!› – ‹Zu deinen Diensten!› erwiderte der ihm. Dann fuhr der Herrscher fort: ‹Bei Allah, jenem, der dort sitzt, fehlt nichts am Aussehen des

Kalifen, und der Mann, der vor ihm steht, sieht aus wie du, Dscha'far, und der Eunuch hinter ihm sieht aus wie Masrur; jene Zechgenossen aber gleichen meiner Tafelrunde. Über das alles bin ich ganz verwirrt.›»

Der Herrscher der Gläubigen war außerordentlich bestürzt. Nichts macht mehr angst, als sich selbst zu begegnen, als unvorhergesehenerweise sich selbst zu sehen. Schon aus geringerem Anlaß kann man verrückt werden. Das Fremde, das, was wir am wenigsten verstehen, ist eben dieser *garib,* der in uns wohnt, ganz tief in unserem Innersten. Verglichen mit diesem Fremden ist alles andere leicht verständlich.

Die Demokratie ähnelt diesem herrschaftlichen Schiff, das auf dem Fluß der Zeit schwimmt und uns zwingt, dem ins Auge zu schauen, was bisher in unserer muslimischen Kultur scheinbar das Undenkbare war: *'aql* (Vernunft) und *ra'y* (individuelle Meinung). Von Anfang an haben Muslime ihr Leben geopfert, um die Frage zu stellen und zu lösen, die bis heute ein Rätsel geblieben ist: gehorchen oder überlegen, glauben oder denken. Das Individuum und seine Freiheit zu unumgänglichen souveränen Einheiten zu erklären, ist nicht allein dem Westen eigen; dies gehört auch aufs innigste zu unserer Tradition, nur ging dies immer wieder in Blutbädern unter. Der Westen mit seinem Insistieren auf Demokratie erscheint uns außerordentlich *garib,* fremd, weil er uns als Spiegel dessen erscheint, was uns erschreckt, der Wunden, die seit fünfzehn Jahrhunderten nicht geheilt sind: die der individuellen Meinung, die bis heute stets mit Gewalt verbunden war. Der politische Despotismus hat die Muslime unter dem Schwert des Terrors gezwungen, die Diskussion über Verantwortung, Gedankenfreiheit und die Unmöglichkeit blinden Gehorsams hinauszuschieben. Man hat dies das Schließen der Tore der *igtihad,* d. h. der privaten Initiative, genannt.

Der Westen läßt, indem er unablässig von Demokratie redet, das Phantomschiff mit all jenen wieder auftauchen, denen die Köpfe abgeschlagen wurden, weil sie sich weigerten zu gehorchen, läßt den Kampf zwischen «dem Schwert und der Feder» wiederauferstehen, insbesondere den der intellektuellen Kadis, die auf Gerchtigkeit, der Sufis, die auf Freiheit versessen waren, der Dichter, denen es immer gelungen war, ihre Individualität auszudrücken gegen die Kalifen und ihre Scharia *(sari'a),* die sehr autoritäre Auslegung des göttlichen Gesetzes.

Dieser Westen erschreckt gewisse Leute, weil er die Verteidiger dieser kleinen, so zerbrechlichen und verwundbaren Sache, die man Würde *(karama)* nennt, wiedererweckt; sie werden von unseren gegenwärtigen Führern kaum zu ihren Feierlichkeiten eingeladen. Wach auf, *Hallag,* Asket und Sufi, der du darauf bestanden hast, daß der Mensch Hüter des *haqq,* der Wahrheit, ist, daß ein jeder die göttliche Schönheit widerspiegelt und deswegen notwendigerweise ein souveränes Wesen ist. *Hallag* wurde im Jahre 390/1000 in Bagdad lebendig verbrannt, weil er sich z. B. gefragt hatte, warum die Erde und ihre Bewohner dem Göttlichen so fern und fremd seien: «Welche Erde ist von dir verlassen, daß man es wagt, dich im Himmel zu suchen?»

Denn nur die Nähe oder die Entfernung zum Göttlichen kann die Autorität des Imam rechtfertigen; er besitzt gar keine, wenn alle Menschen Gott genauso nahe sind wie er. *Hallag* bestand darauf, daß der Mensch als Schöpfung Gottes das Vorrecht genießt, sich selbst zu lenken, da er, als vernunftbegabtes Wesen, ausgestattet mit der beachtlichen Gewalt des Intellekts, die Größe Gottes widerspiegelt. So stellte *Hallag* die Autorität in Frage, in dem er ganz einfach erklärte, der Mensch sei die fleischgewordene Wahrheit. Sein *ana 'l-haqq* (Ich bin die Wahrheit) stieß nicht auf taube Ohren; *Hallag* und seine Ideen wurden in den Straßen und Basaren Bagdads diskutiert und kommentiert. Die Straße mit ihren Schaulustigen war natürlich auch der Schauplatz seiner Hinrichtung, die notwendigerweise öffentlich war, damit die Welt von der Maßnahme des Kalifen erfahre. Wenn die Menschen behaupten, daß sie ihres Gottes würdig sind und sehr wohl die Wahrheit alleine erkennen können, wozu braucht man dann noch den Kalifen, den Imam und all die Gewalt, die sie ausüben? Es war für den Kalifen keine leichte Entscheidung, *Hallag* zu töten, weil das, was er sagte, für viele Menschen einsichtig war: «Er erhielt tausend Schläge, ohne ein Wort zu sagen ... Der Henker hieb ihm Hände und Füße ab, und dann den Kopf, den er beiseite legte, um den Körper zu verbrennen. Als dieser nur noch Asche war, warf er sie in den Tigris und pflanzte den Kopf auf die Brücke von Bagdad ... *Hallag* ließ sich verbrennen und sang bis zu seinem Tode *ana 'l-haqq* (Ich bin die Wahrheit). Wer möchte sich daran erinnern? Wer möchte diese Vergangenheit ausgraben, in das Schattenreich und in jene Fernen blicken, wo der Schrei nach Individualismus und Würde in Blut ertränkt wurde? Wie soll man diesen tiefen Verletzungen, die man schon geschlossen und vernarbt glaubte, entgehen? Wenn wir uns unsere Vergangenheit wissenschaftlich aneigneten, würden wir von dem *garb* und seiner Demokratie weniger aus der Bahn geworfen. Erschreckt der *garb* nicht deshalb die Despoten an der Macht und die Mini-Despoten, die davon träumen, sie zu ersetzen, weil er sie zwingt, sich dieser außerordentlichen Erforschung des verstümmelten Individualismus zu widmen?

Die internationale Charta der Menschenrechte erschreckt gewisse Leute nicht aus dem Grund, weil sie erklärt: «Der Wille des Volkes bildet die Grundlage für die Autorität der öffentlichen Gewalt», und: «Jeder Mensch hat das Recht, an der Leitung der öffentlichen Angelegenheiten seines Landes unmittelbar oder durch frei gewählte Vertreter teilzunehmen», sondern weil sie vor allem die Erinnerung an die Charidschiten *(Harigiten)* weckt, jene rebellischen Sekten aus den Anfängen des Islam, denn diese Erinnerung ist mit Terrorismus und Anarchie verknüpft. Seite an Seite mit den Sufis, die über die Notwendigkeit philosophierten, die blinde Unterwerfung abzulehnen, ging eine andere Bewegung zur Tat über und begann die Imame, die ihr mißfielen, physisch zu liquidieren. Der Islam wird im Lauf seiner ganzen Geschichte von diesen beiden Tendenzen in die Zange genommen, einer intellektuellen Richtung, die über die philosophischen Grundlagen der Welt und des Seins nachdenkt, und einer anderen Richtung, die ihre Zweifel politisch werden läßt und zum Mittel der Gewalt greift. Die erste Tradition ist die der *falasifa*, der hellenistisch inspirierten Philosophen, oder der Sufis, die vor allem aus der iranischen und indischen Kultur schöpfen, und die zweite ist die Tradition der Charidschiten, der elementaren und politischen Subversion. Das Problem der Charidschiten ist, daß sie niemals daran dachten, die Beziehung zwischen Führer und Gemeinschaft zu verändern, sondern einfach meinten, die Dinge ändern zu können, indem sie gegen den Imam rebellierten und ihn manchmal auch töteten. Die *falasifa* und die Sufis brachten grundsätzliche Überlegungen über die Natur des Menschen und die Natur des Göttlichen vor und warfen auf diese Weise die Frage nach dem Ort der Vernunft und der persönlichen Überzeugung auf, wie dies im Westen im Zeitalter der Aufklärung geschah. Die beiden Traditionen stellten dieselbe Frage zur Debatte, von der es heute heißt, sie sei aus dem Westen importiert, die aber der politische Islam niemals gelöst hat: die nach der individuellen Freiheit. Der politische Islsam hat sie weder theoretisch gelöst, denn die Debatte wurde stets vom Kalifen erstickt, noch praktisch, denn die Idee der Repräsentation wurde niemals in die Praxis umgesetzt, obwohl die Vorstellung, daß der Imam von der Gemeinde ernannt wird, im sunnitischen Islam sehr lebendig ist.

Garib ist immer auch *'aib.* Das Fremde ist immer faszinierend, und genau wie in den Märchen aus «Tausendundeiner Nacht» weiß man nie, auf welchem Bein man vor dem Ungewöhnlichen tanzen soll. Das, was man nicht versteht und was fasziniert, das kann einen aus dem Gleichgewicht bringen, entweder auf angenehme oder auf destruktive Weise. Denn das, was wir nicht kennen, kann uns eventuell zerstören. Und diese westliche Demokratie, die gewiß den Keim des Lebens aufweist, ist in unserer Geschichte allzusehr mit dem des Todes verknüpft. Aber mit wessen Tod könnte sie *heute* verknüpft sein? Dem Tod der autoritären Technokraten oder der machtlosen Intellektuellen? Dem Tod der Funktionäre, die alles überwachen, oder dem der Völker, die widersprechen?

Jeanne Hersch

Die Allgemeingültigkeit der Menschenrechte – eine Herausforderung für die Welt von morgen

Im schematischen Denken der Vereinten Nationen neigt man sehr dazu, die Allgemeingültigkeit der Menschenrechte mit einer anlagemäßigen Gleichheit aller Menschen und aller Kulturen zu verknüpfen. Diese anlagemäßige Gleichheit ist von namhaften Fachleuten in zahlreichen Symposien verkündet worden: Sie sei nur aufgrund der unterschiedlichen Lebensbedingungen keine Tatsache; wären diese für alle Menschen in allen Kulturen gleich, dann wäre auch der mittlere Intelligenzquotient innerhalb jeder Kultur überall gleich.

Ist eine solche Behauptung überhaupt von wissenschaftlichem Wert? Unter den gegenwärtigen Umständen scheint es mir unmöglich, sie auf objektive und meßbare Beobachtungen gültig abzustützen, denn die Lebensbedingungen sind noch zu ungleich, zu heterogen, um Schlußfolgerungen zuzulassen. Es ist außerdem nicht klar, ob ein allgemeines quantitatives Kriterium auf so grundlegend verschiedene Kulturen, wie wir sie kennen, angewendet werden kann. Schließlich ist der Intelligenzquotient ein so typisch westliches Kriterium, daß es ungerechtfertigt erscheint, es auf völlig andersartige Kulturen anzuwenden.

Trotzdem zögere ich meinerseits keineswegs einzuräumen, daß sich die Gleichheit der durchschnittlichen Intelligenzquotienten in verschiedenen rassischen und kulturellen Milieus schrittweise entwickeln kann, und zwar in dem Maße, wie die Lebensbedingungen jedem einzelnen die gleichen Möglichkeiten bieten – nur wage ich zu behaupten, daß die Gleichheit dieser Durchschnittswerte nichts mit den Menschenrechten zu tun hat. Unabhängig vom anfechtbaren und willkürlichen Charakter der damit gestützten Theorie impliziert der Rückgriff auf diese Gleichheit mit dem Ziel, die Notwendigkeit für die Beachtung der Menschenrechte zu begründen und zu rechtfertigen, ohne daß wir uns dessen bewußt wären, eine Entstellung, ja einen Verrat dieser Rechte.

In Tat und Wahrheit hängen diese Rechte, auf die jeder Mensch aufgrund seines Menschseins legitimerweise Anspruch erheben kann, in keiner Weise von seinem Intelligenzquotienten ab. Sonst wäre es zulässig, einem menschlichen Wesen, dessen Intelligenzquotient unter dem Durchschnitt liegt, seine Rechte abzusprechen – was ganz klar im Widerspruch stünde mit der Erklärung der Rechte. Denn diese verlangt die Einhaltung der Rechte für jeden, da wir «an Würde gleich geboren sind»; da die Rechte keineswegs nur für einen «starken» Menschen, sei er dies körperlich oder intellektuell, gelten; da sie eigentlich gerade für die «Schwachen» gelten – für diejenigen, die aufgrund einer Behinderung, körperlich oder geistig, in persönlicher, sozialer oder geschichtlicher Hinsicht, gerade nicht in der Lage sind, sich selbst zu wehren.

Doch zurück zu meiner anfänglichen Fragestellung: Warum besitzt der Mensch als solcher Rechte? Und zwar in einem anderen Sinne als etwa Hühner und Kälber, bei denen wir auch wünschen, daß sie so gut wie möglich behandelt werden und unter möglichst «annehmbaren» Bedingungen leben. Es reicht, die Menschen um uns herum zu betrachten: Es springt ins Auge, daß sie, schon rein äußerlich gesehen, nicht in jeder Hinsicht gleich sind – und zwar nicht nur, was ihren Intelligenzquotienten betrifft. Sie sind größer oder kleiner, stärker oder schwächer, schöner oder häßlicher, begabter oder unbegabter, gesünder oder weniger gesund und so weiter. In welcher Hinsicht werden sie also «gleich an Würde und Rechten geboren»?
Hätte sich der Text der Erklärung damit begnügt, festzuhalten – wie es nur zu oft getan wird, wenn man ihn zitiert –, daß «alle Menschen gleich geboren werden», dann wäre er bereits durch den empirischen Beweis der Ungleichheit widerlegt. Die Aussage wird genial – und wahr – erst durch den Zusatz «an Würde und Rechten». Das heißt im Klartext, daß es hier nicht um empirisch gegebene Gleichheit geht, in welcher Hinsicht auch immer, sondern um eine potentielle Gleichheit: eine Gleichheit in ihrem Streben, die sich nicht auf einen x-beliebigen Menschen bezieht, so wie er zu einem gegebenen Zeitpunkt faktisch ist, sondern auf jeden einzelnen Menschen, insofern er die Fähigkeit, und demzufolge auch die Bestimmung und die Pflicht hat, *sich menschlicher zu machen,* als er jetzt ist. Eine Fähigkeit, eine Bestimmung, eine Pflicht, die ihn klar von anderen Lebewesen unterscheidet, durch das darin enthaltene Ziel seiner möglichen, in Verantwortung gelebten Freiheit.
Es ist diese *innere, potentielle Kraft,* die keinem Menschen abgesprochen werden kann, ohne daß er entmenschlicht und auf ein Objekt reduziert würde. Sie ist es, die der Erklärung ihre weltweite Bedeutung verleiht. Es geht nicht um eine Bestätigung, um einzuleitende Maßnahmen zu rechtfertigen oder zu verallgemeinern, sondern um einen Akt der Überzeugung, durch den jeder Mensch jeden anderen als Menschen anerkennt – aus eben dieser Möglichkeit und Bestimmung, sich selbst zu einem freien, verantwortlichen Wesen zu machen, fähig, Entscheidungen zu treffen, sie zu vertreten und für die Folgen einzustehen. Diese Möglichkeit und Bestimmung läßt sich durch keine empirische Gegebenheit ausschließen, niemand kann darauf verzichten, so-

lange in ihm noch ein Hauch von Leben ist, und ohne sie ist der Mensch kein lebendiger Mensch mehr. Sie liegt dort, wo die *Vergangenheit,* an der sich nichts mehr ändern läßt, in der *Gegenwart* der Entscheidung an die Möglichkeiten der *Zukunft* anknüpft, an der Schnittstelle zwischen Körper und Geist, zwischen dem Gegebenen und der Freiheit. Dort bildet sich die Einheit des menschlichen «Ich».

Nun vollzieht sich aber die Evolution der modernen Welt in verschiedene Richtungen, auf verschiedenen Ebenen, was eine grundlegende Veränderung der Bedingungen mit sich bringt, unter denen sich dieses «Ich» verwirklicht, entfaltet und Gestalt annimmt, bis hin zu der Art und Weise, in der es sich selbst wahrnehmen kann.

Einerseits hängt dieses «Ich», an der Schnittstelle zwischen den natürlichen Gegebenheiten und der Freiheit, noch von Lebensbedingungen ab, denen es unterstellt ist. Für einen Menschen, der unter dem dauernden Druck lebt, seine vitalen Bedürfnisse und die seiner Nächsten befriedigen zu müssen oder aber zu sterben, ist es äußerst schwierig, diese elementare und unmittelbare Angst zu überwinden und aus sich selbst ein freies, verantwortliches Wesen zu machen. Sicherheit – die man allzu oft vergißt oder gar verachtet, wenn man ausreichend und umfassend geschützt ist – ist nichts anderes als ein Wegrücken (es geht niemals um eine völlige Abschaffung) der Bedrohungen durch Hunger, Kälte, Gewalt oder Verlassenwerden, die auf alle Lebewesen der Natur, die dem Gesetz des Stärkeren unterstehen, lasten.

Daß diese Entfernung des Drohenden gelingt, daß diese relative Sicherheit verwirklicht werden kann, daß sie zugunsten einer Menschheit, die in den Industrieländern aufgrund der immer höheren Produktivität immer weiter gedeiht und mit Hilfe der Gesetze aufrechterhalten werden kann, dies ist in meinen Augen die letzte *Rechtfertigung* des technischen und industriellen Fortschritts. Da diese Sicherheit für eine wachsende Weltbevölkerung bessere Voraussetzungen für eine verantwortliche Freiheit bedeutet, ist es richtig, die wirtschaftlichen und sozialen Rechte zu den Menschenrechten zu zählen. Allerdings dürfen zwei Punkte nicht vergessen werden. Erstens: Auch wenn die Fähigkeit, aus sich selbst ein freies, verantwortliches Wesen zu machen, von ungleich günstigeren Voraussetzungen abhängt, so kann doch niemandem diese Freiheit letzten Endes von außen gewährt werden, auch nicht durch die Gesellschaft; der einzelne bleibt immer selbst dafür verantwortlich. Zweitens: Der Wortlaut der wirtschaftlichen und sozialen Rechte wird niemals jene juristische Durchschlagskraft besitzen, durch die die politischen und individuellen Rechte, die persönliche Unversehrtheit, vor Gewalt und

Willkür geschützt werden. Wirtschaftliche und soziale Rechte hängen heute und immer vom Niveau der materiellen Entwicklung ab, das zu einem gegebenen Zeitpunkt in einer gegebenen Gesellschaft herrscht; denn man kann von niemandem Unmögliches verlangen.

Manchmal scheint es deshalb, betrachtet man den Lauf der Geschichte, als wären die Menschenrechte nichts weiter als Utopie oder rhetorische Pflichtübung, obwohl doch im innersten Erleben eines jeden Menschen der Anspruch darauf wurzelt. Wie kann man es wagen, noch immer von den Menschenrechten zu sprechen, wenn es zur gleichen Zeit so vielen Menschen in so vielen Gegenden an Nahrung und Bildung mangelt und sie Hunger, Krankheiten und Ungeziefer – Lebensbedingungen, die schlimmer sind als für manche Tiere – und schließlich einem mehr oder weniger namenlosen Tod ausgeliefert sind? Angesichts eines solchen millionenfachen Schicksals werden prosperierende Zivilsiationen fast zu märchenhaften Ausnahmen. Und nicht weniger märchenhaft ist denn auch dieser innerste Anspruch eines jeden Menschen, wie schlecht es ihm sonst gehen mag, auf einen gebührenden Respekt vor dem, was er noch werden könnte.

Heute ist es Mode, den «Sinn» der wissenschaftlichen und technischen Zivilisation zu hinterfragen, ja sogar ihr keinen anderen als den «rein materialistischen» zuzugestehen. Eines scheint aber doch ganz klar zu sein: Wenn jenem schrecklichen Überlebenskampf ein Ende gesetzt werden konnte, so daß nicht mehr alle verfügbaren menschlichen Kräfte allein zur Befriedigung der lebenswichtigen Bedürfnisse verbraucht werden mußten, dann verdanken wir dies doch in erster Linie unserer Zivilisation. Dies ist meiner Meinung nach ihre wesentliche Bedeutung, ihr menschliches Ziel. Dank der Zivilisation, dank der Arbeit und der Anstrengung all jener, die sie geschaffen haben – zuerst die Menschen im Westen, dann all jene, die sich überall auf unserem Erdball dafür einsetzten, um davon zu profitieren wie um dazu beizutragen –, haben sich die Chancen für die Menschenrechte so sehr verbessert, wie man es nie zu hoffen gewagt hätte, und dies überall und für eine immer größer werdende Zahl von Menschen – trotz der Kriege, der Ausbeutung, der verschiedenen Formen von Sklaverei und von Unterdrückung. Die Menschenrechte sind doch, obwohl sie dauernd verletzt werden, das eigentliche Ziel dieser Zivilisation, und sie dient ihnen, sie vervielfacht ihre Möglichkeiten und Chancen überall dort, wo sie ihren Einfluß geltend machen kann, ob gewollt oder nicht. Indem die zur Sicherung des Überlebens notwendige Zeit – und der dazu notwendige Arbeitsaufwand verringert werden, befreit die Gesellschaft die Menschen für die Menschlichkeit – für ihre mögliche Freiheit in Verantwortung.

Nun ist dies alles andere als ein einfacher oder automatischer Vorgang, ganz im Gegenteil. Und dies aus verschiedenen Gründen. Während man das Entstehen der bestmöglichen Voraussetzungen für eine Freiheit in Verantwortung für immer mehr Menschen beobachten kann, sieht man auch die Bedrohungen für diese Freiheit wachsen und sich vervielfältigen.

Zunächst zeigt die Erfahrung, daß die Ansprüche nicht niedriger werden, je einfacher die lebenswichtigen Bedürfnisse befriedigt werden können: Sie werden in allen Bereichen höher, umfassender und lösen neue Konflikte aus, sei es, weil zu viele Menschen dasselbe begehren, oder im Gegenteil, weil sie Gegensätzliches anstreben.

Es entstehen also in den Menschen neue Bedürfnisse, die sie mit Gewalt und auf Kosten anderer befriedigen wollen.

Und schließlich ist klar, daß, durch die Verbesserung der Chancen auf eine Freiheit in Verantwortung für immer mehr Menschen, die Chancen ihrer Einmütigkeit nicht verbessert werden. Begünstigt wird im Gegenteil eine Vielfalt von Überzeugungen und Anschauungen, und die Konfliktmöglichkeiten zwischen gegensätzlichen Anschauungen werden nicht geringer. Man wird vielleicht sagen, die Verbreitung wissenschaftlichen Geistes habe normalerweise den Abbau von Fanatismus zur Folge. Das steht jedoch nicht fest, und ich möchte an dieser Stelle unterstreichen, daß es zwei Arten von Toleranz gibt: jene, die nichts weiter ist als eine Art leere Gleichgültigkeit, und jene, die in der tiefen Überzeugung gründet, daß die Anschauungen anderer respektiert werden müssen. Die letztere ist ziemlich selten: Sie setzt einen gründlichen Denkprozeß und den Sinn für das Verborgene voraus. Die erstere ist viel weiter verbreitet und ohne Zweifel auch «bequemer», aber gerade weil sie oberflächlich ist, wird sie zu einem kargen Boden für einen echten Sinn der Menschenrechte: In dieser Art Toleranz, trotz ihrer Beredtheit, wird man kaum finden, was den verborgenen, einander entgegenwirkenden Kräften entgegengehalten werden könnte.

Weitere Faktoren wirken sich zugunsten der Menschenrechte aus. Sie hängen mit der Art und Weise zusammen, wie viele Menschen die Wissenschaft und Technik auffassen. Sie geben der Versuchung nach, alles Seiende – sich selbst eingeschlossen – aus dem Blickwinkel des technisch Machbaren zu sehen. Beispielsweise sind viele bereit, sich selbst als hochperfektionierte Roboter zu sehen – oder aber, gemäß der anfänglich gewählten wissenschaftlichen Sehweise, als Ergebnis von biologisch vererbten Merkmalen. Eine solche Auffassung des Selbst hat einen tiefen Einfluß auf das «Ich». Wer sich so sieht, neigt dazu, das «Ich» auf eine Summe von «Wirkungen» zu reduzieren, deren «Ursachen» analysiert werden können, damit der Anspruch auf Freiheit und

auf ihre Unbeugsamkeit in der Verantwortung an der Wurzel zersetzt werden.
Dies führt dazu, daß verantwortlich gelebte Freiheit mit ihrem absoluten Anspruch im Namen der Wissenschaft als überkommener Aberglaube abgelehnt wird. Gibt man diesem Aberglauben nach, dann verschließt man die Augen vor einer entscheidenden Tatsache: Jene Freiheit, die nun verneint wird, hat die Entwicklungen der Wissenschaft, im Namen deren sie nun verneint wird, erst möglich gemacht. In der Tat hätte es nie eine Wissenschaft gegeben ohne die dem menschlichen Geist eigene Fähigkeit, zwischen Falsch und Wahr zu unterscheiden und das Wahre dem Falschen gegenüber vorzuziehen. Falsch und Wahr ergeben keinen Sinn, wenn nicht für einen freien Geist, der fähig ist, das eine anzustreben und das andere zu verwerfen. Ohne diese wesentliche Voraussetzung bleibt jede Erklärung bloß ein lautstarker, sinnloser Akt. Aus diesem Grund kann mit Fug und Recht gesagt werden, daß die Wissenschaft das glanzvollste Denkmal ist, das die Freiheit sich selbst errichtet hat, und daß wissenschaftliche Forschung ohne Freiheit völlig undenkbar ist.

Obwohl mir scheint, daß jener wissenschaftliche Reduktionismus sich selbst widerlegt, bleibt es doch wahr, daß die neuen Kräfte, über die die Menschen als Folge des Fortschrittes in Forschung und Technik verfügen, uns vor immer verzwicktere Probleme stellen. Manchmal habe ich den Eindruck, daß jeder wissenschaftliche Fortschritt, der die Chancen für die Freiheit, auf der die Menschenrechte aufbauen, verbessert, von einem dunklen Schatten begleitet ist, in dem Verhaltensweisen entstehen, die diesen Rechten genau zuwiderlaufen.
So haben wir zum Beispiel gesehen, daß die Nutzung einer Freiheit in Verantwortung voraussetzt, daß das menschliche Wesen sich in Raum und Zeit ansiedeln kann und ausreichend orientiert und informiert wird, damit es seine Entscheidungen im vollen Wissen um eine Sache fällen kann. Die gewaltigen Entwicklungen der heutigen Technik aber ermöglichen den elektronischen Medien, Informationen in praktisch unbegrenzter Menge zu liefern, das Denken damit zu überschwemmen und so tagtäglich eine Macht auszuüben, die sich mit nichts vergleichen läßt. Keinem Land ist es bis dahin gelungen, diese neue Macht in seine demokratischen Strukturen so einzugliedern, daß sie sich der Kontrolle durch eine Gegenmacht nicht entziehen kann. Information und Bildung, beide für die konkrete Ausübung der Freiheit unerläßlich, wenden sich schließlich als Folge einer übermäßigen Macht der Medien gegen die Freiheit selbst.

Daraus folgt, daß die Herausforderungen, die die Welt von morgen an die Menschenrechte und die Freiheit stellt, die Schaffung einer Kontrolle dieser übermäßigen Macht verlangen – und zwar durch Gesetze und Aufklärung der Öffentlichkeit –, ohne daß jedoch dadurch die Redefreiheit eingeschränkt werden darf.

Ein weiteres Beispiel: Durch die wissenschaftliche und technische Entwicklung ist es möglich geworden, Waffen herzustellen, deren bedrohliche Wirkung jegliche Vorstellung übersteigt: chemische Waffen, Nuklearwaffen in erster Linie. Ihre Zerstörungskraft ist so grenzenlos, und sie bleiben während so langer Zeit eine Gefahr, daß der Sinn des bedingungslosen Engagements der Menschen von einst verlorenzugehen droht: daß der Tod der Knechtschaft vorzuziehen sei. Knechtschaft bleibt Knechtschaft, aber der Tod wird von dem Zeitpunkt an, da es möglich wird, alles Leben auf unserer Erde zu zerstören, noch etwas anderes. Seit dem Ende des letzten Weltkrieges hat es zahlreiche Menschen gegeben, die den Tod der Knechtschaft und der Lüge vorgezogen haben. Aber die nukleare Bewaffnung hat es trotz sehr dringender «Anlässe» unmöglich gemacht, einen Krieg vom Zaun zu brechen. Der Kampf um die Verteidigung der Menschenrechte ist gebremst worden. Wie oft mußte hingenommen werden, daß sie verletzt wurden! Es hieß einzusehen, daß eine gewisse Erpressung durch Krieg von nun an ein unwiderstehliches Argument geworden war.
Es ist zu befürchten, daß die Menschen unserer Zeit sich aufgrund der Macht dieser neuen Waffen an die Erpressung gewöhnen werden und der absolute Anspruch auf Freiheit damit untergraben wird.

Ein weiteres Beispiel. Es stammt aus dem Bereich der Molekularbiologie und der daraus abgeleiteten Gentechnologie, deren Entwicklung erst eingesetzt hat. Diese Wissenschaften stellen neue Möglichkeiten der Macht in Aussicht, die im Laufe des nächsten Jahrhunderts das menschliche Dasein ohne Zweifel verändern werden. Die Gentechnologie ermöglicht es – oder wird es in Kürze ermöglichen –, in die ursprünglichen Erbanlagen einzugreifen, die die einzigartige Persönlichkeit eines jeden Menschen ausmachen. Nicht mehr bloß auf die Lebensbedingungen wird Einfluß genommen, sondern auch auf das, was der Mensch ist und werden kann. Das ist, als würde die wissenschaftliche Technik nunmehr ermöglichen, das menschliche Wesen in seiner Freiheit neu zu schaffen oder zu korrigieren. Von dem Augenblick an, wo die Technik diese Macht besitzt, scheint jene Freiheit nichts Unbeugsames, nichts Absolutes mehr an sich zu haben. Was bleibt nun von diesem «Ich», dieser einzigar-

tigen potentiellen Freiheit eines jeden Individuums, in der der absolute Anspruch auf die Menschenrechte wurzelt?
Auch der Medizin stellen sich unlösbare Probleme, und diese scheinen sie dazu zu drängen, ihrerseits die Rechte zu verletzen. Die medizinischen Fortschritte übersteigen beinahe in jeder Hinsicht das Vorstellungsvermögen. Ihre Spitzentechniken verlangen jedoch derart hohe Qualifikationen und teure technische Einrichtungen, eine dermaßen weit vorangetriebene Forschung, so komplexe und exakte Operationen, daß es unmöglich wird, alle Kranken davon profitieren zu lassen. Aber: Jeder Mensch hat, weil er ein Mensch ist, das Recht auf die beste und wirkungsvollste Pflege. Eine Wahl zu treffen, Privilegien einzurichten, heißt also nichts anderes, als die Menschenrechte zu verletzen.

So vervielfacht die zeitgenössische Geschichte paradoxe Verhältnisse und Widersprüche. Einerseits erhöht sich durch die Fortschritte in Wissenschaft und Technik die Anzahl derer, die sich zu einem Teil den Mühen des Überlebens, der Tyrannei, ihre lebenswichtigen Bedürfnisse zu befriedigen, entziehen können, und zwar mehr, als man je zu hoffen gewagt hätte, und diesen Menschen stehen nunmehr Freizeit, Sicherheit, Bildungsmöglichkeiten, die Vielfalt des Austauschs und der Kulturen zur Verfügung. Die Zahl derer wird also größer, die sich den spezifisch menschlichen Problemen des Wissens, der Anschauungen von Gut und Böse, vom Sinn des Lebens und des Todes stellen können.
Andererseits scheinen gerade diese Fortschritte den Willen zur Freiheit einer Art Erosion auszusetzen, die durch die vorhandenen Möglichkeiten noch verstärkt wird. Als würde der Freiheitssinn der Menschen, ihre Leidenschaft für eine echte Freiheit, im wachsenden Bereich der möglichen Freiheiten verwässert, deren es so viele gibt, daß sie nicht mehr zu unterscheiden sind. Als hätte der Alptraum von Huxleys «Schöner neuer Welt» oder Orwells «1984» nun wirklich eine Chance, sich in den bis zur Teilnahmslosigkeit neutralisierten Menschen einzunisten oder sie gar zu verführen.
Als hätte der Anspruch auf Menschenrechte seinen Reiz verloren. Als wäre die Befreiung der Menschen in Afrika, Asien und Lateinamerika nicht etwa dringend notwendig, weil die Unterjochung anderer uns selbst daran hindert, frei zu sein, da die Rechte entweder für alle oder dann für niemanden gelten, sondern lediglich, weil wir Europäer das Schauspiel eines derart verbreiteten Elendes als unangenehm empfinden. Aber auch in Europa stellen sich Probleme. Der Fortschritt in Wissenschaft und Technik bringt heute eine unaufhörlich wachsende Produktivität mit sich, was bedeutet, daß immer weniger

Arbeit für das Überleben der Menschen geleistet werden muß. Daher rührt die immer härtere Konkurrenz zwischen den Produzenten, sowohl auf nationaler als auch auf internationaler Ebene, was dazu führt, daß die Werbung zunehmend überhandnimmt und allmählich in alle Bereiche unserer Kultur vordringt.
Aus diesem Blickwinkel eines unbegrenzten, immer härteren Wettbewerbs steht der industrielle Fortschritt jedoch nicht mehr im Dienste der Menschen, mit dem Ziel, ihre Lebensbedingungen zu verbessern und ihre Chancen zu erhöhen, aus sich selbst freie und verantwortliche Wesen zu machen. Im Gegenteil: Sowohl als Produzenten als auch als Konsumenten werden wir zu Gefangenen eines endlosen tyrannischen Produktions- und Konsumprozesses, in dem unsere mögliche Freiheit in Verantwortung unbemerkt in den Hintergrund tritt und sich am Ende in nichts auflöst.
Die Anforderungen, den Menschenrechten in der Welt von morgen zur Allgemeingültigkeit zu verhelfen, werden nicht mehr die von gestern sein. Sie liegen weder in der Tyrannei von naturgegebenen Bedürfnissen, wo das Gesetz des Stärkeren regiert, noch in der Verschiedenheit von Kulturen, Anschauungen und Werten, in jenen Überzeugungen, die nur dann in Fanatismus enden, wenn es ihnen an Tiefe mangelt. Vielmehr werden sich in der Welt von morgen diese Herausforderungen verinnerlichen, weil es dann von den Menschen selbst abhängt – von ihrer Entschlossenheit, ihrem Mut, ihrem Wesen –, ob ihnen Geltung verschafft wird. Es wird möglich sein, das Elend, die Ängste von morgen, die Sklaverei der Zwangsarbeit zu besiegen. Es wird möglich sein, das internationale Zusammenleben zu organisieren, demokratische Strukturen zu verbreiten und willkürliche Rechtsverletzungen zu verhindern. Es bleibt aber abzuwarten, ob die Menschen ihren Sinn für die Menschenrechte, auf die alle gemeinsam und jedes Individuum für sich Anspruch haben, bewahren können; ein Anspruch, der entgegen dem Naturgesetz den Schutz des Schwächeren genauso wie den des Stärkeren verlangt, und zwar im Namen einer möglichen Freiheit in Verantwortung, die Quelle, Sinn und Zweck dieser Rechte ist.
Ich glaube nicht – wie dies so oft gesagt wird –, daß sich die Allgemeingültigkeit der Menschenrechte vor allem an der Unterschiedlichkeit der Kulturen stößt, so real und tief diese auch sein mag. Die Geschichte hat gezeigt, daß jede Kultur zu Fanatismus fähig ist, wenn sie ihren eigenen Mangel an Tiefe, ihre Unfähigkeit einzusehen, daß sie nicht im Besitz der einzigen und ganzen Wahrheit ist, durch Gewalt kompensiert. Die Menschenrechte fördern nicht einfach das Aneinanderreihen von Kulturformen, ungeachtet ihrer Unterschiede, denn mit diesen Rechten wird ein Frieden angestrebt, der auf der

Suche nach der Wahrheit ist. Durch die Menschenrechte wird vielmehr jede einzelne Kultur dazu aufgefordert zu erkennen, daß sie die höchste Wahrheit nicht besitzt und daß deshalb über das Geheimnis hinaus, das sie umgibt, unaufhörlich nach dieser getrachtet werden muß. Die Auseinandersetzung mit der Wahrheit der anderen wird so zu einer Notwendigkeit, die zum tiefen Respekt führt.
Und genau hier liegt denn auch der Ursprung der Menschenrechte: in der *Einheit* zwischen der Bestimmung zur verantwortlich gelebten Freiheit der Menschen *und* dieser einen, unerreichbaren und unbeugsamen Wahrheit, auf die nichts und niemand verzichten kann.

Adolf Portmann

Der Mensch im Bereich der Planung

Der Blick auf die Vorschläge zur Manipulation des menschlichen Typus durch die Mittel der Genetik führte mich zu einer Haltung des Bewahrens, zu einer radikalen Ablehnung aller Umbauversuche. Der Hinweis auf das primäre Welterleben als eine gründende Voraussetzung der menschlichen Eigenart aller Zeiten und Menschengruppen enthält eine entsprechende Mahnung zur Bewahrung angesichts der bedrohlichen Verkümmerung einer wunderbaren Möglichkeit des menschlichen Geistes. Diese Haltung des Bewahrens mag manchen seltsam vorkommen, da sie gewohnt sind, in der Veränderung das Gebot für unser Verhalten zu sehen, besonders wenn wir in jüngster Zeit immer wieder hören, die menschliche Evolution sei jetzt in unsere Hand gegeben und wir hätten damit die Pflicht übernommen, auch den neuen Menschen zu planen und die neue Mutation zu verwirklichen!
Es ist darum notwendig, einen Augenblick zu bedenken, was denn das heißt, die Evolution sei von jetzt an in unsere Hand gegeben. Wir sahen bereits, daß eine radikale genetische Planung den Versuch bedeutet, mit unzulänglichen Mitteln Wunschträume zu verwirklichen. Die Unzulänglichkeit der wissenschaftlichen Eingriffe ist in erschreckender Weise deutlich geworden, wo es darum geht, Vorgänge in unserer Umgebung zu lenken, die viel leichter zu erfassen sind als das Geschehen im submikroskopischen Reich des Lebens. Was haben wir in der uns umgebenden Natur an Unheil angerichtet, wo jeder wissenschaftlich erprobte Eingriff Folgen zeitigt, die nicht vorausgesehen

worden sind, Folgen, die zu neuen Handlungen zwingen, denen wieder andere nicht vorausgesehene Verheerungen nachfolgen! Es wird in diesen Tagen noch von dieser Seite des Planens die Rede sein – für die Frage, die wir jetzt stellen, genügt es, auf das Unheil hinzuweisen, welches der planende Mensch mit wissenschaftlicher Hilfe in seinen Lebensräumen anrichtet, wo er seine Existenzbasis zu vernichten im Begriff ist, wo er seine Atemluft und das Wasser des Lebens verpestet, das grüne Kleid der Erde bedroht, das uns nährt, wo er gewaltige Lebensformen ausrottet, die ebenso wie wir selbst das Werk eines verborgenen, geheimnisvollen Geschehens sind. Schon dieses Versagen im Bereich des viel leichter Überschaubaren sollte uns zurückhalten vom Eingriff in die viel unzugänglichere Wirklichkeit unserer eigenen Lebensform – dieses Versagen allein wäre Grund genug, eine Haltung des Bewahrens von erkannten Werten einem Spiel des Machthungers vorzuziehen. Eine solche zurückhaltendere Zielsetzung wird übrigens Arbeit genug für wirklich revolutionäre Geister geben!

Es sind aber noch andere Gründe, die uns zwingen, den planenden Menschen unserer Zeit vor allem auch in einer konservativen Rolle als einen Bewahrenden zu sehen. Nicht zufällig bloß wurde vorhin die Wandlung unserer Vorstellung von der Evolution des menschlichen Geistes als Beispiel gewählt, die Überwindung jener vereinfachenden Darstellung, die eine prälogische Stufe von der des rationalen Menschen sondern wollte.

Wir leben mitten in einer geschichtlichen Wende, in der die Beurteilung dieser ursprünglicheren Weltbeziehung nicht mehr ein akademischer Gelehrtenstreit ist oder ein Reservat der Kindererziehung – sie wirkt heute tief in das Zusammenwirken der aufstrebenden Völker mit dem Abendlande ein. Was das Problem der zwei Weltsichten für Menschen von anderen Kulturen in unserer Zeit bedeutet, bezeugt uns der Staatspräsident von Senegal, Léopold Sédar Senghor, in seinem Rückblick auf entscheidende Studienjahre in Paris. Wir sind in den zwanziger Jahren zwischen den beiden Weltkriegen. Ich zitiere Senghor: «Im Ethnologischen Institut der Sorbonne und in der Ecole pratique des Hautes Etudes kam ich mit Völkerkundlern in Verbindung, die mir dazu verhalfen, deutsche Schriftsteller und Philosophen für mich wiederzuentdecken. Den bahnbrechenden Gedanken unter den deutschen Ethnologen vertrat Leo Frobenius. In jenen Tagen, in denen im Quartier latin noch die Theorie von der Primitivität des Negers und seiner prälogischen Mentalität grassierte, gab uns ein Ethnologe unsere Wahrheit und damit unsere Würde zurück. Diese Wahrheit besteht darin, daß die schwarzafrikanische Kultur, die Frobenius als äthiopische bezeichnete, einer Kultur der Tatsachen, der Logik und des diskursiven Verstandes durchaus nicht unterlegen, sondern

etwas ganz anderes ist. Auch sie rechnet mit den Gegebenheiten, will sie aber erhellen, sie transparent machen und ihnen, durch innere Energie sie umwandelnd, ihren Sinn geben. Und deshalb definierte Frobenius diese Kultur, die wir als Négritude bezeichnen, als eine Kultur der Sinne, des Wirklichen, der Intuition.» So wurde Leo Frobenius «für die ersten Vorkämpfer der Négritude tatsächlich weit mehr als ein Lehrer, über dessen Meinungen man nachzudenken hatte. Er wurde für sie eine wirkende, eine treibende Kraft bei der Entdeckung, der Erweckung der im schwarzen Menschen schlummernden Energien. Frobenius war wohl nicht der einzige, aber der aktivste und jedenfalls der wirkungsvollste jener Ethnologen, denn er sprach zu uns von jenem einzigen Problem, das zu unserer Sache geworden war: vom Problem der Natur, des Wertes und der Bestimmung der schwarzafrikanischen Kultur. Seine Bücher ‹Kulturgeschichte Afrikas› und ‹Schicksalskunde›, beide auch in französischer Sprache erschienen, gehören zu den geheiligten Büchern einer ganzen Generation schwarzafrikanischer Studenten.» Frobenius schreibt ein Wort, das höchste Bedeutung für Senghor und seine Mitstreiter gewonnen hat: «In der Zukunft wird nur eine solche Kultur die erste Rolle spielen, die Gestaltungsgabe mit der höchsten Fähigkeit zur Ergriffenheit vereinigt.»
«Die Fähigkeit zum Ergriffensein», fährt Senghor fort, «das ist jene geheimnisvolle Intuition, welche hinter die äußeren Erscheinungsformen, in die Tiefe der Gegebenheit dringt. Sie taucht hinab zu den feuchten Wurzeln der Dinge bis zu ihren ersten Regungen; sie steigt empor im Lied der Säfte, der Vollendung in ihren Blüten und Früchten entgegen, in ihrem Werden.» Wir sind in der primären Welt der Imagination. Wir wollen in diesem Augenblick nicht daran denken, wie schwer es der Lyriker und Staatsmann Senghor heute hat, diese tiefe Einsicht in seinem Lande in Wirklichkeit umzusetzen. Ich will ja nur darauf hinweisen, wie mächtig sich – und sicher bei uns für viele völlig unbeachtet – eine im Okzident erfolgte Umwertung der Werte bei den aufstrebenden fremden Völkern ausgewirkt hat. Der Blick für das andere, von dem Senghor wie Frobenius sprechen, ist uns von Kindheit an gegeben. Aber es ist bei uns durch eine übersteigerte Geltung rationaler Denkformen umflort, ja für vieles blind geworden.

Es geht hier auch nicht um die wissenschaftliche Wertung eines reichen Geistes wie Leo Frobenius. Sein Werk hat wie jede große Tat dieser Art seine zeitlichen Bindungen. Es hat in entscheidender Wende als mächtiges geistiges Ferment gewirkt. Frobenius hat eine Seite der menschlichen Kultur in ihrer großen Bedeutung gesehen, in der die Mächte der ursprünglichen Weltsicht kraftvoll am Werke sind, und was er gesehen hat, wird von den Menschen ferner Länder als hoher Wert erlebt.

Die Jahrzehnte, die vor uns sind, zwingen diese uralten Völker, die als Nationen unserer Zeit so jung sind, zu einer stürmischen Aneignung der abendländischen Technik und in leidvollen Kämpfen zum Finden einer Sozialform, die ihrem besonderen Wesen gemäß ist. Wir haben im Abendland nach dem eigenen Durchproben vieler Möglichkeiten künstlerischen Ausdrucks in neuester Zeit die Größe der plastischen Gestaltungskraft vieler fremder Völker als eine Offenbarung erlebt, von Völkern, deren Weltsicht wir jetzt durch den Einbruch unserer Zivilisation zerstören. Wenn wir wirklich helfen wollen, so müssen unsere Planungsversuche eine schwere Aufgabe ernst nehmen, die wir nicht einmal in unserem eigenen Lebensbereich wirklich gelöst haben: die Verwirklichung einer Synthese der sich weitenden zweiten Weltsicht und der nach wie vor unserem Wesen tief eingegebenen ursprünglichen Welterfahrung. Vor uns sind unabsehbare Probleme des Planens, viel unmittelbarer zugänglich und viel fruchtbarer in ihren Aussichten als die mechanistischen Rezepte der Genetiker.

Wie selten sind die redlichen Versuche vom Abendlande her, das geistige Wesen der ursprünglichen Weltsicht in seiner Bedeutung für Menschengruppen zu erfassen, die uns fremd sind! Einsam steht ein Werk da wie etwa die «Bantu-Philosophie» des Paters Placidus Tempel, eines flämischen Franziskaners, der seit 1933 über Jahrzehnte in Afrika gewirkt hat! Er unternimmt es, die geistige Welt der Bantu in ihrem inneren Zusammenhang deutlich zu machen. Wer will einen solchen Versuch kritisieren, da niemand diese Welt bisher so ernst genommen hatte? Mir geht es jetzt nur darum, von der Notwendigkeit zu zeugen, das primäre Welterfahren, aus dem Millionen erst jetzt in unsere sekundäre, rationalisierte Weltsicht versetzt werden, als ein Grundphänomen des Menschlichen voll zu erfassen, weil es ein hohes, zu bewahrendes Gut ist.

Die Notwendigkeit, auch die rationalen Formen unseres Denkens zu pflegen, zu entfalten, habe ich nicht hervorgehoben – weil ich zur Zeit nicht fürchte, sie werde vernachlässigt. Ihre Förderung bleibt auch für alle künftigen Leitbilder vom Menschen eine große Aufgabe. Doch muß sie eingegliedert sein in eine noch größere: Eine Zeit unaufhaltsamen Planens von Veränderung muß hinweisen auf die Gefahren einer einseitigen Vorstellung vom Menschlichen. Zu dieser Vorstellung, vor der hier gewarnt worden ist, gehört die gefährliche Täuschung, wir gingen in raschem Aufstieg einer völligen Beherrschung des Erbgeschehens und der Entwicklungsvorgänge entgegen – in einem Aufstieg, der eben zu dem Optimismus berechtigt, wie er aus den Vorschlägen mancher Genetiker spricht.

Was uns von unserem Wesen verborgen ist, das kann nicht messend angegeben werden. Auch kann niemand sagen, was davon demnächst erschlossen sein wird. Niemand kann die Grenzen des Erforschbaren erkennen, auch wenn er überzeugt ist, daß es diese Grenzen gibt.

Aber eines müssen wir leisten: Wir müssen in unserem eigenen Welterleben bereit sein, das Unbekannte mächtiger und dunkler gegenwärtig zu halten, nicht wie eine Wegstrecke, die bereits um die nächste oder übernächste Ecke in voller Sicht vor uns liegen wird. Erst wenn unsere wissenschaftliche Formung auch dieses Erleben ermöglicht, ist sie vollwertig. Sie kann es nicht ohne die Hilfe der unterdrückten Imagination, als einer ergänzenden Funktion des Erfahrens.

Ist aber diese Forderung allmählich wirklich erfüllt, dann erscheint das Problem der Planung des Menschen in einem für viele unerwarteten Licht: Dann wird, was sicher beeinflußt werden kann, in seiner Beschränktheit vor uns sein, und die Zurückhaltung, die ich fordere, wird zur ebenso selbstverständlichen Pflicht wie die Anerkennung eines in Ehrfurcht zu bewahrenden Grundmenschlichen. Dann wird das Verborgene unseres eigenen Wesens so geheimnisvoll wie das aller der anderen Lebewesen, die wir ja nie selber werden machen können und deren Wert als einmalige Existenz wir heute, wo sie bedroht sind, wieder neu erkennen.

Die Ahnung vom Geheimnis des Menschlichen weitet den Gedanken des Naturschutzes, den ja gerade Wissenschaftler so bewußt verteidigen, zur Aufgabe eines eigentlichen Menschenschutzes – eines Schutzes vor den Eingriffen einer Wissenschaft, die nicht mehr weiß, wo das Zulässige seine Grenze hat und wo der Frevel beginnt.

Es gibt eine bedeutende genetische Forschung, die achtet auf diese schwer zu bezeichnende Grenze. Sie sucht im Wissen um die besonderen Schwierigkeiten das Faßbare unseres Erbgangs, die Verflechtungen der Erbeigenschaften zu ermitteln. Sie arbeitet so an den Sicherheiten, die eines Tages im Planen um den Menschen der Zukunft ihren Ort haben werden wie jede andere Gewißheit. Es liegt mir daran, diese große und redliche Forschung nicht zu verwechseln mit den Utopien, deren Kritik vorhin versucht worden ist.

Wahre Planung muß von einem umfassenderen Denken über den Menschen genährt werden, als es die Wissenschaft allein leisten kann, die ihre großen Erfolge einer weisen Bescheidung verdankt, einem klaren Wissen um den Geltungsbereich der Methoden, mit denen sie arbeitet. Die Meinung ist heute weit verbreitet – und viele Wissenschaftler fördern sie –, es sei die Welt und das irdische Leben insbesondere etwas Durchschaubares. Viele Planungen leben von der Überzeugung, die Wissenschaft sei im Begriffe, unser Dasein völlig zu verstehen. Man vergißt, daß auch die Wissenschaft als Geistwerk

von einem Ursprung her geleistet wird, den wir selbst weder geschaffen haben noch je schaffen werden.
Der Ursprung allen Veränderns, allen Forschens ist selbst ein Verborgenes, ein Teil des Geheimnisses, als das die Natur um und in uns am Werk ist. Aus diesem unzugänglichen Urgrund wird vieles ans Licht gebracht, erkannt und beherrscht. Wer die Größe dieses Ans-Licht-Kommens rühmt, der bezeugt im Grunde seine Ehrfurcht vor dem Unbekannten, aus dem wir leben. Der Mensch, der im bereits Erkennbaren plant, muß wissen, daß sein Werk im Geheimnis einer Wirklichkeit geschieht, welche das Schöpferische in uns vor uns selbst verborgen hat.

CARL GUSTAV JUNG

Was Indien uns lehren kann

Indien liegt zwischen dem asiatischen Norden und dem pazifischen Süden, zwischen Tibet und Ceylon. Indien hört am Fuß des Himalaja und bei Adam's Bridge abrupt auf. Am einen Ende beginnt eine mongolische Welt, am anderen das «Paradies» einer Südseeinsel. Ceylon ist von Indien so eigenartig verschieden, wie Tibet es ist. Seltsamerweise findet man an beiden Enden die «Spur des Elefanten», wie der *Pali-Kanon* die Lehre des Herrn und Meisters Buddha nennt.
Warum hat Indien sein strahlendstes Licht, Buddhas Erlösungspfad, diese großartige Synthese von Weltanschauung und Opus divinum verloren? Es ist allgemein bekannt, daß die Menschheit sich auf einem Höhepunkt der Erleuchtung und geistigen Anstrengung nie halten kann. Buddha war ein unzeitiger Eindringling, er hat den Gang der Geschichte von Grund auf geändert und wurde schließlich doch von ihm besiegt. Die indische Religion gleicht einer Vimana oder Pagode. Wie Ameisen klettern die Götter übereinander, von den Elefanten an, die in die Grundmauern geschnitzt sind, bis zu dem abstrakten Lotus zuoberst, der das Gebäude krönt. Mit der Zeit werden die Götter zu philosophischen Begriffen. Buddha, ein geistiger Wegbereiter für die gesamte Welt, sagte – und suchte es wahrzumachen –, daß der erleuchtete Mensch der Lehrer und Erlöser sogar seiner Götter sei (nicht deren stupider Leugner, wie die westliche «Aufklärung» es will). Das war offensichtlich zu viel, da der indische Geist noch gar nicht bereit war, die Götter in dem Maß

zu integrieren, daß sie psychologisch vom seelischen Zustand des Menschen abhängig werden. Wie Buddha selbst solche Einsicht gewinnen konnte, ohne sich völlig in einer Inflation zu verlieren, grenzt an ein Wunder. (Aber jedes Genie *ist* ein Wunder.)

Buddha störte den historischen Prozeß, indem er mit der allmächtigen Umwandlung der Götter in Ideen dazwischentrat. Das echte Genie bricht sozusagen immer ein und stiftet Unruhe. Es spricht zu einer zeitlichen Welt aus einer eigenen Welt. So sagt es das Falsche zur richtigen Zeit. Ewige Wahrheiten sind nie zu einem gegebenen Augenblick in der Geschichte wahr. Der Prozeß der Wandlung hat einen Halt zu machen, um die äußerst unbequemen Dinge zu verdauen und zu assimilieren, die das Genie aus der Vorratskammer der Ewigkeit hervorgebracht hat. Und doch ist das Genie der Heilbringer seiner Zeit, denn alles, was es an ewiger Wahrheit offenbart, ist heilsam.

Das Fernziel des Wandlungsprozesses ist indessen annähernd das, was Buddha vorschwebte. Aber dorthin zu gelangen ist weder in einer noch in zehn Generationen möglich. Es braucht eindeutig viel länger, auf alle Fälle Tausende von Jahren, da die erstrebte Umwandlung nicht ohne eine gewaltige Entwicklung des menschlichen Bewußtseins vor sich gehen kann. Sie kann nur «geglaubt» werden, was Buddhas, wie Christi, Nachfolger offensichtlich taten, in der Annahme – wie das bei «Gläubigen» immer der Fall ist –, daß Glaube alles sei. Glaube ist zwar etwas Großes, aber er ist ein Ersatz für eine bewußte Wirklichkeit, welche die Christen weise auf ein Leben im Jenseits verlegen. Dieses «Nachher» ist in Wirklichkeit die angestrebte Zukunft der Menschheit, vorweggenommen durch religiöse Intuition.

Buddha ist aus dem Leben und der Religion Indiens mehr verschwunden, als wir uns je vorstellen könnten, daß Christus im Gefolge irgendeiner künftigen Katastrophe der Christenheit verschwinden würde, mehr sogar, als die griechisch-römischen Religionen aus dem heutigen Christentum verschwunden sind. Nicht daß Indien seinen geistigen Lehrmeistern undankbar wäre. Es ist ein bemerkenswertes Wiederaufleben des Interesses an klassischer Philosophie festzustellen. Universitäten wie Kalkutta und Benares haben bedeutende philosophische Fakultäten. Das Hauptgewicht wird jedoch auf klassische Hinduphilosophie und ihre weitgespannte Sanskritliteratur gelegt. Der *Pali-Kanon* liegt nicht ganz in ihrem Gesichtskreis. Buddha vertritt keine eigentliche Philosophie. Er fordert den Menschen heraus! Das ist nicht eigentlich, was die Philosophie will. Sie, wie irgendeine andere Wissenschaft, braucht einen weiten intellektuellen Spielraum, unbehindert von moralischen und menschlichen Verstrickungen. Dazu kommt, daß kleine und mängelbehaftete Leute in der Lage sein müssen, «etwas dazu zu tun», ohne auf fatale Weise in

Zusammenhänge verwickelt zu werden, die weit über ihre Trag- und Leistungskräfte hinausgehen. Dies ist letzten Endes der richtige Weg, auch wenn es in der Tat eine Longissima via ist. Die göttliche Ungeduld eines Genies mag den kleinen Mann verstören oder gar aus der Fassung bringen. Ein paar Generationen später wird er sich jedoch durch die schiere Kraft der Zahlen wieder behaupten, und auch das scheint in Ordnung zu sein.

Ich werde nun etwas sagen, was meine indischen Freunde möglicherweise unangenehm berühren wird, doch möchte ich sie selbstverständlich keineswegs kränken. Ich habe, so scheint mir, die merkwürdige Tatsache beobachtet, daß ein Inder, insofern er wirklich Inder ist, nicht denkt, zumindest nicht, was wir «denken» nennen. *Eher nimmt er den Gedanken wahr.* In dieser Hinsicht gleicht er dem Primitiven. Ich sage nicht, daß er primitiv *ist*, sondern daß der Vorgang seines Denkens mich an die primitive Art des Gedankenhervorbringens erinnert. Das Räsonieren des Primitiven ist zur Hauptsache eine unbewußte Funktion, und er nimmt ihre Ergebnisse wahr. Man könnte eine solche Eigentümlichkeit in jeder Kultur erwarten, die sich seit Urzeiten einer nahezu ungebrochenen Kontinuität erfreut hat.

Unsere westliche Entwicklung von einem primitiven Stand aus wurde plötzlich unterbrochen durch das Eindringen einer Psychologie und Geistigkeit, die einer viel höheren Kulturstufe zugehörten. Unser Fall war nicht so arg wie derjenige der Neger oder Polynesier, die sich mit einemmal der unvergleichlich höheren Zivilisation des weißen Mannes gegenübersahen, aber dem Wesen nach war es das gleiche. Wir wurden mitten in einem noch barbarischen Polytheismus gestoppt, der ausgerottet oder unterdrückt wurde – Jahrhunderte hindurch und vor nicht allzu langer Zeit. Ich nehme an, daß dieser Umstand dem westlichen Geist eine sonderbare Knickung verliehen hat. Unsere geistige Existenz wurde in etwas verwandelt, was sie noch nicht erreicht hatte und im Grunde genommen noch nicht sein konnte. Und dies ließ sich nur bewerkstelligen durch eine Dissoziation zwischen dem bewußten Teil der Psyche und dem Unbewußten. Es war eine Befreiung des Bewußtseins von der Last der Irrationalität und Triebhaftigkeit, auf Kosten der Ganzheit des Individuums. Der Mensch wurde in eine bewußte und eine unbewußte Persönlichkeit aufgespalten. Die bewußte Persönlichkeit konnte domestiziert werden, weil sie vom naturhaften und primitiven Menschen getrennt war. So wurden wir einerseits höchst diszipliniert, organisiert und rational, die andere Seite aber blieb ein unterdrückter Primitiver, abgeschnitten von Erziehung und Kultur.

Dies erklärt unsere vielen Rückfälle in die erschreckendste Barbarei, und es erklärt auch die wirklich furchtbare Tatsache, daß, je höher wir den Berg wissenschaftlicher und technischer Errungenschaften hinaufklettern, der Mißbrauch unserer Erfindungen um so gefährlicher und diabolischer wird. Man denke an den großen Triumph menschlichen Geistes, die Macht zu fliegen: Wir haben den uralten Menschheitstraum verwirklicht! Und man denke an die Bombenangriffe moderner Kriegsführung! Ist es das, was Zivilisation bedeutet? Führt es nicht vielmehr den überzeugenden Beweis für die Tatsache vor Augen, daß, als unser Geist zur Eroberung des Himmels auszog, unser anderer Mensch, dieses unterdrückte, barbarische Individuum, zur Hölle fuhr? Gewiß darf unsere Zivilisation stolz sein auf ihre Leistungen, doch müssen wir uns gleichzeitig über uns schämen.

Sicher ist dies nicht der einzige Weg, auf dem der Mensch zivilisiert werden kann, jedenfalls ist es kein idealer Weg. Man könnte sich eine andere, befriedigendere Möglichkeit ausdenken. Statt nur die eine Seite des Menschen könnte man den ganzen Menschen differenzieren. Indem man dem bewußten Menschen die erdgebundene Last seiner primitiven Seite aufbürdete, ließe sich diese verhängnisvolle Spaltung zwischen einer oberen und einer unteren Hälfte vermeiden. Allerdings wäre es kein geringer Tour de force, mit dem Weißen von heute in dieser Richtung zu experimentieren. Es würde natürlich zu teuflisch verwickelten moralischen und intellektuellen Problemen führen. Aber wenn es dem Weißen nicht gelingt, seine eigene Rasse mit Hilfe seiner brillanten Erfindungen zu vernichten, wird er sich schließlich zu einem verzweifelt ernsthaften Selbsterziehungskurs bequemen müssen.

Was immer das endgültige Schicksal des Weißen sein wird, wir können wenigstens *ein* Beispiel für eine Kultur betrachten, die jede wesentliche Spur der Primitivität mit sich getragen hat und die den ganzen Menschen, von zuoberst bis zuunterst, umfaßt. Indiens Kultur und Psychologie gleicht seinen Tempeln, die in ihren Skulpturen das Universum darstellen, einschließlich des Menschen und aller seiner Aspekte und Tätigkeiten, als Heiliger oder als Scheusal. Dies ist vermutlich der Grund, weshalb Indien so traumartig erscheint: Man wird ins Unbewußte zurückgestoßen, in jene unerlöste, unzivilisierte, urtümliche Welt, von der wir nur träumen, da unser Bewußtsein sie verleugnet. Indien stellt den anderen Weg der Zivilisierung des Menschen dar, den Weg ohne Unterdrückung, ohne Gewalttätigkeit, ohne Rationalismus. Hier sieht man sie Seite an Seite, in derselben Stadt, in derselben Straße, in demselben Tempel, innerhalb derselben Quadratmeile: den höchst kultivierten Geist und den Primitiven. In der geistigen Aufmachung des Allergeistigsten erkennt man die Züge des lebendig gebliebenen Primitiven, und in den melancholischen Augen des ungebildeten, halbnackten Dorfbewohners läßt sich ein unbewußtes Wissen um geheimnisvolle Wahrheiten erahnen.

Ich sage das alles, um zu erklären, was ich unter Nichtdenken verstehe. Ich könnte ebensogut sagen: Gott sei Dank gibt es noch einen Menschen, der nicht denken gelernt hat, sondern noch fähig ist, seine Gedanken wahrzunehmen, als ob es Visionen oder lebendige Dinge wären; einen Menschen, der seine Götter umgewandelt hat – oder umwandeln wird – in sichtbare Gedanken, die auf der Wirklichkeit der Instinkte beruhen. Er hat seine Götter gerettet, und sie leben mit ihm. Es ist zwar ein irrationales Leben, voller Roheit, Greuel, Elend, Krankheit und Tod, jedoch irgendwie ganzheitlich, befriedigend und von unsagbarer emotionaler Schönheit. Es stimmt, daß die logischen Prozesse Indiens komisch sind, und es ist verblüffend zu sehen, wie Bruchstücke westlicher Wissenschaft sich dicht neben – kurzsichtigerweise von uns so genanntem – Aberglauben finden.

Den Indern machen anscheinend unerträgliche Widersprüche nichts aus. Wenn sie bestehen, sind sie eine Eigentümlichkeit solchen Denkens, und der Mensch ist nicht verantwortlich dafür. Er macht sie nicht, da Gedanken ja von selbst erscheinen. Der Inder fischt nicht infinitesimale Einzelheiten aus dem Universum heraus. Sein Streben geht dahin, eine Schau des Ganzen zu haben. Er weiß noch nicht, daß man die lebendige Welt straff zwischen zwei Begriffe schrauben kann. Haben Sie je einen Augenblick darüber nachgedacht, wieviel vom Eroberer (um nicht zu sagen Dieb oder Räuber) schon im Ausdruck «Begriff» liegt? Er besagt «etwas durch Zupacken Gewonnenes». So gehen wir an die Welt heran. Indisches Denken aber ist Verdichtung einer Vision und nicht ein beutegieriger Überfall in die noch unereroberten Bereiche der Natur.

Wenn Sie die bedeutendste Lektion lernen wollen, die Indien einem beibringen kann, so hüllen Sie sich in den Mantel Ihrer moralischen Überlegenheit, begeben Sie sich in die Schwarze Pagode von Konarak, setzen Sie sich in den Schatten der gewaltigen Ruine, die noch immer mit der bestürzendsten Sammlung von «Obszönitäten» bedeckt ist, lesen Sie Murrays hinterlistiges altes «Handbuch für Indien», das einem sagt, wie man angesichts dieses beklagenswerten Standes der Dinge so richtig schockiert sein und wie man des Abends in die Tempel gehen soll, weil sie im Lampenlicht wenn möglich «noch (wie erfreulich!) viel schlimmer» wirken; und dann analysieren Sie sorgfältig und mit der äußersten Ehrlichkeit alle Ihre Reaktionen, Gefühle und Gedanken. Es wird Sie eine ganze Weile in Anspruch nehmen, aber am Ende, wenn Sie gute Arbeit geleistet haben, werden Sie etwas über sich selbst erfahren haben und über den Weißen im allgemeinen, was Sie wahrscheinlich noch von niemandem sonst hörten. Ich finde, eine Reise nach Indien, wenn man sie sich leisten kann, ist im ganzen höchst erbaulich und, vom psychologischen Standpunkt aus, äußerst ratsam, obschon sie einem erhebliches Kopfweh verursachen kann.

Karl Jaspers

Der Glaube in der Zukunft

Wenn der Zweifel an den heutigen Kirchen und ihrer Fähigkeit zur Metamorphose ihnen keine gute Prognose stellen möchte – vielleicht sehr irrig –, so braucht dieser Zweifel keineswegs die biblische Religion zu treffen. Wahrscheinlich ist, daß der zukünftige Glaube noch immer sich bewegen wird in Grundpositionen und Kategorien der Achsenzeit, aus der auch die biblische Religion stammt: weil für eine Gesamtanschauung der Geschichte der geistige Vorrang jener Ursprungsjahrhunderte so groß ist, weil Wissenschaft und Technik mit dem aus ihnen entspringenden Gehalten nicht standhalten können gegen die hohen Glaubensgehalte und das Menschentum jenes Ursprungs, weil die Auflösung des modernen Denkens nichts Gehaltvolles aus eigenem Ursprung zur Überwindung bieten konnte, weil die Einfachheit der Tiefe in neuer Gestalt nicht da ist, und seine neue Gestalt, wenn sie käme, kaum behaupten könnte, ohne den alten Gehalt bewahrt zu haben.
So bleibt das heute Wahrscheinliche: Verwandlung in der Wiederherstellung der biblischen Religion.
Gegen die Tendenzen des Zeitalters auf Trennung, Abschließung, Fanatisierung in Gruppen (entsprechend den abschließenden Grenzen aus der Gesinnung der Totalplanung) stehen die Tendenzen des Zusammenschlusses auf große einfache Wahrheit hin.
Aber wer könnte im Einzelfall entschleiern, was heute im Grunde abgestorben ist, was ein vergebliches Sichklammern an verlorene Dinge bedeutet – und was ursprünglich ist und lebenstragend wird!
Daß aber im Bezug unseres Glaubens auf die biblische Religion zuletzt die Entscheidung über die Zukunft unseres abendländischen Menschseins liegt, das scheint gewiß.
Denkt man die Möglichkeit, daß eine Verwandlung der biblischen Religion nicht mehr gelingt, daß sie vielmehr in den erstarrenden Konfessionen abstirbt (statt in den schützenden Gehäusen lebendig durch die Zeiten getragen zu werden) und daß sie darum bei kommenden politischen Katastrophen

einfach ausgelöscht werden könnte, so müßte, weil der Mensch nicht aufhören kann, Mensch zu sein, etwas ursprünglich anderes erscheinen. Dieses Neue, für uns unvorstellbar, würde die biblische Religion verschwinden lassen zu bloßer Erinnerung, wie es für uns die griechischen Mythen sind, oder sogar diese Erinnerung verlieren. Lange Zeiten hätte sie Geltung gehabt, so lange wie der Konfuzianismus, der heute in derselben Lage und Frage steht, noch nicht so lange wie die alte ägyptische Religion.

Dieses Neue würde nicht lebendig durch eine Stiftung, die in Korrelation zur Gewaltsamkeit eines Weltimperiums nur äußerliche Chancen hätte. Soll es den Menschen wirklich ergreifen, so müßte etwas wie eine neue Achsenzeit heraufkommen. Dann würde die Auflockerung der Menschheit zeigen, was wächst in der Kommunikation des geistigen Kampfes, in der Anspannung sittlicher Unbedingtheit, in der Seligkeit, den neuen Prozeß des Offenbarwerdens getragen zu wissen von der Gottheit.

Man kann weiter denken: In kommenden Jahrhunderten werden vielleicht Menschen auftreten, die, getragen vom Blick auf den Ursprung der Achsenzeit, Wahrheiten verkünden, die, erfüllt vom Wissen und Erfahren unseres Zeitalters, wirklich geglaubt und gelebt werden. Der Mensch würde wieder im ganzen Ernst erfahren, was es heißt, daß Gott ist, und wieder das Pneuma kennen, das das Leben hinreißt.

Dies in Gestalt einer neuen Offenbarung Gottes zu erwarten, scheint jedoch verfehlt. Der Offenbarungsbegriff gehört allein der biblischen Religion. Die Offenbarung ist geschehen und ist vollendet. Der Offenbarungsgedanke wird unlösbar mit der biblischen Religion verbunden bleiben. In der Helle unserer Welt würde eine mit dem Anspruch einer neuen Gottesoffenbarung auftretende Prophetie vielleicht immer als Wahnsinn wirken oder als falsche Prophetie, als Aberglaube, der versinkt vor der einen großen wahren Prophetie, die vor Jahrtausenden stattfand. Doch, wer weiß?

Solche neue Offenbarung würde jedenfalls unwahr werden in einer nur usurpierten und nur gewaltsamen Ausschließlichkeit. Denn daß die Wahrheit des Glaubens in der Vielfachheit seiner geschichtlichen Erscheinung, im Sichbegegnen dieser Vielfachheit durch immer tiefere Kommunikation liegt, diese Einsicht und Erfahrung der neueren Jahrhunderte läßt sich nicht rückgängig machen. Diese Erfahrung kann in ihrem Ursprung nicht falsch sein.

Angesichts aber der Möglichkeit eines totalitären Weltimperiums und einer ihm entsprechenden totalitären Glaubenswahrheit bleibt nur die Hoffnung für den einzelnen, für ungezählte einzelne, wie sie seit der Achsenzeit bis heute, von China bis zum Abendlande lebten, den Strom des Philosophierens zu bewahren, mag er auch noch so schmal werden. Unabhängigkeit des tiefsten Inneren des auf Transzendenz bezogenen Menschen vom Staat sowohl als von der Kirche, Freiheit der Seele, die ermutigt wird im Gespräch mit der großen Überlieferung, das bleibt dann die letzte Zuflucht, wie sie es seit Jahrtausenden schon manches Mal in bösen Übergangszeiten war.

Hält man es für unwahrscheinlich, daß eine Welteinheit ohne Glaubenseinheit erwachsen werde, so wage ich das Gegenteil zu behaupten: Das für alle verbindliche Allgemeine einer Weltordnung (im Unterschied zum Weltimperium) ist gerade nur dann möglich, wenn die vielfachen Glaubensgehalte frei bleiben in ihrer geschichtlichen Kommunikation ohne Einheit eines objektiven, allgemeingültigen Glaubensinhalts. Das Gemeinsame allen Glaubens in bezug auf die Weltordnung kann nur sein, daß ein jeder die Ordnung der Daseinsgrundlagen in einer Weltgemeinschaft will, in der er Raum zur Entfaltung mit friedlichen Mitteln des Geistes hat.

Also nicht eine neue Offenbarung Gottes in der Ausschließlichkeit einer Verkündigung mit Geltung für die gesamte Menschheit erwarten wir. Etwas anderes ist möglich. Vielleicht dürfen wir etwas erwarten, das wie ein Offenbarwerden durch eine heute glaubwürdige Prophetie (mit diesem Worte sprechen wir ungemäß von einem Zukünftigen in einer Kategorie der Vergangenheit) und dann in mannigfacher Gestalt wäre, oder das durch Weise und Gesetzgeber (wieder in Kategorien der Achsenzeit gesprochen) eine Steigerung zu hochgemutem, hingebendem, durchdringend reinem Menschsein ermöglicht. Es ist ein Ungenügen in uns, etwas, das wie Warten ist und wie Bereitschaft. Die Philosophie ist unvollendet und muß sich dessen bewußt bleiben, wenn sie nicht falsch werden will. Wir wandern in das Dunkel der Zukunft, in Abwehr gegen Feinde der Wahrheit, unfähig, das eigene denkende Nichtwissen preiszugeben im Gehorsam gegen ein auferlegtes Wissen – vor allem aber bereit, zu hören und zu sehen, wenn wieder erfüllende Symbole und tiefe Gedanken den Lebensweg erhellen.

Das Philosophieren wird dabei in jedem Falle Wesentliches leisten. Es lohnt uns, denkend den Absurditäten, Fälschungen, Verkehrungen und dem Ausschließlichkeitsanspruch geschichtlicher Wahrheit und der blinden Intoleranz zu widerstehen. Und es führt auf den Weg dorthin, wo die Liebe ihre Tiefe gewinnt in wirklicher Kommunikation. Dann würde in dieser Liebe durch das Gelingen der Kommunikation den Fernsten aus ihrer geschichtlichen Ursprungsverschiedenheit doch die Wahrheit sich zeigen, die uns verbindet.

WERNER HEISENBERG

Der Mensch begegnet sich selbst

Es ist oft gesagt worden, daß die tiefgreifende Veränderung unserer Umwelt und unserer Lebensweise im technischen Zeitalter auch unser Denken in einer gefährlichen Weise umgestaltet habe und daß hier die Wurzel der Krisen zu suchen sei, von denen unsere Zeit erschüttert werde und die sich z. B. auch in der modernen Kunst äußern. Dieser Einwand ist nun freilich viel älter als Technik und Naturwissenschaft der Neuzeit; denn Technik und Maschinen hat es in primitiver Form schon viel früher gegeben, so daß die Menschen schon längst vergangener Zeiten gezwungen waren, über solche Fragen nachzudenken. Vor zweieinhalb Jahrtausenden hat z. B. der chinesische Weise *Dschuang Dsi* schon von den Gefahren des Maschinengebrauchs für den Menschen gesprochen, und ich möchte hier eine Stelle aus seinen Schriften anführen, die für unser Thema wichtig ist:

«Als Dsi Gung durch die Gegend nördlich des Han-Flusses kam, sah er einen alten Mann, der in seinem Gemüsegarten beschäftigt war. Er hatte Gräben gezogen zur Bewässerung. Er stieg selbst in den Brunnen hinunter und brachte in seinen Armen ein Gefäß voll Wasser herauf, das er ausgoß. Er mühte sich aufs äußerste ab und brachte doch wenig zustande.

Dsi Gung sprach: Da gibt es eine Einrichtung, mit der man an einem Tag hundert Gräben bewässern kann. Mit wenig Mühe wird viel erreicht. Möchtet Ihr die nicht anwenden? Der Gärtner richtete sich auf, sah ihn an und sprach: Und was wäre das?

Dsi Gung sprach: Man nimmt einen hölzernen Hebelarm, der hinten beschwert und vorne leicht ist. Auf diese Weise kann man das Wasser schöpfen, daß es nur so sprudelt. Man nennt das einen Ziehbrunnen.

Da stieg dem Alten der Ärger ins Gesicht, und er sagte lachend: Ich habe meinen Lehrer sagen hören: Wenn einer Maschinen benutzt, so betreibt er alle seine Geschäfte maschinenmäßig; wer seine Geschäfte maschinenmäßig betreibt, der bekommt ein Maschinenherz. Wenn einer aber ein Maschinenherz in der Brust hat, dem geht die reine Einfalt verloren. Bei wem die reine Einfalt hin ist, der wird ungewiß in den Regungen seines Geistes. Ungewißheit in den Regungen des Geistes ist etwas, das sich mit dem wahren Sinn nicht verträgt. Nicht daß ich solche Dinge nicht kennte, ich schäme mich, sie anzuwenden.»

Daß diese alte Erzählung einen erheblichen Teil der Wahrheit enthält, wird jeder von uns empfinden; denn «Ungewißheit in den Regungen des Geistes»

ist vielleicht eine der treffendsten Beschreibungen, die wir dem Zustand der Menschen in unserer heutigen Krise geben können: Die Technik, die Maschine hat sich in einem Ausmaß über die Welt gebreitet, von der jener chinesische Weise nichts ahnen konnte, und doch sind auch zweitausend Jahre später noch die schönsten Kunstwerke auf der Erde entstanden, und die Einfalt der Seele, von der der Philosoph spricht, ist nie ganz verlorengegangen, sondern im Laufe der Jahrhunderte bald schwächer, bald stärker in Erscheinung getreten und immer wieder fruchtbar geworden. Schließlich hat sich der Aufstieg des Menschengeschlechts ja doch durch die Entwicklung der Werkzeuge vollzogen; es kann also die Technik jedenfalls nicht an sich schon die Ursache dafür sein, daß in unserer Zeit das Bewußtsein des Zusammenhanges an vielen Stellen verlorengegangen ist.
Man wird der Wahrheit vielleicht näherkommen, wenn man die plötzliche und – gemessen an früheren Veränderungen – ungewöhnlich schnelle Ausbreitung der Technik in den letzten fünfzig Jahren für viele Schwierigkeiten verantwortlich macht, da diese Schnelligkeit der Veränderung im Gegensatz zu früheren Jahrhunderten der Menschheit einfach nicht die Zeit gelassen hat, sich auf die neuen Lebensbedingungen umzustellen. Aber auch damit ist wohl noch nicht richtig oder noch nicht vollständig erklärt, warum unsere Zeit offensichtlich vor einer ganz neuen Situation zu stehen scheint, zu der es in der Geschichte kaum ein Analogon gibt.

Vielleicht können die Wandlungen in den Grundlagen der modernen Naturwissenschaft als Symptom angesehen werden für Verschiebungen in den Fundamenten unseres Daseins, die sich dann an vielen Stellen gleichzeitig äußern, sei es in äußeren Katastrophen, Kriegen oder Revolutionen. Wenn man versucht, von der Situation der modernen Naturwissenschaft ausgehend, sich zu den in Bewegung geratenen Fundamenten vorzutasten, so hat man den Eindruck, daß man die Verhältnisse vielleicht nicht allzu grob vereinfacht, wenn man sagt, daß *zum erstenmal im Laufe der Geschichte der Mensch auf dieser Erde nur noch sich selbst gegenübersteht,* daß er keine anderen Partner oder Gegner mehr findet. Das gilt zunächst in einer ganz banalen Weise im Kampf des Menschen mit äußeren Gefahren. Früher war der Mensch durch wilde Tiere, durch Krankheiten, Hunger, Kälte und andere Naturgewalten bedroht, und in diesem Streit bedeutete jede Ausweitung der Technik eine Stärkung in der Stellung des Menschen, also einen Fortschritt. In unserer Zeit, in der die Erde immer dichter besiedelt wird, kommt die Einschränkung der Lebensmöglichkeit und damit die Bedrohung in erster Linie von den anderen Menschen, die auch ihr Recht auf die Güter der Erde geltend machen. In dieser

Auseinandersetzung braucht die Erweiterung der Technik aber kein Fortschritt mehr zu sein. Der Satz, daß der Mensch nur noch sich selbst gegenüberstehe, gilt aber im Zeitalter der Technik noch in einem viel weiteren Sinne. In früheren Epochen sah sich der Mensch der Natur gegenüber; die von Lebewesen aller Art bewohnte Natur war ein Reich, das nach seinen eigenen Gesetzen lebte und in das er sich mit seinem Leben irgendwie einzuordnen hatte. In unserer Zeit aber leben wir in einer vom Menschen so völlig verwandelten Welt, daß wir überall, ob wir nun mit den Apparaten des täglichen Lebens umgehen, ob wir eine mit Maschinen zubereitete Nahrung zu uns nehmen oder die vom Menschen verwandelte Landschaft durchschreiten, immer wieder auf die vom Menschen hervorgerufenen Strukturen stoßen, daß wir gewissermaßen immer nur uns selbst begegnen. Sicher gibt es Teile der Erde, wo dieser Prozeß noch lange nicht zum Abschluß gekommen ist, aber früher oder später dürfte in dieser Hinsicht die Herrschaft des Menschen vollständig sein.

Am schärfsten aber tritt uns diese neue Situation eben in der modernen Naturwissenschaft vor Augen, in der sich herausstellt, daß wir die Bausteine der Materie, die ursprünglich als die letzte objektive Realität gedacht waren, überhaupt nicht mehr «an sich» betrachten können, daß sie sich irgendeiner objektiven Festlegung in Raum und Zeit entziehen und daß wir im Grunde immer nur unsere Kenntnis dieser Teilchen zum Gegenstand der Wissenschaft machen können. Das Ziel der Forschung ist also nicht mehr die Erkenntnis der Atome und ihrer Bewegung «an sich», d. h. abgelöst von unserer experimentellen Fragestellung; vielmehr stehen wir von Anfang an in der Mitte der Auseinandersetzung zwischen Natur und Mensch, von der die Naturwissenschaft ja nur ein Teil ist, so daß die landläufigen Einteilungen der Welt in Subjekt und Objekt, Innenwelt und Außenwelt, Körper und Seele nicht mehr passen wollen und zu Schwierigkeiten führen. Auch in der Naturwissenschaft ist also *der Gegenstand der Forschung nicht mehr die Natur an sich, sondern die der menschlichen Fragestellung ausgesetzte Natur,* und insofern begegnet der Mensch auch hier wieder sich selbst.

Unserer Zeit ist nun offenbar die Aufgabe gestellt, sich mit dieser neuen Situation in allen Bereichen des Lebens abzufinden, und erst wenn das gelungen ist, kann die «Sicherheit in den Regungen des Geistes», von der der chinesische Weise spricht, von den Menschen wiedergefunden werden. Der Weg zu diesem Ziel wird lang und mühevoll sein, und wir wissen nicht, welche Leidensstationen noch auf ihm liegen. Aber wenn man nach Anzeichen dafür sucht, wie dieser Weg aussehen wird, mag es erlaubt sein, sich noch einmal an das Beispiel der exakten Naturwissenschaft zu erinnern.

In der Quantentheorie hat man sich mit der geschilderten Situation abgefunden, als es gelungen war, sie mathematisch darzustellen und damit in jedem Fall klar und ohne Gefahr logischer Widersprüche zu sagen, wie das Ergebnis eines Experiments ausfallen werde. Man hat sich also mit der neuen Situation abgefunden in dem Augenblick, in dem die Unklarheiten beseitigt waren. Die mathematischen Formeln bilden dabei allerdings nicht mehr die Natur, sondern unsere Kenntnis von der Natur ab, und insofern hat man auf eine seit Jahrhunderten übliche Art der Naturbeschreibung verzichtet, die noch vor wenigen Jahrzehnten als das selbstverständliche Ziel aller exakten Naturwissenschaft gegolten hätte. Man kann auch einstweilen nur sagen, daß man sich im Bereich der modernen Atomphysik selbst abgefunden hat, weil man die Erfahrung richtig darstellen kann. Schon wenn es sich um die philosophische Interpretation der Quantentheorie handelt, gehen die Meinungen noch auseinander, und man hört gelegentlich die Ansicht, daß diese neue Form der Naturbeschreibung noch unbefriedigend sei, da sie dem früheren Ideal der wissenschaftlichen Wahrheit nicht entspräche und daher selbst nur als Symptom für die Krise unserer Zeit aufzufassen und jedenfalls nicht endgültig sei. Es wird zweckmäßig sein, in diesem Zusammenhang den *Begriff der wissenschaftlichen Wahrheit* etwas allgemeiner zu erörtern und nach Kriterien dafür zu fragen, wann eine wissenschaftliche Erkenntnis konsequent und endgültig genannt werden kann. Zunächst ein mehr äußerliches Kriterium: Solange sich irgendein Bereich des geistigen Lebens stetig und ohne inneren Bruch fortentwickelt, sind dem einzelnen Menschen, der in diesem Bereich arbeitet, Einzelfragen gestellt, gewissermaßen handwerkliche Probleme, deren Lösung zwar nicht Selbstzweck ist, aber im Interesse des allein wichtigen großen Zusammenhanges wertvoll scheint. Diese Einzelprobleme sind gestellt, sie brauchen nicht erst gesucht zu werden, und ihre Bearbeitung ist die Voraussetzung für die Mitarbeit am großen Zusammenhang. So haben etwa mittelalterliche Bildhauer sich bemüht, die Falten an den Gewändern möglichst gut wiederzugeben, und die Lösung dieses Einzelproblems war notwendig, weil auch die Falten in den Gewändern der Heiligen in dem großen religiösen Zusammenhang standen, der eigentlich gemeint war. In ähnlicher Weise waren und sind in der modernen Naturwissenschaft stets Einzelfragen gestellt, deren Bearbeitung die Voraussetzung bildet zum Verständnis des großen Zusammenhanges. Diese Fragen waren auch in der Entwicklung der letzten fünfzig Jahre stets von selbst gestellt, sie mußten nicht gesucht werden, und das Ziel war stets der gleiche große Zusammenhang der Naturgesetze. Insofern ist rein äußerlich kein Grund zu sehen für irgendeinen Bruch in der Kontinuität der exakten Naturwissenschaft.

Hinsichtlich der Endgültigkeit der Ergebnisse aber ist daran zu erinnern, daß es im Bereich der exakten Naturwissenschaft immer wieder endgültige Lösungen gegeben hat für bestimmte umgrenzte Erfahrungsbereiche. Die Fragen z. B., die mit den Begriffen der Newtonschen Mechanik gestellt werden können, fanden auch ihre für alle Zeiten gültige Beantwortung durch die Newtonschen Gesetze und die aus ihnen gezogenen mathematischen Folgerungen. Diese Lösungen reichen allerdings nicht weiter als die Begriffe der Newtonschen Mechanik und ihre Fragestellung. Daher war z. B. schon die Elektrizitätslehre einer Analyse mit diesen Begriffen nicht mehr zugänglich, und so haben sich bei der Durchforschung dieses neuen Erfahrungsbereichs wieder neue Begriffssysteme ergeben, mit deren Hilfe die Naturgesetze der Elektrizitätslehre endgültig mathematisch formuliert werden konnten. Das Wort «endgültig» bedeutet also im Zusammenhang der exakten Naturwissenschaft offenbar, daß es immer wieder in sich geschlossene, mathematisch darstellbare Systeme von Begriffen und Gesetzen gibt, die auf bestimmte Erfahrungsbereiche passen, in ihnen überall im Kosmos gelten und keiner Änderung oder Verbesserung fähig sind; daß aber natürlich nicht erwartet werden kann, daß diese Begriffe und Gesetze auch geeignet sein werden, später neue Erfahrungsbereiche darzustellen. Nur in diesem eingeschränkten Sinne also können auch die quantentheoretischen Begriffe und Gesetze als endgültig bezeichnet werden, und nur in diesem eingeschränkten Sinne kann es überhaupt vorkommen, daß wissenschaftliche Erkenntnis ihre endgültige Fixierung in der mathematischen oder irgendeiner anderen Sprache findet.
Ähnlich wird ja etwa auch in manchen Rechtsphilosophien angenommen, daß es immer Recht gebe, daß aber im allgemeinen in einem neuen Rechtsfall das Recht neu gefunden werden müsse, daß jedenfalls das schriftlich festgelegte Recht immer nur begrenzte Bereiche des Lebens umfassen und insofern nicht immer verbindlich sein könne. So geht auch die exakte Naturwissenschaft davon aus, daß es schließlich immer, auch in jedem neuen Erfahrungsbereich, möglich sein werde, die Natur zu verstehen; daß aber dabei gar nicht von vornherein ausgemacht sei, was das Wort «verstehen» bedeutet, und daß die in mathematischen Formeln fixierte Naturerkenntnis früherer Epochen zwar «endgültig», aber keineswegs immer anwendbar sei. Es ist dieser Sachverhalt, der es auch unmöglich macht, Glaubensbekenntnisse, die für die Haltung im Leben verbindlich sein sollen, allein auf wissenschaftliche Erkenntnis zu begründen. Denn die Begründung könnte ja nur durch die fixierte wissenschaftliche Erkenntnis erfolgen, und die ist nur auf beschränkte Bereiche der Erfahrung anwendbar. Die Behauptung, die häufig am Anfang der in unserer Zeit entstandenen Glaubensbekenntnisse steht, daß es sich bei ihnen nicht um

Glauben, sondern um wissenschaftlich fundiertes Wissen handle, enthält daher einen inneren Widerspruch und beruht auf einer Selbsttäuschung.
Trotzdem darf diese Erkenntnis nicht dazu verführen, die Festigkeit des Grundes zu unterschätzen, auf dem das Gebäude der exakten Naturwissenschaft errichtet ist. Der Begriff der wissenschaftlichen Wahrheit, der der Naturwissenschaft zugrunde liegt, kann sehr verschiedene Arten von Naturverständnis tragen. So ruht außer der Naturwissenschaft der vergangenen Jahrhunderte auch die moderne Atomphysik in ihm, und daraus geht hervor, daß man sich auch mit der Erkenntnissituation, in der eine Objektivierung des Naturvorganges nicht mehr möglich ist, abfinden und in ihr unsere Beziehung zur Natur ordnen kann.
Wenn von einem Naturbild der exakten Naturwissenschaft in unserer Zeit gesprochen werden kann, so handelt es sich also eigentlich nicht mehr um ein Bild der Natur, sondern um ein *Bild unserer Beziehungen zur Natur.* Die alte Einteilung der Welt in einen objektiven Ablauf in Raum und Zeit auf der einen Seite und die Seele, in der sich dieser Ablauf spiegelt, auf der anderen, also die Descartessche Unterscheidung von *res cogitans* und *res extensa,* eignet sich nicht mehr als Ausgangspunkt zum Verständnis der modernen Naturwissenschaft. Im Blickfeld dieser Wissenschaft steht vielmehr vor allem das Netz der Beziehungen zwischen Mensch und Natur, der Zusammenhänge, durch die wir als körperliche Lebewesen abhängige Teile der Natur sind und sie gleichzeitig als Menschen zum Gegenstand unseres Denkens und Handelns machen. Die Naturwissenschaft steht nicht mehr als Beschauer vor der Natur, sondern erkennt sich selbst als Teil dieses Wechselspiels zwischen Mensch und Natur. Die wissenschaftliche Methode des Aussonderns, Erklärens und Ordnens wird sich der Grenzen bewußt, die ihr dadurch gesetzt sind, daß der Zugriff der Methode ihren Gegenstand verändert und umgestaltet, daß sich die Methode also nicht mehr vom Gegenstand distanzieren kann. *Das naturwissenschaftliche Weltbild hört damit auf, ein eigentlich naturwissenschaftliches zu sein.*

Ernesto Cardenal

Weltall, Mensch

Wenn wir uns in einer sternenklaren Nacht in die Unendlichkeit des Weltalls vertiefen (unsere Milchstraße hat 300 000 Millionen Sterne; es gibt Sterne, die so hell wie 300 000 Sonnen sind, und 100 Millionen Milchstraßen im erforschbaren Weltall), dann sollten wir uns nicht klein und unscheinbar fühlen, sondern uns vielmehr gerade unserer Größe bewußt sein. Denn der menschliche Geist ist unendlich viel größer als alle Welten, weil er sie verstehen und in sich aufnehmen kann. Die Welten dagegen können den Menschen nicht begreifen. Sie sind aus einfachen Molekülen zusammengesetzt wie der Wasserstoff, dessen Moleküle nur aus einem Kern und einem Elektron bestehen. Der menschliche Körper aber besteht aus vielen komplizierten Molekülen, und vor allem hat er ein Leben, dessen Vielfältigkeit über die molekulare Welt hinausgeht.

Der Mensch hat ein Gewissen und kennt die Liebe. Wenn ein Verliebter sagt, die Augen seines Mädchens glänzten heller als tausend Sterne, so hat er tatsächlich recht damit, auch wenn Sigma des Dorado 300 000mal heller als die Sonne ist. Denn aus diesen Augen strahlt das Licht der Intelligenz und der Liebe, und einen solchen Glanz haben weder Sigma des Dorado noch Alfa der Leier, noch Antares. Und wenn der Radius des Universums auch 100 000 000 000 Lichtjahre umfaßt, irgendwo ist er doch einmal zu Ende. Der elendste aller Menschen ist größer als das ganze Universum, seine Art von Größe geht über die Masse bloßen Rauminhalts hinaus. Denn das ganze materielle Weltall kann zu einem kleinen Punkt im Hirn eines Menschen zusammenschrumpfen.

Und diese Welten sind stumm. Wohl loben sie Gott, aber unbewußt, und ohne es selbst zu wissen. Wir aber sind die Stimme dieser Welten und ihr Gewissen. Auch zur Liebe sind sie nicht fähig, wir aber sind in Liebe verwandelte Materie.

Unser Begreifen trennt uns jedoch nicht von diesen Welten. Wir selbst sind dieses unermeßliche Universum, sein Gewissen und sein Herz. Wir sind das grenzenlose Weltall, das fühlt und denkt.

Denn die Seele vervollständigt das Universum, wie Platon sagt, sie wurde geschaffen, damit das Weltall einen Intellekt habe. Der Mensch ist die Krone der sichtbaren Schöpfung, es geht also nicht an, ihn unscheinbar und niedrig

zu heißen («gemeiner Erdenwurm»), denn das würde ja bedeuten, wir fänden das ganze Werk Gottes unscheinbar und niedrig.
Wenn wir also in einer sternenklaren Nacht die Unermeßlichkeit des Weltalls bedenken, wird diese Unermeßlichkeit noch viel größer, wenn wir uns gleichzeitig auch in unsere eigene Seele vertiefen. Das Weltall sind wir selbst – da betrachtet also das Weltall das Weltall.
Wir sind das Gewissen des Universums. Die Fleichwerdung des Wortes in einem menschlichen Körper ist gleichzeitig seine Fleischwerdung im ganzen Weltall.
Denn auch die Teile des Weltalls stehen untereinander in Verbindung. Das Kalzium unseres Körpers ist auch im Meer enthalten. Wir haben es aus dem Meer mitgebracht, denn unser Leben entstammt dem Meer. Und das Kalzium unseres Körpers und des Meeres ist auch in den Sternen und in den interstellaren Ozeanen, aus denen die Sterne hervorgegangen sind, vorhanden. Die Sterne sind eine Konzentration der schwachen Materie der interstellaren Räume und sind aus ihnen hervorgegangen wie wir aus dem Meer. In Wirklichkeit sind die interstellaren Räume und die Räume zwischen den Milchstraßen ja auch nicht leer. Das ganze Weltall besteht aus der gleichen Materie, die nur mehr oder weniger verdünnt oder konzentriert ist, so daß der ganze Kosmos eigentlich ein einziger Körper ist. Die Elemente von den Meteoriten, die von den entferntesten Sternen kamen (Kalzium, Eisen, Kupfer und Phosphor), sind die gleichen wie die unseres Planeten und wie die unseres Körpers. So sind wir praktisch aus Sternen gemacht oder, wie man auch sagen könnte, das ganze Weltall besteht aus unserem eigenen Fleisch. Als das Wort Fleisch wurde und unter uns wohnte, hätte es mit Adam von der ganzen Natur sagen können: «Das ist Fleisch von meinem Fleische und Knochen von meinen Knochen.» Im Leib Christi ist wie in unserem Leib die gesamte Natur mit eingeschlossen. Wir alle sind der mystische Leib Christi und die ganze Schöpfung mit uns.
In unserem Körper vereinigen sich alle lebendigen Tiere und alle Fossilien, alle Metalle und die gesamten Elemente des Universums. Der Bildhauer, der einen Stein behaut, besteht aus der gleichen Materie wie der Stein. Er ist das Gewissen des Steins, und der Stein ist auch der Künstler, ist Materie plus Seele.
Wenn ein Mensch Gott liebt und sich mit ihm vereinigt, schließt sich ihm die ganze Schöpfung mit ihren drei Reichen – dem Mineralreich, dem Pflanzenreich und dem Tierreich – an und liebt Gott mit ihm.
So ist die Natur für den Christen heiliger, als sie es je für den heidnischen Pantheismus war. Wir sind mehr als Pantheisten, das Christentum geht weiter

als aller Pantheismus, und die Fleischwerdung des Wortes geht über alles hinaus, was sich pantheistische Philosophen je träumen ließen.
Unsere Körper sind heilig. Sie sind Tempel, wie Paulus sagt. (Und für den Juden gab es nichts Heiligeres als den Tempel.) Und alle Materie hat teil an der Heiligkeit unserer Körper. Gregorius Magnus nennt die ganze Schöpfung einen Tempel. Der Baum, die Steine, die Eidechse und das Kaninchen, die Kometen und die Sterne sind heilig durch uns.

LEONARDO BOFF

Aus der eigenen Quelle trinken

Alles, was lebt, braucht Nahrung. Nahrung braucht das Gespür, das jemand für das Geheimnis hat; und Nahrung braucht auch das mystische Leben, das jemand führt.
Zunächst einmal müssen wir uns Zeit nehmen für Betrachtung und Meditation. Allerdings denken wir nicht an Meditation im konventionellen Sinn, daß man sich zurückzieht und einer inneren Reflexion hingibt. Uns geht es grundsätzlich um die Pflege einer Haltung, die auf die Schaffung und Speisung eines persönlichen Mittelpunkts abzielt. Dieser baut sich langsam auf, aus dem Bemühen, alle unsere inneren Energien wahrzunehmen und mit den Erfahrungen, einschließlich der Einschüchterungen von außen, in Einklang zu bringen. Für Menschen, die ihren Mittelpunkt entwickelt haben, sind Tatsachen nie bloße Tatsachen, sondern immer auch Botschaften, Werte und Symbole, die die Subjektivität ansprechen. Betrachtung wird dann zu einem *habitus mentis et cordis,* zu einer Einstellung des Geistes und des Herzens.
Inhaltlich kreist Kontemplation sowohl um das eigene Leben als auch um den Lauf der Geschichte und um den Kampf der Armen. Vielen Menschen ist die meditierende Lektüre der Klassiker der Betrachtung (genannt seien nur die Schriften der Bibel, die Weisheitsbücher, die Psalmen, der «Weg des Chuang-tse», das Büchlein «Tao-te-king», das «I-ching», die «Nachfolge Christi», die «Freiheit eines Christenmenschen» von Martin Luther und das «Milieu divin» von Teilhard de Chardin) eine Hilfe, um sich in ihren Mittelpunkt zu versenken. Bei anderen ist es ein tiefes Schweigen, das in ihnen eine innere Leere schafft, bis daß aus den Tiefen des Mittelpunktes Intuitionen aufsteigen, die ihr geistiges Leben orientieren und sie sich selbst besser kennenlernen lassen.

Zweitens ist es wichtig, sich einen Gesprächskreis zu schaffen. Zu einem gut Teil sind wir, was unser Gesprächskreis, das heißt, was die Gruppe ist, mit der wir Ideen, Gedanken und Erfahrungen austauschen und die dieselben Träume und dasselbe grundlegende Lebensprojekt hegt wie wir. Die Wichtigkeit solch eines Gesprächskreises besteht darin, daß uns die Menschen, die ihn bilden, in unseren Überzeugungen bestätigen, unsere Fehler korrigieren, uns ergänzen, wenn unsere Sicht der Dinge unzulänglich ist, und uns in unserem Tun und Sein Sicherheit geben. Doch in diesem Gesprächskreis darf es nicht nur um die gnadenhafte und helle Seite des Lebens gehen, daß man sich trifft, um zu essen und zu trinken oder auch um bloß mal Spaß zu haben. Die Gespräche müssen auch radikale Dinge thematisieren. Sie müssen bis an die Wurzeln der Probleme rühren, will sagen: bis an die Punkte, an denen es um alles oder nichts geht und man um den besten Sinn des Lebens ringt.

Sodann muß es einen deutlich markierten Raum für das Gebet geben, wobei wir unter Gebet jene Haltung verstehen, in der sich die Seele direkt für Gott öffnet. Eine Sache ist es, über Gott nachzudenken und von ihm und seinen Plänen zu sprechen; das tut fortwährend die Theologie bzw. der religiöse Diskurs. Eine erheblich andere Sache ist es, zu Gott zu sprechen, sich für ihn zu öffnen, vor ihm zu weinen, weil die Geschichte total dunkel ist, sich in Anbetracht all der Dramen, mit denen Menschen und Völker zu kämpfen haben, mit Fragen herumzuschlagen nach dem Muster: «Wie lange noch, Herr? Warum das bloß, mein Gott?», und sich in den Abgrund eines göttlichen Planes gestoßen zu fühlen, für den wir keine Erklärung finden und den wir unmöglich mit der Güte Gottes auf einen Nenner bringen können. Eine erheblich andere Sache ist es weiter, vor den Augen Gottes sich zu freuen, zu singen und – warum eigentlich nicht? – zu tanzen, bis einem die Tränen kommen vor der Überfülle an Sinn, Licht und Genugtuung darüber, daß man lebt, Liebe schmeckt und sich ganz erfüllt fühlt. Wer das kann, macht mystische Erfahrung und ist vom Geheimnis erfaßt.

Das Gebet in diesem Sinn läßt uns wachsen, weil es uns aus dem Zentrum unserer selbst holt und auf ein Absolutes über uns, außerhalb unser und innerhalb unser hin zentriert. Dieses stellt sich uns dar als ein absolut andersartiges Gegenüber, das uns guttut, das sich aber nicht domestizieren läßt, das wir gleichwohl erfahren und das sich einfach so gibt und immer da ist, auch wenn wir von unseren Problemen im Augenblick gekreuzigt werden. Eine solche Haltung ist viel mehr als ein Akt. Sie gibt uns einen Blick, mit dem wir Gottes Gegenwart in allen Dingen zu entdecken vermögen.

Viertens ist Feiern eine grundlegende Sache. Feiern hat aus sich selbst heraus einen gemeinschaftlichen Charakter. Feiern, so sagte schon Nietzsche, heißt zu allem ja und amen sagen können. In der Feier wird die ganze Welt verklärt, weil alles zu Symbol und Sakrament wird. Feiern kann nur, wer die Bedingung erfüllt, von den Konflikten der Welt absehen zu können. Und wo Konflikte dennoch anklingen, klingen sie in versöhnter Form an, als großes Drama, das aber ein gutes und lohnendes Ende hat (vgl. die *felix culpa* von Augustinus). Beim Feiern erleben wir symbolisch, was uns die Geschichte konkret vorenthält. Demzufolge hat Feiern einen unstrittig antizipatorischen Charakter. Wenn wir feiern, besingen wir schon den Sieg der Revolution, genießen im Ritus schon die Befreiung und sitzen schon mit Gott als dessen Tischgenossen und -genossinnen oder auch als dessen Söhne und Töchter in dem einen Vaterhaus bei Tisch.

Ohne Feier – bei der festliche Stimmung, Musik, ästhetische Schönheit und Reinigung des Körpers und des Geistes nicht fehlen dürfen (ein Fest ist nur dann ein Fest, wenn es vorbereitet wird und wenn man sich darauf freut) – droht das Geheimnisvolle zur Formel zu werden, und die Musik zum leeren Höhenflug der Seele. In der Feier findet alles sozusagen zu seinem Höhe- und Schnittpunkt: Inneres und Äußeres, Traum und Wirklichkeit, Ferne und Nähe, Welt und Gott.

Fünftens sind Hoch-Zeiten, auf die hin man leben kann, unerläßliche Voraussetzung. Um sich den Geschmack der Mystik und die Kraft des Geheimnisses zu bewahren, brauchen wir Momente der Grundlegung: in denen wir uns ganz und gar auf diese Erfahrung konzentrieren, uns die entsprechende Zeit nehmen und auf die Umstände, Örtlichkeiten und motivierende und anregende Materialien genau achten (Vorträge, Texte, Einzelexerzitien zu Sammlung und Verinnerlichung). Solche Erfahrungszeiten wirken wie Quellen, die die dürren Tage der Routine und die alltäglichen Verpflichtungen des Lebens mit Saft tränken und mit Humus speisen. Dank solcher Leuchttürme und Ausbrüche von Leben sind wir imstande, die Erinnerung an das Geheimnis – das zwar gegenwärtig ist, aber in den Zwängen unserer Zeit auch allzu oft aus dem Blick gerät – lebendig zu halten.

Schließlich sollten auch die Gemeinden, mit denen wir arbeiten, etwas von der mystischen Dimension in unserem Leben mitbekommen. Kleine Leute haben in der Art und Weise, wie sie die Welt und die Dinge verstehen, in der Hauptsache eine mystische Religiosität. Alles ist in ihren Augen durchdrungen von der göttlichen Vorsehung. Für viele von ihnen ist Gott keine Kategorie der Religionen, sondern der tiefsten Erfahrung ihres Lebens. Sie glauben nicht an Gott, aber sie wissen existentiell, daß er existiert; denn sie fühlen sich von ihm getragen und fortwährend in seinen Händen geborgen.

Was wir brauchen, sind Erfahrungsaustausch und gegenseitiges Voneinander-

Lernen. Zum einen müssen wir das, was in den Gemeinden in diesem Punkt bereits geschieht, zu schätzen lernen; und zum anderen müssen wir ihnen helfen, neue Elemente aufzunehmen, die in zahlreichen sozialen Bewegungen mit religiösem Hintergrund als Ausdruck einer neuen religiösen Sensibilität kollektiv im Entstehen sind. Es ist schließlich immer eine Bereicherung, vom Glauben, von der Hoffnung, von den Gesten echter Solidarität und aufrichtiger Liebe wie auch von der schöpferischen Kraft der Volkskultur zu lernen; denn gerade in der Volkskultur, die alles immer gleich in Fest und Feier umsetzt, bringen sich die Lieblingskinder Gottes, die die Armen und Verrandeten ja sind, zum Ausdruck. Nicht selten haben sie, wie in einer Kapelle sozusagen, die Flamme des Göttlichen, des Heiligen und des Geheimnisvollen in der menschlichen Existenz am Brennen gehalten. Damit sorgen sie dafür, daß das eigentlich Entscheidende in der Geschichte nicht verflacht und nicht Gefahr läuft, schließlich ganz zu erlöschen.

Zusammenfassend können wir also sagen: Mystik ist nichts anderes als das Leben in seiner Radikalität und letzten Dichte. Wer sie bewußt pflegt, verleiht seinem Leben einen Sinn für Schwere, Leichte und Tiefe. Mystik befähigt uns, alle Grenzen zu überschreiten, die andere Seite der Dinge zu entdekken und zu vermuten, daß hinter den Strukturen des Realen nicht das Absurde und der Abgrund mit ihrem Schrecken lauern, sondern daß dort Zärtlichkeit, Zuwendung und das liebevolle Geheimnis herrschen. Dieses teilt sich uns mit als Freude am Leben, als Sinn für Arbeit und als wohltuender Traum von einem Weltall, in dem sich Dinge und Menschen als Brüder und Schwestern die Hände reichen und ihr Herz verankert wissen im Herzen Gottes, der Vater und Mutter voll unendlicher Güte ist.

Hyun Kyung Chung

Kultur des Lebens

Damit wir aktiv für die «politische Ökonomie des Lebens» des Geistes eintreten können, sind nach meiner Meinung drei Veränderungen dringend erforderlich, wenn wir auf diesem sterbenden Planeten eine Überlebenschance haben wollen.

Die erste dieser Veränderungen ist ein Übergang vom *Anthropozentrismus* zur *Lebenszentrierung* (Life centrism). Eine der wichtigsten Aufgaben unserer Generation besteht darin zu lernen, wie wir mit der Erde leben und dabei für Harmonie, Überlebensfähigkeit und Vielfalt eintreten können. In der traditionellen christlichen Schöpfungstheologie und im westlichen Denken wird der Mensch, besonders der Mann, als Zentrum der geschaffenen Welt aufgefaßt, und Menschen haben die Macht, die Schöpfung zu kontrollieren und zu beherrschen. Die moderne Naturwissenschaft und die Entwicklungsmodelle beruhen auf dieser Grundannahme. Wir sollten sie jedoch daran erinnern, daß diese Denkweise vielen asiatischen Völkern und den Urvölkern dieser Erde fremd ist. Für uns ist die Erde der Ursprung des Lebens, und die Natur ist «heilig, zielgerichtet und sinnerfüllt». Die Menschen sind nur ein sehr kleiner Teil der Natur, sie sind ihr nicht übergeordnet. So fassen die Einwohner der Philippinen die Erde als ihre Mutter auf. Sie nennen sie Ina. Ina heißt in der Sprache Tagalog «Mutter». Ina ist eine große Göttin, von der alles Leben ausgeht. Wie du deine Mutter achtest, so sollst du auch die Erde achten. Glauben wir nicht auch in der christlichen Tradition, daß wir alle von der Erde abstammen? Gott hat uns aus dem Staub der Erde geschaffen.

Wenn wir uns die gesamte Geschichte der Erde als einen Tag mit 24 Stunden vorstellen, dann beginnt «das organische Leben erst um 17 Uhr ... die Säugetiere tauchen um 22.30 Uhr auf ... und aus ihnen geht unsere eigene Spezies erst wenige Sekunden vor Mitternacht hervor». Wir sind auf dieser Erde Nachzügler. Die Erde ist nicht tot. Sie lebt und ist erfüllt von schöpferischer Energie. Die Erde ist ein «von Gott gehauchter» und «von Gott durchtränkter» Ort. Die Menschen haben die Erde lange Zeit ausgebeutet und vergewaltigt, jetzt beginnen die Natur und die Erde, sich an uns zu rächen. Sie geben uns kein sauberes Wasser, keine saubere Luft und keine sauberen Nahrungsmittel mehr, weil wir uns so schwer an ihnen versündigt haben.

In der theologischen Fachwelt gelten die Befriungstheorien als Ausdruck der Sehnsucht nach menschlicher Ganzheit. Sie sind ein Widerhall der Stimmen vieler unterdrückter Menschen, zum Beispiel der Armen, der Schwarzen, der Frauen, der Urvölker, der Dalits*. Diese lesen die Bibel neu und interpretieren die christliche Tradition und Theologie neu aus ihrer Erfahrung der Unterdrückung und Befreiung heraus. Sicher ist es jetzt an der Zeit, daß wir die Bibel aus der Perspektive der Vögel, des Wassers, der Luft, der Bäume und der Berge, die in unserer Zeit die Ärmsten der Armen auf der Erde darstellen, neu lesen müssen. Denken zu lernen wie ein Berg, unser Zentrum von den Menschen auf alle Lebewesen zu verlagern – das ist jetzt unsere «Verantwortung», wenn wir überleben wollen.

* Indischer Name für die Kastenlosen.

Der zweite große Wandel ist der Übergang vom Prinzip des *Dualismus* zum Prinzip der *Verknüpfung.* In vielen Teilen der Welt beruht die Organisation des menschlichen Lebens auf dem Grundsatz des Dualismus. Unser Körper und unser Geist, unser Gefühl und unser Verstand, unsere Welt und Gott, Immanenz und Transzendenz, Frauen und Männer, die Schwarzen und die Weißen, die Armen und die Reichen – eine endlose Liste polarer Spaltungen, die zu einer «gespaltenen Kultur» führen, in der jeweils das zweite Glied der Polarität wertvoller und wichtiger ist als das erste. Die gespaltene Kultur bringt Menschen mit «gespaltener Persönlichkeit» hervor. In dieser Kultur sind wir «von uns selbst getrennt». Wir vergessen, daß wir alle einen gemeinsamen Lebensursprung haben, nämlich Gott, und daß alle Netze unseres Lebens miteinander verknüpft sind. «Am Anfang war eine Beziehung.» Gottes Sehnsucht nach einer Beziehung zum Kosmos führte zur Erschaffung des gesamten Universums. Als Gott das All geschaffen hatte, gefiel es ihm, und er fand es schön. Es war schön, weil in ihm alles im «richtigen Verhältnis» zueinander stand – es gab keine Ausbeutung, keine Trennung. Es hatte seine eigene Ganzheitlichkeit, alle Wesen im Universum tanzten im Einklang mit Gottes Rhythmus und nicht im Gegenrhythmus. Als jedoch im Namen von Wissenschaft, Philosophie und Religion das dualistische Prinzip in die Welt kam, begannen wir, «andere» als von uns getrennte Objekte wahrzunehmen. In der dualistischen Denkweise sind die anderen Objekte, die man nach Belieben kontrollieren kann. Dies ist die Grundlage allen Handelns des Militärs. Sie schießen auf den Feind (Menschen), und wenn das Ziel (Menschen) zerstört ist, sagen sie, daß sie «sich verdammt gut fühlen». In dieser Objektivierung gibt es kein Gleichgewicht, keine gegenseitige Hilfe und Abhängigkeit. In dieser Denkweise ist es nicht möglich, *mit* anderen zu *fühlen.* Es gibt nur Trennmauern zwischen Feinden.

Im traditionellen Denken Nordostasiens nennen wir die Lebensenergie Ki. Für uns ist Ki Atem und Wind des Lebens. Ki gedeiht in den harmonischen Verknüpfungen zwischen Himmel, Erde und den Menschen. Wenn irgendeine Spaltung oder Teilung besteht, kann Ki (die Lebensenergie) nicht fließen, und dies führt zur Zerstörung oder Krankheit aller Lebewesen. Für uns bedeutet Erneuerung daher, daß die Mauer der Trennung und Spaltung niedergerissen wird, so daß Ki harmonisch wehen und fließen kann. Sollen wir überleben, müssen wir lernen, nicht in einem trennenden Dualismus, sondern in einer Weise zu leben, bei der alle Wesen einbezogen und miteinander verknüpft werden.

Der dritte Wandel, den ich mir bei der Metanoia vorstelle, ist der Übergang von der *Kultur des Todes* zur *Kultur des Lebens.* Was gegenwärtig am Persi-

schen Golf geschieht, ist das beste Beispiel für die «Kultur des Todes». Die Lösung des Konflikts geschieht dadurch, daß der Feind getötet wird. Durch Vernichtung der Gegenpartei glaubt man, Frieden zu erreichen. Der durch solche Gewalt herbeigeführte Frieden wird der Welt jedoch lediglich größere Unterdrückung bringen. Nichts kann rechtfertigen, daß in einem Krieg das Blut Unschuldiger vergossen wird. Wer zieht denn in den Krieg und vergießt sein Blut? In den allermeisten Fällen sind es junge Menschen aus armen Familien. Viele von ihnen sind Farbige. Wofür ziehen sie in den Krieg? Für die wirtschaftlichen und politischen Interessen von wenigen Mächtigen, die meistens älter sind, nicht weil sie ihre eigenen Interessen verfolgen.
Krieg ist die Konsequenz der patriarchalischen Kultur der «Macht über andere». In der patriarchalischen Kultur der Hierarchie ist es wichtiger, für die Interessen der beherrschenden Gruppe den Sieg davonzutragen, als Leben zu retten. In der ganzen Geschichte der Menschheit haben Frauen darüber geweint, daß ihre geliebten Brüder, Gatten und Söhne im Krieg starben. Frauen wissen, daß Patriarchat gleichbedeutend mit Tod ist. Ihre Männer vergießen Blut, während sie selber Tränen vergießen. Ihre machtvollen Tränen waren die erlösende, lebenspendende Energie in der tränenlosen Geschichte der Männer. In der Tat war das Weinen die «erste prophetische Tat» der Menschheitsgeschichte. Nur wenn wir die Fähigkeit besitzen, *mit* anderen *zu leiden (Mitleid),* können wir die «Kultur des Todes» in die «Kultur des Lebens» verwandeln.

Dorothee Sölle

Eine andere Spiritualität

Wir brauchen eine andere politische Spiritualität. Es ist die Eigenart der Gewalt, daß sie uns an sich gewöhnt und zugleich die Hoffnung ins Exil treibt. Vor unseren Augen zerfallen die Erinnerung an ein anderes Leben und die Bilder von ihm. Die Gerechtigkeit – als der wichtigste Name für Gott, den die jüdischen und christlichen Traditionen artikuliert haben – und ihre Handlungskonsequenz, die Solidarität, sterben in unserem Land. Das «Ende des sozialdemokratischen Zeitalters» (Ralf Dahrendorf) ist eine der politischen Konsequenzen dieser Zerstörung nicht nur einer Partei. Mit dem Zerfall des kommunitären Bewußtseins verringert sich auch die Fähigkeit zum Widerstand gegen Wirtschafts- und Staatsgewalt. Wir wissen alle, daß unsere Mutter, die Erde, stirbt, vor unseren Augen und durch uns. Wann geht uns der Atem aus? Wann japsen wir um Luft wie die Fische? Die wichtigste Veränderung, die wir brauchen, ist eine radikal andere Beziehung zur Schöpfung. Statt uns als Meister und Besitzer der Natur aufzuführen, sollten wir lernen, uns als Teil des Ganzen, als Kinder der Erde und als Geschwister der anderen Kreaturen zu begreifen.

Ich glaube nicht, daß eine solche Umkehr im Rahmen des neuzeitlichen Rationalismus und seiner Absage an die Religion möglich ist. Ich frage mich, wie, wann endlich, wo wir den aufrechten Gang lernen werden, die Verweigerung der Gewalt gegenüber, die Erziehung zur Gewaltfreiheit, die Spiritualität eines Friedens, der in irgendeinem Sinn schon in uns sein muß, ehe er so sichtbar wird, daß er ansteckt. Das milde Unbehagen der Mehrheit denen gegenüber, die Gerechtigkeit, Frieden und die Bewahrung der Schöpfung einklagen und nicht aufhören, an diesen Fragen zu arbeiten, hat sicher verschiedene Gründe: Es ist eine schlechte Zeit für mehr Demokratie, mehr Partizipation, mehr plebiszitäre Elemente und Praxen, aber liegt ein Grund nicht auch in uns selber? Wir sind nicht sehr überzeugend, obwohl unsere Analysen klar sind und unsere Alternativen einleuchten.

Ich vermute, es hat mit einem tiefen Mangel an politischer Spiritualität zu tun, der innerhalb der Friedensbewegung an manchen Stellen aufgehoben worden ist – ich denke an Gottesdienste im Hunsrück vor den Kathedralen des Todes –, heute aber mehr denn je empfunden wird. Ich frage mich tatsächlich, ob es nicht stimmt: Nur wer niederknien kann, wird den aufrechten Gang lernen. Es geht mir nicht um eine christliche, gar kirchliche Vereinnahmung der ökopazifistischen Bewegung, wohl aber um eine Rückbesinnung auf die spirituellen Wurzeln, die uns nähren und ohne die wir in den intelligenten Zynismus, der eine Form der Gewöhnung an die Gewalt ist, zurückfallen.

Wir müssen lernen, unsere Ehrfurcht vor dem Leben sichtbar zu machen, in unseren Aktionen und in unseren politischen Forderungen. Ich vermute, daß der allgemeine humanistische Konsens, von dem viele in der Friedens- und Ökologiebewegung getragen waren, dieser liberale postreligiöse Humanismus, vor unseren Augen zerbröckelt. Er ist nicht mehr konsensfähig, er wird den Übergang in die Postmoderne und das neue Zeitalter der Gewalt nicht überleben. Die Gewöhnung an sie als das Normale ist im Zweifelsfall bereits viel weitergegangen, als wir ahnen. Darum muß der versteckte Idealismus, der uns trug, öffentlich werden, er muß Gestalt finden. Wir sollen unsere Wünsche und Sehnsüchte nicht nur heimlich in Stoßseufzern sammeln. Es gibt eine menschheitliche Sprache der Sehnsucht, warum sollten wir sie nicht neu lernen? Warum wagen wir nicht, auf einer Tagung, in der es um Entfeindung und Versöhnung geht, zu beten? Warum überschreiten wir die Grenze der Konventionalität, des wissenschaftlichen Gedankenaustausches nicht? Warum bilden wir uns immer noch ein, Religion sei Privatsache? Wir wissen doch schon lange, daß wir eine andere Spiritualität als die unserer Welt bitter nötig haben. Hin und wieder haben wir sie in kleinen Versammlungen schon aufleuchten sehen: Lieder und Gesten, Bekenntnis der Sünde und Zusage der Befreiung, Geschichten von wunderbarer Heilung und von den Senfkörnern des anderen Lebens, Flurprozessionen und Aussendungssegnung für die, die in jugoslawischen Flüchtlingslagern arbeiten ...

Der Glaube an den Frieden mit den Armen und mit der Erde und mit uns selber braucht Selbstausdruck und Überwindung der religiösen Sprachlosigkeit. Die Kommunikation wächst mit der Fähigkeit zur Expression. Ora et labora, bete und arbeite auf dem unfruchtbar gemachten, verwüsteten Feld unseres Landes! Wer könnte denn annehmen, daß für den Frieden mit uns selber und mit unserer Mutter, der Erde, das Arbeiten allein, die neuzeitlich-rationalistische Verkürzung des Lebens reichte?

Der schwarze südafrikanische Politiker Chris Hani hat unlängst vor seiner Ermordung an Ostern 1993 ein Interview gegeben. Er wurde gefragt, wie er denn die Weißen, die «schon so lange eingesponnen in Macht und Privilegien leben», zusammenbringen wolle mit den Schwarzen. Seine Antwort hat mich sehr bewegt. Hani sagte: «Es *ist* möglich. Ich habe unendliches Vertrauen in Menschen. Ich weiß, daß Menschen korrumpiert werden können, wenn die Umstände danach sind. Sie können korrumpiert werden durch Indoktrination, durch Erziehung, durch das Bedürfnis nach Verteidigung ihrer Privilegien ... Ich bin ein Idealist. Ich glaube, wir alle haben es nötig, Idealisten zu sein. Ich glaube, wir sollten alle nach einer vollkommenen Gesellschaft streben, auch wenn wahrscheinlich die vollkommene Gesellschaft nicht realisiert werden kann. Warum sollten wir uns nicht inspirieren und befeuern lassen von dem, was Christen sich danach sehnen läßt, angenommen zu werden im Paradies, im Himmel, in dem es kein Leiden gibt?» (in: FR vom 19. 4. 1993, S. 8.)

Haben wir auch «unendliches Vertrauen in Menschen», in die Gleichgültigen und die Flott-beliebigen, in die Gewaltverseuchten und die Ängstlichen, in die Rüstungsprofiteure und Waffenhändler, in die Korrumpierten und die, die unser aller Privilegien auf Kosten der Armen und der Erde für ewig sichern wollen? Woher nimmt ein Mensch denn dieses Vertrauen und diese Kraft, wenn nicht aus dem Grund allen Lebens, den wir Gott nennen mögen oder das gemeinschaftlich Gute?

Das erleuchtete Selbstinteresse des Individuums, diese ethische Grundlage des religionsneutralen Kapitalismus, hat uns doch gerade dahin gebracht, wo wir jetzt sind! Es sind doch die Marktgesetze selber, die das Leben in Angebot und Nachfrage aufgelöst, eine Kosten-Nutzen-Mentalität erzeugt und die Konsumorientierung als Lebenssinn definiert haben. Die verschiedenen Formen der Gewalt sind Produkte solcher Konsumpädagogik. Sich ihr nicht zu unterwerfen hieße, den aufrechten Gang zu lernen. Werden die Minderheiten der reichen Welt zu so viel Umkehr in der Lage sein? Lassen sie sich entwöhnen und versöhnen? Nur wer niederknien kann vor dem Geheimnis des Lebens, wird aufhören, vor der Gewalt in die Knie zu gehen.

Elias Canetti

Übereinstimmung

Selbst wenn es eine einzige unbestrittene Weltreligion gäbe, hätte der Mensch das Recht, von ihr abzusehen und sich nicht zu ihr zu äußern. Doch dieses Recht hätte er nur, wenn er etwas Dringliches zu sagen hätte, das nur er sagen kann.

Aber was ist dringlich? Was er in anderen fühlt und erkennt, das sie nicht sagen können. Er muß es erst selbst gefühlt und erkannt und dann in anderen wiedergefunden haben. Die Übereinstimmung schafft die Dringlichkeit. Er muß zu zweierlei fähig sein: selbst stark fühlen und denken; und in einer nie ablassenden Passion die anderen *hören* und ernst nehmen. Der Eindruck der Übereinstimmung muß redlich sein, von keiner Eitelkeit getrübt.

Aber er muß es auch sagen können: Unzulänglich gesagt, verliert es seine Dringlichkeit, und er macht sich einer Vergeudung dieser Übereinstimmung schuldig. Sie ist das Kostbarste, aber auch das Unheimlichste, das ein Mensch erleben kann. Er muß sie aufrechterhalten können, wenn sie zu zerbröckeln droht, er muß sie durch neue Erfahrung und Mühe unaufhörlich nähren.

Esidro Ortega

Es geschieht

Es geschieht
An jenen lichtroten Sommerabenden,
Wenn Himmel und Erde nichts als Staub in den Augen sind
Und den Geschmack des Windes in die Zähne einschleifen,

An jenen Sommerabenden,
Wenn Wahnsinn dir näher als eine rasende Fliege rückt
In der zusammengestopften Hitze eines Sich-zu-Tode-Wartens,
An jenen Abenden geschieht es,
Daß Menschen und Kinder sich in der Befriedigung vereinen,
Daß ihr Wüten doch etwas zählt
In all den Zeiten, da man sich zu-Tode angestrengt hat . . .

Und daß es weitergetragen wird an all jenen kleinen Abenden,
Ein Staubkorn,
Das im Auge sticht.

Anhang

Anmerkungen

I. DIE WURZELN DER HUMANITÄT

[1] Siehe: Walter Schubart, Religion und Eros, München 1978, S. 234 f. Mit seinem Buch «Religion und Eros», das im Jahre 1941 zum ersten Mal erschien, hat Schubart so manche Diskussion vorweggenommen, die erst in jüngerer Zeit auch in einer breiteren Öffentlichkeit geführt wird. Eindringlich warnt er vor dem Verlust des Erotischen in Religion und Kultur. Die unvoreingenommene Intensität, mit der er das Thema verfolgt, vermittelt überraschende Einblicke, die den Spezialisten oder konfessionell gebundenen Autoren kaum möglich sind. Schubart war von Brotberuf Jurist. Er hat sich durch andere philosophische Werke einen Namen gemacht, vor allem durch die Bücher «Europa und die Seele des Ostens» sowie «Nietzsche und Dostojewski». Ein Autor, der zu Unrecht in Vergessenheit geriet.

[2] Siehe oben: S. 235 f.

[3] Siehe oben: S. 257 ff.

[4] Diesen Ausdruck verdanke ich neben anderen Anregungen ebenfalls dem Buch Walter Schubarts. Siehe oben: S. 24 ff.

[5] Siehe: Gedichte aus dem Rig-Veda. Aus dem Sanskrit übertragen und erläutert von Paul Thieme, Stuttgart 1964, Einführung.

[6] Siehe: Das Gilgamesch-Epos, neu übersetzt und mit Anmerkungen versehen von Albert Schott, Stuttgart 1958, Einleitung.

[7] Siehe: Herbert Haag und Katharina Elliger, Wenn er mich doch küßte. Das Hohelied der Liebe, Solothurn und Düsseldorf 1994, S. 22.

[8] Siehe oben: S. 24.

[9] Zitiert nach: Eugenio Garin, Der italienische Humanismus, Wormerveer 1941, S. 137 f.

II. DER MENSCH, DAS KLUGE TIER

[1] Siehe: Georg Wahrig, Deutsches Wörterbuch, Neuausgabe 1980.

[2] Siehe: Der Spiegel der Welt. Aus: Deutsche Barocklyrik, Basel und Stuttgart 1967.

[3] Siehe: Miguel Batllori, Der katalanisch-aragonische Humanismus, Basel 1977.

[4] Siehe: Humanismus im deutschen Südwesten. Biographische Profile, Sigmaringen 1993.

[5] Siehe: Charlotte Bühler, Melanie Allen, Einführung in die humanistische Psychologie, Stuttgart 1974. Ferner: Jürg Kollbrunner, Das Buch der humanistischen Psychologie, Eschborn 1987.

[6] Siehe: Der kleine Pauli, Lexikon der Antike, München 1979, S. 1185.

[7] Zitiert nach: Cicero, Der Staat, herausgegeben von Rainer Beer, Hamburg 1964, S. 104.

[8] Ich beziehe mich hier auf: Georg Voigt, Die Renaissance, Berlin 1932.

[9] Zitiert nach: Ernesto Grassi, Humanismus und Marxismus, Hamburg 1973, S. 192.

[10] Siehe oben, S. 190.

[11] Ich folge hier im wesentlichen den verknappten Darstellungen in: Karl Vorländer, Philosophie der Renaissance, Hamburg 1965.

[12] Siehe: Georg Voigt, Enea Silvio de' Piccolomini, Berlin 1856, drei Bände. Neudruck bei Walter de Gruyter 1967.

[13] Siehe: Ludwig Freiherr von Pastor, Geschichte der Päpste im Zeitalter der Renaissance, Bd. 2, Freiburg 1925.

[14] Siehe: Enea Silvio Piccolomini. Briefe und Dichtungen, München 1966, S. 225 f.

[15] Siehe oben: S. 78 f.

[16] Siehe oben: S. 203.

[17] Siehe: Thea Buyken, Enea Silvio Piccolomini. Sein Leben und Werden bis zum Episkopat, Bonn und Köln 1931, S. 46.

[18] Siehe: Berthe Widmer, Enea Silvio Piccolomini, Basel 1959, S. 227 f.

[19] Siehe: Pastor, Die Geschichte der Päpste im Zeitalter der Renaissance, Freiburg 1925, S. 14 f.
[20] Siehe: R. Post, Quelques précisions sur l'année de la naissance d'Erasme. In: Bibliothèque d'Humanisme et Renaissance XXIV, 1964, S. 489–509.
[21] Siehe: Anton J. Gail, Erasmus von Rotterdam, Reinbek bei Hamburg 1986, S. 12.
[22] Siehe: Heinrich Fausel, Martin Luther, Stuttgart 1955, S. 275.
[23] Siehe oben, S. 418. Es bleibt unverständlich, wie diese Zitate, die sich über mehrere Seiten erstrecken, im Nachkriegsdeutschland des Jahres 1953 erscheinen konnten, ohne mit den Erfahrungen der jüngsten Vergangenheit in Zusammenhang gebracht zu werden. Im gegebenen Zusammenhang erscheinen sie nicht etwa als Beispiele für religiös motivierten Antisemitismus, sondern als Ausdruck von Luthers Frömmigkeit.
[24] Siehe: Stefan Zweig, Triumph und Tragik des Erasmus von Rotterdam, Wien 1934, S. 24.
[25] Vergleiche: Frank Geerk, Paracelsus. Arzt unsrer Zeit, Zürich 1993, S. 72 f.
[26] Aus der Vorrede seiner Schrift «Paragranum». Siehe: Paracelsus, Sämtliche Werke, Jena 1926, Bd. I, S. 335.
[27] Siehe: Karl Vorländer, Philosophie der Renaissance, Hamburg 1965, S. 112 f.
[28] Siehe oben: S. 131.
[29] Siehe oben: S. 132.
[30] Siehe: Georg Jellinek, Die Erklärung der Menschen- und Bürgerrechte, München und Leipzig 1927, S. 48.
[31] Siehe oben, S. 57.
[32] Siehe: Kants Werke, Berlin und Leipzig, Bd. III, S. 636 (Akademieausgabe: S. 35).
[33] Nicht umsonst ist dieser Satz Voltaires zu einem oft zitierten Motto von amnesty international geworden.
[34] Ausgabe vom 10. August 1994.
[35] Diese Tochter erhielt ebenfalls den Namen Mary. Sie heiratete P. S. Shelley und erlangte als Verfasserin des Romans «Frankenstein» Weltruhm. Wie versippt die intellektuelle Elite Englands damals war, zeigt auch, daß eine Tochter von Godwins zweiter Frau die Geliebte Lord Byrons wurde.
[36] Siehe: Elisabeth Gould Davis, Am Anfang war die Frau, München 1977.
[37] Zitiert nach: Siehe oben, S. 306.
[38] Siehe oben: S. 306.
[39] Siehe oben: S. 306.
[40] Walter Muschg, Tragische Literaturgeschichte, Bern 1957, S. 44.
[41] Siehe oben: S. 45.
[42] Siehe oben: S. 378.
[43] Zusammengefaßt nach: Heinrich Schmidt, Philosophisches Wörterbuch, Stuttgart 1965, S. 238.
[44] Zusammengefaßt nach: Hans Joachim Störing, Kleine Weltgeschichte der Philosophie, Frankfurt 1987, S. 612.
[45] Dieser Zusammenhang wurde schon früh erkannt. Siehe: Bärenbach, Herder als Vorgänger Darwins und der modernen Naturphilosophie, Berlin 1877.
[46] Siehe: Friedrich Engels, Die Entwicklung des Sozialismus, 5. Aufl., Berlin 1907, S. 15 f.
[47] Siehe oben: S. 16.
[48] Siehe oben: S. 40 f.
[49] Karl Marx und Friedrich Engels. Manifest der Kommunistischen Partei, London 1848, zitiert nach der Ausgabe des Dietz-Verlags, Berlin 1982, S. 50.
[50] Friedrich Nietzsche, Werke in drei Bänden, München 1954, Bd. 2, S. 279.
[51] Siehe oben: S. 281 f.
[52] Siehe: Elias Canetti, Masse und Macht, Hamburg 1960, S. 541.
[53] Siehe: Julian Huxley, Ich sehe den künftigen Menschen. Natur und neuer Humanismus, München 1965, S. 253. Wichtig erscheint hier der Hinweis, daß Sir Julian Huxley nicht etwa als utopischer Schwärmer einzustufen ist, sondern zu den führenden Biologen seiner Zeit gehörte und durch seine zahlreichen Arbeiten über die Entstehung der Arten in der Fachwelt einen Namen hatte. Als Direktor der UNESCO (1946–1948) bekleidete er darüber hinaus auch ein sehr ehrenvolles politisches Amt.
[54] Siehe oben: S. 253.
[55] Siehe oben: S. 253.
[56] Siehe oben: S. 254 f.
[57] Siehe oben: S. 278 f.
[58] Siehe oben: S. 279 f.

V. DIE GESPALTENE ZUKUNFT

[1] Siehe: Erklärung zum Weltethos, Die Deklaration des Parlaments der Weltreligionen, herausgegeben von Hans Küng und Karl-Josef Kuschel, München 1993.
[2] Zitiert nach: Hans-Peter Dürr (Hrsg.), Physik und Transzendenz, Bern, München und Wien 1986, S. 78.
[3] Siehe: Elias Canetti, Die gespaltene Zukunft. München 1972, S. 1.
[4] Siehe: Basler Zeitung, 3. April 1995, S. 3.
[5] Vergleiche: Frank Geerk, Die siebte Feindfahrt. Versuche des Stadtschreibers zu Neofaschismus und Fremdenhaß. Insbesondere: Menschlichkeit, erworben durch Fremdsein. Eine Rede vor der Kieler Ratsversammlung, Karlsruhe 1995.
[6] Vgl. das anregende Buch des Jung-Schülers Léon Bonaventure, «Psicologia e vida mística», Petópolis 1975.
[7] C. G. Jung, Briefe (hrsg. von Aniela Jaffé in Zusammenarbeit mit Gerhard Adler), 2. Bd., Olten und Freiburg im Breisgau 1972, S. 108.
[8] Vgl. P. Weil, «Mística do Sexo», Belo Horizonte 1976, S. 68–98.
[9] Vgl. dazu das klassische Werk von E. Neumann, «Die große Mutter», Zürich 1965 (Olten/Freiburg ^{6}1983).
[10] P. Weil, «Mística do Sexo», Belo Horizonte 1976, S. 88, 95.

Verzeichnis der Autorinnen und Autoren und der Quellen

ALTES TESTAMENT (1100–165 v. Chr.)
Das Alte Testament umfaßt 39 Schriften und ist in hebräischer und aramäischer Sprache geschrieben. Die Kanonbildung setzte 621 v. Chr. mit der Einführung des 5. Buches Mose ein. Das Alte Testament enthält Dokumente aus der Zeit von 1100 v. Chr. (Deboralied, Ri. 5) bis 165 v. Chr. (Buch Daniel). Um 250 v. Chr. wurde das Alte Testament ins Griechische übertragen.
Im Anfang. Nicht gut ist, daß der Mensch allein sei. Ü: Martin Buber und Franz Rosenzweig. Die fünf Bücher der Weisung, Jakob Hegner, Köln und Olten 1954.
Lieder aus dem Gesang der Gesänge. Ü: Herbert Haag und Katharina Elliger. Aus: Wenn er mich doch küßte. Das Hohelied der Liebe, Benziger, Solothurn und Düsseldorf 1994.
Jedes Ding hat seine Zeit. Ü: Kirchensynode Zürich, Verlag der Zwingli-Bibel, Zürich 1955.
Der Prophet Jesaias verkündet das Friedensreich (Jes. 11, 6–9). Ü: Hermann Menge. Zitiert nach: Horst Grosse, Praktizierter Humanismus im XX. Jahrhundert, Adalbert Utsch, München 1964.

ARENDT, HANNA (1906–1975)
Hanna Arendt gehört zu den wichtigsten philosophischen Publizistinnen des 20. Jh. Studierte Philosophie, Theologie und Griechisch. 1933 emigrierte sie nach New York. Lehrte seit 1968 an der New School for Social Research. Erhielt 1959 den Lessing-Preis der Stadt Hamburg.
Eichmann in Jerusalem. Ein Bericht von der Banalität des Bösen. Entnommen dem gleichnamigen Buch, Piper, München 1964.

ARISTOTELES (384–322 v. Chr.)
Schüler des Plato. Gilt als größter Gelehrter des Altertums und Begründer des systematischen Denkens. Lehrer Alexanders d. Gr. Vermittelt durch die Araber und die Scholastik, wirkten seine Schriften bis in die Neuzeit.
Furcht und Mitleid. Ü: Paul Gohlke. Zitiert nach: Aristoteles, Poetik, Ferdinand Schöningh, Paderborn 1959.

AUREL, MARC (121–180 n. Chr.)
Römischer Kaiser von 161 bis 180. War ein stoischer Philosoph auf dem Thron. Seine Neigung galt der Bildung und den Wissenschaften. Kriege empfand er als entsagungsvolle Pflicht. Sein Ideal war die Humanität des milden Herrschers. Während der Mühen und Geschäfte im Feldlager entstanden seine berühmten 12 Bücher der Selbstbetrachtungen.
Sämtliche Texte aus: Marc Aurel, Selbstbetrachtungen, Ü: Albert Wittstock, Reclam, Stuttgart 1949. Titel vom Herausgeber.

BACHMANN, INGEBORG (1926–1973)
Lyrikerin, Erzählerin und Essayistin. Erhielt für ihre Bücher zahlreiche Auszeichnungen, u. a. den Georg-Büchner-Preis. Lebte nach Aufenthalten in München und Zürich vor allem in Rom.
Die Wahrheit ist dem Menschen zumutbar. Aus dem gleichnamigen Buch, Piper, München 1978.

BHAGAVADGITA (zwischen 4. Jh. v. und 4. Jh. n. Chr.)
Die Bhagavadgita ist das Grundbuch des Hinduismus und gehört zu den am meisten gelesenen Büchern Indiens. Der Titel bedeutet so viel wie «Gesang des Erhabenen». Der Erhabene ist der Held Krischna, eine irdische Erscheinungsform des höchsten Gottes Vishnu.
Handeln ohne Leidenschaft. Titel dieses Ausschnittes vom Herausgeber. Zitiert aus: Bhagavadgita, Das Lied der Gottheit, aus dem

Sanskrit übersetzt von R. Boxberger, neu bearbeitet und herausgegeben von H. von Glasenapp, Reclam, Stuttgart 1955.

BOFF, LEONARDO (geb. 1938)
Leonardo Boff gehört zu den führenden Befreiungstheologen unserer Zeit. Nach dem Studium der Philosophie und Theologie in Deutschland war er Professor für systematische Theologie an der Philosophisch-Theologischen Hochschule in Petropolis. 1992 trat er aus dem Franziskanerorden aus und gab sein Priesteramt auf, nicht zuletzt aufgrund von Repressalien seitens der Glaubenskongregation in Rom. Lebt in Rio de Janeiro.
Beide Texte aus: Von der Würde der Erde. Ökologie, Politik, Mystik. Patmos, Düsseldorf 1994.

BUBER, MARTIN (1878–1965)
Martin Buber, in Wien geboren, seit 1938 Professor der Theologie in Jerusalem. Hat in zahlreichen Schriften die Welt des Chassidismus dem Westen vermittelt und selbst aus ihr entscheidende Einflüsse erfahren. Gespräch und Begegnung galten ihm als Grundlage des menschlichen Seins. Mit seiner Übersetzung des Alten Testaments (zusammen mit Franz Rosenzweig) versuchte er den hebräischen Urtext möglichst authentisch ins Deutsche zu übertragen.
Bildung und Weltanschauung. Aus: Reden über Erziehung, Lambert Schneider, 8. Aufl., Gerlingen 1995.

BURCKHARDT, JAKOB (1818–1897)
Kulturphilosoph und Kunsthistoriker. Sein berühmtestes Werk «Kultur der Renaissance in Italien» zählt zu den klassischen Meisterwerken interpretierender Kulturbetrachtung. Im Gegensatz zur Antikenrezeption des deutschen Idealismus vertrat Burckhardt eine realistischere Auffassung, die sehr wohl um die Abgründigkeit der menschlichen Natur Bescheid weiß. Diesem Umstand ist wohl der große Erfolg seiner Schriften über die Fachwelt hinaus zu verdanken.
Die Dialektik des Bösen. Titel vom Herausgeber. Aus dem Essay: Über Glück und Unglück in der Weltgeschichte, enthalten in dem Sammelband: Weltgeschichtliche Betrachtungen, Stuttgart 1935.

BUDDHA (um 560–480 v. Chr.)
Buddha, der «Erleuchtete», verkündete eine Heilslehre, wonach alles in der Welt vergänglich und deshalb leidvoll sei. Moralisches Handeln führt zur stufenweisen Läuterung und schließlich zur Erlösung, der Befreiung von allen irdischen Bindungen im Nirwana.
Beide Texte aus: Reden des Buddha, aus dem Pâli-Kanon übersetzt von Ilse-Lore Gunsser, Reclam, Stuttgart 1957.

CANETTI, ELIAS (1905–1994)
Essayist, Romancier, Theaterautor. In Bulgarien geboren, Studium in Wien, 1938 Emigration nach London. In seinem essayistischen Hauptwerk «Masse und Macht» untersucht er die anthropologischen Bedingungen von Macht und Massenwahn. Erhielt 1981 den Nobelpreis für Literatur.
Übereinstimmung. Titel vom Herausgeber. Aus: Die Provinz des Menschen, Aufzeichnungen (1942–1972), S. 351, Hanser, München 1973.

CARDENAL, ERNESTO (geb. 1925)
Geboren in Granada/Nicaragua, Studium der Literatur, Gründung einer Buchhandlung und eines Verlages, Zuwendung zur Theologie und zu einem mönchischen Leben, wohnt heute in Managua. Von 1979 bis 1986 war er Kultusminister seines Landes. Sein zuletzt veröffentlichtes Werk trägt den Titel «Cantico Cosmico»; es ist der Versuch einer Gesamtschau von Mensch, Natur und Kosmos, einbezogen sind gleichermaßen die Erkenntnisse der Naturwissenschaften wie der mittelalterlichen Mystik.
Weltall, Mensch. Aus: Das Buch von der Liebe, Siebenstern, Peter Hammer Verlag, Wuppertal (Neuauflage) 1991.

CHUNG, HYUN KYUNG (geb. 1956)
Seit Hyun Kyung Chung im Februar 1991 bei der Vollversammlung des Ökumenischen Rates der Kirchen in Canberra mit einem Feuertanz an die Öffentlichkeit trat, gilt die südkoreanische Theologin als lebendige Herausfor-

derung, weil sie urwüchsige religiöse Traditionen Asiens in ihre christliche Spiritualität einbezieht. Sie ist Professorin der Theologie an der Frauenuniversität von Seoul.
Kultur des Lebens. Titel vom Herausgeber. Aus: Hyun Kyung Chung, Schamanin im Bauch – Christin im Kopf, Kreuz Verlag, Stuttgart 1992, S. 25 ff.

CICERO, M. TULLIUS C. (106–43 v. Chr.)
Cicero, der als bedeutendster römischer Redner das antike Ideal von Philosophie und Politik als Einheit neu zu beleben verstand, war eine der Leitfiguren des europäischen Humanismus. Seine Sprache ist bis in die heutige Zeit vorbildlich geblieben.
Über das Greisenalter. Aus: Gedanken über Tod und Unsterblichkeit, Felix Meiner, Hamburg 1969, S. 137 f.
Preisrede auf Cäsar. Aus: Drei Reden vor Cäsar, übertragen von Marion Giebel, Reclam, Stuttgart 1970, S. 4 f.

CELTIS, CONRAD (1459–1508)
Gilt als erster deutscher Humanist mit kaum zu überschätzendem Einfluß. Geboren in Wipfeld in Franken, gestorben in Wien. Wurde 1487 von Friedrich III. zum Dichter gekrönt, gründete mehrere literarische Gesellschaften, war Professor in Ingolstadt, später in Wien. In seiner lateinischen Lyrik besang er unverhüllt seine überschäumende Lebens- und Liebeslust.
Beide Texte aus: Lateinische Gedichte deutscher Frühhumanisten, lateinisch u. deutsch, übertragen von Harry C. Schnur, Reclam, Stuttgart 1978.

DOSTOJEWSKI, FEDOR MICHAILOWITSCH (1821–1881)
Geboren in Moskau, gestorben in Petersburg. Einschneidende Erlebnisse waren seine Verurteilung zum Tode (begründet mit der Anklage, an einer politischen Verschwörung teilgenommen zu haben) und die erst auf der Richtstätte erfolgte Begnadigung zu vierjähriger Zwangsarbeit in Sibirien. Immer wieder von der russischen Zensur bedrängt, verbrachte er einige Zeit in Deutschland und in der Schweiz. Gilt als einer der wichtigsten Schriftsteller aller Zeiten, der wie keiner vor ihm die Nachtseiten der menschlichen Seele psychologisch ausgeleuchtet hat.
Der Großinquisitor weist den wiederkehrenden Christus zurück. Titel vom Herausgeber. Aus: Der Großinquisitor, übertragen von R. Kassner, Insel, Frankfurt 1966.

DSCHATAKAM (ca. 600 v. Chr.)
Die Dschatakamsammlung enthält über 500 Geschichten, die im alten Indien von Buddhisten zur Belehrung des Volkes zusammengetragen wurden.
König Tugendreich. Aus: Buddhistische Märchen aus dem alten Indien. Ausgewählt und übertragen von Else Lüders, Eugen Diederichs, Jena 1921.

EATHERLY, CLAUDE
Die Lebensdaten von Claude Eatherly sind in keinem der gängigen Lexika verzeichnet, und nicht einmal die Encyclopaedia Britannica berichtet über ihn, obwohl er weltweit in die Schlagzeilen geriet, als er nach dem Abwurf der Atombombe über Hiroshima an das Gewissen der Welt appellierte und offen seine Schuldgefühle zugab. Statt Gehör zu finden in Politik und Gesellschaft, wurde er wiederholt in psychiatrische Behandlung genommen und galt als «Schwachkopf».
Dem Schriftsteller Günther Anders ist es zu verdanken, daß uns die Gedankengänge dieses zum Pazifisten gewordenen Soldaten erhalten sind. Die beiden führten vom 3. Juni 1959 bis zum 11. Juni 1961 einen denkwürdigen Briefwechsel, der als Buch publiziert wurde, ergänzt durch andere Dokumente der Zeitgeschichte.
Brief an den Reverend N. über den Abwurf der Atombombe über Hiroshima. Aus: Off limits für das Gewissen. Der Briefwechsel Claude Eatherly – Günther Anders, herausgegeben von Robert Jungk, Rowohlt, Hamburg 1961.

ECKEHART, MEISTER (um 1260–1327)
Geboren in Hochheim am Neckar, gestorben in Köln. Erster großer Vertreter der deutschen spekulativen Mystik. Lehrte in Paris, Straßburg und Köln. Mußte sich gegen die Beschul-

digung der Ketzerei verteidigen. Seine Lehre wurde 1329 vom Papst verurteilt.
Vom Adel des inneren Menschen. Titel vom Herausgeber. Aus: Deutsche Predigten und Traktate, Hanser, München 1963.

EINSTEIN, ALBERT (1879–1955)
Einstein ist nicht nur in der Physik durch die Entwicklung der speziellen und allgemeinen Relativitätstherorie als bedeutender Denker in Erscheinung getreten, sondern auch als Gesellschaftspolitiker, indem er für die Bildung eines Weltstaates eintrat und sich immer wieder zu den Idealen der Humanität bekannte. Aus Deutschland wurde er 1934 ausgebürgert und lebte seither hauptsächlich in den USA.
Brief an Sigmund Freud. Aus: Albert Einstein, Sigmund Freud: Warum Krieg? Diogenes, Zürich 1972.

EPIKTET (um 55–135)
Griechischer Philosoph. Epiktet war freigelassener Sklave. Er lehrte in Rom, bis ihn die Philosophenvertreibung unter Kaiser Domitian zwang, nach Griechenland überzusiedeln. Seine populär stoische Lehre wurde durch seinen Schüler Arrianos aufgezeichnet.
Verwandtschaft des Menschen mit Gott. Aus: Handbüchlein der Moral und Auslese aus seinen Gesprächen, eingeleitet und übersetzt von Wilhelm Capelle, Eugen Diederichs, Jena 1925.

ERASMUS VON ROTTERDAM (1469–1536)
Gilt als größter Vertreter des christlichen Humanismus. Nachdem er mit wachem und kritischem Geist wesentlich dazu beigetragen hatte, daß die deutschen Reformatoren das geistige Rüstzeug für ihre Loslösung von Rom erhielten, verweigerte Erasmus ihnen die Gefolgschaft. Er glaubte an die innere Reform der katholischen Kirche und fürchtete die gewaltsame Auseinandersetzung.
Während er jahrzehntelang von beiden Seiten hofiert worden war, starb er schließlich vereinsamt in Basel. Noch heute ist sowohl von katholischer als auch von protestantischer Seite eine deutliche Aversion gegen Erasmus zu spüren.
Der Abt und die gelehrte Frau. Aus: Erasmus von Rotterdam, Colloquia familiaria/Vertraute Gespräche, Reclam, Stuttgart 1993.
Lob der Torheit. Auszug aus: Erasmus von Rotterdam, Das Lob der Torheit, übersetzt und herausgegeben von Uwe Schultz, Insel, Frankfurt 1979.
Die Klage des Friedens: Der Frieden spricht. Aus: Erasmus von Rotterdam, Die Klage des Friedens, herausgegeben und übersetzt von Brigitte Hannemann, Piper, München 1985.

FRANZ VON ASSISI (1182–1226)
Stammte aus einem begüterten italienischen Elternhaus in Assisi, verzichtete aber auf die Privilegien seines Standes, um sich «der Frau Armut» zu vermählen und die Lehre Christi zu verkünden. Als die Zahl seiner Anhänger wuchs, organisierte sie Kardinal Ugolino von Segni (später Papst Gregor IX.) zum Orden der Franziskaner. Franziskus wurde 1228 heilig gesprochen. Sein Einfluß auf die abendländische Welt geht weit über die katholischen Kreise hinaus, da er durch sein Leben und seine Schriften eine überkonfessionelle Frömmigkeit zum Ausdruck bringt, besonders in seinem «Sonnengesang», dem lyrischen Bekenntnis zu einer die ganze Schöpfung umfassenden Liebe.
Sonnengesang: Neu übersetzt vom Herausgeber.

FRENZEL, SIMON
(Geburtsjahr unbekannt, gest. 1605)
Frenzel stammte aus Breslau, war Professor zu Helmstedt, dann Inspektor der Schule in Riga. Verfasser zahlreicher lateinischer Gedichte, die bald in Vergessenheit gerieten. Seine «Sittenlehre» jedoch brachte in vier Versen das Unbehagen vieler Generationen zum Ausdruck, so daß dieses Gedicht auch nach 300 Jahren noch gern rezitiert wird.
Sittenlehre. Aus: Lateinische Gedichte deutscher Humanisten, Reclam, Stuttgart 1966.

FREUD, SIGMUND (1856–1939)
Begründer der Psychoanalyse. Erzielte mit der Methode und den Ergebnissen der Psychoanalyse über die Medizin hinaus internationale Wirkung in fast allen Bereichen der Kultur und Gesellschaft.

Vergänglichkeit. Aus: Gesammelte Werke, Bd. XVI, Imago Publishing, London 1950, neu bei S. Fischer, Frankfurt.
Brief an Albert Einstein. Aus: Gesammelte Werke, Bd. XVI, S. Fischer, Frankfurt.

GANDHI, MAHATMA (1869–1948)
Haupt der indischen Unabhängigkeitsbewegung. Propagierte den passiven Widerstand, den wirtschaftlichen Boykott englischer Waren, die Verweigerung jeglicher Zusammenarbeit mit den Behörden. Wiederholt in englischer Gefangenschaft, hielt er lange Fastenzeiten ein, um so seine mentale Stärke zu zeigen und die Macht des gewaltfreien politischen Kampfes zu demonstrieren. Versuchte die Einigung von Hindus und Moslems durchzusetzen, die Stellung der Frau zu heben und die Strenge des indischen Kastenwesens zu mildern. Fiel einem politischen Attentat zum Opfer.
Die Gewaltlosigkeit. Vom Herausgeber leicht überarbeitete Übersetztung von Emil Roniger. Aus: Mahatma Gandhi, Jung Indien. Aufsätze aus den Jahren 1919 bis 1922, Rotapfel-Verlag, Erlenbach-Zürich, München und Leipzig 1924.

AL GHASALI (1058–1111)
Arabischer Theologe und Philosoph. Geboren in Tûs, wo er auch starb. Studierte in Nîschâpûr und wurde an die Nizâm-Akademie in Bagdad berufen, wo er vier Jahre lang wirkte. Nach einer Pilgerreise nach Mekka lebte er einige Zeit in Damaskus, Jerusalem und Nîschâpûr, weihte sich aber dann einem völlig zurückgezogenen Leben. In seinen Schriften sucht er einen Ausgleich zwischen Glauben und Wissen, zwischen Dogmatik und Mystik herbeizuführen. Er erklärt Religion und Mystik vom gemäßigten sufischen Standpunkt.
Das Elexier der Glückseligkeit. Aus dem gleichnamigen Buch, Eugen Diederichs Verlag, Düsseldorf und Köln 1959, S. 33 ff.

GIBRAN, KHALIL (1883–1931)
Gibran wurde in Becharré geboren und starb in New York. In Anlehnung an die alten Schriften des Orients verkündete er tiefe Lebensweisheiten, anschaulich formuliert, in einfachen Bildern und Dialogen, offen für Transzendenz. Vor allem sein Buch «Der Prophet» ist seit Jahrzehnten ein «Kultbuch», überall anzutreffen, wo Menschen sich spirituell für die Bewältigung ihres konkreten Lebens orientieren wollen.
Von der Ehe. Aus: Khalil Gibran, Der Prophet. Walter-Verlag, Solothurn und Düsseldorf, 29. Aufl. 1994.

GILGAMESCH-EPOS (um 2100 v. Chr.)
Gilgamesch, der Held dieser Geschichte, hat vermutlich tatsächlich gelebt, als König eines Reiches, dessen Hauptstadt das südbabylonische Uruk war. Eine Untersuchung der Stadtmauer, deren Bau ihm zugeschrieben wird, läßt seine Regierungszeit etwa zwischen 2750 und 2600 v. Chr. vermuten. Damals herrschten die Sumerer, die Erfinder der ältesten Schrift, der späteren Keilschrift. Man nimmt an, daß die Sagenbildungen um diesen König schon sehr früh einsetzten. In der Zeit um 2100 v. Chr. dürfte die Mehrzahl der darin verarbeiteten Mythendichtungen entstanden sein.
Beide Texte auf der Grundlage der Übertragung von Albert Schott, neu ins Deutsche gebracht vom Herausgeber. Der ganze Text in: Das Gilgamesch-Epos, Reclam, Stuttgart 1958.

GOETHE, JOHANN WOLFGANG (1749–1832)
Populärster Dichter deutscher Sprache. Verdichtete das Weltwissen seiner Zeit, verschiedene Traditionen der Weltliteratur und eine tiefe persönliche Empfindungsfähigkeit in seiner Lyrik, Prosa und seinen dramatischen Schriften zu zeitlosen sprachlichen Kunstwerken.
Die pädagogische Provinz. Titel vom Herausgeber. Aus: Wilhelm Meisters Wanderjahre, 2. Buch, 1. Kapitel.

GOUGES, OLYMPE DE (1748–1793)
Olympe de Gouges wurde 1748 als uneheliche Tochter eines französischen Adligen in Montauban geboren, ließ aber die Enge der Kleinstadt bald hinter sich. Als Femme galante verschaffte sie sich in der vornehmen Pariser Ge-

sellschaft materielle Sicherheit, als Femme de lettres veröffentlichte sie zahlreiche emanzipatorische Schriften. Einen Höhepunkt ihrer publizistischen Tätigkeit bildet ihr Werk «Erklärung der Rechte der Frau und Bürgerin», in dem sie die «Erklärung der Menschenrechte» auf die Frauenbelange übertrug. Sie starb durch Hinrichtung auf dem Schafott.
Frau, erwache! Nachwort der «Erklärung der Rechte der Frau und Bürgerin». Aus: Paul Noack, Olympe de Gouges, Deutscher Taschenbuch Verlag, München 1992.

HERDER, JOHANN GOTTFRIED VON (1744–1803)
Historiker, Philosoph, Psychologe, Pädagoge, Kritiker und Ästhetiker des deutschen Irrationalismus und Idealismus, der auch als Herausgeber und Übersetzer unschätzbare Wirkung auf die deutsche Literaturgeschichte ausübte. Nach armseliger Jugend als Sohn eines Elementarlehrers Studium der Medizin, Theologie und Philosophie. Bekanntschaft mit Goethe in Straßburg. Auf Veranlassung von Goethe seit 1776 Generalsuperintendent in Weimar.
Humanität als Zweck der Menschennatur. Titel vom Herausgeber. Aus: Ideen zur Philosophie der Geschichte der Menschheit, 15. Buch, Kapitel 1.

HERMANN, JOHANNES (1585–1647)
Geboren bei Liegnitz, wurde er Prediger zu Köben und Brieg. Hinterließ zahlreiche theologische Schriften und Predigten, auch Gedichte in deutscher Sprache, und wurde zum Poeta laureatus gekrönt.
An Caribella. Aus: Lateinische Gedichte deutscher Humanisten. Ü: Harry C. Schnur, Reclam, Stuttgart 1966.

HERSCH, JEANNE (geb. 1910)
Geboren in Genf. Studium der Philosophie bei Karl Jaspers. Nach Lehrtätigkeit in Genf und den USA erhielt sie 1956 die Professur für systematische Philosophie an der Universität Genf. Jeanne Hersch ist Ehrendoktorin der Theologischen Fakultät Basel und erhielt zahlreiche Auszeichnungen.
Die Allgemeingültigkeit der Menschenrechte – eine Herausforderung für die Welt von morgen. Aus: Jeanne Hersch, Im Schnittpunkt der Zeit, Benziger, Zürich, 1992.

HEISENBERG, WERNER (1901–1976)
Atomphysiker. Trug wesentlich zur Entwicklung der Quantenmechanik bei. Die Heisenbergsche Unschärferelation besagt, daß im atomaren Bereich das Gemessene durch den Meßvorgang selbst beeinflußt wird und daher niemals genau bestimmt werden kann. Heisenberg erhielt 1933 den Nobelpreis.
Der Mensch begegnet sich selbst. Aus: Werner Heisenberg, Das Naturbild der heutigen Physik. In: Rowohlts deutsche Enzyklopädie, Bd. 8, Rowohlt, Hamburg 1955, S. 15 ff.

HOLST, AMALIA (1758–1829)
Geboren in Altona als Tochter eines Berghauptmanns und Oberaufsehers. Erhielt eine gründliche Bildung und soll in Kiel den philosophischen Doktorgrad erworben haben. Mit ihren Schriften «Bemerkungen über die Fehler unserer modernen Erziehung» (1791) und «Über die Bestimmung des Weibes zur höheren Geistesbildung» (1802) setzte sie sich gegen ein Frauenbild zur Wehr, das Weiblichkeit mit Unmündigkeit gleichsetzte.
Über die Bestimmung des Weibes zur höheren Geistesbildung. Aus dem gleichnamigen Buch, Berlin 1802.

HUMBOLDT, WILHELM VON (1767–1835)
Entstammte dem preussischen Beamtenadel. Nach dem Jurastudium widmete er sich ausschließlich wissenschaftlichen Studien auf den Gebieten Philosophie, Geschichtstheorie, Ästhetik und Sprachtheorie. Freund Schillers und Goethes, Gründer der Berliner Universität.
Mit seinen «Ideen zu einem Versuch, die Grenzen und Wirksamkeit des Staates zu bestimmen» schuf er Grundlagen für eine liberale, demokratische Staatsauffassung.
Über die Sprache. Titel vom Herausgeber. Aus: Über die Verschiedenheit des menschlichen Sprachbaus und ihren Einfluß auf die geistige Entwicklung des Menschengeschlechts, 1836.

ILLYES, GYULA (geb. 1902)
Gehört zu den bedeutendsten Vertretern der ungarischen Literatur des 20. Jh. Verfasser von Gedichten, Romanen und Dramen.
Tyrannei. Deutsch vom Herausgeber. Aus: POESIE, Zeitschrift für Literatur, 6. Jahrgang, Heft 3, S. 1 ff.

INDIANISCHE GESÄNGE
Aus: Geflüsterte Pfeile. Lyrik der Indianer. Gedichte und Botschaften in zwei Sprachen, herausgegeben vom Herausgeber. Von-Loeper-Verlag, Karlsruhe 1985.

JASPERS, KARL (1883–1969)
Philosoph, der von der Psychiatrie her kam. In seinem wissenschaftlichen Hauptwerk «Allgemeine Psychopathologie» hob er durch eine methodologische Systematik die Psychopathologie aus einer klinischen Empirie in eine wissenschaftliche Forschungspraxis. Sein philosophisches Werk ist als grundlegender Beitrag zur modernen Existenzphilosophie zu verstehen, aber auch als Bemühen, Zeitfragen aufzugreifen und politisch Stellung zu beziehen. Seit 1948 Professor für Philosophie in Basel.
Der Glaube in der Zukunft. Aus: Vom Ursprung und Ziel der Geschichte, Büchergilde Gutenberg (Orginalausgabe: Piper), Frankfurt 1960.

JOHANNES VON TEPL (um 1350–1414)
Schulrektor und Notar in Saaz, schrieb 1401 den «Ackermann aus Böhmen», ein Werk der Wende vom Mittelalter in die Renaissance.
Der Ackermann aus Böhmen. Auszug aus dem gleichnamigen Buch, Reclam, Stuttgart 1963.

JUNG, CARL GUSTAV (1875–1961)
Psychiater, Psychotherapeut, Kulturphilosoph. Jung baute die Psychoanalyse von S. Freud abwandelnd aus: in der Entwicklung einer psychologischen Typenlehre, in der Scheidung des individuellen und kollektiven Unbewußten, der Archetypenlehre. Sein Einfluß erstreckt sich fast auf alle Gebiete des kulturellen Lebens.
Was Indien uns lehren kann. Aus: Zivilisation im Übergang, Gesammelte Werke, Bd. 10, Walter-Verlag, Olten, 3. Aufl. 1986.

KANT, IMMANUEL (1724–1804)
Deutscher Philosoph. Versuchte der Metaphysik eine neue Bestimmung zu geben, indem er die philosophische Erkenntnistheorie mit seiner transzendentalen Kategorienlehre begründete. Übte Kritik an der Dogmatik zugunsten einer humanen Moralität. Schuf die Grundgedanken des deutschen Idealismus.
Was ist Aufklärung? Aus: Kants Werke, Berlin und Leipzig, Bd. III, S. 636 ff.

KING, MARTIN LUTHER (1929–1968)
Amerikanischer Bürgerrechtler und Babtistenpfarrer. Führer des gewaltlosen Kampfes gegen die Rassentrennung. Fiel einem Attentat zum Opfer. Erhielt 1964 den Friedensnobelpreis.
Brief aus dem Stadtgefängnis von Birmingham. Zitiert nach «Die Zeit», Nr. 44, Oktober 1983, Ü: Theo Sommer.

KLEIST, HEINRICH VON (1777–1811)
Dramatiker, Erzähler und Lyriker. Geboren in Frankfurt an der Oder, gestorben durch Selbstmord in Wannsee bei Berlin.
Über das Marionettentheater.

KONFUZIUS (551–478 v. Chr.)
Chinesischer Philosoph. Lehrte, daß der einzelne sich in eine höhere gesellschaftliche Gesamtordnung einzufügen habe.
Sämtliche Zitate aus: Konfuzius, Gespräche. Aus dem Chinesischen übersetzt und herausgegeben von Ralf Moritz, Reclam, Leipzig 1982.

KORAN (endgültige Fassung: 653 n. Chr.)
Arabisches Religionswerk, in dem die Aussprüche und Reden zusammengefaßt sind, die Mohammed während seines Lebens als göttliche Offenbarung verkündete. Viele Ideen des Koran greifen auf die jüdische und christliche Tradition zurück.
Die Sure vom Allbarmherzigen (55. Sure), nach den Übertragungen von Max Henning und Ludwig Ullmann neu ins Deutsche gebracht vom Herausgeber.

Ethik des Islam. Zitiert nach: Rudolf Jockel, Die lebenden Religionen, Texte und Einführungen, Safari-Verlag, Berlin, a. o. J., S. 339 f.

KRAUS, KARL (1874–1936)
Österreichischer Schriftsteller. Radikaler und prophetischer Kulturkritiker mit großer satirisch-polemischer Begabung. Sehr bedeutsam in seinem ethischen Pazifismus wie in seinem Kampf für die Pflege der Sprache.
Die letzten Tage der Menschheit. Zitiert aus dem gleichnamigen Werk, Kösel, München 1957, nach der Orginalfassung aus dem Jahre 1926.

KÜBLER-ROSS, ELISABETH (geb. 1926)
Ärztin und Psychiaterin. Geboren in Meilen bei Zürich, Studium der Medizin, als freiwillige Helferin für Friedensdienste gleich nach dem Zweiten Weltkrieg in verschiedenen Ländern tätig. Hat sich in vielen Seminaren, Büchern und sonstiger Öffentlichkeitsarbeit für einen humanen Umgang mit dem Sterben und dem Tod eingesetzt. Lebt in Virginia, USA.
Der Tod und die Zukunft unserer Gesellschaft. Titel vom Herausgeber. Aus: Elisabeth Kübler-Ross, Interviews mit Sterbenden, Kreuz Verlag, Stuttgart 1971, S. 17 ff.
Aids – Herausforderung zur Menschlichkeit. Zitiert aus dem gleichnamigen Buch, Kreuz Verlag, Stuttgart 1988, S. 15 ff.

LA ROCHE, SOPHIE VON (1730–1807)
Geboren in Kaufbeuren, gestorben in Offenbach am Main. Veröffentlichte 1771 unter Wielands Herausgeberschaft als erste deutsche Autorin einen Frauenroman, der ein Erfolg wurde: «Geschichte des Fräuleins von Sternheim». Mit «Pomona» gründete sie 1783 die erste von einer Frau herausgegebene deutsche Frauenzeitschrift.
Über meine Bücher. Zitiert aus: Ob die Weiber Menschen sind, Reclam, Leipzig 1992, S. 8 ff.

LAO-TSE (um 300 v. Chr.)
Außer einigen Legenden wissen wir nichts über diesen größten chinesischen Philosophen und Religionsschöpfer. Auf seiner Lehre gründen nicht nur die verschiedenen philosophischen und religiösen Richtungen des Taoismus, sondern auch ein großer Teil der besten chinesischen Dichtungen und Kunstwerke. Sein «Tao-tê-king» ist das am häufigsten übersetzte und oft auch willkürlich «nachgedichtete» chinesische Werk.
Die Kraft des Werdens (6. Spruch). Titel vom Herausgeber. Aus: Die Bahn und der rechte Weg des Lao-tse, der chinesischen Urschrift nachgedacht von A. Ular, Insel, Leipzig 1923.
Vom Nützlichen und vom Wesentlichen (11. Spruch). Titel vom Herausgeber. Aus: siehe oben.
Sterben, ohne zu vergehen (33. Spruch). Titel vom Herausgeber. Aus: Lao-tse, Tao-tê-king, Ü: Günther Debon, Reclam, Stuttgart 1961.
Herrschaft der Seele (10. Spruch). Titel vom Herausgeber. Ausgabe von A. Ular, siehe oben.
Doch ich bin ich (20. Spruch). Titel vom Herausgeber. Ausgabe von A. Ular, siehe oben.

LESSING, GOTTHOLD EPHRAIM (1729–1781)
Lessing gilt nicht nur als Erneuerer des deutschen Dramas und als dessen wichtigster Theoretiker, er ist auch der klarste, unabhängigste und kompromißloseste Repräsentant der deutschen Aufklärung, führend als Kritiker, vorbildlich im Ernst seines ethischen Bewußtseins.
Fragmente des Wolfenbüttler Ungenannten. Aus: Sämtliche Schriften, herausgegeben von K. Lachmann, 3. Auflage, Stuttgart 1886–1924.
Die Ringparabel. Aus: Nathan der Weise.

LORDE, AUDRE (1934–1992)
Wurde in New York als Tochter einer westindischen Familie geboren. War seit den 60er Jahren in der Bewegung der Schwarzen und in der Frauenbewegung aktiv. Zählt zu den einflußreichsten schwarzen Schriftstellerinnen. War Professorin am Hunter College of the City University of New York.
Vom Nutzen der Erotik: Erotik als Macht. Aus: Macht und Sinnlichkeit. Ausgewählte Texte von Audre Lorde und Adrienne Rich, Orlanda Frauenverlag, Berlin 1993.

LUDER, PETER (um 1410–1474)
Gilt zeitlich als erster Humanist Deutschlands. Wurde zu Kislau in Franken geboren, studierte in Italien und wurde dann wandernder Lehrer der Poesie an den Universitäten Heidelberg, Erfurt, Leipzig und Krakau; später trat er in österreichische Staatsdienste. Sein allen Ausschweifungen ergebener Lebenswandel erregte viel Ärgernis.
Seine Abkunft. Aus: Lateinische Gedichte deutscher Humanisten, Reclam, Stuttgart 1978.

LUKREZ (98–55 v. Chr.)
Römischer Dichter. Faßte die Lehre Epikurs in ein hexametrisches Lehrgedicht von 6 Büchern. Das Ziel seiner materialistischen Naturerklärung ist die Befreiung der Menschheit von der Angst vor Göttern und Tod. Lukrez beging Selbstmord.
Preis der Venus. Aus: Über die Natur der Dinge. Ü: Max Seidel (1881). Enthalten in: Lukrez/Vergil, Römische Epik, Vollmer-Verlag, Wiesbaden und Berlin, a. o. J.

MACHIAVELLI, NICCOLO (1469–1527)
Geboren in Florenz als Sohn eines angesehenen Juristen. Politiker und Schriftsteller. 1488–1512 Sekretär in der Kanzlei des Rates der Zehn in Florenz. Wird öfter mit wichtigen politischen Aufgaben betraut, die ihn mit den Herrschern seiner Zeit zusammenführen. 1512 wird er von den Medici seines Amtes enthoben und vorübergehend eingekerkert. Darauf lebt er zurückgezogen auf seinem Landgut in San Casciano in einfachen Verhältnissen. Entwirft in seinen politischen Schriften eine Staatstheorie, die ausschließlich unter dem Gesichtspunkt der politischen Zwecksmäßigkeit verfaßt ist.
Was ist der Mensch? Aus: Machiavelli, Auswahl und Einleitung von Carlo Schmid, Fischer-Bücherei, Frankfurt 1956.

MELANCHTHON, PHILIPP (1497–1560)
Deutscher Humanist und Reformator. 1518 berief ihn der Kurfürst von Sachsen als Professor des Griechischen nach Wittenberg. Unter Melanchthons Einfluß verdrängte der Geist der Renaissance die Scholastik aus der Universität. Seine griechischen Vorlesungen regten Luther zum Griechischstudium an. Melanchthons klares Denken, verbunden mit höchster Eleganz seines lateinischen Stils, machten ihn zum Federführer der Reformation.
An einen Verteidiger des Zölibats. Aus: Lateinische Gedichte deutscher Humanisten, Reclam, Stuttgart 1978.

MERNISSI, FATEMA (geb. 1940)
Wurde in Fes, Marokko, geboren. Professorin für Soziologie an der marokkanischen Universität «Mohammed V» in Rabat. Beratungstätigkeit für die UNESCO. Gehört dem Hochschulbeirat der Vereinten Nationen an.
Die Angst vor dem Fremden. Titel vom Herausgeber. Auszug aus dem Essay «Die Angst vor dem fremden Westen», enthalten in: Fatema Mernissi, Die Angst vor der Moderne, Frauen und Männer zwischen Islam und Demokratie, Luchterhand, Hamburg und Zürich 1992.

MONTAIGNE, MICHEL EYQUEM DE (1533–1592)
Französischer Philosoph. Zog sich weitgehend vom öffentlichen Leben zurück, um sich seinen philosophischen Betrachtungen zu widmen. Seine «Essays», Sammelstätte seiner Erfahrungen und Gedanken, sind zunächst einem starren Stoizismus verpflichtet, um sich dann mehr und mehr zu einem duldsam-skeptischen, vollmenschlichen Epikurismus zu entwickeln.
Alle Texte aus: Michel de Montaigne. Die Essays und das Reisetagebuch. Deutsch von Paul Sakmann, Alfred Kröner Verlag, Stuttgart 1939.

MORUS, THOMAS (1478–1535)
Englischer Humanist. Geboren und gestorben in London. Entwickelte sich vor allem durch seine Freundschaft mit Erasmus von Rotterdam zu einem der Führer des christlichen und englischen Humanismus. Blieb zeitlebens der katholischen Kirche verpflichtet. Als er die Anerkennung der Oberhoheit des englischen Monarchen über die englische Kirche verweigerte, wurde er hingerichtet. Sein Hauptwerk

ist der erste moderne utopische Staatsroman «Utopia», in dem er ein Platon verpflichtetes Ideal eines Vernunftstaates in einem fiktiven Reisebericht entwirft. Viele Ideale, die Thomas Morus darin formuliert hat, haben nichts von ihrer Aktualität eingebüßt.
Alle Texte aus: Thomas Morus, Utopia, Birkhäuser-Verlag, Basel 1947.

NERUDA, PABLO (1902–1973)
Chilenischer Dichter. Sohn eines Zugführers und einer Volksschullehrerin. Als junger Mann als Diplomat in Asien, Europa und Mexiko, dann kommunistischer Senator in Chile. Nach der Illegalitätserklärung seiner Partei als Emigrant zumeist in Rußland und den asiatischen Ländern. Gilt als größter moderner Lyriker des lateinamerikanischen Kontinents. Nobelpreis für Literatur im Jahre 1971.
Einsamer Herr. Aus: Pablo Neruda, Dichtungen 1919–1965, Luchterhand, Darmstadt und Neuwied 1967.

NEUES TESTAMENT
(abgeschlossen 400 n. Chr.)
Das Neue Testament, geschrieben in griechischer Sprache, zählt 27 Bücher. Es entstand aufgrund des Lebens und der Lehre Jesu. Nach längerem Schwanken über die Zahl der Schriften und über die Würdigkeit ihrer Aufnahme fand der Kanon in der römischen Kirche des Westens um 400 n. Chr. seinen Abschluß, in der Kirche des Ostens dagegen erst später.
Die für die katholische Kirche maßgebliche lateinische Übersetzung wurde vom Heiligen Hieronymus in den Jahren 386–405 geschaffen. Die erste Übertragung in eine germanische Sprache ist um 369 entstanden. Sie wurde vom Missionsbischof Wulfila in gotischer Sprache verfaßt. Bis zu Luthers maßgeblicher Übertragung wurden im Laufe der Jahrhunderte etwa 130 Übersetzungen verfertigt. Es wurden jedoch nur 14 hochdeutsche und drei niederdeutsche Versionen gedruckt. Die bedeutendste, auch sprachgeschichtlich wirksamste Übersetzung hat Martin Luther von 1522 bis 1546 geschaffen. Als Basis diente ihm der von Erasmus edierte griechische Orginaltext.
Liebt Eure Feinde (Bergpredigt). Titel vom Herausgeber. Zitiert nach: Das Neue Testament, übersetzt von Friedolin Stier, Kösel und Patmos, München und Düsseldorf 1989.
Lernt von den Lilien des Feldes (Bergpredigt). Titel vom Herausgeber. Aus: siehe oben.

NIETZSCHE, FRIEDRICH (1844–1900)
Philosoph und Dichter, von Schopenhauer beeinflußt. Lehrte die Herkunft der Ethik aus der Vitalität, leugnete das Sein höherer Mächte und forderte die vorurteilslose Bejahung der natürlichen Triebe. Starb an den Spätfolgen einer Syphilis in geistiger Umnachtung.
Erkenntnis und Kunst. Titel vom Herausgeber. Aus: Die Geburt der Tragödie aus dem Geiste der Musik, Auszug aus dem 15. Kap. Zitiert nach: Friedrich Nietzsche, Die Geburt der Tragödie/Der griechische Staat, Kröner, Leipzig 1930.

OE, KENZABURO (geb. 1935)
Als der japanische Schriftsteller Kenzaburô Oe 1994 den Nobelpreis für Literatur erhielt, versetzte dieser bis dahin fast nur in Japan bekannte Autor die kulturelle Öffentlichkeit mit seinem Bekenntnis zum Humanismus in Erstaunen. Oes Humanismus, verwurzelt im europäischen, fand seinen Niederschlag nicht nur in seiner Literatur, sondern auch in seinem praktischen Leben, das über Jahrzehnte der Versorgung und Ausbildung seines behinderten Sohnes gewidmet war.
Humanismus in Japan. Titel vom Herausgeber: Aus: Oes Literaturnobelpreisrede, Basler Zeitung, 10. Dezember 1994.

ORTEGA, ESIDRO (geb. 1950)
Geboren in der kleinen texanischen Stadt Canadien. Bahnarbeiter, Postangestellter, Studium der Ozeanographie. Aufgabe des Studiums wegen einer Tuberkulose. Seither in verschiedenen Berufen tätig. Seine eigentliche Berufung sieht er in der Poesie, in der er Traditionen der englischsprachigen Lyrik aufgreift, ihnen aber eine neue, existentielle Hintergründigkeit verleiht, die teils auf individueller Erfahrung, teils auf seiner indianischen Abstammung beruht. Empfindungsreichtum und

hohe Sprachartistik befähigen ihn, der Sprache die Macht der Magie zurückzugeben.
Es geschieht. Aus: Ich bin das Gesicht, das hinter den Einschußlöchern erscheint. Gedichte aus dem indianischen Widerstand von Reymundo Tigre-Perez und Esidro Ortega. Übersetzt vom Herausgeber, Nachtmaschine, Basel 1982.

PARACELSUS, THEOPHRASTUS (1493–1541)
Arzt und Philosoph, Erneuerer der Medizin. Vertreter einer mystischen Naturauffassung, in der der Zusammenhang zwischen dem Makrokosmos (Weltall) und dem Mikrokosmos (Mensch) eine zentrale Rolle spielt. Hatte gleichermaßen auf die Entwicklung der Naturwissenschaften wie auf die Mystik, Dichtung und Philosophie unschätzbaren Einfluß.
Der erste Grund der Arznei, die Philosophie. Aus: Paracelsus, Sämtliche Werke, 1. Bd., S. 345 ff., Verlag von Gustav Fischer, Jena 1926.
Verteidigung der wahren Medizin. Aus: siehe oben, S. 483 ff.

PETRARCA, FRANCESCO (1304–1374)
Italienischer Dichter und Humanist. Suchte auf seinen großen Reisen durch Frankreich, Belgien und andere Länder nach Handschriften alter Klassiker. Wurde 1341 auf dem Kapitol in Rom zum Dichter gekrönt. Sein dichterisches und schriftstellerisches Werk ist im wesentlichen die Geschichte seines Seelenlebens in Form von Bekenntnissen. In der von ihm unter Berufung auf Cicero erneuerten Kunstgattung des Briefes und in seinen moralischen Dialogen und Traktaten diskutiert er die Probleme seiner Zeit und wird damit zum «Vater» des europäischen Humanismus. Mit seiner Liebesdichtung, in der er das humanistische Formerlebnis mit der Tradition der Troubadours verschmilzt, wird er zum Vorbild für die kommenden Jahrhunderte.
Aus den «Gesprächen über die Weltverachtung». Quelle: Des Fr. Petrarca Gespräche über die Weltverachtung, übers. von H. Hefele, Jena 1910, S. 31 und S. 134 f.
Sonette. Übertragen von: Bürger (Welch Ideal ...); Opitz (Ist Liebe lauter nichts ...); A. W. Schlegel (Wenn der Planete ..., Der Vögel Klagen ..., Erhabne Flamme ...). Zitiert nach: Gedichte des Abendlandes, Fischer Bücherei, Frankfurt 1961.

PICCOLOMINI, ENEA SILVIO (1405–1465)
Bedeutender italienischer Humanist und Dichter. Betätigte sich in allen Sparten der Literatur. Bis heute ist seine Liebesgeschichte über «Euryalus und Lucretia» lesenswert und lebendig geblieben. Seine Briefe sind bildkräftige Zeugnisse und Bekenntnisschriften in einem. Wurde 1458 als Pius II. Inhaber des päpstlichen Stuhls und vollzog eine geistige «Kehre» vom Lebemann zum strengen Kirchenpolitiker.
Wir wollen uns der Liebe weihen. Titel vom Herausgeber. Aus der Novelle: Euryalus und Lucretia, enthalten in: Enea Silvio Piccolomini, Briefe/Dichtungen, Winkler-Verlag, München 1966.

PICO DELLA MIRANDOLA, GIOVANNI (1463–1494)
Italienischer Philosoph. Studierte die aristotelische Philosophie in Padua und in Paris, verband sie mit der Philosophie der Florentiner Akademie und entwickelte auf dieser Grundlage sein eigenes philosophisches System. Für eine von ihm geplante, dann aber vom Papst verbotene philosophische Diskussion in Rom stellte er 900 Thesen zusammen und verfaßte seine berühmte Rede über die Menschenwürde.
Über die Würde des Menschen. Ü: H. W. Rüssel, Panthéon/Akademische Verlagsanstalt, Amsterdam 1940, S. 48 ff.

PIZAN, CHRISTINE DE (1365–1429)
Französische Frühhumanistin und Schriftstellerin, die in der Frauenliteratur zu Recht als erste Feministin im modernen Sinne bezeichnet wird. Früh verwitwet, sah sie sich gezwungen, für den Lebensunterhalt ihrer Familie zu sorgen – und begann zu schreiben. Christine de Pizan war die erste Frau, die von ihrem Schreiben lebte. So entstand in den Jahren von 1390 bis 1429 eine Reihe sehr erfolgreicher Schriften: Lyrik, Geschichtswerke, Lehrdichtungen, Streitschriften zur Frauen-

frage, Traktate zur weiblichen Erziehung und zur politischen Situation in Frankreich.
Alle Texte aus: Christine de Pizan, Das Buch von der Stadt der Frauen. Aus dem Mittelfranzösischen übersetzt, mit einem Kommentar und einer Einleitung versehen von Margarete Zimmermann, Orlanda Frauenverlag, Berlin 1986.

PLATON (428/27–347)
Griechischer Philosoph. Geboren und gestorben in Athen. Schrieb philosopische Lehrgespräche, in deren Mittelpunkt die Figur des Sokrates steht. 387 gründete er im Hain des Heros Akademos bei Athen eine Philosophenschule. Im Zentrum seiner Philosophie steht die Ideenlehre, nach der die sichtbaren Dinge dieser Welt nur Abbilder von ewigen Urbildern sind, die im Reich des Geistes existieren. Während des ganzen Altertums galt Platon als der größte Philosoph; erst mit der Scholastik trat sein Schüler Aristoteles an erste Stelle. Mit der Renaissance und der Gründung der Platonischen Akademie in Florenz wurde wiederum Platon zur führenden philosophischen Leitgestalt des Abendlands.
Lob des Eros. Titel vom Herausgeber: Aus: Gastmahl (Symposion), übersetzt von O. Apelt. In: Sämtliche Dialoge, Verlag Felix Meiner, Hamburg 1993.
Rede des Sokrates nach seiner Verurteilung zum Tode. Titel vom Herausgeber. Aus: Apologie, übersetzt von O. Apelt. In: Sämtliche Dialoge, Verlag Felix Meiner, Hamburg 1993.
Der Tod des Sokrates. Aus: Phaidon, übersetzt von O. Apelt. In: Sämtliche Dialoge, Verlag Felix Meiner, Hamburg 1993.
Das Höhlengleichnis. Aus: Der Staat (Politeia), zitiert nach K. Vorländer, Philosophie des Altertums, Rowohlt, Hamburg 1963, S. 215 ff.

PORTMANN, ADOLF (1897–1982)
Schweizer Zoologe und Buchautor. Zahlreiche Arbeiten auf dem Gebiet der Entwicklungsgeschichte, durch die er sich weltweit Anerkennung erwarb.
Der Mensch im Bereich der Planung. Auszug aus dem gleichnamigen Aufsatz, enthalten in: Adolf Portmann, Entläßt die Natur den Menschen? Gesammelte Aufsätze zur Biologie und Anthropologie, Piper, München 1970.

REUCHLIN, JOHANNES (1455–1522)
Geboren in Pforzheim, gestorben in Liebenzell. Humanist, der besonders durch seine griechischen und hebräischen Studien hervorgetreten ist. Seine Verteidigung der jüdischen Bücher gegen den jüdischen Renegaten Pfefferkorn führte zum Reuchlinschen Streit, in dem die Humanisten Reuchlins Partei ergriffen. Reuchlin schrieb auch Komödien.
Verteidigung der Kabbala. Titel vom Herausgeber. Aus: Johannes Reuchlin, Gutachten über das jüdische Schrifttum. Herausgegeben und übersetzt von Antonie Leinz von Dessauer, Jan Thorbecke Verlag, Konstanz und Stuttgart 1965, S. 74 f.
Wie Glaube entsteht. Titel vom Herausgeber. Aus: siehe oben, S. 94.

RIG-VEDA (um 1500 v. Chr.)
Veda heißt so viel wie «heiliges Wissen». Es ist das bei weitem älteste Literaturdenkmal Indiens, abgefaßt in altertümlichem, formenreichem Sanskrit. Diese Textsammlung wurde von zahlreichen Priesterschulen der Brahmanen über Jahrtausende hinweg bis in die neuere Zeit mündlich überliefert. Innerhalb des Veda gilt der Rig-Veda als älteste Quelle für die Kenntnis des frühen Indien. Er enthält in 10 Büchern von verschiedenen Verfassern 1028 Hymnen zum Aufruf und Preis der Götter.
Vom Ursprung der Welt. Zitiert aus: Horst Grosse, Praktizierter Humanismus im XX. Jh., Adalbert-Utsch-Verlag, München 1964, S. 26 f.
Ermahnung zur Freigebigkeit (X 117). Auf der Grundlage von Paul Thiemes Übertragung ins Deutsche gebracht vom Herausgeber.

ROZEWICZ, TADEUSZ (geb. 1921)
Gehört zu den wichtigsten polnischen Lyrikern des 20. Jahrhunderts. Er kämpfte während der deutschen Okkupation in der Partisanenabteilung der Landesarmee. Studierte nach dem Krieg in Krakau Kunstgeschichte.

Veröffentlichte 1947 seinen ersten Gedichtband «Niepokój» (Unruhe). Er schrieb auch Dramen, Erzählungen, Drehbücher und Essays.
Denkmal aus der Besatzungszeit. Deutsch vom Herausgeber. Aus: Der Himmel voller Wunden. Polnische Gedichte, Chansons und Streiklieder aus fünf Jahrhunderten, herausgegeben vom Herausgeber, Von-Loeper-Verlag, Karlsruhe 1982.

RUSSELL, BERTRAND (1872–1970)
Englischer Philosoph und Mathematiker. Vertreter einer skeptischen Erkenntnistheorie. In seinen Publikationen trat er vor allem als entschiedener Pazifist in Erscheinung. Nobelpreis für Literatur 1950.
Hat der Mensch noch eine Zukunft? Übertragen von Paul Baudisch, Kindler-Verlag, München 1961.

SALUTATI, COLUCCIO (1331–1406)
Schüler Petrarcas. Berief als florentinischer Staatskanzler als erster einen griechischen Gelehrten nach Florenz, stand selbst aber der römischen Philosophie und Dichtung näher. Wollte die florentinische Freiheit gegen jeden Tyrannen verteidigen, weil er an die Freiheit als an die unerschütterliche Selbstbezeugung des Menschen glaubte.
Brief an Johannes von den Engeln über Humanismus und Christentum. Auszug. Titel vom Herausgeber. Zitiert nach: Karl Vorländer, Philosophie der Renaissance, Rowohlt, Hamburg 1965, S. 153 f.

SAPPHO (um 600 v. Chr.)
Griechische Lyrikerin, geboren in Mytilene auf Lesbos. Versammelte einen musischen Kreis junger Mädchen um sich, um sie bis zu ihrer Verheiratung zu unterweisen. Ihnen widmete sie einige ihrer schönsten Lieder.
Kypris; Anaktoria. Beide Gedichte aus: Manfred Hausmann, Das Erwachen. Lieder und Bruchstücke aus der griechischen Frühzeit, Suhrkamp, Frankfurt 1949.

SCHILLER, FRIEDRICH (1759–1805)
Neben Goethe der wichtigste Vertreter der deutschen Klassik. Neben seinen Dramen, Gedichten und Erzählungen trat er auch als Historiker hervor. In seinen philosophischen Schriften ist er Kant und der Aufklärung verpflichtet. Mit seinem philosophischen Hauptwerk hat er der Philosophie auch ein sprachliches Denkmal gesetzt, das seinesgleichen sucht: «Briefe über die ästhetische Erziehung des Menschen».
Über die ästhetische Erziehung des Menschen. Vierundzwanzigster Brief.

SCHWEITZER, ALBERT (1875–1965)
Theologe, Musiker, Arzt. Theologe und Organist in Straßburg, dann Arzt und Gründer eines Spitals in Lambaréné. Grundlage des verlorenen und sehnsüchtig gesuchten Lebenssinns war für ihn die Ehrfurcht vor dem Leben, das umfassende Gefühl der Verantwortung gegenüber dem Lebendigen. Dieser Leitgedanke hat durch Jahrzehnte sein Leben bestimmt.
Kultur aus ethischer Forderung. Aus: Kultur und Ethik, C. H. Beck Verlag, München 1923, I. Bd., S. 140 ff.

SENECA, LUCIUS ANNAEUS d. J.
(um 4 v. Chr.–65 n. Chr.)
Römischer Dichter und Philosoph. Erzieher Neros. Als Nero Kaiser wurde, war Seneca der einflußreichste Mann Roms. Als Nero sich zum Tyrannen entwickelte, sah sich Seneca gezwungen, sich zurückzuziehen. Der Verschwörung bezichtigt, gab er sich selbst den Tod.
Trostschrift an Marcia. Aus: Vom glückseligen Leben und andere Schriften, Reclam, Stuttgart 1953, S. 128 ff.
Nichts Menschliches sei mir fremd. Titel vom Herausgeber. Aus: siehe oben, S. 154.
Der Freimut des Sokrates. Titel vom Herausgeber. Aus: L. Annaeus Seneca, Über die Ausgeglichenheit der Seele. Übersetzt und herausgegeben von Heinz Gunermann, Reclam, Stuttgart 1984, S. 29 ff.

SENGHOR, LEOPOLD SEDAR (geb. 1909)
Senghor ist neben Césaire die wichtigste Stimme der «Négritude», der afrikanischen Einigkeitsbewegung. Seine Gedichte verstehen sich als Anruf an die Afrikaner, als Botschaft ihrer

Kultur. War von 1935 bis 1944 Lehrer für Griechisch und Latein an französischen Gymnasien, 1944 Professor für afrikanische Sprachen in Paris. Von 1960 bis 1980 Präsident der Republik Senegal, bis 1984 Präsident der regierenden sozialistischen Partei. Obwohl er als Politiker in Afrika heute umstritten ist, wird seinen literarischen Werken nach wie vor die volle Anerkennung zuteil.
Werden sie denn die Verliebten besingen . . . Aus: Léopold Sédar Senghor, Botschaft und Anruf. Carl Hanser, München und Wien 1963.
Die Botschaft Goethes an die «neuen Neger». Aus: Négritude und Humanismus, Eugen Diederichs Verlag, Düsseldorf und Köln 1967.

SINJAWSKIJ, ANDREJ (geb. 1925)
War Dozent an der Universität Moskau und wissenschaftlicher Mitarbeiter des Gorkij-Institutes für Weltliteratur. Ab 1959 erschienen im Westen unter seinem Pseudonym Abraham Terz verschiedene Aufsätze und sein literarisches Werk. Diese Veröffentlichungen führten zu seiner Verhaftung und einem Prozeß, in dem er zu sieben Jahren verschärfter Lagerhaft verurteilt wurde. 1973 emigrierte er nach Paris, wo er seither lebt.
Ich und die andern. Aus: POESIE, Zeitschrift für Literatur, Heft 1/1980, Ü: Irena Brezná.

SOLOWJEW, WLADIMIR (1853–1900)
Russischer Philosoph. Privatdozent an der Universität Moskau. Mußte wegen Eintretens für die Mörder des Zaren Alexander II. seine Lehrtätigkeit aufgeben und widmete sich seitdem ausschließlich seinen philosophischen Werken.
Vom Sinn der geschlechtlichen Liebe. Aus: Wladimir Solowjew, Der Sinn der Liebe. Übersetzt von Elke Kirsten in Zusammenarbeit mit Ludolf Müller, Felix Meiner Verlag, Hamburg 1985.

SÖLLE, DOROTHEE (geb. 1929)
Theologin und freie Schriftstellerin. Von 1975 bis 1987 Professorin am Union Theological Seminary in New York. Ihr Name steht für ein Denken, das sich nicht scheut, bei aller nachdenklichen Skepsis entschiedene Positionen zu vertreten.
Eine andere Spiritualität. Aus: Dorothee Sölle, Gewalt. Ich soll mich nicht gewöhnen, Patmos-Verlag, Düsseldorf 1994.

TAGORE, RABINDRANATH (1861–1941)
Indischer Dichter und Philosoph. Stammte aus einer der westlichen Kultur aufgeschlossenen Brahmanenfamilie. Bereiste Europa, Amerika und Ostasien und gründete 1901 bei Kalkutta eine Privathochschule, die nach seinem Tod in eine staatliche Universität umgewandelt wurde. Gilt als von Werk und Persönlichkeit her bedeutendster Vertreter der modernen indischen Literatur. Erhielt 1913 den Nobelpreis für Literatur.
Vergib mir meine Liebe. Aus: Der Gärtner, Kurt-Wolf-Verlag, Leipzig 1923.

TERESA VON AVILA (1515–1582)
Spanische Mystikerin, in Avila aus altkastilischem Geschlecht geboren. Trat in das Kloster der Karmelitinnen ihres Heimatortes ein. Ergebnis ihrer Vita activa waren viele Klostergründungen, Zeugnisse der Vita contemplativa ihre mystischen Schriften.
Die Wonnen Gottes. Aus: Teresa von Avila, Die innere Burg. Die vierte Wohnung, 2. Kapitel, Henry-Goverts-Verlag, Stuttgart 1966. Neu bei Diogenes, Zürich 1979.

THOREAU, HENRY DAVID (1817–1862)
Amerikanischer Schriftsteller und Essayist. Arbeitete in verschiedenen Berufen, reiste viel und hielt Vorträge. Aufgrund einer Verhaftung, mit der er gezwungen werden sollte, seine Steuern zu bezahlen, entstand sein berühmter Essay «Civil Disobedience» (Ungehorsam gegen den Staat). Engagierte sich für John Brown und dessen Kampf gegen die Sklaverei. Nachdem sein Freund Brown hingerichtet worden war, wurde Thoreau bettlägerig und von der Tuberkulose überwältigt, an der er schließlich starb. Er hatte mit seinen Schriften großen Einfluß auf Politiker des gewaltlosen Widerstands wie Gandhi und Martin Luther King.
Die beste Regierung ist die, welche am wenigsten regiert. Titel vom Herausgeber. Aus:

Über die Pflicht zum Ungehorsam gegen den Staat und andere Essays, Diogenes, Zürich 1967, S. 7 ff.

TOLSTOI, LEO (1828–1910)
Russischer Dichter und in seinen späten Jahren politischer Aktivist, der die Abkehr von Besitz und Gewalt nach urchristlichen Prinzipien predigte.
Luzern. Aus: Leo Tolstoi, Der Leinwandmesser, Rütten und Loening, Berlin 1958. Stark gekürzt.

VASARI, GIORGIO (1511–1574)
Italienischer Baumeister, Maler und Schriftsteller. Schrieb als erster Künstlerbiographien, die er nach Dokumenten und mündlichen Berichten zusammenstellte.
Lionardo da Vinci. Aus: Giorgio Vasari, Lebensbeschreibungen der ausgezeichnetsten Maler, Bildhauer und Architekten der Renaissance, Julius Bard, Berlin 1910.

VERMEHREN, ISA
Der Bericht «Reise durch den letzten Akt» gehört zu den ersten Dokumenten, die nach dem Zweiten Weltkrieg über die Praktiken in den deutschen Konzentrationslagern an die Öffentlichkeit gelangten. Die Autorin war verhaftet worden, weil ihr Bruder auf die Seite der Alliierten desertiert war. Als Grund galt der nationalsozialistische Begriff der «Sippenhaft».
Aus: Isa Vermehren, Reise durch den letzten Akt, Christian-Wegner-Verlag, Hamburg 1946.

VOLTAIRE (1694–1778)
Französischer Philosoph und Dichter. Zögling eines Jesuitenkollegiums. Geriet früh in einen Kreis, der ihn jeder Art von Respekt vor der Obrigkeit, den weltlichen Autoritäten und den kirchlich-dogmatischen Autoritäten entwöhnte und seine Begabung zur witzig, epigrammatischen Schärfe förderte. Wurde zum bekanntesten Schriftsteller Frankreichs, bis heute umstritten, da sein beißender Witz in vieler Hinsicht auch heute noch trifft.
Lobrede auf die Vernunft. Aus: Voltaire, Sämtliche Romane und Erzählungen, Insel, Frankfurt 1976. Originalausgabe: Dietrichsche Verlagsbuchhandlung, Leipzig 1948 und 1950.

WOLLSTONECRAFT, MARY (1759–1797)
Englische Schriftstellerin und Frauenrechtlerin. Mußte sich schon als junges Mädchen, nach einer freudlosen Kindheit im Haus eines despotischen Vaters, selbst ihren Lebensunterhalt verdienen. Arbeitete als Gesellschafterin, Erzieherin, Lehrerin und schließlich bei einem Verleger in London, wo sie ihre ersten literarischen Versuche unternahm. In Paris wurde sie Zeugin der Französischen Revolution. In zweiter Ehe mit dem Schriftsteller William Godwin verheiratet, starb sie bei der Geburt ihrer Tochter Mary.
Rettung der Rechte des Weibes. Aus: Ob die Weiber Menschen sind, Reclam, Leipzig 1992. Übersetzt von Christian Gotthilf Salzmann, Schnepfenthal 1793.

ZOROASTER (ZARATHUSTRA)
(7. Jh. v. Chr.)
Religionsstifter. Begründete die Religion der Parsen. Lebte vermutlich im 7. Jh. v. Chr. Quellen der ursprünglichen Lehre Zoroasters sind die Gatha im Avesta. Ormuzd, der Gott des Lichtes, bleibt Sieger über Ahriman, den Gott der Finsternis. Im Mittelpunkt der Lehre steht die Erlösung des Menschen durch gute Werke.
Anrufung des Herrn. Aus: Franz Altheim, Zarathustra und Alexander, Fischer Bücherei, Frankfurt 1960, S. 19.

In einigen Texten wurden die Interpunktion und die Schreibweise behutsam modernisiert.